Kurt Schreiner
So lebten wir früher

Kurt Schreiner

So lebten wir früher

**2000 Jahre
Alltags- und Kulturgeschichte
im Überblick**

Anaconda

Überarbeitete Neuausgabe des zuerst 2010 im Anaconda Verlag
erschienenen Bandes.

Die Deutsche Nationalbibliothek verzeichnet diese Publikation in der
Deutschen Nationalbibliografie; detaillierte bibliografische Daten sind im
Internet unter http://dnb.d-nb.de abrufbar.

© 2016 Anaconda Verlag GmbH, Köln
Alle Rechte vorbehalten.
Umschlagmotive oben: Arthur Hughes (1832–1915), »The Home Quartett« (1882),
Kunsthandel London, Sotheby's, Foto: © Sotheby's / akg-images. –
»Die erste Borsig Lokomotive« (1841), Foto: akg-images. –
»Spätmittelalterliche Schulszene« (1479), aus: Rodericus von Zamorra,
Spiegel des menschlichen Lebens, übersetzt von Heinrich Stainhöwel,
Foto: akg-images. – »Antique phonograph«, Foto: © a40757 / Shutterstock.
Unten: »NSU-Fahrräder« (um 1930), Plakat der NSU-D-Rad vereinigte
Fahrzeugwerke AG, Neckarsulm, Württemberg, Foto: akg-images.
Umschlaggestaltung: Harald Braun, Berlin
Satz und Layout: paquémedia, www.paque.de
Printed in Czech Republic 2016
ISBN 978-3-7306-0322-2
www.anacondaverlag.de
info@anaconda-verlag.de

Inhalt

Lebendige Geschichte – Ein Wort voran 7

Macht euch die Erde untertan! – Die Landwirtschaft 10
Unser tägliches Brot – Essen und Trinken 29
Das Dach über dem Kopf – Bauen und Wohnen 59
Was man so trägt – Die Kleidung 77
Von Tag zu Tag – Im Jahreslauf 88

Die frühen Lebensjahre – Kindheit und Jugend 103
Führen und wachsen lassen – Erziehung und Schule 118

Mächte über uns – Die Religionen 140
»Folge mir nach!« – Das Klosterleben 158
Verlust der Einheit – Reformation und katholische Reform 167

Sieg oder Tod – Das Kriegswesen 188
Militarismus oder Staatsräson? – Das Beispiel Preußen 221

Der Mensch als Gemeinschaftswesen – Staat und Politik 248
Ordnung im Innern – Recht und Gesetz 279
Einigkeit und Recht und Freiheit – Staatliche Symbole 293

Bewundert und verfolgt – Die Juden in Deutschland 315

Von Mund zu Mund – Unsere Sprache 325
Denn was man schwarz auf weiß besitzt – Schrift und Buch 339

Mit Segeln und Dampf – Die Schifffahrt 361
Lockende Ferne – Atemberaubende Entdeckungen 369

»Habe Mut!« – Vernunft und Aufklärung 379
Weltall und Mensch – Naturwissenschaften 408

Fabriken und Maschinen – Die industrielle Revolution 425
Industrieller Fortschritt und menschliches Elend – Die soziale Frage . 471

Entfernungen schrumpfen – Fahrrad, Auto und Flugzeug 494
Ein Gruß aus der Ferne – Das Postwesen 521
Der Blutkreislauf der Wirtschaft – Geld und Kredit 531
Foto, Funk und Fernsehen – Die Nachrichtenübermittlung 541

Gesund bleiben und gesund werden – Die Medizin 554

Dichtung und Wahrheit – Die Autoren und ihre Bücher 570
Farben und Formen – Malerei und bildende Kunst 590
Das Reich der Klänge – Die Musik 604

Frisch, fromm, fröhlich, frei – Freizeit und Sport 619
Wenn einer eine Reise tut – Der Tourismus 637

Anhang 643
Quellennachweise 643
Literatur 644
Personenregister 647
Sachregister 659

Lebendige Geschichte
Ein Wort voran

Es ist immer wieder faszinierend zu sehen, in welch ungeheurer Vielfalt sich das Leben der Menschen darbietet. Die Kulturgeschichte zeigt uns, wie sie früher gelebt und gearbeitet haben, berichtet von neuen Ideen und bahnbrechenden Erfindungen, aber auch von Leid und Irrtümern.

In ihrem ganzen Umfang ist die Kulturgeschichte der Völker – oder auch nur des eigenen Volkes – nicht zu erfassen. Allzu vielfältig, bisweilen auch widersprüchlich erscheint das Bild, das sich bietet. Selbst der wissenschaftliche Betrachter hat Mühe, die einzelnen Erscheinungen des Kulturlebens systematisch miteinander zu verknüpfen. So bleibt jede Darstellung zum Thema notwendigerweise unvollständig, lückenhaft und damit letzten Endes unbefriedigend.

Eine kurz gefasste Darstellung kulturgeschichtlicher Tatsachen, wie sie hier versucht wurde, muss nach bestimmten Gesichtspunkten auswählen. Der Leser soll eine rasche Auskunft zu all denjenigen Fragen erhalten, die sich im Umgang mit der mitteleuropäischen, vor allem auch der deutschen Geschichte und Kultur, aber auch im Zusammenhang mit dem Alltagsleben ergeben. Die Auskünfte dienen als eine erste, Orientierung vermittelnde Antwort. Wer tiefgründiger fragen und forschen möchte, sei auf die Fachliteratur verwiesen, die in ihrem Umfang ganze Bibliotheken füllt. Die Literaturliste am Ende dieses Buches hilft weiter.

Immer wieder ist gefragt worden, welchen Rang die Kulturgeschichte neben der politischen Geschichte habe. Viele Menschen denken zuallererst an die großen Ereignisse, an Diplomatie und Krieg, an Staatsverfassungen und Verträge, wenn sie sich eingehender mit der Vergangenheit beschäftigen. Selbstverständlich sind diese ein wichtiger und unverzichtbarer Teil unseres kollektiven Bewusstseins, und es wäre falsch, wenn man sie durch rein sozialgeschichtliche, wirtschaftsgeschichtliche oder auch kulturgeschichtliche Betrachtungsweisen ersetzen würde. Sicher wären Missverständnisse und Fehldeutungen die Folge, Fehldeutungen des Vergangenen und des Gegenwärtigen. Wir würden die Zeit, in der wir leben, unsere Lebensumstände nicht mehr recht verstehen und könnten dadurch zu falschem Handeln verführt werden.

Die politische Geschichte offenbart freilich nur die halbe Wahrheit. Vieles muss hinzu kommen, weil sie sonst farblos, leblos und abstrakt bleibt. Die Kulturgeschichte hilft unserer Vorstellungskraft, sich ein vollständigeres, umfassenderes und plastischeres Bild von der Vergangenheit zu machen. Wir sehen mit unserem inneren Auge, wie die Menschen früherer Jahrhunderte gelebt haben. Wir erfahren von ihrem Streben und Scheitern, von ihren Hoffnungen und der Vergeblichkeit ihres Tuns. In der Kulturgeschichte wird der Aspekt des Menschlichen besonders deutlich. Mehr können nur die Dichter und Schriftsteller leisten, die historische Stoffe gestalten und Lebenswirklichkeit mit ihren Mitteln neu, aber dennoch authentisch erschaffen. Aber auch sie sind auf kulturgeschichtliche Zeugnisse angewiesen.

Vergessen wir nicht, dass der Blick zurück auch vieles erklärt, das uns in der eigenen Gegenwart begegnet. Unser Denken, Empfinden und Tun hat vielerlei Wurzeln, und immer wieder ist es gut, sich darüber Rechenschaft zu geben. Der Mensch ist ein Wesen, das in der Geschichte und mit der Geschichte lebt. Zusammenhänge zu erkennen und zu verstehen bedeutet, sich in einer auf den ersten Blick so verworrenen und komplizierten Welt heimisch zu fühlen.

In den Veränderungen der Lebensumstände werden charakteristische Entwicklungstendenzen des menschlichen Geschlechts deutlich. Die Kulturgeschichte zeigt den Wandel zu fortgeschritteneren Lebensformen. Der Mensch entfaltet die Möglichkeiten, die ihm durch die Natur und durch seine eigene Wesensart geboten werden.

Das zeigt sich in vielen Bereichen des Lebens, z. B. in der Landwirtschaft oder in der gewerblichen Produktion, in Freizeitgestaltung und Kultur.

Allerdings hat der Betrachter nicht nur Grund zu Optimismus und Stolz. Zum Wesen des Menschen gehört ja auch, dass immer wieder geheimnisvolle bedrohliche Kräfte freigesetzt werden und das Erreichte gefährden. Es sind nicht nur machtlüsterne, charakterlose Politiker, die unsere Existenz bedrohen. Auch psychische Massenepidemien wie der Hexenwahn oder auch – eigentlich vorwiegend positive – technisch-wissenschaftliche Erkenntnisse wie die Atomspaltung bringen neue große Herausforderungen und Gefahren.

So ist die Kulturgeschichte der Wissensbereich, der insbesondere unsere kollektive Lebens- und Welterfahrung erweitert und bereichert. Sie trägt dazu bei, uns reifer und einsichtiger zu machen, wenn wir nicht nur bei der einzelnen Tatsache, dem isolierten Faktum, stehen bleiben, sondern seine Voraussetzungen und Folgen bedenken, das Einzelne einem größeren Zusammenhang zuordnen.

Zusammen mit anderen Bereichen der geschichtlichen Einsicht trägt die Kulturgeschichte dazu bei, den gebildeten Menschen zu formen. Er vereinigt ein umfangreiches Allgemeinwissen mit der Möglichkeit, Tatsachen und Ereignisse wertend miteinander zu verbinden. Dieses Bildungsziel ist gerade in unserer Zeit erstrebenswert, weil es dem Menschen geistige Souveränität und Freiheit im gesellschaftlichen Handeln ermöglicht. Auch das gehört zu dem, was den Menschen zum Menschen macht.

Macht euch die Erde untertan!
Die Landwirtschaft

Die frühe Menschheit kannte die Landwirtschaft noch nicht. Sie lebte von dem, was die Natur mehr oder weniger von selbst hergab. Sammler suchten Früchte, Pilze, essbare Wurzeln, Vogeleier und Honig; Jäger stellten dem Wild, den Vögeln und Fischen nach, um ihren Bedarf an Fleisch und Eiweiß zu decken.

Sehr früh bereits, vor etwa 200 000 Jahren, wurde als erstes nachweisbares landwirtschaftliches Gerät der Grabstock verwendet, also bevor es die Landwirtschaft überhaupt gab. Ursprünglich diente er wohl dazu, den Sammlern beim Auffinden und Ausgraben ihrer Beute zu helfen. Später benutzte man ihn dann, um für Samen und Setzlinge Löcher in den Boden zu bohren. Damit wurde er zum Vorläufer des Spatens und der Hacke, vor allem auch des Pflugs, der aus einem Hakenstock, einer Astgabel, entstand.

Mit diesem Gerät, das von Menschen gezogen, dann auch an den Hörnern oder am Hals eines Zugtieres befestigt wurde, konnte man den Boden aufreißen und Furchen für die Saat schaffen. Der Pflug ist seit rund 5 500 Jahren nachweisbar. Er fand in Ägypten und Mesopotamien Verwendung und kam wohl von dort aus ins westliche Europa sowie nach Indien und China.

Der **Ackerbau** entwickelte sich verständlicherweise in besonders fruchtbaren Gegenden. Das galt vor allem für die Überschwemmungsgebiete entlang des Nils oder des Euphrats und Tigris. Seine Anfänge reichen in die Zeit um 11 000 v. Chr. zurück. In Europa entstand er zwischen 7 000 und 4 000 v. Chr.

Die **Viehhaltung** nahm eine andere Entwicklung. Sie dürfte sich vor allem in den Steppengebieten entwickelt haben oder auch in

Waldgebieten, die für die Tierhaltung günstig waren. Dafür mussten wild lebende Tiere gezähmt oder zu Haustierrassen umgezüchtet werden. Im 9. Jahrtausend v. Chr. begann die Domestizierung des Rindes, das in der Regel vom Auerochsen abstammt. Seit etwas 7000 v. Chr. wurde die Ziege als Haustier gehalten. Etwa ebenso lange gibt es das Hausschaf, das wie die Ziege Milch und Fleisch, zusätzlich aber noch Wolle für die Kleidung lieferte.

Über das Pferd fehlen Belege aus frühester Zeit. Bei den ersten Funden ist unklar, ob es sich um Wild- oder um Hauspferde gehandelt hat. Seit dem 3. Jahrtausend v. Chr. ist es mit Sicherheit bei den mitteleuropäischen Bauern anzutreffen. Im westlichen Asien dürfte der Esel jedoch vor dem Pferd als Haustier eingeführt worden sein.

Weitere vom Menschen domestizierte Haustiere sind Schweine, Hunde und Katzen, verschiedene Vogelarten wie Hühner, Gänse, Enten und Tauben, auch Bienen. In anderen Kulturen kommen weitere Tiere hinzu, u. a. Kamele, Lamas und Seidenraupen.

Das Huhn stammt von dem in Südasien beheimateten Bankiva-Huhn ab. Im alten Orient und im Alten Testament war es noch nicht bekannt, jedoch wurde es im klassischen Griechenland und in Rom bereits als Haustier gehalten, zur Zeit Cäsars im 1. Jahrhundert v. Chr. auch in Germanien.

Auch **Pflanzen** mussten domestiziert werden, um den Menschen als Nahrungsmittel zu dienen. Die ältesten Funde dieser Art stammen aus dem 7. und 6. Jahrtausend v. Chr. In Vorderasien wurden in dieser Zeit zwei Weizen- und eine Gerstensorte, in Mexiko Kürbisse und Chilipfeffer angebaut. Die Getreidesorten entstanden durch Auslese und Züchtung aus Süßgräsern. Neben dem Weizen und der Gerste wurden in Mitteleuropa Roggen, Hafer, Spelz oder Dinkel, Einkorn und Emmer heimisch. Wenig verbreitet ist die aus Asien stammende Hirse.

Ursprünglich wanderten die Viehhalter von Weidegrund zu Weidegrund und verblieben dort so lange, bis das Futter für die Tiere nicht mehr ausreichte oder die Witterung zum Weiterwandern zwang. Diese Wirtschaftsform hat sich hie und da bis in unsere Zeit hinein erhalten. Noch immer gibt es Völker und Stämme, die als Nomaden leben. In unseren Breiten wandert der Schäfer mit seiner Schafherde über Wiesen, Wegraine und Stoppelfelder. Im Hochgebirge wird das Vieh im Frühjahr auf die Alm getrieben und kehrt im Herbst auf tiefer gelegene Weiden oder in seine Ställe unten im Tal zurück.

Für den Ackerbau ist die **Sesshaftigkeit** von vornherein unabdingbar. Der Bauer muss den Boden vorbereiten und im Frühjahr – vielleicht schon im vorausgehenden Herbst – die Saat ausbringen. Bis die Frucht herangereift ist und geerntet werden kann, vergehen Monate. Auch während dieser Zeit ist auf dem Feld einiges zu tun. Der Bauer muss seine Pflanzen vor Wildfraß und Diebstahl schützen, muss Unkraut jäten und in trockenen Zeiten dafür sorgen, dass sie genug Wasser bekommen.

Das, was für uns heute selbstverständlich ist, bedeutete für den Menschen in der frühen Zeit eine tief greifende Revolution. Das bezieht sich nicht nur auf die veränderte Art und Weise, wie er für seinen Lebensunterhalt sorgte. Sie beeinflusste auch sein gesamtes Denken und Empfinden, sein Verhältnis zu den Mitmenschen und zur Natur – nicht zu vergessen sein Verhältnis zur Zeit. Zu Recht wurden diese einschneidenden Veränderungen unter dem Sammelbegriff der **neolithischen Revolution** (jungsteinzeitlichen Revolution) zusammengefasst.

Im alten **Griechenland** und in **Rom** fand sich eine bereits voll entwickelte Landwirtschaft. Das Gleiche gilt auch für **Germanien**. Entgegen einer Aussage Cäsars (100–44 v. Chr.) wurden dort sowohl Ackerbau als auch Viehzucht betrieben. Bei der überaus geringen Bevölkerungszahl – auf dem Gebiet der heutigen Bundesrepublik Deutschland lebten damals wohl weniger als eine Million Menschen – lagen die Höfe sehr verstreut. Von Dörfern im heutigen Sinne kann kaum gesprochen werden. Die Größe der einzelnen Ackerteile war gering. Vielleicht betrug sie im Durchschnitt nur um die drei Hektar. Die Ernährung der Familien wurde durch das Vieh ergänzt, das sich in den Wäldern und auf den Weiden frei bewegen konnte. Es gehörte, wie die Fischgründe, zur »Allmende«, war also Gemeinbesitz aller Dorfbewohner.

Die germanischen Bauern waren ursprünglich größtenteils frei. Doch ging ihre Freiheit im Lauf der Jahrhunderte weitgehend verloren. Sie wurden von adeligen Grundherren abhängig, die den Bauern die Verpflichtung abnahmen, in den Krieg ziehen zu müssen, von ihnen dafür aber Dienstleistungen, landwirtschaftliche Abgaben und Geldzahlungen als Entschädigung verlangen konnten.

Die **Unfreiheit** kannte eine Vielzahl unterschiedlicher Grade. So bestand für die Hörigen eine dingliche, für die Leibeigenen eine persönliche Abhängigkeit vom Grundherrn. Sie durften zum Beispiel nicht von ihrer Scholle wegziehen oder ohne Erlaubnis heiraten. Die Bauern unterstanden dem Hofrecht des Grundherrn und waren damit fast völlig von der üblichen Rechtsprechung, die in der Regel durch den Grafen als Beauftragten des Königs ausgeübt wurde, abgeschnitten.

Nur in wenigen Teilen des deutschen Kulturraums behauptete sich für lange Zeit das freie Bauerntum. Dazu gehörten die Schweiz, Dithmarschen nördlich der Elbmündung und das Land der Stedinger an der Unterweser.

Ein mittelalterlicher Bauer musste einen erheblichen Teil seiner Erzeugnisse oder seiner Arbeitszeit für verschiedene herrschaftliche oder kirchliche Dienste aufwenden. Ein 50-prozentiger Anteil dürfte nicht außergewöhnlich gewesen sein. So blieb für den Lebensunterhalt der bäuerlichen Familien nur sehr wenig übrig. Skelettfunde aus früher Zeit belegen, dass viele Menschen an Unterernährung oder an ernährungsbedingten Erkrankungen litten.

Aus dem bereits Gesagten ergibt sich, dass der Bauer an seinen Stand gebunden war. In der Verserzählung »Meier Helmbrecht« von Wernher dem Gärtner, die um die Mitte des 13. Jahrhunderts entstand, steht der bezeichnende Satz »Dîn ordenunge ist der pfluoc« (»Die Arbeit mit dem Pflug ist deinem Stand gemäß«). Der strahlende Jüngling Helmbrecht hasst die bäuerliche Arbeit und fühlt sich zu Höherem berufen. In vollen Zügen genießt er das freie Leben auf der Ritterburg und nimmt an den Beutezügen der Raubritter teil. Das Ende freilich ist fürchterlich. Er wird zusammen mit den anderen Gesetzesbrechern gefangen und streng bestraft. Die Schergen blenden ihn und schlagen ihm einen Fuß und eine Hand ab. Schließlich wird der blinde Bettler, nachdem er auch von seinem Vater verstoßen worden ist, von Bauern an einem Baum aufgehängt.

Der Wechsel von einem Stand in einen anderen, z. B. der Eintritt ins Kloster oder das Priesteramt, die gesellschaftliche Mobilität, wie wir heute sagen würden, blieb selten. Gelegentlich kam es vor, dass sich Hörige oder Leibeigene in eine der nun in großer Zahl entstehenden **Städte** flüchteten. Das Stadtrecht sah vor, dass sie persönlich frei sein sollten, wenn sie nicht innerhalb von »Jahr und Tag« von ihren Grundherren zurückgefordert wurden.

Bemerkenswert sind einige frühe landwirtschaftliche Neuerungen, die die Erträge steigerten. In fränkischer Zeit verdrängte die **Dreifelderwirtschaft** die ungeregelte Feldgraswirtschaft. Das Ackerland wurde nun systematisch in drei Teile geteilt, von denen der eine mit Sommergetreide, wie Gerste und Hafer, bestellt wurde. Auf den zweiten säte man Wintergetreide, etwa Weizen und Roggen. Das dritte Flurstück blieb als Brache liegen. Das sich dort ansiedelnde Gras diente dem Vieh als Weide, das wiederum den Boden mit seinem Mist düngte.

Die Dreifelderwirtschaft machte eine gemeinsame Feldbestellung (den sogenannten Flurzwang) erforderlich. An die Stelle des primitiven Hakenpflugs trat nun der Scharpflug, mit dem die Scholle gewendet werden konnte, der aber – ein weiterer Grund für den Flurzwang – mit einer stärkeren Bespannung gezogen werden musste. Dazu taugten vor allem Ochsen und Pferde. Seit dem 4. Jahrhundert lief der Pflug auf Rädern.

Sehr wichtig wurde die veränderte Anspannung der Zugtiere. Das Joch war seit Jahrtausenden bekannt. Es wurde an der Stirn oder an den Hörnern der Zugtiere befestigt. Oft gingen zwei Tiere

Die Landwirtschaft

gleichzeitig im Joch. Vielfach hatten Pferde die Pflüge und Wagen aber noch mit einem um den Hals gelegten Riemen gezogen. Dieser schnürte ihnen bei schwerer Last die Kehle zu. Spätestens seit dem 9. Jahrhundert kam das Kummet, ein gepolsterter Bügel, in Gebrauch. Es wurde dem Hals des Zugtiers angepasst und ruhte auf den kräftigen und damit stark belastbaren Schulternknochen.

Der zweiteilige Dreschflegel ersetzte den Dreschstock, und spätestens seit dem 11. Jahrhundert wurden außer Sicheln auch Sensen für den Gras- und Getreideschnitt verwendet.

Schon die vorgeschichtlichen Germanen kannten außer Fleisch und Getreide viele andere pflanzliche Nahrungsmittel, Gemüse und Obst. Dazu gehörten Erbsen und Linsen, Mohrrüben, Rettiche und Spargel. Daneben wurden wild wachsende Äpfel, Kirschen, Pflaumen und Birnen, Beeren und Nüsse gesammelt. Die Sauerkirsche kam durch den römischen Feldherrn Lucius Licinius Lucullus (um 117–um 57 v. Chr.) nach Italien und von hier aus nach Mitteleuropa. Ähnliches geschah mit Aprikosen und Pfirsichen.

Über den germanischen **Gartenbau** sind Einzelheiten in einem Erlass Karls des Großen (König/Kaiser 768/800–814), der »Capitulare de villis«, enthalten. Danach gab es in den Gärten verschiedenste Blumen- und Zierpflanzen, daneben mancherlei Gemüsesorten wie Kohl, Zwiebeln, Gurken, Bohnen, Kresse und Lauch sowie Küchenkräuter, Gewürze und Heilkräuter, etwa Petersilie, Kümmel und Fenchel.

Der Gartenbau verdankte den Klöstern ganz besondere Pflege. Das gilt auch für den **Weinbau**. Bereits 5000 Jahre v. Chr. war die Rebe in Vorderasien veredelt und für die Herstellung von Wein genutzt worden. Von hier aus kam sie um 1700 v. Chr. nach Griechenland und später nach Rom. Angeblich wurde hier der Wein in so großen Mengen hergestellt, dass er bisweilen billiger als Trinkwasser war.

Die Kelten bauten an der Donau Wein an, und mit den Römern kam er an den Rhein, die Mosel und die Ahr. Christliche Mönche brachten die Reben nach Franken und Thüringen, auch nach Frankreich.

Natürlich diente der Wein vor allem dem Genuss. Allerdings besaß und besitzt er in der christlichen Tradition auch große symbolische Bedeutung, insbesondere im Zusammenhang mit dem Altarsakrament. Vom letzten Abendmahl wird berichtet: »Dann nahm er [Jesus] den Kelch, sprach das Dankgebet und reichte ihn den Jüngern mit den Worten: Trinkt alle daraus; das ist mein Blut, das Blut des Bundes, das für viele vergossen wird zur Vergebung der Sünden.« (Matth. 26, 27–28)

Auf diese Stelle des Neuen Testaments beziehen sich wohl auch Darstellungen, die Christus in der Kelter zeigen. Solche Bilder gibt es seit dem 12. Jahrhundert. Er steht dort in der Weinpresse und zerstampft mit seinen Füßen oder mit einem Holzstampfer die Trauben. Der herausfließende Saft symbolisiert sein Blut. Auf Holzschnitten aus dem 15. Jahrhundert wird Christus selbst von der Presse niedergedrückt. Sein Blut wird unten in einem Kelch aufgefangen. Hier ist der Bezug zur Eucharistie, dem Altarsakrament, noch deutlicher.

Die Beliebtheit des alkoholreichen Getränks zeigt sich an der Anbaufläche. Sie betrug um 1500 herum etwas 300 000 Hektar. Im Gegensatz zu heute wurde der Wein auch in ungünstigen Höhenlagen und Klimazonen sowie in nördlicheren Regionen angebaut. Darauf verweisen u. a. alte Orts- und Flurbezeichnungen. Um ihn trinkbar und schmackhaft zu machen, wurde er mit Honig und mit Gewürzen versetzt bzw. für den Alltagsgebrauch mit Wasser verdünnt.

Im **Hoch- und im Spätmittelalter** reichte das kultivierte Land nicht mehr aus, um die wachsende Zahl von Menschen zu ernähren. Nicht selten gingen nachgeborene Söhne ins Kloster, um dauerhaft versorgt zu sein. Neues Land entstand durch die **Binnenkolonisation**. So wurden bisher ungenutzte Waldflächen gerodet und für den Ackerbau und die Viehzucht genutzt. Die Namen vieler Orte mit den Endungen »-rot (-rod, -roth)«, »-reut (-reuth)«, »-roda« und ähnlichen Bestandteilen deuten noch heute darauf hin, dass sie auf

Die Landwirtschaft

Rodungsland begründet wurden. In Sumpfland, an Seen und am Meer wurde durch Trockenlegung und durch den Bau von Deichen neues Land urbar gemacht. Der Deichbau begann wohl schon um 100 n. Chr.

Die deutsche **Ostkolonisation** oder Ostsiedlung wirkte wie ein Ventil. Sie begann bereits in karolingischer Zeit im 9. Jahrhundert und erreichte ihren Höhepunkt um 1200. Besiedelt wurden vor allem die nur dünn von Slawen, weiter im Nordosten auch von Balten bewohnten Gebiete jenseits von Elbe und Saale sowie die Steiermark und Kärnten im deutschen Südosten. Die Kolonisten konnten nicht nur auf herrenloses Land, sondern auch auf größere persönliche und politische Freiheit hoffen.

Pioniere der Ostsiedlung waren u. a. Albrecht der Bär und Konrad von Wettin, die in den Jahren 1134 und 1136 vom Kaiser die Nordmark, einen Teil des späteren Brandenburgs, und die Mark Lausitz übertragen bekamen. Im Jahr 1157 eroberte Albrecht der Bär das slawische Brandenburg und nannte sich fortan Albrecht von Brandenburg. Um die Herrschaft dort dauerhaft zu sichern, zog er Sachsen, Friesen, Flamen und Siedler vom Niederrhein in sein Land.

In Mecklenburg unterwarf Heinrich der Löwe im Jahr 1160 die slawischen Abodriten. Seit 1225 christianisierte der Deutsche Orden (Ost-)Preußen. Auch hier wurden viele Siedler aus dem Reich heimisch. Weitere Gebiete, u. a. Pommern und Schlesien, schließlich auch Siebenbürgen, wurden durch Eroberung oder im Auftrag heimischer Fürsten mit Deutschen besiedelt. Neben bäuerlichen Ortschaften entstand in der Folgezeit eine große Zahl deutscher Städte. Viele von ihnen waren ursprünglich als Stützpunkte der christlichen Mission und als Zentren der kirchlichen Verwaltung gegründet worden.

Die deutschen Bauern waren oft deshalb begehrt, weil sie über fortschrittlichere Anbau- und Zuchtmethoden verfügten. In der Regel erfolgte die Übertragung des Landes nicht durch Besetzung, sondern durch vertragliche Regelungen. Sogenannte »Lokatoren«,

Siedlungsunternehmer, brachten die Fremden ins Land und vermittelten ihnen ihren neuen Besitz. Sie erhielten dafür selbst einen größeren Anteil und größere Rechte, z. B. das Amt eines Erbschulzen. Im Laufe der Generationen vermischten sich die deutsche und die slawische Bevölkerung miteinander.

Einen scharfen Einschnitt in der Geschichte der Landwirtschaft bedeutete der große deutsche **Bauernkrieg** der Jahre 1524/25. Allerdings war er nicht die erste und einzige Erhebung der Bauern. Schon im 14. Jahrhundert war es, wie 1336 beim »Armlederaufstand« im Taubertal, zu Unruhen gekommen. Seit 1492/93 bestand der »Bundschuh« als bäuerlicher Geheimbund. Seine Anfänge weisen ins Allgäu und ins Elsass.

Im württembergischen Remstal gab es seit 1503 den Geheimbund »Armer Konrad«, der 1514 einen Aufstandsversuch unternahm. Er richtete sich gegen Herzog Ulrich von Württemberg, der wegen eines geplanten Kriegszuges gegen Burgund neue Verbrauchssteuern eingeführt und die Maßgewichte verringert hatte. So erhielt man für das gleiche Geld weniger Ware. Die Aufständischen besetzten zehn Tage lang die Stadt Schorndorf. Angesichts der herzoglichen Übermacht liefen sie schließlich auseinander. Viele Bauern aus dem Remstal wurden ausgepeitscht, gebrandmarkt, gefoltert und geköpft.

Für die Erhebung im Bauernkrieg gab es vielfältige Gründe. Sie betrafen zumeist die hoffnungslose wirtschaftliche Lage der Landbewohner, aber auch ihre durch Übergriffe der Grundherren, des Adels und der Geistlichkeit sich verschlechternde rechtliche Stellung. Hinzu kamen die Hoffnungen, welche die Bauern auf die noch junge evangelische **Reformation** Martin Luthers (1483–1545) setzten. Sie hatte erst im Jahr 1517 mit dem Anschlag der »95 Thesen« an der Schlosskirche in Wittenberg begonnen. Luthers theologische Schrift »Von der Freiheit eines Christenmenschen« wurde von den Aufständischen ganz konkret verstanden. Aus ihr leiteten sie unter anderem ihr Recht auf persönliche und wirtschaftliche Freiheit ab.

Die Landwirtschaft

So wurde in den »Zwölf Artikeln« von 1525 etwa die freie Pfarrerwahl gefordert, die ungehinderte Predigt des Evangeliums (der evangelischen Lehre), die Aufhebung der Hörigkeit und der Leibeigenschaft, die Abschaffung übermäßiger Abgaben an Geld und Naturalien, die Wiederherstellung des allgemeinen Gebrauchs der Allmende und das Gericht nach überkommenen Rechtssatzungen.

Die bäuerliche Aufstandsbewegung erfasste einen breiten Streifen des deutschen Gebiets zwischen dem Elsass und der Schweiz im Südwesten und Thüringen und Sachsen im Nordosten, dazu einen großen Teil der habsburgischen Lande. Schlösser und Klöster der Grundherren gingen in Flammen auf. Es kam zu blutigen Übergriffen, die Martin Luther schließlich veranlassten, sich von den »räuberischen und mörderischen Rotten der Bauern« loszusagen und die Fürsten zu blutiger Rache anzustacheln (vgl. S. 177 f., 387 f., 623 f.).

Diese erste soziale Revolution in Deutschland wurde von den Fürsten brutal niedergeschlagen. Um 100 000 Menschen sollen dabei den Tod gefunden haben. »Die Ruhe nach dem Kriege war eine Kirchhofsruhe; Kirchhofsruhe auch insofern, als die Herren immer noch lange in Furcht waren, die Geister möchten aus dem Grabe steigen wie nach dem Volksglauben die Gespenster auf dem Kirchhof um Mitternacht. Alle Fröhlichkeit war entwichen aus den Tiroler, Steirer und schwäbischen Tälern; man hörte sie lange nicht mehr, die Geige, Tanz und Gesang. Menschenalter vergingen, nicht aber die materiellen Nachwehen; noch weniger die politischen und religiösen.«[1]

Was die Bauern erhofft hatten, trat nicht ein. Noch größer wurde die Unterdrückung. Die materiellen Lasten und die zeitliche Beanspruchung durch die Grundherren wuchsen weiter. Im politischen Leben spielte der Bauernstand keine Rolle mehr.

Auch der **Dreißigjährige Krieg** (1618–1648) bezeichnete einen tiefen Einschnitt in der Geschichte der Landwirtschaft. Die Zerstörungen waren ungeheuer. Viele Dörfer verschwanden von der Landkarte, allenfalls überlebte ihr ursprünglicher Name auf einer

Flurkarte. Die Bevölkerung verringerte sich durch Krieg und Seuchen um mehr als ein Drittel. Der kaiserliche Generalissimus Albrecht von Wallenstein (1583–1634) wusste, wie man ein riesiges Heer billig fouragieren konnte. Getreu seinem Grundsatz »Der Krieg ernährt den Krieg« ließ er die Landschaften, durch die seine Truppen zogen, aussaugen und ausplündern. Es dauerte Generationen, bis sich die Landschaft von dieser schrecklichen Katastrophe erholt hatte und der Bevölkerungsverlust ausgeglichen worden war.

Die seit dem 17. Jahrhundert – im Zeitalter des **Absolutismus** – gepflegte Wirtschaftsform des **Merkantilismus** (lat. »mercator« = Kaufmann) war für die Landwirtschaft auch außerordentlich schädlich. Sie war durch den französischen Wirtschafts- und Finanzminister Jean-Baptiste Colbert (1619–1683), der im Dienst Ludwigs XIV. (König 1643–1715) stand, eingeführt worden. Sie forderte für den Staat eine aktive Handelsbilanz. Diese war jedoch nur dadurch zu erreichen, dass es gelang, möglichst viele Waren ins Ausland zu exportieren. Das setzte wiederum verhältnismäßig geringe Preise voraus. Die Preise hingen aber erheblich von den Löhnen der Manufakturarbeiter ab. Der Staat hielt sie niedrig, indem er durch Preisfestsetzung die Lebensmittelpreise drückte.

Um die Mitte des 18. Jahrhunderts erwachte neues Interesse für Fragen der Landwirtschaft. Die Physiokraten, allen voran der Franzose François Quesnay (1694–1774) betonten, dass die Bauern die einzige produktive Klasse im Staat seien. Sie lehnten demzufolge die Wirtschaftsauffassung der Merkantilisten ab. Es entstand eine breite landwirtschaftliche Fachliteratur. Hinzu kamen staatliche Maßnahmen zur Verbesserung des Landbaus, wie die Trockenlegung des Oderbruchs bis 1753 und der Warthebrüche bis 1786 durch Friedrich den Großen (König 1740–1786) in Preußen, die Trockenlegung des Donaumooses in Bayern oder die Kultivierung von Moorgebieten in Hannover und Oldenburg.

Die **Kartoffel** wurde, auch mit staatlicher Unterstützung, als Ackerfrucht in Deutschland heimisch. Sie stammte aus den süd-

Die Landwirtschaft

amerikanischen Anden und war bereits von den Indios kultiviert worden. Besonders energisch setzte sich Friedrich der Große von Preußen für ihren Anbau ein. Übrigens kamen noch einige andere Nutzpflanzen aus Amerika. Zu nennen sind der Mais und die Tomate. Der Mais war bereits 1493 durch Kolumbus nach Europa gebracht worden. Über Italien kam er als »Welschkorn« nach Deutschland. Im 15. und 16. Jahrhundert wurde der Reis, der aus Asien stammte, auf dem gleichen Weg bekannt.

Auch der Tabak stammte aus Amerika. Er wurde bereits hier als Genussmittel verwendet. Darüber wird an anderer Stelle ausführlicher berichtet (vgl. S. 49 ff.).

Die aufklärerische Auffassung von der Gleichheit der Menschen und die **Französische Revolution**, die am 4./5. August 1789 zur Aufhebung der feudalen Standesvorrechte geführt hatte, blieb für Deutschland nicht ohne Folgen. In Baden hob der physiokratisch gesonnene Markgraf Karl Friedrich im Jahr 1781 die Leibeigenschaft auf. Württemberg und Bayern folgten. Indessen fand die Entwicklung erst mit der Revolution von 1848 ihren Abschluss.

Bekannt ist die preußische Landreform des Freiherrn Carl vom und zum Stein (1757–1831), der gegen erhebliche Widerstände seitens des grundbesitzenden Adels im Jahr 1807 mit dem »Edikt, den erleichterten Besitz und den freien Gebrauch des Grundeigentums sowie die persönlichen Verhältnisse der Landbewohner betreffend« die Erbuntertänigkeit aufhob. Der Erlass bestimmte: »Nach dem Martinitage 1810 gibt es nur freie Leute ...« Er fuhr fort: »... bei denen aber, wie sich von selbst versteht, alle Verbindlichkeiten, die ihnen obliegen, in Kraft bleiben.«

Von den Verbindlichkeiten, Abgaben und Frondiensten konnten sich die Bauern freikaufen. Da viele von ihnen aber das dafür erforderliche Geld nicht hatten, mussten sie bis zur Hälfte ihres Landes an die ehemaligen Grundherren abgeben. Auf diese Weise vergrößerten die Rittergutsbesitzer ihre eigenen Ländereien. Viele Bauern konnten nun nicht mehr von ihrem winzigen Grundbesitz leben. Sie verschuldeten sich und wurden schließlich zu besitzlosen Landarbeitern oder drängten in die rasch wachsenden Industriezentren, wo sie als Arbeiter ihren kargen Lebensunterhalt verdienten.

Das ländliche Proletariat lebte bis zum Ende des Kaiserreichs im Jahr 1918 in einer bedrückenden wirtschaftlichen und sozialen Lage sowie in diskriminierenden Rechtsverhältnissen. Dazu gehörte etwa das Verbot von Koalitionen (bis 1879) und die Patrimonialgerichtsbarkeit der Grundherren.

Als Begründer der wissenschaftlichen **Landwirtschaftslehre** gilt Albrecht von Thaer (1792–1828), insbesondere durch sein Werk »Grundsätze der rationellen Landwirtschaft« (1809–1812). Er empfahl unter anderem eine wohl überlegte Fruchtwechselwirtschaft, die dem Boden die Möglichkeit gab, sich ohne Brache zu erholen. Daneben beschrieb er die Intensivierung der Viehhaltung durch Stallfütterung im Sommer und riet zur Einführung von Landmaschinen. In München gründete er 1806 ein Versuchsgut und eine höhere landwirtschaftliche Lehranstalt.

Im 19. Jahrhundert begann die **Mechanisierung der Landwirtschaft**. Mäh-, Dresch-, Drill- und Hackmaschinen setzen sich durch, insbesondere seit der Weltausstellung in London im Jahr 1851. Später folgten mit Dampf getriebene Maschinen wie der Dampfpflug. Der Engländer John Fowler (1817–1898) entwickelte in den Fünfzigerjahren ein erfolgreiches Modell, das sich vor allem für große Güter eignete. Der Pflug oder die Egge wurden an einem Drahtseil zwischen zwei stationären, aber mit Rädern versehenen Dampfmaschinen hin- und hergezogen.

Ein Pionier der deutschen Landtechnik war Max (von) Eyth (1836–1906), der u. a. als Auslandsvertreter der Firma Fowler in Leeds arbeitete. Er gründete im Jahr 1885 die Deutsche Landwirtschaftsgesellschaft (DLG). Sie existiert noch heute und ist mit über 25 000 Mitgliedern eine der vier Spitzenorganisationen der deutschen Agrar- und Ernährungswirtschaft.

Die Verwendung künstlicher **Düngemittel** seit der Mitte des 19. Jahrhunderts stützte sich vor allem auf Untersuchungen des Chemikers Justus von Liebig (1803–1873), der damit als Begründer der Agrikulturchemie gelten kann. Er empfahl die Verwendung von Kalisalzen, Phosphaten und dem stickstoffhaltigen Salpeter für die Pflanzendüngung, um im Boden die Nährstoffe zu ersetzen, die ihm durch die Pflanzen entzogen wurden. Sein wegweisendes Buch »Die organische Chemie in ihrer Anwendung auf Agrikultur und Physiologie« (1840) wurde in 34 Sprachen übersetzt.

Der geniale Gelehrte, ein früher Hauptvertreter der experimentellen Chemie, machte noch einige andere bedeutende Erfindungen. Dazu gehörten der »Liebig-Fleischextrakt« und eine Suppe für Säuglinge, die gegebenenfalls die Muttermilch ersetzen konnte und damit zum Vorläufer der heutigen Babynahrung wurde. Das Backpulver, das beim Backen die Hefe entbehrlich machte, entwickelte er zusammen mit seinem amerikanischen Schüler Eben Norton Horsford. Seit 1893 wurde es in Deutschland sehr rasch zu einem Verkaufserfolg, weil der Apotheker August Oetker (1862–1918) sein »Backin« den Hausfrauen für das Kuchenbacken anbot. Bereits im Jahr 1906 wurden 50 Millionen Päckchen davon verkauft. Mit diesem Produkt legte Oetker den Grundstein für die rasch wachsende, weit verzweigte Oetker-Gruppe.

Den bäuerlichen Betrieben mangelte es oft an frei verfügbarem Kapital. Das wurde in der zweiten Hälfte des 19. Jahrhunderts besonders deutlich. Um mithalten zu können, mussten die Landwirte in Maschinen und Düngemittel investieren. Für viele bedeutete das eine existenzbedrohende Last, insbesondere dann, wenn die Ernten schlecht ausfielen oder wenn das benötigte Geld bei Wucherern geliehen werden musste.

Friedrich Wilhelm Raiffeisen (1818–1888), Dorfbürgermeister im Westerwald, begründete das landwirtschaftliche Genossenschaftswesen, um diesem Mangel abzuhelfen. Schon im Jahr 1849 schuf er einen landwirtschaftlichen Hilfsverein. Die ersten genossenschaftlichen Darlehenskassen der Bauern entstanden um 1862. Sie leben bis zum heutigen Tag in den Raiffeisenbanken fort. Es folgten Einkaufs- und Absatzgenossenschaften, mit deren Hilfe die Bauern die benötigten Waren günstiger beschaffen und die eigenen Erzeugnisse gewinnbringender vermarkten konnten.

In das 19. Jahrhundert fiel auch die Gründung zahlreicher anderer Organisationen der Landwirtschaft. Dazu gehörten staatliche Einrichtungen wie das Landesökonomiekollegium in Preußen oder der Landwirtschaftsrat in Bayern, nicht zuletzt die bäuerlichen Berufsverbände, die politisch wirksam werden wollten. Schon 1837 war die Versammlung deutscher Landwirte entstanden. Im Jahr 1872 schlossen sich die bereits bestehenden landwirtschaftlichen Zentralvereine im Deutschen Landwirtschaftsrat zusammen. Einseitig agrarisch und am Großgrundbesitz orientiert war der Bund der Landwirte, der 1894 ins Leben gerufen wurde und 200 000 Mitglieder zählte.

Im **Ersten Weltkrieg** – wie später im Zweiten – kam der Landwirtschaft überlebenswichtige Bedeutung zu. Deutschland war nicht in der Lage, seinen Nahrungsmittelbedarf voll zu befriedigen. Im Jahr 1915 begann die Zwangsbewirtschaftung. Sie steigerte sich nach der Missernte des gleichen Jahres und erzwang die Einführung von Lebensmittelkarten. Unvergessen blieb der sogenannte »Steckrübenwinter« 1916/17. Im Jahr 1917 und 1918 wurde die Versorgung katastrophal, zumal die landwirtschaftlichen Erträge wegen des Mangels an Düngemitteln und Arbeitskräften drastisch abgesunken waren. Als Folge verbreiteten sich ernährungsbedingte Krankheiten wie die oft zum Tod führende Lungentuberkulose.

Der Versailler Vertrag von 1919 führte zum Verlust wichtiger landwirtschaftlicher Überschussgebiete. In den folgenden Jahren versuchten die bäuerlichen Betriebe, den durch den Krieg unterbrochenen Ausbau weiter fortzuführen. Die Folge war oft eine außerordentlich hohe Verschuldung. So folgten viele Landwirte aus diesen und aus anderen Gründen den Parolen rechtskonservativer und endlich rechtsradikaler Politiker. Die **Nationalsozialisten** unterstützten die Bauern aus weltanschaulichen Gründen und weil sie die wirtschaftliche Autarkie des Deutschen Reiches erstrebten.

Die Glorifizierung des Bauerntums trug oft mythische Züge. Es war das Symbol für die Kraft und die Gesundheit eines Volkes. »Schon die Möglichkeit der Erhaltung eines gesunden Bauernstandes als Fundament der gesamten Nation kann niemals hoch genug eingeschätzt werden. Viele unserer heutigen Leiden sind nur die Folge eines ungesunden Verhältnisses zwischen Land- und Stadtvolk. Ein fester Stock kleiner und mittlerer Bauern war noch zu allen Zeiten der beste Schutz gegen soziale Erkrankungen, wie wir sie heute besitzen.«[2]

Die mythische Bestimmung des germanisch-deutschen Bauerntums wurde unentwegt in Kunst und Literatur beschworen. Die sogenannte »Blut-und-Boden-Literatur« vermochte nicht darüber hinwegzutäuschen, dass Deutschland inzwischen ein hoch industrialisiertes Land geworden war und dass sich diese Entwicklung in der nationalsozialistischen Zeit noch beschleunigte. Dazu trugen u. a. die forcierte Aufrüstung und die dadurch begünstigten wissenschaftlich-technischen Neuerungen bei.

Das »Reichserbhofgesetz« von 1933 erleichterte die Entschuldung der Betriebe. Die Erbhöfe zwischen 7,5 und 125 Hektar wurden für unteilbar erklärt und fielen fortan dem ältesten Sohn zu. Die Berufsbezeichnung »Bauer« galt als Ehrenname. Insgesamt wuchs die Nahrungsmittelselbstversorgung des Deutschen Reiches auf 81 Prozent.

Von Neuem wuchs nach dem Zusammenbruch des »Dritten Reichs« im Jahr 1945 die überlebenswichtige Bedeutung der Landwirtschaft, zumal sich der Geldwert inflationär verringert hatte. Vielfach wurde die Reichsmark als Tauschmittel durch Naturalien ersetzt. Alle Nahrungsmittel wurden streng bewirtschaftet, um eine einigermaßen gleichwertige Versorgung der Bevölkerung und das Verhungern vieler Menschen zu verhindern. Die allgemeine Not bewirkte, dass dennoch illegal Wertgegenstände gegen Nahrungsmittel getauscht wurden. Schwarzhandel und Hamsterfahrten aufs Land gehörten in den ersten Nachkriegsjahren zum Alltag.

Um die größte Not zu lindern und vor allem Kindern und Familien mit Kindern zu helfen, wurde die Schulspeisung eingeführt. Sie wurde nach dem ehemaligen amerikanischen Präsidenten Herbert Hoover (1874–1964) auch Hoover-Speisung genannt. Sechsmal in der Woche erhielten die Schulpflichtigen täglich eine warme Mahlzeit. Die Lebensmittel stammten aus Spenden aus den USA.

Einem ähnlichen Zweck dienten die CARE-Pakete (»Cooperative for American Remittances to Europe«), die von privaten Spendern finanziert wurden und vor allem Lebensmittel enthielten. Zwischen August 1946 und Januar 1947 waren bereits 5 Millionen solcher Pakete nach Deutschland verschickt worden.

Die Lage änderte sich in Westdeutschland, als die USA im Jahr 1947 den nach ihrem Außenminister George Marshall (1880–1959) benannten Marshall-Plan (»European Recovery Program«, ERP) verkündeten. Innerhalb von vier Jahren leisteten sie mit 12,4 Milliarden Dollar einen nicht zu unterschätzenden Beitrag zur Belebung der westeuropäischen Wirtschaft.

Durch die **Währungsreform** im Jahr 1948 und die damit erfolgende Einführung der Deutschen Mark (DM) erhielt die Wirtschaft neuen, ungeahnten Schwung. Nun begannen die Jahre des deutschen Wirtschaftswunders mit einer raschen Steigerung von Produktion und Produktivität sowie einer spürbaren Verbesserung der Lebensverhältnisse in Westdeutschland.

Die Landwirtschaft geriet nun in einen starken Sog der Industriewirtschaft. Daraus ergab sich der Zwang zu kapitalintensiver Mechanisierung. Gesetzgeber und Regierung versuchten durch die Marktordnungsgesetze (1950 und 1951) und das Landwirtschaftsgesetz von 1955 mit dem »Grünen Plan«, der die Verbesserung der landwirtschaftlichen Struktur förderte, die Übergangsphase zu erleichtern. Bei stark sinkendem Personalbestand verzeichnete die Bundesrepublik Deutschland eine außerordentlich rasch wachsende Agrarproduktion.

Die Landwirtschaft

In der Sowjetischen Besatzungszone und danach in der **Deutschen Demokratischen Republik** entwickelte sich die Landwirtschaft erheblich anders als in den Westzonen und in der Bundesrepublik Deutschland. Auf Befehl der sowjetischen Besatzungsmacht wurden zwischen 1945 und 1949 Betriebe von mehr als 100 Hektar bzw. solche von Kriegsverbrechern und Naziaktivisten entschädigungslos enteignet und unter dem Schlagwort »Junkerland in Bauernhand« an Neubauern verteilt. Bei ihnen handelte es sich um frühere Landarbeiter, Industriearbeiter und Flüchtlinge. Die einzelnen Parzellen waren fünf Hektar groß. Das Land musste bezahlt werden, allerdings erwarben die neuen Bauern nur ein Nutzungsrecht. Das Experiment scheiterte, weil viele über zu geringe Fachkenntnisse, zu wenig Maschinen und Saatgut verfügten. Die landwirtschaftliche Produktion ging bedrohlich zurück.

Zwischen 1952 und 1960 wurde die **Kollektivierung** der Landwirtschaft vollzogen. Die einzelnen bäuerlichen Betriebe eines Dorfes oder einer Gemeinde wurden auf freiwilliger Basis, oft aber auch unter erheblichem psychischen und politischen Druck in landwirtschaftlichen Produktionsgenossenschaften (LPG) zusammengeschlossen. Formell verblieb das Land den ursprünglichen Besitzern. In diesem Punkt unterschieden sich die LPGs von den sowjetischen Kolchosen, bei denen der Boden dem Staat gehörte.

Der vom Staat und der SED ausgeübte Druck führte dazu, dass viele Bauern der DDR vor dem Mauerbau in Berlin im Jahr 1961 den Rücken kehrten. Allerdings boten die Genossenschaften auch Vorteile. Dazu gehörte die rentablere Bewirtschaftung großer Flächen mit einem entsprechenden Maschinenpark und die kostengünstigere Massentierhaltung sowie die großzügige Arbeitszeit- und Urlaubsregelung.

Die Wende und die damit verbundene Wiedervereinigung (1990) bedeuteten das Ende der ideologisch begründeten Genossenschaftspolitik der DDR. Das Land wurde an die Eigentümer zurückgegeben. Manche Produktionsgenossenschaften blieben bestehen und produzieren unter anderen politischen und ökonomischen Voraussetzungen weiter.

In den vergangenen Jahrzehnten hat die Landwirtschaft in Westdeutschland und dann auch im wiedervereinigten Deutschland revolutionäre Veränderungen erlebt. Der wirtschaftliche Druck, der sich durch Überproduktion und Preisverfall ergab, zwang viele Bauern, ihren Hof aufzugeben. Überlebensfähig sind vor allem größere, weitgehend industriell organisierte und nach strengen Regeln der Betriebswirtschaft geführte Unternehmen.

Das hat das Aussehen und die Produktionsweise der Bauernhöfe innerhalb weniger Jahrzehnte radikal verändert. **Monokulturen** (Weizen, Mais, Zuckerrüben) und **Massentierhaltung** (Schweine, Geflügel) bestimmen das Erscheinungsbild. In einer vergleichsweise günstigen Lage sind auch Höfe mit Sonderkulturen, z. B. Wein oder Gemüse. Viele Betriebe sind auf Subventionen des Staates und der Europäischen Union angewiesen. Die politische Bedeutung der Landwirtschaft sank auffällig, weil sie für das Bruttoinlandsprodukt nur noch einen äußerst geringen Anteil erbringt (2014: 0,8 Prozent – dagegen Industrie und Baugewerbe: 30,7 Prozent, Dienstleistung: 68,6 Prozent).

Die Interessen der Bauern werden heute vor allem durch den im Jahr 1946 gegründeten Deutschen Bauernverband vertreten. Etwa 90 Prozent der Landwirte sind in seinen Landesverbänden organisiert.

Unser tägliches Brot
Essen und Trinken

Es war schon die Rede davon, dass die Menschen der frühen Zeit ausgesprochen karg und bescheiden lebten. Der allergrößte Teil ernährte sich durch die Arbeit seiner Hände. Doch waren die Erträge, verglichen mit unserer Zeit, außerordentlich dürftig. Hinzu kam, dass im **Mittelalter** hohe Abgaben zu leisten waren. Der sogenannte **Zehnt** stand der Kirche zu und diente zur Unterhaltung der Geistlichen sowie zum Bau und zur Ausstattung der Gotteshäuser. Es handelte sich um eine etwa zehnprozentige Steuer auf die landwirtschaftlichen Erträge (Getreide, Vieh, Wein, Holz u. a.), die zunächst in Naturalien, seit dem 13. Jahrhundert auch in Geld zu entrichten war. Die Abgabe ging auf entsprechende Belege der Bibel zurück. So heißt es im Alten Testament: »Jeder Zehnt des Landes, der vom Ertrag des Landes oder von den Baumfrüchten abzuziehen ist, gehört dem Herrn; es ist etwas Heiliges für den Herrn ... Jeder Zehnt an Rind, Schaf und Ziege ist dem Herrn geweiht.« (3. Mose 27,30–32)

Seit der Zeit Karls des Großen (König/Kaiser 768/800–814) war der Zehnt praktisch eine weltliche Steuer. Die abhängigen Bauern hatten an die Grundherren weitere Abgaben zu zahlen, sodass ihnen und ihren Familien nur noch wenig zum Leben blieb.

Die Menschen aßen das, was sie auf ihren Höfen erzeugten. Handel gab es zunächst so gut wie nicht, weil kaum Überschüsse erwirtschaftet wurden. Die Bauern und ihre Familien bzw. Sippen versorgten sich autark.

Hauptnahrungsmittel waren das Getreide, das als Brei und als Brot genossen wurde, Fleisch, Fisch, Milchprodukte, z. B. saure Milch, Käse und Butter, sowie Obst. In heidnischer Zeit wurde auch

Pferdefleisch gegessen. Schon Gregor III. (Papst 731–741) hatte in einem Brief an Bonifatius dessen Verzehr verboten. Da er als äußeres Zeichen des Widerstandes der soeben durch Karl den Großen mit Feuer und Schwert christianisierten Sachsen gegen den neuen Glauben galt, wurde er mit dem Tode bedroht.

Bereits in früher Zeit waren zahlreiche **Gemüse-** und **Obstsorten** bekannt. Allerdings ist nicht anzunehmen, dass sie auf jedem Hof gezogen wurden. Die umfangreiche Liste von Nutzpflanzen, die in der um 800 entstandenen »Capitulare de villis« Karls des Großen aufgeführt wird, zeigt wohl eher einen Idealzustand, der nirgendwo vollständig verwirklicht wurde. Zu den heimischen Obstsorten kamen die Aprikose, die Esskastanie und die Walnuss hinzu. Vermutlich wurden sie in römischer Zeit eingeführt. Natürlich durften – wie in einem liebevoll von der Bäuerin gepflegten Hausgarten – Blumen, u. a. Lilien, Rosen, Schwertlilien und Mohn, nicht fehlen.

Fische waren seit undenklichen Zeiten gegessen worden, insbesondere am Meer sowie in der Nähe von Flüssen und Seen. Man könnte in diesem Zusammenhang von einer frühen beruflichen Spezialisierung sprechen, weil manche Menschen sich ausschließlich als Fischer betätigten. Der Bedarf an Fisch wuchs gewaltig durch die kirchlichen Fastengebote. Das Fleisch von warmblütigen Tieren war an Fasttagen verboten. Das führte dazu, dass nun, vor allem bei den Klöstern, riesige Fischzuchten eingerichtet wurden, in denen z. B. Karpfen heranwuchsen. Für die Bevölkerung insgesamt wurde im Hochmittelalter der Hering zum willkommenen und preiswerten Fleischersatz. Der Heringsfang in der Ostsee trug erheblich zu Reichtum und Macht der deutschen Hanse unter Anführung der Stadt Lübeck bei.

Die Ernährungsbasis für die wachsende Bevölkerung war schmal. So kam es in schlechten Jahren, meist witterungs- oder kriegsbedingt, zu Missernten und in der Folge zu Hungersnöten. Die Hungersnot der Jahre 1771/72 führte dazu, dass nun die **Kartoffel**, die bisher vereinzelt in Gärten gezogen worden war, in großen Mengen auf dem Feld angebaut wurde. Die Pflanze stammt aus den südamerikanischen Anden. Ihr deutscher Name geht auf das italienische »tartufulo« (Trüffel) zurück. In Frankreich heißt sie »pomme de terre«. Ähnliche Bezeichnungen sind noch heute in den Mundarten gebräuchlich (Erdapfel, Grundbirne). Ihre Knolle ist sehr stärkehaltig und damit ausgesprochen nahrhaft. Die Kartoffel kam zunächst als Zierpflanze nach Europa. Im Jahr 1584 wurde sie von Sir Walter Raleigh in Irland und im Jahr 1623 in England eingeführt.

Bekannt ist, dass sich der preußische König Friedrich der Große (König 1740–1786) persönlich für den Anbau und die Nutzung der Kartoffel einsetzte. Angeblich ließ er die um Berlin herum angelegten Felder von Soldaten bewachen, um seinen Untertanen deren Wert anschaulich zu machen. Schon im Jahr 1756 hatte er in einer Zirkularorder bestimmt: »Es ist Uns in höchster Person in Unsern und andern Provinzen die Anpflanzung der sogenannten Tartoffeln als ein nützliches und sowohl für Menschen als Vieh auf sehr vielfache Art dienliches Erdgewächse ernstlich anbefohlen.« Um der Sache Nachdruck zu verleihen, befahl er: »Übrigens müsst ihr es beim bloßen Bekanntwerden der Instruktion nicht bewenden, sondern durch die Land-Dragoner und andere Kreisbediente Anfang Mai revidieren lassen, ob auch Fleiß bei der Anpflanzung gebraucht worden.«

Der Erfolg gab seinen Bemühungen Recht. In der Kurmark waren im Jahr 1765 etwa 5 000 Tonnen Kartoffeln geerntet worden. Der Ertrag stieg hier auf 19 000 Tonnen im Jahr 1773 und auf 103 000 Tonnen im Jahr 1803. Einen katastrophalen Rückschlag bedeutete die Kartoffelfäule, die um 1840 aus Nordamerika nach Europa eingeschleppt wurde. Sie verursachte in Irland eine schreckliche Hungersnot mit 500 000 bis zu einer Million Toten. Eine Million Menschen wanderte aus, vor allem in die USA, nach Kanada und Australien.

Bei der **Zubereitung der Speisen** spielten Salz und Honig eine wichtige Rolle. Der von Bienen gesammelte Honig war das einzige Süßungsmittel und deshalb besonders kostbar. Das führte dazu, dass die Honigbiene bereits früh domestiziert wurde. In Anatolien in der heutigen Türkei sollen schon vor 7 000 Jahren Bienen als Honigspender gehalten worden sein. Als kostbares Nebenprodukt fiel Bienenwachs an, aus dem sich Kerzen formen ließen. Im Mittelalter war der Bedarf in Kirchen und Klöstern gewaltig.

Das **Salz** diente zum Würzen der Speisen, aber auch zum Haltbarmachen von Fleisch und Fisch. Es war allgemein sehr begehrt, weil es die in aller Regel eintönige Alltagskost schmackhafter machte. Für die Konservierung der Heringe, die ja über weite Strecken transportiert werden mussten, wurden ungeheure Mengen benötigt.

An und für sich gab es an Salz keinen Mangel. Allerdings waren die Lagerstätten in Deutschland und weltweit sehr ungleich verteilt. Die Städte und Territorien, die über das »weiße Gold« verfügten, sicherten sich durch die Gewinnung und durch den Handel gewaltigen Reichtum. Das gilt zum Beispiel für das Salzkammergut oder die fränkische Reichsstadt Schwäbisch Hall.

Andere **Gewürze** wie Pfeffer, Zimt, Muskat und Ingwer mussten aus der Ferne bezogen werden. Sie bildeten einen wichtigen Bestandteil des mittelalterlichen Fernhandels, der in seinen Verästelungen bis nach Indien und China reichte.

Das Alltagsessen der Menschen blieb bis weit in die Gegenwart hinein – auch in seiner Zusammenstellung – vergleichsweise einfach, nicht selten karg. Das galt nicht nur für besonders schwierige Zeiten wie den Ersten Weltkrieg oder die Weltwirtschaftskrise, den Zweiten Weltkrieg oder die Jahre danach bis zum Beginn des sogenannten Wirtschaftswunders. Allerdings war es der Kunst der Hausfrau, der Köche, Bäcker und Metzger zu danken, dass die wenigen verfügbaren Lebensmittel dann doch in immer wieder abgewandelter, verfeinerter und verbesserter Art und Weise auf den Tisch kamen.

Das gilt z. B. für die Kartoffel. Wir alle kennen Salz- und Pellkartoffeln, Bratkartoffeln und Kartoffelbrei, Kartoffelklöße und Kartoffelpuffer. Wer Speisekarten aufmerksam liest, findet zahllose weitere Überraschungen. Da gibt es Rösti und Pommes frites, Kartoffelschnee und Kartoffelgratin, Kroketten und Gnocchi. Die mögliche

Liste ist noch lange nicht zu Ende – vor allem ist der Fantasiereichtum von renommierten Gastronomen und Sterneköchen hier noch nicht berücksichtigt.

Mit den Gemüsesorten Bohnen, Erbsen, Kohl und Gurken ließe sich fortfahren – und schließlich auch mit den Brot- und Gebäcksorten und dem, was sich aus Fleisch zubereiten lässt, insbesondere den verschiedensten Wurstsorten.

Ihre Kunstfertigkeit zeigten die Hausfrauen und Köche vor allem dann, wenn es Wichtiges zu feiern gab. Das galt für die hohen Festtage des Kirchenjahres wie Weihnachten und Ostern, aber auch für individuelle Feiern, z. B. anlässlich einer Hochzeit, bei Kommunion und Konfirmation.

Nicht überall waren die **Lebensverhältnisse** gleich bescheiden. Das fing bei den Klöstern an, die durch den Zehnten und durch fromme Schenkungen über erhebliche Einnahmen und oft über einen weit ausgedehnten Landbesitz verfügten. So konnte es nicht ausbleiben, dass das Armutsgelübde der Mönche und Nonnen einer harten Bewährungsprobe ausgesetzt wurde. Immer wieder gab es Klagen über den unchristlichen, verschwenderischen Lebenswandel der Klosterleute. Immer wieder wird auch von sittlichen Verfehlungen berichtet. Bis zum heutigen Tag hat sich das Stereotyp des pfiffigen und genießerischen, vor allem auch wohlgenährten Klosterbruders auf vielen Abbildungen, nicht zuletzt bei der Bierwerbung, erhalten.

Moralische Bedenken waren den reichen Laien weitgehend fremd. Adel und Bürgertum schmückten sich mit aufwendigem Luxus. Eine Familie versuchte die andere zu übertreffen und dadurch ihr gesellschaftliches Renommee bzw. ihren gesellschaftlichen Kredit zu steigern. Gewaltige Reichtümer entstanden vor allem auch durch den **Fernhandel**. Die Kontore befanden sich in den rasch wachsenden Städten, die über besonders günstige geografische Voraussetzungen verfügten. Dazu gehörten in Deutschland z. B. Augsburg und Ulm, Frankfurt und Köln, Hamburg und Lübeck.

Hier soll ausnahmsweise von einem Festmahl die Rede sein, das Benedetto Salutati im Jahr 1476 in Florenz ausrichten ließ, um hohe Gäste zu ehren. Schon der äußere Rahmen nötigte den Anwesenden Bewunderung ab. Die Treppe und der Speisesaal waren mit kostbaren Teppichen und mit Taxusgirlanden geschmückt. Feines Leinen deckte die Esstische. Der Beginn des Mahls wurde durch Trompetensignale angekündigt. Fürs Erste gab es vergoldete Kuchen aus Pinienkernen und eine Milchspeise in kleinen Schüsseln. Dann folgten acht Silberschüsseln mit einem Gelee aus Kapaunbrust. Sie waren mit Wappen und Sprüchen verziert. Der vornehmste Gast war der Herzog von Kalabrien. Aus seiner Schüssel sprudelte eine Fontäne, die nach Orangenblüten duftete. Die erste Hälfte des eigentlichen Mahls bestand aus zwölf Gängen. Es gab Wild, Kalb und Schwein, Rebhuhn und Fasan, Kapaun (kastrierter Hahn) und Huhn. Zum Schluss wurde dem Herzog eine große silberne Schüssel präsentiert. Als er den Deckel hob, entflatterten zahlreiche Vögel. Auf großen Platten standen zwei lebensecht nachgebildete Pfauen. Sie schlugen das Rad, trugen in ihren Schnäbeln brennende Duftstoffe und auf der Brust das Wappenschild des Ehrengastes. In der zweiten Hälfte des Mahls wurden süße Speisen angeboten. Es gab Torten und verschiedenes Backwerk sowie Marzipan, dazu mit Zucker, Zimt und anderen Gewürzen veredelten Wein. Nach dem Essen wurde jedem Gast ein Gefäß mit parfümiertem Wasser zum Händewaschen gereicht. Auf dem Tisch stand nun eine große Schüssel mit Kräutern, die einen angenehmen Duft verbreiteten. Später gab es noch einen Nachtisch. Er bestand aus unterschiedlichem Zuckerwerk und wurde in silbernen, mit Deckeln verschlossenen Schüsseln dargereicht. Auch sie waren mit Wappen und Sinnsprüchen verziert.

Das es hier nicht nur um die Nahrungsaufnahme im engeren Sinne geht, ist offensichtlich. Das Mahl wurde inszeniert. Darüber hinaus beweist es eine hoch entwickelte Tischkultur.

Wir können davon ausgehen, dass der allergrößte Teil der Bevölkerung in sehr einfachen Verhältnissen lebte und dass demzufolge wenig Wert auf äußere Formen gelegt wurde. Ursprünglich aß man im Wesentlichen mit den Fingern, wie es noch heute in anderen Kulturen üblich ist.

Das **Messer** bedeutete einen bemerkenswerten Fortschritt. Nun konnten die Speisen, insbesondere auch das Fleisch, in Portionen bzw. in kleinere Stücke zerteilt werden. Den Anfang machten in der Steinzeit Schneidwerkzeuge aus hartem Stein, vor allem aus Feuerstein oder Obsidian, vulkanischem Glas. In der Bronze- und Eisenzeit entstanden Messer aus Metall. Sicher waren sie zunächst so kostbar, dass sie nicht allen zur Verfügung standen. Funde und Berichte aus der Römerzeit bezeugen, dass es – zumindest bei den Reichen – bereits eine hoch entwickelte Ess- und Geselligkeitskultur gab. Für das Jahr 37 v. Chr. sind Tischmesser bei Marcus Terentius Varro erstmals dokumentiert. Die erste Darstellung eines Messerschmiedes erfolgte sehr viel später, nämlich im Jahr 1410. Es ist davon auszugehen, dass in dieser Zeit die Herstellung eiserner Klingen und Messer, auch Sicheln, die zum Ernten des Getreides benutzt wurden, schon sehr weit entwickelt war. Bekanntlich entwickelte sich im bergischen Solingen seit dem Mittelalter eine blühende Messer- und Schneidwerkzeugindustrie. Daran erinnert noch heute das »Deutsche Klingenmuseum«.

Der **Löffel** erleichterte das Essen von flüssigen und halbflüssigen Speisen wie Suppe und Brei. Er wurde ursprünglich – wie bisweilen ja heute noch – aus Holz geschnitzt. Die Urform war wohl ein hölzerner Span. Diese Vermutung wird durch das englische Wort »spoon« gestützt. Vorformen des Löffels gab es bereits vor etwa 5 000 Jahren v. Chr. am Ende der Steinzeit. Die Assyrer verwendeten bronzene und kupferne Löffel, die Ägypter solche aus Holz und Elfenbein. Griechen und Römer nahmen die Löffel zunächst nur zum Schöpfen von Wein und anderen Flüssigkeiten aus größeren Gefäßen. Die Römer besaßen dann aber auch Suppen-, Koch- und Eierlöffel. Im Mittelalter fanden sie sich in den Haushalten der Reichen. Nicht selten wurden sie kunstvoll verziert, was ihren Wert und ihre Wichtigkeit unterstrich. Natürlich wurde er wie andere Wertgegenstände vererbt. Vielleicht stammt hierher die Wendung »den Löffel abgeben«. Dass sie selten und kostbar waren, lässt sich im Umkehrschluss aus einer Äußerung des französischen Philosophen und Schriftstellers Michel de Montaigne (1533–1592) herauslesen. Er zeigte sich im Jahr 1580 verwundert, dass es bei den Schweizern »immer so viele Löffel gibt, wie Leute am Tisch sind«.

Der heute übliche Esslöffel wurde wohl im Jahr 1710 von zwei Arbeitern im Erzgebirge erfunden. Sie schnitten die Umrisse aus Blech aus und gaben ihnen durch Hämmern die erwünschte Hohlform. Im Jahr 1842 erhielt der Juwelier C. Damm aus Danzig ein Patent auf die Herstellung von Löffeln und Gabeln im Walzverfahren.

Die **Gabel** im heutigen Sinne war im Altertum wohl unbekannt. Allerdings fanden sich unter den Hinterlassenschaften der Römer Geräte mit zwei Zinken, die anscheinend dazu dienten, heiße Speisen vom Feuer oder aus der Schüssel zu holen und sie beim Zerteilen festzuhalten. Allerdings wurden Gabeln wohl schon früh in der Landwirtschaft eingesetzt, z. B. um das Heu zu wenden. Am Anfang handelte es sich hier um entsprechend bearbeitete Astenden von Bäumen, deren Form an die menschliche Hand erinnerte. Die Tafelgabel wurde erstmals Ende des 13. Jahrhunderts in Italien erwähnt. Freilich ist nicht ganz auszuschließen, dass sie hie und da, möglicherweise bereits im alten Rom, längst im Gebrauch war. Es dauerte aber noch lange, bis sie sich bei Tisch durchsetzen konnte. So heißt es noch am Anfang des 17. Jahrhunderts in einer Tischregel: »Unsere Mitglieder mögen von ihrem Tisch Gabeln und Löffel verbannen. Hat uns die Natur nicht fünf Finger an jeder Hand geschenkt? Warum wollen wir sie mit jenen dummen Instrumenten beleidigen, die eher dazu geschaffen sind, Heu aufzuladen als das Essen?« Selbst König Ludwig XIV. (König 1643–1715) von Frankreich, Inbegriff einer verfeinerten Kultur und von höfischem Luxus, aß noch mit den Fingern. In diesem Zusammenhang ist eine Tatsache erwähnenswert, die Europäer sicher überraschen: Schätzungsweise benutzen 900 Millionen

Menschen beim Essen eine Gabel, 1,2 Milliarden Stäbchen und 4,2 Milliarden die Hand.

In diesem Zusammenhang ist auch über das **Essgeschirr** zu sprechen. Für uns heute ist die Benutzung von Porzellan und Glas eine Selbstverständlichkeit. Doch bis es dazu kam, musste ein langer Entwicklungsweg zurückgelegt werden. Noch heute werden Flüssigkeiten, Wasser, Öl und Wein, gelegentlich in natürlichen Behältern aufbewahrt. Dazu gehören z. B. Tierbälge und Tierhörner oder ausgehöhlte Kürbisse. Die Herstellung von **Tonwaren** seit der Jungsteinzeit bezeichnete einen gewaltigen Fortschritt. In Asien gab es frühe Funde aus dem 8. Jahrtausend v. Chr. Im 6. Jahrtausend v. Chr. kam in Vorderasien die langsam drehende Töpferscheibe auf. Die schnell drehende Töpferscheibe, die um 4 000 v. Chr. erfunden wurde, gestattete eine raschere Produktion und die Herstellung von größeren Stückzahlen.

Funde aus Griechenland und aus Rom zeigen, auf welch hohem Niveau das Töpferhandwerk und die Töpferkunst in der Antike angekommen waren. Große Tongefäße, griechisch »Pithoi«, wurden zur Aufbewahrung von Getreide, Öl und Wein gebrannt. Besonders kunstvoll sind die mit Bildern aus der Mythologie und aus dem Alltagsleben verzierten »Amphoren« (griech. Doppelträger). In Rom wurden Tonwaren in sehr großen Stückzahlen in Manufakturen hergestellt. Als besonders schön gelten die »Terra-sigillata«-Geschirre. Sie sind mit einem roten, glänzenden Überzug und oft mit aufgestempelten Verzierungen und Bildern versehen.

Vermutlich verfügte der mittelalterliche Haushalt nur über ganz wenig Geschirr. Oft wurde – wie heute noch in anderen Kulturen – gemeinsam aus einem Topf gegessen. Daran erinnern z. B. der Begriff »Eintopf« und bestimmte bäuerliche Gerichte wie »Fondue« und »Raclette«. Eine Vorform der heute üblichen Teller waren in die Tischplatte eingearbeitete Aushöhlungen. Natürlich gab es auch selbst geschnitzte Teller aus Holz.

Sehr wertvoll waren Ess- und Trinkgefäße aus **Zinn**. Das Zinn war schon sehr lange bekannt. Wenn es in einem bestimmten Verhältnis mit Kupfer vermischt wurde, entstand die gut zu formende, aber sehr harte Bronze, die sich für Werkzeuge und Waffen eignete. Als die Menschen erkannt hatten, dass das Zinn der Gesundheit nicht schadete, benutzten sie es auch, um Teller, Becher, Krüge und andere Gebrauchsgegenstände daraus zu formen. Das war bereits im alten Rom der Fall. Der Komödiendichter Titus Maccius Plautus (um 254–um 184 v. Chr.) berichtet von einem Festmahl, bei dem die Speisen in Zinngefäßen serviert wurden. Plinius der Ältere (um 23–79) empfahl das Metall auch für medizinische Geräte, weil es der Gesundheit nicht schadete. Seit dem 1. Jahrtausend v. Chr. kam das Rohmaterial aus Cornwall und Devonshire in Südengland. Erst im Mittelalter, gegen Ende des 12. Jahrhunderts, wurden Zinnlagerstätten im deutschen und im böhmischen Erzgebirge erschlossen.

Da das reine Zinn sehr spröde war, wurde es mit anderen Metallen legiert. Dazu eignete sich besonders das Blei. Viele Zinngießer benutzten diesen Umstand, um Waren mit einem unverhältnismäßig hohen Bleianteil herzustellen, zumal das beigemischte Metall vergleichsweise billig war. Längst ist bekannt, dass Bleiverbindungen giftig sind und den Organismus erheblich schädigen. Es gab die Hypothese, dass in spätrömischer Zeit die Kinderzahl deshalb drastisch zurückging, weil der Bleigehalt im Blut vieler Männer – zum Trinken wurden oft Zinnbecher benutzt – zu Impotenz geführt habe.

Das Wissen um die Gefährlichkeit der Legierung mit Blei führte dazu, dass seit dem 14. Jahrhundert zwingende Reinheitsvorschriften galten. Beim Feinzinn betrugen die Beimischungen höchstens zwei bis fünf Prozent. Für Essgeschirre war aber auch noch das »Probezinn« mit etwa zehn Prozent Blei oder anderen Beimischungen zugelassen. Seit der Barockzeit wurde die Qualität der Zinnprodukte durch Stempel, ursprünglich einen Meister-, einen Qualitäts- und einen Stadtstempel, bestätigt. Diese Kennzeichnung erlaubt bis zum heutigen Tag die richtige Zuordnung eines antiken Stückes.

Zinngeräte wurden zu allen Zeiten in einfacher und zweckmäßiger Form angeboten, das galt z. B. für Teller und Schüsseln, Becher und Kannen. Wert und Formbarkeit des Materials führten aber dazu, dass sich viele Schmuckformen herausbildeten, mit denen die Besitzer ihren guten Geschmack und ihren Wohlstand zur Schau stellen konnten. Das gilt für Schauplatten sowie für reich verzierte Weinkrüge und Bierhumpen. Die Zünfte ließen sich kostbare Zunftschilder und Trinkgefäße anfertigen. Auch im kirchlichen Leben spielte das Zinn eine wichtige Rolle. Leuchter, Hostienbehälter, Weihwasserbecken und manches mehr wurden aus diesem Material geformt, nicht zu vergessen die Pfeifen an der Schauseite der Orgeln.

Neben Zinn wurde auch **Kupfer** (lat. »aes cyprium« = Erz von Zypern) für Haushaltsgeräte, meist für größere Behältnisse, z. B. Kupferkessel, verwendet. Dies war allerdings nicht ungefährlich, weil sich Kupfer mit Essigsäure unter Umständen zu dem tödlichen Gift Grünspan (Kupferacetat) verbindet. Seit dem 17. Jahrhundert wurden deshalb die Innenseiten der Gefäße oft verzinnt, um die Grünspanbildung zu verhindern. Heute sind Kupferbehälter vor allem noch in Konditoreien, Bierbrauereien (Sudpfanne) und Schnapsbrennereien im Gebrauch.

Die Erfindung des Porzellans (siehe unten) in Europa verdrängte das Zinn mehr und mehr aus den Haushalten. Allerdings benutzte man es wegen seines Silberglanzes seit dem 18. Jahrhundert, um die silbernen, sehr teuren Gebrauchs- und Repräsentationsgegenstände des Adels nachzuahmen. Eine Renaissance erlebte kunstvoll gestaltetes Zinn in der Zeit des Jugendstils. Bekannt sind vor allem die unverwechselbaren Gegenstände aus der Firma Kayser (»Kayserzinn«) in Krefeld.

Glas wird in der Regel aus Quarzsand und Soda bzw. Pottasche geschmolzen. Dafür sind sehr hohe Temperaturen erforderlich. Wo seine Herstellung erfunden wurde, ist bis heute nicht sicher geklärt. Erstmals wird es in einen Text erwähnt, der um 1600 v. Chr. in Nordsyrien entstanden sein soll. Das erste Hohlglas stammt aus Ägypten und wurde im 15. Jahrhundert v. Chr. angefertigt.

Bei den Römern war die Glasherstellung bekannt. Plinius der Ältere (um 23–79) hat die Rezeptur in seiner »Naturgeschichte« genau beschrieben. Das Glasblasen wurde wohl im 1. Jahrhundert v. Chr. an der vorasiatischen Küste erfunden und kam von hier aus nach Rom. Hier gab es eine ganze Reihe von Glasmanufakturen, die oft importiertes Rohglas zu Hohl- und Flachglas sowie zu Mosaiksteinen weiterverarbeiteten. U. a. wurden Perlen und Parfümfläschchen, dann aber auch größere Behälter, Karaffen und Trinkgläser hergestellt.

In einigen Teilen des Römischen Reiches erreichte die Glaskunst eine besondere Perfektion. Das gilt z. B. für die Manufakturen in Köln, die kostbare Schlangenfaden-, Gold- und Diatretgläser (Gläser, die mit einem feinen Netzwerk aus Glas überzogen sind) fertigten. Schon in römischer Zeit gab es gelegentlich auch Fensterglas. Allgemein üblich wurde es freilich erst beim Kirchenbau in der Zeit der Gotik.

Ein besonders wichtiges Zentrum der europäischen Glaskunst nach dem Untergang des Römischen Reiches war Venedig. Hier wurde im 11. Jahrhundert erstmals der Beruf des Glasmachers (»phiolarius« = Flaschenmacher) erwähnt. Ab dem Ende des 13. Jahrhunderts mussten sich alle venezianischen Glasmacher auf Murano ansiedeln und durften sich außerhalb der Insel nicht frei bewegen. Die Abwanderung wurde mit dem Tode bedroht. Dennoch gelang es einigen von ihnen, sich woanders anzusiedeln und hier ihr Gewerbe auszuüben. In Frankreich und in den Niederlanden wurden Gläser »à la façon venise« (in venezianischer Art) hergestellt.

Die Germanen übernahmen die Kunst der Glasherstellung von den Römern. Seit dem 12. Jahrhundert wurde vermehrt Glas nördlich der Alpen erzeugt. Die Hütten standen oft im Wald, weil für den Schmelzprozess große Mengen an Holzkohle benötigt wurden. Sie produzierten Fensterglas für die Kirchen und Gebrauchsgeschirr wie Becher, kleine Schalen und Flaschen, die sich zumeist wegen der Beimischungen in den Rohmaterialien grün oder braun färbten.

Schon bald wurden Klagen über die starke Abholzung der Wälder laut. Seit dem 16. Jahrhundert siedelten sich die Glashütten dann vorwiegend in den Dörfern an. Zentren der Glasherstellung wurden Böhmen, Schlesien, Nürnberg und Hessen. Hier entstanden oft sehr kostbare Gläser, die vor allem für den Adel und das reiche patrizische Bürgertum bestimmt waren. Zu den neuen Bearbeitungsverfahren zählten die Emailmalerei, der Glasschliff, der Glasschnitt und der Diamantriss. Gläser wurden mit Porträts, Wappen und Aufschriften verziert. Seit 1679 wurde in Potsdam das blutrote Rubinglas hergestellt.

Eine weite Verbreitung von Glaserzeugnissen ermöglichte das im Jahr 1826 in den Vereinigten Staaten erfundene Pressglasverfahren, das sich bald auch in Europa durchsetzte. Von nun an war eine billige Massenherstellung von Glaswaren möglich. Besonders deutlich wird das auch an der Flasche, dem Aufbewahrungsgefäß für Flüssigkeiten schlechthin, die seit der zweiten Hälfte des 19. Jahrhunderts maschinell gefertigt wurde. In aller Regel ist sie im Vergleich zum Inhalt, z. B. Wein oder Öl, nahezu wertlos.

Porzellan gab es lange, bevor es in Europa neu erfunden wurde. Angeblich wurde es seit dem Jahr 620 in China angefertigt. Es handelt sich um ein Gemisch aus Kaolin (Porzellanerde), Quarz und anderem, das bei hoher Temperatur gebrannt wird.

In Europa gelang es Johann Friedrich Böttger (1682–1719) im Jahr 1709, erstmals Porzellan herzustellen. Er stützte sich dabei auf Vorarbeiten von Ehrenfried Walther von Tschirnhaus. Böttger ist den sogenannten Alchimisten zuzurechnen. U. a. bemühte er sich, aus unedlen Substanzen Gold zu machen. Der stets in Geldnot befindliche sächsische Herzog August der Starke (Kurfürst 1694–1733) zwang ihn, für sich zu forschen. Dabei kam es zu der Neuerfindung des »weißen Goldes«.

Die erste Porzellan-Manufaktur entstand im folgenden Jahr auf der Albrechtsburg in Meißen. Fast ein halbes Jahrhundert lang konnte sie das Geheimnis der Herstellung wahren. Die Meißener Manufaktur besteht noch heute. Ihre kostbaren Erzeugnisse sind an den blauen gekreuzten Schwertern zu erkennen. Andere Manufakturen entstanden, so z. B. in Wien (1717), Nymphenburg bei München (1747), Berlin (1751) und Ludwigsburg (1758). Das neue Material entsprach in besonderem Maß den Stilerwartungen der Rokokozeit. Davon künden noch heute das verspielte Tafelgeschirr und die filigranen Nippesfiguren aus dem 18. Jahrhundert.

Die allgemeine Verbreitung von preisgünstigem Tafelgeschirr, Tellern, Tassen, Schüsseln u. a. wurde durch die Massenproduktion in Manufakturen und Fabriken ermöglicht. Zum Zentrum der deutschen Porzellanherstellung wurde seit der Mitte des 19. Jahrhunderts die Gegend um Selb, Weiden und Arzberg in der Oberpfalz und in Oberfranken. Hier fanden sich reiche Kaolinvorkommen. Zeitweise wurden in dieser Gegend 90 Prozent des deutschen Porzellans hergestellt.

Seit dem 12. Jahrhundert gab es die sogenannten **Tischzuchten**. Sie vermittelten feste Regeln davon, wie man sich beim Essen zu verhalten habe. Es versteht sich fast von selbst, dass diese Vorschriften zunächst für die adelige bzw. ritterliche Gesellschaft galten. »Zucht« und »Mâze« waren wichtige Erziehungsgrundsätze. Auf der Burg lebten eben nicht nur die Mitglieder der kriegerischen Männergesellschaft, sondern auch die »Frouwe« (Herrin) und die anderen Damen.

In »Tanhusers Hofzucht«, die zwischen 1200 und 1250 entstand, heißt es u. a.: »Kein edler Mann soll aus dem Schöpflöffel trinken noch aus Schüsseln. Auch soll sich niemand während des Essens über die Schüssel legen und dabei schnaufen und schmatzen. Gar mancher beißt von seinem Brotstück ab und taucht es dann wieder nach bäuerischer Sitte in die Schüssel, ja mancher legt den Knochen, den er benagt hat, wieder in die Schüssel ... Man stochere nicht mit dem Messer in den Zähnen herum und schiebe nicht die Speise mit den Fingern auf den Löffel. Auch lockere niemand bei Tisch den Gürtel. Man rede nicht mit vollem Munde, esse nicht so gierig, dass man sich in die Finger beißt, schnäuze nicht die Nase mit der Hand, reibe auch nicht die Augen, noch greife man in die Ohren. Vor dem Essen aber wasche ein jeder seine Hände.«

Der feinere Lebensstil wurde in der Folgezeit vom Bürgertum kopiert. Dazu gehörte auch das Verhalten beim Essen. Im Grunde haben die damals aufgestellten Regeln in angepasster Form bis auf den heutigen Tag überlebt (»Benimm-Regeln«).

Neben den Nahrungsmitteln, die vorwiegend durch die einheimische Landwirtschaft erzeugt wurden, verbrauchten die Menschen eine Reihe verschiedener **Genussmittel**. Dazu gehörten zunächst die alkoholischen Getränke. Das **Bier** war schon im alten Ägypten Teil der täglichen Nahrung und wurde dort aus Weizen, Gerste und Hirse gegoren. Auch in Mesopotamien war es bekannt. Die germanischen Frauen, die das Bier zu bereiten hatten, verwendeten Gerste zum Brauen, dazu Hopfenblüte und andere Kräuter, um ihm einen angenehmeren Geschmack zu geben.

Dass es von den Germanen sehr gern und sehr oft getrunken wurde, belegt eine Notiz des römischen Schriftstellers Tacitus (um 55–nach 115): »Tag und Nacht durchzechen sie, und man könnte sie ebenso gut mit der Lieferung berauschender Getränke besiegen wie durch die Gewalt der Waffen.«

Im Mittelalter übernahmen oft Klosterbrauereien die Herstellung des Bieres. Wegen seines Kaloriengehalts galt es als wichtige Ergänzung der oft kargen Ernährung. Da der Alkoholgehalt geringer war als heute, konnte es auch von Kindern getrunken werden. Gegenüber dem Wasser hatte es den Vorteil, dass es keimfrei und damit gesünder war.

Die Brauerei Weihenstephan in Freising, heute Bayerische Staatsbrauerei, ist die älteste noch bestehende Brauerei der Erde. Die Echtheit der angeblich aus dem Jahr 1040 stammenden Urkunde, in der Bischof Engelbert von Freising dem Benediktinerkloster das Braurecht erteilt, ist allerdings umstritten.

Das Reinheitsgebot aus dem Jahr 1516 ist eines der ältesten Lebensmittelgesetze überhaupt. Es wurde von dem bayerischen Herzog Wilhelm IV. in Ingolstadt erlassen und galt für das ganze Land. Es bestimmte u. a.: »Wir wollen auch sonderlich, dass fortan allenthalben in unseren Städten, Märkten und auf dem Land zu keinem Biere mehr Bestandteile als allein Gerste, Hopfen und Wasser genommen und gebraucht werden sollen.« Das deutsche Reinheitsgebot ist – mit Einschränkungen – nach wie vor gültig.

Das Pilsener Bier wurde erstmals im Jahr 1842 in Pilsen von dem bayerischen Braumeister Josef Groll aus Vilshofen gebraut. Es sollte die bis dahin üblichen, wenig schmackhaften Sorten ablösen. Kennzeichnend sind der leicht bittere Hopfengeschmack, der Malzgeschmack und die goldgelbe Farbe. Die Pilsener Brauart verbreitete sich sehr rasch auf der ganzen Welt. Neben dem Original, »Pilsener Urquell«, wird überall Pils oder Pilsner getrunken.

In früheren Zeiten war es schwierig, das Bier über einige Zeit frisch zu halten und kühl zu servieren. Eiskeller schufen Abhilfe. Oft wurden sie in die Erde oder in den Felsen hineingegraben. Im Winter lagerte man hier Eisblöcke von zugefrorenen Seen ein und verwendete sie während der wärmeren Jahreszeiten nach Bedarf zur Kühlung des Bieres. Seit den Vierzigerjahren des 19. Jahrhunderts gab es dann technische Kühlanlagen.

Die Anzahl der verschiedenen Biersorten, die sich über lange Zeit herausgebildet haben, ist groß. Bekannt und beliebt sind die obergärigen Biere. Sie heißen deshalb so, weil beim Brauvorgang die Hefe nach oben steigt. Oft handelt es sich um regionale Spezialitäten. In Köln trinkt man z. B. das Kölsch und in Düsseldorf das Alt, in Berlin die Berliner Weiße (mit Schuss). Obergärig ist auch das Weiß- oder Weizenbier. Untergärige Biere sind z. B. das Helle und das Export, das Pils und das Lager, das Märzen und das Bock sowie dunkle Biere, z. B. das Schwarzbier und das Rauchbier (Bamberg).

Der **Weinbau** ist bereits viele tausend Jahre alt. Spuren deuten darauf hin, dass es ihn bereits vor mehr als 9 000 Jahren in China gab. Vor etwa 5 000 Jahren wurde die Weinrebe im südlichen Irak kultiviert. Für die Zeit um 1700 v. Chr. ist der Weinbau in Griechenland belegt.

Die Römer verbreiteten ihn über weite Teile ihres Herrschaftsgebietes. So kam er auch in das südliche Germanien, seit 100 n. Chr.

vor allem an den Rhein, die Mosel und die Ahr. Davon künden noch heute der lateinische Name (»vinum« = Wein) sowie zahlreiche Begriffe der römischen Sachkultur, die als Lehnwörter ins Germanische und dann ins Deutsche übernommen wurden, z. B. »vinitor« (Winzer), »calcatura« (Kelter), »pressa« (Presse) und »mustum« (Most). Das lateinische »torculum« (Torkel = Weinpresse) findet sich heute noch in dem Südtiroler Wort »törggelen« (den neuen Wein verkosten) und in »torkeln«.

Im 19. Jahrhundert bemühte man sich vielerorts um die Verbesserung der Weinqualität. Wie in der übrigen Landwirtschaft wurden nun wissenschaftliche Methoden angewendet. Vielfach traten an die Stelle der bis dahin üblichen Verschnitte nun rebsortentreue Weine wie Riesling oder Trollinger, Weißburgunder oder Schwarzriesling.

Neu auf den Markt kamen die Schaumweine. Der berühmteste ist der in der Champagne in Frankreich und in benachbarten Gebieten erzeugte Champagner. Im Jahr 1806 gelang es Nicole-Barbe Cliquot und dem deutschstämmigen Kellermeister Antoine Müller, den Schaumwein durch das Rütteln und das sogenannte Degorgieren von der Hefe zu trennen. Dabei wird die im Flaschenhals gesammelte Hefe vereist und dann – beim Öffnen der Flasche – durch den Innendruck nach außen katapultiert. Die erste deutsche Sektkellerei wurde im Jahr 1826 von Georg Christian von Kessler (1787–1842) in Esslingen gegründet. Sie besteht heute noch.

In den Achtziger- und Neunzigerjahren des 19. Jahrhunderts wurde der Weinanbau von einer existenzbedrohenden Krise erfasst. Im Jahr 1878 kam die Pilzkrankheit Peronospora (»falscher Mehltau«) von Amerika nach Europa. Die Qualität und die Ertragsmengen wurden dadurch erheblich beeinträchtigt. Schlimmer noch war das Auftreten der Reblaus, die ebenfalls aus Amerika eingeschleppt worden war. Erstmalig wurde sie im Jahr 1874 in Deutschland festgestellt. Die durch sie verursachten Verheerungen waren so gewaltig, dass vielerorts der Weinanbau ganz zum Erliegen kam. Den heute verwendeten Pfropfreben kann die Reblaus nichts anhaben.

Die widerstandsfähige Unterlage stammt aus Amerika, das aufgepfropfte Edelreis aus Europa.

Ein dem Wein ähnliches, traditionelles Getränk ist der Most. Er wird aus Äpfeln und Birnen gegoren. Insbesondere in der bäuerlichen Bevölkerung war er sehr beliebt und wurde verdünnt oder unverdünnt getrunken, um den Durst zu stillen. Ein ebenfalls sehr altes, schon vorgermanisches Getränk war der aus Honig gegorene Met. Auch er erfreute sich großer Beliebtheit.

Am Ende des Mittelalters wurde der **Branntwein** als Getränk entdeckt, nachdem er zuvor in der Medizin als »Lebenswasser« (»aqua vitae«) benutzt worden war. Heute gibt es zahllose unterschiedliche Sorten. Aus Wein wird der Weinbrand destilliert. Berühmt ist der in der Nähe von Bordeaux hergestellte, nach seinem Ursprungsort benannte Cognac.

Aus Getreide werden z. B. der Korn und der insbesondere in Schottland, Irland und Amerika verbreitete Whisky (irisch-schott. »Lebenswasser«) gebrannt. Der amerikanische Bourbon-Whiskey, unterscheidbar schon durch die Schreibung, entsteht vor allem aus Mais. Aus Kartoffeln (oder Getreide) wird der der russische und polnische Wodka (russ. »Wässerchen«) gemacht, aus Zuckerrohrsaft oder Melasse, einem Rückstand bei der Zuckerherstellung, der Rum. Bekannt sind vor allem die westindischen Rumsorten, insbesondere die aus Jamaika. Aus Palmsaft und Reis wird Arrak erzeugt. Daneben gibt es Trinkbranntweine aus vielerlei Früchten, so Zwetschgen- und Kirschwasser, Himbeer- und Mirabellengeist.

Durch aromatische Beimischungen erhalten die Alkoholsorten Kümmel-, Pfefferminz-, Wacholder- oder Anisgeschmack und manches mehr. Durch das Hinzufügen von gezuckerten Säften und Kräutern entstehen **Liköre**. Bekannte Sorten wurden über die Jahrhunderte in Klöstern (z. B. »Ettaler Klosterlikör«) oder von einzelnen Firmen (»Eckes Edelkirsch«) entwickelt. Die Rezepturen werden verständlicherweise streng geheim gehalten. Das gilt z. B. für den »Underberg«, für den Kräuter aus 43 Ländern benötigt werden.

Seit es diese Marke gibt, führte die Firma rund 1200 Prozesse gegen Nachahmer.

Weiteste Verbreitung als Genussmittel fand der **Kaffee**. Der Kaffeestrauch war wahrscheinlich ursprünglich nur in Ostafrika heimisch. Heute wird er in vielen tropischen Ländern angebaut, insbesondere in Ostindien, Inselindien und Südamerika. Die Früchte des Strauchs, die Kaffeekirschen, enthalten jeweils zwei Samen, die begehrten Kaffeebohnen. Durch Rösten entsteht das bekannte charakteristische Aroma.

Über Arabien kam der Kaffee nach Konstantinopel, von hier aus an den Hof des französischen Königs Ludwig XIV. Im 17. Jahrhundert entstanden überall in Europa Kaffeehäuser, so im Jahr 1683 in Wien, nachdem von den Türken, die die Stadt belagerten, 500 Sack Kaffee erbeutet worden waren.

Der neumodische Luxus – Kaffee war sehr teuer – wurde nicht überall gern gesehen. Ganz im Sinne der merkantilistischen Wirtschaftspolitik untersagte Friedrich der Große im Jahr 1766, also drei Jahre nach dem Ende des mörderischen und ungeheuer aufwendigen Siebenjährigen Krieges (1756–1763), den freien Handel mit Kaffee. Nun übernahm der Staat selbst diese Aufgabe und erhob eine astronomisch hohe Luxussteuer. Dies wiederum führte dazu, dass Kaffee in großen Mengen ins Land hineingeschmuggelt wurde. Friedrich stellte 400 ehemalige französische Soldaten als »Kaffeeriecher« ein, um sein Verbot zu überwachen. Allerdings blieb der Erfolg dieser Maßnahme bescheiden.

Das einfache Volk musste sich wegen der hohen Preise oft mit Ersatzstoffen begnügen. In Kriegszeiten galt das für nahezu alle, weil Deutschland vom Weltmarkt abgeschnitten war. Der Ersatzkaffee (»Muckefuck«) wurde aus Getreide, Zichorienwurzeln, manchmal auch aus Eicheln und anderen Naturprodukten gebrannt. Die ersten Zichorienfabriken entstanden Ende des 18. Jahrhunderts, weil Friedrich von Preußen den Handel mit Kaffee behinderte und weil dann die napoleonische Kontinentalsperre Auslandseinfuhren unterband.

Im Jahr 1954 kam der lösliche »Caro-Instant« auf den Markt. Er verdrängte weitestgehend die nichtlöslichen Ersatzkaffeesorten.

Der **Tee** war in China seit sehr langer Zeit bekannt. Er wurde bereits um 2700 v. Chr. erwähnt. Zunächst verwendete man ihn als Arznei, dann als Genussmittel. Im Jahr 1610 tauschten ihn Holländer von chinesischen Kaufleuten und brachten ihn in ihre Heimat. Angeblich führte ihn der holländische Arzt Cornelius Dekker um 1657 am Hof des Großen Kurfürsten Friedrich Wilhelm von Preußen (Kurfürst 1640–1688) in Berlin ein. Er schrieb über das neue Getränk: »Tee kann einen Menschen, der beinahe am Ende seiner Kräfte ist und gleichsam den einen Fuß bereits im Grabe hat, neue Kraft und neues Leben geben.« Doch fand er erst im 19. Jahrhundert in Deutschland weitere Verbreitung.

Der **Kakao** (aztekisch »bitteres Wasser«) stammt aus Mittel- bzw. Südamerika, wo ihn die Ureinwohner schon vor der Entdeckung Amerikas durch Kolumbus anbauten, um daraus ein Getränk zu bereiten. Die Kakaobohnen wurden auch als Zahlungsmittel verwendet. Um das Jahr 1520 kam der Kakao nach Spanien, im folgenden Jahrhundert auch nach Deutschland und in andere europäische Länder. Wegen seines hohen Preises erlangte er aber erst im 19. Jahrhundert weitere Verbreitung.

Lange vorher war bereits handwerksmäßig **Schokolade** aus Kakaopulver hergestellt worden. Nicht ganz sicher ist, wann die industrielle Produktion begann. Als frühe Firmen werden die Halloren Schokoladenfabrik in Halle an der Saale (1804), die Firma Timaeus in Dresden (1832) und die Potsdamer Dampf-Schokoladenfabrik (1828) genannt.

Bereits früher wurde erwähnt, dass der **Honig** lange Zeit das nahezu einzige Mittel war, um Speisen zu süßen. Allerdings wurde in Asien sehr früh bereits das Zuckerrohr genutzt, um aus seinem Saft **Zucker** (arab. »sukkar«) zu gewinnen. Um 600 v. Chr. kannte man in Persien den kristallinen Zucker. In der Spätantike war er als Importware aus Indien und Persien in Rom bekannt. Wegen seines hohen Preises wurde er aber nur von den besonders Reichen gekauft.

Aus dem Orient brachten ihn im Hochmittealter auch Kreuzfahrer mit nach Europa.

Revolutionär war die Entdeckung des Chemikers und Apothekers Andreas Sigismund Marggraf im Jahr 1747. Er fand in der Runkelrübe Zucker und schuf damit die Voraussetzung für die Gewinnung von Rübenzucker. Durch Züchtung entstand in der Folgezeit aus der Runkelrübe die Zuckerrübe, die einen höheren Zuckergehalt aufwies (16%, heute 18–20% gegenüber ursprünglich 8%). In den letzten Jahren des 18. Jahrhunderts schuf der Chemiker Franz Carl Achard die Voraussetzungen für die industrielle Gewinnung von Rübenzucker. Die erste Fabrik entstand im Jahr 1801 in Cunern in Schlesien. Sie wurde von König Friedrich Wilhelm II. (1797–1840) von Preußen durch ein großzügiges Darlehen unterstützt.

Ein neueres Nahrungsmittel, die **Margarine**, verdient noch besondere Erwähnung. Ihr Name stammt von dem griechischen Wort »margaron«, das »Perle« heißt und sich auf die schillernde Farbe der künstlichen Butter bezieht. Sie wurde auf Anregung des französischen Kaisers Napoleon III. (Kaiser 1852–1870) erstmals im Jahr 1869 von dem Chemiker Hippolyte Mège-Mouriés hergestellt, als die Butter besonders teuer war. Als Rohstoffe dienten unterschiedliche Pflanzenfette, aber auch Waltran oder Fischfette. Die ersten Margarinefabriken, auch in Deutschland, entstanden im Jahr 1871. Zubereitung, Bezeichnung und Handelsformen wurden durch das vielfach novellierte Margarine-Gesetz von 1897 festgelegt. Über lange Zeit galt z. B., dass die Margarine nur in Würfelform verpackt werden durfte, um die Verwechslung mit der wertvolleren Butter zu vermeiden.

An dieser Stelle sollte man auch noch einmal über den **Tabak** sprechen, obwohl er nicht unmittelbar mit dem Essen zu tun hat. Er fand bei den Indianern Süd-, Mittel- und Nordamerikas unterschiedliche Verwendung. So diente er als Arzneimittel und als Kau-, Rauch- und Schnupftabak dem Genuss sowie kultischen Zwecken.

Mit seiner Hilfe versetzte sich beispielsweise ein Medizinmann in Trance und Ekstase.

Kolumbus beobachtete das Rauchen bereits im Oktober 1492, als er auf Guanahani in Amerika an Land gegangen war. Die Indios schenkten ihm zur Begrüßung unter anderem Tabakblätter. Deren Bedeutung wurde ihm erst klar, als seine Männer die Eingeborenen Tabakrauch »trinken« sahen.

Angeblich wurde der Tabak erstmals im Jahr 1558 durch den spanischen Arzt Francisco Hernandez im Auftrag des spanischen Königs Philipp II. (König 1556–1598) nach Europa gebracht. Um die gleiche Zeit müssen aber auch die Portugiesen den Tabak schon genutzt haben. Jedenfalls sandte der französische Botschafter in Lissabon, Jean Nicot, im Jahr 1559 seiner Königin Katharina von Medici Schnupftabak gegen Migräne. Nach ihm wurde das Nikotin benannt.

Der Tabak war zunächst ausschließlich als Medizin begehrt, bis der englische Seefahrer und Entdecker Walter Raleigh im Jahr 1586 das Tabakrauchen in England einführte. Obwohl es bald auch in Holland, Deutschland und in anderen Ländern üblich wurde, hielt sich der Brauch, das neue Genussmittel in Form von pulverisiertem Schnupftabak zu verwenden. Erst mit der Herstellung von **Zigarren** im 18. Jahrhundert und Zigaretten im 19. Jahrhundert fand das Rauchen weitere Verbreitung. Seit dem Ende des 17. Jahrhunderts wird in Deutschland Tabak angebaut, so in der Mark Brandenburg seit dem Jahr 1676.

Früh gab es ernst zu nehmende Versuche, das Rauchen und den Tabakgenuss einzuschränken oder gar zu verhindern. Ein entschiedener Gegner des Rauchens war der englische König Jakob I. (König 1603–1625). Er veröffentlichte im Jahr 1603 eine Schrift mit dem Titel »Der Rauchgegner oder ein königliches Scherzstück über den Tabak«. Sie wurde im Jahr 1604 auch in deutscher Übersetzung gedruckt. Deutlich formulierte der König seine Verachtung für die »liederlichen und ausschweifenden« Raucher.

In Deutschland wurden der Tabak und das Rauchen im 17. Jahrhundert in einer Reihe von Territorien verboten und mit Haft oder

Zwangsarbeit bestraft. Nirgendwo konnte sich das Verbot freilich dauerhaft durchsetzen. Das galt beispielsweise auch für das Osmanische Reich und Russland, wo besonders strenge Strafen angedroht worden waren. In der Türkei wurde im Jahr 1633 die Todesstrafe verordnet; im Zarenreich wurden den Übeltätern etwa um die gleiche Zeit die Nasen und die Lippen verstümmelt.

Inzwischen hatten die Regierungen längst erkannt, dass sich mit Tabak und Tabakerzeugnissen viel Geld für die Staatskassen verdienen ließ. Im Grund hat sich diese Situation bis heute erhalten. Während sich die Gesundheitsminister um die Einschränkung bzw. das Verbot des Tabakkonsums bemühen, klagen die Finanzminister über sinkende Einnahmen bei der Tabaksteuer.

Die **Zigarette** (frz. »kleine Zigarre«) entstand, weil man die Tabakabfälle sinnvoll verwerten wollte. Sie wurden in Papier eingerollt und dann geraucht. Die »papelitos« wurden erstmals im 18. Jahrhundert in Mexiko-Stadt hergestellt und kamen von dort aus zu Beginn des 19. Jahrhunderts nach Spanien und Frankreich. In Deutschland entstand die erste Zigarettenfabrik im Jahr 1862 in Dresden.

Mit der Zigarette verfügten die Verbraucher über eine leicht zu handhabende, preiswerte Rauchdroge, die dem Zeitgefühl besser entsprach als die aufwendig zu handhabende Pfeife und die schwerfälligere, Muße fordernde Zigarre. Seit dem Ende des 19. Jahrhunderts war sie allgegenwärtig. In den Dreißigerjahren des 20. Jahrhunderts rauchten 80 Prozent aller Männer (durchschnittlich 12,5 Zigaretten pro Tag) und rund 20 Prozent aller Frauen (7,2 Zigaretten pro Tag). Wie wertvoll und unverzichtbar die Zigarette war, zeigte sich in den Jahren nach dem Zweiten Weltkrieg. Die wertlose Reichsmark wurde im Tauschhandel auf dem Schwarzmarkt durch die verbreitete »Zigarettenwährung« ersetzt.

Erst in den letzten Jahrzehnten wurden durch medizinische Aufklärung die Gefahren des Tabakrauchens in weiten Kreisen der Bevölkerung bekannt. Eine ganze Reihe von Maßnahmen sollte das Rauchen verhindern oder zumindest verringern. Dazu gehören Aufdrucke auf Zigarettenschachteln wie »Raucher sterben früher« oder »Rauchen in der Schwangerschaft schadet Ihrem Kind«. Nach einer Richtlinie der Europäischen Union (EU) von 1998 soll die Tabakwerbung nach einer gewissen Übergangszeit weitestgehend verboten sein.

Das im Tabak enthaltene Nikotin führt bei häufigem Rauchen zur Sucht, d. h. zu einer physisch-psychischen Abhängigkeit. Das gilt in noch weit höherem Maße für andere **Rauschdrogen**. Die Unterscheidung zwischen weichen Drogen und harten Drogen zeigt den Grad der Gefährdung an, der durch den Konsum entsteht. Allerdings ist diese Kategorisierung bei Ärzten und Wissenschaftlern umstritten.

Die Verwendung von Rauschmitteln (Haschisch, Marihuana, LSD, Ecstasy u. a.) ist in der jugendlichen Subkultur seit Jahrzehnten relativ weit verbreitet. Bis in die Sechzigerjahre des 20. Jahrhunderts gab es hier kaum Auffälligkeiten. Gegen Ende des Jahrzehnts änderte sich das aber dramatisch. Von Amerika aus verbreitete sich die »Mode«, mithilfe von Drogen das eigene Bewusstsein zu erweitern, über Europa und die Welt. Sie wurde durch die antiautoritären Strömungen im Zusammenhang mit der 68er-Bewegung begünstigt.

Die Politik reagierte darauf im Jahr 1971 mit dem Betäubungsmittelgesetz, das das alte Opiumsgesetz in der Fassung von 1929 ablöste. Es beruhte im Wesentlichen auf dem internationalen Einheitsabkommen über die Betäubungsmittel aus dem Jahr 1961. So sind z. B. die Herstellung, der Besitz und der Handel mit Cannabis-Produkten (Hanf) verboten. Das gilt selbstverständlich auch für weit gefährlichere Substanzen wie das aus Rohopium halbsynthetisch gewonnene Heroin oder künstliche Drogen wie LSD und Crystal Meth.

Viele Nahrungsmittel sind nur für kurze Zeit haltbar. Das gilt zum Beispiel für Fleisch, Fisch oder für Milchprodukte. Früh suchten die Menschen nach Möglichkeiten der **Konservierung** (lat. »conservare« = erhalten), um sich – insbesondere auch für den Winter – Vorräte anlegen zu können. Fleisch und Fisch, auch Käse wurden haltbar, wenn ihnen weitestgehend die Flüssigkeit entzogen wurde. So entstanden beispielsweise Dörrfleisch, Stockfisch oder Hartkäse. Durch Räuchern ließ sich die Haltbarkeit noch steigern. Das Verfahren wird nach wie vor bei Schinken und Wurst (Dauerwurst), aber auch bei Fisch (z. B. Bückling) angewendet.

Früh wurden Nahrungsmittel auch gesalzen, um sie vor Verderb zu schützen. Dies wurde an anderer Stelle schon erwähnt. Dies ist einer der Gründe dafür, dass Salz in vergangenen Jahrhunderten allgemein begehrt und deshalb ein überaus wichtiges Handelsprodukt war.

Einen erheblichen Fortschritt bedeutete die Erfindung des Einkochens und der Konservendose. Beim **Einkochen** (Einmachen, Einwecken) werden die Lebensmittel durch Erhitzen keimfrei gemacht und dann luftdicht abgeschlossen. In der Regel werden dafür Gläser verwendet. Ein Gummiring zwischen Glasbehälter und Deckel sorgt dafür, dass von außen keine Luft eindringen kann. Das Verfahren wurde zunächst von Denis Papin erfunden. Die zu konservierenden Nahrungsmittel bewahrte man in Kupfertöpfen auf und schützte sie mit Kitt gegen die Luft von außen. Allerdings wurde diese Erfindung nicht weiterverfolgt. Den Durchbruch brachte ein Preisausschreiben, das im Jahr 1795 von dem französischen Ersten Konsul und späteren Kaiser Napoleon (Erster Konsul ab 1799, Kaiser 1804–1814) angeregt worden war. Er suchte nach einem Verfahren zur Haltbarmachung von Lebensmitteln, um so eine bessere und gleichmäßigere Versorgung seiner Soldaten zu ermöglichen. Den Preis von 12 000 Goldfranc gewann im Jahr 1810 der Konditor François Nicolas Appert, der die Sterilisierung durch Hitze und den luftdichten Abschluss, wie beschrieben, vorschlug. Allgemeine Verwendung fanden die Einkochgläser und -apparate der im Jahr 1900 gegründeten Firma Johann Weck, die auf Erfindungen von Rudolf Rempel zurückgriff. Die Produkte wurden so bekannt, dass sich im deutschen Sprachraum der Begriff »einwecken« einbürgerte. Bereits im Jahr 1907 wurde er im Duden aufgenommen.

Das Einmachen war vor allem in der schweren Zeit zwischen dem Beginn des Ersten Weltkriegs und dem Ende der unmittelbaren Nachkriegszeit nach dem Zweiten Weltkrieg weit verbreitet. In nahezu allen Familien wurden Lebensmittel auf diese Weise ganzjährig verfügbar gemacht.

Die Haltbarmachung mittels der **Konservendose** geschieht genauso wie beim Einkochen. Das Behältnis besteht allerdings ganz aus dünnem Metallblech (zumeist Eisen, bisweilen auch Aluminium). Der Engländer Peter Durand übernahm die Sterilisierungsmethode Apperts und übertrug sie auf blecherne Teedosen. Das Verfahren wurde auch im Jahr 1810 patentiert. Im Jahr 1818 kamen Konservendosen in den USA auf den Markt. Aber erst mit der Erfindung des Dosenöffners im Jahr 1860 wurde sie einigermaßen leicht zu benutzen.

Das Einkochen spielt heute nur noch eine vergleichsweise geringe Rolle – vor allem deshalb, weil sich das **Einfrieren** als insgesamt bequemere und schonendere Konservierungsmethode weitgehend durchgesetzt hat. Die sogenannte Tiefkühlkost wird bei Temperaturen von mindestens –18 Grad eingefroren. Zum Teil handelt es sich um Roh- und Zwischenprodukte (z. B. Pommes frites), zum Teil aber auch um fertige Mahlzeiten. Sie werden in den Läden in Tiefkühltruhen angeboten oder an der Haustür von speziellen Heimdiensten mit Kühlwagen angeliefert. Tiefkühlkost wurde in Amerika zum ersten Mal im Jahr 1930 verkauft. In Deutschland kam sie im Jahr 1955 auf den Markt.

Die Erfindung des Kühlschranks ermöglichte die Zwischenlagerung von verderblichen Lebensmitteln für einige Tage oder Wochen. Er war im Jahr 1876 von Carl von Linde (1842–1934) erfunden worden. In den USA gehörte er seit den Dreißigerjahren des 20. Jahrhunderts zur Standardausstattung einer modernen Küche. Im Jahr 1937 besaß jeder zweite amerikanische Haushalt bereits ein solches Gerät. Erste europäische Kühlschränke kamen seit 1929 auf den Markt. Allerdings konnte sich diese hilfreiche Neuerung erst in besseren Zeiten, mit dem Beginn des Wirtschaftswunders in den Fünfzigerjahren des vorigen Jahrhunderts, allgemein durchsetzen.

Die Elektrifizierung bewirkte insgesamt eine Revolution in der **Haushaltstechnik**. Deshalb sei hier ein kurzer Blick auf andere technische Geräte gestattet, die den Arbeitsalltag der Hausfrauen und seit wenigen Jahrzehnten gegebenenfalls auch den der Hausmänner erleichtern. Neben Staubsauger und Waschmaschine ist im Zusammenhang mit diesem Kapitel vor allem der **Elektroherd** zu nennen, bei dem die Kochplatten und der Backofen mit Hilfe von elektrischer Energie beheizt werden. Er wurde erstmals im Jahr 1893 in Chicago vorgestellt.

Der erste **Staubsauger** wurde wohl um 1865 in den USA erfunden. Weitere Verbreitung fand aber erst das Modell, das der amerikanische Hausmeister James Murray Spangler entwickelte und sich 1908 patentieren ließ. Er verkaufte seine Idee an die Firma Hoover, die ihr zu wirtschaftlichem Erfolg verhalf. Noch heute erinnert der Begriff für das Staubsaugen an diesen Sachverhalt: in England sagt man »to hoover«.

Vor der Erfindung der elektrischen **Waschmaschine** war das Wäschewaschen eine sehr mühsame Arbeit. Die schmutzige Wäsche wurde geschlagen, gestampft oder auf einem Waschbrett gerieben, um den groben Schmutz aus dem Gewebe zu entfernen. Im Jahr 1767 erfand der Theologe Jacob Christian Schäffern aus Regensburg eine Rührflügelmaschine, die von Hand angetrieben wurde. Die erste Trommelwaschmaschine konstruierte der Amerikaner Hamilton Smirt im Jahr 1858. Den Durchbruch brachte die mit einem Elektromotor angetriebene Waschmaschine, die der Amerikaner Alva J. Fisher im Jahr 1901 baute.

Noch dauerte es ein halbes Jahrhundert, bis die Maschinen vollautomatisch arbeiteten. Das war in Amerika seit 1946 der Fall, in Deutschland erst seit 1951. In diesem Zusammenhang bleibt zu erwähnen, dass die Mechanisierung und vor allem die Elektrifizierung der Haushalte in Deutschland erst nach dem Zweiten Weltkrieg, vor allem dann mit dem Wirtschaftswunder nach der Währungsreform von 1948 so richtig einsetzte. Die Arbeitserleichterungen für die Hausfrauen wurden erst durch den wachsenden

Wohlstand möglich. Nun konnten sich die Familien das eine oder andere Gerät, im Laufe der Jahrzehnte auch alle zeitgemäßen Hilfsmittel leisten.

Traditionell wurden Lebensmittel seit Generationen, zum Teil auch seit Jahrhunderten in **Einzelhandelsgeschäften** verkauft. Das galt vor allem für Bäckereien und Metzgereien. Der Kolonialwarenladen war ein Gemischtwarenladen, in dem es alles für den täglichen Bedarf zu kaufen gab, Mehl und Zucker, Sauerkraut und Kohlrabi, Speiseöl und Petroleum, Zigaretten und Schnürsenkel. Selbstverständlich waren seit dem Ende des 19. Jahrhunderts auch wirkliche Kolonialwaren wie Kaffee, Tee und Kakao, Vanille und Zimt, Reis und Sago sowie Südfrüchte im Angebot.

Apfelsinen und Bananen, Kokosnüsse und Feigen kamen auf den Markt und erlaubten einen bescheidenen Luxus. Die Globalisierung des Angebots ergab sich erst gegen Ende des 20. Jahrhunderts. Neue landwirtschaftliche Produkte in großer Zahl fanden sich nun in den Läden (Kiwi, Mango, Brokkoli, Radiccio, Aubergine). Bestimmte Gemüse- und Obstsorten standen nun über das ganze Jahr zur Verfügung, weil sie ggf. aus Ländern der südlichen Erdhalbkugel importiert wurden (Weintrauben, Erdbeeren, Spargel) oder in vom Klima unabhängigen, fabrikähnlichen Produktionsbetrieben heranwuchsen (Tomaten, Pilze).

Früh bildeten sich **Einzelhandelsketten**, die dem Verbraucher preiswerteres Einkaufen ermöglichen wollten. Dazu gehörten die genossenschaftlich organisierten, aus der Arbeiterbewegung hervorgegangenen Konsumvereine. Im Jahr 1903 entstand mit Unterstützung der sozialdemokratischen freien Gewerkschaften der Zentralverband deutscher Konsumvereine. Er hatte im Jahr 1911 bereits 1,3 Millionen Mitglieder. Die Kette Kaiser's Kaffee Geschäft AG (heute Kaiser's Tengelmann AG) entstand beispielsweise aus einem Kolonialwarenladen in Viersen. Bisher war es üblich gewesen, die Kaffeebohnen ungeröstet zu verkaufen. Josef Kaiser bot nun gerösteten Kaffee an. Die erste Filiale wurde im Jahr 1885 in Duisburg eröffnet. Im Jahr 1905 waren es bereits 1 000 Filialläden. Die große Zeit der Ladenketten kam aber erst nach dem Zweiten Weltkrieg. Allerdings verbanden sie in der Regel zunächst kleine Einzelhandelsgeschäfte durch gemeinsamen, günstigen Einkauf und durch die einheitliche Etikettierung der Waren miteinander.

Die ersten **Supermärkte** entstanden in der Zeit zwischen den beiden Weltkriegen in den USA. Sie handelten nach dem Grundsatz »hoch stapeln und zum Niedrigpreis verkaufen«. Die Waren, Lebensmittel, Genussmittel, Drogerieartikel und andere Produkte für den täglichen Bedarf, wurden auf einer großen Verkaufsfläche präsentiert. Der Kunde bediente sich selbst. In Deutschland ging die Firma Edeka (ursprünglich kurz für »Einkaufsgenossenschaft der Kolonialwarenhändler«) im Jahr 1954 zur Selbstbedienung über. Seit 1959 bot sie in ihren Großläden auch Non-Food-Produkte (Nicht-Lebensmittel) an. Heute besitzen die Supermarktketten (Aldi, Lidl, Tengelmann, Penny, Netto u. a.) eine marktbeherrschende Stellung. Viele ihrer Filialläden entstanden »auf der grünen Wiese«, also außerhalb der Siedlungskerne. Das begünstigt den Großeinkauf mit Hilfe des Autos.

Die kleinen Einzelhandelsläden waren der Konkurrenz der Billiganbieter nicht gewachsen und mussten nach und nach aufgeben. Nur vereinzelt konnten sie sich durch besondere Nischenangebote, z. B. frisches Gemüse oder Delikatessen, und durch betont persönliche Dienstleistungen behaupten. An die Zeit der kleinen Lebensmittelläden erinnert der liebevoll nostalgische Begriff »Tante-Emma-Laden«. Er beinhaltet nachbarschaftliche Nähe, ein bedarfsgerechtes Angebot und individuelle Bedienung.

Die **Warenhäuser** bieten ein breites Angebot, das von Lebensmitteln über Bekleidung und Kleinmöbel bis zu Haushaltswaren und Elektrogeräten reicht. Sie konzentrieren sich auf Städte und Ballungsgebiete, weil sie nur dann rentabel wirtschaften können, wenn sie mit Tausenden von Kunden rechnen können. Kauf- und Warenhäuser sind Ausdruck der industriellen Massenproduktion und des ebenfalls durch die Industrie möglich gemachten Massenkonsums. Sie bieten ihre Waren oft vergleichsweise preiswert an und bilden damit eine bedrohliche Konkurrenz für die Einzelhandelsgeschäfte mit bescheidenerem Sortiment und aufwendiger Fachberatung.

Das erste Warenhaus in Deutschland wurde im Jahr 1879 in Stralsund von Leonhard Tietz (1849–1914) eröffnet. Im Jahr 1905 gründete er die erste Warenhaus-Aktiengesellschaft. Anfang der Dreißigerjahre gab es Filialen an 43 Orten in Deutschland. Die Zahl der Beschäftigten war inzwischen auf etwa 15 000 angewachsen. Nach der Machtübernahme durch die Nationalsozialisten wurden die Tietz-Warenhäuser »arisiert«. Die Firma wurde in »Westdeutsche Kaufhof AG (vormals Leonhard Tietz)« umbenannt. Ab 1936 entfiel der Zusatz. Aus ihr ging nach dem Krieg die Kaufhof AG (heute Galeria Kaufhof GmbH) hervor. Ähnlich wie Leonhard Tietz erging es seinem Onkel Hermann Tietz. Sein Unternehmen wurde in »Hertie« (Hermann Tietz) umbenannt. Es existiert seit 2009 nicht mehr.

Das KaDeWe (Kaufhaus des Westens) in Berlin-Schöneberg ist mit rund 60 000 Quadratmetern Verkaufsfläche das größte Warenhaus auf dem europäischen Festland. In der Zeit des Kalten Krieges galt es mit seinem luxuriösen, rund 380 000 Artikel umfassenden Sortiment – nicht unangefochten – als »Schaufenster des Westens«.

Heute entstehen überall, auch in kleineren Städten, **Einkaufszentren**. Unter einem Dach oder auf einem gemeinsamen Areal versammeln sich mehr oder weniger große Einzelhandelsgeschäfte und Dienstleistungsanbieter. Solche Zentren entstanden in den USA in den Dreißigerjahren. Ihre Begründer wollten damit die Angebots- und Einkaufssituation in europäischen Städten simulieren. Das erste deutsche Ensemble dieser Art war angeblich das Main-Taunus-Zentrum in Sulzbach bei Frankfurt am Main, das im Jahr 1964 eröffnet wurde.

Das Dach über dem Kopf
Bauen und Wohnen

Die klimatischen Verhältnisse in Europa zwangen die Menschen, sich vor Kälte und Nässe zu schützen. Nicht selten siedelten sie zunächst in natürlich entstandenen Höhlen. Später bauten sie sich einfache Schutzvorrichtungen aus Astwerk und Tierfellen.

Die Germanen kannten den Steinbau ursprünglich nicht. Sie lebten in einem Gebiet, das noch zu neun Zehnteln von Wald bedeckt war und so genügend Holz als Baustoff lieferte. Die Häuser baute man entweder als **Block-** oder als **Fachwerkhäuser.** Dabei wurde ein festes Balkengerüst mit einem Geflecht aus Zweigen und mit Lehm ausgefüllt. Das spitze Dach bestand aus Stroh oder Schilf. Vor allem für den Winter kam gelegentlich eine Schicht Erde oder Mist zur Wärmedämmung darüber.

Die Wände umgaben zumeist nur einen einzigen Raum. Hier stand der Herd, dessen Glut sorgsam gehütet wurde. Fenster in unserem Sinne gab es nicht. Unterhalb des Daches oder im Dach befand sich eine Öffnung, durch die spärliches Licht ins Innere des Hauses eindringen und der Rauch des Herdfeuers abziehen konnte. Die Öffnung wurde als »Augentür« oder »Windauge« (engl. »window«) bezeichnet. Von den bis in unsere Zeit erhaltenen Haustypen dürfte das niedersächsische Bauernhaus in seiner einfachsten Form dem germanischen Haus am nächsten kommen.

Erst in der Völkerwanderungszeit lernten die Germanen den **Steinbau** durch die Begegnung mit den Mittelmeervölkern kennen. Noch heute gibt es davon in der deutschen Sprache deutliche Zeugnisse. Mit den neuen baulichen Gegebenheiten wurden auch neue Bezeichnungen, d. h. die entsprechenden lateinischen Wörter, übernommen. Das gilt z. B. für »Mauer« (»murus«), »Kalk« (»calx«), »Pfeiler« (»pilare«), »Mörtel« (»mortarium«) und »Fenster« (»fenestra«).

Aus Stein wurden zunächst diejenigen Häuser gebaut, die eine besondere Bedeutung besaßen und besonders dauerhaft sein sollten, etwa Kirchen und Kapellen. Die Bauernhäuser blieben aus Holz und Lehm. Die Städte, die ja in weiten Teilen Germaniens aus der Römerzeit stammten, z. B. Köln, Mainz und Koblenz, Regensburg, Trier und Xanten, wurden von den Germanen zunächst gemieden. Sie verfielen zu einem großen Teil.

Seit etwa 900 n. Chr. bauten sich die Adeligen feste **Burgen**. Da sie vor allem Schutz bieten mussten, wurden sie in besonders bevorzugter Lage errichtet. Am häufigsten waren die sogenannten Höhenburgen auf schwer zugänglichen Bergen oder Höhenzügen. Im Flachland entstanden Wasserburgen. Sie erhielten als Schutzring einen schwer zu überwindenden Wassergraben.

Die baulichen Merkmale der Burgen waren zumeist sehr ähnlich. Das Innere war nur über eine Zugbrücke zu erreichen, die in die Höhe gezogen werden konnte, wenn sich Feinde näherten. Hinter der Brücke befand sich das erste Tor, vielleicht auch ein eisernes Fallgitter. Bevor man in die Hauptburg gelangte, musste man einen oder mehrere von festen Mauern umgebene Burghöfe durchqueren. Diese Vorburg war wiederum durch ein Tor von der übrigen Anlage abgetrennt. Oft gab es hier an der Burgmauer bereits Ställe und Scheunen, auch Obst- und Gemüsegärten.

In der Hauptburg befand sich der Palas (lat. »palatium« = Palast), das eigentliche Wohngebäude für den Burgherrn und seine Familie. Im Rittersaal wurden Feste gefeiert und fremde Gäste empfangen. Mit Hilfe eines offenen Kamins war der Raum ausnahmsweise beheizbar. Er erwärmte indirekt auch die darüberliegenden, bevorzugt von Frauen bewohnten Zimmer, die deshalb Kemenaten (Kaminzimmer) genannt wurden.

Der Bergfried, der als Ausguck und in der Not als letzte Zuflucht diente, überragte die ganze Burganlage. Wenn der Feind einmal – trotz aller Verteidigungsmaßnahmen – in das Innere der Hauptburg eingedrungen war, konnte sich die Besatzung durch einen hoch über dem Erdboden gelegenen Einstieg hierher retten. Sie zog hinter sich eine kleinere Zugbrücke oder eine Leiter in die Höhe, damit die Eindringlinge nicht folgen konnten. Im Untergeschoss des Bergfrieds befand sich das Verlies, das Burggefängnis. Der einzige Zugang war eine Öffnung in der Decke, was jeden Fluchtversuch von vornherein unmöglich machte. Der Gefangene konnte gegebenenfalls nur mit Hilfe einer Leiter oder mit Stricken aus seiner hoffnungslosen Lage befreit werden.

Eine oft meterdicke Mauer umgab die ganze Anlage. Für die Verteidigung war sie mit Zinnen und Laufgängen versehen. An der am meisten gefährdeten Stelle der Burg bot die mächtige Schildmauer Schutz.

Zur Burg gehörte oft auch eine Kapelle, in der sonntags ein Kaplan (lat. »capellanus« = Hilfsgeistlicher) die heilige Messe las. Der innere Burghof diente als Turnierplatz. Von Balkonen und Erkern aus konnten die Männer und Frauen zuschauen, wenn die Ritter mit eingelegter Lanze aufeinander zusprengten.

Eine Zisterne, in der sich das Regenwasser sammelte, oder ein Brunnen lieferten das Wasser für die Besatzung, für Pferde und Vieh. Da die Brunnen bis auf das Grundwasser hinabgetrieben werden mussten, erreichten sie oft eine beachtliche Tiefe. Auf der Nürnberger Kaiserburg z. B. waren es mehr als 50 Meter, auf der Feste Marienberg über Würzburg sogar 104 Meter.

Die größten Leistungen mittelalterlicher Architektur zeigen sich auf dem Gebiet des **Kirchenbaus**. Gegen Ende des 10. Jahrhunderts entstand im christlichen Abendland ein einheitlicher Baustil. Er wurde nachträglich im 19. Jahrhundert als **Romanik** bezeichnet. Kennzeichnend für die seit dieser Zeit errichteten Kirchenbauten ist die Kreuzform, die durch die rechtwinklige Überschneidung von Längs- und Querschiff entstand. Insbesondere das Längsschiff war der antiken Basilika nachgebildet. Das Wort bedeutete ursprünglich »Königshalle«. In römischer Zeit hatten aber in Gebäuden dieser

Art Gerichtsversammlungen und Märkte stattgefunden. Der Altar befand sich in der halbrunden Apsis, wo einst der Richter residierte. Sie wies in aller Regel nach Osten. Ein berühmtes Beispiel für diese Bauart ist die bis heute erhaltene Konstantinbasilika in Trier.

Mittel- und Seitenschiffe waren durch Arkaden mit Säulen und Pfeilern voneinander getrennt. Sie trugen teilweise die Mauern und das Dach. Die Decke war anfangs flach und aus Holz gezimmert. Später wurde sie durch steinerne Tonnen- und Kreuzgewölbe ersetzt. Im Mittelschiff war sie doppelt so hoch wie in den Seitenschiffen.

Unter dem eigentlichen Kirchenraum, vor allem unter dem Altar, befand sich die Krypta (griech.-lat. »unterirdisches Gewölbe«). In den römischen Katakomben oder Basiliken hatte sie als Märtyrer- oder Heiligengrab gedient. Nun wurde sie zu einer Säulenhalle erweitert, in der weltliche und geistliche Würdenträger ihre letzte Ruhe fanden.

An und für sich waren die romanischen Kirchen schlichte, wuchtig in sich ruhende Steinkolosse. Allerdings zeigten ihre Wände oft bunte Szenen aus der Bibel. Das war deshalb besonders wichtig, weil die meisten Gläubigen nicht lesen konnten. Durch die Bilder wurden sie mit dem Leben Jesu, der Gottesmutter Maria, der Apostel und Heiligen vertraut gemacht. Die Kapitelle der Säulen trugen kunstvolle Verzierungen. Kennzeichnend für den romanischen Baustil waren vor allem auch die verhältnismäßig kleinen rundbogigen Fenster.

Die starke Bautätigkeit in der Zeit der Romanik, etwa zwischen 1000 und 1250, hat in Deutschland eine große Zahl von Baudenkmälern hinterlassen. Dazu gehören die Kaiserdome in Mainz, Worms und Speyer, der Michaelsdom in Hildesheim und die Abteikirche des Klosters Maria Laach in der östlichen Eifel. Nicht zu vergessen sind die vielen im romanischen Baustil errichteten Dorfkirchen.

Die Romanik wurde seit der Mitte des 12. Jahrhunderts durch die **Gotik** abgelöst. Der Begriff leitet sich von dem italienischen »gotico« her, das in der Bedeutung »barbarisch« / »nicht antik« verwendet wurde. Die Gotik entstand in Nordfrankreich und strahlte von hier aus über ganz Europa aus.

Der zunächst auffälligste Unterschied lag in der Höhe der romanischen und der gotischen Bauwerke. Er war nicht allein die Folge neuer architektonischer Einsichten, sondern Ausdruck einer gewandelten Glaubenshaltung. Durch die Höhe der Räume wurde der Blick der Betenden nach oben gezogen, dorthin, wo sie den Himmel vermuteten. An die Stelle des flachen, durch runde Bögen abgeschlossenen Baukörpers traten der überhöhte Raum und der überall wiederkehrende Spitzbogen. Die Mauern und Decken verloren ihre Last. Hohe, schmale Glasfenster, die mit Heiligenbildern oder Begebenheiten aus der Bibel geschmückt waren, lockerten die Wand auf. Statt der massigen Pfeiler und Säulen trugen Bündelpfeiler das Gewölbe, wo sie sich dann filigran nach verschiedenen Seiten verteilten und verjüngten.

Um den Druck des Daches abzufangen, errichtete man außerhalb der Kirche bzw. der Seitenschiffe ein reich verziertes Strebewerk. Gegenüber dem Altar erhob sich ein gewaltiges Westwerk. Es bestand aus einem Turm oder aus mehreren Türmen, die wiederum eine erhebliche Höhe erreichten. Nicht zufällig ist die mit 162 Metern höchste Kirche der Erde, das Ulmer Münster, ein gotisches Bauwerk.

An den Domen und Kathedralen der Gotik wurde oft Jahrhunderte lang gebaut. Das größte gotische Bauwerk in Deutschland, der Kölner Dom, konnte erst 1880 geweiht werden, obwohl bereits 1248 mit dem Bau begonnen worden war. In der Größe spiegelt sich einerseits die religiöse Hingabe der hoch- und spätmittelalterlichen Menschen, andererseits aber auch bürgerliches Selbst- und Geltungsbewusstsein. Im deutschen Kulturraum finden sich neben anderen gotischen Bauwerken zahlreiche gotische Kathedralen. Berühmt sind z. B. die Münster von Straßburg, Freiburg und Ulm sowie der Kölner Dom.

Vor allem in Norddeutschland und im Ostseeraum standen Natursteine für den Bau von Kirchen und repräsentativen öffentlichen Gebäuden nicht zur Verfügung. Der Transport war im Mittelalter zu aufwendig und zu teuer. Deshalb wurden als Baumaterial gebrannte Lehmziegel verwendet. Unterschiedliche Farben und Formen boten neue künstlerische Gestaltungsmöglichkeiten. Es entstand die architektonische Sonderform der Backsteingotik, die bis auf den heutigen Tag die Zentren historischer Städte, z. B. der Hansestädte Bremen, Hamburg, Lübeck, Rostock und Wismar, prägt. Neben herrlichen Domen wurden auch andere repräsentative Gebäude im gotischen Stil errichtet. Stellvertretend seien hier die Rathäuser in Lübeck und Breslau, die Marienburg an der Nogat und das Krantor in Danzig genannt.

Aus dem germanischen Haus hatte sich – auch durch fremde, etwa slawische Einflüsse – eine große Zahl verschiedener Typen von **Bauernhäusern** entwickelt. Zunächst sind zwei Grundformen zu unterscheiden: das niederdeutsche sowie das mittel- und oberdeutsche Haus. Daraus entwickelten sich aber im Laufe der Zeit aufgrund wechselnder Voraussetzungen viele Einzeltypen.

Beim niederdeutschen Bauernhaus sind die Wirtschafts- und die Wohnräume unter einem Dach und eng miteinander verbunden. Wahrscheinlich bestand es ursprünglich überhaupt nur aus einem Dach, das auf Erdwälle aufgesetzt wurde. Mit wachsendem Raumbedarf gewann es an Höhe und Breite. Der ursprüngliche Charakter dieses Einhauses dürfte sich am besten im niederdeutschen Bauernhaus erhalten haben. Hier gruppieren sich alle Wirtschafts- und Wohnräume um die große Diele mit dem Herd. Allerdings wurde auch hier – wie bereits früher im friesischen Haus – schließlich der Wohnteil stärker vom Wirtschaftsteil getrennt.

Beim mittel- und oberdeutschen Haus sind die beiden Bereiche klarer unterschieden. Sehr früh bereits muss die Aufteilung auf verschiedene Stockwerke – unten das Vieh, darüber die Menschen – stattgefunden haben. Oft wurden Wohn- und Wirtschaftsteil auch in getrennten Gebäuden untergebracht, sodass aus dem einen Haus Gehöfte entstanden, etwa in rechteckiger Form.

Die Grundrisse der städtischen **Bürgerhäuser** sind deutlich mit denen der Bauernhäuser verwandt. Allerdings schuf die räumliche

Bauen und Wohnen

Enge der Stadt neue Notwendigkeiten. Der städtische Adel wohnte ohnehin seit dem 13. Jahrhundert in bis zu zehn Stockwerke hohen Wohn- bzw. Geschlechtertürmen. Doch auch die **Kaufmanns- und Handwerkerhäuser** strebten auf schmalem Grundriss in die Höhe. Im Erdgeschoss befanden sich zumeist Werkstätten und Verkaufsläden. Darüber waren die Wohnungen gelegen. Die oberen Geschosse »kragten« ein Stück weit vor auf die Straße. Sie hatten also eine größere Grundfläche und ermöglichten somit mehr Wohn- bzw. Lagerraum. Als ältestes noch erhaltenes städtisches Wohnhaus gilt der Frankenturm in Trier, der um 1050 herum aus Überresten römischer Bauwerke entstand. Ein Juwel bürgerlicher Fachwerkbaukunst ist das Knochenhaueramtshaus in Hildesheim. Es entstand im Jahr 1529 und gilt als das schönste Holzhaus der Welt. Nach seiner Zerstörung im Zweiten Weltkrieg wurde es im Jahr 1986 aber originalgetreu wieder aufgebaut.

Am Ende des Mittelalters bzw. zu Beginn der Neuzeit vollzog sich in der Baukunst der Wandel von der Gotik zur **Renaissance**. Der Begriff »Renaissance« (ital. »rinascimento«) bedeutet »Wiedergeburt«. Tatsächlich sah die Kunst der Zeit – insbesondere in Italien – in antiken Werken ihre Vorbilder. Keineswegs war die Renaissance aber eine Zeit der bloßen stilistischen Nachahmung. Sie begann in Italien bereits kurz nach 1400, in Deutschland aber erst um 1500 herum. Die mittelalterliche Jenseitsbezogenheit wich einer starken Hinwendung zum Diesseits. Im Vordergrund stand nicht die Sehnsucht nach dem Paradies, das für die Leiden und Entbehrungen auf Erden entschädigte. Der Mensch wollte das Leben genießen und alle seine Fähigkeiten zu möglichst voller Entfaltung bringen. Dazu gehörte auch, den eigenen Verstand, eine Gabe Gottes, systematisch und zweckgerichtet zu nutzen. Die Naturwissenschaften nahmen einen raschen Aufschwung. Ein neues Selbstbewusstsein führte zu einer veränderten Weltsicht, die auch in der Architektur ihren Ausdruck fand.

Bei den Bauten fällt die große Harmonie aller Maße auf. Die Kirchen waren vielfach in die Breite gelagerte Zentralbauten, die von einer Kuppel überwölbt wurden. Ein hoher, himmelan strebender Turm wie in der Gotik fehlte. Gelegentlich entstanden aber auch Mischformen, bei denen der überkommene Grundriss der Basilika einbezogen wurde.

Die neue Weltauffassung der Renaissance führte dazu, dass neben die bis dahin beherrschenden Kirchenbauten gleichberechtigt profane, weltliche Bauwerke traten, z.B. Schlösser, Paläste (ital. »palazzi«) oder Rathäuser. Die weltlichen Gebäude fallen durch ihre gleichmäßige, vor allem horizontal gegliederte Fassade auf, die oft aus nur grob behauenen Steinen (»Rustika«) gefügt wurde. Sie besitzen einen Innenhof, der in mehreren Stockwerken von Arkaden eingeschlossen wird.

Auf italienischem Boden finden sich die größten und schönsten Renaissancebauten, etwa der Dom von Florenz, dessen Kuppel von Filippo Brunelleschi (1377–1446) stammt, oder die Peterskirche in Rom, die Donato d'Angelo, genannt Bramante (1444–1514), entwarf und der Michelangelo di Buonarroti (1475–1564) die Kuppel gab.

In Deutschland konnte sich die Renaissance-Baukunst erst spät und dann oft nur mit Kompromissen durchsetzen. Zeugnisse dieser Zeit sind die Residenz in Landshut und der Ottheinrich- bzw. Friedrichbau des Heidelberger Schlosses. Hinzu kommen Rathäuser, z.B. in Rothenburg ob der Tauber oder Nürnberg, und private Bürgerhäuser, z.B. das Pellerhaus in Nürnberg oder das Haus zum Ritter in Heidelberg.

Zwischen der Hochrenaissance und dem **Barock** bestand ein gleitender Übergang. Sie waren nicht wie die Gotik und die Renaissance durch eine gegensätzliche Weltsicht getrennt. Das Barock, so wie es sich in der Baukunst offenbarte, wurde vorwiegend durch Lebens- und Genussfreude und das Bedürfnis nach Repräsentation bestimmt. Allerdings lebten die Menschen, wie vor allem die Literatur – z.B. in den Sonetten von Andreas Gryphius (1616–1664) – zeigt, in einer existenziellen Spannung zwischen Diesseitsbejahung und Weltflucht, woran nicht zuletzt die furchtbaren Erfahrungen des **Dreißigjährigen Krieges** (1618–1648) ihren Anteil hatten.

Der Begriff »Barock« stammt von dem portugiesischen »barocco«, das eine unregelmäßige Perle bezeichnete. Er sollte deutlich machen, dass die totale Harmonie der Renaissance zugunsten einer bestimmten Wirkung aufgegeben wurde. An die Stelle der Schlichtheit traten nun Prunk und Überschwang.

Der barocke Kirchenbau begann mit der römischen Jesuitenkirche Il Gesù zwischen 1568 und 1584. Bei dem neuen Baustil setzte sich das Langhaus erneut gegenüber dem Zentralbau durch. Es war aber kürzer und breiter als bei romanischen und gotischen Kirchen und umschloss einen großen Raum, der teilweise von einer oder von mehreren Kuppeln überwölbt wurde. Das gesamte barocke Bauwerk war auf optische Wirkung berechnet. Im Inneren fanden sich üppige und ausladende, oft bunt bemalte oder mit Blattgold belegte Dekorationen. Mit ihrer Hilfe wurden die Wandflächen weitgehend aufgelöst. Nach außen schlossen die Kirchen durch eine Schaufassade und vielfach auch durch damit verbundene Doppeltürme ab. Die Fassade war in zwei Stockwerke gegliedert. Sie zeigte flache Giebel in mehrfacher Wiederholung, aufgelegte Halb- und Dreiviertelsäulen und sogenannte Pilaster (Pfeiler) mit reich verzierten Kapitellen. Hinzu kamen Voluten (Spiralmuster), Kartuschen (Bild- und Schriftfelder) und plastisch herausgearbeitete Girlanden. All das erzeugte den Eindruck von Pracht, Fülle und Sinnlichkeit.

Nach 1700 ging das Barock in das **Rokoko** bzw. das Spätbarock über. Der Begriff »Rokoko« stammt von dem französischen Wort »rocaille« (»Muschelwerk«). Die ursprünglich noch vorhandene Schwere und Behäbigkeit wich der Leichtigkeit und Verspieltheit. Die konstruktiven Elemente der Bauwerke wurden durch oft überschwängliche Verzierungen, vorwiegend aus Marmor und Stuck, kaschiert. Ein sehr typisches sakrales Beispiel dieser Baukunst ist die Wieskirche im bayerischen Steingaden, die zwischen 1745 und 1754 von den Brüdern Johann Baptist (1680–1758) und Dominikus Zimmermann (1685–1766) errichtet wurde.

Im Spätbarock entstanden zahlreiche weltliche Bauwerke, die das Schloss des französischen Sonnenkönigs Ludwig XIV. (König

1643–1715) zum Vorbild hatten. Sie sollten wie in Versailles die Macht des absolutistischen Fürsten für alle sichtbar bekunden. An die Stelle des eng umschlossenen Renaissance-Palastes trat der weit ausladende dreiflügelige Bau, in dessen Mitte das »Corps de logis«, die Wohnung des Fürsten, mit wichtigen Fest- und Repräsentationsräumen und einem gewaltigen Treppenhaus lag. Allenthalben waren bunte Wand- und Deckengemälde sowie Marmor- und Stuckarbeiten als Verzierung angebracht.

Im Anschluss an die Schlossbauten erstreckte sich ein weiter Park. Er war streng geometrisch durchgeplant und verriet in allen Einzelheiten den Gestaltungswillen des Gartenarchitekten. Künstliche Schwanenspiegel, Wasserspiele und Wasserfälle, Plastiken antiker Götter und Heroen, Gartenhäuser, kleine Tempel und Freilichtbühnen dienten der barocken Hofgesellschaft zur Erholung und zu spielerischer Zerstreuung.

In Wien finden sich das Schloss Schönbrunn, das 1749 unter Maria Theresia (Kaiserin 1740–1780) vollendet wurde, und das Schloss Belvedere des Prinzen Eugen von Savoyen (1663–1736). Zu nennen wären unter vielen anderen noch die Würzburger Residenz, die Johann Balthasar Neumann (1687–1753) für die dortigen Fürstbischöfe baute, das Jagdschloss Amalienburg bei München und der Dresdner Zwinger von Daniel Pöppelmann (1662–1736) aus den Jahren 1711 bis 1722.

Die Übersteigerung barocker Formmerkmale im Rokoko führte zur Zeit der Aufklärung zur kunstgeschichtlichen Gegenbewegung. Wieder einmal wurden antike Bauwerke mit ihren klaren, schlichten und harmonischen Formen vorbildlich. Die sich daraus entwickelnde Kunstrichtung, die vor allem auf der »Geschichte der Kunst des Altertums« von Johann Joachim Winckelmann (1717–1768) gründete, wurde als **Klassizismus** bezeichnet.

In diesem Stil entstanden in der Folgezeit zahllose repräsentative Gebäude wie Theater, Parlamente und Museen, aber auch Verwaltungssitze, Börsen u. Ä. In verschiedenen Teilen der Welt, so in den amerikanischen Südstaaten oder in Südafrika, wurde er maßgebend für repräsentative Landhäuser. Im klassizistischen Baustil werden bis heute Staatsgebäude errichtet. Die unter Kaiser Napoleon I. (Kaiser 1804–1814) in Frankreich entwickelte Richtung des Klassizismus wird als »Empire« bezeichnet.

Beispielhaft sind für Deutschland diese klassizistischen Bauwerke bzw. Anlagen zu nennen: das Brandenburger Tor (Carl Gotthard Langhans) und die Neue Wache (Karl Friedrich Schinkel) in Berlin, der Königsplatz in München (Leo von Klenze), die Frankfurter Paulskirche (Johann Friedrich Christian Hess) und der Marktplatz in Karlsruhe mit evangelischer Stadtkirche und Rathaus (Friedrich Weinbrenner).

Im Gegensatz zum Klassizismus stand die über einen gewissen Zeitraum gleichzeitig verlaufende **Romantik**. Sie sah ihre Vorbilder im Mittelalter, insbesondere in der Gotik, was mit dem besonderen Geschichtsverständnis der Romantiker zusammenhing. Die neue Bewegung führte zur Vollendung zahlreicher noch unfertiger mittelalterlicher Bauwerke, etwa des Kölner Doms und des Ulmer Münsters, und zur Entstehung der Denkmalpflege, die sich überkommener kulturgeschichtlich wertvoller Bauwerke und des nationalen Erbes insgesamt mit großem Eifer annahm. Gelegentlich wurden Ruinen neu gebaut. Der streng geometrische, französische Park wich der englischen Parklandschaft, die an Stelle der Künstlichkeit und des Ebenmaßes Natürlichkeit anstrebte oder auch vortäuschte.

Der Rückgriff auf ältere Stilrichtungen wird als **Historismus** bezeichnet. Er erlebte seine Blütezeit im 19. Jahrhundert. Der kunstgeschichtliche Wert der **Neugotik**, die dann auch das Erscheinungsbild zahlloser Dorfkirchen, Rathäuser (z. B. München und Wien), Behörden- und anderer Zweckbauten sowie von Villen bestimmte, blieb umstritten. Das gilt auch für die große Zahl epigonenhafter klassizistischer Bauwerke. Neben neugotischen Gebäuden entstanden auch solche in Nachahmung der Renaissance (z. B. die Alte Oper in Frankfurt am Main) oder des Barock (z. B. Schloss Herrenchiemsee).

Im 19. Jahrhundert brachte das rasche Anwachsen der Industrie und die damit fortschreitende Verstädterung der Menschen erhebliche architektonische Wandlungen. In den industriellen Ballungsräumen entstanden **Arbeitersiedlungen**, die wegen ihrer Ärmlichkeit und wegen ihres gleichförmigen Aussehens als »Mietskasernen« bezeichnet wurden. Da der Baugrund teuer war, musste er sparsam genutzt werden. So baute man vier-, fünf- und sechsgeschossige Häuser, bei denen sich die Wohnungen um lichtlose Hinterhöfe gruppierten. Bisweilen reihte sich ein halbes Dutzend solcher Höfe hintereinander. Solch krasse Beispiele sind vor allem aus Berlin, der größten Industriestadt des Deutschen Reiches, bekannt.

Dagegen schmücken die ebenfalls oft mehrstöckigen Wohnhäuser des wohlhabenden Bürgertums bis auf den heutigen Tag – soweit sie die Feuerstürme des Zweiten Weltkriegs überstanden haben – unsere Großstädte. Sie verfügten über einen hohen Wohnkomfort und über eine ausgesprochen aufwendige, künstlerisch eindrucksvolle Gestaltung, insbesondere auf der Schauseite zur Straße hin. Die große Zeit dieser Architektur waren die **Gründerjahre**, als nach dem Deutsch-Französischen Krieg von 1870/71 eine hohe französische Kriegsentschädigung ins Land floss und die Industrialisierung von Neuem beflügelte.

Seit ungefähr 1870 gab es in den Städten **fließendes Wasser**. Eigene Badezimmer wurden in den Bürgerhäusern seit etwa 1900 eingebaut. Nach amerikanischem Vorbild stattete man sie sachlich und hygienisch aus, z. B. indem man die Wände kachelte. Nun wurden in den Häusern der Wohlhabenden mehr und mehr auch **Zentralheizungen** eingebaut, die mit Kohle, Koks und Holz befeuert wurden. Das erste bekannte Modell stammte aus dem Jahr 1716 und wurde von dem Schweden Marten Trivalt im englischen Newcastle zum Beheizen eines Treibhauses verwendet. Gas- und Ölkessel kamen zu Beginn des 20. Jahrhunderts auf. Die Firma Buderus entwickelte im Jahr 1920 die Pumpen-Warmwasserheizung, die von nun an in vielen größeren Mietshäusern Verwendung fand.

Bauen und Wohnen 71

Zum Wohnkomfort der hohen Häuser gehörte auch der **Aufzug**. Im Jahr 1853 hatte Elisha Graves Otis den absturzsicheren Aufzug erfunden. In Europa setzte er sich seit etwa 1870 durch. Im Jahr 1880 präsentierte Werner von Siemens erstmals ein elektrisch betriebenes Modell. Natürlich hatte die neue Erfindung auch Auswirkungen auf den Bau von Wohn- und Verwaltungsgebäuden, Firmen und Hotels. Erst dadurch wurde der Bau von Hochhäusern möglich.

In den großen Kaufhäusern, aber auch in Bahnhöfen übernahmen **Rolltreppen** den Personentransport von Stockwerk zu Stockwerk. Nach mehreren eher erfolglosen Versuchen begannen sie sich seit der Weltausstellung in Paris im Jahr 1900 durchzusetzen. Die heute übliche Form wurde im Jahr 1920 von der Otis Elevator Company gebaut.

Selbst industrielle Anlagen wurden zunächst noch in den überkommenen Baustilen, z.B. dem der Neugotik oder der Neorenaissance, errichtet. Das wurde seit dem Ende des 19. Jahrhunderts anders. Von Amerika her verbreitete sich der Grundsatz, dass die Form sich nach der Funktion eines Bauwerks zu richten habe. Louis Henri Sullivan (1856–1924), der diesen Satz formulierte, erfand den modernen Stahlskelettbau und schuf damit die Möglichkeit, **Hochhäuser** zu bauen.

Der Zement (lat. »caementum« = Bruchstein) wurde schon 1824 in England hergestellt, in Deutschland seit ungefähr 1850 und in Amerika seit 1860. Er entsteht durch die Mischung von Kalkstein und Ton, die dann gebrannt, zerkleinert und mit Gipsstein versetzt wird. Wenn man ihn mit Wasser anrührt und mit Sand, Steinschlag oder Kies vermischt, erhält man Beton (lat. »bitumen« = Erdpech, Kitt). Er wird durch Stahleinlagen (Stahlbeton) erheblich haltbarer, vor allem aber erhöht sich seine Zugfestigkeit. Der Stahlbeton eröffnete den Architekten neue Möglichkeiten. Seit dem Ende des 19. Jahrhunderts wurde er im Bauwesen angewendet. Die Abwendung von den überkommenen Bauverfahren, die auf dem sogenannten

Schichtbau beruht hatten, führte vielfach zu kühnen experimentellen Bauleistungen.

Damit begannen die Architekten des **Jugendstils**. Die nur für kurze Zeit, etwa zwischen 1895 und 1910 wirksame künstlerische Bewegung wurde nach der Münchener Zeitschrift »Die Jugend« benannt. Die Bauwerke dieser Zeit sind an den dynamisch geschwungenen Linien, an ausdrucksstarken plastischen Verzierungen und an blumen- bzw. pflanzenähnlichen Ornamenten zu erkennen. Bedeutende Werke des Jugendstils sind die Mathildenhöhe in Darmstadt (Joseph Maria Olbrich, Peter Behrens), die U-Bahn-Station Karlsplatz (Otto Wagner) und das Secessionsgebäude (Joseph Maria Olbrich) in Wien, das Palais Stoclet in Brüssel (Josef Hoffmann), das Gemeindehaus in Prag (Antonín Balšánek, Osvald Polívka) sowie die Kirche Sagrada Familia in Barcelona (Antoní Gaudi).

Der im Jahr 1907 in München gegründete Deutsche Werkbund erstrebte – wie die Künstler des Jugendstils – die Veredelung der gewerblichen Arbeit. Ein Beweggrund dafür war, auf dem Weltmarkt mit deutschen Qualitätserzeugnissen besser konkurrieren zu können. Der Mitbegründer Peter Behrens (1868–1940) erarbeitete für die Allgemeine Elektrizitäts-Gesellschaft (AEG) ein einheitliches **Industriedesign**, das sich nicht nur auf Firmengebäude, sondern auch auf Produkte der Firma, ihr Firmenlogo, Briefköpfe, Plakate und Prospekte bezog. Bekannt ist die von ihm entworfene Turbinenhalle in Berlin-Moabit (1908).

Ähnliche Ziele wie der Werkbund vertrat das im Jahr 1919 von Walter Gropius (1883–1969) in Weimar gegründete **Bauhaus**, eine Schule mit Werkstätten für Architekten und bildende Künstler. Es kam 1925 nach Dessau und bestand bis zum Beginn der nationalsozialistischen Herrschaft im Jahr 1933. In seinem Bauhaus-Manifest formulierte Gropius sein Programm: »Architekten, Bildhauer, Maler, wir alle müssen zum Handwerk zurück! ... Der Künstler ist eine Steigerung des Handwerkers.«

Gegen eine historistische Kunst- und Architekturauffassung forderten die Vertreter des Bauhauses Sachlichkeit und Funktionalität, verbunden mit einer hohen künstlerischen und handwerklichen Qualität. Sie begründeten damit den Stil der klassischen Moderne, der sich aber nicht nur auf die Bauwerke, sondern auf auch Inneneinrichtungen und das Design im weitesten Sinne, z. B. bei alltäglichen Gebrauchsgegenständen oder bei industriellen Produkten, bezog. In vielen Gestaltungsbereichen sind die Auswirkungen der vom Bauhaus ausgehenden Reformbewegung bis in unsere Zeit unübersehbar. Bedeutende Vertreter der modernen Architektur waren z. B. Ludwig Mies van der Rohe (1886–1969, Neue Nationalgalerie Berlin), der Schweizer bzw. Franzose Le Corbusier (1887–1965, Wallfahrtskirche Ronchamps), Hans Scharoun (1893–1972, Neue Philharmonie Berlin) und der Brasilianer Oscar Niemeyer (geb. 1907, Hauptstadt Brasilia).

Die **Architektur des »Dritten Reiches«** bevorzugte einen monumentalen, sich an antiken Vorbildern oder Bauwerken der Renaissance ausrichtenden Stil. Als mustergültig galten das Haus der (deutschen) Kunst in München von Paul Ludwig Troost, in Berlin die Olympia-Anlagen mit dem gewaltigen Olympiastadion von Werner March, das Reichsluftfahrtministerium (heute Bundesfinanzministerium) von Ernst Sagebiel und die Neue Reichskanzlei sowie die Reichsparteitagsbauten von Albert Speer in Nürnberg.

In nationalsozialistischer Zeit wurde der Wohnungsbau, auch um die Arbeitslosigkeit zu verringern, konsequent fortgeführt. Vielerorts entstanden neue (Adolf-Hitler-)Siedlungen. Die Besitzer wurden verpflichtet, um ihre Häuschen herum einen großen Garten zu bebauen und Ställe für Haustiere (u. a. Federvieh, Kaninchen und Ziegen) zu errichten.

Erheblichen Anteil an der Entwicklung des Wohnhausbaus hatten in den letzten Jahrzehnten die **Bausparkassen**. Wenn der Bausparer auf einen festgelegten Betrag einen bestimmten Prozentsatz angespart hat, kann er für den fehlenden Rest ein günstig verzinstes Darlehen beanspruchen. Die Bausparkassen entstanden in den Jahren 1775 bzw. 1831 in England und in den USA. Im Jahr 1885 gründete Pastor Friedrich von Bodelschwingh in Bielefeld die erste

Bausparkasse in Deutschland, die »Bausparkasse für Jedermann«. Die große Zeit der Bausparkassen begann nach dem Ersten Weltkrieg. Im Jahr 1924 wurde die »Gemeinschaft der Freunde« in Wüstenrot in Württemberg gegründet. Fünf Jahre später folgte dann die erste öffentlich rechtliche Bausparkasse.

Nach dem Krieg war der Wohnraumbedarf gewaltig. Die wichtigsten Gründe dafür lagen in den Zerstörungen durch den Zweiten Weltkrieg und den Zuzug von Millionen Flüchtlingen und Heimatvertriebenen. Die politisch Verantwortlichen, Besatzungsmächte und kommunale Behörden, versuchten die Not durch Einquartierungen, notdürftige Reparaturen und behelfsmäßig errichtete Bauten, vielfach Baracken, zu lindern. In den Städten wirkten die Trümmerfrauen. Sie klopften den Mörtel von den Ziegeln aus dem Trümmerschutt ab und machten sie damit wieder verwendbar.

Soziologische Veränderungen, die sich vor allem in der zweiten Hälfte bzw. im letzten Drittel des 20. Jahrhunderts vollzogen, steigerten den Wohnungsbedarf. Immer mehr junge Leute verließen die Wohnung ihrer Eltern, um selbstständig zu sein. Hinzu kam, das nun viele junge Frauen und Männer – auch in bereits reiferem Alter – bewusst als Singles (engl. »single« = einzeln) lebten und nun eine eigene Wohnung benötigten.

Der wachsende Wohlstand nach dem Zweiten Weltkrieg in der Bundesrepublik Deutschland brachte einen explosiven Aufschwung des individuellen Wohnungsbaus, vor allem auch in der Form von **Einfamilienhäusern** und **Eigentumswohnungen**. Die Bausparkassen leisteten einen erheblichen Beitrag zur Finanzierung des Wohneigentums. Hinzu kamen staatliche Förderprogramme wie das Zweite Wohnungsbaugesetz von 1956, die sich vor allem an sozialen Gesichtspunkten orientierten. Im Jahr 1987 gab es in der Bundesrepublik Deutschland 3,9 Millionen im Rahmen des sozialen Wohnungsbaus erstellte **Sozialwohnungen**. Fehlentwicklungen bei der Versorgung von einkommensschwachen Familien mit preisgünstigem Wohnraum führten dazu, dass die Zahl der Sozialwohnungen heute drastisch abgebaut wird. Der soziale Ausgleich soll nun u. a. durch die Gewährung von Wohngeld erfolgen.

In der DDR entwickelte sich die Versorgung mit Wohnungen ähnlich wie in der Bundesrepublik. Allerdings waren diese hier durchschnittlich kleiner. Die politische Führung unternahm große Anstrengungen, zusätzlichen Wohnraum zu schaffen. Dazu gehörte das Wohnungsbauprogramm von 1972. Nun wurde der **Plattenbau** mit industriell vorgefertigten Bauteilen zum bevorzugten Wohnungstyp. Insgesamt wurden drei Millionen Wohnungen dieser Art errichtet. Bisweilen entstanden auf diese Weise ganze Vorstädte, z. B. Halle-Neustadt oder Berlin-Marzahn. Obwohl die Plattenbauwohnungen als »Arbeiterschließfach« oder »Schnarchsilo« verspottet wurden, waren sie bei DDR-Bürgern recht beliebt. Sie verfügten über einen gewissen Komfort, der in den Altbauwohnungen zumeist fehlte, z. B. Zentralheizung, fließendes kaltes und warmes Wasser, Toilette und Badezimmer in der eigenen Wohnung.

Die ältere Bausubstanz wurde insgesamt vernachlässigt, zumal die geforderten Mieten nicht ausreichten, um notwendige Renovierungs- und Modernisierungsmaßnahmen zu finanzieren. Das führte dazu, dass ganze Altbauviertel verfielen und zum Teil abgetragen werden mussten.

Der **Denkmalschutz** in der DDR zeigte ein zwiespältiges Bild. Bedeutende historische Bauten wurden gesprengt oder dem Verfall preisgegeben. Das gilt z. B. für das Berliner Schloss und das Potsdamer Stadtschloss sowie die Potsdamer Garnisonkirche, die als Symbole des Feudalismus und der Reaktion galten. Im Laufe der Zeit vollzog sich jedoch im Bewusstsein der politisch Verantwortlichen ein erkennbarer Wandel. Das »Gesetz zur Erhaltung der Denkmale in der Deutschen Demokratischen Republik« von 1976 stellt viele Bauwerke, z. B. den Dresdner Zwinger, die Wartburg sowie die Dome von Halberstadt und Naumburg, auch architektonische Ensembles wie die Altstädte von Stralsund, Güstrow und Bautzen, unter staatlichen Schutz.

Geschützt wurden auch Erinnerungsstätten für Literatur, Musik und Kunst, z. B. das Goethe- und das Schiller-Haus in Weimar, sowie Gedenkstätten der Arbeiterbewegung und der Befreiung vom Faschismus. Hier wären das Tivoli in Gotha zu nennen, in dem im Jahr 1875 die Sozialistische Arbeiterpartei Deutschlands gegründet worden war, die Mahn- und Gedenkstätte im ehemaligen Konzentrationslager Buchenwald oder Schloss Cecilienhof in Potsdam, wo 1945 der Potsdamer Vertrag unterzeichnet wurde.

Vereinzelt wurden historische Gebäude mit hohem finanziellen Aufwand renoviert. Das galt etwa für die im Krieg zerstörte Semperoper in Dresden, die seit 1985 in altem Glanz erstrahlt. Bei repräsentativen Großbauten entwickelte die DDR-Architektur eigene Ausdrucksmöglichkeiten. Einige wichtige Zeugnisse dafür finden sich in (Ost-)Berlin, der »Hauptstadt der DDR«. Hier entstand Anfang der Fünfzigerjahre die Stalinallee (heute Karl-Marx-Allee). Sie verband Stilelemente des deutschen Klassizismus mit der in der Sowjetunion und im Ostblock favorisierten Bauweise des Sozialistischen Klassizismus, der oft auch abschätzig als »Zuckerbäckerstil« bezeichnet wird. Der in Ostberlin auf dem Gelände des abgetragenen Berliner Schlosses errichtete und im Jahr 1976 eingeweihte Palast der Republik (Heinz Graffunder u. a.) orientierte sich eher an den Stilelementen der Neuen Sachlichkeit. Da er mit Asbest verseucht war, wurde er im Jahr 2006 abgerissen.

Großzügig wurde der Alexanderplatz als neues Stadtzentrum konzipiert und ab 1969 neu gestaltet. Er war nun wesentlich größer als vor dem Krieg. Zu den neu errichteten repräsentativen Gebäuden gehörten der Fernsehturm, das Centrum-Warenhaus und das 120 Meter hohe Interhotel. Die Urania-Weltzeituhr diente der Auflockerung des u. a. für politische und militärische Aufmärsche gedachten Platzes.

Was man so trägt
Die Kleidung

Dass der Mensch seinen ursprünglich nackten Körper mit Fellen oder Geweben bekleidete, hatte vermutlich verschiedene Gründe. Dazu dürfte aber wohl kaum das Schamgefühl gehört haben. Vielmehr scheint dies sich erst – wie der Vergleich mit Naturvölkern in unseren Tagen nahe legt – später entwickelt zu haben. Die Kleidung bot Schutz vor Witterung, vor Kälte und Nässe, gelegentlich auch vor Hitze. Doch scheint sie manchmal auch einen mythischen Sinn gehabt zu haben: Das übergeworfene Fell verbarg vor feindlichen Dämonen oder gab dem verkleideten Menschen das Gefühl der Überlegenheit. Wir erinnern uns hier an die Tarnkappe, die den vorgeschichtlichen Helden Siegfried aus der Nibelungensage unsichtbar machte.

Für die **Jungsteinzeit**, rund 14 000 Jahre v. Chr., ist die Pelzkleidung nachgewiesen. Sie bestand aus einem Überwurf und auch schon aus Hosen. Aus der Zeit zwischen 6 000 und 5 000 v. Chr. sind die ersten Webreste erhalten. Sie fanden sich in Klein- und Vorderasien.

Schon sehr früh wurde das aus Fellen und Stoffen bestehende Material bearbeitet und verfeinert. Schon in der Steinzeit gab es Nadeln zum Nähen. Aus Purpurschnecken und Schildläusen gewann man Farben für das Gewebe. Die so erreichten Unterschiede in der Kleidung befriedigten nicht nur das Bedürfnis nach Putz und Schmuck. Sie sollten vielmehr zugleich die innerhalb einer Gruppe bestehenden **Rangunterschiede** deutlich machen. So blieb der Purpur den Königen und später den römischen Senatoren sowie den Kardinälen der katholischen Kirche vorbehalten. Könige und

Häuptlinge trugen zur eigentlichen Kleidung einen unterscheidenden und erhöhenden Kopfputz aus Federn oder Stoff, Tiertrophäen oder Metall. Bei uns hat er sich insbesondere als Krone erhalten.

Eine Voraussetzung für die Herstellung von Kleidung war die Erfindung des Webstuhls. Der für das **Weben** benötigte Faden wurde mit Spindeln gedreht. Es entstand vermutlich aus dem Flechten. Erstmals wurde ein Webstuhl um 2000 v. Chr. in Ägypten abgebildet, doch dürfte die Einrichtung viel älter sein. Bei den alten griechischen und germanischen Webstühlen verlief das Gewebe vertikal. Die Kettfäden hingen von oben nach unten und wurden durch Gewichte aus Stein oder Ton gespannt. Allerdings gab es bereits im alten Griechenland Webstühle, bei denen die Bahn horizontal lag.

Sehr alt ist auch die Technik des **Gerbens** und damit der Herstellung von Leder. Das Gerben diente dazu, die Tierfelle vor dem Verfaulen zu schützen und damit für lange Zeit haltbar zu machen. Schon vor Christi Geburt waren Gegenstände aus Leder in Ägypten und in Israel bekannt. Beim Gerben wird zunächst die Tierhaut von allen Bestandteilen befreit, die kein Leder ergeben. Dann wird es in einem sehr aufwendigen und lange dauernden Verfahren konserviert. Weit verbreitet war die sogenannte Lohgerberei. Als Gerbstoff diente die Lohe, in Lohmühlen gemahlene Eichenrinde, die einen hohen Anteil an Gerbsäure enthält. Heute werden auch chemische Gerbmittel, z. B. Chromverbindungen oder Alaun (Kalium-Aluminium-Sulfat) verwendet. Für die Weiterbearbeitung des Leders bildeten sich mehrere Handwerksberufe heraus. Dazu gehörten die Schuhmacher, die Beutler oder Täschner, die Gürtler oder Riemer und die Sattelmacher. Im weiteren Sinne sind hier auch die Kürschner zu nennen, weil ja auch das behaarte Fell gegerbt werden musste, um es haltbar zu machen.

Die Kleidung der antiken **Griechen** und **Römer** war einfach. Sie unterschied sich bei Männern und Frauen kaum und war nur einem äußerst langsamen, durch den Geschmack bedingten Wandel unterworfen. Mode im modernen Sinn gab es aber nicht. Als Haus- und

Die Kleidung

Untergewand trug man nur ein Hemd, das im Griechischen »chiton«, im Lateinischen »tunica« hieß. Es wurde mit Fibeln, Gewandnadeln, zusammengehalten. Außerhalb des Hauses, insbesondere bei festlichen Anlässen, kam zum Hemd noch ein Überwurf, den die Römer »toga« nannten, hinzu. Die Senatoren trugen als Zeichen ihrer Würde die »toga praetexta«, die mit einem Purpurstreifen verziert war. Bei kühlem Wetter wurden zusätzlich noch verschiedene Arten von Mänteln übergezogen.

Wie schon im alten Ägypten wurde bei den Römern, vor allem in den gehobenen Gesellschaftsschichten, großer Wert auf die Wäschepflege gelegt. Es gab große Wäschereien, in denen man die Kleidungsstücke mit aus Urin gewonnenem Ammoniak reinigte.

Die **Germanen** verstanden sich bereits früh auf die Kunst des Webens. Sie trugen auch eine verhältnismäßig differenzierte Kleidung. Die Männer waren mit einem wollenen Kittelrock angetan, der von den Achselhöhlen bis zu den Knien reichte. Er wurde über einer Schulter durch Lederriemen und einen Bronzeknopf gehalten. Um die Hüfte schlang sich ein gewobener Gürtel. Hinzu kam ein mantelartiger Überwurf, der auf der Brust durch eine Fibel geschlossen wurde, gegebenenfalls ein Schal und eine Mütze, eine kurze Hose und gebundene Schuhe. Übrigens dürften die germanischen Männer zumeist rasiert gewesen sein. Die Frauen trugen auch einen Mantel, eine Wolljacke mit halblangen Ärmeln und einen langen Rock, der an der Taille durch einen Gürtel zusammengehalten war.

Die Grundlinien der germanischen Männerkleidung erhielten sich über lange Zeit, vor allem bei den niederen Schichten der Bevölkerung. Allerdings zeigten sich deutliche ständische Unterschiede. Die Bauern und Knechte trugen bis auf die Knie reichende Wollröcke, dazu Mützen bzw. Hüte aus Filz und Bundschuhe, wie sie sich bis in die Neuzeit hinein als bäuerliches Kleidungsstück, ja geradezu als Standessymbol erhalten haben. So nannte sich um 1500 herum ein bäuerlicher Geheimbund in Südwestdeutschland »Bundschuh«.

Die **Ritter** trugen vom 11. Jahrhundert an unter spätantikem Einfluss immer länger werdende Röcke. Das Gewand des Mannes glich sich damit stark dem der Frau an. Hinzu kamen das Hemd, die kurze Kniehose (»bruoch«) und die Wadenhose bzw. Wadenstrümpfe (»hose«), Schnabelschuhe, eine Haube oder Kapuze und gegebenenfalls ein Mantel.

Die Kleidung der Adeligen war oft reich verziert, vor allem auch mit Pelzwerk. Farben und Wappensymbole wurden immer wichtiger. Der Kleidersaum bei den Frauen verlängerte sich zur Schleppe, die Hauben wuchsen zu zierlichen Aufbauten.

Vor allem seit etwa 1350 machte die **Mode** (lat. »modus« = Art und Weise) rasche Fortschritte. Vielleicht lässt sich erst seit dieser Zeit von Mode im eigentlichen Sinne sprechen. Es versteht sich fast von selbst, dass sich den dadurch begründeten Kleiderluxus nur die Wohlhabenden, Adelige und reiche Bürger, leisten konnten. Die Mode erreichte ihren ersten Höhepunkt in Frankreich und besonders in Burgund. Im Sinne der Gotik war die schlanke, hohe Person das Ideal. Die Männer trugen damals nicht mehr den mittelalterlichen Langrock, sondern eine eng anliegende bunte Jacke mit hoher Taille und Stehkragen. Die Ärmel waren geschlitzt. Sie waren mit Rüschen und Zacken verziert. Eine Strumpfhose bedeckte die Beine. An den Füßen trug man sehr spitze Schnabelschuhe und hölzerne, sandalenartige Unterschuhe. Auf dem Kopf ruhte eine oft reich geschmückte Haube oder ein turbanartiger Hut.

Die Kleidung der Frau unterschied sich, im Gegensatz zum Hochmittelalter, stark von der des Mannes. Das Oberkleid ähnelte dem unserer Tage, abgesehen davon, dass es viel länger war. Es besaß ein tiefes Dekolleté. Auf dem Kopf befand sich eine spitze Haube, die unter Umständen in eine Art Kopftuch auslief bzw. an der Spitze mit einem durchsichtigen, körperlangen Schleier verziert war.

Mit der Zeit nahm die »Putzsucht« der Frauen und das damit verbundene Konkurrenzdenken gelegentlich skurrile Formen an. Um den Kleiderluxus auf ein erträgliches Maß zu begrenzen, wurden in manchen Städten und Herrschaften **Kleiderordnungen** er-

Die Kleidung

lassen. In einer Verordnung aus dem Jahr 1626 gab Herzog Maximilian von Ober- und Niederbayern seiner Sorge Ausdruck, »dass viel Geld unnützerweis und zu etlicher wissentlichem Schaden und endlichem Verderben ausgeben, den ausländischen Handelsleuten in die Hand gestoßen auch andern Unheil und Inconvenientien [Unschicklichkeiten], sonderlich aber der lieben Jugend zu aller Üppigkeit, Hoffart und leichtfertigem Wandel Anlass und Beförderung gegeben, auch daher die Barschaft zu dergleichen unnotweniger Pracht mehr dann zu täglicher Unterhaltung ihr und ihrer Hausgenossen angewendet wird«.

Freilich hatten die Kleiderordnungen noch einen weiteren Zweck: Genau wurden die Grenzen zwischen den einzelnen Ständen, bezogen auf die Kleidung, festgelegt. Dadurch blieb z. B. der Standesunterschied zwischen der adeligen Dame und der reichen Patrizierfrau, der Städterin und der wohlhabenden Bäuerin erkennbar.

In der **Reformationszeit** brachten schweizerische und deutsche Landsknechte auffällige Neuerungen. Wams und Hose wurden an den Stellen, wo sie den Körper besonders eng umspannten, insbesondere an Armen und Beinen, aufgeschlitzt und mit andersfarbigen bauschigen Stoffen unterlegt. Man sprach von »zerhauenen« Kleidern. Die Hose reichte bis zum Knie. Dort schloss sich ein oben gebundener Strumpf an. Auf dem Kopf trugen die Landsknechte ein weit ausladendes Barett. Die Tracht des Mannes von Stand zeigte gewisse Anlehnungen an die der Soldaten. Er trug auch ein Barett, ein knielanges Wams mit einem gefältelten Hemd darunter und einen kurzen, weit ausladenden und oft reich verbrämten Mantel (Schaube). Mit fortschreitender Zeit kamen mehr und mehr die Pluderhosen in Gebrauch. Die Frau hatte ein Leibchen mit besticktem Brustlatz an. Er mündete oft in einen hochgezogenen Kragen ein. Bei all diesen Typisierungen darf nicht vergessen werden, dass eine große Vielfalt herrschte, die sich aus landsmannschaftlichen und sozialen Unterschieden ergab.

Die lebens- und genussfrohe Mode der **Renaissancezeit** wurde zwischen 1550 und dem beginnenden Dreißigjährigen Krieg durch die »spanische Art«, sich zu kleiden, zurückgedrängt. Der neue asketische Geist spiegelte sich in dem engen, hochgeschlossenen Wams, das von einer Hemdkrause bzw. später von einem Mühlsteinkragen abgeschlossen wurde. Seit etwa 1550 war auch die Strumpfwirkerei bekannt. So trugen die Männer Strumpfhosen aus Seide und darüber eine kurze, an beiden Oberschenkeln gepolsterte Hose. Das Barett war erheblich kleiner geworden bzw. wich ganz einem hohen Hut mit schmaler Krempe. Bei den Frauen wurde mehr und mehr die Schulterlinie betont und durch Polsterung die Rundung der Brust verdeckt. Der Rock wuchs durch Polster, endlich auch durch eiserne Ringe ebenfalls in die Breite und wurde zum Reifrock.

In der Zeit des **Dreißigjährigen Krieges** (1618–1648) setzte sich wieder eine freiere Mode durch. Die Frauen verzichteten auf Schnürungen und Polsterungen. Durch die Vielzahl ihrer Röcke wirkten sie aber dennoch ausgesprochen füllig. Die Taille rückte unter die Brust. Die Kleidung war – übrigens auch beim Mann – mit vielen Spitzen verziert, so am Kragen oder an der Manschette. Als Kopfbedeckung wurde nun ein breitrandiger Filzhut üblich. Auch die Männermode bevorzugte eine tonnenartige Körperform. Die Hose reichte bis zum Knie und war nicht mehr gepolstert. Die Unterschenkel steckten in Stiefeln, die immer weiter und weicher wurden und oben umgeschlagen waren.

Mit der Herrschaft Ludwigs XIV. (König 1643–1715) wurde **Paris** bzw. Versailles zum Zentrum der europäischen Mode. Der europäische Adel beeilte sich, den französischen Vorbildern nachzueifern. Modepuppen warben in den europäischen Hauptstädten für den neuesten Chic und auch für die Erzeugnisse der französischen Manufakturen.

Die Frauen trugen einen bis auf die Erde reichenden Rock und ein eng anliegendes, weit herabgezogenes Mieder. Den Rock überdeckte ein vorn auseinandergeschlagenes Oberkleid, das als Schleppe nachgezogen wurde. Weite, mit Rüschen benähte Ärmel reichten bis auf den Unterarm hinab. Der Kopf war mit einer hohen Frisur und einem kunstvollen Kopfputz geziert. Die Männer trugen eine majestätische Allongeperücke. Den Körper bedeckte eine Weste und ein langer Rock, der reich bestickt oder mit Bändern besetzt war. Die Ärmel mit ihren breiten Aufschlägen hingen locker um den Unterarm. Sehr wichtig war das Hemd, das an verschiedenen Stellen sichtbar blieb. Hinzu kamen eine Kniehose und Schuhe mit hohen Absätzen.

Dem äußeren Prunk der Zeit entsprachen **Körperpflege und Hygiene** keineswegs. Man wusch sich kaum und übertönte die unangenehmen Körpergerüche mit scharfen Parfüms. Die Wäsche wurde nicht öfter als einmal im Monat gewechselt. Kein Wunder, dass es selbst im Bett Ludwigs XIV. angeblich Wanzen gab. Toiletten waren im königlichen Schloss in Versailles unbekannt. Diese Verhältnisse bezeichneten einen erheblichen Rückschritt gegenüber der Reformationszeit und selbst gegenüber dem Mittelalter, in dem es in allen Städten öffentliche Bäder gegeben hatte. Allerdings waren sie unter dem Einfluss der Reformation dann aufgelöst worden, weil sie als Stätten der Unmoral galten und mit den Freudenhäusern auf eine Stufe gestellt wurden. Die Bordelle genossen jedoch zumeist den Schutz der Behörden.

In der Zeit des **Rokoko** wandelten sich die pompösen, wuchtigen Barockformen weiter ins Spielerische und Zierliche: Die Allongeperücke wich einer kleineren gepuderten Perücke mit Haarbeutel und Schleife. Die Damen trugen von Neuem den weit ausladenden Reifrock.

Schon vor der **Französischen Revolution** von 1789 setzte sich beim englischen Adel bequemere und zweckmäßigere Kleidung durch. In Frankreich selbst brachten die revolutionären Ereignisse den endgültigen Bruch. Besonders weit gingen die Träger einer ärmellosen Jacke, wie sie bei den Bauern üblich war, und einer langen, locker um die Beine herabhängenden Hose, deren Vorbild sich bei den Matrosen fand. Da ihre revolutionären Träger keine Kniehosen (»culottes«), wie bislang bei den Adeligen üblich, anhatten, nannte man sie »Sansculotten« (»ohne Hosen«).

In der Zeit des Direktoriums in Frankreich (1795–1799) und der Herrschaft Napoleons (Kaiser 1804–1814) schritt die Entwicklung zur Kleidung unserer Zeit weiter voran. Der Stil der Kaiserzeit wird als **Empire** (frz. »empereur« = Kaiser) bezeichnet. Die Hosen der Männer reichten nun vielfach schon bis zum Fuß. Ursprünglich waren sie aus Trikot und später aus Tuch. Hinzu kam ein Frack mit langen Schößen oder ein bis auf die Oberschenkel hinabreichender Rock und ein Zylinder. Die Frauenkleider wurden kürzer und gaben die Füße frei. Die Taille lag aber noch unmittelbar unter dem Busen. Erst um 1820 herum, in der Zeit des Biedermeier, rückte sie auf die Hüften hinab.

Während der Kaiserzeit Napoleons III. (Kaiser 1852–1870) wurde die Frauenmode noch einmal durch das Vorbild des Rokoko (»zweites Rokoko«) geprägt. Zum dritten Mal in der Geschichte tauchte der Reifrock auf. Die Männerkleidung machte die Rückwendung nicht mit. Als wichtigstes Kleidungsstück setzte sich neben dem Frack und dem Überrock die Jacke durch.

In der **Gründerzeit** nach dem Deutsch-Französischen Krieg von 1870/71 ging zwar das Rokokohafte der Damenkleider wieder verloren, doch diente die Mode nach wie vor mit ihren überschwänglichen Formen der Zurschaustellung von Reichtum und gesellschaftlichem Ansehen. Ein einheitlicher Stil konnte sich nicht durchsetzen. Der Busen wurde durch ein Korsett (frz. »corps« = Körper) gehoben und damit betont. Das Gleiche galt für das Gesäß, das durch ein kleines Rosshaarkissen oder durch ein Gestell zum »cul de Paris« oder zur Turnüre aufgebauscht wurde.

Um die **Jahrhundertwende** wurden immer mehr Stimmen laut, die eine den natürlichen Körperformen – insbesondere bei den Frauen – angepasste natürliche Kleidung forderten. Ärzte und Künstler beteiligten sich an den Bemühungen. Ein erstes Ergebnis war das unter dem Busen sanft geraffte, im Übrigen aber dann bis

Die Kleidung

auf den Boden fallende Reformkleid. Es konnte sich aber nicht allgemein durchsetzen. Immerhin wurde das starre Korsett weitgehend verdrängt.

Die Modeschöpfer der Zeit, unter ihnen anfangs bekannte Künstler des Jugendstils, forderten mit Erfolg eine funktional bestimmte Mode. Sie setzte sich seit 1910, insbesondere dann in den Zwanzigerjahren immer mehr durch. Die wachsende Sportbewegung hatte daran einen großen Anteil. Die Röcke wurden kürzer und gaben die Beine frei, die nun mit Seidenstrümpfen bekleidet waren. Nur die festliche Abendrobe behielt die bodenlange Form.

Bemerkenswert war allenfalls die Veränderung des **Materials**. Traditionell diente die Wolle, vor allem die Schafswolle, zur Herstellung von Kleidungsstücken. Sie ließ sich leicht spinnen und weben und schützte vor allem gegen die Kälte. Hinzu kam der Flachs, dessen Fasern zu Leinen (Linnen) verarbeitet wurden, und der Hanf.

Die **Baumwolle** wurde bereits seit Tausenden von Jahren im Orient und in Mittelamerika zur Herstellung von Kleidung genutzt. Mit Beginn der industriellen Revolution in der zweiten Hälfte des 18. Jahrhunderts begann die massenhafte Verarbeitung indischer Baumwolle mit mechanischen Spinn- und Webmaschinen in Großbritannien, später dann auch auf dem Kontinent. Baumwolle kam in großen Mengen auch aus den Südstaaten der USA. Ihre Verarbeitung wurde erleichtert durch die Erfindung der »Cotton Gin« (= »engine«) im Jahr 1793 durch Eli Whitney, mit deren Hilfe die Baumwollfasern leicht von den Samenkapseln getrennt werden konnten. Die Massenproduktion machte die aus Baumwolle gewobenen Textilien vergleichsweise preiswert. Wegen ihrer hohen Saugfähigkeit und Hautverträglichkeit eignete sie sich vorzüglich für Körperwäsche. In großen Mengen wurden billige bedruckte Stoffe für Kleider und Hemden und manches mehr produziert.

Kunstfasern (Chemiefasern) verdrängten mehr und mehr die überkommenen Naturfasern. Die chemische Industrie ermöglichte daneben leuchtende synthetische Farben und nicht zuletzt für die

Frauen Nylon- bzw. Perlonstrümpfe. Die Nylonfaser war in den Dreißigerjahren erfunden worden und kam kurz vor Kriegsbeginn durch den amerikanischen Chemiekonzern Du Pont auf den Markt. Seit 1939 erzeugte die IG Farben in Deutschland das Perlon.

Die Veränderung der Lebensverhältnisse in der **zweiten Hälfte des 20. Jahrhunderts**, u. a. bedingt durch den steigenden Wohlstand der Bevölkerung, veränderte auch die Gewohnheiten bezüglich der Kleidung. Die ursprünglich scharfe Trennung zwischen Alltags- und Festtagskleidung verschwand. Verpflichtende Konventionen haben sich nur für besonders festliche Anlässe, z. B. Hochzeiten oder öffentliche Empfänge, erhalten. Relativ strenge Bekleidungsvorschriften oder Bekleidungsgewohnheiten gelten in bestimmten gesellschaftlichen Gruppen, etwa bei hochrangigen Wirtschaftsmanagern oder bei wichtigen Repräsentanten des öffentlichen Lebens. Die Krawatte, früher unverzichtbarer Bestandteil der Feiertagskleidung, wird heute z. B. nur noch vergleichsweise selten getragen. Das Wort geht auf das französische »cravate« (= Kroate) zurück. Manche kroatischen Reiter trugen eine auffällige Halsschleife.

Insgesamt ist in weiten Teilen der Bevölkerung eine eher legere, bequeme und zwanglose Kleidung beliebt, die aus pflegeleichten Materialien hergestellt wird. Die ursprüngliche **Freizeitkleidung** kann zu vielerlei Anlässen getragen werden. Das gilt vor allem auch für die Jeans, die für alle möglichen Gelegenheiten salonfähig geworden sind. Sie dienen auf der Baustelle als Arbeitshose, können aber auch – als Edel-Jeans – bei einer Cocktailparty oder einem Opernbesuch getragen werden.

Die Jeans werden in der Regel aus einem strapazierfähigen blauen Baumwollstoff hergestellt. Sie werden deshalb als »Blue Jeans« bezeichnet. Im Jahr 1853 ließ der aus Buttenheim in der Nähe von Bamberg stammende Levi Strauss (1829–1902) die ersten Hosen dieser Art für amerikanische Goldgräber schneidern. Sie waren robuste Arbeitshosen, die u. a. auch von Cowboys getragen wurden (Cowboyhosen). Seit Anfang der Siebzigerjahre wurden die Nähte der Taschen mit Nieten (Nietenhosen) verstärkt. Nach dem Zweiten

Weltkrieg kamen die Blue Jeans durch amerikanische Soldaten nach Deutschland. Erstmals in Europa wurden Hosen dieser Art im Jahr 1948 in Künzelsau in Nordwürttemberg hergestellt (seit 1958 Marke »Mustang«). Jugendliche trugen die Jeans zunächst als Zeichen des Protestes und eines neuen Lebensgefühls, bis sie in der Gesellschaft allgemeinere Anerkennung fanden.

Die modebewusste Frau achtet selbstverständlich nicht nur auf ihre Kleidung, sondern auf ihr Aussehen insgesamt. Dazu gehören die Frisur und vor allem auch das **Make-up**. Allerdings war es auch schon früher üblich, sich durch Puder, Schminken oder Farbstoffe zu verschönern. Im Mittelalter und auch in späterer Zeit galt die blasse Haut als besonders schön und edel. Als Puder benutzte man deshalb Bleiweißpulver, ein basisches Bleikarbonat. Da es hoch toxisch war, kam es oft zu gefährlichen Entzündungen und auch zu tödlichen Vergiftungen. Um die Lippen intensiver rot zu färben, nutzte man den Farbstoff der Koschenille-Schildlaus. Der **Lippenstift** wurde Ende des 19. Jahrhunderts erfunden. Im Jahr 1883 bot ein Parfümhersteller auf der Weltausstellung in Amsterdam einen in Seidenpapier gefassten Stift aus rot eingefärbten Fetten an. Populär wurde das Schminken der Lippen durch die französische Theaterdiva Sarah Bernhardt (1844–1923). Seit den Zwanzigerjahren fand der Lippenstift dann weitere Verbreitung. Allerdings war er in Deutschland während des »Dritten Reichs« verpönt. Nach dem Krieg brauchte es einige Zeit, bis sich die Vorurteile gegenüber geschminkten und an den Fingernägeln lackierten Frauen (»Maul- und Klauenseuche«) abgebaut hatten. Sehr beliebt sind heute auch Lidschatten und Wimperntusche, um dem Gesicht einen intensiveren Ausdruck zu verleihen.

Von Tag zu Tag
Im Jahreslauf

Der Mensch erlebt den Zeitablauf sehr unterschiedlich. Urlaubstage vergehen wie im Fluge, bange Sekunden dehnen sich zu einer Ewigkeit. Dennoch, es gibt objektive Gegebenheiten, die den Zeitablauf gliedern. Mit dem Sonnenaufgang beginnt ein neuer Tag, einmal im Monat erscheint der Mond kreisrund am Himmel, die regelmäßige Aufeinanderfolge von Frühling, Sommer, Herbst und Winter zeigt, dass wieder einmal ein Jahr vergangen ist.

Wir kennen heute Maßeinheiten, mit denen sich ein Ereignis oder ein Ablauf genau festlegen lässt. Wir nennen ein bestimmtes Datum, z. B. den Geburtstag des Dichters Johann Wolfgang von Goethe am 28. August 1749 bzw. einen bestimmten Zeitpunkt oder eine bestimmte Zeitdauer: Abfahrt des Zuges nach Halberstadt um 14:32 Uhr, Fahrtdauer: zwei Stunden und vier Minuten.

Der Messung größerer Zeitabschnitte dient der **Kalender**. Er gibt das Kalenderjahr, den Monat und den Tag an. Bis zum Kalender, wie wir ihn heute benutzen, war es freilich ein langer Weg. In manchen Kulturen, z. B. bei den Griechen, galt das **Mondjahr**, das sich nach den Phasen des Mondes richtete. Es war etwas länger als 354 Tage. Daraus ergab sich das Problem, dass sich der Jahresanfang von Jahr zu Jahr verschob und innerhalb von 33 Jahren alle Jahreszeiten durchlief. Diese Schwierigkeit ließ sich nur dadurch beheben, dass jährlich einige Schalttage eingefügt oder angehängt wurden.

Insofern war das **Sonnenjahr**, das sich auf den Umlauf der Erde um die Sonne bezog, genauer. Es misst 365,2422 Tage. Sehr früh, nämlich bereit im 4. Jahrtausend v. Chr., hatten die Ägypter das Sonnenjahr mit 365 Tagen eingeführt. Bekanntlich erreichte die Astronomie dort sehr früh ein beeindruckend hohes Niveau – das wohl auch deshalb, weil die Priester und Astronomen die jährliche Flutwelle des Nils vorausberechnen wollten und sich dabei an der Stellung der Sterne orientierten. Die Nilflut mit ihrem Wasser und ihrem fruchtbaren Schlamm war für die Menschen lebenswichtig. Übrigens wurde bei den Ägyptern bereits seit 238 v. Chr. alle vier Jahre ein Schalttag eingeschoben.

Der ägyptische Sonnenkalender war die Grundlage für die Kalenderreform, die der römische Feldherr und Staatsmann Gajus Julius Cäsar (100–44 v. Chr.) im Jahr 46 v. Chr. durchführen ließ. Der **Julianische Kalender** kannte folglich 365 Tage und alle vier Jahre einen Schalttag. Noch heute zeigen die Monatsnamen September (lat. »septem« = sieben), Oktober (»octo« = acht), November (»novem« = neun) und Dezember (»decem« = zehn), dass das römische Jahr ursprünglich am 1. März begann. Der Quintilis (»quintus« = fünf) und der Sextilis (»sextus« = sechs) wurden zu Ehren Cäsars und seines Adoptivsohnes, des Kaisers Augustus, in Juli(us) und August(us) umbenannt.

Die Wocheneinteilung, wie wir sie heute kennen, war in Rom zunächst unbekannt. Unterschieden wurde allerdings zwischen Werk- und Feiertagen. Die Siebentagewoche, die auf den Schöpfungsbericht der Bibel zurückgeht, wurde erst unter Kaiser Konstantin I. (Kaiser 306–337) eingeführt. Sie bestand aus sechs Arbeitstagen und einem Ruhetag, dem Sonntag. Zur Zeit Konstantins, auf dem Konzil von Nicäa im Jahr 325, war der Frühlingsanfang auf den 21. März festgelegt worden. Im späten Mittelalter erkannten die Astronomen, dass dieser Termin, bezogen auf die jahreszeitlichen Veränderungen, im Kalenderjahr später eintrat als etwa zu römischer Zeit.

Diese Ungenauigkeit nahm Papst Gregor XIII. zum Anlass, im Jahr 1582 eine Reform des Julianischen Kalenders durchzuführen. Der **Gregorianische Kalender** glich den über die Jahrhunderte auf zehn Tage angewachsenen Fehler dadurch aus, dass auf den 4. Oktober der 15. Oktober 1582 folgte. Für die Zukunft sollte eine möglichst große Genauigkeit durch eine komplizierte Regelung der

Schalttage erreicht werden: Schalttage finden in den Jahren statt, in denen die letzten beiden Zahlen durch 4 teilbar sind (z. B. 1732 oder 2012). Alle 400 Jahre fallen drei Schalttage aus, und zwar bei den vollen Jahrhunderten, die nicht durch 400 teilbar sind (z. B. 1700 oder 2100). Bei den teilbaren vollen Jahrhunderten bleibt der Schalttag erhalten (z. B. 2000 oder 2400). Der nun noch nicht ausgeglichene Fehler ist so gering, dass er sich in einem Zeitraum von 3333 Jahren lediglich auf einen Tag aufaddiert.

Der Gregorianische Kalender wurde zunächst von den katholischen Ländern übernommen. Die evangelischen Territorien Deutschlands und Skandinaviens folgten aber erst im Jahr 1700, Großbritannien 1752. In orthodoxen Ländern blieb der Julianische Kalender zunächst in Gebrauch. Er wurde im Jahr 1918 im kommunistischen Russland, 1923 auch in Griechenland durch den Gregorianischen Kalender ersetzt.

In vielen Ländern der Welt wird die **christliche Zeitrechnung** verwendet. Das bedeutet, dass die Jahre von Christi Geburt an gezählt werden. Demzufolge sprach man vom »Jahr des Herrn« (»Anno Domini«, AD). Ein »Jahr Null« hat es freilich nicht gegeben. Die christliche Zeitrechnung wurde im Jahr 525 von dem Mönch Dionysius Exiguus vorgeschlagen, konnte sich aber erst seit dem 8. Jahrhundert langsam durchsetzen. Im 10. und 11. Jahrhundert wurde sie allgemein gebräuchlich. Nun wurden die Jahre nicht mehr nach dem Regierungsantritt des Kaisers Diokletian (Kaiser 284–305), wie bis dahin üblich, gezählt. Daten aus der Zeit vor Christi Geburt werden, um Verwechslungen auszuschließen, besonders gekennzeichnet (v. Chr.). In atheistischen Staaten, z. B. der Sowjetunion oder der DDR, galt im Prinzip die christliche Zeitrechnung weiter. Hier wurde zumeist das »vor Christi Geburt« durch »vor unserer Zeitrechnung« (v. u. Z.) ersetzt.

Die **Juden** begannen die Zeitrechnung mit der an Hand des Alten Testaments errechneten Erschaffung der Welt im Jahr 3761 v. Chr. Ihr Kalender wurde in der noch heute verwendeten Form im 4. Jahrhundert n. Chr. endgültig festgelegt.

Den Anfangspunkt der **islamischen Zeitrechnung** bezeichnete die Flucht des Propheten Mohammed (um 570–632) von Mekka nach Medina im Jahr 622.

In der Französischen Revolution erhielt Frankreich einen neuen Kalender. Er begann am 22. September 1792, dem Tag nach der Abschaffung des Königtums und der Einführung der Republik. Das Jahr bestand aus zwölf Monaten, jeder Monat aus drei Dekaden von zehn Tagen, jeder Tag aus zehn Stunden. Die Tage und die Monate erhielten neue Namen, z. B. »Brumaire« (»Nebelmonat«) oder »Thermidor« (»Hitzemonat«). Der **Revolutionskalender** wurde im Jahr 1806 wieder abgeschafft und durch den Gregorianischen Kalender ersetzt.

In früheren Zeiten war die genaue Festlegung der Zeit bei Weitem nicht so wichtig, wie sie es heute ist. Immerhin, es gab seit Langem die Woche mit ihren sieben Tagen. Sechs waren der täglichen Arbeit gewidmet; am siebten sollte der Mensch ruhen und seinen religiösen Verpflichtungen, z. B. dem Besuch der heiligen Messe, nachkommen. Dass die Siebentagewoche auf die Schöpfungsgeschichte zurückgeht, wurde bereits an anderer Stelle erwähnt: »Am siebten Tag vollendete Gott das Werk, das er geschaffen hatte, und er ruhte am siebten Tag ... Und Gott segnete den siebten Tag und erklärte ihn für heilig ...« (Genesis 2,2–3).

Die deutschen Bezeichnungen der einzelnen **Wochentage** sind Lehnübersetzungen aus dem Lateinischen und beziehen sich auf verschiedene Gottheiten: Der Montag ist der Mond-Tag (»dies Lunae«), der Dienstag der Tag des Gottes Ziu (Tyr) (»Martis [Mars] dies«). Der Mittwoch liegt in der Mitte der Woche. Der Name ersetzte die ältere Bezeichnung »Wotans-Tag« (»dies Mercurii«), die sich z. B. im Englischen erhalten hat: Wednesday. Der Donnerstag ist der Donar-Tag (»Jovis [Jupiter] dies«), der Freitag der Frija-Tag (»Veneris [Venus] dies«). Das Wort »Samstag« geht auf das jüdische Wort »Sabbat« zurück. In vielen Teilen Deutschlands heißt der Tag auch Sonnabend. Damit ist der Vorabend bzw. der Tag vor dem Sonntag gemeint. Der Sonntag schließlich ist der Sonnen-Tag (»dies Solis«).

Der Jahresablauf wird nicht nur durch die regelmäßige Folge von Werk- und Sonntagen gegliedert. Es gibt eine große Zahl von **Feiertagen**, die festlichem Erinnern gewidmet sind und an denen die Arbeit, soweit das möglich ist, ruht. Es handelt sich um religiöse bzw. staatliche Festtage.

An **Weihnachten** wird die Geburt Jesu Christi gefeiert. Das deutsche Wort bedeutet »in den heiligen Nächten« (mhd. »ze wichen nachten«). Dieses Fest ist seit 336 in Rom belegt. Der genaue Geburtstermin des Jesuskindes ist nicht bekannt. Möglicherweise geht Weihnachten auf das römische Fest des Sonnengottes zurück. Dafür spricht auch die zeitliche Nähe zur Wintersonnenwende am 21. Dezember eines jeden Jahres. Die Feiern beginnen in der Regel mit dem Heiligen Abend. Wegen des freudigen Anlasses hat es sich eingebürgert, Verwandten und Freunden Geschenke zu machen. Der Weihnachtsbaum (Christbaum) wird erstmals Anfang des 15. Jahrhunderts erwähnt. Die grüne Pflanze wurde als Symbol des Lebens gedeutet. Immer wieder finden sich Belege dafür, dass sie an Weihnachten als Schmuck für Kirchen, öffentliche Gebäude und Plätze, aber auch für Privathäuser aufgestellt wurde. Aus dem Elsass wird im Jahr 1605 berichtet: »Auf Weihnachten richtet man Tannenbäume zu Straßburg in den Stuben auf. Daran hängt man Rosen aus vielfarbigem Papier geschnitten, Äpfel, Oblaten, Zischgold und Zucker.« In weiten Teilen der Bevölkerung setzte er sich aber erst im 19. Jahrhundert endgültig durch. Aus der ersten Hälfte des 19. Jahrhunderts stammt auch das überaus volkstümliche Weihnachtslied »O Tannenbaum« mit dem heute üblichen Text:

»O Tannenbaum, o Tannenbaum,
Wie treu sind deine Blätter.
Du grünst nicht nur zur Sommerzeit,
Nein, auch im Winter, wenn es schneit.
O Tannenbaum, o Tannenbaum,
Wie grün sind deine Blätter!«

An **Silvester**, benannt nach Papst Silvester I., dessen Namenstag am 31. Dezember gefeiert wird, verabschieden sich die Menschen vom alten Jahr und feiern überschwänglich und ausgelassen das neue Jahr. Zu den Ritualen gehören gutes Essen und Trinken, aber auch das Böllerschießen und Feuerwerk. Ursprünglich sollten nach dem Volksglauben durch den Lärm böse Geister vertrieben werden.

Der **Neujahrstag** bezeichnet seit römischer Zeit den Anfang des Kalenderjahres. In der katholischen Kirche wurden aber zunächst unterschiedliche Jahresanfänge, z. B. Weihnachten, das Erscheinungsfest und der erste Advent, als Jahresanfänge gefeiert. Die kirchliche Anerkennung für den 1. Januar erfolgte im Jahr 1691 durch Papst Innozenz XII.

Das Fest **Heilige Drei Könige** (Epiphanias = Erscheinung des Herrn) findet kurz nach Weihnachten, am 6. Januar, statt. Es bezieht sich auf die Auffindung des Christuskindes im Stall zu Bethlehem durch die Weisen aus dem Morgenland, die durch einen Stern geleitet worden waren. Allerdings spricht die theologische Quelle, das Matthäus-Evangelium (2,1–2) weder von Königen noch davon, dass sie zu dritt waren: »Als Jesus zur Zeit des Königs Herodes in Bethlehem in Judäa geboren worden war, kamen Sterndeuter aus dem Osten nach Jerusalem und fragten: ›Wo ist der neu geborene König der Juden? Wir haben seinen Stern gesehen und kommen, um ihm zu huldigen.‹« Im griechischen Urtext der Bibel findet sich das Wort »Magier«. Angeblich wurden die Gebeine der Heiligen Drei Könige von Flavia, der Ehefrau des Kaisers Konstantin I., auf einer Pilgerreise nach Palästina entdeckt. Im 4. Jahrhundert kamen sie als Geschenk nach Mailand. Die Stadt wurde im Jahr 1162 durch Kaiser Friedrich Barbarossa zerstört. Er schenkte die kostbaren Reliquien seinem Kanzler Rainald von Dassel, dem Erzbischof von Köln. So kamen sie im Jahr 1164 nach Köln, wo sie noch heute in einem kostbaren Schrein im Dom ausgestellt sind. Barbarossa verteidigte die Ehre des Reiches (»honor imperii«) gegen den Machtanspruch des Papsttums. Die sakrale Weihe der Kaiserherrschaft sollte unter anderem durch die Gebeine der »ersten christlichen Könige« sinnbildlich veranschaulicht werden.

Vor Beginn der Fastenzeit, die von Aschermittwoch bis unmittelbar vor Ostern dauert, wird in vielen Gegenden **Karneval**, Fasching oder Fastnacht gefeiert. Eine Reihe anderer Bezeichnungen ist gebräuchlich. Der Höhepunkt dieser durch Freude und Ausgelassenheit geprägten Zeit ist die Woche vom Donnerstag vor Aschermittwoch (Weiberfastnacht oder »schmutziger Donnerstag«, von »Schmotz« = Schmalz, mit dem die Fastnachtsküchle gebacken werden) bis zum Aschermittwoch. Am Fastnachtssonntag, Rosenmontag oder Fastnachtsdienstag finden oft prunkvolle Umzüge statt, bei denen lokale oder überregionale Ereignisse satirisch-heiter kommentiert werden.

Die regionalen Unterschiede sind sehr auffällig. So unterscheidet sich der rheinische Karneval (Köln, Mainz, Düsseldorf) stark vom Münchener Fasching oder von der alemannischen Fasnet (Rottweil, Überlingen). Im Rheinland sind bis heute Tendenzen erkennbar, die sich aus der französischen Besatzungszeit und der Eingliederung in das Königreich Preußen zu Beginn des 19. Jahrhunderts erhalten haben. Die entwaffneten Bürgerwehren machten sich mit ihren Fantasieuniformen, den Gewehrattrappen und den verballhornten Kommandos über Franzosen und Preußen lustig. Der Straßenkarneval, den es heute im Rheinland gibt und der Millionen von Menschen in seinen Bann zieht, wird seit 1823 gefeiert. Nicht eindeutig ist die Herkunft des Wortes Karneval geklärt. Es könnte von lateinisch »Carne vale!« (»Lebe wohl, Fleisch!«) abgeleitet sein.

Bei der schwäbisch-alemannischen Fasnet hat sich unübersehbar mittelalterliches, wohl auch ursprünglich heidnisches Brauchtum erhalten. Die aus Holz geschnitzten Masken und das »Häs« (Narrenkostüm), die von Generation zu Generation vererbt werden, erinnern an Gestalten des Volksglaubens und des Märchens (Hexe, wilder Mann).

In München fehlen die Faschingsumzüge fast ganz. Hier spielen Faschings- bzw. Maskenbälle die Hauptrolle.

Die Karnevalsfeste haben eine lange Tradition. Es leuchtet ein, dass sie in der Regel im Frühjahr gefeiert wurden und so einen Bezug zur wieder erwachenden Natur, zu Fruchtbarkeit und Wachstum hatten. Von Festen dieser Art wird aus Mesopotamien und Ägypten berichtet. Die Römer feierten ihre Saturnalien. Ob es bei der Fastnacht um ein direktes, d. h. ununterbrochenes Fortleben heidnischer Bräuche ging, ist umstritten. Zwischen dem 12. und dem 16. Jahrhundert waren Narrenfeste weit verbreitet. Hier wurde u. a. die kirchliche Hierarchie verspottet und ausschweifend, nicht selten ungezügelt gefeiert. Staat und Kirche duldeten die Ausgelassenheit, weil sie wie ein Ventil wirkte, bestanden aber darauf, dass die alte Ordnung am Aschermittwoch wiederhergestellt war. Karneval und Fastnacht werden bevorzugt in katholischen Gegenden gefeiert und sind so – zumindest für die Beteiligten – ein Teil des Kirchenjahres.

Mit dem Aschermittwoch beginnt die vierzigtägige Fastenzeit vor Ostern. Sie erinnert an das Leiden und den Tod Christi. Gefastet wird in der katholischen Kirche auch in der Adventszeit. Im Mittelalter begann das Fasten vor Weihnachten nach dem 11. November. Daraus erklärt sich der Brauch, am Martinstag noch eine Gans zu verspeisen. Auch an jedem Freitag ist es dem gläubigen Christen verboten, Fleisch zu essen, weil Christus an diesem Wochentag starb. Der Fastende kann in den verschiedenen Fastenzeiten auch auf andere Annehmlichkeiten, z. B. auf Süßigkeiten, auf Alkohol und auf das Rauchen verzichten und so seine Bereitschaft zu Selbstbeschränkung und Entsagung bekunden.

Der **Karfreitag**, der Freitag vor Ostern, erinnert an die Kreuzigung Christi (ahd. »kara« = Klage, Trauer). Sowohl in der katholischen als auch in der evangelischen Kirche wird dieser Tag mit besonderen Ritualen gefeiert. Für Katholiken ist er der strengste Fastentag des Jahres.

Das höchste christliche Fest ist **Ostern**. Nun wird der Auferstehung Jesu Christi gedacht. Er hat den Tod überwunden und die Menschheit erlöst. Die Bedeutung des Wortes »Ostern« konnte noch nicht überzeugend geklärt werden. Ostern gehört – anders als Weihnachten – zu den »beweglichen« Festen. Es hat keinen festen Platz im Kalender, sondern wird am ersten Sonntag nach dem ersten Frühlingsvollmond begangen. Vermutlich wurde diese Regelung auf dem Konzil von Nicäa im Jahr 325 zur Zeit des Kaisers Konstantin I. festgelegt.

Das Osterfest bzw. das damit verbundene Brauchtum hat auch heidnische Wurzeln. Osterfeuer und Feuerräder erinnern an den germanischen Sonnenkult. Der Winter ist zu Ende. Die Frühlingssonne spendet Licht und Wärme und ermöglicht dadurch neues Leben. Die Ostereier sind uralte Symbole der Fruchtbarkeit, weil sich aus dem Ei bekanntlich neues Leben entwickelt. Als Fruchtbarkeitssymbol ist auch der (Oster-)Hase zu verstehen, weil sein geschlechtlicher Tätigkeitsdrang im Frühling besonders ins Auge fällt.

Der **1. Mai** ist der traditionelle Kampftag der Arbeiter für höhere Löhne und bessere Arbeitsbedingungen. Anlass war ein Aufruf der amerikanischen Arbeiterbewegung für einen Generalstreik zur Durchsetzung des Achtstundentages im Jahr 1886. Bei Auseinandersetzungen wurde eine nicht genau bekannte Anzahl von Arbeitern und Polizisten getötet. Aufgrund dieser Ereignisse erklärte die Zweite Sozialistische Internationale den 1. Mai des folgenden Jahres zum internationalen Kampftag der Arbeiter. Seit 1890 wurde er regelmäßig mit Kundgebungen, Demonstrationen und Streiks begangen. In Deutschland machten ihn im Jahr 1933 die Nationalsozialisten zum bezahlten gesetzlichen Feiertag. Auf diese Weise hofften sie die Arbeiterschaft, die sich großenteils dem neuen Regime gegenüber ablehnend verhielt, für ihre Politik gewinnen zu können. Am 1. Mai feierten die gewerkschaftlichen und die nationalsozialistischen Organisationen das Fest gemeinsam. Einen Tag später wurden die Gewerkschaftshäuser besetzt. Die Gleichschaltung der Gewerkschaften, die schließlich zusammen mit den Arbeitgebern in der Deutschen Arbeitsfront (DAF) vereinigt wurden, und die Verfolgung von Gewerkschaftern hatte begonnen.

Das Fest **Christi Himmelfahrt** erinnert an die Rückkehr Jesu Christi zu seinem Vater im Himmel und wird 40 Tage nach Ostern gefeiert. Es ist seit 370 bezeugt.

Zehn Tage später feiern die Christen **Pfingsten** (griech. »pentecoste« = der 50. Tag nach Ostern). Das Fest gedenkt der Herabkunft des Heiligen Geistes auf die Menschen und ist damit ein Zeugnis der Dreifaltigkeit, bestehend aus Gott Vater, Jesus Christus und dem Heiligen Geist.

Fronleichnam erinnert an die Einsetzung des Altarsakramentes durch Jesus Christus (ahd. »fro« = Herr, Leib des Herrn). Beim letzten Abendmahl sprach er: »›Nehmt und esst; das ist mein Leib.‹ Dann nahm er den Kelch, sprach das Dankgebet und reichte ihn den Jüngern mit den Worten: ›Trinkt alle daraus; das ist mein Blut, das Blut des Bundes, das für viele vergossen wird zur Vergebung der Sünden.‹« (Matth. 26,26–28) Das Fronleichnamsfest wird am zweiten Donnerstag nach Pfingsten gefeiert. Bewusst wurde es auf diesen Termin verlegt, weil am Gründonnerstag wegen der Karwoche keine größeren Feierlichkeiten möglich sind. Es wurde im Jahr 1264 durch Papst Urban IV. allgemein als Kirchenfest eingeführt, war aber bereits früher hie und da gefeiert worden. Zum religiösen Brauchtum der katholischen Kirche gehört die Fronleichnamsprozession. Sie fand erstmals im Jahr 1279 in Köln statt. In feierlichem Zug folgen die Gläubigen dem Priester, der die Monstranz (lat. »monstrare« = zeigen) mit der Hostie, dem Leib Christi, voranträgt. Auf dem Weg und an eigens errichteten Altären unter freiem Himmel wird gebetet und gesungen.

Das Fest **Mariä Himmelfahrt** wird am 15. August gefeiert. Nach katholischer Auffassung wurde der Leib Marias in den Himmel aufgenommen. Seit dem 8. Jahrhundert wurde dieses Ereignisses in Rom festlich gedacht. Seit 813 feiert man das Himmelfahrtsfest auch in Deutschland.

Der **Tag der Deutschen Einheit** am 3. Oktober jeden Jahres erinnert an die Wiedervereinigung Deutschlands nach einer unblutig verlaufenen Revolution in der DDR. Am 3. Oktober 1990 trat die Deutsche Demokratische Republik gemäß Artikel 23 des Grundgesetzes der Bundesrepublik Deutschland bei. Dieses Ereignis beendete die seit 1949 bestehende Trennung in zwei Staaten und bedeutete gleichzeitig das Ende der DDR. Der Tag der Deutschen Einheit löste einen anderen Nationalfeiertag ab, den Tag der Deutschen Einheit am 17. Juni, der ab 1954 begangen wurde. Er sollte in der

Bundesrepublik Deutschland an den Volksaufstand in der DDR erinnern, der am 17. Juni 1953 seinen Höhepunkt erreicht hatte.

Der **österreichische Nationalfeiertag** ist der 26. Oktober. Er erinnert seit 1965 an das im Jahr 1955 beschlossene Verfassungsgesetz zur Neutralität Österreichs. – Die Schweiz feiert am 1. August ihren Nationalfeiertag (Bundesfeiertag). Er erinnert an die Gründung der Eidgenossenschaft im Jahr 1291.

Der **Reformationstag** erinnert an den Tag, an dem Martin Luther angeblich seine 95 Thesen am Portal der Schlosskirche in Wittenberg anschlug. Mit dem 31. Oktober 1517 begann die Reformation. Er ist somit das Grunddatum der lutherischen Kirchen. Seit dem 16. Jahrhundert erinnerten unterschiedliche Gedenktage an das Leben und Wirken des Reformators. Im Jahr 1667 setzte der Kurfürst Johann Georg II. von Sachsen für sein Territorium den 31. Oktober fest. Von hier aus verbreitete er sich dann in die meisten evangelischen Länder.

An **Allerheiligen** gedenken die Katholiken aller ihrer Heiligen, nicht nur derjenigen, die ausdrücklich heilig gesprochen wurden. Papst Gregor IV. legte in der ersten Hälfte des 9. Jahrhunderts den 1. November als Feiertag für die ganze Kirche fest. Das Datum blieb bis heute unverändert.

Der **Buß- und Bettag** ist ein hoher Feiertag der evangelischen Christen. Vor allem in Notzeiten taten die Menschen Buße für ihre Sünden oder bemühten sich um ein gottgefälliges Leben. Er wird heute am Mittwoch vor dem letzten Sonntag des Kirchenjahres (Ewigkeitssonntag) gefeiert. In der Bundesrepublik Deutschland war der Tag von 1981 bis 1994 gesetzlicher Feiertag. Er wurde damals als arbeitsfreier Tag abgeschafft, um die Arbeitgeber mit ihrem Anteil für die neu eingeführte Pflegeversicherung zu entlasten. In der DDR war er bis 1966 gesetzlicher Feiertag. Heute ist er nur noch in Sachsen arbeitsfrei.

Doch noch einmal zurück zu den Methoden der Zeitmessung. Weil das genaue Zeitmaß früher nicht so wichtig war wie heute, wurden auch Ungenauigkeiten in Kauf genommen. Juden und Römer teilten den Tag zwischen Sonnenaufgang und Sonnenuntergang in zwölf gleiche Teile. Daraus ergab sich zwingend, dass die Stunden im Sommer und im Winter unterschiedlich lang waren. Unterschiedlich war bei verschiedenen Völkern auch der Beginn der Zählung. Teilweise wurde mit dem Sonnenaufgang, teilweise aber auch mit dem Sonnenuntergang angefangen.

Durch frühe Uhrenkonstruktionen versuchten die Menschen, den Zeitablauf zu gliedern. Schon sehr früh kamen **Wasseruhren** in Gebrauch. Nach den vorhandenen Quellen waren sie bereits 3 000 Jahre v. Chr. bei den Ägyptern und 600 Jahre v. Chr. bei den Babyloniern bekannt. Man ließ Wasser durch eine kleine Öffnung aus einem Gefäß ausfließen. Am Wasserstand konnte man dann jederzeit ablesen, wie viel Zeit inzwischen vergangen war. Die Inder benutzten auch das umgekehrte Verfahren: Ein leeres, mit einer kleinen Öffnung versehenes Gefäß wurde in ein mit Wasser gefülltes Gefäß gestellt. Langsam füllte es sich von unten herauf und gab auf diese Weise zu erkennen, wie viel Zeit verstrichen war.

Früh bot der eigene Schatten einen Anhaltspunkt für die Ermittlung der Tageszeit, vorausgesetzt, dass man ihn bei wechselndem Sonnenstand aufmerksam beobachtete. Ähnliche Dienste tat der bereits bei den Babyloniern benutzte und von den Griechen übernommene Sonnenstab. Verbunden mit einer Skala ergab er die **Sonnenuhr**. Die korrekte Zeit war freilich nur dann zu ermitteln, wenn für den jahreszeitlich bedingten Sonnenstand ein Zeitausgleich eingerechnet wurde. Es versteht sich von selbst, dass die Uhr nur bei Sonnenschein genutzt werden konnte.

Im Mittelalter und in der frühen Neuzeit wurden Sonnenuhren vor allem an repräsentativen Gebäuden, Klöstern, Kirchen, Burgen und Schlössern, angebracht. Dort sind sie heute noch oft zu bewundern. Ihre Zeitanzeige konnte bei entsprechender Ausrichtung bis auf fünf Minuten genau sein. Im 17. und 18. Jahrhundert wurden vielfach Taschensonnenuhren benutzt. Ihre Genauigkeit wurde dadurch gesteigert, dass sie mit einem Kompass verbunden waren.

Diese Zeitmesser entwickelten eine erstaunliche Formenvielfalt, was ihre Bedeutung für die Menschen dieser Zeit anschaulich unterstreicht.

Vom Sonnenlicht unabhängig waren die Uhren, bei denen Wachs oder Öl verbrannt wurde. Der Verbrauch zeigt dann indirekt die verflossene Zeit an. Solche Zeitmesser waren z. B. bei den Nachtwachen der Städte im Gebrauch, vor allem aber auch in den Klöstern, in denen die Mönche und Nonnen ja zu regelmäßigen Gebeten verpflichtet waren. Von Hirschau in der Oberpfalz wird berichtet: »Der ›vigilgallus‹ [›Wachhahn‹] besorgt und richtet die Uhr sorgfältig. Weil es aber vorkommen kann, dass diese unrichtig geht, so soll er die Zeit bestimmen an der Kerze oder nach dem Lauf der Gestirne, damit er die Brüder zur vorbestimmten Zeit wecken könne.«

Bis in unsere Zeit wurden **Sanduhren** benutzt, in der Regel allerdings, um vergleichsweise kurze Zeitabläufe zu messen. Im Gottesdienst benutzte sie der Geistliche, um für seine Predigt das richtige Maß zu finden. Im Haushalt diente sie als Eieruhr und sorgte dafür, dass das gekochte Ei nicht zu weich und nicht zu hart auf den Tisch kam.

Handwerkliche und technologische Fortschritte einerseits und die Entwicklung von Gewerbe und Wissenschaft andererseits förderten die Konstruktion von **Räderuhren**, wie sie im Prinzip bis zum heutigen Tag verwendet werden. Über den Anfang der Entwicklung kann nur spekuliert werden. Vermutlich begann sie bereits im Hochmittelalter. Der Begriff »Uhrmacher« fand sich auf einer Bierrechnung für das Kloster Beaulieu aus dem Jahr 1269. In der »Göttliche Komödie« von Dante Alighieri (um 1265–1321) wird die Räderuhr bereits erwähnt.

Die Uhr wurde durch ein Gewicht bewegt, wie es noch heute bei alten, oft repräsentativen Standuhren der Fall ist. Durch Veränderungen am Gewicht ließ sich die Uhr in der gewünschten Weise eichen. Natürlich kam diese Technik nur für ortsfeste Zeitmesser infrage. Sie wurden – für möglichst viele Menschen sichtbar – an Kirchtürmen und Rathäusern sowie an anderen öffentlichen Gebäuden angebracht. Ende des 14. Jahrhunderts gab es in jeder größeren Stadt öffentliche Uhren.

Die Erfindung der **Uhrfeder** durch Heinrich Arnold im Jahr 1427 bedeutete einen erheblichen Fortschritt. Nun konnte die Uhr von einer Stelle zur anderen bewegt werden. Durch die Verkleinerung von Mechanismus und Gehäuse entstand im 16. Jahrhundert die handliche Taschenuhr. Ob Peter Henlein aus Nürnberg der eigentliche Erfinder war, bleibt unsicher. Jedenfalls baute er um 1510 ein praktisches Modell. Die Pendeluhr wurde im Jahr 1657 von dem berühmten Mathematiker und Physiker Christiaan Huygens (1629–1695) erfunden.

Die Seefahrt war besonders an der Entwicklung präziser Uhren interessiert. Nur mit ihrer Hilfe konnte auf dem offenen Meer die genaue Position eines Schiffes bestimmt werden. Wie wichtig das war, zeigen Ereignisse in England. Hier nahm sich das Parlament der Aufgabe an, eine korrekte Zeitmessung zu ermöglichen. Es befragte den berühmten Mathematiker und Physiker Isaac Newton (1643–1727), setzte einen eigenen Ausschuss, das »Committee of Longitude«, ein und schrieb einen großzügig bemessenen Preis von 20000 Pfund Sterling aus. Nach vielerlei, Jahrzehnte dauernden Versuchen baute der gelernte Schreiner John Harrison Uhren, die den geforderten Bedingungen entsprachen. Im Jahr 1772 erhielt er den ausgelobten Preis. Das sogenannte **Chronometer** war erfunden.

Die **Industrialisierung** seit Ende des 18., vor allem dann aber im 19. Jahrhundert veränderte das Verhältnis zur Zeit grundlegend. Die maschinelle Produktion, die nun in der Fabrik konzentriert war, erzwang funktionale Organisation und äußerste Pünktlichkeit. Die Werksuhr und die Dampfpfeife wurden – so betrachtet – zu Symbolen der neuen Zeit. Die Arbeiter und Angestellten mussten pünktlich am Arbeitsplatz erscheinen. Verspätungen wurden durch frühe Arbeitsordnungen mit strengen Strafen belegt. Das bedeutete, dass nun die Uhr auch in den einzelnen Haushalten Einzug hielt. In großer Zahl wurden nun Wanduhren (Regulatoren) und Tischuhren, aber auch Taschenuhren industriell gefertigt.

Durch die Verkleinerung des Laufwerks entstanden Uhren, die am Handgelenk getragen werden konnten. Um 1900 machten Damen mit kleinen Taschenuhren den Anfang. Die Männer verweigerten sich dieser »weibischen« Modeerscheinung. Angeblich war es der brasilianische Flugpionier Alberto Santos-Dumont, der sich von dem Pariser Uhrmacher Louis Cartier eine Uhr für das Handgelenk bauen ließ. Das erleichterte beim Fliegen die rasche und genaue Zeitmessung. So wurde die »Cartier Santos« die erste Armbanduhr für Männer.

In den letzten Jahrzehnten gab es neue bemerkenswerte Verbesserungen auf dem Gebiet der Zeitmessung. Im Jahr 1923 wurde durch John Harwood die Automatikuhr erfunden. Die Feder wird durch die Armbewegung des Trägers automatisch aufgezogen. Bereits vier Jahre später baute Warren Alwin Marrison die Quarzuhr. Seit 1949 gibt es die **Atomuhr**. Sie ist das bislang genaueste existierende Zeitmessgerät. Vom Physikalisch-Technischen Bundesamt Braunschweig aus werden über einen Sender in der Nähe von Frankfurt am Main alle erreichbaren Funkuhren durch regelmäßige Signale eingestellt.

Die Erde dreht sich von West nach Ost und damit der Sonne entgegen. Das sagt auch der bekannte Merkspruch, den Kinder früh in der Schule lernen: »Im Osten geht die Sonne auf, / im Süden ist ihr Mittaglauf, / im Westen muss sie untergehn, / im Norden ist sie nie zu sehn.« Das heißt, dass es in Moskau früher als in Berlin Tag wird.

Aus diesem Grund wurde die Erde in 24 **Zeitzonen** eingeteilt. Lange Zeit galt die Greenwich Mean Time (GMT), bezogen auf den Nullmeridian, der durch Greenwich/London verläuft, weltweit als verbindliche Bezugsgröße. Ihre Stelle nimmt heute die UTC, die Koordinierte Weltzeit, ein, die aus der Verbindung von physikalischer Atomzeit und astronomischer Zeit entstand.

In Deutschland gilt die Mitteleuropäische Zeit (MEZ) / Central European Time (CET). Der Tag beginnt eine Stunde früher als bei der Weltzeit. Die Sommerzeit (Mitteleuropäische Sommerzeit, MESZ), die sich von der Weltzeit um zwei Stunden unterscheidet, beginnt am letzten Sonntag des März und endet am letzten Sonntag des Oktobers. Bei Beginn der Sommerzeit wird eine Stunde übersprungen (2 Uhr = 3 Uhr), am Ende erscheint die Stunde zwischen 2 und 3 Uhr doppelt (2A und 2B Uhr).

Die Sommerzeit wurde im Jahr 1916 erstmals in Deutschland eingeführt, um das Tageslicht besser nutzen und Energie sparen zu können. Das galt auch für die Zeit des Zweiten Weltkriegs und einige Jahre danach. Die derzeitige, für die Europäische Union geltende Regelung stammt – mit Änderungen – von 1980. Einer der Gründe für die Einführung war der Ölschock von 1973. Aufgrund drastisch verringerter Öllieferungen durch arabische Länder verteuerte sich die Energie sprunghaft. – Ob durch die Zeitumstellung nennenswert viel Energie gespart wird, ist umstritten.

Die frühen Lebensjahre
Kindheit und Jugend

Das Kind ist nach der Geburt hilflos und ganz auf die Mutter oder auf andere Personen angewiesen. Es braucht einige Zeit, bis es stehen und gehen kann, bis es »sauber« wird und sich schließlich mit Hilfe der Sprache verständigt. Mit etwa sechs Jahren hat es bereits große Fortschritte gemacht, sodass es für schulreif erklärt und in der Regel – zumindest für einige Stunden am Tag – der Obhut staatlich bestellter Erzieher, eben der Lehrer, übergeben wird.

In der Schule tritt das Lernen, das sich in der Familie und im privaten Umfeld selbstverständlich und in vielem unreflektiert vollzogen hat, deutlich in den Vordergrund. Das Kind lernt lesen, schreiben und rechnen. Die Lehrer vermitteln Grundkenntnisse in Natur-

und Heimat- bzw. Länderkunde. Hinzu kommt, dass in der Schule das soziale Lernen ein anderes Gewicht erhält. Die Jungen und Mädchen leben hier in einem veränderten Umfeld und müssen sich an die neue Rolle in einer größeren Gemeinschaft gewöhnen.

Für die allermeisten Menschen endete die Schule in der Vergangenheit mit etwa 14 Jahren. Nun begann der »Ernst des Lebens«. Ein Beruf musste erlernt und damit – insbesondere für die Jungen – die Voraussetzung geschaffen werden, sich seinen eigenen Unterhalt und den einer Familie selbst erarbeiten zu können. Diese Altersstufe war auch dadurch gekennzeichnet, dass nun die geschlechtlichen Reifungsprozesse zum Abschluss gekommen waren. Die Kinder hatten sich, biologisch gesprochen, zu jungen Frauen und Männer entwickelt. Die Zeit der Geschlechtslosigkeit, vielfach als »Zeit der Unschuld« gedeutet, war vorüber.

Rechtlich betrachtet, bezeichnet noch heute das Ende des 14. und der Beginn des 15. Lebensjahres in Deutschland eine wichtige Grenze: In der Kindheit ist der junge Mensch nicht strafmündig. Das Strafgesetzbuch unterstellt, dass er aufgrund seines intellektuellen und seelischen Entwicklungsstandes nicht zur Rechenschaft gezogen werden kann.

Die Kindheit wird durch das Jugendalter abgelöst. Von nun an können der Junge und das Mädchen, wenn sie gegen gesetzliche Bestimmungen verstoßen haben, gerichtlich belangt werden. Allerdings hat auch die Zeit ab 14 noch den Charakter eines Übergangs. Zwischen 14 und 18 Jahren ist das mildere Jugendstrafrecht anzuwenden. Diese Tatsache beinhaltet, dass der intellektuelle und seelische Reifungsprozess noch immer nicht abgeschlossen ist, und schafft zugleich die Möglichkeit einer neuen Chance durch eine Art von Bewährung. Unter bestimmten Voraussetzungen, über die das Gericht zu befinden hat, kann das Jugendstrafrecht auch für Täter zwischen 18 und 21 Jahren angewendet werden. Auf jeden Fall ist aber eine Verzögerung der Persönlichkeitsentwicklung zu konstatieren.

Beim Studium der Vergangenheit wird rasch klar, dass allgemeingültige Aussagen über das Wesen und den **Verlauf der Kind-**

heit nicht möglich sind. Am ehesten ist das noch für das sogenannte »Hätschelalter« möglich, in dem das Kind ganz auf die Fürsorge der Mutter, anderer Familienmitglieder oder anderer Menschen angewiesen ist. Danach gibt es eine breit gefächerte Auseinanderentwicklung, die von völkerkundlichen, geschichtlichen und sozialen Gegebenheiten abhängt. Die frühe Phase der Entwicklung hat Friedrich Hebbel (1813–1863) so charakterisiert: »Der Hauptreiz der Kindheit beruht darauf, dass alles, bis zu den Haustieren herab, freundlich und wohlwollend gegen sie ist, denn daraus entspringt das Gefühl der Sicherheit, das bei dem ersten Schritt in die feindliche Welt hinaus entweicht und nie zurückkehrt.«[3]

Die starke Betonung der Kindheit als einer selbstständigen Lebensphase, die nach eigenen Gesetzen abläuft und besondere Beachtung und besonderes Einfühlungsvermögen verdient, ist vergleichsweise neu. »Kindheit ist eine späte geschichtliche Kategorie. Sie bezeichnet den Freiraum, den eine Gesellschaft ihren physisch, psychisch und intellektuell noch nicht entwickelten Individuen einräumt, damit sie sich spielend und lernend, Erfahrungen sammelnd auf eine mitwirkende Rolle im jeweiligen sozialen Bezugsrahmen vorbereiten können.«[4]

In der auf das Hätschelalter folgenden Lernphase wurden die Kinder mit allergrößter Selbstverständlichkeit in die Erwachsenenwelt eingewöhnt. Ihr Leben verlief in der Vergangenheit, teilweise noch bis in die Zeit nach dem Zweiten Weltkrieg, in der Regel noch wesentlich anders, als wir es aus unserer Zeit kennen. Wohnen und Arbeiten waren z. B. auf dem Bauernhof nicht voneinander getrennt. Der Junge sah, was die Männer bzw. die Erwachsenen zu tun hatten, und wurde sehr früh zu kleineren Hilfsdiensten herangezogen. Mit der wachsenden Belastbarkeit wuchsen der Aufgabenbereich und die Verantwortung.

Vergleichbares betraf die Mädchen. Sie hielten sich bevorzugt im Umkreis der Mutter und der weiblichen Bediensteten auf und lernten hier, was in Küche und Kammer zu tun war. Die **Rollenverteilung** zwischen den Geschlechtern war längst erfolgt und zeigte sich z.B. an dem unterschiedlichen Spielzeug. Während der Junge ein Steckenpferd und eine Peitsche, Trommel und Schwert erhielt, bekam das Mädchen seine Puppe mit den dazugehörigen Ausstattungsgegenständen. Im Groben hat sich an dieser Verteilung bis auf den heutigen Tag nichts geändert, auch wenn heute die Autorennbahn oder die Barbiepuppe auf dem weihnachtlichen Gabentisch liegen.

Zur Eigenentwicklung des Kindes blieb kaum Raum, da sich das elterliche Erziehungsziel kompromisslos auf das zukünftige Berufsleben des Nachwuchses richtete. Die Abhängigkeit von den Erwachsenen, insbesondere vom Vater, war total. Das Fehlverhalten wurde meist nicht hinterfragt, sondern streng bestraft. Nicht selten wurde diese Strenge religiös untermauert, nach dem Motto: »Wer sein Kind liebt, der züchtigt es!« Die **Bestrafung** war gesellschaftlich nahezu allgemein akzeptiert und deshalb auch in der Schule gebräuchlich. Der Stock (lat. »baculus«) oder die Rute gehörte zu den bewährten Erziehungsmitteln. Daneben gab es noch eine ganze Reihe verfeinerter Methoden, um dem Kind die Schändlichkeit seines Tuns zu Bewusstsein kommen zu lassen oder um seinen Trotz zu brechen. Körperliche Strafen, obwohl längst umstritten, wurden erst in der zweiten Hälfte des 20. Jahrhunderts gesetzlich verboten.

Das Ende der Kindheit und der Eintritt in das Erwachsenenalter erfolgten, wie gesagt, keineswegs einheitlich. Sie waren von unterschiedlichen sozialen und kulturellen Voraussetzungen abhängig:

In der **bäuerlichen Großfamilie** wuchs das Kind automatisch in die Arbeitswelt der Erwachsenen hinein. Am Anfang stand bei den Jungen das Hüten von Hühnern, Ziegen und Kühen, bei den Mädchen das Spinnen der Wolle. Schritt für Schritt erhielten sie neue, anspruchsvollere Aufgaben, die sich an der traditionellen Rollenverteilung orientierten. Gegenüber den bäuerlichen Notwendigkeiten musste anderes zurückstehen. Das galt z.B. für die Schule. So berichtete Ulrich Bräker (1735–1798), »der arme Mann aus dem Toggenburg«: »Ich bin in meinen Kinderjahren nur wenige Wochen in die Schule gegangen.«

Hunger und Armut gab es nicht erst in der Zeit der Industrialisierung. Die Gründe dafür waren vielfältig. Mit einer gewissen Regelmäßigkeit führten Missernten zu Hungersnöten, die die ohnehin Ärmeren besonders trafen. Ihr karges Leben erlaubte es ihnen nicht, Vorräte anzulegen. Natürlich waren vor allem auch die Kinder betroffen. Der Grad des Elends war u. a. daran abzulesen, ob sie Schuhe trugen oder barfuß gehen mussten.

Die Rationalisierung der Landwirtschaft im Zusammenhang mit den Reformen des 18. und 19. Jahrhunderts und der Geburtenüberschuss machten auf dem Land viele Arbeitskräfte entbehrlich. Nur gelegentlich verdienten sie als Tagelöhner und Gelegenheitsarbeiter etwas Geld. Im Übrigen lebten sie mit ihrer oft großen Kinderschar in Armut und Not. Als einziger Ausweg erschien die Übersiedlung in die rasch wachsenden Städte. Für die meisten Menschen brachte diese keine entscheidende Verbesserung ihrer wirtschaftlichen Lage.

Alternativen, eine Mobilität, wie wir sie aus unserer Zeit kennen, gab es für den Großteil der bäuerlichen Bevölkerung nicht. Vielleicht, dass einmal ein nachgeborener Sohn oder eine Tochter, weil die Ernährungsbasis ohnehin schmal war, im Kloster eine neue Heimat fand.

Ähnlich verlief die Entwicklung in den Familien der kleinen **städtischen Handwerker**. Auch hier waren Hilfs- und Botendienste an der Tagesordnung. Bald kamen die Jungen bei einem Handwerksmeister in die Lehre, wofür die Eltern ein Lehrgeld zu zahlen hatten. Der Lehrling gehörte nun zur Familie des Meisters, wurde hier versorgt und unterlag der oft sehr strengen Erziehungsgewalt des Lehrherrn und seiner Frau. Die Arbeitszeit betrug am Tag bis zu 14 Stunden.

Das **städtische Bürgertum**, das sich seit dem Spätmittelalter entwickelt hatte, zeigte freilich ein recht uneinheitliches Bild. Vor allem die Handel, insbesondere Fernhandel treibenden Familien waren zu großem Reichtum gelangt und gönnten sich nun einen standesgemäßen, sich oft an adeligen Lebensformen ausgerichteten Luxus. Dazu gehörte auch, dass man die heranwachsenden Söhne in die Obhut befreundeter Patrizierfamilien gab und ihnen auf diese Weise eine gediegene gesellschaftliche und kaufmännische Ausbildung ermöglichte. Von 14 Jahren an konnten die jungen Männer an der Universität aufgenommen werden. Die jungen Frauen spielten daheim in einem künstlichen Schonraum mit kostbaren Puppenhäusern, bis sie in frühem Alter Bräute wurden.

Die Knaben und Mädchen aus dem **Adel** wurden in der Regel von angestellten Kindsmägden und Erzieherinnen bzw. Erziehern betreut. Oft entwickelten sie zu diesen Personen, wenn sie einfühlsam und nicht zu streng waren, ein zärtliches und vertrauensvolles Verhältnis, während die Beziehung zu den leiblichen Eltern kühl und distanziert blieb. Die Jungen dienten im Alter zwischen 7 und 14 Jahren als Pagen bei befreundeten aristokratischen Familien und lernten so standesgemäßes Benehmen (vgl. S. 123). Diesem Zweck dienten auch eigene Pagen- oder Kadettenschulen. Frühe Eheschließungen waren recht verbreitet. Natürlich ging es hier nicht um die Hauptpersonen und ihr Wohlergehen, sondern um handfeste dynastische bzw. politische Vorteile.

Die Industrialisierung schuf eine neue gesellschaftliche Klasse, den sogenannten **vierten Stand**. Die Proletarierkinder wurden besonders früh und besonders brutal mit den Herausforderungen des Erwachsenenlebens konfrontiert. In England wurden Kinder vom sechsten Lebensjahr an in großer Zahl in Bergwerken sowie in der Textilindustrie beschäftigt. Die Unternehmer profitierten dadurch, dass sie ihnen nur einen sehr geringen Lohn zahlen mussten. Die einzelnen Familien konnten sich aber nur durch die Mithilfe der Frauen und Kinder über Wasser halten. Die Lebenssituation der Kinder in der Industrie war mit der der jungen Bauern- und Handwerkersöhne und -töchter nur entfernt vergleichbar. Sie arbeiteten nicht in der angestammten heimischen Umgebung, zusammen mit Eltern und Geschwistern, sondern in einer oft weit entfernten Fabrik. Hier wurden sie wie Gefangene behandelt. Für ihre persönliche Förderung und für die Schule blieb zumeist keine Zeit. Die negativen Einflüsse steigerten sich durch das Vorbild der Erwachsenen. Alkohol- und Tabakgenuss waren an der Tagesordnung. Von unkontrollierten sexuellen Ausschweifungen wird öfter berichtet. Erst im Jahr 1903 wurde für Kinder unter zwölf Jahren die Arbeit grundsätzlich verboten.

Die in Andeutung genannten Fakten zeigen das Bild einer typischen Klassengesellschaft – und das betraf eben nicht nur die Erwachsenen, sondern in ganz besonderem Maße auch die Kinder. Zu den äußeren Kennzeichen gehörte u. a. die Schülermütze, die nach der Reichsgründung aufkam. An ihr war unübersehbar zu erkennen, wer die höhere Schule besuchte, sich also durch seine gehobene soziale Stellung und seine Intelligenz auszeichnete. Schüler eines Gymnasiums zu sein war ein seltenes Privileg. Im Jahr 1885 gab es im Deutschen Reich 47 Millionen Einwohner. 7,5 Millionen Kinder besuchten die Volksschule, aber nur 238 000 das Gymnasium.

Die **Weimarer Zeit** erschütterte die soziale Stellung der alten Eliten. Nun gab es ehrliche und ernsthafte Anstrengungen, einen sozialen Ausgleich zwischen den sozialen Schichten herzustellen, auch wenn vieles in den Anfängen stecken blieb und weitergehende Reformen durch die Weltwirtschaftskrise und das politische Chaos in Deutschland unmöglich gemacht wurden.

Im Sinne der Volksgemeinschafts-Ideologie wurden die Schülermützen von den **Nationalsozialisten** verboten. Allerdings wurde die gewünschte Uniformität bei Kindern und Jugendlichen nun durch die Uniform der Hitlerjugend unterstrichen.

Offiziell wird die Kindheit in vielen Kulturen durch bestimmte **Initiationsriten** beendet. Bei Naturvölkern sind sie oft mit Mutproben, z. B. mit der Tötung eines gefährlichen Tieres verbunden. In unserem Kulturraum wird das Erwachsenwerden in der kirchlichen Gemeinschaft und in der Gesellschaft z. B. durch die **Konfirmation** (lat. »confirmatio« = Bekräftigung) nach außen hin dokumentiert. Die Jugendlichen sind nun religionsmündig. Sie sprechen das Glau-

bensbekenntnis und bekunden damit aus freiem Willen ihren Glauben an Jesus Christus und ihre Zugehörigkeit zur Gemeinde.
Für die **Kommunion** (lat. »communio« = Gemeinschaft) trifft das Gesagte so nicht zu, weil sie viel früher erfolgt als die Konfirmation. Vergleichbar ist die Firmung (lat. »firmatio« = Bekräftigung), die zwischen dem 13. und dem 17. Lebensjahr gespendet wird und ebenfalls der Bestätigung des Taufgelöbnisses durch den nun religiös selbstverantwortlichen Gläubigen dient.

Im bewussten Gegensatz zur Konfirmation wurde vor allem von freireligiösen Vereinigungen die **Jugendweihe** gefeiert. Im Jahr 1846 war in einer Breslauer Tageszeitung von der »Konfirmationsersatzfeier« die Rede. Der Begriff »Jugendweihe« tauchte erstmals im Jahr 1852 auf. Das Fest wurde ähnlich begangen wie die Konfirmation. Es gab eine Ansprache freireligiösen Inhalts, eine feierliche Umrahmung mit Musik und Rezitationen und Geschenke. Die Tradition der Jugendweihe wurde u. a. von der Arbeiterbewegung, soweit sie im Marx'schen Sinne die Religion ablehnte, gefeiert.

In der DDR, die sich als atheistischer Staat verstand, wurde diese Tradition übernommen und seit 1955 mit großem Aufwand begangen. Übrigens forderte man auch konfessionell gebundene Jugendliche auf, zusätzlich zu Kommunion und Konfirmation an der Jugendweihe teilzunehmen. – Die Jugendweihe, nun auch Jugendfeier genannt, wird auch heute noch vor allem von nicht religiös gebundenen Menschen begangen.

Die **Bewertung der Kindheit** war in unterschiedlichen Kulturen verschieden. In aller Regel durften Kinder nicht ausgesetzt und damit ihrem sicheren Untergang überantwortet werden. Eine Ausnahme machte der Kriegerstaat **Sparta**. Die Neugeborenen wurden von Staats wegen begutachtet und, falls sie schwächlich oder krank waren, in eine Schlucht hinabgestürzt.

Ein verändertes Verhalten den Kindern gegenüber zeigt sich beim Übergang vom Mittelalter zur Neuzeit. Nun tauchen auf Bildern individuelle kindliche Gesichtszüge und typische Kinderkleider auf. Aber erst im 18. Jahrhundert wurde die **Kindheit als eine besondere Entwicklungsphase** betont, der die Eltern und Erzieher durch ihr Verhalten Rechnung zu tragen hätten. In diesem Zusammenhang gewann der französische Philosoph Jean-Jacques Rousseau (1712–1778) großen Einfluss auf das Erziehungswesen seiner Zeit. In seinem programmatischen Roman »Émile oder Über die Erziehung« fordert er, dass der junge Mensch in seiner Kindheit von den verderblichen kulturellen Einflüssen ferngehalten werden solle. Nur so könne sich seine Natur ungehindert entfalten (vgl. S. 128). Der berühmte Pädagoge und Menschenfreund Johann Heinrich Pestalozzi (1746–1827) empfahl, die geistigen, seelischen und handwerklichen Fähigkeiten und Fertigkeiten der Kinder allseitig zu entwickeln (»mit Kopf, Herz und Hand«). Dieser ganzheitliche Grundsatz findet sich in seinem Buch »Wie Gertrud ihre Kinder lehrt« von 1801 (vgl. S. 128).

Natürlich gelang es nicht, die gesellschaftliche Wirklichkeit und damit das Verhältnis der Eltern bzw. der Gesamtgesellschaft zu Kind und Kindheit grundlegend zu verändern. Immerhin gab es Veränderungen im öffentlichen Bewusstsein, auch wenn sie die Bevölkerung in ihrer Breite und sozialen Vielfalt nicht überall erreichten.

Die schwedische Pädagogin Ellen Key (1849–1926) veröffentlichte im Jahr 1900 ihr Buch »Das Jahrhundert des Kindes« (deutsch 1902) und forderte damit eine entschiedene Hinwendung zum Kind und seiner entwicklungspsychologischen Besonderheit. »Durch die Nachkommen, die wir uns schaffen, können wir in gewissem Maße als freie Wesen die zukünftigen Schicksale des Menschengeschlechtes bestimmen! Dadurch, dass die Menschen alle dieses in ganz neuer Weise fühlen werden, dass sie es alles im Lichte der Religion der Entwicklung sehen, wird das zwanzigste Jahrhundert das Jahrhundert des Kindes werden. Es wird es in zweifacher Bedeutung: in der, dass die Erwachsenen endlich den Kindersinn verstehen werden, und in der anderen, dass die Einfalt des Kindersinns auch den Erwachsenen bewahrt werden wird. Dann erst kann die alte Gesellschaft sich erneuern.«

Das Anliegen von Ellen Key deckte sich weitgehend mit dem der **Reformpädagogik**, die am Ende des 19. Jahrhunderts und zu Beginn des 20. Jahrhunderts die pädagogische Diskussion beherrschte. Sie wandte sich gegen den weitverbreiteten autoritären Erziehungsstil und das geistlose, mechanische Pauken in der Schule. Die Kinder sollten freier erzogen und damit zu selbstverantwortlichem Handeln befähigt werden. Im Unterricht spielten die Selbsttätigkeit, das Lernen durch eigenes Ausprobieren und Handeln und das erlebnishafte Lernen eine bestimmende Rolle. Der besondere soziale Aspekt wurde im gemeinschaftlichen Tun, das Lernen und Arbeit in der Klassen- und Schulgemeinschaft unterstrichen.

Zwischen der Reformpädagogik und der **Jugendbewegung** gab es enge Verbindungen. Die Jugendlichen protestierten durch ihr Verhalten gegen den erstarrten und verkrusteten Lebensstil der Älteren, aber auch gegen die Entfremdung, die durch die Industrialisierung und das rasche Wachstum der städtischen Ballungsräume entstanden war. In ihrer Freizeit unternahmen sie Wanderfahrten und pflegten ein romantisches, freies Leben in der Natur mit Lagerfeuern, Liederbuch und Klampfe.

Die bekannteste Gruppe der Jugendbewegung war der im Jahr 1901 gegründete »Wandervogel«. Im Oktober 1913 fand auf dem Hohen Meißner bei Kassel der Erste Freideutsche Jugendtag statt. Damit protestierten die Jugendlichen gegen die offiziellen Erinnerungsfeiern an die Leipziger Völkerschlacht im Jahr 1813, 100 Jahre zuvor. Ihre Lebensauffassung beschrieben sie so: »Die Freideutsche Jugend will nach eigener Bestimmung, vor eigener Verantwortung, in innerer Wahrhaftigkeit ihr Leben gestalten. Für diese innere Freiheit tritt sie unter allen Umständen geschlossen ein.«

In diesem Zusammenhang ist auch die **Pfadfinderbewegung** zu betrachten. Sie wurde von dem pensionierten englischen Offizier Robert Baden-Powell (1857–1941) im Jahr 1907 begründet. In dem von ihm verfassten »Pfadfindergesetz« wird die ethische Grundhaltung deutlich: »Die Pflicht eines Pfadfinders ist es, nützlich zu sein und anderen zu helfen. – Ein Pfadfinder ist allen ein Freund und der Bruder eines jeden Pfadfinders, ganz gleich, zu welcher gesellschaftlichen Klasse der andere gehört. – Ein Pfadfinder ist höflich. – Ein Pfadfinder ist Freund zu allen Tieren. – Ein Pfadfinder ist rein in Gedanken, Worten und Taten.« Die Pfadfinderbewegung hatte also von allem Anfang an einen ausgeprägten erzieherischen Hintergrund. Zum sozialen Engagement kommen das Lernen durch eigenes Tun (»learning by doing«) und die Übernahme von Verantwortung hinzu. Die Freizeitgestaltung erfolgt in kleinen, familiären Gruppen. Dazu gehören Hilfsaktionen unterschiedlichster Art, Spiele, Ausflüge und Wanderfahrten. Im Jahr 1920 fand das erste Weltpfadfindertreffen (»Jamboree«) in London statt. Insgesamt nahmen 8 000 Pfadfinder aus 34 Nationen teil. In Deutschland sind heute etwa 260 000 Pfadfinder registriert. Die größten Organisationen sind die katholische Deutsche Pfadfinderschaft Sankt Georg (DPSG) und der evangelische Verband Christlicher Pfadfinderinnen und Pfadfinder (CVP).

Ähnliche ethische Ziele wie die Pfadfinder, freilich mit einer betont religiösen Orientierung, verfolgt der Christliche Verein Junger Menschen (früher: Junger Männer, CVJM). Er wurde bereits 1844 in London als The Young Men's Christian Association (YMCA) gegründet. Er ist heute ein christlich-ökumenischer Jugendverband und damit konfessionsunabhängig. In Deutschland hat er etwa 330 000 Mitglieder in 2 200 Vereinen.

Den Jugendlichen, die sich in der Jugendbewegung gesammelt hatten, ging es darum, sich von der Erwachsenenwelt zu emanzipieren. Viele Illusionen zerbrachen im Ersten Weltkrieg; viele der jungen Leute starben auf den Schlachtfeldern. In der bündischen Jugend der Zwischenkriegszeit stand der Gedanke der Volksgemeinschaft im Vordergrund. Die politische Einflussnahme wuchs.

Die Nationalsozialisten nutzten die Traditionen der Wandervogelbewegung, der Pfadfinder und der bündischen Jugend für ihre Zwecke. Die bestehenden Gruppen wurden aufgelöst bzw. in die

Hitlerjugend (HJ) überführt. Der bündische Widerstand gegen diese Vereinnahmung wurde mit Gewalt erstickt. Die Hitlerjugend übernahm äußere Formen der Jugendbewegung, gab ihr aber einen entschieden anderen Sinn. Neben das für Kinder und Jugendliche faszinierende Natur- und Gemeinschaftserlebnis traten die weltanschauliche und die vormilitärische Erziehung. Dazu gehörten vielfältige Einsätze für die Partei bzw. die Volksgemeinschaft sowie Schießübungen und Geländemärsche. Seit Dezember 1936 war die Mitgliedschaft in der HJ Pflicht. Sie konnte ggf. durch polizeiliche Maßnahmen erzwungen werden.

Die Kindheit **nach dem Zweiten Weltkrieg** war durch allgemeine Entbehrung gekennzeichnet. In den ersten Jahren fehlte es nicht nur an Nahrungsmitteln, sondern auch an Kleidung, Spielzeug, Büchern und Arbeitsmaterialien für die Schule. Viele Mütter mussten ihre Kinder allein erziehen, weil die Väter im Krieg gefallen oder noch nicht aus der Gefangenschaft heimgekehrt waren. Infolge der Kriegseinwirkungen, vor allem des Bombenkrieges und des Millionenstroms von Flüchtlingen und Vertriebenen war der Wohnraum außerordentlich knapp.

Am traditionellen Erziehungsstil änderte sich zunächst wenig. Die **Familie** galt als die Kernzelle der Gesellschaft. Das Grundgesetz von 1949 bestimmte: »Ehe und Familie stehen unter dem besonderen Schutze der staatlichen Ordnung« (Art. 6). Allerdings vollzogen sich in den folgenden Jahren grundlegende Veränderungen. Das **Wirtschaftswunder** der Fünfzigerjahre mit rasch steigenden Durchschnittseinkommen und wachsender Freizeit veränderte auch die Situation der Kinder und Jugendlichen in der Gesellschaft. Industrie und Handel nutzten die gesteigerte Kaufkraft, indem sie sich mit ihrer Werbung und ihren Angeboten auf den neuen Käuferkreis, Kinder und Jugendliche, konzentrierten. Das galt vor allem für Nahrungs- und Genussmittel (Cola, Eis am Stiel), für Kleidung (Petty Coat, Blue Jeans) und Gegenstände der Freizeitgestaltung (Fahrrad, Märklin-Eisenbahn).

Die Bundesrepublik Deutschland verstand sich als Staat des sozialen Ausgleichs. Zwar blieb die marktwirtschaftliche, d. h. kapitalistische Ordnung erhalten, sie wurde aber durch soziale Komponenten entschärft und damit zur Sozialen Marktwirtschaft. Nun war es auch Familien mit geringerem Einkommen möglich, ihre Kinder auf eine **höhere Schule** wie Real- oder Mittelschule bzw. Gymnasium zu schicken und sie vielleicht sogar studieren zu lassen. Anfang der Fünfzigerjahre wurde das Schulgeld für höhere Schulen abgeschafft. Seit dem Jahr 1953 gab es das Honnefer Modell, das bedürftigen Studenten eine finanzielle Unterstützung gewährte. Sie musste teilweise nach Ende der Berufsausbildung zurückbezahlt werden. Im Jahr 1971 wurde diese Regelung durch das Berufsausbildungsförderungsgesetz (BAföG) ersetzt.

Der Zugang zu höheren Schulen und Universitäten wurde vor allem seit den Sechzigerjahren forciert, als der Bedarf an gut ausgebildeten jungen Leuten in Wirtschaft, Verwaltung und im Bildungswesen sprunghaft anwuchs. Als besonders eindringliches Signal gilt das im Jahr 1964 erschienene Buch »Die deutsche Bildungskatastrophe« des Pädagogen Georg Picht (1913–1982). Mit dem Hinweis auf andere Länder forderte er eine drastische Erhöhung der Abiturientenzahl in Westdeutschland und verbesserte Unterrichtsbedingungen. Tatsächlich wuchs die Zahl der Abiturienten und der Studenten in den folgenden Jahren und Jahrzehnten gewaltig an. Die Zahl der Abiturienten beträgt heute – bei steigender Tendenz – etwa ein Drittel eines Geburtsjahrgangs.

Die weite Verbreitung von Mitteln zur **Empfängnisverhütung**, insbesondere der Antibabypille, die in der Bundesrepublik im Jahr 1961, in der DDR 1965 auf den Markt kam, aber auch andere gesellschaftliche Gründe führten zu einem dramatischen Rückgang der Kinderzahl mit unterschiedlichen Folgen. Einerseits gewannen die Jungen und Mädchen in den Familien mit nur einem Kind oder nur zwei Kindern gesteigerte Aufmerksamkeit und eine verbesserte wirtschaftliche Versorgung. Nicht selten entstanden dadurch neue pädagogische Probleme. Im extremen Fall gab es so etwas wie eine »Wohlstandverwahrlosung« in gut verdienenden Familien.

Die gesellschaftliche Wirklichkeit zeigt, dass die Familie als eine lebenslange Gemeinschaft der Eheleute und als Schutzraum für die nachwachsende Generation erheblich an Bedeutung verloren hat. Sehr viele Kinder wachsen heute in der Obhut alleinerziehender Mütter – selten alleinerziehender Väter – auf. Da sich Kindererziehung und Erwerbsarbeit oft schwer vereinbaren lassen, sind diese Kleinfamilien besonders von Armut bedroht.

Ganz neue Anpassungserfordernisse entstehen durch Ehescheidungen und durch die Begründung einer neuen Lebensgemeinschaft. Zahlreich sind inzwischen die sogenannten **Patchworkfamilien** (engl. »patchwork« = Flickenteppich), in denen Kinder unterschiedlicher biologischer Herkunft miteinander leben. Im Extremfall sind sie mit keinem Elternteil biologisch verwandt.

Spätestens zu Beginn des neuen Jahrtausends – und damit bereits zu spät – wurde den politisch Verantwortlichen bewusst, welche sozialen Folgen die Vergreisung der Gesellschaft mit sich bringt. Vergleichsweise wenige arbeitsfähige Menschen müssen viele nicht arbeitsfähige Ältere versorgen – und das angesichts der Tatsache, dass sich das durchschnittliche Lebensalter erheblich erhöht hat und noch weiter erhöht.

Es liegt im Wesen der Sache, dass die psychologischen, steuerlichen, pädagogischen und administrativen Maßnahmen zur Erhöhung der Kinderzahl – wenn sie Erfolg haben – die Kostensituation für Renten und Pensionen sowie die Gesundheitsfürsorge erst in 20 bis 30 Jahren verbessern – erst dann, wenn aus den Kindern Berufstätige und Beitragszahler für die Alters- und die Gesundheitssicherung geworden sind.

Für die Jugend von heute ist die sogenannte **Kulturpubertät** ein besonders bemerkenswertes Phänomen, auch wenn ihre Wurzeln bis in das 19. Jahrhundert zurückreichen. Die Steigerung des allgemeinen Wohlstands der Familien hat bewirkt, dass für viele Jugendliche zunächst keine existenzielle Notwendigkeit für eine Erwerbstätigkeit besteht. Hinzu kommen die enorm langen Ausbildungszeiten durch den Besuch einer weiterbildenden Schule und gegebenenfalls ein anschließendes Studium. So ist diese Phase dadurch gekennzeichnet, dass der junge Mensch – anders als früher – in außerordentlich behüteten, berufsfernen Verhältnissen aufwächst und eine eigene Subkultur entwickelt. Die modischen Begriffe »Teenager« (Mädchen und Jungen zwischen 13 und 19 – thirteen and nineteen – Jahren) und »Twen« (engl. »twenty« = zwanzig, in den Zwanzigern) tragen diesem Umstand Rechnung. Bisweilen wird dadurch der Einstieg ins Berufsleben und die Übernahme von Verantwortung erschwert.

In der unmittelbaren Nachkriegszeit waren die Lebensverhältnisse der Kinder in der Sowjetischen Besatzungszone und der **Deutschen Demokratischen Republik** denen in Westdeutschland durchaus ähnlich. Allerdings entwickelten sich die beiden Staaten wirtschaftlich stark auseinander. Waren des gehobenen Bedarfs und Luxusgüter blieben außerordentlich knapp. Entsprechend der Wirtschaftsdoktrin der sozialistischen Staaten ging es darum, den vorhandenen Bedarf zu decken, nach Möglichkeit aber – anders als im Westen – keine neuen Bedürfnisse, insbesondere Luxusbedürfnisse zu wecken.

Sehr konsequent wurde in der DDR die **Gleichberechtigung** von Mann und Frau verwirklicht. Um vor allem den Müttern eine Berufstätigkeit zu ermöglichen, konnten Kleinkinder bis zum Alter von drei Jahren in Kinderkrippen untergebracht werden. Diese Einrichtung wurde von 60 Prozent der infrage kommenden Kinder genutzt (1978). Der daran anschließende Kindergarten war Teil des einheitlichen sozialistischen Bildungssystems. Etwa 97 Prozent der Drei- bis Sechsjährigen nahmen daran teil (1978). Die Kinder wurden auf das Leben in der sozialistischen Gesellschaft der DDR vorbereitet. Erziehungsziel war die harmonisch entwickelte sozialistische Persönlichkeit.

Sozialistische Persönlichkeits- und Bildungsideale vermittelte auch die Einheitsschule, die zehnklassige allgemein bildende Polytechnische Oberschule (POS) und die Erweiterte Oberschule (EOS), die zum Abitur führte.

Außerhalb der Schule – aber in enger Verbindung damit – waren Kinder und Jugendliche in der seit 1948 bestehenden »Pionierorganisation Ernst Thälmann« organisiert. Sie gliederte sich in die Jungpioniere (Klasse 1–3) und die Thälmann-Pioniere (Klasse 4–7 bzw. 8). Danach erfolgte zumeist die Aufnahme in die **Freie Deutsche Jugend** (FDJ). Diese Organisation war im Jahr 1946 gegründet worden und stand unter dem bestimmenden Einfluss der Sozialistischen Einheitspartei Deutschlands (SED). Die Mitgliedschaft war freiwillig, allerdings mussten Nichtmitglieder mit oft erheblichen Nachteilen rechnen, z. B. mit der Nichtzulassung zur Erweiterten Oberschule und damit zum Abitur. Die FDJ hatte 2,3 Millionen Mitglieder und organisierte so etwa 80 Prozent der Jugendlichen zwischen 14 und 25 Jahren (1985).

Führen und wachsen lassen
Erziehung und Schule

Das abendländische Erziehungswesen hat seine Wurzeln bei den **Griechen**. Die Entwicklung des jungen Menschen zum freien Bürger blieb nicht mehr dem Zufall überlassen, sondern wurde sorgfältig vorbereitet. Vergessen wir nicht, dass dies nicht für alle galt, die in Athen oder in den anderen hellenischen Stadtstaaten heranwuchsen. Die freien Bürger konnten sich deshalb mit Wissenschaft und Philosophie beschäftigen, weil ihnen die schwere und unangenehme körperliche Arbeit durch Sklaven abgenommen wurde.

Eng miteinander verbunden waren die körperliche und die geistig-seelische Erziehung. Der Jüngling sollte zu einem wehrhaften Mann und zu einem harmonischen Glied der Gemeinschaft werden. Er lernte die Götter und ihr Wirken sowie die griechische Kultur kennen. Hinzu kamen Lesen und Schreiben, darüber hinaus Kenntnisse in den verschiedenen Wissenschaften, soweit sie sich damals bereits entwickelt hatten.

Große Unterschiede gab es zwischen der spartanischen und der athenischen Erziehung. In **Sparta** ging es vor allem darum, die Jungen aus der Herrenschicht zu kriegstüchtigen, furchtlosen Männern zu erziehen. So wurden schwächliche Kinder ausgesetzt und gar nicht erst aufgezogen. Bis zum 7. Lebensjahr blieben die Jungen bei ihrer Mutter. Dann übernahm der Staat die weitere Erziehung. Bis zum 20. Lebensjahr wurden sie kasernenmäßig zusammengefasst und unter der Aufsicht älterer Spartiaten auf den Kriegsdienst vorbereitet. Leibesübungen wie Laufen, Springen, Ringen, Diskus- und Speerwerfen spielten dabei die größte Rolle. Kriegerische Tugenden wie Mut und List waren besonders geschätzt. Auch die Mädchen wurden einer strengen körperlichen Erziehung unterworfen. Ihr Auftrag war es, gesunde Kinder zur Welt zu bringen.

Weniger einseitig vollzog sich die Erziehung in **Athen**. Auch hier sollten wehrhafte Männer herangebildet werden, und so waren seit Solon (um 594 v. Chr.) alle Bürger verpflichtet, ihre Söhne auf eigene Kosten in Gymnastik unterrichten zu lassen. Daneben aber besaßen Kunst und Bildung für die Kinder- und Jugenderziehung eine ungleich höhere Bedeutung als in dem stark nach außen abgeschlossenen spartanischen Kriegerstaat. Athen wurde nach und nach eine bedeutende Handelsmacht und für viele griechische Stadtstaaten kulturelles Vorbild. Diese Tatsache beeinflusste die Erziehung erheblich. Anscheinend waren Lesen und Schreiben fast allgemein verbreitet. Nur die Bauern aus der Umgebung Athens machten gelegentlich eine Ausnahme. Nebenbei, das Schreiben wurde ja bei den immer wieder stattfindenden Wahlen und Volksabstimmungen vorausgesetzt.

Die Kinder der athenischen Bürger erhielten etwa vom 7. Lebensjahr an einen besonders vertrauenswürdigen Sklaven zugesellt, der als Pädagoge (Knabenführer) für sie Sorge zu tragen hatte. Er geleitete sie z. B. vom Haus ihrer Eltern in das **Gymnasion** (Gymnasium), wo die Knaben mit nacktem Oberkörper Leibesübungen trieben, oder in die Schule. Das Gymnasium war ursprünglich also eine Sportstätte. Die Elementarschulen mit ihren Lehrern, den Grammatisten, scheinen bereits sehr früh bestanden und den Knaben Lesen, Schreiben und Rechnen beigebracht zu haben. Als Schulbücher dienten die Werke von Homer, Hesiod und anderen Dichtern.

Die höhere Bildung wurde vor allem in den **Philosophenschulen** der Sophisten (Weisheitslehrer) vermittelt. Sie boten in der zweiten Hälfte des 5. Jahrhunderts v. Chr. in den Gebäuden um das Gymnasion herum Vorträge zu den verschiedensten Wissensgebieten an. Dazu gehörten etwa Philosophie, Literatur, Grammatik und Mathematik. Auf diese Weise förderten sie die Aufteilung des Wissensstoffes in Einzelwissenschaften. Da sie ein hohes Entgelt für ihre Leistungen verlangten, war der Besuch dieses Unterrichts nur Wohlhabenden möglich. Besonders unterrichteten sie reiche junge Männer in Rhetorik (Redekunst) und brachten ihnen bei, wie sie sich am besten im demokratischen Staatswesen durchsetzen könnten. Aus den Sophistenschulen gingen die Hochschulen (Philosophen- und Rhetorenschulen) der Folgezeit hervor.

Dem sehr zweckbestimmten Unterricht der Sophisten trat Sokrates (gestorben 399 v. Chr.) entgegen. Er wollte die Menschen zur Erkenntnis der Wahrheit und – als Folge davon – zum rechten Handeln führen. Sein bedeutendster Schüler Platon (gestorben 347 v. Chr.) entwarf eine Erziehungslehre, die sich aber sehr stark am spartanischen Beispiel orientierte. In seiner »Politeia« (»Der Staat«) sollten die Gebildeten, also die Philosophen, herrschen. Wie Sokrates meinte er nämlich, dass derjenige recht handeln werde, der um die Tugenden Bescheid wisse.

Platon begründete mit seinen Schülern die **Akademie**. Sie war nach einem heiligen Hain benannt, der dem Heroen Akademos geweiht war, und kann als die erste wissenschaftliche Hochschule angesehen werden. Sie bestand bis in die Zeit des oströmischen Kaisers Justinian (Kaiser 527–565), der sie im Jahr 529 als heidnische Einrichtung auflösen ließ.

Aristoteles (gestorben 322 v. Chr.), der Schüler Platons, verarbeitete in seinen zahlreichen Schriften fast den gesamten seinerzeit vorhandenen Wissensstoff. Im Zeitalter des **Hellenismus**, nachdem durch Alexander den Großen (König 336–323 v. Chr.) ein gewaltiges Weltreich geschaffen worden war, verbreitete sich die griechische Kultur über die ganze damals bekannte Welt. In größeren Städten bildeten sich Zentren der Wissenschaft. Berühmt war die neue ägyptische Hauptstadt Alexandria mit ihrer Akademie, dem Musaion, und zwei Bibliotheken, von denen die eine 700 000 Papyrusrollen besaß.

Die **Römer** brachten kein nennenswertes eigenes Bildungswesen hervor. Ursprünglich lernten die Jungen und Mädchen all das von ihren Eltern, was sie für den Erwerb ihres Lebensunterhalts und für das Staatsleben brauchten. Gelegentlich ließen sich die Söhne aus vornehmen Patrizierfamilien auch durch erfahrene Senatoren in die Politik einführen.

Allerdings gab es ähnlich wie in Griechenland seit dem 5. Jahrhundert v. Chr. Lehrer, die den römischen Kindern handwerksmäßig das Lesen, Schreiben und Rechnen beibrachten. Die höhere Bildung hielt erst mit dem Sieg des Hellenismus im 3. und 2. Jahrhundert v. Chr. in Rom Einzug. Nach griechischem Vorbild wurden Philosophie und Rhetorik gelehrt. Viele bildungsbeflissene junge Leute reisten nach Osten zu den Quellen der Wissenschaft. Griechische Sprache und Literatur galten als bevorzugter Lehrinhalt. Griechische Sklaven und Freigelassene wurden als Pädagogen zur Erziehung der Kinder herangezogen.

In spätrömischer Zeit erhielt die Erziehung einen sehr engen formalen Rahmen. Der Bildungsstoff, aber auch die Lebensweise der Studierenden wurde genau vorgeschrieben. Cassiodor (um 490–583), leitender Minister des Ostgotenkönigs Theoderich, unterteilte den Wissensstoff in die sieben freie Künste (»septem artes liberales«). Das waren die Wissensgebiete, die eines freien Mannes würdig waren, anders als die den Sklaven vorbehaltene körperliche Arbeit. Sie teilten sich in das »Trivium« (den Dreiweg) aus Grammatik, Rhetorik und Dialektik sowie das »Quadrivium« (den Vierweg) für fortgeschrittenere Schüler aus Arithmetik, Geometrie, Astronomie und Musik. Diese Einteilung blieb über das ganze Mittelalter unverändert (vgl. S. 134 f.).

Die **Germanen** kannten im Großen und Ganzen nur die Erziehung, die sich innerhalb der Familie oder der Sippe von selbst ergab. Lesen und Schreiben spielten bei ihnen zunächst keine Rolle. Gelegentlich erhielten die heranwachsenden Adeligen Waffenmeister als Erzieher. Manche Kinder wurden vom 7. Jahr an auch an zuverlässige fremde Zieheltern zur Pflege übergeben.

Erst mit der Ausbreitung des **Christentums** wandelte sich die germanische Erziehung. Von nun an stand sie weitgehend unter römisch-griechischem Einfluss. Schon Augustinus (354–430), Boethius (480–524) und Cassiodor (um 485–580) hatten empfohlen, die heidnischen Wissenschaften als Grundlage für theologische Studien zu nutzen. Dieser Haltung ist es zu danken, dass das antike Erbe gepflegt wurde und für die Zukunft erhalten blieb. Allerdings stand die gesamte Bildung zunächst im Dienst der Kirche. Folglich wurde sie nur den Geistlichen zuteil, die zum Bespiel die wichtigsten liturgischen Texte in lateinischer Sprache erlernen mussten. Diesem Zweck dienten die Klosterschulen oder auch die Domschulen in den Bischofsstädten.

Karl der Große (König/Kaiser 768/800–814) förderte die kirchliche Bildung und ermahnte die Geistlichen immer wieder, sich darum zu bemühen. In Aachen und Tours entstanden die beiden berühmten Akademien des Angelsachsen Alkuin. Sein Schüler Hrabanus Maurus (776–856) schrieb in seiner »Institutio clericorum«

(Anweisung für Geistliche) die erste Schulpädagogik für das spätere Deutschland. Mit der Zeit nahmen auch Laien, Adelige zumeist, am Unterricht in den sieben freien Künsten teil. Die Klosterschulen wurden in eine innere Schule für Geistliche und eine äußere Schule für Laien aufgeteilt. Die Schulzucht war streng, die Bestrafung mit der Rute oder dem Stock selbstverständlich.

Im **Hochmittelalter** drängten immer mehr Laien nach Bildung, obwohl sich das Bildungswesen und die Bildungsinhalte kaum wandelten. Nach wie vor waren die Lehrer Geistliche. Allerdings war das Selbstbewusstsein des weltlichen Adels infolge der Kreuzzüge und der staufischen Verwaltungspolitik erheblich angewachsen. Die **ritterliche Kultur** des 12. und 13. Jahrhunderts legt davon ein beredtes Zeugnis ab.

Wie sich ein christlicher Ritter zu verhalten habe, ließ sich in den Klosterschulen und bei geistlichen Lehrern freilich nicht lernen. Die ritterliche Erziehung war lebensnah und vollzog sich vor allem auf der Burg und in ihrem Umkreis. Die Erwachsenen gingen den Kindern, Jugendlichen und Heranwachsenden mit mehr oder weniger gutem Beispiel voran.

Der Sohn eines Ritters blieb bis ins siebte Jahr bei seiner Mutter. Dann kam er an einen fremden Hof und lernte als Page mit anderen zusammen höfische Sitte. Von 14 Jahren an leistete er als Knappe Waffendienst. Aber erst mit 21 Jahren wurde er zum Ritter geschlagen und damit für mündig erklärt.

Hier ging es nicht nur darum, geschickt mit den Waffen, z. B. dem Schwert, dem Speer oder der Armbrust, umgehen zu können. Vom Ritter wurde auch ein ritterliches Verhalten gefordert, das durch bestimmte positive Eigenschaften gekennzeichnet war. Dazu gehörten die »mâze« und die »zuht« (maßvolles und vorbildliches Verhalten), die »saelde« (Vollkommenheit und Güte) und die »triuwe« (Treue), die »êre« (Ansehen) und die »milte« (Großmut), die »minne« (Verehrung für die adelige Frau) und nicht zuletzt der »hôhe muot« (lebensbejahende Gemütsverfassung). Vor allem hier wurde der Unterschied zum mönchischen Erziehungsideal, das durch Demut, Weltabgeschiedenheit und Verzicht gekennzeichnet war, deutlich.

Die Ernsthaftigkeit des ritterlichen Ethos lässt sich an der Zeremonie erkennen, mit welcher der junge Knappe in den Ritterstand erhoben wurde. In der Nacht vor dem Ritterschlag betete und fastete er in der Burgkapelle. Am Morgen trat er dann vor den Adeligen, der ihn zum Ritter machen sollte. Kniend und mit gefalteten Händen gelobte er, seine ritterlichen Pflichten gewissenhaft zu erfüllen, der heiligen Kirche sowie hilfsbedürftigen Witwen und Waisen seinen Schutz zuteil werden zu lassen. Dann wurde er mit dem Panzerhemd bekleidet; man gürtete ihm das Schwert um. Der Kniende erhielt mit der flachen Klinge eines Schwertes drei leichte Schläge auf die Schulter. Dabei sagte der Adelige, der den Ritterschlag erteilte: »Im Namen Gottes, des heiligen Michael und des heiligen Georg, sei tapfer, unverzagt und treu!«

Mit dem wirtschaftlichen Aufstieg der Städte entstanden auch **städtische Schulen**, die Lesen, Schreiben, Rechnen und etwas Latein lehrten. Gelegentlich vermittelten private Winkel- und Klippschulen (niederdeutsch »klipp« = klein) bescheidene Anfangskenntnisse für zukünftige Handwerker und Kaufleute. Sie beschränkten sich auf rein deutschen Unterricht und wurden so zu Vorläufern der späteren deutschen Schulen bzw. Volksschulen.

Die Verweltlichung der Bildung schritt im Zeitalter von **Renaissance** und **Humanismus** rasch voran. Mehr und mehr lösten sich viele Menschen, vor allem eben die Gebildeten, aus den als unzeitgemäß empfundenen kirchlichen Bindungen. Die Antike wurde neuerlich zum Vorbild. Das galt sowohl für die klassischen Bildungsinhalte als auch für das Menschenbild der Griechen und Römer. Von Italien aus nahm die neue Bewegung ihren Ausgang, erreichte aber noch im 15. Jahrhundert Deutschland. Neben der scholastischen Philosophie wurden an den Universitäten Poesie und Beredsamkeit gelehrt. In den Schulen wurde besonderer Wert auf die Grammatik und Rhetorik des Lateinischen, gelegentlich auch des Griechischen gelegt. Das klassische Latein Ciceros (106–43 v. Chr.) galt als vorbildlich. Die Sprachforschung diente vor allem auch der Textkritik und trug dazu bei, überlieferte Irrtümer zu erkennen und zu beseitigen. Dieses Anliegen betraf auch die bis dahin allgemein anerkannte lateinische Bibelübersetzung.

Der Humanismus wurde für die Erziehung in Deutschland deshalb besonders wirkungsvoll, weil er sich mit der religiösen **Reformation** Martin Luthers (1483–1546) verband. Einer seiner Weggefährten, Philipp Melanchthon (1497–1560), versuchte die neue Denkweise im Bildungswesen umzusetzen. Er wird deshalb oft als »Praeceptor Germaniae« (»Lehrer Deutschlands«) gewürdigt. Er verfasste eine Reihe von Büchern zu den verschiedenen Wissensgebieten, z.B. zur Rhetorik und Ethik, zur Geschichte, Geografie und Physik. Diese Werke benutzte man im Unterricht der evangelischen Territorien. Er kümmerte sich um die Ausbildung von Lehrern, förderte die Gründung von Schulen und führte Visitationen durch, um die Einhaltung der geforderten Maßstäbe zu überprüfen.

In diesem Zusammenhang ist es notwendig, noch einmal einen Blick in die Vergangenheit zu tun. Bis zur Reformation lagen die schulische Bildung und Erziehung fast ausschließlich in der Hand der Kirche, vor allem auch der Klöster. Der kirchliche Besitz wurde nun von den evangelischen Landesherren eingezogen und für eigene Zwecke genutzt. Damit fiel ihnen die Aufgabe zu, selbst für das Bildungswesen in ihrem Herrschaftsbereich, aber auch für die Armen- und Krankenpflege zu sorgen.

Überall entstanden nun **deutsche** und **lateinische Schulen**, Volksschulen und höhere Schulen, in denen die jungen Menschen befähigt wurden, lesen, schreiben und rechnen zu können. Für den Reformator Luther war wichtig, dass ihnen auf diese Weise das gedruckte Wort Gottes zugänglich war. Die lateinischen Schulen vermittelten die Voraussetzungen für den Besuch der **Universität**. Neue Landesuniversitäten, z.B. in Marburg, Königsberg und Jena, entstanden aus reformatorischer Gesinnung. Hier wurden Geistliche herangebildet, aber auch hohe Verwaltungs- und Justizbeamte für den Staatsdienst.

In der zweiten Hälfte des 16. Jahrhunderts erließen die evangelischen Landesfürsten Schulordnungen, mit denen sie das bereits bestehende Schulwesen in ihren Territorien erweiterten, vereinheitlichten und im Sinne der Reformation umgestalteten (z. B. Württemberg 1559, Sachsen 1580).

Auch die katholische Reform oder **Gegenreformation** brachte Veränderungen im Bildungswesen. Der durch den spanischen bzw. baskischen Adeligen Ignatius von Loyola im Jahr 1534 gegründete Jesuitenorden (»Societas Jesu«, SJ = »Gesellschaft Jesu«) erkannte in der Erziehung eine wichtige Möglichkeit, die Gläubigen im Sinne des Katholizismus zu beeinflussen bzw. Abtrünnige für den katholischen Glauben zurückzugewinnen. Er baute in der Folgezeit – bis zur vorübergehenden Aufhebung des Ordens im Jahr 1773 – ein gut organisiertes und sehr wirkungsvolles Bildungssystem auf. Im Jahr 1552 wurde in Rom das »Collegium Germanicum« begründet, von dem die deutschen Jesuitenschulen ausgingen. Die erste entstand im Jahr 1556 in Ingolstadt. Noch heute gibt es in Deutschland drei Jesuitenschulen und zwei Jesuitenuniversitäten (von 190 weltweit).

Der junge Adel wurde zwischen dem 16. und dem 19. Jahrhundert bevorzugt in sogenannten Ritterakademien herangebildet, wo feine Lebensart, aber auch Realfächer wie Naturwissenschaften, Geschichte, Kameralistik (Wirtschaftslehre), Rechts- und Staatswissenschaft gelehrt wurden. Die erste Standesschule dieser Art war das 1589 in Tübingen gegründete »Collegium illustre«.

Die **Aufklärung** oder der Rationalismus (lat. »ratio« = Verstand, Vernunft) bedeutete den nächsten großen Schritt in der Entwicklung des Bildungswesens. Der theologische Einfluss wurde weit zurückgedrängt, der Mensch als ein autonomes Wesen in dieser Welt verstanden. Die Vernunft sollte in allen Bereichen des Lebens zur Geltung kommen bis hin zur Gotteserkenntnis. Das bedeutete, dass Überliefertes einer strengen rationalen Prüfung zu unterwerfen war und dass nur das gelten sollte, was dieser Prüfung standhielt. Verstand und Vernunft mussten ausgebildet werden, um ihrer Aufgabe gerecht werden zu können. Das Vertrauen in die Erziehung war unbegrenzt. Sie war die Voraussetzung für den sich rasch entwickelnden allgemeinen Fortschritt.

Der Optimismus der Gelehrten war nicht unbegründet. Zahlreiche zukunftsweisende Erfindungen und Entdeckungen hatten in den letzten Jahrhunderten gezeigt, wozu menschlicher Geist und intellektuelle Beharrlichkeit fähig waren. So hatte Nikolaus Kopernikus (1473–1543) erkannt, dass nicht die Erde, sondern die Sonne der Mittelpunkt des Planetensystems ist, und damit das traditionelle geozentrische Weltbild erschüttert. Johannes Kepler (1571–1630) erforschte die Bewegungsgesetze der Planeten und Galileo Galilei (1564–1642) die Fallgesetze. Das sind nur wenige Beispiele. Zahlreiche andere ließen sich nennen.

Hier war die Tätigkeit des Verstandes mit wissenschaftlich-methodischem Vorgehen, mit Beobachtung und Experiment verbunden worden. Schon Johannes Amos Comenius (Komensky, 1592–1670), der berühmte tschechische Pädagoge, lehrte, dass die Wahrheit und Sicherheit der Wissenschaften auf nichts anderem beruhten als auf dem Zeugnis der Sinne. Er empfahl eine für alle Kinder verbindliche Muttersprachenschule (Volksschule), in der geistige, sittliche und religiöse Bildung umfassend betrieben werden sollte. Für die Aufklärung war die Volksbildung ein besonders wichtiges Anliegen.

In Weimar war die **allgemeine Schulpflicht** schon 1619 verkündet worden. In Preußen wurde sie ab 1719 unter Friedrich Wilhelm I. (König 1713–1740) und Friedrich II. (König 1740–1786) verwirklicht. Wie bescheiden die Anfänge waren, erweist indessen die Tatsache, das vorwiegend Kriegsinvaliden als Schulmeister angestellt wurden. Kein Wunder, wenn in den preußischen Elementarschulen eine militärische Disziplin herrschte oder im Zweifelsfall mit Hilfe des Stocks erzwungen wurde.

Gegen die Überbetonung der Geistesbildung durch die Aufklärer wandte sich der in Genf geborene französische Philosoph Jean-Jacques Rousseau (1712–1778). Sehr einflussreich wurde sein pädagogisches Hauptwerk »Émile oder Über die Erziehung«: Der Knabe Émile wird von den als schädlich empfundenen Einflüssen der Kultur ferngehalten und wächst in einer natürlichen Umgebung auf. Auf diese Weise entfaltet sich sein Wesen in der gewünschten Weise. Allerdings lässt sich beim Erziehungsprozess nicht ganz auf den Erzieher verzichten. Er wirkt im Hintergrund, erreicht aber durch Klugheit und Diplomatie, dass der Wille des Zöglings in wichtigen Lebensfragen mit seinem eigenen Willen übereinstimmt.

Stark von Rousseau beeinflusst war der schweizerische Pädagoge Johann Heinrich Pestalozzi (1746–1827), der als Vater des neuzeitlichen **Volksschulwesens** gelten kann. Er erstrebte die »Harmonie des Wissens mit den Verhältnissen«. Nicht die Verstandesbildung allein stand im Vordergrund, sondern die Bildung der sittlichen Persönlichkeit in einem ihr günstigen Milieu, vor allem in der Familie. Dieser Anschauung zufolge gelangte der zu Erziehende zu immer höheren Stufen der Bildung, wobei es nicht nur um Wissen, sondern durchaus auch um nützliche Fähigkeiten und Fertigkeiten ging. »Auch die verwickeltsten Anschauungen bestehen aus einfachen Grundteilen. Wenn du dich über diese zu einer einfachen Klarheit gebracht hast, so wir das Verwickeltste einfach.«[5]

Am Anfang des **19. Jahrhunderts** wurden die Ideen Pestalozzis von Wilhelm von Humboldt (1767–1835), der in den Jahren 1809 und 1810 die preußische Kulturpolitik leitete, aufgenommen und für das preußische Volksschulwesen genutzt. Humboldt gründete im Jahr 1810 auch die Berliner Universität (Humboldt-Universität), die der starken Aufsplitterung der Wissenschaften entgegenwirken und die Allgemeinbildung wieder in den Mittelpunkt rücken sollte. Im selben Geist ordnete er die **Gymnasien** neu, indem er eine Prüfungsordnung für den höheren Schuldienst und eine neue **Reifeprüfung** (1812) einführte. Die höhere Schulbildung wurde damit dem Einfluss der Geistlichkeit fast völlig entzogen. Der Geist Humboldts blieb für das gymnasiale Schulwesen bis in die Gegenwart hinein wirksam.

Um 1840 gründete der Pestalozzi-Schüler Friedrich Fröbel (1782–1852) in Blankenburg in Thüringen den ersten **Kindergarten**. Weil die Behörden eine Beeinflussung der Kinder im Sinne des Liberalismus befürchteten, wurde er im Jahr 1851, in der Restaurationszeit nach der Revolution von 1848/49, in Preußen verboten. Dass die Einführung des Kindergartens ein »Exportschlager« war, zeigt sich noch heute am Wortschatz vieler Sprachen. Im Englischen und Amerikanischen heißt die Einrichtung »kindergarten«, bei den Franzosen »jardin d'enfants«, bei den Italienern »giardino d'infanzia« und bei den Spaniern »jardin de infancia«. Die Russen sagen »detskij sad« und die Dänen »børnehave«. All das bedeutet wörtlich übersetzt nichts anderes als »Kindergarten«.

In diese Zeit fielen auch andere wegweisende Versuche auf dem Gebiet der Erziehung. Dazu gehörten die Gründung von Armenerziehungsanstalten und Heimen für körperlich und geistig Behinderte. Im Jahr 1833 schuf Johann Hinrich Wichern (1808–1881) in Horn bei Hamburg das »Raue Haus«, das eigentlich nach dem Erbauer »Ruges Haus« hieß. Hier wurden »sittlich gefährdete« Jungen und junge Männer aufgenommen und betreut. Im Jahr 1846 rief Adolph Kolping (1813–1865) in Elberfeld (Wuppertal) den ersten katholischen Gesellenverein zur religiösen, erzieherischen und wirtschaftlichen Unterstützung der wandernden, oft bettelarmen Handwerksgesellen ins Leben. Daraus entwickelte sich die noch heute bestehende Kolpingfamilie und das internationale Kolpingwerk. Im Jahr 1867 entstand in Bethel bei Bielefeld die Anstalt für Epileptiker und andere körperlich und geistig Hilfebedürftige. Sie wurde seit 1872 durch den bekannten Pastor Friedrich von Bodelschwingh (1831–1910) geleitet.

Die hier nur kurz genannten Einrichtungen sind im Zusammenhang mit dramatischen gesellschaftlichen Veränderungen im 19. Jahrhundert zu sehen. Die **Industrialisierung** veränderte die Lebensverhältnisse in Deutschland revolutionär und schuf ein Millionenheer von lohnabhängigen Arbeitern. Sie lebten zumeist in ärmlichen Verhältnissen. Viele von ihnen waren entwurzelt, weil sie ihre ländliche Heimat, die sie nicht mehr ernähren konnte, verlassen hatten und in den rasch wachsenden Städten und industriellen Ballungsräumen ihren kargen Lebensunterhalt suchten. In Not gerieten auch viele bislang selbstständige Meister und ihre Gesellen. Durch die Maschinenarbeit ließ sich vieles unverhältnismäßig viel billiger produzieren, sodass die Aufträge ausblieben und die Handwerker nun ebenfalls ins lohnabhängige Proletariat absanken.

Auf einem anderen sozialen Niveau vollzog sich im 19. Jahrhundert ein heftiger Kampf zwischen den Verfechtern der humanistischen und der realistischen Bildung. Erstere vertraten ein überkommenes, idealistisches Menschenbild und betonten vor allem den Bildungswert der klassischen Sprachen, also des Griechischen und des Lateins. Die Anhänger der realistischen Bildung versuchten den gesellschaftlichen, wirtschaftlichen und technologischen Veränderungen Rechnung zu tragen. Gegen große Widerstände setzten sie die vermehrte Einrichtung von **Realschulen** (Mittelschulen) durch, einer Schulart, die ihren Platz zwischen den Volksschulen und den Gymnasien hatte. Sogenannte Realgymnasien mit einem höheren Anteil an modernen Fremdsprachen und mathematisch-naturwissenschaftlichem Unterricht kamen hinzu.

Einige Realschulen gab es bereits seit dem 18. Jahrhundert. Die erste war um 1706 von dem pietistischen Prediger Christoph Semler gegründet worden. Sie ging aber nach zweieinhalb Jahren wieder ein. Im Jahr 1747 schuf der Pastor Johann Julius Hecker in Berlin eine ökonomisch-mathematische Realschule, die sehr erfolgreich arbeitete. König Friedrich der Große (König 1740–1786) von Preußen unterstellte sie als königliche Realschule deshalb der staatlichen Verwaltung. Seit dem Jahr 1859 gab es in Preußen neunklassige Realschulen erster Ordnung mit Latein, die später Realgymnasien hießen. Die Realschulen zweiter Ordnung dauerten sieben bzw. sechs Jahre. Sie wurden im Jahr 1882 zu Oberrealschulen erweitert. Im Jahr 1900 wurden nach langem Kampf Realgymnasien und Oberrealschulen den Gymnasien gleichgestellt.

Die **höhere Mädchenbildung** blieb bis ans Ende des 19. Jahrhunderts ein Stiefkind des Schulwesens. Sie beschränkte sich auf private und städtische Schulen. In der zweiten Hälfte des Jahrhunderts erhob die weibliche Emanzipationsbewegung immer lauter den Anspruch auf gleiche Bildung für Mädchen. Im Jahr 1865 entstand der Allgemeine deutsche Frauenverein, im Jahr 1872 der Verein für das höhere Mädchenschulwesen. Andere Zusammenschlüsse folgten. Seit 1888 gab es in Berlin Realkurse für Frauen, die Helene Lange (1848–1930) ins Leben gerufen hatte. Sie wurden in den folgenden Jahren zu realgymnasialen und gymnasialen Kursen erweitert. Vereinzelt wurden seit dieser Zeit Mädchen an Jungengymnasien aufgenommen. Da ihnen das akademische Studium in Deutschland noch vielfach verwehrt blieb, studierten manche an Hochschulen in der Schweiz. Im Jahr 1908 endlich wurden die höheren Mädchenschulen den Gymnasien gleichgestellt und damit die Möglichkeit geschaffen, an ihnen die Reifeprüfung abzulegen.

Nach der Revolution der Jahre 1918/19, in der **Weimarer Republik**, wurde im Jahr 1920 für das gesamte deutsche Reichsgebiet die vierjährige **Grundschule** eingeführt. Sie war für alle Kinder, unabhängig von ihrer sozialen Herkunft, verpflichtend. Erst nach der 4. Klasse begann die Differenzierung in unterschiedliche Schularten. Das höhere Bildungswesen erfuhr in den folgenden Jahren eine Erweiterung durch die Deutsche Oberschule (1925), die das deutsche Kulturgut betonte (Meyers Blitz-Lexikon 1932), und die Aufbauschule, die erst nach der 7. Volksschulklasse einsetzte.

Im Jahr 1934, also bald nach der **nationalsozialistischen** »Machtergreifung«, entstand das Reichsministerium für Wissenschaft, Erziehung und Volksbildung. Die Kinder und Jugendlichen sollten im Sinne der herrschenden Weltanschauung erzogen und den politisch-militärischen Zielen von Staat und Partei nutzbar gemacht werden. Nicht zu vergessen ist der prägende erzieherische Einfluss, der von der **Hitlerjugend** (HJ) und dem **Bund Deutscher Mädel** (BDM) ausging.

Im Jahr 1938 wurde die **Oberschule** zur Normalform des Gymnasiums. Vereinzelt bestanden noch Gymnasien mit besonderen Profilen, z. B. mit den alten Sprachen Griechisch und Latein, weiter. Die nationalsozialistische Herrschaft brachte daneben eigene Schultypen hervor. Die Nationalpolitischen Erziehungsanstalten (»Napola«) betrieben seit 1933 die Erziehung zu Nationalsozialisten, »tüchtig an Leib und Seele«. Ihre Schüler sollten später Führungsaufgaben in Staat und Partei übernehmen, konnten aber ihren Beruf frei wählen. Seit 1938 gab es die Adolf-Hitler-Schulen, die für Schüler gedacht waren, die sich im Deutschen Jungvolk besonders ausgezeichnet hatten. Hitler sah in ihnen Vorschulen für die nationalsozialistischen »Ordensburgen«.

Nach dem Zweiten Weltkrieg übernahmen alle vergleichbaren Schulen in Westdeutschland, sofern sie mit dem Abitur abschlossen, die alte Bezeichnung »Gymnasium«. Es gibt mehrere Typen von allgemeinbildenden **Gymnasien**. Entscheidend ist z. B., ob sie ihren Ausbildungsschwerpunkt auf die alten Sprachen, die modernen Fremdsprachen, auf Mathematik und Naturwissenschaften oder auf die künstlerischen Fächer legen. Neben den allgemeinbildenden gibt es die beruflichen Gymnasien. Sie setzen ebenfalls unterschiedliche Schwerpunkte, z. B. Volkswirtschaftslehre, Technik, Ernährungslehre und Agrartechnik.

Die Uneinheitlichkeit des Schulwesens hängt unter anderem mit der **Kulturhoheit der Bundesländer** nach Artikel 30 des Grundgesetzes von 1949 zusammen. Der Bund hat in diesem Bereich keine Anweisungs- und Gestaltungsbefugnisse. Allerdings bemüht sich die im Jahr 1948, also bereits vor der Gründung der Bundesrepublik Deutschland, geschaffene Kultusministerkonferenz (KMK) mehr oder weniger erfolgreich um die gemeinsame Meinungs- und Willensbildung und die Vertretung gemeinsamer Anliegen in den – inzwischen 16 – Bundesländern. Große Unterschiede gibt es immer noch beim Übergang zu den weiterführenden Schulen, der nach dem 4. oder nach dem 6. Schuljahr erfolgt, sowie bei der Einschätzung der sogenannten **Gesamtschulen** bzw. **Gemeinschaftsschulen**, in denen die Kinder und Jugendlichen nicht nach Schularten, sondern allenfalls nach Leistungsgruppen getrennt werden.

Die Reform der gymnasialen Oberstufe seit den Siebzigerjahren schuf für die Schüler der Gymnasien neue Wahlmöglichkeiten und diente insgesamt einer lebens- und berufsnäheren Schulausbildung. Das unterschiedliche Anspruchsniveau wurde durch die Einführung von Grund- und Leistungskursen unterstrichen.

Die PISA-Studie (»Programme for International Student Assessment«) des Jahres 2000 löste heftige Diskussionen über die Leistungsfähigkeit des deutschen Bildungswesens aus. Bei einer internationalen Vergleichsstudie mit 15-jährigen Schülern hatte die Bundesrepublik – wider Erwarten – nur einen sehr mäßigen mittleren Platz erreicht. Bemängelt wurden vor allem die signifikant geringe soziale Durchlässigkeit des Bildungssystems sowie der prozentual hohe Anteil von nicht berufsfähigen Schülerinnen und Schülern. Im Zusammenhang mit der PISA-Studie wurde über vorschulische Bildungseinrichtungen, die Dreigliedrigkeit des deutschen Schulsystems (Hauptschule, Realschule und Gymnasium) und eine individuelle Förderung schwächerer Schüler nachgedacht. Dies führte inzwischen zu erheblichen Veränderungen in den Schulsystemen und in der Schuldidaktik.

In der Deutschen Demokratischen Republik unterstand das Bildungswesen seit 1950 dem Ministerium für Volksbildung. Normalform im Schulwesen war ab 1959 die zehnklassige **Polytechnische Oberschule** (POS). Der Begriff sollte unterstreichen, dass hier eine vergleichsweise anspruchsvolle Allgemeinbildung vermittelt wurde. Sie trug einen stark polytechnischen Akzent, d.h. hier wurden besonders auch wissenschaftlich-technische, technologische und politisch-ökonomische Fähigkeiten und Fertigkeiten mit dem Blick auf die Lebens- und Berufswirklichkeit vermittelt. Daneben bestand die zwölfklassige **Erweiterte Oberschule** (EOS). Der Zugang zu dieser Schulform war für die jungen Bewerber nur dann möglich, wenn sie strengen fachlichen und gesellschaftlich-politischen

Erwartungen entsprachen. Die Zahl der Abiturienten insgesamt wurde durch den gesellschaftlichen Bedarf im Rahmen der staatlichen Gesamtplanung ermittelt.

Seit dem 12. Jahrhundert entwickelten sich in Europa ohne Vorbild die ersten **Universitäten**. Zunächst bezeichnete der Begriff »universitas« die Gemeinschaft der Lehrenden bzw. der Lehrenden und Lernenden (»universitas magistrorum et scholarium«). Erst vom 19. Jahrhundert an wurde er für die Gesamtheit der Wissenschaften (»universitas literarum«) verwendet.

In der Auseinandersetzung mit kirchlichen und staatlichen Forderungen erkämpften sich die frühen Universitäten eine weitgehende Autonomie. Dieser Verfassungsgrundsatz blieb im Kern bis in unsere Zeit erhalten. Die Begründung der berühmten Rechtsschule von Bologna in Oberitalien um 1100 machte den Anfang. Paris folgte im Jahr 1203. Die erste deutsche Universität entstand im Jahr 1348 unter König Karl IV. (König/Kaiser 1346/1355–1378) in Prag. Es folgten die Universitäten in Wien (1365), Heidelberg (1385), Köln (1388) und Erfurt (1392). Sie trugen mit dazu bei, Wissenschaften und Bildung zu verweltlichen. Jurisprudenz und Medizin wurden neben der Theologie selbstständige Studienfächer.

Die beherrschende Lehre war die seit dem frühen Mittelalter, besonders aber seit der Zeit des Humanismus gepflegte **Scholastik** (lat. »scholasticus« = Lehrer der Rhetorik bzw. allgemein der freien Künste). Die Scholastiker versuchten den Beweis zu erbringen, dass die Heilswahrheiten mit der Vernunft ergründbar seien. Als philosophische Autorität galt Aristoteles (384–322 v. Chr.). Die bedeutendsten Vertreter waren Petrus Abälard (1079–1142), Albertus Magnus (um 1200–1280) und Thomas von Aquin (1225–1274).

Die **Studenten** kamen mit 15 oder 16 Jahren an die Universität und begannen mit dem für alle verbindlichen Studium an der Artistenfakultät, der späteren philosophischen Fakultät. Der Studiengang entsprach der Einteilung der sieben freien Künste. Am Anfang stand das »Trivium« (der Dreiweg) mit Grammatik, Dialektik und

Rhetorik. Am Ende dieser Stufe erhielt der Student den Titel »Baccalaureus«. Danach kam das »Quadrivium« (der Vierweg) mit Arithmetik, Geometrie, Astronomie und Musik und der abschließenden Magister-Würde (vgl. S. 122). Auf dieses Grundstudium von drei bis vier Jahren folgten das Studium der höheren Fakultäten Theologie, Jurisprudenz und Medizin.

Die Baccalaurii und die Magister wurden für die Ausbildung jüngerer Studenten mit herangezogen. Der Unterricht bestand aus Vorlesungen und Disputationen. Lehrer und Studenten lebten gemeinsam in Kollegien oder Bursen, die zur Universität gehörten und oft auf Stiftungen zurückgingen. In diesen – Internaten vergleichbaren – Instituten herrschten strenge, fast klösterliche Vorschriften. Das Wort »Burse«, das ursprünglich soviel wie Lederbeutel, dann Kasse bedeutete, entwickelte sich zu »Bursche« weiter, womit anfänglich nur Studenten, später auch Soldaten (Offiziersbursche), Handwerker (Handwerksbursche) und andere männliche Personen (junge Burschen) bezeichnet wurden.

Im Gegensatz zu den strengen Vorschriften stand die oft ungezügelte, nicht selten rohe Lebensweise der Studenten. Bei den Bürgern waren sie wegen ihrer Streiche gefürchtet. Oft veranstalteten sie wilde Trinkgelage. Studienzeiten zwischen sieben und zwölf Jahren waren nicht ungewöhnlich, besonders bei den wohlhabenderen Studenten. Die fahrenden Schüler oder Vaganten (lat. »vagare« = umherschweifen) wechselten von Universität zu Universität. Manche erbettelten sich ihren Lebensunterhalt.

Aber nicht nur Studenten waren auf finanzielle Unterstützung oder eine wirtschaftliche Tätigkeit neben ihrem Studium angewiesen. Auch bei den **Professoren** (lat. »profiteri« = bekennen) reichten die Hörergebühren oft nicht aus, sodass sie einen handwerklichen Nebenberuf ausüben mussten. Später, etwa im Zeitalter der Reformation, erhielten die Professoren ein Gehalt durch die Landesfürsten, denen die betreffende Universität unterstand.

Der Eintritt ins Universitätsleben war für den Studenten mit der Zeremonie der Deposition verbunden. Er wurde dabei mit allen möglichen Werkzeugen, z. B. Beilen und Hobeln, Scheren und Bohrern be- bzw. misshandelt. So sollte ihm symbolisch die Dummheit ausgetrieben werden. Nicht selten führte dieser ausgelassene Ulk zu schweren, dauerhaften Verletzungen, manchmal sogar zum Tod. Häufig waren auch Auseinandersetzungen, die zwischen Studenten mit Waffen ausgetragen wurden. Zum Erscheinungsbild eines Burschen gehörte nämlich nicht nur die Tabakspfeife, sondern auch ein langer Stoßdegen.

Nach ihrer Herkunft sammelten sich die Studenten ursprünglich in »Nationes«, dann in **Landsmannschaften**. Sie waren durch unterschiedlich gefärbte Bänder oder andere Erkennungszeichen unterscheidbar. Zwischen den verschiedenen Landsmannschaften kam es gelegentlich zu gefährlichen Kämpfen. Auch gab es Studentenrevolten in einzelnen Universitätsstädten, durch die z. B. die Freilassung eines verhafteten Kommilitonen erzwungen oder der jeweiligen Obrigkeit mit Waffengewalt getrotzt werden sollte. Die Auswüchse des studentischen Lebens sollten in späterer Zeit durch die Einführung des »Comment« (franz. »wie?« – Bier- bzw. Kneip-Comment oder Pauk-Comment) eingedämmt werden.

Seit dem 15. Jahrhundert wuchs das Interesse der Landesherren an den Universitäten, weil sie zur Ausbildung von Verwaltungsbeamten, Geistlichen und Lehrern dienten. So kam es zu einer Reihe von neuen Gründungen, etwa Leipzig (1409), Greifswald (1456), Freiburg (1457), Mainz (1477) und Wittenberg (1502).

Mit Humanismus und Reformation wandelte sich die Struktur der Universitäten kaum. Die Lehrinhalte wurden aber modernisiert und erweitert. Verschiedentlich entstanden neue landesherrlich-evangelische Hochschulen, etwa in Marburg (1527), Königsberg (1544), Jena (1558) und Gießen (1607). Damals besaß Deutschland die meisten Universitäten in Europa. Allerdings blieben sie zumeist recht klein. Eine große Universität hatte rund 500 Studenten, viele erreichten nicht einmal 200. Die Zahl der Professoren lag gewöhnlich bei 16 bis 18.

Um 1700 machte sich eine deutliche Wende in den wissenschaftlichen Methoden bemerkbar. Die Philosophie verlor ihre bevorzugte Rolle, die sie in der Artistenfakultät innegehabt hatte, und wurde eine Fakultät unter anderen. Die Naturwissenschaften gewannen zugleich breiten Raum. Neben die Lehre trat als gleichberechtigte Aufgabe die **Forschung**. Die deutsche Sprache wurde zur Vorlesungssprache, sehr früh z. B. bei dem Hallenser Philosophen Christian Wolff (1679–1754), der großen Anteil an der Entwicklung einer deutschen Wissenschaftssprache hatte. Von ihm stammen u. a. die Begriffe »Bedeutung«, »Begriff«, »Bewusstsein«, »Aufmerksamkeit« und »Verständnis«. Teilweise übernahm er bereits vorhandene Begriffe und gab ihnen eine spezielle Bedeutung.

Im Jahr 1810 gründete der damalige preußische Kultusminister Wilhelm von Humboldt (1767–1835) die Berliner Universität. Sie sollte die »universitas literarum«, eine umfassende wissenschaftliche Bildung, vermitteln und damit der Aufsplitterung der Wissenschaften entgegenwirken. Die geistige Grundlage dieser neuen Universität war der philosophische Idealismus.

Die konventionelle Struktur der Universitäten blieb bis in unsere Zeit weitgehend erhalten. Erst die in der Gegenwart gegründeten Reformuniversitäten Konstanz (1964) und Bremen (1971) lösten sich absichtlich von dem traditionellen Modell.

Die Entwicklung von Technik und Industrie brachte einen veränderten Bedarf an akademisch gebildeten Führungskräften hervor. Dem versuchten die **technischen Hochschulen** Rechnung zu tragen, die nun mit den überkommenen Universitäten konkurrierten. Die ersten Ansätze auf (österreichisch-)deutschem Gebiet entstanden 1806 in Prag, 1825 in Karlsruhe und 1828 in Berlin. Sie gingen auf die infolge der Französischen Revolution begründeten technischen Akademien in Frankreich, etwa die »École Polytechnique« zurück. Diese wiederum waren ein Ergebnis der Aufklärung und der technisch-naturwissenschaftlichen Bestrebungen der französischen Enzyklopädisten.

Über mehrere Zwischenstufen entwickelten sich die technischen Schulen zu technischen Hochschulen. Die Gründung des Vereins Deutscher Ingenieure (VDI) im Jahr 1856 bedeutete eine wichtige

Voraussetzung, weil er sich mit großem Nachdruck für die technische Ausbildung einsetzte. Bis zur Jahrhundertwende gab es auf dem Gebiet des Deutschen Reiches technische Hochschulen in Braunschweig (1745/1862), Stuttgart (1829/1862), Karlsruhe (1825/1865), München (1868), Aachen (1870), Darmstadt (1836/1877), Dresden (1878), (Berlin-)Charlottenburg (1879) und Hannover (1831/1879). Im Jahr 1904 kam noch Danzig hinzu. Seit 1775 bestand die Hochschule für Berg- und Hüttenwesen in Clausthal(-Zellerfeld). Im Jahr 1965 wurde in Dortmund noch eine technische Hochschule gegründet. Die preußischen Hochschulen in Aachen, Charlottenburg und Hannover erhielten im Jahr 1899 das Recht, Diplome und Doktortitel zu verleihen.

Frühe Vorläufer der **Fortbildungsschulen** waren die evangelischen Sonntagsschulen. Doch schon am Ende des 17. Jahrhunderts und im 18. Jahrhundert war unter dem Einfluss des Pietismus die Erziehung zur praktischen Tätigkeit in Gang gekommen, so z.B. in den Schulen August Hermann Franckes (1663–1727) in Halle. Die Pietisten bemühten sich auch um die Fortbildung von Jugendlichen nach ihrer Entlassung aus der Volksschule. In einzelnen deutschen Ländern gab es schon im 18. Jahrhundert landesherrliche Verordnungen, die zur Teilnahme an entsprechenden Veranstaltungen verpflichteten, so in Preußen (1783), Bayern (1771) und Österreich (1775). Allerdings konnte sich das Fortbildungsschulwesen noch nicht allgemein durchsetzen.

Für das Gebiet des Norddeutschen Bundes bestimmte die Gewerbeordnung von 1869, dass Lehrlinge, Gesellen und Gehilfen unter 18 Jahren durch Ortsstatute zum Besuch von Fortbildungsschulen verpflichtet werden könnten. Diese Regelung wurde von der Reichsgewerbeordnung von 1883 übernommen. Die Fortbildungsschulen wurden in Preußen im Jahr 1921 erstmals als **Berufsschulen** bezeichnet.

Die **Erwachsenenbildung** hat mehrere Wurzeln. Eine davon waren die Fortbildungsschulen. Im 19. Jahrhundert kamen zahlreiche Ver-

Erziehung und Schule

suche, Unterprivilegierten jeder Art aus ihrer bedauernswerten Lage zu helfen, hinzu. Hier wären wiederum das im Jahr 1833 vom Johann Hinrich Wichern in Hamburg gegründete »Raue Haus« und die seit 1846 entstandenen Gesellenvereine Adolf Kolpings zu nennen. Aber es gab nicht nur religiös begründete Ansätze. Verschiedene politische Gruppierungen bemühten sich, durch Bildung die Emanzipation der sozial Schwächeren, insbesondere auch der Arbeiter, zu fördern. Die Liberalen schufen eine Reihe von Arbeiterbildungsvereinen, in denen vorwiegend bürgerliches Bildungsgut vermittelt wurde. Noch sahen die Liberalen in den Arbeitern Verbündete gegen die vom Adel beherrschte feudale Staatsmacht. Im Jahr 1861 entstand in Leipzig der Gewerbliche Bildungsverein. In zahlreichen anderen Städten entwickelten sich ähnliche Zusammenschlüsse unter liberaler Führung.

Auch die frühen Sozialisten setzten auf die soziale Emanzipation der Arbeiter durch Bildung. Bezeichnenderweise spaltete sich im Jahr 1862 eine Minderheit vom Leipziger Bildungsverein ab und betrieb die Gründung einer Arbeiterpartei. Im Jahr 1863 entstand so der Allgemeine Deutsche Arbeiterverein (ADAV) unter der Führung von Ferdinand Lassalle (1825–1864). Damit begann die Geschichte der Sozialdemokratischen Partei Deutschlands (SPD).

Die **Volkshochschulbewegung**, die auf alle diese Vorläufer zurückgeht, erhielt starke Anstöße aus Skandinavien. Besonders erwähnenswert sind die ländlichen Volkshochschulen des dänischen Geistlichen und Bischofs Nikolai Frederik Severin Grundtvig (1783–1872). Die erste wurde im Jahr 1844 in Rödding in Südjütland gegründet.

Auch aus England kamen Anregungen, Die »University Extension Movement« (Universitätsausdehnungsbewegung) wollte seit 1873 für alle höhere Bildung ermöglichen. Seit 1896 gab es ähnliche Versuche auch in Deutschland. Universitätsprofessoren hielten Kurse für Nichtakademiker bzw. Angehörige der niederen Volksschichten ab. Der erste Volkshochschultag fand im Jahr 1904 in Wien, der zweite 1906 in Charlottenburg statt.

Heute werden die Volkshochschulen zumeist von den Gemeinden und Kreisen getragen. Seit 1953 sind sie in der Bundesrepublik im Deutschen Volkshochschulverband zusammengefasst. Allerdings gibt es auch eine Reihe von Volkshochschulen unterschiedlicher weltanschaulicher Gruppierungen und Interessenverbände, z. B. der Kirchen und Parteien, der Wirtschaftsverbände und der Gewerkschaften.

Mächte über uns
Die Religionen

Für das Abendland sind seit vielen Jahrhunderten die christlichen Religionen prägend. Dabei ist freilich zu bedenken, dass sich das Christentum selbst auf dem Fundament der jüdischen Religion, der ersten großen monotheistischen Religion, entwickelt hat. Bevor die Germanen christianisiert wurden, besaßen sie eine eigene Mythologie.

Das Alte Testament ist die Grundlage des mosaischen Glaubens, des religiösen **Judentums**. Die darin enthaltenen Gebote sollten das sittliche Verhalten der Menschen regeln. Es erzählt die Geschichte des jüdischen als des von Gott auserwählten Volkes und begründete eine bestimmte Tradition, die im privaten wie im Gemeindeleben gläubiger Juden bis heute lebendig ist. Auf der Erde gibt es etwa 14 Millionen Menschen jüdischen Glaubens. Davon leben in Deutschland etwa 107 000 (2010). Die vergleichsweise geringe Zahl erklärt sich vor allem durch die schrecklichen Ereignisse des Holocaust in nationalsozialistischer Zeit.

Das **Christentum** geht auf das Auftreten und die Lehren Jesu Christi zurück, der nach neutestamentlicher Überlieferung zur Zeit des jüdischen Königs Herodes des Großen (37–4 v. Chr.) und des römischen Kaisers Augustus (Kaiser 27 v. Chr.–14 n. Chr.) in Bethlehem geboren wurde. Neuere Forschungen nehmen für dieses Ereignis den Zeitraum von 7–4 v. Chr. an. Als Jesus gut 30 Jahre alt war, trat er in die Öffentlichkeit, lehrte und wirkte Wunder. Um das Jahr 30 n. Chr. wurde er als angeblicher Aufrührer gegen die römische Besatzungsmacht zum Tode verurteilt und ans Kreuz geschlagen. Diese Hinrichtungsart war nicht nur sehr schmerzvoll, sondern galt auch als besonders schimpflich.

Außerchristliche Quellen über Jesus sind sehr selten. Unsere Kenntnisse beruhen vor allem auf den vier Evangelien (griech. »frohe Botschaft«), die von seinen Jüngern Matthäus, Markus, Lukas und Johannes stammen. Vermutlich entstanden die Texte erst nach der Zerstörung des Tempels in Jerusalem im Jahr 70, das Johannes-Evangelium sogar erst um das Jahr 130. Die Evangelien bilden zusammen mit der Apostelgeschichte, den Apostelbriefen und der Geheimen Offenbarung das Neue Testament. Die Apostelgeschichte ist eine Fortsetzung des Lukas-Evangeliums und stammt vom gleichen Verfasser. Die Geheime Offenbarung wird Johannes zugeschrieben. Im Gegensatz zum hebräischen Urtext des Alten Testaments ist das Neue Testament in Griechisch verfasst.

Nach dem Tod bzw. der Himmelfahrt Christi erhielt die sogenannte **Urkirche** ihre ursprüngliche Form. Unter der Anleitung der Apostel bemühten sich die frühen Christen um ein frommes, gottgefälliges Leben. Sie feierten zur Erinnerung an den Opfertod ihres Meisters das Abendmahl in Form des Brotbrechens und lebten in einer Art »Liebeskommunismus« zusammen, weil die Reichen ihren Besitz zugunsten der Allgemeinheit aufgaben. Zunächst beschränkte sich die Christengemeinde auf Mitglieder jüdischer Herkunft. Gemäß der Aufforderung Christi, hinaus in alle Welt zu gehen, begannen seine Jünger mit der Heidenmission. Die Verfolgungen, denen die Christen auf jüdischem Gebiet ausgesetzt waren, begünstigte die Ausbreitung des neuen Glaubens in der Ferne.

Besonders hervorzuheben ist die Missionsarbeit des Apostels Paulus, der ursprünglich ein hasserfüllter Gegner des Christentums gewesen war, aber auf dem Weg nach Damaskus durch eine Vision bekehrt wurde. Er unternahm drei Missionsreisen, die nach Zypern, Kleinasien und Griechenland führten. Überall entstanden christliche Gemeinden, mit denen Paulus einen regen Briefverkehr unterhielt. Seine Briefe sind Teil des Neuen Testaments.

Bis sich das Christentum als religiöses Bekenntnis durchsetzen konnte, war es noch ein weiter Weg. Rund 250 Jahre lang sahen sich seine Anhänger wechselnd heftigen **Verfolgungen** ausgesetzt. In der Regierungszeit des römischen Kaisers Nero (Kaiser 54–68) wurden die Apostel Petrus und Paulus in Rom hingerichtet. Wie viele ihrer Glaubensgenossen starben sie als »Blutzeugen« oder Märtyrer. Die Ausbreitung des Christentums war aber dadurch nicht aufzuhalten. Es fand Anhänger vor allem in den unteren Bevölkerungsschichten, die für die Entbehrungen im Diesseits Belohnung im Jenseits erhofften.

Die christlichen Gemeinden wurden von Bischöfen (griech. »episcopos« = Aufseher) und Priestern (griech. »presbyteros« = der Ältere) geleitet. Im Gottesdienst und in der Armenpflege halfen ihnen die Diakone (griech. »diakonos« = Diener). Besondere Autorität besaß der Bischof von Rom, der als Nachfolger des Heiligen Petrus galt.

Unter dem römischen Kaiser Diokletian (Kaiser 284–305), der im Ostteil des Reiches, in Nikomedia residierte, erlebte die Kirche ihre grausamste Verfolgung. Für den Kaiser waren die Auffassungen der Christen staatszersetzend, zumal sie den Kaiserkult mit der Opferung für den zum Gott erhobenen Herrscher ablehnten.

Der entscheidende Wandel trat unter Kaiser Konstantin dem Großen (Kaiser 306–337) ein. Er siegte im Jahr 312 in der Schlacht an der Milvischen Brücke bei Rom über seinen Widersacher Maxentius. Die Legende berichtet, dass ihm in einer Vision gesagt wor-

Die Religionen 143

den sei: »Hoc signo vinces – In diesem Zeichen wirst du siegen.« Er habe deshalb Helme und Schilde seiner Krieger mit dem Zeichen des Kreuzes versehen lassen. Jedenfalls erließ er im Jahr 313 mit seinem Mitkaiser Licinius das sogenannte Mailänder Toleranzedikt, das die Christenverfolgungen beendete und den Christen die Möglichkeit gab, sich ungehindert zu ihrem Glauben zu bekennen.

Obwohl sich Kaiser Konstantin selbst erst auf dem Sterbebett taufen ließ, führte er im Jahr 321 den Sonntag als religiösen Feiertag und als Ruhetag ein. Im Jahr 325 rief er die Bischöfe zum Konzil, der allgemeinen Kirchenversammlung, in Nicaea zusammen und erwirkte die Verurteilung der »Irrlehren« des Priesters Arius aus Alexandria. Dieser hatte behauptet, Christus sei nicht Gottes wahrer Sohn. Konstantins Anliegen war, die Einheit der neuen Kirche zu sichern.

Unter dem römischen Kaiser Julian Apostata (der Abtrünnige), der zwischen 361 und 363 regierte, gab es ein kurzes heidnisches Zwischenspiel, allerdings kaum blutige Verfolgungen.

Theodosius I. (Kaiser 379–395) endlich erhob im Jahr 391 das Christentum zur **Staatsreligion**. Die heidnischen Feste wurden abgeschafft, die Tempel geschlossen. Damit war das Römische Reich, das nach dem Tod des Kaisers in ein Westreich und ein Ostreich aufgeteilt wurde, ein christliches Staatswesen geworden. Die kirchliche Organisation deckte sich weitgehend mit der staatlichen Verwaltung. Sie ist bis zum heutigen Tag am hierarchischen Aufbau der katholischen Kirche nachzuvollziehen.

Jesus hatte seine Jünger aufgefordert, seinem Beispiel zu folgen: »Wer mein Jünger sein will, der verleugne sich selbst, nehme sein Kreuz auf sich und folge mir nach« (Matth. 16,24). Das abendländische Mönchtum erhielt aber durch den heiligen Benedikt von Nursia (um 480–um 547) seine mustergültige Gestalt. Er gründete im Jahr 529 auf dem Monte Cassino südlich von Rom ein Kloster und gab ihm eine Regel, die sogenannte Benediktinerregel. Sie verlangte von den Mönchen persönliche Armut, Gehorsam gegenüber dem Abt und Keuschheit bzw. Ehelosigkeit. Ausführlicheres über das Mönchtum ist im Kapitel »Folge mir nach!« ab Seite 158 nachzulesen.

Über die Religion der **Germanen** in vorchristlicher Zeit sind die Überlieferungen sehr spärlich. Hinzu kommt, dass es offenbar große lokale und stammesmäßige Unterschiede gab. Die Germanen verehrten Götter, die wie Menschen aussahen und ähnliche Lebensgewohnheiten hatten, aber über besondere Kräfte verfügten. Ursprünglich fanden die Gottesdienste anscheinend nur im Freien, vor allem in heiligen Hainen statt. Später entstanden auch Tempel. Einen besonderen Priesterstand gab es nicht. Die politischen Anführer leisteten zugleich kultische Dienste. Die wichtigsten germanischen Götter waren Wodan (Odin), Ziu (Tyr), Donar (Thor) und Frija (Frigg). Wodan war der Gott des Windes, der Toten und der Schlacht. Durch Walküren wurden die im Kampf getöteten Helden zu ihm nach Walhall geführt. Er ritt auf seinem achtfüßigen Pferd über Land, stets gefolgt von zwei Raben. Ziu war der Gott des Krieges und des Rechts. Donar, der Gott des Donners, weihte die Ehen und erzeugte Fruchtbarkeit bei Menschen, Tieren und Pflanzen. Ähnliche Aufgaben besaß auch Frija, die Göttermutter und Gemahlin Wodans.

Einzelheiten über die germanische Mythologie berichteten die ältere »Lieder-Edda« aus der Zeit zwischen dem 9. und dem 12. Jahrhundert und die sogenannte »Snorra-Edda«, die wohl um 1220 von Snorri Sturluson aufgeschrieben wurde. Die beiden sehr unterschiedlichen Werke sind auf Island entstanden. Die in ihnen mitgeteilten mythologischen Motive sind aber nicht ohne Weiteres allgemeingültig.

Viele Elemente des germanischen Volksglaubens haben sich als Aberglaube erhalten. Das Märchen kennt heute noch gute und böse Geister bzw. Dämonen, die mit übernatürlichen Kräften ausgestattet sind. Dazu gehören Zwerge, Kobolde, Feen und Riesen. Viele germanisch-heidnische Rituale wurden in christliches Brauchtum überführt, z. B. der Adventskranz während der Adventszeit.

Im römisch besetzten Gebiet Germaniens hatte das Christentum früh Eingang gefunden. Im Jahr 486 eroberte der fränkische König Chlodwig (König 482–511) den zentralen Teil Galliens, des heutigen Frankreich. Zehn Jahre später, im Jahr 496, ließ er sich taufen und nahm damit den römisch-katholischen Glauben an. Diese Entscheidung erhielt weltgeschichtliche Bedeutung, und zwar aus zwei Gründen: Andere germanische Stämme, etwa die Ostgoten, waren auch bereits Christen, aber Anhänger des als Irrlehre verworfenen Arianismus. Dann wurde das Volk der Franken zum Staatsvolk des Frankenreiches und damit des späteren Deutschen Reiches, das aus dem durch die Kaiserkrönung Karls des Großen im Jahr 800 neu gegründeten Römischen Reich hervorging. Der Arianismus ging mit den germanischen Stämmen, die ihm gefolgt waren, unter. Die römisch-katholische Lehre behauptete sich als das Bekenntnis des christlichen Abendlandes und konnte so später zur Weltreligion werden.

Die **Christianisierung** der **Franken** und der von ihnen unterworfenen germanischen Stämme dauerte im Osten, im späteren Deutschland, besonders lange. Verhältnismäßig früh gab es einzelne christliche Inseln, die aber ohne organisatorischen Zusammenhalt blieben. Sie wurden vorwiegend von irischen und schottischen Missionaren und ihren Nachfolgern gegründet.

Irland hatte niemals zum Römischen Reich gehört. Deshalb gab es hier keine Städte, sondern eine rein ländliche Bevölkerung. Die Christianisierung der grünen Insel geht auf den irischen Nationalheiligen Sankt Patrick zurück, der von 432 bis 461 wirkte. Die besonderen Gegebenheiten des Landes brachten es mit sich, dass er die kirchliche Organisation auf die Klöster gründete. Viele ihrer Mönche wandten sich nun aus Glaubens- und Missionseifer den noch heidnischen Ländern zu.

Der heilige Kolumban der Ältere missionierte bis zu seinem Tod im Jahr 597 in **Schottland**. Andere Mönche begaben sich ins Frankenreich, um hier das Christentum zu erneuern bzw. neu einzuführen. Bedeutende Klöster gehen auf ihr Wirken bzw. auf das ihrer

Anhänger zurück. Alle hier genannten Gründer wurden in der Folgezeit heilig gesprochen: Sankt Gallen (Gallus), Breisgau (Trudpert), Reichenau (Pirmin), Sankt Odilienberg (Ottilia), Regensburg (Emmeran), Freising (Korbinian) und Würzburg (Kilian).

Unter Papst Gregor dem Großen (Papst 590–604) wurden auch die **Engländer** bekehrt. Von hier ging die Missionstätigkeit aus, die fast das ganze spätere Deutschland zu einem christlichen Land werden ließ. Sie verbindet sich mit dem Namen des heiligen Bonifatius (673–754), der ursprünglich Winfried hieß. Seit 718 missionierte er in Friesland, Hessen, Thüringen und Bayern. Er erhielt vom Papst den Auftrag, die deutsche Kirche zu organisieren. Im Jahr 732 wurde er Erzbischof, seit 747 mit Sitz in Mainz. Aus dieser Tatsache erklärt sich die besondere Stellung des Mainzer Erzbischofs in der Folgezeit, etwa im Zusammenhang mit der Krönung der deutschen Könige. Auf seiner letzten Missionsreise wurde Bonifatius im Jahr 754 von heidnischen Friesen erschlagen. Er wurde in Fulda, dem Kloster seines Lieblingsschülers Sturmi, beigesetzt. Noch heute (seit 1867) versammeln sich die deutschen Bischöfe nahezu alljährlich am Grab des »Apostels der Deutschen«.

Unter Karl dem Großen (König/Kaiser 768/800–814) wurden nach langen Kämpfen zwischen 772 und 804 auch noch die heidnischen **Sachsen** dem ostfränkischen Reich einverleibt und zugleich zum Christentum bekehrt. Allerdings konnten sich, mehr oder weniger verdeckt, hie und da – bis in unsere Zeit hinein – heidnische Bräuche erhalten.

Das Christentum war über das Mittelalter unangefochten die bestimmende geistige Macht. Seit dem Jahr 800, als Papst Leo III. dem fränkischen König Karl die Krone aufs Haupt gesetzt hatte, vergab der Papst die römische Kaiserwürde. Dass dadurch auch politische Abhängigkeiten entstanden, war dem Frankenkönig von allem Anfang an klar. Sein Biograf, der Franke Einhard, berichtete über die Kaiserkrönung: »Bei dieser Gelegenheit erhielt er den Kaiser- und Augustus-Titel, der ihm anfangs so zuwider war, dass er erklärte, er würde die Kirche selbst an jenem hohen Feiertage nicht freiwillig betreten haben, wenn er die Absicht des Papstes geahnt hätte.«

Schon Karl der Große wollte im Sinne des heiligen Augustinus (354–430) – im Rahmen seiner Möglichkeiten als weltlicher Herrscher – den »Gottesstaat auf Erden« verwirklichen. Die **Klöster** wurden zu Trägern der abendländischen Kultur. Zunächst blieben Lesen und Schreiben fast ausschließlich auf sie beschränkt. Später entwickelte sich in ihnen und aus ihnen heraus ein frühes weltliches Bildungswesen.

Der persönlichen Armut der Mönche stand oft ein großer Reichtum des Klosters gegenüber, der zu Wohlleben und Verweltlichung führte. Dagegen wandten sich im 10. Jahrhundert vor allem die Mönche des burgundischen Klosters Cluny. Sie begründeten die kluniazensische Bewegung.

Die Reformideen wirkten auf viele andere Klöster weiter und beeinflussten auch Kaiser und Päpste. Sie wurden Anlass zum sogenannten **Investiturstreit**, der seinen Höhepunkt zur Zeit des Papstes Gregor VII. (Papst 1073–1085) und des deutschen Kaisers Heinrich IV. (König/Kaiser 1056/1084–1106) erreichte. Gregor bestritt dem deutschen Herrscher das Recht, Bischöfe einsetzen (Laieninvestitur) und geistliche Ämter gegen Abgaben verleihen zu dürfen (Simonie = Verkauf geistlicher Ämter). Heinrich IV. musste sich im Jahr 1077 auf der Burg Canossa in Oberitalien unterwerfen, um seine Herrschaft zu retten. Eine endgültige Regelung erfolgte erst unter Heinrich V. (König/Kaiser 1106/1111–1125) im Wormser Konkordat von 1122. In einem Kompromiss wurden die kaiserlichen Befugnisse erheblich eingeschränkt.

Inzwischen hatte Papst Nikolaus II. (Papst 1058–1061) im Jahr 1059 das **Papstwahldekret** erlassen. Fortan sollten die Päpste nur noch durch die Kardinäle gewählt werden. Anschließend erfolgte dann die formale Zustimmung des römischen Adels und der römischen Geistlichkeit. Das erste Konklave (lat. abschließbares Zimmer, von »clavis« = Schlüssel) fand 1241 statt. Seit dieser Zeit tagten die Kardinäle so lange hinter verschlossenen Türen, bis ein Kandidat gewählt war. Noch heute wird dieses Wahlverfahren angewendet. Die Öffentlichkeit erfährt dann durch ein Rauchzeichen, durch weißen Rauch, den erfolgreichen Ausgang der Wahl: »Habemus Papam – Wir haben einen Papst.«

In der zweiten Hälfte des 11. Jahrhunderts waren die türkischen Seldschuken nach Palästina vorgedrungen und hatten Jerusalem erobert. Papst Urban II. rief deshalb auf der Synode zu Clermont in Frankreich im Jahr 1095 die Christen, insbesondere die Ritterschaft, auf, ihren bedrängten orientalischen Glaubensgenossen durch einen **Kreuzzug** zur Hilfe zu kommen und das Heilige Land von den Ungläubigen zu befreien. Den im Kampf Gefallenen sollten ihre Sünden vergeben sein. Im Jahr 1096 rüstete sich ein Herr von französischen, burgundischen, normannischen und flandrischen Rittern und zog nach Kleinasien. Drei Jahre später wurde Jerusalem erobert. Ein blutiges Massaker unter den Heiden folgte. Gottfried von Bouillon wurde »Beschützer des Heiligen Grabes«. Seine Nachfolger bezeichneten sich als »Könige von Jerusalem«. Allerdings bestand das Königreich Jerusalem nur bis zum Jahr 1187. Insgesamt fanden sieben größere Kreuzzüge und zahlreiche kleinere Unternehmungen statt. Bemerkenswert ist der Kinderkreuzzug des Jahres 1212, bei dem Tausende von Kindern in religiösem Wahn einem sicheren Untergang bzw. der Sklaverei entgegengingen.

Obwohl die Kreuzzugsbewegung ihr Ziel, nämlich das Heilige Land zu gewinnen und dauerhaft zu sichern, letzten Endes verfehlte, hatte sie doch bleibende Wirkungen. Dazu gehörte die Begegnung mit der hoch entwickelten arabischen Kultur, die Ausdehnung des Mittelmeerhandels und ein gestärktes bzw. neues Gemeinschaftsgefühl des abendländischen Rittertums. Das galt vor allem auch für die im Heiligen Land entstandenen geistlichen **Ritterorden**. Für die deutsche Geschichte wurde der im Jahr 1198 in Akkon entstandene Deutsche Ritterorden wichtig, weil er nach dem Verlust des Heiligen Landes (Ost-)Preußen missionierte und hier einen mustergültigen Staat schuf.

Der Warenaustausch mit dem Orient führte zum Aufstieg der oberitalienischen und weiter der süddeutschen Handelsstädte sowie der Entwicklung des Bank- und Kreditwesens.

Die Gotteserkenntnis des Mittelalters bediente sich vor allem zweier Wege. Die besonders an den Universitäten betriebene **Scholastik** (Schulwissenschaft) verband Theologie und Philosophie miteinander und versuchte nachzuweisen, dass die religiösen Wahrheiten durchaus mit dem Denken, auch mit dem der antiken heidnischen Philosophen vereinbar seien. Das galt vor allem für Aristoteles (gest. 322 v. Chr.), dessen Werke durch arabische Gelehrte im Abendland wieder bekannt geworden waren. Unter den Scholastikern sind besonders Albertus Magnus (gest. 1280) und Thomas von Aquin (1227-1274) hervorzuheben.

Die **Mystiker** (griech. »mysticos« = geheimnisvoll) versuchten im Gegensatz dazu, Gott durch das Gefühl nahezukommen. An die Stelle des ordnenden Denkens traten Frömmigkeit und das Bestreben, sich in das Leben und Sterben Jesu Christi hineinzuversetzen. Die bedeutendsten Mystiker waren Meister Eckhart (um 1260-1327), Johannes Tauler (gest. 1361) und Heinrich Seuse (gest. 1366). Alle drei waren Dominikaner.

Schon im Hochmittelalter war die Einheit der katholischen Kirche durch abweichende Lehren gefährdet worden, so durch die Katharer – daraus entstand das Wort »Ketzer« – und die Waldenser in Frankreich. Der Engländer John Wiclif (um 1324-1384) und der Tscheche Jan Hus (um 1370-1415) gehörten zu den Vorläufern der evangelischen **Reformation**. Sie wurde im Jahr 1517 durch den Thesenanschlag des Augustinermönchs Martin Luther (1483-1546) eingeleitet und führte zur endgültigen Spaltung der Kirche. Über die Reformation Martin Luthers, auch über die von Ulrich Zwingli und Johannes Calvin, wird an anderer Stelle ausführlich berichtet. Das lutherische Bekenntnis breitete sich überaus rasch vor allem in Deutschland und in den skandinavischen Ländern aus. Das hatte nicht nur religiöse, sondern auch wirtschaftliche und soziale Gründe. Vermutlich waren bald neun Zehntel des Deutschen Reiches lutherisch.

Dieser gefährlichen Bedrohung begegnete die katholische Kirche durch die **Gegenreformation** oder die katholische Reform. Auf dem Konzil von Trient (1545–1563) wurden die geltenden Glaubenswahrheiten neu formuliert, Missstände abgestellt und die Ausbildung der Geistlichen neu geregelt. In der Folgezeit gelang es den Katholiken, bereits verlorene Gebiete zurückzugewinnen. Dabei spielte der von dem baskischen Adeligen Ignatius von Loyola (1492–1556) gegründete Jesuitenorden eine wichtige Rolle.

Die Glaubensspaltung im Heiligen Römischen Reich deutscher Nation und in Europa hatte schlimme Folgen. Das 16. und das 17. Jahrhundert waren die Zeit der Glaubenskriege zwischen den Katholiken und den Protestanten. Der Dreißigjährige Krieg (1618–1648) wurde zur größten Katastrophe, die Deutschland bis dahin erlebt hatte.

Die Zeit danach zeigte ein zwiespältiges Bild: Einerseits waren viele Menschen nach den Zerstörungen und seelischen Verwüstungen von tiefen Zweifeln und der Sehnsucht nach einem neuen Lebenssinn erfüllt. Andererseits offenbarte die katholische Kirche ihre wiedergewonnene Macht und ihr Selbstbewusstsein in prunkvollen Gotteshäusern und Klöstern im neuen Baustil des Barock.

Die **Aufklärung** des 18. Jahrhunderts und die aus ihr sich entwickelnde Französische Revolution seit 1789 wurde für die Kirche zu einer existenzbedrohenden Krise. Atheisten und Deisten stellten die Glaubenslehre infrage, und die französischen Revolutionäre setzten die Geistlichkeit blutigen Verfolgungen aus.

Die **Atheisten** (griech. »átheos« = ohne Gott) leugneten die Existenz Gottes. Ein früher Vertreter dieser Auffassung war Paul Henri d'Holbach (1723–1789). Auch Denis Diderot (1713–1784) vertrat in seinen späteren Werken atheistische Auffassungen.

Wenn es Gott nicht gab, dann kam der Materie besondere Bedeutung zu. Der Materialist Julien Offray de La Mettrie (1709–1751) schrieb: »Ziehen wir den kühnen Schluss, dass der Mensch eine Maschine ist und dass es im ganzen Weltall nur eine Substanz gibt, die freilich verschieden modifiziert ist. Das ist nicht etwa eine Hypothese, die aufgrund von Fragen und Vermutungen aufgestellt worden ist: das ist kein Werk des Vorurteils und auch kein Werk meiner Vernunft allein. Ich hätte einen Führer, den ich für so unzuverlässig halte, gewiss abgelehnt, wenn mich nicht meine Sinne, die mir sozusagen die Fackel vorantragen, dazu angehalten hätten, der Vernunft zu folgen, die sie erleuchten. Die Erfahrung hat also bei mir für die Vernunft gesprochen, und so habe ich beide vereint.«

Die **Deisten** (lat. »deus« = Gott) vertraten eine vermittelnde Position. Zwar habe Gott das Universum geschaffen. Er nehme aber keinen Einfluss mehr auf Welt und Menschen. Sie verglichen ihn mit einem Uhrmacher, der die Uhr anfertigt und ihre Feder aufzieht, der sie aber dann ohne weiteres Zutun laufen lässt.

In die Zeit der Aufklärung fällt auch die Entstehung und Blüte der **Freimaurerlogen**. Sie gehen auf die mittelalterlichen Bauhütten zurück, in denen besondere, oft geheime Riten üblich waren. Sie vertraten die Ideen der neuen Zeit: Weltbürgertum, Humanität und natürliche Ethik. Die erste Großloge wurde im Jahr 1717 in London gegründet. In Deutschland machte im Jahr 1737 in Hamburg die Loge »Absalon« den Anfang. Das freimaurerische Ritual bedient sich bis heute bestimmter symbolischer Handlungen und Zeichen, die aus dem Bauwesen entlehnt sind. Von den Religionsgemeinschaften wird die Freimaurerei abgelehnt bzw. mit strengen Kirchenstrafen bedroht, so seit 1738 von der katholischen Kirche.

In Deutschland verlor die katholische Kirche bald einen großen Teil ihrer weltlichen Macht. Auch das war eine Folge der Französischen Revolution bzw. der Revolutionskriege. Im Reichsdeputationshauptschluss von 1803 wurden zahlreiche geistliche Fürstentümer mediatisiert, d. h. weltlichen – oft auch evangelischen – Fürsten unterstellt. Die Besitzungen wurden gleichzeitig säkularisiert, also dem weltlichen Besitz der neuen Herren einverleibt. Diese Regelung erfolgte auf Geheiß Napoleons (Kaiser 1804–1814), der die Fürsten für ihre Gebietsverluste links des Rheins entschädigen und sich dadurch gleichzeitig starke Verbündete schaffen wollte. Sie führte zu lang anhaltenden Auseinandersetzungen zwischen den deutschen Territorien und der Kirche, verwies diese aber wieder zurück auf ihre eigentlichen, vor allem seelsorgerischen Aufgaben.

Im Jahr 1817 wurden in Preußen auf Anordnung König Friedrich Wilhelms III. (König 1797–1840) die lutherischen und reformierten Kirchen zur (alt-)preußischen Union vereinigt. Zunächst handelte es sich hierbei um eine Verwaltungsunion. Allerdings entstanden nun auch Kirchengemeinden mit einem einheitlichen evangelischen Bekenntnis, bei dem nicht mehr zwischen »lutherisch« und »reformiert« unterschieden wurde.

Im 19. Jahrhundert stellten neue philosophisch-politische Strömungen die Lehre und den Machtanspruch der Kirchen infrage. Der **Liberalismus** (lat. »liber« = frei) stand für gesellschaftlichen Fortschritt und die ungehinderte, bestmögliche Entfaltung der individuellen Kräfte und Fähigkeiten. Die Kirchen, insbesondere die katholische Kirche, erschienen fortschrittsfeindlich und rückwärtsgewandt. Folglich musste ihr Einfluss im öffentlichen Leben nach Möglichkeit eingeschränkt werden.

Namhafte Vertreter des **Sozialismus** (lat. »socius« = Gefährte, Genosse) betrachteten die Religion als Macht- und Ausbeutungsinstrument der besitzenden Klassen. Bekannt ist das Wort von Karl Marx (1818–1883), der zusammen mit Friedrich Engels (1820–1895) den sogenannten wissenschaftlichen Sozialismus begründete: »Die Religion ist der Seufzer der bedrängten Kreatur, das Gemüt einer herzlosen Welt, wie sie der Geist geistloser Zustände ist. Sie ist das Opium des Volkes.«

Eine neue große Krise für die katholische Kirche kam von ganz anderer Seite. Im Jahr 1860 war der italienische Nationalstaat begründet worden. Noch bestand der **Kirchenstaat** mit der Hauptstadt Rom. Natürlich war die Nationalbewegung, das »Risorgimento«

(Wiedererstehung), nicht gewillt, diesen Zustand dauerhaft so zu belassen. Um die geistliche Macht der Kirche und vor allem auch des Papsttums zu stärken, beschloss das Vatikanische Konzil in Rom im Juli 1870 das »Dogma von der päpstlichen Unfehlbarkeit«. Danach waren die Verkündigungen des Oberhirten der katholischen Kirche für alle Gläubigen verbindlich, wenn er »ex cathedra« (vom Lehrstuhl aus) in feierlicher Form zu Glaubens- und Sittenfragen Stellung genommen hatte. Viele Gegner des Dogmas sammelten sich in der Altkatholischen Kirche. Ihr geistiger Führer war der Münchener Kirchenhistoriker Ignaz Döllinger (1799–1890), der sie zwar unterstützte, ihr aber nicht beitrat.

Im September 1870 wurde der Kirchenstaat von italienischen Truppen besetzt. Damit war die über tausendjährige weltliche Herrschaft des Papsttums beendet. Sie hatte begonnen, als der fränkische König Pippin der Jüngere (König 751–768) im Jahr 756 dem Papst ein großes Landgebiet um Rom und Ravenna herum schenkte (»Pippinsche Schenkung«). Erst im Jahr 1929 erhielt das Papsttum mit der Begründung des **Vatikanstaates** einen bescheidenen Ersatz. In den Lateranverträgen sicherte das faschistische Italien unter dem »Duce« (ital. »Führer«) Benito Mussolini (1883–1945) dem Papst die volle staatsrechtliche Souveränität über einen Teil der Stadt Rom zu.

Die Unfehlbarkeitserklärung des Papstes, die materialistische Philosophie des 19. Jahrhunderts, der kirchenfeindliche Liberalismus und das gewachsene Selbstbewusstsein des Protestantismus führten zu einem erbitterten Kampf zwischen Staat und Kirche im neu entstandenen Deutschen Reich. Der sogenannte **Kulturkampf** wurde vor allem von den liberalen Parteien, dem Reichskanzler und preußischen Ministerpräsidenten Otto von Bismarck (1815–1898) und dem preußischen Kultusminister Adalbert Falk (1827–1900) getragen.

Schon vorher – unter dem Eindruck sich anbahnender Konflikte zwischen Kirche und Staat – hatte sich im Dezember 1870 in Berlin die **Zentrumspartei** gegründet, der es um die Verteidigung katholischer Belange, insbesondere im Kirchen- und Schulwesen ging. Diese Partei erschien umso notwendiger, als die Katholiken im neu zu gründenden Reich in der Minderheit sein würden und zudem das Herrscherhaus, die Hohenzollern in Berlin, evangelisch waren. So spielte sich der Kulturkampf auf zwei Ebenen ab: einerseits gegen die katholische Kirche allgemein, andererseits gegen die katholische Volkspartei des Zentrums. Bismarck und seine Anhänger sparten nicht mit dem Vorwurf des Ultramontanismus (lat. »ultra montes« = jenseits der Berge, der Alpen), nach dem die katholische Kirche von Rom aus, also vom Ausland her, ferngesteuert sei.

In den bis 1878 dauernden Auseinandersetzungen wurde der Jesuitenorden aus Deutschland vertrieben, die Schulaufsicht verstaatlicht und die bürgerliche Eheschließung, die sogenannte Zivilehe, auf eigens eingerichteten Standesämtern zur Pflicht gemacht. Bismarck hatte mit seiner Politik keinen Erfolg. Er stärkte nur den Zusammenhalt der katholischen Gläubigen und erzeugte auch bei Protestanten Misstrauen und Widerstand. Über Generationen blieb das Verhältnis zwischen den Katholiken und dem Staat gespannt.

In der Zeit des **Nationalsozialismus** wurden die Kirchen neuen Verfolgungen ausgesetzt. Zwar hatte sich die Nationalsozialistische Deutsche Arbeiterpartei (NSDAP) in ihrem Programm von 1920 zum positiven Christentum bekannt und die Reichsregierung unter Adolf Hitler am 22. Juli 1933 das Reichskonkordat mit dem Heiligen Stuhl abgeschlossen, das u. a. die Rechtstellung der Geistlichen, die Konfessionsschule und den Religionsunterricht an den Schulen betraf. Bald aber zeigte sich unverhohlen der antikirchliche, ja antireligiöse Charakter der nationalsozialistischen Bewegung, der in offene, blutige Verfolgung überging. Anhänger Hitlers versuchten die evangelische Kirche in die Glaubensbewegung der »Deutschen Christen« überzuführen, die bereits im Jahr 1932 in Preußen entstanden war und das Ziel verfolgte, auch die Kirche weltanschaulich und politisch nationalsozialistischem Einfluss zu unterwerfen.

Auf einer mehrheitlich aus Deutschen Christen bestehenden Reichssynode wurde Ludwig Müller (1883–1945) zum Reichsbischof gewählt. Obwohl die Deutschen Christen einen erheblichen Anhang fanden, bildeten sich sogleich Gruppen entschiedenen Widerstandes. So gründete Martin Niemöller (1892–1984), Pfarrer in Berlin-Dahlem, bereits 1933 den Pfarrernotbund. Im Jahr 1934 entstand daraus die »Bekennende Kirche«. Sie bekämpfte vor allem die Rassenideologie der Deutschen Christen und deren Ablehnung des Alten Testaments. Seit der Bekenntnissynode im Mai 1934 trat sie den Nationalsozialisten als eine geschlossene Gruppe entgegen. Von den religiösen Verfolgungen waren insbesondere ihre Anhänger betroffen. Dazu gehörte auch der Theologe Dietrich Bonhoeffer (1906–1945), der Beziehungen zur Widerstandsbewegung unterhielt. Er wurde einen Monat vor Kriegsende hingerichtet.

In der Bundesrepublik Deutschland wurde die **Glaubensfreiheit** garantiert: »Die Freiheit des Glaubens, des Gewissens und die Freiheit des religiösen und weltanschaulichen Bekenntnisses sind unverletzlich. Die ungestörte Religionsausübung wird gewährleistet.« (Grundgesetz Art. 4) Das Reichskonkordat von 1933 galt im Großen und Ganzen weiter, allerdings wurde es in einzelnen Bundesländern, die ja nach dem Grundgesetz von 1949 die Kulturhoheit besitzen, durch neue Konkordate ersetzt.

In der DDR wurden in den Verfassungen von 1949 und 1968 ebenfalls Glaubens- und Gewissensfreiheit zugesichert. Im Übrigen fand eine strenge **Trennung von Kirche und Staat** statt. Anders als in Westdeutschland, wo der Staat für die Glaubensgemeinschaften den Einzug der Kirchensteuer übernommen hatte, mussten die Gemeinden im Osten für die Besoldung der Pfarrer und für andere kirchliche Aufgaben selbst aufkommen. Trotz der in der Verfassung zugesicherten Rechte wurde das kirchliche Leben von atheistischer, antikirchlicher Propaganda begleitet und durch Schikanen und die Benachteiligung von Gläubigen behindert. Allerdings zeigten sich auch auf Seiten der Kirche, insbesondere der evangelischen Kirche, Bestrebungen, mit der DDR-Führung in gütlichem Einvernehmen zu leben, so in der Person des thüringischen Landesbischofs Moritz Mitzenheim (Bischof 1945–1970).

An die Stelle der Konfirmation trat seit 1955 für viele Jugendliche die Jugendweihe, bei der durch ein religionsähnliches Ritual die jungen Menschen in das aktive gesellschaftliche Leben eingeführt wurden. Im »Gelöbnis« von 1985 hieß es: »Liebe junge Freunde! Seid ihr bereit, als junge Bürger unserer Deutschen Demokratischen Republik mit uns gemeinsam, getreu der Verfassung, für die große und edle Sache des Sozialismus zu arbeiten und zu kämpfen und das revolutionäre Erbe des Volkes in Ehren zu halten, so antwortet: Ja, das geloben wir!«

Seit dem 19. Jahrhundert gibt es neue, verstärkte Bemühungen um eine Wiedervereinigung der christlichen Kirchen. Zu diesem Zweck traten in den Jahren 1925 und 1927 ökumenische Konferenzen in Stockholm und Lausanne zusammen. Eine der führenden Persönlichkeiten der **ökumenischen Bewegung** war der schwedische Theologe Nathan Söderblom (1866–1931). In dem 1948 in Amsterdam gegründeten Ökumenischen Rat der Kirchen sind 347 Kirchen aus 120 Ländern vereinigt und damit fast die gesamte nicht-römisch-katholische Christenheit. Die katholische Kirche ist nicht Mitglied des Rates. Sie hat aber, insbesondere nach dem Zweiten Vatikanischen Konzil (1962–1965), ihr Interesse an der Wiedervereinigung der Kirchen deutlich unterstrichen. Das zeigt vor allem das Dokument »Unitatis redintegratio« (»Wiederherstellung der Einheit«) von 1964.

Für die deutschen Katholiken brachte das Jahr 2005 ein besonderes Ereignis. Nach dem Tod des populären kirchlichen Oberhirten Johannes Paul II. (geb. 1920, Papst 1978–2005), der aus Polen stammte, wurde der deutsche Kardinal Joseph Ratzinger (geb. 1927) zum neuen Papst gewählt. Er trug den Namen Benedikt XVI. Er ist der erste deutsche Papst nach 482 Jahren. Im Jahr 2013 trat er aus gesundheitlichen Gründen von seinem Amt zurück.

Der Begriff **Aberglaube** wird heute im Sinn von Irrglauben, falscher Glaube verwendet. Er beinhaltet damit etwas, das von den Vertretern des »rechten« Glaubens abgelehnt wird. Sicher sind aber vielfach die Übergänge zwischen Glauben und Aberglauben – bis in die Hochreligionen hinein – fließend.

Auch nach der Christianisierung in frühmittelalterlicher Zeit blieben in der Bevölkerung heidnische Bräuche und Auffassungen lebendig – oft bis in die Gegenwart hinein. Sie spiegeln ein mythisches Weltbild, in dem gute und böse Kräfte walten, die durch bestimmte Verhaltensmaßregeln und Rituale beeinflussbar sind. Zum Teil wurden sie in christlichem Sinne umgedeutet und verloren damit ihre Anstößigkeit. Das gilt z.B. für die Terminierung des Weihnachtsfestes in die Zeit der Wintersonnenwende und die Vertreibung böser Geister durch Lärm in der Nacht von Silvester auf Neujahr. Auch viele Sprichwörter und Redensarten erinnern noch heute an den heidnischen Volksglauben: »Wenn man den Wolf (oder den Teufel) nennt, kommt er gerennt.«

Die **Esoterik** unserer Zeit ist vielfach Ausdruck des Aberglaubens. Die Zukunft eines Menschen wird z.B. mit Hilfe der Astrologie, des Handlesens, der Zahlenmystik oder des Pendelns erkundet. Krankheiten behandelt man mit Meditation und Mitteln der Homöopathie, deren Wirkung oft nicht nachweisbar ist. Die Trennungslinie zwischen der ernst zu nehmenden Naturmedizin und medizinischer Scharlatanerie lässt sich schwer bestimmen.

»Folge mir nach!«
Das Klosterleben

Der gläubige Christ lebt in einer eigenartigen dialektischen Spannung. Einerseits wird von ihm erwartet, dass er das Leben mit seinen Herausforderungen annimmt, eine Familie gründet und Kinder zeugt. Andererseits gilt das Wort Christi: »Geh, verkaufe, was du hast, gib das Geld den Armen, und du wirst einen bleibenden Schatz im Himmel haben; dann komm und folge mir nach.« (Markus 10,21) Christliches, gottgefälliges Leben kann also auf zwei verschiedene Weisen gelingen. Wer sich dazu berufen fühlt, entsagt den Zerstreuungen und dem Besitz. Er zieht sich in die Einsamkeit oder in die weltabgeschiedene Geborgenheit eines Klosters zurück.

Das christliche Mönchswesen reicht bis in die Zeit der Christenverfolgung zurück. Unter Kaiser Decius (Kaiser 249–251) retteten sich ägyptische Christen in die Wüste. Manche blieben auch nach dem Ende der Verfolgungen dort zurück, um als Eremiten (griech. »Einsiedler«) Gott zu dienen.

Als Vater des Mönchtums gilt indessen der auch aus Ägypten stammende heilige Antonius, der um das Jahr 251 geboren wurde. Er zog sich in die Einöde zurück, um gottgefällig zu leben. Seine Schüler sammelten sich ebenfalls als Anachoreten, Einsiedler, in seiner Nähe. So entstand eine frühe Form mönchischer Gemeinschaft. Das Wort »Mönch« ist vom kirchenlateinischen »monachus« (Einsiedler) abgeleitet. Es geht auf das griechische Wort »monos« (allein) zurück.

Der heilige Pachomius, der um 292 in Oberägypten geboren wurde, gilt als der Begründer des ersten **Klosters**. Es entstand um 320.

Das Klosterleben

Pachomius lebte zunächst in einem zerfallenen Tempel, baute dann nördlich von Theben ein neues Gebäude, das viele Zellen enthielt und von einer Mauer umfriedet war. Er schuf eine Regel, durch die die Lebensweise der Mönche genau festgelegt wurde. Dazu gehörten bestimmte geistliche Verrichtungen, einheitliche Kleidung und Handarbeit. An der Spitze des Klosters stand ein »Abbas« (Vater), dem die Mönche Gehorsam schuldeten. Ihren Lebensunterhalt erwarben sie durch die Erzeugnisse ihrer Arbeit. Als Pachomius im Jahr 346 starb, gab es bereits neun Männerklöster mit 9 000 Mönchen und zwei Frauenklöster. Das Wort »Kloster« stammt aus dem Lateinischen (»claustrum«) und bedeutet »geschlossen, der geschlossene Ort«.

Die mönchische Askese nahm gelegentlich seltsame Formen an. So ließen sich einzelne auf Zeit oder lebenslang in ihren Zellen einmauern. Der heilige Symeon lebte im 5. Jahrhundert 30 Jahre lang ununterbrochen auf einer 16 Meter hohen Säule. Zahlreiche »Säulenheilige« eiferten ihm nach.

Durch die Lebensbeschreibungen orientalischer Einsiedler, insbesondere durch die über den heiligen Antonius, wurde die mönchische Lebensweise im Westen bekannt. Das abendländische Mönchtum erhielt durch den heiligen Benedikt von Nursia (um 480–um 547) seine mustergültige Gestalt. Er gründete im Jahr 529 auf dem Monte Cassino südlich von Rom ein Kloster und gab ihm eine Regel, die nach ihm benannte »**Benediktinerregel**«. Sie verlangte von den Mönchen persönliche Armut, Keuschheit bzw. Ehelosigkeit und Gehorsam gegenüber dem Abt. In den Mittelpunkt des Klosterlebens trat die Verehrung Gottes in der Liturgie. Alle drei Stunden vereinigten sich die Mönche zu gemeinsamem Gebet in ihrer Kirche. Darüber hinaus galt der Grundsatz »Ora et labora!« (»Bete und arbeitete!«). Die Arbeit, insbesondere auch die in der griechischen und römischen Antike sowie bei den germanischen Kriegern verachtete körperliche Tätigkeit, sollte zum üblichen Tagesablauf gehören. Daneben war es möglich, sich auch wissenschaftlich und künstlerisch zu beschäftigen. Die Benediktinerklöster waren somit nicht mehr nur Orte der Weltflucht. Sie wirkten in vielfältiger Hinsicht auch lenkend und befruchtend auf das Leben der mittelalterlichen Gesellschaft zurück.

Im Hochmittelalter bildeten sich die **Ordensgemeinschaften** (lat. »ordo« = Ordnung, Stand), in denen sich mehrere Klöster zu einer Kongregation mit gleicher Ordensregel vereinigten. Von großer geschichtlicher Bedeutung waren die benediktinischen Ordensgemeinschaften der **Kluniazenser**, die nach dem um 910 begründeten Kloster Cluny in Burgund benannt wurden. Sie gehörten zu den sogenannten **Reformorden**, weil sie den inzwischen unübersehbaren Fehlentwicklungen im kirchlichen und klösterlichen Leben entgegenwirken wollten.

Die kluniazensische Reform hatte bekanntlich auch die allergrößten politischen Folgen. Im Investiturstreit (lat. »investitura« = Einkleidung) bestritten ihre Anhänger das Recht des Kaisers, geistliche Würdenträger in ihr Amt einsetzen zu dürfen. Das führte zum erbitterten Kampf zwischen König und Kaiser Heinrich IV. (König/Kaiser 1056/1084–1106) und Papst Gregor VII., der zur zeitweiligen Bannung und Absetzung des Königs und schließlich zu dessen Bußgang nach Canossa im Jahr 1077 führte.

Zu den Reformorden gehört auch der im Jahr 1098 von Robert von Molesme in Cîteaux in Burgund begründete **Zisterzienserorden**. Ihr wohl bedeutendstes Ordensmitglied war der Abt Bernhard von Clairvaux (um 1090–1153), der vor allem auch als Kreuzzugsprediger hervortrat. Der Geist dieser Zeit, der sich in seinen Predigten ausdrückt, ist für uns schwer nachzuvollziehen: »Wenn sich dein Vater auf die Schwelle legte, wenn deine Mutter dir die Brust zeigte, die dich genährt, so steige über deinen Vater hinweg, tritt deine Mutter mit Füßen und folge trockenen Auges dem Kreuzesbanner nach. Hier für Christus grausam sein ist die höchste Stufe der Seligkeit.«

Reformen forderte auch der **Franziskanerorden** (»Orden der minderen Brüder«), der im Jahr 1210 von Franziskus von Assisi begründet wurde. Ihm ging es um die strenge Einhaltung der Benediktinerregel, vor allem des Armutsideals. Der heilige Franziskus schrieb in seinem Testament: »Ich arbeitete mit meinen Händen und will arbeiten; und es ist mein fester Wille, dass alle anderen Brüder eine Handarbeit verrichten, die ehrbar ist. Die es nicht können, sollen es lernen ...« Notfalls erwarben sie sich einen Teil ihres Lebensunterhalts auch durch Betteln, weshalb sie den **Bettelorden** zugerechnet werden. Durch ihre Seelsorgetätigkeit, vor allem auch in den Städten, und ihr schulisches und missionarisches Wirken gewannen sie großen religiösen und moralischen Einfluss auf ihre Zeitgenossen.

Zu den Bettelorden gehören auch die **Dominikaner**. Der Spanier Dominikus gründete im Jahr 1215 die Gemeinschaft der Predigerbrüder (»Ordo Fratrum Praedicatorum«). Zwei Jahre später wurde sie von Papst Honorius III. als Orden anerkannt. Die Ordensmitglieder sahen ihre Hauptaufgaben in der Predigt, in der wissenschaftlichen Beschäftigung mit der Theologie und in der Bekämpfung der Ketzerei. Sehr früh engagierten sie sich in der Inquisition (lat. »inquirere« = untersuchen), deren Aufgabe es war, Ketzer aufzuspüren und zu bestrafen. Sie wurden deshalb auch spöttisch als »Domini canes« (»Hunde des Herrn«) bezeichnet.

Die mittelalterlichen Klöster waren weithin autarke **Gemeinwesen**. Hier wurde alles erzeugt, was die Mönche zu ihrem kargen Lebensunterhalt benötigten. Ein Idealbild des mittelalterlichen Klosters bietet der Sankt Gallener Klosterplan, der im 9. Jahrhundert im Kloster auf der Reichenau angefertigt wurde. Allerdings wurde er nirgendwo vollständig verwirklicht.

In inneren Bereich fanden sich die Kirche und der Kreuzgang. In ihrer Nähe lagen der Schlafraum (Dormitorium) und der Speiseraum (Refectorium), Badstube und Küche. Im weiteren Umkreis gruppierten sich Wirtschaftsgebäude um das Zentrum herum. Dazu gehörten Ställe für Kühe, Pferde, Schweine und Ziegen, die Geflügelzucht und Vorratsräume, Werkstätten für Bäcker, Böttcher und

Drechsler und andere handwerkliche Arbeiten. Die Brauerei und der Keller durften nicht fehlen. Für die Kranken gab es ein Spital und ein Arzthaus mit Apotheke und Kräutergarten, für die Verstorbenen einen eigenen Friedhof. Die Novizen wurden in einer eigenen Schule unterrichtet. Darüber hinaus gab es die äußere Schule, in der die Söhne vornehmer Familien die lateinische Sprache, Lesen und Schreiben lernten. Für vornehme Gäste auf der Durchreise, Kleriker und weltliche Würdenträger, existierte ein eigenes Gästehaus.

Die Klöster waren nicht nur Orte der Gottesverehrung und der Kontemplation, sondern auch der **Bildung**. Ihnen ist die Erhaltung und Weitergabe des klassischen Erbes aus griechischer und römischer Zeit zu danken. In den Schreibstuben wurden die Texte in mühevoller Handarbeit kopiert. Hier entstanden kostbare Kunstschätze vor allem für den religiösen Gebrauch. Viele Mönche waren bedeutende Theologen und Philosophen, z. B. die Dominikaner Albertus Magnus (um 1200–1280) und Thomas von Aquin (1225–1274), oder erbrachten eigene wissenschaftliche Leistungen.

Vorbildlich waren auch oft die **Vieh- und Pflanzenzucht** der Klöster. Die hier erzielten Arbeitsmethoden und Fortschritte in der Züchtung kamen auch den Menschen in der Umgebung zugute. Besondere kolonisatorische Leistungen vollbrachte der Zisterzienserorden. An die Gartenbaukunst der Mönche und Nonnen erinnert z. B. der »Hortulus« (»De cultura hortorum« = »Über den Gartenbau«) des Reichenauer Abtes Walahfrid Strabo aus der ersten Hälfte des 9. Jahrhunderts. Liebevoll beschreibt er in seinem Gedicht die Pflege des Gartens, die Schönheit und Symbolik sowie den Nutzen der einzelnen Pflanzen. Hier ein kurze Andeutung:

> Jungfrau Maria, Mutter, die du den Sohn hast geboren,
> Jungfrau, im Glauben ohn' Makel, du Braut nach
>   des Bräutigams Namen,
> Braut und Taube, des Hauses Herrin, verlässliche Freundin,
> Pflücke Rosen im Streite und brich frohe Lilien im Frieden.

Viele Klöster wurden freilich im Laufe der Zeit durch fromme Schenkungen reich und mächtig. Das führte oft dazu, dass die alten benediktinischen Tugenden in Vergessenheit gerieten. In zahlreichen Zeugnissen der Zeit wird über das Wohlleben der Mönche und Nonnen berichtet, auch über geschlechtliche Verfehlungen. Wohlmeinende Reformer und die Reformorden versuchten den Übeln abzuhelfen und die Klöster auf den rechten Weg zurückzugeleiten. Die Verweltlichung der Klöster war auch einer der Gründe für die Reformation Martin Luthers und ihren spektakulären Siegeszug.

Im Zusammenhang mit der Reformation entstand der **Jesuitenorden** (Gesellschaft Jesu, Societas Jesu). Er wurde im Jahr 1534 von dem baskischen Adeligen Ignatius von Loyola (1491–1556) gegründet. Der streng militärisch organisierte Orden mit einem Ordensgeneral an der Spitze machte sich den Kampf für den Glauben und gegen die Reformation zur Hauptaufgabe. Er verpflichtete sich zu bedingungslosem Gehorsam gegenüber dem Papst. In der Zeit der Gegenreformation trug er dazu bei, dass die katholische Kirche verlorenes Terrain zurückgewinnen konnte. Durch seine seelsorgerische Arbeit, z. B. in der Beichte, und durch die Jesuitenschulen und -universitäten gewann er erheblichen Einfluss auf die politischen und kulturellen Eliten (vgl. S. 186).

Eine ganz neue Herausforderung hatte sich für die religiösen Orden ergeben, als das Heilige Land durch die türkischen Seldschuken erobert worden war. Die Türken kamen aus Innerasien. Nach langen Wanderungen schufen sie im 11. Jahrhundert ein großes vorderasiatisches Reich. Schließlich eroberten sie auch Jerusalem (1077). Der oströmische Kaiser Alexios Komnenos rief daraufhin das Abendland zur Befreiung der heiligen Stätten der Christenheit auf.

Bei einem Konzil in Clermont im Jahr 1095 hielt Papst Urban II. eine flammende Rede und forderte das Abendland – Ritterschaft, Klerus und Laien – auf, sich zur Befreiung Jerusalems in einem Kreuzzug auf den Weg zu machen. Die fanatisierte Menge brach in den Ruf »Deus lo vult!« (»Gott will es!«) aus und heftete sich aus Stoff geschnittene Kreuze an die Kleidung.

Der erste **Kreuzzug** brach im Jahr 1096 auf und erreichte Jerusalem im Jahr 1099. Was nun folgt, bleibt für immer ein dunkles Kapitel in der Geschichte der katholischen Kirche. Wilhelm von Tyrus hat das Massaker geschildert: »Im Tempelbezirk sollen an die zehntausend Feinde umgekommen sein, wobei also die, welche da und dort in der Stadt niedergemacht wurden und deren Leichen in den Straßen und Plätzen herumlagen, noch nicht gerechnet sind; ihre Zahl soll nicht geringer gewesen sein. Der übrige Teil des Heeres zerstreute sich in der Stadt, zog diejenigen, die sich in engen und verborgenen Gassen versteckt hatten, um dem Tode zu entrinnen, wie das Vieh hervor und stieß sie nieder. Andere taten sich in Scharen zusammen und gingen in die Häuser, wo sie die Familienväter mit Frauen und Kindern und dem ganzen Gesinde herausrissen und entweder mit den Schwertern durchbohrten oder von den Dächern herabstürzten, dass sie den Hals brachen ...« Wilhelm von Tyrus fuhr fort: »Als endlich die Ordnung in der Stadt hergestellt war, legten sie die Waffen nieder, wuschen sich die Hände, zogen reine Kleidung an und gingen dann demütigen Geistes und zerknirschten Herzens ... an den ehrwürdigen Orten umher, die der Erlöser durch seine Gegenwart heiligen und verherrlichen sollte ...«

Die Ritter hatten über die Heiden gesiegt und das Heilige Land für die Christenheit zurückerobert. Hier bildeten sich nun christliche Staaten, die nach dem abendländischen Lehnswesen aufgebaut waren. Der bekannteste ist das Königreich Jerusalem, das von Gottfried von Bouillon, dem Herzog von Niederlothringen, regiert wurde. Aus Demut verzichtete er freilich auf den Königstitel und nannte sich »Beschützer des Heiligen Grabes«.

Mit den Kreuzzügen entstanden die **Ritterorden**. Wie die Mönche verpflichteten sich die Ordensritter zu einem Leben in Armut und Entsagung, zu Keuschheit und Gehorsam gegenüber den Ordensoberen. Aber entscheidend Neues kam noch hinzu: Sie gelobten die Verteidigung des Heiligen Landes und kümmerten sich um den Schutz und die Versorgung der christlichen Pilger.

Von französischen Rittern wurde um 1118 der **Templerorden** gegründet. Seine Mitglieder waren an ihrem weißen Mantel mit dem roten Kreuz zu erkennen. Er wurde im Jahr 1312 aufgehoben.

Der **Johanniterorden** widmete sich zunächst ausschließlich karitativen Aufgaben. Seit 1137 kamen militärische hinzu. Nach dem Fall des Heiligen Landes behauptete er zunächst bis 1522 auf Rhodos und danach bis 1800 auf Malta seine politische und militärische Macht.

Der **Deutsche Orden** (lat. »Ordo Teutonicus«) entstand im Jahr 1190 aus einer Hospitalbruderschaft, die anlässlich der Belagerung von Akkon kranke und verwundete Kreuzfahrer aus Lübeck und Bremen pflegte. Er wurde im Jahr 1198 nach dem Vorbild der Templer und der Johanniter in einen geistlichen Ritterorden umgewandelt. Zu erkennen ist er an seinem weißen Mantel mit dem schwarzen Kreuz auf der Brust. Der Deutsche Ritterorden erlangte für die deutsche Geschichte große Bedeutung. Nach dem Verlust des Heiligen Landes wandte er sich nach Siebenbürgen, um hier gegen die Heiden zu kämpfen und einen eigenen Staat zu errichten. Der Versuch scheiterte. So kam ein Angebot des polnischen Herzogs Konrad von Masowien im Jahr 1225 dem Orden sehr gelegen. Für seinen Kampf gegen die heidnischen »Prußen« (Preußen), einen baltischen Stamm, sollte er das Kulmer Land erhalten. Kaiser Friedrich II. (Kaiser 1215-1250) von Hohenstaufen bestätigte in der Goldenen Bulle von Rimini im Jahr 1226 die Schenkung und übertrug ihm alle Gebiete, die er außerhalb des Deutschen Reiches eroberte.

Der Deutsche Orden errichtete in (Ost-)Preußen ein wohl geordnetes, vorbildliches Staatswesen, das an die modernen Verwaltungsstaaten der Neuzeit erinnert. Er wurde von einem »Hochmeister« regiert. Im Konflikt mit Polen-Litauen verlor der Deutsche Orden nach der Schlacht von Tannenberg im Jahr 1410 und im Zweiten Thorner Frieden von 1466 seine beherrschende Macht. Er musste einen Teil seines Territoriums abgeben und dem polnischen König huldigen.

Im Jahr 1525 trat der Hochmeister Albrecht von Brandenburg zur Reformation über und wandelte das geistliche Territorium in ein weltliches Herzogtum unter polnischer Lehnshoheit um. Das Amt des Hochmeisters ging auf den seit 1530 in (Bad) Mergentheim residierenden »Deutschmeister« über. Das ehemalige Ordensland Preußen wurde im Jahr 1618 mit Brandenburg vereinigt.

1701 ließ sich Kurfürst Friedrich III. von Brandenburg als Friedrich I. (König 1701–1713) zum König wählen. Die Königswürde galt fürs Erste nur auf dem Gebiet des ehemaligen Ordenslandes, das außerhalb der Grenzen des Heiligen Römischen Reiches lag. Deshalb lautete der korrekte Titel »König in Preußen«. Die Landesfarben und das Wappen des späteren gesamtpreußischen Staats erinnerten bis in unsere Zeit an das Staatswesen des Deutschen Ritterordens. Die Landesflagge war schwarz-weiß; das Wappen zeigte einen schwarzen Adler auf silbernem (weißem) Grund.

Der Deutsche Orden wurde im Jahr 1809 auf Betreiben Napoleons aufgelöst. In diesem Jahr ging das letzte verbliebene Territorium Mergentheim an die württembergische Krone verloren. Im Jahr 1834 wurde er in Österreich offiziell neu begründet. Seit dem Jahr 1929 ist er ein rein geistlicher Orden, der sich vor allem der Seelsorge, der Kranken- und Altenpflege widmet. Er ist in Deutschland, Österreich, Italien (Südtirol), Tschechien und Slowenien tätig.

Verlust der Einheit
Reformation und katholische Reform

Die katholische Kirche verstand sich von allem Anfang an als die allein selig machende Kirche Jesu Christi. Er selbst habe dem Papst die Schlüssel des Himmelreichs übergeben und damit dessen besondere Stellung gegenüber den Menschen und in der kirchlichen Hierarchie begründet: »Du bist Petrus [lat. »petra« = Fels, Stein], und auf diesen Felsen werde ich meine Kirche bauen, und die Mächte der Unterwelt werden sie nicht überwältigen. Ich werde dir die Schlüssel des Himmelreichs geben; was du auf Erden binden wirst, das wird auch im Himmel gebunden sein, und was du auf Erden lösen wirst, das wird auch im Himmel gelöst sein.« (Matthäus 16,18–19)

Diese Sonderstellung und das damit verbundene päpstliche Lehramt gaben der Kirche vermeintlich das Recht, »Irrlehren« mit allen ihr zur Verfügung stehenden Mitteln, gegebenenfalls auch mit Gewalt, auszurotten. Im Mittelalter galt die Ketzerei als todeswürdiges Verbrechen und wurde mit dem Tod auf dem Scheiterhaufen bestraft.

In der Regel richtete sich die Kritik an der Kirche nicht gegen die Glaubensinhalte selbst, sondern gegen die äußeren Formen. Immer wieder wurde die Verweltlichung des Klerus, der »Leutpriester«, der hohen kirchlichen Würdenträger sowie der Mönche und Nonnen beklagt; immer wieder gab es – aus der Kirche heraus – Versuche, den Missständen abzuhelfen.

Im Spätmittelalter und der beginnenden Neuzeit verstärkte sich die **Kritik an der Kirche**. Reichtum und Wohlleben der Geistlichkeit, die ja vor allem durch die bedrückenden Abgaben der einfachen Leute möglich geworden waren, verstärkten den Ruf nach einer Reform »an Haupt und Gliedern«. Jesus hatte Entsagung gelehrt. Das karge Leben der christlichen Urgemeinde in Israel blieb Vorbild für viele und eine ständige Mahnung.

Ein besonders entschiedener Kritiker war der englische Pfarrer und Universitätslehrer John Wyclif (um 1330–1384). Entschieden wandte er sich gegen den materiellen Besitz und die Verweltlichung der Kirche. Die Hierarchie der Geistlichkeit und die Privilegien des Klerus lehnte er ab. Fortan sollte nur noch das gelten, was in der Bibel stand. Damit diese von allen gelesen werden konnte, übersetzte er die lateinische Bibel in die Landessprache und schuf damit die erste englische Bibelübersetzung. Die kirchliche Tradition wurde verworfen.

Das **Konzil zu Konstanz** erklärte Wyclif im Jahr 1415 zum Ketzer und ordnete an, dass seine Gebeine, symbolisch gewissermaßen, verbrannt werden sollten. Das geschah dann im Jahr 1428. Insgesamt ging es nicht nur um einen theologisch-intellektuellen Streit über die richtige Lehre. Wyclifs Kritik an der Amtskirche und an der kirchlichen Tradition hatte Folgen. Bei vielen Gläubigen fiel sie auf fruchtbaren Boden. Am Bauernaufstand des Jahres 1381 in England hatte sie erheblichen Anteil.

Bemerkenswert für den weiteren Gang der Geschichte ist, dass sich ganz Ähnliches in der Folgezeit wiederholte. Sowohl bei Johann Hus in Prag als auch bei Martin Luther in Wittenberg rief die theologische Kontroverse tief greifende politische und soziale Konflikte hervor. Hier wurde die Spannung zwischen Abhängigkeit und Unterdrückung auf der einen sowie der Hoffnung auf politische Befreiung und auf soziale Verbesserungen auf der anderen Seite offensichtlich.

Johannes (Jan) Hus (um 1370–1415), der aus einfachen Verhältnissen stammte, war Theologe und Universitätslehrer in Prag. Unter dem Einfluss des englischen Reformators John Wyclif wandte er sich entschieden gegen das sittenlose Leben des Klerus und dessen materielle Habgier. »Die Priester predigen wohl gegen unsere Unzucht und unsere Laster«, meinte er, »aber von den ihrigen sagen sie nichts. Also ist es entweder keine Sünde, oder sie wollen das Privilegium haben.« Auch für ihn war die Bibel die einzige Quelle des Glaubens. Den Unfehlbarkeitsanspruch des Papstes lehnte er ab. Die Folge war, dass ihm die Ausübung seines Priesteramts verboten wurde; im Jahr 1410 belegte ihn der Erzbischof von Prag mit dem Kirchenbann. Hus erwarb sich aber durch seine Predigten und Schriften eine breite Anhängerschaft in Prag und in ganz Böhmen. Schon bald nach seiner Absetzung kam es zu Unruhen in Prag.

Wegen seiner »Irrlehren« wurde er vor das Konzil in Konstanz zitiert. König Sigismund (König/Kaiser 1411/1433–1437) sicherte ihm zu diesem Zweck »freies Geleit« zu. Da er nicht bereit war, seine Lehren zu widerrufen, erklärte das Konzil die Zusage des Königs für nichtig und verurteilte den Reformator zum Tode. Im Juli 1415 wurden er selbst und seine Schriften auf dem Scheiterhaufen verbrannt. Seine Asche streute man in den Rhein. Wie groß sein Einfluss in Böhmen war, zeigte sich erst jetzt. In den folgenden Jahren kam es zu den sogenannten Hussitenkriegen, blutigen Kämpfen, die weit über das böhmische Gebiet hinausgingen und auch Teile Mittel- und Ostdeutschlands verwüsteten.

Ein Gesichtspunkt muss noch ergänzt werden: Hier ging es nicht nur um theologische und soziale Streitfragen. Von allem Anfang an hatten die Auseinandersetzungen um Jan Hus und seine Lehre eine nationale Komponente. In dieser Zeit war Böhmen das Hauptland des Deutschen Reiches mit der kaiserlichen Hauptstadt Prag. Obwohl die Tschechen im Land die Mehrheit bildeten, nahmen die Deutschen vielfach die wichtigsten Ämter in Kirche und Verwaltung ein. Viele von ihnen betraf die Kritik, die Hus in seinen Predigten formulierte. In weiten Kreisen der Bevölkerung wuchs die Ablehnung der Deutschen und steigerte sich bisweilen zum Hass.

Folgenreich war die Auseinandersetzung für die Prager Universität, an der die Deutschen bislang das Sagen gehabt hatten. Auf Anregung von Hus wurde die Universitätsverfassung zu Gunsten der Tschechen geändert. Von nun an konnten sie die Deutschen überstimmen. Dieses Ereignis nahmen etwa 1 000 deutsche Professoren und Studenten zum Anlass, um Prag demonstrativ zu verlassen, nach Leipzig zu gehen und hier im Jahr 1409 eine neue Universität zu gründen.

Dieses Ereignis und die Hussitenkriege wurden zur Vorausdeutung für eine unheilvolle Entwicklung in den folgenden Jahrhunderten. Das Verhältnis zwischen den Tschechen und den Deutschen blieb gespannt. Die Schwierigkeiten wuchsen, als im Jahr 1918 nach dem Untergang des österreichisch-ungarischen Vielvölkerstaats die neue Tschechoslowakische Republik (ČSR) entstand. In nationalsozialistischer Zeit wurden die Gegensätze politisch geschürt und instrumentalisiert und führten im Jahr 1938 schließlich zum »Anschluss« des überwiegend deutsch besiedelten Sudetengebiets an das Deutsche Reich. Im darauffolgenden Jahr wurde die Resttschechei besetzt und als Protektorat Böhmen und Mähren mit besonderem Rechtsstatus dem, wie es jetzt genannt wurde, »Großdeutschen Reich« einverleibt. Die nach Kriegsende erfolgte Vertreibung der Deutschen aus der Tschechoslowakei beendete das jahrhundertelange, mehr oder minder konfliktfreie Zusammenleben der verschiedenen Nationalitäten.

Der Bergmannssohn **Martin Luther** (1483–1546) aus Eisleben wurde Augustiner-Eremit und studierte Theologie in Erfurt. Als Beichtvater in Wittenberg wurde er auf den Ablasshandel des Dominikanerpaters Johannes Tetzel aufmerksam. Dieser vermittelte den Gläubigen, dass es genügte, einen Ablasszettel zu kaufen, um sich und andere vor künftigen Sündenstrafen zu sichern. Im Volk ging der Spruch um: »Sobald das Geld im Kasten klingt, die Seele aus dem Fegefeuer springt.« Für Luther ergab sich aus diesem Trugschluss zunächst ein seelsorgerisches Problem: Wer den Versprechungen des geschäftstüchtigen Dominikaners vertraute und seine Sünden nicht innig und ernsthaft bereute, verfiel nach seinem Tod möglicherweise ewiger Verdammnis.

Um dem Übel abzuhelfen, verfasste Luther **95 Thesen** in Latein und schlug sie angeblich am 31. Oktober 1517 (Reformationstag) an der Schlosskirche in Wittenberg an. Es ist nicht sicher, ob der Thesenanschlag wirklich stattgefunden hat. Durch die Thesen wollte er die Theologen zu einem Disput über das **Ablassunwesen** herausfordern. In dem Dokument hieß es u. a.: »Wer durch Ablassbriefe meint, seiner Seligkeit gewiss zu sein, der wird ewiglich verdammt sein samt seinen Lehrmeistern.« In diesem Zusammenhang kam auch der Papst ins Spiel: »Warum entleert denn der Papst nicht das Fegfeuer rein aus dem Drange heiliger Liebe und bewogen von der höchsten Not der Seelen – das wäre doch billig Ursache genug für ihn! – wenn er doch unzählige Seelen erlöst um elenden Geldes willen, zum Bau der Peterskirche gegeben, also um einer so leichtgewichtigen Ursache willen?«

Dass der Ablass vor allem auch ein sehr bedenkliches Geldgeschäft war, machte ihn doppelt anfechtbar. Der Hohenzoller Albrecht von Brandenburg besaß bereits die Bistümer Magdeburg und Halberstadt. Um auch das Erzbistum Mainz zu erlangen, was im Prinzip kirchlichem Recht widersprach, musste er der Kurie in Rom einen Geldbetrag von 30 000 Gulden zahlen. Die erforderlichen Mittel wurden ihm vom Bank- und Handelshaus der Fugger in Augsburg geliehen. Der Ablass sollte dem Neubau der Peterskirche in Rom zugute kommen. So floss die Hälfte des erlösten Betrags nach Rom. Die zweite Hälfte wurde aber sofort von Vertretern der Fugger in Empfang genommen, um die Schulden des Bischofs Albrecht von Brandenburg zu tilgen.

Eine Disputation, wie sie Luther gewünscht hatte, kam nicht zustande. Größeres Aufsehen erregten die Thesen erst, als sie ins Deutsche übersetzt worden waren und im Volk verbreitet wurden. Und nun begann jener unheilvolle Automatismus, der letzten Endes zur Reformation und damit zur Kirchenspaltung führte. Im Sommer 1518 wurde in Rom ein Verfahren gegen Luther eröffnet. Der Aufforderung, sich dort zu rechtfertigen, kam er nicht nach. Aus politischen Gründen gestattete die Kurie, dass er in Deutschland verhört wurde. Gegenüber Kardinal Thomas Cajetan, dem päpstlichen Legaten, blieb er standhaft und verweigerte den Widerruf seiner angeblich ketzerischen Lehren.

Fürs Erste blieb der auch von Luther erwartete kirchliche Bann aus. Immer mehr Menschen traten auf seine Seite und waren bereit, ihn in seiner Auseinandersetzung mit der Amtskirche zu unterstützen. Die Leipziger Disputation zwischen Dr. Johannes Eck und Martin Luther sollte Klarheit schaffen. Eck war ein berühmter, ausgesprochen redegewandter Theologieprofessor an der Universität Ingolstadt. Im Eifer der Auseinandersetzung ließ sich Luther zu der Aussage hinreißen, dass auch die Päpste und die Konzilien irren könnten. So habe sich das Konzil zu Konstanz bei der Verurteilung – und damit Hinrichtung – von Johannes Hus geirrt. Unter seinen Lehrsätzen seien auch solche gewesen, die als evangelisch und christlich bezeichnet werden müssten.

Im folgenden Jahr veröffentliche Luther drei wegweisende reformatorische Schriften: »An den christlichen Adel deutscher Nation von des christlichen Standes Besserung«, »Von der babylonischen Gefangenschaft der Kirche« und »Von der Freiheit eines Christenmenschen«. Keineswegs dienten sie zur Beruhigung der Lage, sondern trieben die Entfremdung zwischen dem Wittenberger Mönch und der Kirche voran. Luther sprach vom »allgemeinen Priestertum« der Gläubigen und bestritt die Sonderstellung der Geistlichkeit. Auch das irdische Tun sei Gottesdienst und damit ebenso wertvoll wie das Wirken der Priester. Luther forderte den deutschen Adel auf, sich für die Reform der Kirche – notfalls gegen den Willen der Kurie – einzusetzen.

Sehr kritisch befasste er sich mit der geltenden Auffassung von den **Sakramenten**. Nicht auf die geheiligten Formen komme es an, es gebe also keinen Automatismus beim Spenden und Empfangen der Sakramente, sondern entscheidend seien der Glaube und die innere Einstellung der Gläubigen. Damit wurde die heilige Messe infrage gestellt. All das zeigte eine im Kern veränderte Auffassung von der Aufgabe der Kirche und der Geistlichkeit auf der einen und der Gläubigen auf der anderen Seite. Die Gegensätze schienen unüberbrückbar.

Im Sommer 1520 wurden durch eine päpstliche Bulle 41 Lehrsätze Luthers für ketzerisch erklärt. Die Kurie befahl allen Christen, seine Schriften zu verbrennen. Luther und seine Anhänger wurden aufgefordert, innerhalb von 60 Tagen ihre Irrlehren zu widerrufen. Andernfalls sollten sie dem kirchlichen Bann verfallen. Der Reformator nutzte diesen Anlass zu einem unmissverständlichen symbolischen Akt: Zusammen mit Kollegen und Studenten verbrannte er am 10. Dezember 1520 ein Exemplar der Bannandrohungsbulle, einige Bücher über kirchliches Recht und Schriften seiner Gegner. Der Bruch mit der römischen Kirche war nun offenkundig. Sie reagierte darauf, indem sie nun den **Kirchenbann** verhängte.

All das hatte bald auch politische Folgen. Im Jahr 1519 war Karl V. (bis 1556) zum deutschen König gewählt worden. Seit 1520 nannte er sich »erwählter Kaiser«. Nun regierte er ein Reich, in dem »die Sonne nicht unterging«. Es umfasste Spanien, Neapel und die burgundischen Niederlande, nicht zu vergessen den gesamten spanischen Kolonialbesitz, vor allem in Amerika. Kaiser Karl vertrat die Idee eines universalen Kaisertums und bemühte sich, es durch sein politisches Handeln in die Tat umzusetzen. Realisierbar war dieser Gedanke nur dann, wenn im Reich Einigkeit – und das hieß auch: Einigkeit im Glauben – herrschte. Das »Mönchsgezänk« in Deutschland gefährdete das hohe Ziel.

Im Januar 1521 hielt der Kaiser in Worms seinen ersten Reichstag ab. Die Reichsversammlung bot Gelegenheit, mit den Ständen über die deutschen Querelen zu verhandeln und dem Ärgernis ein Ende zu bereiten. Wie zu dieser Zeit üblich, wollte der Kaiser auf den bereits ausgesprochenen Kirchenbann automatisch die Reichsacht folgen lassen. Den deutschen Ständen war es zu danken, dass es dazu nicht kam. Sie beriefen sich auf die Wahlkapitulation, die Karl unter dem Druck der Verhältnisse bewilligt hatte und die festlegte, dass kein Angehöriger des Reiches ohne Anhörung in die Acht getan werden durfte.

Luther wurde nach Worms bestellt – und er kam, obwohl Freunde ihn an das schlimme Schicksal des tschechischen Reformators Jan Hus erinnerten. Kaiser Karl V. hatte ihm »freies Geleit« zugesichert. Bei seinem ersten Auftreten wirkte der Reformator scheu und befangen. Auf die Frage, ob er bereit sei, seine Ketzereien zu widerrufen, antwortete er mit der Bitte um Bedenkzeit. Ein Tag der Besinnung wurde ihm gewährt. Dann stand er erneut vor dem Kaiser, den höchsten kirchlichen und weltlichen Würdenträgern des Reiches und gab sicher und fest Auskunft. Seine Worte gipfelten in der Aussage: »Da Eure Majestät und Eure Herrlichkeiten eine schlichte Antwort begehren, so will ich eine ohne Hörner und Zähne geben. Es sei denn, dass ich durch Zeugnisse der Schrift oder klare Vernunftgründe überwunden werde – denn ich glaube weder dem Papst noch den Konzilien allein, weil es am Tage ist, dass sie zu mehren Malen geirrt und sich selbst widersprochen haben – so bin ich überwunden durch die Stellen der Heiligen Schrift, die ich angeführt habe, und gefangen in meinem Gewissen an dem Wort Gottes. Deshalb kann und will ich nichts widerrufen, weil wider das Gewissen zu handeln beschwerlich, nicht ratsam und gefährlich ist. Gott helfe mir, Amen.«

Damit war alles entschieden. Alle Versuche, Luther umzustimmen, blieben ohne Erfolg. Auch war es dem Kaiser und seinen Beratern nicht gelungen, die Unruhe im Volk – unter Einbeziehung Luthers – für eine umfassende innere Reform der Kirche zu nutzen. Aber er hielt sein Versprechen und ließ den Reformator ziehen. Drei Wochen lang sollte er unbehelligt bleiben. Danach galt er als vogelfrei. Kaiser Karl V. bereute später, dass er sich an sein Wort gehalten und damit der Reformation indirekt Vorschub geleistet hatte. Besser wäre es gewesen, so meinte er, ihn wie andere Ketzer zu verbrennen.

Bekanntlich ließ Friedrich der Weise, Kurfürst von Sachsen, Luther auf der Heimreise zum Schein überfallen und entführen. Rasch verbreitete sich in Deutschland die Kunde, Luther sei tot; viele trauerten um ihn. In Wirklichkeit fand er auf der Wartburg ein sicheres

Asyl. Hier lebte er inkognito als »Junker Jörg«. Luther nutzte die Zeit vor allem für die Übersetzung des Neuen Testaments in die deutsche Sprache. Ähnlich wie Wyclif seinerzeit in England vertrat er die Auffassung, dass sie die einzige Quelle des Glaubens sei und dass deshalb möglichst jeder Gläubige in die Lage versetzt werden müsse, das Wort Gottes selbst zu lesen.

Luthers **Bibelübersetzung** war keineswegs die erste in deutscher Sprache. Was sie auszeichnete, waren die Einfühlsamkeit und die Volksnähe seiner Darstellungsweise. Nicht nur von seinen Anhängern wurde dieses Buch – und dann auch die deutsche Übersetzung des Alten Testaments – mit Eifer gelesen. In der Folgezeit ließen sich selbst katholische Übersetzer dadurch inspirieren. Die Lutherbibel wurde für lange Zeit zum Lehr- und Lernbuch für die deutsche Sprache.

Über seine Vorgehensweise äußerte sich Martin Luther selbst ausführlich in seinem »Sendbrief vom Dolmetschen« von 1530: »(...) man muss nicht die Buchstaben in der lateinischen Sprache fragen, wie man soll deutsch reden (...), sondern man muss die Mutter im Hause, die Kinder auf der Gassen, den gemeinen Mann auf dem Markt drum fragen, und denselbigen auf das Maul sehen, wie sie reden und danach dolmetschen; da verstehen sie es denn und merken, dass man deutsch mit ihnen redet.«

In diesem Zusammenhang ist daran zu erinnern, dass um die Mitte des 15. Jahrhunderts der **Buchdruck** mit beweglichen Lettern durch Johannes Gutenberg (um 1400–1468) erfunden wurde (vgl. S. 348). Ohne diese technisch-kulturelle Neuerung hätte die Reformation sich niemals so entwickeln können, wie sie sich dann entwickelte. Die Bibeldrucke und die unzähligen Flugschriften der Zeit machten die Deutschen zu einem Volk von Lesern. Diese Tatsache war auch für die weitere Entwicklung des Schulwesens von großer Bedeutung.

Ganz offensichtlich hatten das Auftreten Luthers und die Verbreitung der neuen Lehre tiefe und heftige Emotionen geweckt. Heute würde man in einem solchen Zusammenhang vielleicht von einer revolutionären Situation sprechen. Das neue Verständnis von Christentum und Kirche war eben nicht nur ein theologisches Problem, das die Fachleute betraf und mit Intelligenz oder Eitelkeit diskutiert wurde. Die seit Langem schwelenden sozialen Fragen drängten auf Antworten. Auch die einfachen Menschen, die Bauern draußen in ihren Dörfern und Weilern oder die Kleinbürger hinter den Stadtmauern, spürten, dass es hier um ihre ureigensten Angelegenheiten ging.

Während Luther, abgesehen von seinem schriftstellerischen Tun, zur Untätigkeit verurteilt war, kam es in Wittenberg zu schlimmen Unruhen. Viele Mönche legten die Kutte ab, verließen die Klöster und heirateten. Diejenigen, die an der alten Ordnung festhielten, wurden misshandelt. Unter Anführung von Professor Andreas Karlstadt, einem Weggefährten Luthers, stürmte die aufgebrachte Menge, die sogenannten Bilderstürmer, die Kirchen, zerschlug die Seitenaltäre, Skulpturen und Bilder. Karlstadt war es auch, der auf die religiöse Intuition des einfachen Volks vertraute, die Gelehrsamkeit für entbehrlich erklärte und dadurch zahlreiche Studenten veranlasste, die Universität zu verlassen und künftig den Acker zu bebauen. Von einer frühen **Kulturrevolution** ließe sich hier reden.

Luther erschrak zutiefst. Ohne Rücksicht darauf, dass er in Acht und Bann lag, ging er nach Wittenberg und predigte eine Woche lang gegen die Aufrührer. Dann waren die öffentliche Ruhe und Ordnung wiederhergestellt. Deutlich hatte sich freilich gezeigt, dass die Berufung auf das allgemeine Priestertum der Gläubigen und ihre Vernunft schwierige, schier unlösbare Probleme schuf. Nirgendwo gab es eine Instanz – allenfalls vom Reformator selbst abgesehen –, die das päpstliche Lehramt der alten Kirche ersetzen konnte.

Die Lage wurde noch dramatischer, als der ehemalige Geistliche Thomas Müntzer (um 1490–1525) eine besonders radikale, fundamentalistische Theologie predigte und damit das Land in Aufruhr versetzte. Sein geistlich-revolutionärer »Bund der Auserwählten« war der Ansicht, dass Gott weniger durch die Buchstaben der Schrift als durch die innere Erleuchtung des Einzelnen wirke. In einem individuellen Bekehrungserlebnis werde dieser reif für den Heiligen Geist. Das gottgefällige Leben zeige sich an der Verachtung irdischer Vergnügungen und irdischen Reichtums. So war für Müntzer die angemessene Lebensform die an den »Liebeskommunismus« des Urchristentums erinnernde Gütergemeinschaft. Es lag im Wesen der Sache, dass seine Lehren vor allem im einfachen Volk auf fruchtbaren Boden fielen und die vorhandenen sozialen Spannungen zusätzlich verschärften.

Die Bauern sahen nun eine günstige Gelegenheit, die Jahrhunderte lange Unterdrückung durch die Grundherren, durch Adel und Kirche, abzuschütteln. Für sie ging es in Luthers reformatorischer Schrift »Von der Freiheit eines Christenmenschen« (1520), anders als Luther es eigentlich beabsichtigt hatte, um politische Freiheit und um die Verringerung der feudalen Lasten. Das war die Nahtstelle, an der sich die neue Theologie und politisch-soziale Bestrebungen miteinander verbanden.

Schon früher hatte es regionale Erhebungen der Bauern gegeben. Aber keine erreichte das Ausmaß des **Großen Deutschen Bauernkrieges** von 1524/25, der weite Teile des Reiches in Aufruhr und Chaos stürzte. Die gedruckten Forderungen der Bauernschaften, die »Zwölf Artikel«, zeigten, dass es auch um religiöse Anliegen ging: »Zum Ersten ist unser demütig Bitte und Begehr (...), dass wir nun fürderhin Gewalt und Macht haben wollen, dass eine ganze Gemeinde einen Pfarrer selbst erwählen und kiesen soll, auch Gewalt haben, denselben wieder zu entsetzen, wenn er sich ungebührlich hielte. Derselbe erwählte Pfarrer soll uns das heilige Evangelium lauter und klar predigen ohne einen menschlichen Zusatz.« Das soziale Grundübel kam auch zur Sprache: »Es ist bisher Brauch gewesen, dass man uns für Eigenleute gehalten hat, welches zu erbarmen ist, angesichts dass uns Christus alle mit seinem kostbaren Blutvergießen erlöst und erkauft hat.« Ausdrücklich betonten die Bauern aber, dass sie »gegen unsere erwählte und gesetzte Obrigkeit, so uns Gott gesetzt, in allen geziemenden und christlichen Sachen gehorsam sind«.

Wie nicht anders zu erwarten, kam es im Verlauf des Krieges zu vielerlei Ausschreitungen und auch zu brutalen Racheakten gegen die Grundherren und ihre Amtsleute. So rief der Mord an dem Grafen Ludwig von Helfenstein und etwa 15 weiteren Rittern, die im April 1525 in Weinsberg durch die Spieße getrieben wurden, helles Entsetzen hervor.

Luther hatte zunächst auf der Seite der Bauern gestanden und ihre Forderungen unterstützt. Nun wandte er sich schaudernd ab, geiferte »wider die räuberischen und mörderischen Rotten der Bauern« und forderte die Landesherren auf, dem schändlichen Treiben ein blutiges Ende zu bereiten. Wieder war ihm in aller Deutlichkeit bewusst geworden, dass *seine* Reformation nur in einem festen organisatorischen Rahmen zu verwirklichen war. Neue, aber zuverlässige Formen mussten gefunden werden, um dies zu garantieren (vgl. S. 19, 387 f.).

Den Fürsten kamen Luthers Aufforderung sehr gelegen. Nun begann ein Massaker von unvorstellbarer Brutalität. Möglicherweise wurden etwa 100 000 Menschen niedergemetzelt, viele verstümmelt. Vielen erschien Martin Luther nun als Verräter an der Sache des gemeinen Mannes. Die soziale Lage der Bauern änderte sich nicht; für Jahrhunderte blieben sie aus dem politischen Leben ausgeschaltet.

Der **Reichstag in Speyer** im Jahr 1526 brachte trotz aller Wirren für Luther und seine Anhänger einen zumindest zeitweiligen Erfolg. Gegen den ausdrücklichen Willen des Kaisers wollten die Stände »mit ihren Untertanen also leben, regieren und sich halten, wie ein jeder solches gegen Gott und kaiserliche Majestät hoffe und vertraue zu verantworten«. Natürlich konnte eine solche Äußerung nur deshalb zustande kommen, weil Karl V. durch außenpolitische Verwicklungen, vor allem durch den Krieg mit König Franz I. von Frankreich, aber auch mit der Bedrohung durch die Türken die Hände gebunden waren.

Letzten Endes bedeutete der Beschluss, dass jeder Landesherr für sein Land entscheiden konnte, wie er es mit dem alten oder dem neuen Glauben hielt und in welcher Weise der Gottesdienst und die Eucharistie gefeiert werden sollten. Das war nicht nur ein entscheidender Schritt auf dem Weg zum landesherrlichen Kirchenregiment, sondern nahm in gewisser Weise auch den späteren Augsburger Religionsfrieden von 1555 voraus.

Heute wird oft übersehen, dass der Übergang von der alten zur neuen, evangelischen Kirche nicht durch eine deutliche Trennungslinie bezeichnet wurde. Vielmehr ging vielfach Altes und Neues durcheinander, oder der Übergang vollzog sich schrittweise. Freilich, das Vertrauen in die schöpferische Kraft des einzelnen Gläubigen und der Gemeinde war längst geschwunden. Der Bauernkrieg und andere Unregelmäßigkeiten erzwangen die Einführung einer strengen »Kirchenzucht«. Aus der Not heraus wandten sich Luther und seine Anhänger an die einzige Ordnungsmacht, die es – abgesehen von der katholischen Kirche – gab. Die evangelischen Landesherren wurden als »Notbischöfe« mit kirchenorganisatorischen Aufgaben betraut. Beispielhaft geschah dies fürs Erste im Kurfürstentum Sachsen unter der Herrschaft Johanns des Beständigen, des Bruders von Friedrich dem Weisen. Andere deutsche Territorien folgten.

Seit 1526 gab es in Sachsen **Kirchenvisitationen**. Sie förderten vielerlei Missstände ans Licht und zwangen zu entschiedenem Handeln. Ungeeignete Pfarrer wurden ihres Amtes enthoben. Nun wurde der Besitz der alten Kirche genauestens inventarisiert. Die neu eingesetzten Superintendenten, die dem Landesherrn unterstanden, wachten über die rechte Lehre und den Lebenswandel der Geistlichkeit. Um die Verkündigung auf ein zuverlässiges Fundament zu stellen, gab Luther seinem **Katechismus** im Jahr 1529 die endgültige Gestalt.

Die Bindung der Reformation an die Landesherren und damit an die weltliche Herrschaft brachte Ruhe und Stabilität. Freilich mussten diese teuer erkauft werden. Die neue gewonnene Freiheit wurde in erheblichem Maß wieder eingeschränkt. Gläubige und Geistlichkeit hatten auf die regierenden Herren Rücksicht zu nehmen. Das gelang vergleichsweise leicht, wenn der Fürst ein frommer, um das Wohl seiner Untertanen bemühter Landesherr war. Allerdings gab es auch Regierende, die nicht frei von Anmaßung waren und Religion und Kirche für ihre Zwecke nutzten. Das Bündnis von Thron und Altar erwies sich in bestimmten geschichtlichen Zeitabschnitten als Belastung und rief Gegenbewegungen hervor, die auf größere Unabhängigkeit von der Politik oder auf ein persönlicheres, innigeres Verhältnis zu Gott zielten.

Dass es für die Gläubigen schwierig war, sich aus den infolge der geschichtlichen Gegebenheiten entstandenen Bindungen zu lösen, hängt mit Luthers Lehre zusammen, die er in seiner Schrift »Von weltlicher Obrigkeit« (1523) vortrug. Zwar ist das weltliche Regiment nur von dieser Welt. Es »hat Gesetze, die sich nicht weiter strecken denn über Leib und Gut und was äußerlich ist auf Erden«. Aber dann stellt er fest: »Denn der Oberkeit soll man nicht widerstreben mit Gewalt, sondern nur mit Erkenntnis der Wahrheit: kehret sie sich dran, ist gut; wo nicht, so bist du entschuldigt und leidest Unrecht um Gottes willen.«

Hinter dieser Aussage stehen die Äußerungen des Apostels Paulus in seinem »Brief an die Römer« (13,1): »Jedermann sei untertan der Obrigkeit, die Gewalt über ihn hat. Denn es ist keine Obrigkeit ohne von Gott; wo aber Obrigkeit ist, die ist von Gott verordnet.« Diese Lehre führte dazu, dass die Gläubigen in geschichtlichen Krisensituationen oft tiefe innere Konflikte durchleben mussten. Besonders bedrängend stellte sich in den Dreißiger- und Vierzigerjahren des vorigen Jahrhunderts die Frage, ob man dem »Führer« Adolf Hitler und seinem nationalsozialistischen Regime, die unübersehbar das Recht mit Füßen traten, Gehorsam schulde. Letzten Endes führte die unentschiedene Frage zur Spaltung der lutherischen Kirche. Die Deutschen Christen versöhnten sich mit dem herrschenden System, während die Bekennende Kirche seine Gottlosigkeit und seine verbrecherischen Übergriffe anprangerte.

Für den einen oder anderen Landesfürsten bot die Reformation die willkommene Gelegenheit, das reiche Kirchengut in Besitz zu nehmen und für eigene Zwecke zu nutzen. Allerdings fielen ihnen nun die Aufgaben zu, die bislang von den Kirchen und Klöstern erledigt worden waren. Das betraf die Fürsorge für die Armen und Kranken, insbesondere aber auch das Bildungswesen. Von dem Geld aus Kirchenbesitz waren deutsche und lateinische Schulen, d. h. Volksschulen und höhere Schulen, sowie gegebenenfalls Universitäten zu finanzieren.

Auf dem Reichstag zu Speyer im Jahr 1529 versuchte König Ferdinand I., der Bruder und Statthalter Kaiser Karls V., die Reformation zurückzudrängen und die Beschlüsse von 1526 wieder aufzuheben. Dies bedeutete für die evangelischen Reichsstände eine große Gefahr, weil die Anhänger Luthers nun, entsprechend den Wormser Beschlüssen von 1521, von Neuem mit der Reichsacht rechnen mussten. Entschieden protestierten sie gegen das Ansinnen Ferdinands und gaben ihre Auffassung zur Kenntnisnahme durch den Kaiser, ein Konzil oder eine Reichsversammlung schriftlich zu Protokoll. Dieses Vorgehen führte dazu, dass die Anhänger Luthers von nun an als **Protestanten** bezeichnet wurden.

Der Reichstag in Augsburg im Jahr 1530 wurde, erstmals nach neun Jahren, von Kaiser Karl V. geleitet. Beide Parteien, die Altgläubigen und die Protestanten, unternahmen den Versuch, einen für alle tragfähigen Kompromiss zu erarbeiten. Diesem Zweck diente auch die von Philipp Melanchthon (1497–1560) verfasste Programmschrift des evangelischen Glaubens, das »Augsburgische Bekenntnis« (»Confessio Augustana«). Darüber hinaus hatte es den Zweck, deutliche Grenzen gegenüber all denjenigen zu ziehen, die sich die theologische Erregung der Zeit zunutze gemacht und abweichende Lehren vertreten hatten. Das galt für eine große Zahl religiöser Einzelgänger, aber auch für die machtvollen Gruppen, die sich beispielsweise um Thomas Müntzer und den schweizerischen Reformator Ulrich Zwingli gesammelt hatten, sowie für die sich sehr radikal gebärdenden »Täufer«.

Die Katholiken antworteten auf die evangelische Programm- und Verteidigungsschrift mit der »Confutatio« (»Widerlegung«). Der Kaiser hatte sich selbst darum bemüht, sie inhaltlich zu entschärfen, um gegebenenfalls eine Einigung zu erleichtern. Luther, der, weil er geächtet war, an diesem Reichstag nicht teilnehmen konnte, hatte richtig vermutet: Die unterschiedlichen Positionen lagen inzwischen so weit auseinander, dass eine Verständigung unmöglich erschien. Auch hatten sich die streitenden Parteien so verfestigt, dass eine gewaltsame, kriegerische Auseinandersetzung immer wahrscheinlicher wurde.

Über die Einzelheiten der weiteren Auseinandersetzungen soll hier nur noch in groben Zügen berichtet werden, weil inzwischen die wichtigsten Entscheidungen gefallen waren. Tatsächlich vereinigten sich die protestantischen Fürsten im Jahr 1531 unter der Führung des sächsischen Kurfürsten Johann Friedrich und des Landgrafen Philipp von Hessen zum **Schmalkaldener Bund**. Die Angriffe der Türken an der Südostgrenze des Reiches und der Kampf gegen Frankreich zwangen den Kaiser fürs Erste zur Zurückhaltung. Eines Tages würde er, wenn die Gelegenheit günstig war, die alles entscheidende Auseinandersetzung mit den Protestanten wagen – und das konnte nach den gemachten Erfahrungen nur auf dem Schlachtfeld geschehen.

Tatsächlich kam es im Jahr 1546 zum Schmalkaldischen Krieg. Im Jahr 1547 siegte Karl V. bei Mühlberg an der Elbe über den sächsischen Kurfürsten. Für einen Augenblick schien er das Gesetz des Handelns zurückgewonnen zu haben. Das wurde aber anders, als sich Moritz von Sachsen völlig überraschend auf die Seite Frankreichs schlug. In seiner Bedrängnis musste der Kaiser neue Zugeständnisse machen.

Zu einem endgültigen Ausgleich kam es im Jahr 1555 beim **Augsburger Religionsfrieden**. Die beiden Parteien waren des ewigen Streits überdrüssig und drängten auf Frieden. Kaiser Karl V. hatte sich zutiefst enttäuscht und verbittert aus der deutschen Politik zurückgezogen. Bekanntlich entsagte er im darauffolgenden Jahr dem Thron und übergab die Kaiserwürde seinem Bruder Ferdinand I. (Kaiser 1558–1564). Seinen Lebensabend verbrachte er im spanischen Kloster San Yuste.

Der Augsburger Religionsfrieden gab endgültig die Forderung nach konfessioneller Einheit des Reiches auf. Von nun an waren Katholiken und Protestanten gleichberechtigt. Allerdings erstreckte sich der Kompromiss nur auf die Anhänger des Augsburger Bekenntnisses (1530), also auf die Lutheraner. Die Calvinisten blieben ausgeschlossen.

Der Beschluss des Reichstages sah jedoch keine individuelle Glaubensfreiheit des Einzelnen vor. Vielmehr erhielten die Landesfürsten und die Reichsritter das Recht, in ihren Territorien die Religion festzulegen. Immerhin, wer damit nicht einverstanden war, durfte in ein anderes Land auswandern. In den Reichsstädten waren die religiösen Minderheiten geschützt. Der sogenannte »geistliche Vorbehalt« bestimmte zusätzlich: Geistliche Fürsten, die nach dem Jahr 1552 zum evangelischen Glauben übergetreten waren oder übertreten wollten, mussten auf ihr Territorium verzichten. Die Neuregelung wurde mit der griffigen Formel »Cuius regio, eius religio« (»Wessen das Land, dessen die Religion«) bezeichnet. Allerdings ist diese Formulierung nicht im Vertragstext enthalten.

Der Augsburger Religionsfrieden prägte die konfessionelle Landkarte in Deutschland. Er wurde im **Westfälischen Frieden** von Münster und Osnabrück nach dem Dreißigjährigen Krieg (1618–1648) bestätigt und galt im Prinzip bis zum Ende des alten Reiches im Jahr 1806. Radikale Veränderungen ergaben sich erst nach dem Zweiten Weltkrieg, als evangelische Flüchtlinge und Vertriebene in großer Zahl in katholische Länder strömten und umgekehrt. Erst damals entstand die konfessionelle Durchmischung, die heute für die Gesellschaft in Deutschland kennzeichnend ist.

Bislang war nur von der lutherischen Reformation die Rede. Tatsächlich war sie für Deutschland besonders wichtig. Hier verbreitete sie sich überaus rasch und überaus stark, sodass sich zeitweise neun Zehntel der Menschen zum neuen Glauben bekannten. Übrigens hatte Martin Luther den vorläufigen Abschluss der erbitterten, zum Teil blutigen Auseinandersetzungen nicht mehr erlebt. Er war Anfang des Jahres 1546 in seinem Geburtsort Eisleben gestorben.

Bedeutungsvoll war aber auch, was in der nahen Schweiz geschah – und das auch deshalb, weil die Ereignisse auf Deutschland ausstrahlten. Der Schweizer Huldrych (Ulrich) Zwingli (1484–1531) wirkte seit 1519 als Geistlicher am Großmünster in Zürich. Beeinflusst von Luther betrieb er hier die evangelische Reformation. Er wandte sich gegen die Fastenbräuche und den Bilderkult der Katholiken. Die Messe wurde abgeschafft und das Zölibat der Priester aufgehoben. Zwingli heiratete selbst. Für ihn konnte sich der Protestantismus in der Schweiz nur dann durchsetzen, wenn es gelang, die Katholiken militärisch zu besiegen. Er wurde im Krieg gegen die Altgläubigen, an dem er als Feldprediger teilnahm, getötet.

Nachzutragen bleibt noch ein theologisch-politischer Versuch, den der Landgraf Philipp von Hessen unternahm, um zwischen den verschiedenen evangelischen Reformationsansätzen zu vermitteln und dadurch die Sache der Reformation zu stärken. Im **Marburger Religionsgespräch** von 1529 saßen sich Zwingli und Luther mit ihren jeweiligen Anhängern gegenüber und diskutierten über die strittige Frage, ob die Worte Christi »Das ist mein Leib ..., das ist mein Blut« symbolisch, wie Zwingli meinte, oder wörtlich zu verstehen seien. Eine theologische Einigung kam nicht zustande und damit auch keine politische Kampfgemeinschaft gegen den Kaiser.

Der französische Reformator **Johannes Calvin** (Jean Cauvin, 1509–1564) kam 1536 nach Genf und unterstützte hier die bereits eingeleiteten Reformationsbestrebungen. Die von ihm verfasste Kirchenordnung erschien dem Rat aber so unerträglich streng, dass er und seine Gesinnungsgenossen aus der Stadt vertrieben wurden. Nach einem theologisch-politischen Umschwung wurde er aber im Jahr 1541 nach Genf zurückberufen. Er schuf einen Gottesstaat, in dem das geistliche Konsistorium weitreichende Befugnisse in Fragen der Lehre und der Moral erhielt. Abweichende Auffassungen wurden mit der Strenge des Gesetzes verfolgt.

Der Kern der calvinistischen Theologie war die **Prädestinationslehre** (lat. »praedestinare« = vorherbestimmen): Gott habe bereits vor der Geburt eines Menschen entschieden, ob dieser für die ewige Seligkeit oder für die Verdammnis bestimmt sei. Es stehe dem Menschen nicht zu, den Ratschluss des Allerhöchsten infrage zu stellen. Auch werde er nie endgültig erfahren, was Gott über ihn beschlossen hat. Allerdings gebe es im Leben Anzeichen dafür, dass man zu den Auserwählten gehöre. Wenn es gelinge, ein gottesfürchtiges Leben zu führen und die Gebote zu erfüllen, dann könne man hoffen, für die ewige Seligkeit bestimmt zu sein.

Diese Lehre war für die gläubigen Calvinisten ein stetiger Ansporn. Sie lebten fromm und arbeitsam und verzichteten auf verführerischen Luxus. Die »innerweltliche Askese« (Max Weber) führte in vielen Fällen dazu, dass sie in ihrem Gewerbe sehr erfolgreich waren und so eine Menge Geld verdienten. Da sie es nicht leichtfertig ausgeben durften, investierten sie es wieder in ihre Unternehmungen und beschleunigten dadurch den Wirtschaftskreislauf.

Auf den Zusammenhang zwischen religiöser Grundhaltung bei den Calvinisten und wirtschaftlicher Dynamik sowie auf die daraus resultierende Entwicklung des Kapitalismus – der Begriff ist hier wertfrei verwendet – hat vor allem der deutsche Soziologe Max Weber (1864–1920) in seinem Buch »Die protestantische Ethik und der Geist des Kapitalismus« (1904) hingewiesen. Hier handelt es sich freilich nicht um eine zwingende Kausalität, sondern um eine Voraussetzung, welche die Entwicklung des Kapitalismus begünstigte. Das muss auch deshalb gesagt werden, weil er ja vorher bereits in verschiedenen Regionen und Wirtschaftssystemen existierte.

Der Calvinismus verbreitete sich trotz seines ethischen Rigorismus in Frankreich (Hugenotten) und den Niederlanden, in England und Schottland (Puritaner), in Ungarn und Polen, aber auch in Teilen Deutschlands, etwa im Rheinland und in der Pfalz. Über ausgewanderte Puritaner gewann er auch erheblichen Einfluss in den Vereinigten Staaten von Amerika. Im Jahr 1549 einigten sich die schweizerischen Zwinglianer und die Calvinisten im Züricher Konsens in der Abendmahlsfrage und schlossen sich damit zur **reformierten Kirche der Schweiz** zusammen.

Wie bereits erwähnt, waren die Calvinisten oder **Reformierten** im Augsburger Religionsfrieden von 1555 nicht berücksichtigt worden. Erst im Westfälischen Frieden von 1648 wurden sie als gleichberechtigt anerkannt.

Die **Glaubensspaltung** hatte die alte Kirche tief erschüttert. Alle Versuche, die bestehenden und auch von katholischer Seite beklagten Missstände zu beseitigen, schlugen fürs Erste fehl. Ebenso scheiterte der Versuch der weltlichen Herrschaft, Kaiser Karls V. und seines Bruders Ferdinand I., die Rückkehr zur Glaubenseinheit mit politischen und militärischen Mitteln zu erzwingen.

Um nicht weiter an Boden zu verlieren, bündelten die Katholiken all ihre Kräfte und schritten zu entschiedener Gegenwehr. Der baskische Adelige Ignatius von Loyola (1491–1556) gründete im Jahr 1534 den **Jesuitenorden** (Societas Jesu, SJ). Er war streng militärisch aufgebaut und unterstand dem Ordensgeneral in Rom. Seine Mitglieder verpflichteten sich zu bedingungslosem Gehorsam gegenüber dem Papst und kämpften für die Ausbreitung und Erneuerung des rechten Glaubens. Als Beichtväter und durch ihre Bildungseinrichtungen, höhere Schulen und Universitäten, gewannen sie großen Einfluss auf die politische und geistige Elite Europas. Die enge Bindung an das Papsttum führte immer wieder dazu, dass der Orden mit großem Argwohn betrachtet wurde. So war er im Deutschen Reich zwischen 1872 und 1917 verboten. Bismarck betrachtete ihn als Stoßtrupp einer »ultramontanen ausländischen Macht« (lat. »ultra montes« = jenseits der Alpen) (vgl. S. 163).

Der theologischen und organisatorischen Selbstbesinnung galt das monumentale **Konzil von Trient** in Oberitalien, das – mit zum Teil langen Unterbrechungen – von 1445 bis 1563 tagte. Die Protestanten hatten sich geweigert, daran teilzunehmen. Das Konzil stabilisierte die katholische Kirche, verschärfte aber zugleich die konfessionelle Spaltung. Es leitete die **Gegenreformation** bzw. die **ka-**

tholische Reform ein. Unter anderem wurde beschlossen, dass die Tradition und die Bibel für die katholische Kirche nebeneinander Gültigkeit haben sollten. Die Zahl der Sakramente blieb bei sieben, die überkommene Rechtfertigungslehre wurde bestätigt. Das Konzil reformierte die innerkirchliche Organisation und die Aufsicht über Geistliche und Orden. Die Ausbildung der Priester wurde neu geregelt. Die für Katholiken verbindlichen Glaubenslehren sollten in einem Katechismus zusammengefasst werden. Bücher, die den Glauben gefährdeten – gemeint waren zunächst vor allem reformatorische Schriften –, wurden für Katholiken verboten. Die entsprechenden Titel standen auf dem Index (librorum prohibitorum) (»Verzeichnis der verbotenen Bücher«). Der Index wurde im Jahr 1967 abgeschafft.

Noch war das Zeitalter der Glaubenskriege nicht zu Ende. Der Riss zwischen der alten und den neuen Kirchen ging durch ganz Europa und rief eine Reihe blutiger Konflikte hervor. Besonders schrecklich wurde der **Dreißigjährige Krieg** (1618–48), der aus religiösen Ursachen entstanden war und weite Teile Deutschlands verwüstete. Als der Krieg zu Ende war, dokumentierten sich der Überlebenswille und die neu gewonnene Macht der katholischen Kirche in der übertrieben prachtvollen, repräsentativen Baukunst des Barock. Könige und Fürsten bauten sich verschwenderisch ausgestattete neue Schlösser. Gleichzeitig entstanden herrliche Kirchen und Klosterbauten zur höheren Ehre Gottes. Als Beispiele seien hier Kloster und Kirche in Weingarten im schwäbischen Oberland, das oberbayerische Kloster Ettal und die ebenfalls in Oberbayern gelegene Wieskirche in Steingaden in genannt.

Sieg oder Tod
Das Kriegswesen

Seit es Menschen gibt, werden zwischen ihnen Konflikte ausgetragen. Da geht es um Nahrung und den Geschlechtspartner, um bebaubares Land oder Wertgegenstände jeder Art. Oft bleibt es bei den Auseinandersetzungen mit Worten. Die Beteiligten ringen miteinander und versuchen dabei, ihre körperliche und geistige Überlegenheit geltend zu machen. Wo das nicht ausreicht, sind Drohungen und Einschüchterungsversuche rasch bei der Hand. In diesen Fällen entsteht Gewalt vor allem dann, wenn die anderen Mittel, sich Recht oder Vorteile zu verschaffen, nicht zum Ziel führen. So betrachtet sind Kampf und Krieg das letzte, das oft als unausweichlich empfundene Mittel.

Das ist freilich nur die halbe Wahrheit. Nicht immer werden alle gewaltfreien Möglichkeiten genutzt, um einen Konflikt zu lösen. Das gilt für Auseinandersetzungen zwischen Einzelnen, zwischen Menschengruppen und ganzen Völkern. Gewalt wird angewendet, weil der Täter in seiner Wut und Hilflosigkeit über keine anderen Mechanismen verfügt oder weil er das Recht zu besitzen glaubt, anderen mit allen zur Verfügung stehenden Mitteln, also auch mit Kampf und Krieg, seinen Willen aufzwingen zu können.

Das Vorhandensein von Gewalt und Krieg zwingt zur Gegenwehr der möglicherweise Betroffenen. Man muss sich, falls möglich, seiner eigenen Körperkraft sicher sein und sich für alle Eventualitäten wappnen. Es versteht sich von selbst, dass bei vielen Stämmen und Völkern ursprünglicherer Kulturen die **Waffe** ein unverzichtbarer Begleiter ist. Insofern haben die von Jugendlichen gern gelesenen Abenteuergeschichten aus Nordamerika,

Afrika oder Australien eine nachvollziehbare völkerkundliche Aussagekraft. In fortgeschritteneren Gesellschaften wurde versucht, den inneren Frieden dadurch zu sichern, dass sich der Staat im Lauf der Zeit das **Gewaltmonopol** erzwang. Polizei und Gerichte sorgen dafür, dass Gesetzesübertretungen angemessen geahndet werden. Welche Strafen der Dieb oder der Betrüger, der Vergewaltiger oder Mörder zu erwarten hat, ist im Strafgesetzbuch nachzulesen.

Es gibt eine Reihe von Versuchen, auch auf internationaler Ebene gewaltfreie Konfliktlösungen zu ermöglichen, unter Umständen sogar zu erzwingen. Die seit 1945 bestehenden **Vereinten Nationen** (United Nations, UN) müssen in diesem Zusammenhang genannt werden. Die traurige Realität zeigt aber, dass wir von einer Welt ohne Gewalttätigkeit, ohne Krieg und Terror noch weit, sehr weit entfernt sind. Der »ewige Friede«, von dem Immanuel Kant (1724–1804) und viele andere geträumt haben, bleibt ein politisch-philosophisches Postulat und eine tiefe Sehnsucht der Menschheit, auch wenn seine Verwirklichung in absehbarer Zeit unmöglich erscheint.

So ist die Geschichte der Menschen leider vor allem auch eine Geschichte der Kriege. Der Zwang, jederzeit darauf vorbereitet zu sein, bedeutete eine ständige Herausforderung. Wer bestehen wollte, versuchte die besseren Waffen, die größeren und schlagkräftigeren militärischen Einheiten, das überzeugendere Ethos und ausgeklügeltere Strategien in den Kampf zu werfen. Auch in diesem Sinne gilt das Wort des griechischen Philosophen Heraklit (um 500 v. Chr.): »Der Krieg ist der Vater aller Dinge.«

Für unsere Kultur in nahezu allen Bereichen ist das antike Vorbild, vor allem eben das der Griechen und Römer, wichtig. Das gilt auch für die Entwicklung des Wehrwesens. Deshalb empfiehlt sich ein kurzer Rückblick.

Die **Griechen** waren bei der ersten und zweiten indoeuropäischen Wanderung um 2000 bzw. 1200 v. Chr. nach Griechenland gekommen. Sie zeigten sich damit den Ureinwohnern militärisch überlegen. Den Kern des Heeres bildeten in der frühen, der homerischen Zeit die adeligen **Einzelkämpfer** (Achilles, Hektor). Bald aber erweiterte er sich auf den Kreis derjenigen Freien, die wirtschaftlich in der Lage waren, sich als Schwerbewaffnete auszurüsten. Diese forderten mit Erfolg politische Rechte und brachten damit den über Generationen forschreitenden Prozess der Demokratisierung in Gang.

Die von Solon im Jahr 594 v. Chr. in Athen geschaffene Verfassung teilte die Freien in vier Steuerklassen. Nach ihrem Einkommen, das ja Voraussetzung für eine selbst zu beschaffende kriegerische Ausrüstung war, taten sie im Heer Dienst. Die ersten beiden Klassen kämpften zu Pferd mit schwerer Rüstung. Auch die Angehörigen der dritten Klasse waren schwer bewaffnet, stritten aber als Hopliten zu Fuß. Die Theten der vierten Klasse endlich rückten als Leichtbewaffnete ins Feld.

Die Schwerbewaffneten trugen einen Helm und einen Brustpanzer sowie Beinschienen aus Metall. Der meist runde Schild war aus Holz und mit einem metallenen Rand beschlagen. Hinzu kamen als Waffen für den Angriff eine bis zu drei Metern lange Lanze und ein Schwert oder ein Säbel. Die Leichtbewaffneten fochten mit Wurflanzen und Speeren, Steinschleudern, Pfeilen und Bogen.

Die jungen Athener leisteten im Alter zwischen 18 und 20 Jahren einen zweijährigen Heeresdienst. Bis zum 60. Lebensjahr blieben sie wehrpflichtig. An der Spitze der Kriegsmacht stand einer der neun Archonten (Regierenden). Später übernahmen dann die zehn Strategen diese Aufgabe. Es zogen aber nur einer oder zwei von ihnen im Kriegsfall ins Feld.

Zunächst waren die Griechen militärisch nur als Landmacht aufgetreten. Athen wurde seit 483 v. Chr. unter dem Archonten Themistokles (um 525–um 460 v. Chr.) aber auch zu einer beherrschenden **Flottenmacht**. Die Angehörigen der vierten Steuerklasse konnten als Ruderer dienen und brauchten folglich keine eigene Bewaffnung. Als Kriegsschiffe wurden vor allem Dreiruderer (Trieren) gebaut, die in der Länge gut 35 Meter maßen. Sie waren am Bug mit einem Rammsporn bestückt, mit dem sie feindliche Schiffe leck schlagen konnten. Außer der unbewaffneten Rudermannschaft waren nur noch zehn Bewaffnete an Bord. Aus diesem Grund vermied man es, feindliche Schiffe zu entern. Der Seesieg Athens über die Perser in der Schlacht von Salamis im Jahr 480 v. Chr. bestätigte die Flottenpolitik des Themistokles. In der Folgezeit errang Athen die Seeherrschaft im Ägäischen Meer.

Der Staat **Sparta** war durch und durch nach militärischen Erfordernissen gestaltet. Die Eroberer- und Herrenschicht der Spartiaten musste jederzeit mit dem Aufstand der unfreien Heloten und der unterworfenen Messenier rechnen, zumal diese zahlenmäßig weit überlegen waren.

Von Kindesbeinen an wurden die jungen Spartiaten strengster militärischer Zucht unterworfen. Schon im siebten Lebensjahr nahm man sie ihrer Mutter und bereitete sie in Jahrgangsgruppen auf ihre kriegerische Zukunft vor. Vom 20. Jahr an galten sie als erwachsene Krieger. Sie lebten nun kasernenmäßig in den Zeltgemeinschaften der Gleichen und waren jederzeit mobilisierbar. So blieb es bis zum 60. Lebensjahr, auch wenn zumeist nur die Männer zwischen 20 und 30, bisweilen auch zwischen 20 und 40 Jahren zum Kriegsdienst eingezogen wurden.

Der Zwang zur militärischen Überlegenheit führte in der Mitte des 7. Jahrhunderts v. Chr. zur Begründung der spartanischen **Phalanx**. Sie bestand aus gleichmäßig bewaffneten Fußsoldaten (Hopliten), die in acht Gliedern hintereinander antraten und in einer fest gefügten, bis zu einem Kilometer langen Schlachtreihe kämpften. An Schutzwaffen trugen die Krieger Helme, Brustpanzer und Schilde. Im Kampf kam vor allem die lange Stoßlanze, aber auch das Schwert zum Einsatz. Den Oberbefehl im spartanischen Heer führte einer der beiden Könige.

Das spartanische Kriegerethos wurde zu einem weit in die Zukunft hineinwirkenden Mythos. Immer wieder erzählte man eine Geschichte, die der griechische Historiker Herodot (um 484–425

v. Chr.) aus den Perserkriegen überliefert hat: Griechische Truppen, unter ihnen 300 Spartiaten unter dem Kommando ihres Königs Leonidas, verteidigten den Thermopylenpass gegen die Feinde, um ihnen den Zugang nach Griechenland zu verwehren. Die Lage war aussichtslos, weil dem persischen König Xerxes durch einen Griechen ein Fußpfad verraten worden war, über den er die Verteidiger umgehen und von hinten angreifen konnte. In dieser ausweglosen Lage schickte Leonidas angeblich die verbündeten Griechen nach Hause, um sie vor dem sicheren Tod zu bewahren. Aber: »Ihm selber und seinen Spartiaten zieme es nicht, den Platz aufzugeben, zu dessen Verteidigung sie ausgesandt worden.« Die Spartiaten blieben – und wurden bis zum letzten Mann niedergemacht. Ihnen zu Ehren errichtete man nach dem Krieg am Thermopylenpass ein Denkmal mit der Inschrift »Wanderer, kommst du nach Sparta, verkünde dorten, du habest uns hier liegen gesehen, wie das Gesetz es befahl.«

Gern berief sich die nationalsozialistische Führung in Deutschland zwischen 1933 und 1945 auf das spartanische Vorbild. Ende Januar 1943, als der Untergang der 6. Armee in Stalingrad bereits absehbar war, erinnerte Hermann Göring in einer Rundfunkrede an den Heldenmut der Spartaner und forderte die deutschen Soldaten zum Durchhalten auf.

Das Motiv wurde in einer der ergreifendsten Erzählungen der Nachkriegszeit wieder aufgenommen. In seiner Geschichte »Wanderer, kommst du nach Spa...« schildert Heinrich Böll den Tod eines blutjungen deutschen Soldaten. Schwer verletzt wird er in ein Behelfslazarett eingeliefert, um dort operiert zu werden. Er erkennt, dass es seine ehemalige Schule ist. An der Wandtafel stehen noch die Worte, die er im Zeichenunterricht vor nicht langer Zeit selbst in Schönschrift notiert hatte: »Wanderer, kommst du nach Spa...« Er hatte die Buchstaben zu groß geschrieben, und deshalb blieb der Satz am Tafelrand unvollendet.

Die spartanische Phalanx galt bis zur Schlacht von Leuktra (371 v. Chr.) als unüberwindlich. Damals wurde Sparta von den Thebanern unter ihrem Feldherrn Epameinondas geschlagen und büßte seine Vorherrschaft in Griechenland ein.

In **Rom** waren ursprünglich alle freien Männer im Alter zwischen 17 und 45 Jahren zum Kriegsdienst verpflichtet. Ältere Männer bis zu 60 Jahren konnten zum Besatzungsdienst herangezogen werden. Allerdings erlosch die Dienstpflicht für die Fußsoldaten nach zwanzig und für die Reitersoldaten nach zehn Feldzügen. Die besitzlosen Proletarier brauchten nicht zu dienen.

Die Römer besaßen anfänglich kein stehendes Heer, sondern nur eine **Miliz**. Sie wurde zur Ausbildung oder im Kriegsfall eingezogen. Eine rote Fahne auf dem Kapitol befahl den Wehrpflichtigen, sich zu versammeln. Eine rote und eine grüne gleichzeitig verkündeten die drohende Kriegsgefahr. Oberbefehlshaber im Krieg waren in republikanischer Zeit die Konsuln oder eigens bestimmte Diktatoren. Deren Auftrag (»imperium« = Befehlsgewalt) erlosch aber nach spätestens einem halben Jahr.

Die Römer bezahlten – wie die Griechen – ihre Ausrüstung selbst. Zunächst war sie sehr uneinheitlich, wurde dann aber durch Gesetz vorgeschrieben, entsprechend der finanziellen Leistungsfähigkeit der einzelnen Steuerklassen. Die als Schwerbewaffnete dienenden Reichen trugen Helm, Brustpanzer, Beinschienen und Schild, als Kampfwaffen die Lanze und das Schwert. Die Lanze wurde später aber durch zwei kürzere Wurfspieße (»pilum«) ersetzt.

Die römische Infanterie war vor der Reform des Gaius Marius (156–86 v. Chr.) in Legionen mit jeweils 30 Manipeln gegliedert. Seit Marius trat die Cohorte, bestehend aus drei Manipeln, als taktische Einheit dazwischen. Eine Manipel bestand aus zwei Zenturien. Zu den 4 000 bis 5 000 Fußsoldaten, bei denen 1 200 Leichtbewaffnete mitgerechnet sind, kamen 300 Mann Reiterei hinzu. Wichtig für die Kriegsführung waren daneben auch die wehrpflichtigen Bundesgenossen (»socii«).

Unter Marius wandelte sich das Milizheer zum **Söldnerheer**, das durch Werbung aufgeboten wurde und auch den besitzlosen

Proletariern einen willkommenen Lebensunterhalt sicherte. Viele Wohlhabende konnten sich nun ihrer Dienstpflicht entziehen. Das Söldnerheer wurde schlagkräftiger, zumal es besser ausgebildet und einheitlicher bewaffnet war. Aber es gab dem jeweiligen Feldherrn auch ein gefährliches Machtmittel in die Hand. Dafür gibt es eine Reihe von Beispielen, u. a. Marius selbst, Sulla, Pompejus und Cäsar.

In der römischen Kaiserzeit seit Augustus (Kaiser 27 v. Chr.–14 n. Chr.) wandelte sich das Söldnerheer zum **Berufsheer**, in dem die Legionssoldaten 20, die Garden und Hilfstruppen 16 bzw. 25 Jahre zu dienen hatten. Der Anteil an Nichtrömern wuchs bei den Mannschaften und im Offizierskorps. Diese Tatsache wurde in der Folgezeit einer der Gründe für den Untergang des Römischen Reiches.

Eine eigene römische **Flotte** gab es erst seit dem ersten Punischen Krieg (264–241 v. Chr.) gegen die nordafrikanische Seemacht Karthago. Im Jahr 262 v. Chr. fiel den Römern ein gestrandetes karthagisches Kriegsschiff in die Hände. Sie benutzten das Modell für ihre eigenen Schiffe. Der Konsul Gaius Duilius ließ am vorderen Mast einen drehbaren Steg mit Enterhaken anbringen. Im Kampf konnte er auf das Deck des feindlichen Schiffes hinabgelassen werden und ermöglichte so eine Art Landkampf für die römischen Krieger.

Zu jedem Fünfdecker gehörten 120 Seesoldaten. Die Schiffe wurden von unbewaffneten Sklaven gerudert. Duilius siegte mit der neuen Flotte bereits im Jahr 260 v. Chr. in der Seeschlacht von Mylae. Dennoch genossen die Marinesoldaten über Jahrhunderte gegenüber den Landsoldaten ein verhältnismäßig geringes Ansehen.

Die Geschichte Roms ist die Geschichte sensationeller militärischer Siege, aber auch vernichtender Niederlagen. Dennoch gelang es den Römern über die Jahrhunderte, mit dem »Imperium Romanum« ein Reich zu schaffen, das von Britannien bis Nordafrika, von Portugal bis Mesopotamien reichte. Voraussetzungen waren ein ausgeprägter Macht- und Eroberungswille, strenge militärische Disziplin und eine für damalige Zeiten überaus wirkungsvolle Organisation. Dazu gehörten z. B. der vor allem auch militärischen Erfor-

Das Kriegswesen

dernissen entsprechende Straßenbau und die Sicherung der Grenzen. Eine kluge Politik gegenüber unterworfenen Völkern, die dann Bundesgenossen und schließlich römische Bürger wurden, gab dem Staat über lange Zeit innere Stabilität.

Die ständigen Kämpfe der einzelnen Völkerschaften untereinander hatten die **Germanen** ausgesprochen kriegerisch gemacht. Davon geben römische Quellen wie die »Germania« des Publius Cornelius Tacitus (um 55–um 120), aber auch germanische Dichtungen, etwa das verhältnismäßig späte »Hildebrandslied«, ein beredtes Zeugnis.

Die Germanen kämpften in Hundertschaften, die auf der Grundlage von Sippen und Völkerschaften gebildet wurden. An der Spitze des Heeres stand ein König oder ein aus dem Kreis der Gaufürsten gewählter Herzog. Die Schlachtordnung war keilförmig. Die Krieger fochten gewöhnlich zu Fuß, doch gab es auch berittene Kämpfer. Selbstverständlich durften nur freie Germanen am Kampf teilnehmen. Die Thingversammlung entschied über Krieg und Frieden und nahm die heranwachsenden Germanen in die Wehrgemeinschaft auf.

Das **Gefolgschaftswesen** ist ein wichtiges Kennzeichen der germanischen Wehrverfassung. Junge Adelige schlossen sich einem Fürsten auf seinen Kriegszügen an und sammelten so erste Erfahrungen. Durch einen Treueeid, der wechselseitige Verpflichtungen beinhaltete, banden sie sich an ihren Gefolgsherrn, dem sie sich damit bedingungslos ergaben, der aber seinerseits für ihren Lebensunterhalt, ihren Schutz und ihre Ausrüstung aufkam. Höchstes Ziel des Kriegers war, sich als Held zu bewähren. Feigheit und Verrat galten als schlimmste Untat: »Vollends lädt Schimpf und Schande fürs ganze Leben auf sich, wer ohne seinen Gefolgsherrn aus der Schlacht zurückkommt.«[6] Treulosigkeit hatte oft den Tod zur Folge.

Die **Bewaffnung** war uneinheitlich. Sie bestand etwa aus der Holzkeule und einem Speer aus Eschenholz, der mit einer Eisenspitze versehen war und als Wurf- und Stichwaffe diente. Später kamen Streitäxte und Schwerter auf.

Die Schilde waren ursprünglich mannshoch und aus einem mit Tierhaut überzogenen Rutengeflecht gefertigt. Später stellte man sie aus Lindenholz her und fasste sie mit einem eisernen Rand ein. Sie besaßen in der Mitte einen Schildbuckel aus Metall und wurden am linken Arm mit Schlaufen getragen. Die zunächst rechteckige Form wurde in fränkischer Zeit durch die runde Form verdrängt. Neben dem Schild trug der germanische Kämpfer auch einen Brustpanzer (»Brünne«) und einen Helm aus Leder oder Metall.

Das große Volksheer aller freien Germanen erwies sich in fränkischer Zeit aus verschiedenen Gründen als unzweckmäßig. Kleinere berittene Verbände waren beweglicher und schlagkräftiger. Zudem blieb beim allgemeinen Heeresaufgebot für das Frühjahr, den Sommer und den Herbst – nur in diese Zeit fielen die kriegerischen Unternehmungen – die Feldbestellung liegen. Vor allem kleinere Bauern gerieten durch die ursprüngliche Verpflichtung zur Heerfahrt in Not und Abhängigkeit von wohlhabenden Grundbesitzern. Sie wurden unfrei.

So wurde der Kriegsdienst mehr und mehr zur Sache des Adels, der auch wirtschaftlich in der Lage war, selbst für Pferd und Rüstung zu sorgen. Die juristische Grundlage bildete das **Lehnrecht**, das in fränkischer Zeit voll ausgebildet wurde. Zwischen dem Lehnsherrn einerseits und dem Lehnsmann, dem Vasallen, andererseits bestand ein Band gegenseitiger Treue und Verpflichtung. Der Herr gewährte Schutz und die wirtschaftliche Nutzung des von ihm verliehenen Lehens, das zumeist aus Landbesitz bestand. Der Lehnsmann verpflichtete sich im Gegenzug zum Heeresdienst.

Da er in einer fest geregelten Rangfolge, der sogenannten Heerschildordnung, selbst wieder Vasallen belehnen konnte, entstand ein kompliziertes System militärischer Verpflichtungen. Oberster Lehnsherr war der König, dessen Kronvasallen, geistliche und weltliche Fürsten, ein gut bewaffnetes Ritterheer aufzubieten hatten. Egoismus und Machtgier führten indessen oft zu Konflikten, welche die königliche und kaiserliche Macht schwächten oder sogar ganz infrage stellten. Der allgemeine Heerbann wurde übrigens nur in ganz seltenen Fällen aufgeboten.

Auf der Grundlage des Lehnwesens entwickelte sich das **Rittertum**. Es erlebte in der Zeit der staufischen Könige und Kaiser, also zwischen 1137 und 1254, seine höchste Blüte. Die Lehen waren inzwischen weitgehend erblich geworden, und gleichzeitig vollzog sich die Abgrenzung der Ritterschaft gegenüber anderen Gruppen der Bevölkerung zu einem festen, inzwischen dem Adel zugezählten Stand. Sie entwickelte ein eigenes Standesethos und wurde zur kulturell führenden Schicht. Davon künden z. B. die Lieder des Minnesangs oder die umfangreichen Versromane Hartmanns von Aue (»Der arme Heinrich«), Gottfrieds von Straßburg (»Tristan und Isolde«) und Wolframs von Eschenbach (»Parzival«) (vgl. S. 572).

Die Ritter lebten auf ihren **Burgen**, die durch ihre Anlage eine wirkungsvolle Verteidigung ermöglichten. Sie waren, wie die Bezeichnung schon sagt, berittene Krieger. Seit dem 10. Jahrhundert kämpften sie auch in geschlossenen Heeren.

Ihre **Rüstung** bestand aus dem Harnisch oder der Brünne, die zunächst aus Leder oder aus Hornplatten, dann immer öfter aus Metallplatten gefertigt wurde. Im 8. Jahrhundert kam der Kettenpanzer aus ineinander geschmiedeten Ringen auf. Die Rüstung bedeckte schließlich den ganzen Körper. Seit dem 13. Jahrhundert wurde auch das Streitross, stets ein Hengst, durch einen Kettenpanzer geschützt. Den Kopf barg ein eiserner Helm, der das Gesicht, abgesehen von Augen und Mund, bedeckte. Er war mit Federn und Figuren, oft auch mit dem Wappen des Trägers geziert.

An **Waffen** trug der Ritter die Lanze, das Schwert und den Schild. Die Lanze maß gut zwei Meter. Sie war aus Eschenholz und mit einer eisernen Spitze bewehrt. Der Schild hatte in hochhöfischer Zeit die Form eines länglichen Dreiecks mit abgerundeten Seiten. Er wurde oft mit dem ritterlichen Wappen bemalt. Hier ging es nicht nur darum, die kostbaren Ausrüstungsgegenstände, Schild, Helm und Satteldecke, kunstvoll zu verschönern. Da die Ritter ganz von ihrer Rüstung verhüllt waren, konnten sie von Freund und

Feind in der Regel nicht erkannt werden. Unterschiedliche Farben und Symbole sollten diesem Mangel abhelfen. Daraus entwickelten sich die **Adelswappen**, die zumeist die Form eines Schildes (Wappenschild) hatten (vgl. S. 293 f.).

Im Spätmittelalter traten neue soziale Kräfte in den Vordergrund und verdrängten das Rittertum aus seiner einzigartigen Stellung. Doch auch militärisch erlitt es die ersten Niederlagen. Bekannt sind die Schlachten von Legnano im Jahr 1176 und von Morgarten im Jahr 1315. Beide Male wurden Ritterheere von Fußtruppen besiegt, in Oberitalien von städtischen Söldnern und in der Schweiz von Bauernkriegern, die für ihre Unabhängigkeit von den Habsburgern fochten.

Die Schlacht von Morgarten bezeichnet den Anfang einer neuen Heeresorganisation. Von jetzt an beherrschten die sogenannten **Landsknechte** bis zum Ende des 16. Jahrhunderts bzw. Anfang des 17. Jahrhunderts die militärische Szene. Führend waren hier zunächst die Schweizer Fußtruppen, die gegen Sold auch als »Reisläufer« außerhalb der Eidgenossenschaft kämpften. Die Landsknechte kämpften in »Haufen«, im Pulk. Die Pike, ein bis zu sechs Meter langer Spieß, war ihre Hauptwaffe. Hinzu kamen die etwa zwei Meter lange Hellebarde und das Schwert. Die Bihänder wurden mit beiden Händen geschlagen und dienten dazu, die feindlichen Spieße zu zerschmettern. Deshalb wurden sie auch »Gassenhauer« genannt.

Die Landsknechte kämpften nicht für eine Idee, sondern für Sold und Beute. Wie alle Söldnerheere waren sie oft sehr unzuverlässig und hatten in der Bevölkerung einen ausgesprochen schlechten Ruf. Der Schriftsteller Sebastian Franck (1499–1542/43) schrieb über sie: »Es ist durch die Bank immer ein böses, unnützes Volk (...). Im Krieg ist unter tausend kaum einer mit seinem Sold zufrieden. Stattdessen stechen und hauen sie, lästern Gott, huren und spielen, morden, brennen und rauben, machen Witwen und Waisen. All das ist ihr übliches Handwerk und ihr Zeitvertreib.« Wenn die Soldzahlungen ausblieben, verheerten sie ganze Landstriche, um sich schadlos zu halten.

Die sittliche Verwahrlosung der Landsknechte erreichte im **Dreißigjährigen Krieg** (1618–1648) ihren traurigen Höhepunkt. Unter dem Krieg und der veränderten Kriegsführung hatte vor allem die Zivilbevölkerung zu leiden. Der kaiserliche Generalissimus Albrecht von Wallenstein (1583–1634) erklärte: »Der Krieg ernährt den Krieg«, und befahl seinen Truppen, sich aus den besetzten Landstrichen zu ernähren.

Der Wandel in militärischer Organisation und Militärtechnik wurde begünstigt durch die Verwendung des Schießpulvers, das angeblich von dem Freiburger Mönch Berthold Schwarz erfunden worden war, in Wirklichkeit aber wohl bereits im 13. Jahrhundert als Antriebsstoff für Raketen benutzt wurde. Es entsteht durch Mischung von Salpeter, Schwefel und zerstoßener Holzkohle. Damit begann das Zeitalter der **Feuerwaffen**, denen weder die eisernen Ritterrüstungen noch die Burgmauern gewachsen waren.

Seit dem Anfang des 14. Jahrhunderts wurden Feuerwaffen verwendet. Die frühen Geschütze, sogenannte Bombarden, schossen sehr ungenau und auch nur in großen zeitlichen Abständen. Als Munition wurden Steinkugeln oder Eisenstücke verwendet. Die Geschütze hatten keine Lafetten. Diese kamen erst am Anfang des 15. Jahrhunderts auf. Ähnlich wie die frühen Kanonen arbeiteten die Handbombarden. Das Pulver wurde mit Hilfe einer Lunte über ein Zündloch entzündet. Zwei Soldaten waren zur Bedienung erforderlich. Die frühen Handfeuerwaffen besaßen wie gesagt so gut wie keine Treffsicherheit, doch gab es bald eine Reihe von Verbesserungen. Der Lauf wurde länger und an einem Holzschaft befestigt. Anfang des 15. Jahrhunderts erfand man Kimme und Korn. Um sicherer zielen und den Rückstoß abfangen zu können, befestigte man am Lauf einen Haken (»Hakenbüchse«) oder legte ihn auf eine Gabel (»Arkebuse«). Es brauchte noch lange Zeit, bis die Feuerwaffen voll funktionsfähig und in die Kampftaktik integriert waren.

Schon die Landsknechtsheere hatten zu einer neuen militärischen Organisationsform übergeleitet. Das **stehende Heer** setzte sich nach früheren Anfängen in **Frankreich**, vor allem unter König Ludwig XIV. (König 1643–1715) und in Burgund, nun allgemein durch und gab den absolutistischen Herrschern ein zuverlässiges Machtmittel in die Hand. Die Soldaten wurden nicht für einen bestimmten Feldzug einberufen und nach dessen Beendigung wieder in ihre Heimat entlassen. Nun blieben sie das ganze Jahr über im Dienst, konnten sich so auf den Kampf vorbereiten und waren für den Monarchen jederzeit verfügbar. Sie lebten in Kasernen und Kasematten. Die gesamte Truppe wurde der ihr zugedachten Aufgabe im Kampf entsprechend gegliedert, einheitlich uniformiert und bewaffnet.

Es versteht sich von selbst, dass diese revolutionäre Neuerung mit gewaltigen Kosten verbunden war. Noch konnte Ludwig XIV. hoffen, das erforderliche Geld durch Eroberungen zusammenzubekommen. Fürs Erste musste die neue Wirtschaftsform des Merkantilismus des Wirtschafts- und Finanzministers Jean-Baptiste Colbert alle Hebel in Bewegung setzen, um möglichst viel Geld in die leere Staatskasse zu bringen. Bekanntlich wurde die Kriegs- und Eroberungspolitik Ludwigs insgesamt ein gigantischer Fehlschlag. Als der König starb, war Frankreich bankrott.

Dennoch, für viele andere Länder Europas wurde Frankreich in militärischer Hinsicht vorbildlich. Das zeigt sich noch immer an den zahlreichen Fachbegriffen, die im Ausland übernommen wurden. So stammen die Wörter »Infanterie« und »Artillerie«, »Bataillon« und »Regiment«, »General« und »Leutnant«, »Patrone« und »Bajonett« aus dem Französischen.

Für die Entwicklung der stehenden Heere in Deutschland wurde vor allem **Preußen** als Vorbild bedeutsam. König Friedrich Wilhelm I. (König 1713–1740) legte im Jahr 1733 durch das Kantonsreglement einheitlich fest, wie künftig die Rekruten ausgehoben werden sollten. Vorher war dies unterschiedlich gehandhabt worden. Das preußische Staatsgebiet wurde in Kantone eingeteilt, die jeweils eine bestimmte Anzahl von Soldaten zu liefern hatten. Allerdings entstand damit keine allgemeine Wehrpflicht, weil viele junge Leute aus beruflichen Gründen – ganz im Sinne der merkantilistischen Wirtschaftsweise – vom Dienst freigestellt wurden. Die Werbung, auch im Ausland, blieb bestehen.

Das Heer selbst wurde durch schärfsten Zwang zusammengehalten. Im Krieg sollte es wie eine Maschine funktionieren. Folglich musste jeglicher soldatische Individualismus durch gnadenlosen Drill unterdrückt werden. Die Soldaten kämpften in einer geschlossenen Linie und feuerten auf Kommando mehrmals in der Minute.

Wichtiges Zwischenglied zwischen dem König und seiner Armee war das **Offizierskorps**. Friedrich Wilhelm I. und Friedrich II. (König 1740–1786) erwarteten vom Adel bedingungslose Treue und widerspruchslose Erfüllung königlicher Befehle. Auf dieser Grundlage entwickelte sich das charakteristische **preußische Standesethos**, das durch Tapferkeit und Opferbereitschaft, gelegentlich aber auch durch mangelnde Eigenverantwortlichkeit gekennzeichnet war.

In diese Zeit fiel die Schaffung einer festen militärischen Organisation mit der Einteilung in Kompanien, Bataillone und Regimenter von bestimmter Größe und nach bestimmten Waffengattungen sowie die Ordnung des militärischen Kassenwesens und der Kriegsgerichtsbarkeit. Als Waffe diente in dieser Zeit gewöhnlich das Vorderlader-Steinschlossgewehr, das nun mit einem Bajonett (Seitengewehr) als Stichwaffe versehen war.

Die Erfolge der preußischen Armee unter Friedrich dem Großen führten in der Folgezeit zur Mythisierung des Königs und der Armee. Die Tatsache, dass Preußen im Siebenjährigen Krieg (1756–1763) am Rand des Abgrunds gestanden hatte, wurde offensichtlich verdrängt. Der Glaube, letzten Endes unbesiegbar zu sein, stand einer kritischen Bestandsaufnahme und einer gründlichen Modernisierung im Weg. Daraus erklären sich u. a. die bitteren militärischen Niederlagen von Jena und Auerstedt gegen Napoleon im Jahr 1806. Die militärische Katastrophe wurde von einer tiefen Bewusstseinskrise begleitet.

In Preußen zwang die Niederlage zu militärischem Umdenken und zu einer Reihe tiefgreifender Reformen auf allen Gebieten des

Staatslebens. Die militärischen Veränderungen sind vor allem mit den Namen Gerhard Johann David von Scharnhorst (1755–1813) und August Neidhardt von Gneisenau (1760–1831) verbunden. Sie orientierten sich an der unkonventionellen Kampfweise der französischen Revolutionstruppen, die mit ungeheurem Patriotismus und einer neuen Taktik ins Feld gezogen waren. Die strengen Linien waren aufgelöst worden; der einzelne Soldat erhielt dadurch größere Freiheit und Verantwortung im Kampf. Entsprechend sollte in Preußen der einzelne Soldat nun nicht mehr nur als Teil einer bewusstlosen Maschinerie, sondern als entscheidungsfähiges Individuum in die Schlacht gehen. Jeder konnte, unabhängig von seiner sozialen Herkunft, Offizier werden, wenn er sich durch Intelligenz und Tapferkeit bewährte.

Der französische Nationalkonvent hatten anlässlich höchster Gefahr für die junge Revolution im Jahr 1793 die »Levée en masse« (Massenaushebung, allgemeine Wehrpflicht) verkündet. Dem französischen Beispiel folgend forderten die Reformer auch für Preußen ein Volksheer mit allgemeiner Wehrpflicht. Sie war zunächst aber nicht zu verwirklichen, weil Napoleon im Frieden von Tilsit im Jahr 1807 die preußische Armee auf 42 000 Mann beschränkt hatte. Nachdem im Jahr 1813 der Befreiungskrieg gegen Napoleon begonnen hatte, wurde im Jahr darauf die **allgemeine Wehrpflicht** folgerichtig durch den preußischen Kriegsminister Hermann von Boyen (1771–1848) eingeführt. Die preußische Wehrmacht gliederte sich fortan in die Linientruppe, die Reserve, die Landwehr und den Landsturm.

Carl von Clausewitz (1780–1831) bestimmte in seinem postum veröffentlichten militärtheoretisch-philosophischen Werk »Vom Kriege« das Verhältnis von Kriegsführung und Politik. Eine überlegte, von tragfähigen ethischen Grundsätzen bestimmte Politik erhielt dabei den Vorrang vor rein militärischen Erwägungen. So ist auch der berühmte, freilich nicht ganz unmissverständliche Satz zu verstehen: »Krieg ist die bloße Fortsetzung der Politik mit anderen Mitteln.«

Im Befreiungskrieg gegen Napoleon wurde im Jahr 1813 von König Friedrich Wilhelm III. die bekannteste deutsche Kriegsauszeichnung, das »Eiserne Kreuz«, gestiftet. Ein anderer ursprünglich preußischer Orden war der im Jahr 1740 von Friedrich II. von Preußen gestiftete »Pour le Mérite« (»Für das Verdienst«), der bis 1918 für besondere militärische Leistungen vergeben wurde. Die im Jahr 1842 durch Friedrich Wilhelm IV. begründete Friedensklasse des »Pour le Mérite« wird seit 1952 in der Bundesrepublik Deutschland wieder verliehen. Das Ordenskollegium von je bis zu 30 deutschen und ausländischen Mitgliedern bestimmt selbstständig durch Kooptation die Neuverleihungen.

Durch das 19. Jahrhundert hindurch blieb das Verhältnis zwischen ziviler und militärischer Macht in Preußen umstritten. Bekannt ist der **Heeres- und Verfassungskonflikt**, der 1862 zur Berufung des Ministerpräsidenten Otto von Bismarck (1815–1898) führte. Die Liberalen wünschten eine der öffentlichen Kontrolle zugängliche militärische Macht, während sich die Konservativen hinter König Wilhelm I. stellten und eine bedingungslose Verfügungsgewalt des Monarchen befürworteten. Der Ministerpräsident erzwang mit diktatorischen Methoden die vom König geplante Heeresvermehrung. Durch die Siege der preußischen Armee gegen Dänemark (1864) und Österreich bzw. den Deutschen Bund (1866) wurde die Frage – gewissermaßen auf dem Schlachtfeld – zugunsten der spätabsolutistisch-monarchischen Lösung entschieden. Das Militär genoss im Staat beachtliche Privilegien.

Dieser Zustand blieb bis zum Ende des Ersten Weltkriegs im Jahr 1918 bestehen. Das Anspruchsdenken der Offiziere setzte sich aber auch in der Reichswehr der Weimarer Zeit fort. Sie betrachteten sich als konservative Elite in einem zumeist unverstandenen und innerlich abgelehnten politischen System. Zu Recht wird in diesem Zusammenhang vom »Staat im Staate« gesprochen. Repräsentant dieser weitverbreiteten Haltung war Hans von Seeckt (1866–1936), der Chef der Heeresleitung der Reichswehr. Durch die Überbewertung alles Militärischen im »Dritten Reich« wurde die Sonderstellung von Offizieren und Soldaten erneut unterstrichen.

Im 19. Jahrhundert erfuhr das Militärwesen verschiedene bemerkenswerte Neuerungen. Im preußisch-österreichischen Krieg von 1866 bewährte sich die Eisenbahn beim Aufmarsch der Truppen. Das neue Zündnadelgewehr gab der preußischen Infanterie gegenüber Österreich erkennbare Vorteile. Es war seit 1827 von Johann Nikolaus von Dreyse (1787–1867) entwickelt worden und gilt als der erste brauchbare Hinterlader. Eine Zündnadel brachte das Zündhütchen und dann das Pulver zur Explosion.

Im Jahr 1829 begann sehr zögernd der Aufbau einer preußischen **Marine**. Im Jahr 1865 – im Zusammenhang mit dem Sieg über Dänemark im Jahr zuvor – verlegte die Flotte ihre Ostseestation von Danzig nach Kiel. Im Jahr 1869 wurde der neue Marinestützpunkt Wilhelmshaven eröffnet. Kurz zuvor hatte Ministerpräsident Otto von Bismarck den ersten Flottenplan vorgelegt. Schiffstechnische Neuerungen wurden auch für den Bau der Kriegsschiffe wichtig. Dazu gehörten der Antrieb mit Dampfmaschinen und der eiserne Schiffsrumpf, die Erfindung der Schiffsschraube durch Josef Ressel (1793–1857) und der Einsatz drehbarer Geschütze auf dem Schiffsdeck.

Die **Humanisierung des Krieges** erscheint als Widerspruch in sich selbst. Letzten Endes geht es ja darum, die gegnerische Macht nachhaltig zu schwächen. Der eigene Vorteil wächst, wenn möglichst viele feindliche Soldaten getötet oder verletzt werden. Die Realität des Schlachtfeldes war brutal. Tote und Verwundete blieben einfach liegen, bis sich irgendwann jemand ihrer erbarmte. Nicht selten wurden sie von Marodeuren ihrer letzten Habseligkeiten beraubt.

Nur vereinzelt gab es Menschen, die aus Mitgefühl oder aus religiösem Antrieb den Verwundeten und Sterbenden Hilfe boten. Dazu gehörte zum Beispiel die aus einer wohlhabenden englischen Familie stammende Florence Nightingale. Mit ihren Helferinnen kümmerte sie sich im Krimkrieg (1853–1856) um verwundete britische Soldaten und bemühte sich, die katastrophalen Verhältnisse in den Lazaretten zu verbessern. Von den Soldaten wurde sie liebevoll als »Lady with the lamp« bezeichnet, weil sie aus Zeitgründen erst am Abend ihre Krankenbesuche machen konnte.

Der Schweizer Henri (Henry) Dunant (1828–1910) erlebte die Schrecken des Kriegs und das Elend der Opfer im Jahr 1859 anlässlich der Schlacht von Solferino. Er hielt sich zu dieser Zeit als Geschäftmann in Oberitalien auf. Hier hatten sich Piemont-Sardinien und Frankreich auf der einen und Österreich auf der anderen Seite einen erbitterten, verlustreichen Kampf geliefert. Seine erschütternden Erlebnisse schilderte Dunant in seinem Buch »Eine Erinnerung an Solferino«. Die Wirkung war so groß, dass im Jahr 1863 das »Internationale Komitee der Hilfsgesellschaften für die Verwundetenpflege« gegründet wurde. Es heißt seit 1876 »Internationales Komitee vom Roten Kreuz« (IKRK). In der »Genfer Konvention betreffend die Linderung des Loses der im Felddienst verwundeten Militärpersonen« von 1864 wurden international verbindliche Schutzvorschriften für Soldaten formuliert. Mehrfach wurden die Bestimmungen aktualisiert und erweitert. Die derzeit gültige Fassung der Genfer Konvention stammt aus dem Jahr 1949.

Das rote Kreuz (**»Rotes Kreuz«**) auf weißem Grund ist bis heute das Erkennungszeichen der Organisation. Es entspricht der Schweizer Nationalflagge in umgekehrter Farbgebung. An Stelle des christlichen Symbols werden seit 1929 in islamischen Ländern der rote Halbmond und im Iran der rote Löwe (offiziell bis 1980), in Israel der rote Davidstern als Symbole entsprechender Hilfsorganisationen verwendet.

Die **Haager Friedenskonferenzen** von 1899 und 1907 in Den Haag in den Niederlanden sollten der friedlichen Lösung von internationalen Streitfällen dienen. Es gelang nicht, die Mächte zur Abrüstung zu bewegen. Die Konferenzen erarbeiten aber Vorschläge zur Friedenssicherung und verbindliche Normen für den Land- und den Seekrieg. Ein Schiedsgerichtshof wurde im Jahr

1900 eingerichtet und sollte künftig helfen, Konflikte zu entschärfen und zu lösen.

Die **Haager Landkriegsordnung** (Abkommen »betreffend die Gesetze und Gebräuche des Landkriegs«) von 1907 schuf international verbindliches Recht. Sie verbot u. a. die Tötung oder Verletzung von Gefangenen und verpflichtete die Unterzeichner, diese »mit Menschlichkeit« zu behandeln. Verboten war auch die Verwendung von Giftgas und vergifteten Waffen sowie der Missbrauch von gegnerischen Uniformen und den Erkennungszeichen des Roten Kreuzes. Unverteidigte Städte und Dörfer durften nicht beschossen werden. Nach der Besetzung eines Landes hatte die Besatzungsmacht die Pflicht, »das öffentliche Leben wieder herzustellen und aufrecht zu erhalten, und zwar (...) unter Beachtung des Landesgesetzes«.

Die Gründung des neuen **Deutschen Reiches** im Jahr 1871 veränderte die geopolitische Situation von Grund auf. Bislang war Deutschland kaum mehr als ein geografischer Begriff gewesen. Der zwischen 1815 und 1866 bestehende Deutsche Bund blieb ein lockerer Zusammenschluss der deutschen Einzelstaaten ohne nennenswerte außenpolitische Bedeutung. Längst lag das Gesetz des Handelns bei den beiden rivalisierenden deutschen Großmächten Österreich und Preußen. Die Niederlage Österreichs im Jahr 1866 bedeutete das Ende des deutschen Dualismus. Österreich konzentrierte seine politischen, vor allem auch außenpolitischen Ambitionen fortan auf den europäischen Südosten.

Deutschland war nun eine wirtschaftliche und militärische Großmacht im Herzen Europas. Hinzu kam, dass es seit den Achtzigerjahren mehrere **Kolonien** erworben hatte, z.B. Deutsch-Südwestafrika, Kamerun, Togo und Deutsch-Ostafrika. Vor allem für Kaiser Wilhelm II. (Kaiser 1888–1918) schienen damit die Voraussetzungen erfüllt zu sein, um sich einen gebührenden Einfluss in der Weltpolitik zu sichern. In diesem Sinne forderte sein Staatssekretär des Äußeren Bernhard von Bülow (1849–1929) im Jahr 1897 in einer Reichstagsrede für Deutschland einen »Platz an der Sonne«.

Um mit den Weltmächten, vor allem mit Großbritannien, konkurrieren zu können, plante der Kaiser den Bau einer mächtigen **Kriegsflotte**. Sie sollte die zweitgrößte der Erde werden. Dabei unterstützte ihn vor allem Admiral Alfred von Tirpitz (1848–1930), der ab 1897 Staatssekretär des Reichsmarineamtes war. Das Flottengesetz von 1898 sah eine mäßige Vergrößerung der Kriegsflotte vor. Anders das zweite Flottengesetz von 1900: Die beabsichtigte Verdopplung der Flotte wurde vom sogenannten »Risiko-Gedanken« bestimmt. Eine kriegerische Auseinandersetzung mit ihr sollte für den Gegner zu einem echten, unkalkulierbaren Risiko werden.

Insbesondere England empfand diese neue Politik als militärische Herausforderung. Die Folge war ein hektisches maritimes Wettrüsten. Das Flottengesetz von 1900 wurde in den Jahren 1906, 1908 und 1912 durch Novellen ergänzt. Seit 1907 hieß die Schlachtflotte Hochseeflotte. Damit wurde deutlich gemacht, dass sie nicht mehr nur der Verteidigung der deutschen Küsten dienen, sondern gegebenenfalls auch im Kampf auf hoher See eingesetzt werden sollte.

Schon hier sei gesagt, dass die deutsche Hochseeflotte im Ersten Weltkrieg zwischen 1914 und 1918 keine in irgendeiner Weise entscheidende Rolle spielte. Sie war nur an einer großen Schlacht beteiligt, nämlich am 31. Mai 1916 vor dem Skagerrak zwischen dem dänischen Jütland und Norwegen. Sicher ist es kein Zufall, dass die Revolution des Jahres 1918 von der kaiserlichen Marine ausging.

Die seit Langem bestehenden politischen Konflikte zwischen Österreich-Ungarn und Serbien führten im Juni 1914 zur Ermordung des österreichischen Erzherzogs Franz Ferdinand in Sarajewo. Das Deutsche Reich unter Wilhelm II. (Kaiser 1888–1918) fühlte sich seinem Bündnispartner im sogenannten »Zweibund« verpflichtet – dies vor allem auch angesichts der drohenden Haltung des Zarentums Russland.

Um einem möglichen Zweifrontenkrieg zuvorzukommen, eröffnete Deutschland den Krieg gegen Frankreich und erzwang den

Durchmarsch durch Luxemburg und Belgien. Auf diese Weise sollte der französische Festungsgürtel im Nordosten des Landes umgangen werden. Der Chef des Generalstabes Alfred von Schlieffen (1883–1913) hatte im Jahr 1905 einen nach ihm benannten Plan entworfen, mit dessen Hilfe im Fall eines Zweifrontenkrieges Frankreich in einer einzigen gewaltigen Umfassungsschlacht niedergerungen werden sollte. Die Voraussetzung dafür, dass dieser Plan gelang, war ein rasches Vorwärtskommen der deutschen Truppen.

Bereits im September 1914 kam der Vormarsch an der Marne nördlich von Paris zum Stehen (»Marnewunder«). Die Truppen mussten sogar zurückgenommen werden. An die Stelle des geplanten und strategisch gebotenen Bewegungskrieges trat nun der für den weiteren Verlauf des Ersten Weltkriegs kennzeichnende **Stellungskrieg**. Die Verteidigungswaffen zeigten sich den Angriffswaffen deutlich überlegen. Das galt vor allem für das neu entwickelte **Maschinengewehr**. Das erste einsatzfähige Modell war im Jahr 1883 dem amerikanischen Elektroingenieur Hiram Stevens Maxim (1840–1916) patentiert worden. Der Rückstoß der Patronenhülse brachte eine automatische Aufeinanderfolge von Laden, Schießen und Ausstoß der leeren Hülse in Gang. Der Gewehrlauf wurde ursprünglich mit Wasser, später mit Luft gekühlt. Wahrscheinlich haben die bis in den Krieg hinein weiterentwickelten Maschinengewehre anteilsmäßig unter den Soldaten die größten Menschenverluste verursacht.

Handgranaten gab es bereits seit dem späten Mittelalter. Hier handelte es sich um mit Lunten (Zündschnüren) versehene Sprengladungen, die mit der Hand ins Ziel geworfen wurden. Massenhafte Verwendung fanden neue Modelle (Stiel- oder Eierhandgranate) mit Abreiß- oder Hebelzündung dann seit dem Ersten Weltkrieg.

Durch **Giftgas**, also chemische Kampfstoffe, sollte nun erreicht werden, was durch herkömmliche Waffen nicht gelang. Erstmals wurde im August 1914 Tränengas von französischen gegen deutsche Truppen eingesetzt. Im April 1915 ließen die Deutschen bei der Zweiten Schlacht von Ypern aus Gasflaschen große Mengen Chlorgas in die feindlichen Linien entweichen. Bei dem Angriff starben rund 5000 französische Soldaten. Später wurde das Gas mit Granaten verschossen. Der Inhalt war an farbigen Kreuzen zu erkennen: »Gelbkreuz« schädigte die Haut, »Blaukreuz« wirkte stark reizend auf die Atmungsorgane, und »Grünkreuz« zerstörte die Lunge. Die chemischen Kampfstoffe verursachten etwa 100000 Tote und 1,2 Millionen Verwundete.

Die Verwendung von Giftgas war eigentlich bereits vor dem Ersten Weltkrieg durch die Haager Landkriegsordnung verboten worden. Das Verbot wurde angesichts der Ereignisse im Krieg durch das Genfer Protokoll von 1925 noch einmal ausdrücklich erneuert. Es galt auch für biologische Waffen. Im Zweiten Weltkrieg wurde es im Großen und Ganzen beachtet. Allerdings verwendete Japan Giftgas und Krankheitserreger im Krieg gegen China. Nach dem Zweiten Weltkrieg wurde Giftgas u. a. durch die USA gegen Nordvietnam im Vietnamkrieg (1964–1975), durch den Irak im Krieg gegen den Iran (1980–1988) und gegen die kurdische Stadt Halabdscha (1988) eingesetzt.

Um die Soldaten gegen feindliche Giftgasangriffe zu schützen, wurden sie mit Gasmasken ausgestattet. Sie gehören bis heute zur Grundausstattung eines jeden Soldaten. Die militärtechnischen Veränderungen und das zeitweilige Gleichgewicht der Kräfte führten dazu, dass der Kriegsverlauf des Ersten Weltkriegs immer weiter industrialisiert wurde. Dadurch entschied er sich ganz wesentlich vom Deutsch-Französischen Krieg der Jahre 1870 und 1871, der das Bewusstsein vieler Offiziere und der Obersten Heeresleitung geprägt hatte. Nicht die Tapferkeit und die Umsicht einzelner Soldaten und Truppenteile standen im Vordergrund, sondern die materielle Überlegenheit durch Waffen und Munition. Das Ergebnis waren mörderische **Materialschlachten**.

Geradezu symbolische Bedeutung gewann die Schlacht von **Verdun** zwischen Februar und Dezember 1916, die zu den verlustreichsten des Ersten Weltkriegs zählte. Die Zahl der Gefallenen in dieser »Knochenmühle« lässt sich nicht mit Sicherheit bestimmen.

Sie dürfte bei mindestens 200 000 Franzosen und Deutschen liegen. Andere Schätzungen nennen wesentlich höhere Verlustzahlen. Der deutsche Oberbefehlshaber Erich von Falkenhayn (1861–1922) sah den militärischen Sinn der Schlacht darin, dass sich hier die französische Armee ausbluten sollte und dadurch ihre Widerstandskraft insgesamt geschwächt werden würde.

Schon bald fanden aber andere Waffen Verwendung, die in der Zukunft den Verteidigungswaffen überlegen sein sollten. Schon vor dem Krieg hatten sich militärische Stellen mit dem neu erfundenen **Flugzeug** befasst und machten sich Gedanken über dessen militärische Verwendung. Zu Kriegsbeginn besaß das Militär 218 Maschinen. Als Haupttypen kamen Aufklärungs-, Jagd- und Großraumflugzeuge, mit denen Bomben abgeworfen wurden, zum Einsatz, letztere freilich erst seit der Mitte des Krieges. Insgesamt wurden in den vier Jahren etwa 44 000 Flugzeuge gebaut.

Der **Panzer**, kurz für Panzerkampfwagen, ist ein stark gepanzertes, in der Regel mit einem Geschütz bestücktes Militärfahrzeug. Erste Pläne zum Bau einer solchen Waffe, die auf den Österreicher Günther Burstyn zurückgingen, entstanden bereits vor dem Ersten Weltkrieg. Die militärischen Führungen in Österreich-Ungarn und Deutschland zeigten aber kein Interesse. Ähnlich verhielt sich die militärische Führung in England. Eine bemerkenswerte Ausnahme bildete Winston Churchill (1874–1965), der Erste Lord der Admiralität, d. h. Marineminister. Er unterstützte den Bau gepanzerter Fahrzeuge und setzte ihn durch. Mit Hilfe der – vermeintlich – nur schwer verwundbaren Kolosse sollte der Krieg, der inzwischen zum Stellungskrieg erstarrt war, wieder in einen Bewegungskrieg übergeführt werden. Die Panzer, die von den Engländern als »Tanks« bezeichnet wurden, erschienen erstmals auf den Schlachtfeldern an der Westfront. Sie wurden von ihnen seit 1916 eingesetzt. Am 20. November 1917 kam es zur ersten großen Panzerschlacht der Geschichte, als bei Cambrai in Nordfrankreich ein geschlossenes englisches Tankkorps mit 375 Panzern durch die deutsche Siegfried-Linie brach.

Das Kriegswesen

Im Zweiten Weltkrieg setzte die deutsche Führung entschieden auf den Ausbau der Panzerwaffe und schuf damit eine der wichtigen Voraussetzungen für die **Blitzkriege** der ersten Kriegsjahre. Organisator der nun als selbstständiger Truppenteil kämpfenden Panzerwaffe war General Heinz Wilhelm Guderian (1888–1954), genannt der »schnelle Heinz«.

Die Kriegsführung zur See wandelte sich insbesondere durch den Einsatz von **Unterseebooten**. Schon seit Langem war versucht worden, ein Schiff zu entwickeln, das unter dem Wasser fahren konnte. Im Jahr 1620 baute der Holländer Cornelis Jacobszoon Drebbel ein solches Fahrzeug. Es erreichte eine Tauchtiefe von fünf Metern. Es war aus Holz gezimmert und mit Ziegenhäuten bespannt. Als Antrieb dienten zwölf Ruderer. Der Amerikaner Robert Fulton (1765–1815), der – nicht ganz zu Recht – als Erfinder des ersten Dampfschiffes gilt, konstruierte um 1800 sein Tauchboot »Nautilus«, das durch eine Drehkurbel angetrieben wurde. Er versuchte Napoleon für sein Projekt zu gewinnen. Dieser Plan scheiterte, weil das Boot für militärische Zwecke zu langsam fuhr. Im Jahr 1851 unternahm der bayerische Artillerieunteroffizier Wilhelm Bauer mit seinem sogenannten »Brandtaucher« in der Kieler Förde den ersten Tauchversuch. Das erste deutsche U-Boot versank, weil sich der Ballast verschoben hatte. Immerhin konnte die dreiköpfige Besatzung lebend geborgen werden. Das älteste noch existierende Tauchboot der Welt ist heute im Militärhistorischen Museum in Dresden zu besichtigen. Eine Nachbildung steht im Deutschen Museum in München.

Am Ende des 19. Jahrhunderts interessierten sich verschiedene Regierungen, insbesondere aus militärischen Gründen, für U-Boote und schrieben entsprechende Wettbewerbe aus. Das erste deutsche U-Boot dieser Art entstand im Jahr 1906. Seit 1910 wurden die Fahrzeuge mit Dieselmotoren ausgestattet. Anfang 1915 verfügte die Kaiserliche Marine über 28 Boote. Sie wurden mit ihren Torpedos vor allem als Waffe gegen die englische Blockade eingesetzt. Als die Oberste Heeresleitung zum 1. Februar 1917, gegen die Einwände der politischen Führung, den uneingeschränkten U-Boot-Krieg befahl, erklärten die USA am 6. April 1917 Deutschland den Krieg.

Die **Uniformierung** der Soldaten wurde bereits nach Kriegsbeginn den neuesten Erfordernissen angepasst. Das einheitliche Feldgrau setzte sich durch. Hinzu kam statt der ledernen Pickelhaube seit Anfang 1916 der vor allem vor Granatsplittern schützende Stahlhelm auf. Tatsächlich ging die Zahl der Kopfverletzungen auffällig zurück. Der Stahlhelm wurde zum Symbol für die Frontkämpfer des Ersten Weltkrieges. So ist es nicht verwunderlich, dass sich der im November 1918 begründete, nationalkonservative Frontkämpferverband »Stahlhelm – Bund der Frontsoldaten« nannte.

Die im Ersten Weltkrieg erkennbar gewordenen Veränderungen der Kriegsführung blieben für Rüstung, Strategie und Taktik der Folgezeit nicht ohne Wirkung. Durch den **Friedensvertrag von Versailles** vom 28. Juni 1919 wurde das Deutsche Reich vorübergehend von dieser Weiterentwicklung ausgeschlossen. Unterseeboote, Flugzeuge und Panzer waren verboten. Die kaiserliche Armee wurde weitgehend demobilisiert und in ein Berufsheer von 100 000 Mann umgewandelt. Sie hieß fortan »**Reichswehr**«. Die Offiziere hatten sich auf 25, die Mannschaften auf 12 Jahre zu verpflichten. So sollte verhindert werden, dass sich eine kriegsverwendungsfähige Reserve bildete, wie es zur Zeit der napoleonischen Besetzung in Preußen nach 1806 der Fall gewesen war.

Im Widerspruch zu den Bestimmungen des Versailler Vertrags bot die Sowjetunion deutschen Offizieren die Möglichkeit, sich auf Flugplätzen und Truppenübungsplätzen in Russland an Flugzeugen und Panzern ausbilden zu lassen. Selbstverständlich waren diese Aktivitäten streng geheim. Diesbezügliche Verlautbarungen und Gerüchte wurden gerichtlich unterdrückt. Zu diesem Zeitpunkt ahnte noch niemand, dass sich die sowjetischen und die deutschen Kameraden eines Tages auf dem Schlachtfeld wiederbegegnen würden.

Allerdings holte Deutschland den Vorsprung der anderen Militärmächte nach der **nationalsozialistischen »Machtergreifung«**

im Jahr 1933 sehr rasch ein. Die Grundlage für den Neuaufbau der Wehrmacht bildete das Gesetz vom 16. März 1935 mit der Wiedereinführung der **allgemeinen Wehrpflicht**. Schon im Februar 1935 hatte Adolf Hitler nach mehr oder weniger geheimen Vorbereitungen die Aufstellung einer eigenen deutschen Luftwaffe angeordnet. Der Reichsminister für Luftfahrt Hermann Göring (1893–1946) wurde zum Oberbefehlshaber bestimmt.

Die durch den Versailler Vertrag erzwungene Rüstungspause verschaffte der deutschen **Wehrmacht**, wie die bisherige Reichswehr nun hießt, einen unvorhergesehenen Vorteil: Sie verfügte zu Kriegsbeginn im Jahr 1939 ausschließlich über modernste Militärflugzeuge und Panzer. Das erklärt u. a. die Blitzfeldzüge der ersten Zeit, die im Übrigen im Gegensatz zum Ersten Weltkrieg ein deutliches Übergewicht der Angriffswaffen, der Panzer und Flugzeuge vor allem, beweisen. Übrigens fand im August 1939 der erste Flug eines Düsenflugzeugs, und zwar der »He 118«, statt. In größerem Umfang wurden Düsenflugzeuge aber erst gegen Ende des Krieges eingesetzt. Sie konnten das Kriegsgeschehen aber nicht mehr entscheidend beeinflussen.

Nach der Weimarer Verfassung von 1919 hatte der Reichspräsident den Oberbefehl über die Streitkräfte. Als Paul von Hindenburg (1847–1934) am 2. August 1934 starb, vereinigte Adolf Hitler in seiner Person das Amt des Reichskanzlers mit dem des Reichspräsidenten unter dem Titel »Führer und Reichskanzler« und ließ die Reichswehr noch am gleichen Tag auf seinen Namen vereidigen: »Ich schwöre bei Gott diesen heiligen Eid, dass ich dem Führer des Deutschen Reiches und Volkes Adolf Hitler, dem Oberbefehlshaber der Wehrmacht, unbedingten Gehorsam leisten und als tapferer Soldat bereit sein will, jederzeit für diesen Eid mein Leben einzusetzen.«

Im Jahr 1938 setzte er an die Stelle des Reichskriegsministeriums das Oberkommando der Wehrmacht (OKW) und trat damit direkt an die Spitze der gesamten Streitkräfte. Im Dezember 1941 übernahm er auch noch das Oberkommando des Heeres (OKH). Die

Spitzengliederung der deutschen Truppen war so ganz auf seine Person zugeschnitten und ermöglichte ihm eine uneingeschränkte Befehlsbefugnis.

Der **Zweite Weltkrieg** (1939–1945) wurde die bislang blutigste Katastrophe der Menschheitsgeschichte. Das lag am Einsatz modernster Vernichtungswaffen, aber auch an der Anzahl der beteiligten Nationen. Die Zahl der Opfer wurde auf insgesamt 55 Millionen geschätzt. So verlor Deutschland rund 4 Millionen Menschen, die Sowjetunion sogar 20 Millionen, Japan 1,8 Millionen, Großbritannien 386 000, die USA 259 000 und Frankreich 250 000.

Der Krieg begann am 1. September 1939 mit dem Angriff der Wehrmacht auf **Polen**. Polen wurde sehr rasch besiegt und gemäß dem **deutsch-sowjetischen Nichtangriffspakt** vom 23. August 1939 von deutschen und sowjetischen Truppen besetzt. Die Teilung Polens war im geheimen Zusatzprotokoll des Vertrages vereinbart worden.

Zwei Tage nach Kriegsbeginn erklärten England und Frankreich aufgrund ihrer Beistandsverträge mit Polen dem Deutschen Reich den Krieg. Zunächst kam es – auch weil die Westmächte unzureichend gerüstet waren – nur zu kleineren Kriegshandlungen. Um den Nachschub an Eisenerz aus Nordschweden zu sichern, griff die Wehrmacht am 9. April 1940 Dänemark und Norwegen an. Dänemark ergab sich kampflos; Norwegen kapitulierte am 9. Juni. Der eigentliche **Westfeldzug** begann erst am 10. Mai 1940 mit dem deutschen Angriff auf Frankreich, Belgien und die Niederlande. Bereits am 22. Juni 1940 musste Frankreich einen Waffenstillstand unterschreiben. Zunächst beabsichtigte Hitler, mit der Wehrmacht in England zu landen und Großbritannien so in die Knie zu zwingen. Da sich diese Operation als undurchführbar erwies, ließ er den Plan fallen und verstärkte nun die Bombardierung Londons und anderer wichtiger englischer Städte.

Im Februar 1941 wurde das **Afrikakorps** aufgestellt, um den italienischen Truppen in Nordafrika zur Hilfe zu eilen. Aus dem gleichen Grund marschierte die Wehrmacht im April 1941 gegen Jugoslawien und Griechenland. Beide Länder mussten kapitulieren und wurden von deutschen Truppen besetzt.

Am 22. Juni 1941 begann der deutsche Angriff gegen die mit dem Reich vertraglich verbundene **Sowjetunion**. Endlich sah Hitler die Gelegenheit gekommen, seine seit Langem propagierte »**Lebensraum-Politik**« zu verwirklichen. Russland sollte unterworfen und zu einem Sklavenstaat gemacht werden. Noch einmal schienen sich die militärischen Erfolge der Blitzkriegszeit zu wiederholen. Entgegen allen Erwartungen gelang es aber nicht, Leningrad (Sankt Petersburg) und Moskau einzunehmen.

Bislang hatte sich der Krieg vor allem in Europa abgespielt. Am Ende des Jahres 1941 vollzog sich aber eine dramatische und folgenreiche Änderung. Seit dem Jahr 1937 führte **Japan** einen Eroberungskrieg in China. Die USA reagierten darauf, indem sie die Einfuhr von kriegswichtigen Rohstoffen, z. B. Erdöl, nach Japan unterbanden. Am 7. Dezember 1941 griff die japanische Luftwaffe den amerikanischen Flottenstützpunkt **Pearl Harbor** auf Hawaii handstreichartig an. Damit hatte der Krieg im Pazifik begonnen. Auf der Grundlage des **Dreimächtepakts** zwischen Deutschland, Italien und Japan vom September 1940 erklärte Hitler am 11. Dezember 1941 den **Vereinigten Staaten von Amerika** den Krieg. Von nun ab stand die stärkste Wirtschafts- und Militärmacht der Erde auf der Seite der Gegner Deutschlands. Es sollte sich zeigen, dass der Eintritt der USA in den Krieg letzten Endes sowohl in Europa als auch im Fernen Osten kriegsentscheidend war.

In Russland zeigte sich, dass Hitler und die militärische Führung die Rote Armee und den Widerstandswillen der Bevölkerung völlig falsch eingeschätzt hatten. Eine gewaltige Katastrophe kündigte sich an, als im November 1942 die deutsche 6. Armee in **Stalingrad** (Wolgograd) an der Wolga von ihren rückwärtigen Verbindungen abgeschnitten und eingekesselt wurde. Nach entsetzlichen Leiden kapitulierte sie Ende Januar/Anfang Februar 1943. Für viele politisch-militärische Beobachter war zu diesem Zeitpunkt klar, das Deutschland den Krieg verloren hatte.

Nun gingen die Alliierten zum Gegenangriff über. Im Mai 1943 kapitulierte das Afrikakorps in Tunis. Im Juni landeten die Alliierten in Sizilien und im September auf dem italienischen Festland. Zum größten Landungsunternehmen der Weltgeschichte wurde die Landung der Amerikaner und Briten am 6. Juni 1944 in der **Normandie** (»D-Day«). Sie eroberten damit eine Basis für den Vormarsch in das besetzte Frankreich.

In der zweiten Hälfte des Krieges gewann der **Luftkrieg** ein bislang noch nicht zu erahnendes Ausmaß. Bomberflotten warfen aus Höhen zwischen 3 000 und 12 000 Metern ihre tödliche Last auf Städte, Verkehrs- und Industrieanlagen. So wurden von 1943 bis 1945 über Deutschland fast 2 Millionen Tonnen Bomben abgeworfen. Viel deutsche Städte sanken in Schutt und Asche. Neben den Bomberangriffen wurden Tiefflüge mit Bordwaffen und Torpedos sowie Sturzangriffe mit besonderen Sturzkampfflugzeugen (»Stukas«) unternommen. In Deutschland kamen durch den Luftkrieg schätzungsweise 593 000 Menschen um. Insgesamt dürfte die Zahl der so zu Tode Gekommenen rund 1,5 Millionen Menschen betragen.

Die politische und militärische Führung versuchte die deutsche Bevölkerung über den Ernst der militärischen Situation und die drohende Niederlage zu täuschen. In der Schlussphase des Kriegs hofften viele Menschen auf die sogenannten »Wunderwaffen«, mit deren Hilfe die überlegenen Angreifer doch noch zurückgeworfen werden sollten. Fieberhaft wurde vor allem an der »V1« und der »V2« gearbeitet. Die Entwicklung fand auf dem Versuchsgelände bei Peenemünde auf der Insel Usedom statt. Das V stand für »Vergeltungswaffe«, die V1 war ein unbemanntes, mit Sprengstoff befrachtetes Raketenflugzeug. Sie wurde seit Juni 1944 eingesetzt und vor allem gegen Antwerpen und London gerichtet. Die V2 war die erste funktionierende Großrakete. Sie wurde mit Alkohol und Sauerstoff angetrieben, erreichte eine Spitzengeschwindigkeit von 5 500 Kilometern pro Stunde und hatte eine Reichweite von 250 bis 300 Kilometern. Wegen ihrer Geschwindigkeit konnte sie – anders als die V1 – nicht abgefangen werden. Auch die V2 wurde vorwiegend auf London und Antwerpen abgeschossen. Sie forderte etwa 8 000 Opfer. Beide Raketenwaffen hatten jedoch für das Kriegsgeschehen insgesamt keine entscheidende Bedeutung.

Zu erwähnen bleibt noch, dass die amerikanische Besatzungsmacht nach dem Krieg etwa 100 Exemplare der V2 nach Amerika verfrachtete. Wernher von Braun (1912–1977), der die Entwicklung in Peenemünde auf Usedom geleitet hatte, und andere Raketentechniker stellten sich den USA zur Verfügung und trieben nach dem Krieg die Weiterentwicklung der Raketen voran. So wurde die V2 u. a. die Vorgängerin der amerikanischen Weltraumraketen. Ähnlich wie die USA hatte sich auch die UdSSR deutsche Raketenspezialisten gesichert. Auch sie wurden bedeutsam für die Entwicklung der sowjetischen Raketentechnik.

Anfang des Jahres 1945 wurde sowohl im Westen als auch im Osten die Reichsgrenze durch alliierte Truppen überschritten. Nun begann der Wettlauf der Alliierten auf die Reichshauptstadt Berlin. Am 25. April 1945 trafen amerikanische und sowjetische Truppen in Torgau an der Elbe aufeinander. Am 30. April beging Adolf Hitler Selbstmord. Am 2. Mai wurde Berlin an die sowjetische Rote Armee übergeben. Die endgültige Kapitulation der Wehrmacht fand am 7. Mai in Reims bzw. am 8. Mai in Berlin-Karlshorst statt. Damit war der Zweite Weltkrieg in Europa zu Ende.

Die japanischen Streitkräfte kapitulierten erst am 2. bzw. 8. September 1945. Nun war auch der pazifische Krieg beendet. Die Amerikaner hatten die Kapitulation durch den Abwurf von **Atombomben** auf Hiroshima und Nagasaki am 6. und 9. August 1945, die 132 000 Tote forderten, erzwungen. Nicht mitgezählt sind die äußerst hohen Verluste durch die Spätfolgen der radioaktiven Verseuchung.

Die **Nachkriegszeit** war zunächst durch die große Kriegsmüdigkeit der Staaten und ihrer Bürger gekennzeichnet. In der Bevölkerung waren pazifistische Ansichten weit verbreitet. Das änderte sich erst, als die Koalition der Siegermächte, insbesondere zwischen den USA und der Sowjetunion, zerbrach und der **Kalte Krieg** begann. Wie groß die Gefahr war, dass sich der kalte zu einem heißen, d. h. mit Waffen ausgetragenen Krieg entwickeln könnte, wurde z. B. bei der **Berliner Blockade** in den Jahren 1948/49 deutlich. Josef Stalin ging dadurch, dass er den Land- und Wasserweg zwischen Westberlin und Westdeutschland sperrte, ein gefährliches Risiko ein. Der Krieg wurde nur deshalb vermieden, weil er den Luftweg offen ließ und weil er den Vereinigten Staaten so die Möglichkeit bot, die Freiheit Westberlins durch die Luftbrücke – ohne militärisches Eingreifen – zu verteidigen.

Der **Koreakrieg** zwischen 1950 und 1953 war der erste der sogenannten **Stellvertreterkriege**. Erstmals kam es hier zu einer blutigen Auseinandersetzung zwischen den beiden entgegengesetzten Blöcken, dem Westen unter amerikanischer und dem Osten unter sowjetischer Führung. Dabei ging es nicht nur um die machtpolitische Vorherrschaft, sondern auch um den Kampf der politischen und wirtschaftlichen Systeme miteinander. Amerika kämpfte für Demokratie und freie Marktwirtschaft, die Sowjetunion für die kommunistische Einparteienherrschaft und für Planwirtschaft.

Der Gegensatz der beiden Weltmächte USA und UdSSR bzw. der beiden rivalisierenden Machtblöcke war auch deshalb überaus gefährlich, weil beide über atomare Vernichtungswaffen verfügten. Wie berichtet, hatten die USA die Atombombe im August 1945 gegen Japan eingesetzt. Seit 1949 verfügt auch die Sowjetunion über die gefährliche Waffe. Die **Wasserstoffbombe** (H-Bombe) verfügte über eine um ein Vielfaches gesteigerte Spreng- und Vernichtungskraft. Die USA zündete sie erstmals im Jahr 1952. Bereits ein Jahr später konnte die Sowjetunion ihre erste Wasserstoffbombe testen.

Sehr bald erkannten die Politiker, welche Gefahren mit dem Besitz und der Verbreitung nuklearer Waffen verbunden waren. Die atomare Bedrohung erzeugte auch tiefe und nachhaltige Ängste in weiten Teilen der Weltbevölkerung. Im Jahr 1963 vereinbarten die Großmächte ein Atomteststoppabkommen. Fortan sollten keine

Atombombenversuche in der Atmosphäre, im Weltall und unter Wasser durchgeführt werden. Unterirdische Tests durften eine bestimmte Stärke nicht überschreiten.

Im Jahr 1968 unterzeichneten die USA, die Sowjetunion und Großbritannien den **Atomsperrvertrag**. Er sollte die weitere Verbreitung der atomaren Rüstung verhindern. Seine Einhaltung wird durch die Internationale Atomenergieorganisation (IAEO), die durch ein Sonderabkommen mit den Vereinten Nationen verbunden ist, regelmäßig kontrolliert. Dennoch ist nicht mit letzter Sicherheit zu sagen, welche Staaten gegenwärtig über Nuklearwaffen verfügen.

Das Deutsche Reich war bei Kriegsende zusammengebrochen, besetzt und geteilt, schließlich völlig entwaffnet worden. Mit dem Inkrafttreten des Grundgesetzes am 23. Mai 1949 enstand aus dem westdeutschen Teil die **Bundesrepublik Deutschland** mit Konrad Adenauer als erstem Bundeskanzler. Auf dem Gebiet der Sowjetischen Besatzungszone wurde am 7. Oktober 1949 die **Deutsche Demokratische Republik** gegründet. Erster Ministerpräsident war Otto Grotewohl. Der sich zwischen den USA und der UdSSR in der Zeit des Kalten Krieges zuspitzende Konflikt bewog die USA, auf die Wiederbewaffnung Westdeutschlands zu drängen. Die Absicht, eine neue deutsche Armee aufzustellen, führte in der jungen Bundesrepublik zu erbitterten innenpolitischen Auseinandersetzungen. Vor allem bei der SPD und bei den Gewerkschaften gab es starke und ernst zu nehmende pazifistische Gegenkräfte.

Der Versuch, eine Europäische Verteidigungsgemeinschaft (EVG) unter Beteiligung Westdeutschlands zu begründen, scheiterte an der Ablehnung durch die französische Nationalversammlung. Als Alternative blieb der Beitritt zur **NATO** (North Atlantic Treaty Organization, Nordatlantikpakt). Am 24. März 1955 stimmte der Bundestag den »Pariser Verträgen« zu. Damit wurde die Bundesrepublik Deutschland Mitglied der NATO. Diese Verteidigungsgemeinschaft war bereits im Jahr 1949 in Washington gegründet worden und richtete sich vor allem gegen die Bedrohung durch die Sowjetunion und ihre Satelliten.

Sogleich begann der Aufbau der **Bundeswehr**, deren Stärke auf 12 Divisionen mit 500 000 Mann geplant war. Im Juni 1956 wurde das Gesetz über die **allgemeine Wehrpflicht** beschlossen. Nach dem Grundgesetz der Bundesrepublik Deutschland liegt die Befehlsgewalt über die Streitkräfte in Friedenszeiten beim Bundesverteidigungsminister, im Verteidigungsfall beim Bundeskanzler. Ganz bewusst distanzierte sich die Bundeswehr von der inneren Struktur und vom Geist der Wehrmacht. Als Leitbild gilt der »Bürger in Uniform«. Die demokratischen Rechte, z. B. das Beschwerderecht des Soldaten, werden durch die innere Führung garantiert.

Als Gegengewicht zur NATO schlossen die Ostblockstaaten, unter ihnen die Deutsche Demokratische Republik, im Mai 1955 den **Warschauer Pakt**. Mit dem Aufbau der **Nationalen Volksarmee** (NVA) begann im anderen Teil Deutschlands offiziell die Wiederbewaffnung. Schon zuvor hatte es militärähnliche Verbände in der sogenannten Kasernierten Volkspolizei (KVP) gegeben. Die allgemeine Wehrpflicht wurde aber erst 1962 eingeführt.

Die NVA begründete eine eigene militärische Tradition. Vorbilder waren die Kämpfer des großen deutschen Bauernkrieges von 1524/25, der Befreiungskriege gegen Napoleon 1813/15 sowie der Revolutionskämpfe von 1848/49 und 1918/19. Die Soldaten der Brigaden im Spanischen Bürgerkrieg zwischen 1936 und 1939 kamen hinzu. An die preußische Armee erinnerten der Große Zapfenstreich und der Stechschritt (Exerzierschritt). Nach der Wiedervereinigung wurde die NVA aufgelöst. Nur ein Teil der Offiziere und Soldaten, etwa 20 000 Mann, konnte von der Bundeswehr übernommen werden. Das Material wurde zu einem kleinen Teil weiterverwendet, verkauft (z. B. Schützenpanzer an die Türkei) oder vernichtet.

Seit 2001 können Frauen uneingeschränkt in der Bundeswehr dienen. Das war vorher nur im Sanitätsdienst und bei der Militärmusik möglich.

Durch die **Wiedervereinigung** Deutschlands sowie die Auflösung der Sowjetunion und des Warschauer Pakts veränderten sich die Aufgaben der Bundeswehr. So wurde heftig darüber diskutiert, ob sie außerhalb des NATO-Vertragsgebietes (»out of area«) eingesetzt werden dürfe. Eine Klärung erfolgte durch das Urteil des Bundesverfassungsgerichtes von 1994. Einsätze außerhalb des Vertragsgebietes der NATO bedürfen aber der Zustimmung des Bundestages.

Schon vor dieser Zeit hatte sich die Bundeswehr vielfach an humanitären und an Sicherungsaktionen beteiligt. Besonders erwähnenswert ist der erste Kriegseinsatz der Bundesluftwaffe im Jahr 1999 unter NATO-Kommando gegen Jugoslawien. Unter anderem war die Bundeswehr im Rahmen friedenserhaltender Maßnahmen in Afghanistan (ISAF, International Security Assistance Force der Vereinten Nationen) bis Ende 2014 im Einsatz. Im Kosovo auf dem Balkan (KFOR, Kosovo Force der NATO) übernimmt sie Schutz- und Hilfsfunktion.

Militarismus oder Staatsräson?
Das Beispiel Preußen

Unter den deutschen Territorien verdient Brandenburg-Preußen besonderes Interesse. Das karge und abgelegene Land entwickelte sich über die Generationen zu einer wichtigen Großmacht. Der Große Kurfürst Friedrich Wilhelm (Kurfürst 1640–1688), König Friedrich Wilhelm I. (König 1713–1740) und Friedrich II. genannt der Große (König 1740–1786) leisteten dazu ihren jeweils besonderen Beitrag. Ebenso bedeutsam war freilich, dass Preußen im 19. Jahrhundert nach dem Versuch der nationalen Einigung unter österreichischer Führung an die Spitze Deutschlands trat und durch die Reichsgründung im Jahr 1871 schließlich die mächtige Führungsmacht im neuen Deutschen Reich wurde. Der Realpolitiker Otto von **Bismarck** hatte klug und intrigant zugleich die günstige gesamtpolitische Lage genutzt, um die Einigung herbeizuführen.

Tatsächlich trug das Deutsche Reich in der folgenden Zeit, vor allem bis zum Untergang der Monarchie im Jahr 1918, ein deutlich preußisches Gepräge. Die Nationalsozialisten versuchten, das preußische Erbe ihren Vorstellungen dienstbar zu machen. Der durch sie verschuldete Untergang des Deutschen Reiches, seine Besetzung durch alliierte Truppen und seine Zerstückelung bedeuteten das Ende des preußischen Staates. Offiziell wurde er durch den alliierten Kontrollrat im Jahr 1947 für aufgelöst erklärt.

Für die Alliierten, aber auch für viele innerdeutsche Kritiker, galt Preußen als Hort des **Militarismus**. Allerdings war diese Auffassung nicht neu. In einem alten französischen Konversationslexikon stand schon geschrieben: »Preußen: Ein Königreich, das durch Kriege und Räubereien gewachsen ist.« Seit Friedrich Wilhelm I. hatte die Armee in dem kargen Land eine unverhältnismäßig wichtige Rolle gespielt. Hinzu kam, dass immer wieder auf die aggressive Expansionspolitik verwiesen wurde, die das kleine Preußen zum größten Staat in Deutschland gemacht hatte. Nach der Reichsgründung umfasste es zwischen der französischen Grenze im Westen und der russischen Grenze im Osten zwei Drittel der Gesamtfläche Deutschlands.

Die Geschichte, soweit sie uns hier betrifft, begann mit dem Kurfürsten Friedrich Wilhelm von Brandenburg, dem Großen Kurfürsten (Kurfürst 1640–1688), der ab 1643/44 ein schlagkräftiges Heer aufzubauen begann und damit den Grundstein für die spätere brandenburgisch-preußische Armee legte. Schon zu seiner Zeit waren die brandenburgischen Territorien stark zersplittert. Weit im Westen lagen das seit 1614 zu Brandenburg gehörige Herzogtum Kleve und die Grafschaften Mark und Ravensberg. Zum brandenburgi-

Das Beispiel Preußen

schen Stammland gab es keine territoriale Verbindung. Im Westfälischen Frieden (1648) erwarb der Große Kurfürst Magdeburg, Halberstadt, Kammin, Minden und Hinterpommern.

Seit 1618 war das Herzogtum (Ost-)Preußen mit Brandenburg vereint. Noch 1656 hatte der Große Kurfürst aber die Lehnsabhängigkeit von Polen anerkennen müssen. Allerdings gelang es ihm, nach dem Nordischen Krieg im »Frieden von Oliva« im Jahr 1660 die uneingeschränkte Souveränität über Preußen zurückzuerlangen. Auch zwischen Brandenburg und Preußen gab es keine Landverbindung.

Das Herzogtum Preußen lag außerhalb der Grenzen des Heiligen Römischen Reiches Deutscher Nation. Dieser Umstand ermöglichte es dem preußischen Kurfürsten Friedrich (Kurfürst 1688–1713), bei Kaiser Leopold I. gegen außenpolitische Zugeständnisse die Erhöhung zum König durchzusetzen. Das Königtum bezog sich aber nur auf das außerhalb der Reichsgrenzen liegende Preußen. Folgerichtig trug der eitle und auf Repräsentation versessene König nun den offiziellen Titel »König in Preußen«. Er krönte sich im Januar 1701 in Königsberg selbst.

Der eigentliche Begründer der preußischen Militärmacht und des so charakteristischen preußischen Staatsethos ist freilich König Friedrich Wilhelm I. (König 1713–1740). Er verabscheute den Luxus und den leichtfertigen Lebenswandel seines Vaters und der höfischen Gesellschaft und errichtete ein strenges, asketisches Regiment. Als »Amtsmann Gottes« fühlte er sich für sein Land und seine Untertanen verantwortlich. Im Sinne des herrschenden Absolutismus war er aber nicht bereit, die königliche Macht mit anderen zu teilen. Friedrich Wilhelm I. vergrößerte während seiner Regierungszeit das Heer von 38 000 auf über 80 000 Mann, was das vergleichsweise arme Staatswesen bis an den Rand seiner finanziellen Möglichkeiten belastete. Nur mit äußerster Sparsamkeit waren die Mittel zu beschaffen.

Bekannt ist die geradezu närrische Liebe des Königs zu den »langen Kerls«, der Riesengarde in Potsdam. Angeblich war keiner der

Soldaten kleiner als 1,88 Meter. Der Flügelmann Jonas maß 2,55 Meter. Es versteht sich von selbst, dass sich um dieses Riesenspielzeug allerlei Anekdoten bildeten. Eines Tages stürzte der kurz vor der Fertigstellung stehende Turm der Petrikirche in sich zusammen. Man meldete dem König das große Unglück. »Ach so«, bemerkte der beruhigt, »ich dachte Wunder, was es wäre, und glaubte der Flügelmann sei tot.«

Um die Heeresvermehrung durchführen zu können, musste das Aushebungsverfahren grundlegend modernisiert werden. Das **Kantonsreglement** von 1733 schuf eine praktikable Lösung. Es verordnete: »Alle Einwohner des Landes sind dem Regiment obligieret, zu dessen Kantonsdistrikt die Feuerstelle gehört, auf der sie geboren sind.« Der erste flüchtige Eindruck legt die Auffassung nahe, es handele sich hier um die Einführung der allgemeinen Wehrpflicht. Doch das ist nicht der Fall. Zwar wurden den einzelnen Regimentern Rekrutierungsbezirke (Kantone) zugewiesen, aus denen sie ihren militärischen Nachwuchs ausheben sollten. Jedoch mussten bei Weitem nicht alle jungen Männer ausrücken. Soweit ihre berufliche Tätigkeit im Sinne der Staatsräson wichtiger schien als ihr Militärdienst, wurden sie davon befreit. »Demnach war nur der Ausschuss, nicht selten der Kriminelle, den man zur Besserung ins Heer steckte, für die Wehraufgabe frei.«[7]

Weil die Kantone nicht genug Soldaten lieferten, musste immer noch auf die seit Langem übliche Werbung zurückgegriffen werden. Freiwillige ließen sich oft nicht finden, weil man wusste, wie es bei der brandenburgischen Armee zuging. Also halfen nur Überredung und List: »Bei einem Tischlermeister in Jülich, einem sehr großen Manne, der schon längst auf der Liste der Werber stand, wurde für einen im dortigen Regimente gestorbenen Flügelmann ein Sarg bestellt. Bei der Ablieferung findet der Hauptmann den Sarg zu kurz. O, sagt der Tischler, der Sarg ist zwei Zoll länger, als er bestellt ist. Dann müsste er ja, sagt der Hauptmann, lang genug für Euch sein? Das wollen wir gleich sehen, antwortet der Tischler und legt sich der Länge nach in den Sarg. Darauf hatte der Hauptmann gewartet. Rasch springen einige Grenadiere hinzu, heben den Deckel auf den Sarg, nageln ihn fest, und fort geht's auf einem Wagen bis vor das Tor der Stadt. Dort öffnet man den Sarg, um den gefangenen Flügelmann weiter zu transportieren, allein der Tischler war tot ...«[8]

Es ist kein Wunder, wenn die auf diese Weise zusammengebrachte Armee in sich recht uneinheitlich war. Äußerste **Disziplin** und oft brutaler Zwang halfen, die Regimenter zu schlagkräftigen Instrumenten zu formen. Dennoch ließen sich Flucht, Selbstmorde und Selbstverstümmelungen nicht vermeiden. Wer sich unerlaubt von der Truppe entfernt hatte, wurde durch Spießrutenlaufen bestraft. Die Soldaten wurden in zwei Reihen aufgestellt und mit einen Knüppel bewaffnet. Der Delinquent musste durch die Gasse hindurchgehen und erhielt von allen einen kräftigen Hieb.

Der Soldat hatte nicht zu denken, sondern zu gehorchen. In der Schlacht war er nur ein winziger Teil einer großen Kriegsmaschinerie. Ein österreichischer Offizier hat seinen Eindruck von dieser Armee in der Schlacht bei Mollwitz in der Nähe von Breslau (1741) so niedergeschrieben: »Ihre Haltung war bewundernswert, trotz dem unausgesetzten Feuer, das sie unsererseits auszuhalten hatten; sie formierten sich trotzdem in der schönsten Ordnung (...). Diese ganze große Front schien wie von einer einzigen Triebkraft bewegt. Sie rückte Schritt für Schritt mit überraschender Gleichförmigkeit vor (...). Sobald sie in richtiger Schussweite waren, verstummte ihr Gewehrfeuer keinen Augenblick und glich dem unaufhörlichen Rollen des Donners. Sobald sie in unsrem Gesichtskreis Bewegungen machten, führten sie diese mit solcher Schnelligkeit und Genauigkeit aus, dass es eine Freude zu sehen war; sobald ein Mann fiel, trat ein anderer an seine Stelle, kurz sie haben ihre Sache gut gemacht.«

All das war auf dem Kasernenhof hundert- und tausendmal geübt worden. Die eiserne Disziplin sorgte dafür, dass die Maschine funktionierte; eigenes Räsonieren störte nur. Bereits 1698 hatte der General Leopold von Anhalt-Dessau, genannt »der alte Dessauer«, in seinem Regiment den Gleichschritt und den eisernen Ladestock, zwei wegweisende Neuerungen, eingeführt. Mit Hilfe dieses Ladestocks schoss der preußische Soldat um 1740 vier- bis fünfmal in der Minute. Das steigerte sich in den folgenden Jahrzehnten bis zu siebenmal. In diesem Zusammenhang muss man sich daran erinnern, dass es sich bei den Infanteriegewehren um Vorderlader handelte: Papierpatrone aufreißen, Pulver in den Lauf, Kugel in den Lauf, mit dem Ladestock bis zum Anschlag gestoßen, Gewehr an die Schulter, Schuss ...

Friedrich Wilhelm I. regierte absolutistisch und in vielem mit erschreckender Brutalität. Die Souveränität des Königs und die Autorität des Staates sollten wie ein »rocher von bronce« (»ein Fels aus Bronze«) dastehen. Die Mitwirkung der Stände oder gar deren Opposition wurde gegebenenfalls mit Gewalt unterdrückt. Der brandenburgisch-preußische Adel erhielt eine Aufgabe, die ihn von anderen Bestrebungen ablenken sollte: Königsdienst war Dienst in der Armee. Vom adeligen Offizier wurde bedingungs- und widerspruchsloser Einsatz für König und Vaterland – unter Umständen mit dem Opfer des eigenen Lebens – erwartet. Keine Adelsfamilie konnte sich diesem Anspruch entziehen, und bald wurde das vom König geforderte und mit Energie anerzogene **Standes- und Pflichtethos** internalisiert von Generation zu Generation weitergetragen. Es versteht sich von selbst, dass dieses Ethos auch in der preußisch dominierten kaiserlichen Armee nach 1871, schließlich dann in der Reichswehr und in der Wehrmacht weiterwirkte.

In der Zeit des Nationalsozialismus zeigt der preußische Gedanke ein doppeltes Gesicht: Auf der einen Seite begegnen uns bedingungslose Pflichterfüllung und unerbittliche Disziplin. Auf der anderen Seite stehen diejenigen Offiziere, die klar erkennen, dass hier das überkommene preußische Offiziers- und Soldatenethos pervertiert und für verbrecherische Zwecke missbraucht wurde. Das alte Preußen symbolisierte sich sowohl im »Tag von Potsdam«, der legendären Reichstagseröffnung in der Garnisonskirche, also an den Gräbern der preußischen Könige Friedrich Wilhelms I. und Friedrichs des Großen am 21. März 1933, als auch im militärischen Widerstand gegen Hitler, vor allem, aber nicht nur, am 20. Juli 1944 durch das Attentat des Offiziers Claus Schenk Graf von Stauffenberg. Friedrich Wilhelm I. war dafür verantwortlich, dass das gesamte, auch das zivile Leben in Preußen einen streng militärischen Anstrich erhielt. Insofern ist er der Vater des **preußischen Militarismus**. Zu seiner Ehrenrettung sei aber gesagt, dass er im Grunde seines Herzens ein friedliebender Monarch war und sich außenpolitisch sehr zurückhielt. Friedrich Wilhelm beteiligte sich ohne besonderes Engagement am Nordischen Krieg (1700–1721) und am Spanischen Erbfolgekrieg (1701–1714). Allerdings gewann er so Vorpommern mit Stettin (1720). In seinem politischen Testament gab er seinem Nachfolger diesen Rat: »Fanget niemalen einen ungerechten Krieg an!«

Als nach seinem Tod Friedrich II. (König 1740–1786) den Thron bestieg, deutete alles auf eine grundlegende Veränderung in Brandenburg-Preußen. Dem feinsinnigen Kronprinzen war die rohe Lebensart seines Vaters zutiefst zuwider. Er beschäftigte sich mit Philosophie, Literatur und Musik, mit all den Dingen, die in den Augen Friedrich Wilhelms nutzloser Zeitvertreib waren.

Bekanntlich plante der junge Friedrich im Jahr 1730 mit seinem Freund Hans Hermann von Katte die Flucht nach England, weil er die Erniedrigungen durch seinen Vater nicht mehr ertragen konnte. Die beiden wurden gefasst und vor ein Kriegsgericht gestellt. Der König ließ Leutnant Katte vor den Augen seines Freundes hinrichten. Sehr bald zeigte sich, dass die Welt den jungen König falsch eingeschätzt hatte und dass er willens – vielleicht auch skrupellos genug – war, das militärische Instrument, das ihm sein Vater hinterlassen hatte, zu nutzen. Später kommentierte er die nun rasch einsetzende Kriegspolitik mit den Worten: »Meine Jugend, der Leidenschaft Feuer, Begierde nach Ruhm, endlich ein geheimer Instinkt und das Vergnügen, meinen Namen in den Zeitungen und auch wohl künftig in der Geschichte zu erblicken, das alles hat mich verführt.«

Rasch bot sich eine außenpolitische Situation, die schnelles Handeln erzwang. Kaiser Karl VI. (Kaiser 1711–1740) hatte versucht, durch zähe diplomatische Verhandlungen die europäischen Mächte für die Anerkennung der »Pragmatischen Sanktion« (1713) zu gewinnen. Abweichend von der überkommenen Regelung sollte dadurch einer Frau, nämlich seiner Tochter Maria Theresia, die Nachfolge auf dem Kaiserthron ermöglicht werden. Als der Kaiser gestorben war und Maria Theresia (Kaiserin 1740–1780) ihre Herrschaft antrat, war der Konflikt unvermeidbar. Bayern erneuerte seine Ansprüche auf den habsburgischen Besitz. Andere Länder fühlten sich nicht mehr an frühere Abmachungen gebunden, vor allem wohl deshalb, weil sie die neue Kaiserin als schwach einschätzten und bei der Verteilung des österreichischen Erbes nicht leer ausgehen wollten. Friedrich II. handelte sofort. Er versprach Maria Theresia politische und militärische Unterstützung – wenn sie einen Teil der österreichischen Provinz Schlesien an Preußen abtreten würde. Der König versuchte seine Besitzansprüche mit dem juristisch untermauerten Hinweis auf altes brandenburgisch-preußisches Recht zu begründen. Die Nachprüfung hat längst ergeben, dass diese an den Haaren herbeigezogen und völlig unberechtigt waren. Als Maria Theresia auf das preußische Ansinnen nicht einging, ergriff König Friedrich die Initiative und marschierte in Schlesien ein. Der **Erste Schlesische Krieg** (1740–1742) hatte begonnen.

Historiker haben darauf hingewiesen, dass sich sein widerrechtliches Vorgehen nicht von dem unterschied, das andere Monarchen, z. B. Ludwig XIV. von Frankreich oder Karl XII. von Schweden praktizierten. Die kalte, zweckbestimmte Territorialpolitik entsprach dem Geist der Zeit. Immerhin wollten ja auch andere Mächte sich ihren Teil im Kampf gegen Maria Theresia sichern. Das Verhalten des preußischen Königs unterschied sich von dem der anderen nur durch den raschen und entschlossenen Zugriff.

Im Frieden von Breslau (1742) musste Maria Theresia, um Zeit zu gewinnen und neue Kräfte zu sammeln, fürs Erste auf Schlesien verzichten. Friedrich hatte eine neue, eine reiche Provinz erobert.

Allerdings war dieser Besitz noch keineswegs sicher, und so wagte Friedrich einen weiteren Feldzug. Auch dieser **Zweite Schlesische Krieg** (1744–1745) endete sieghaft. Im Frieden von Dresden musste Österreich erneut auf Schlesien verzichten. Maria Theresia unternahm aber noch einen weiteren, entscheidenden Versuch, das verlorene Land zurückzugewinnen und den kriegslüsternen Preußen in die Schranken zu weisen. Ihr Staatskanzler Graf Wenzel Anton von Kaunitz schmiedete in zähen Verhandlungen eine Koalition gegen Friedrich II., die Erfolg versprach. Ihm gelang es, die alte Feindseligkeit zwischen Österreich und Frankreich durch ein Bündnis zu beenden. Schließlich kam Russland noch hinzu. Das erklärte Ziel war die Rückgewinnung Schlesiens. Auch diesmal handelte Friedrich kurzentschlossen. Um der entstehenden Koalition zuvorzukommen, griff er im August 1756 überraschend Sachsen an. Das Ereignis ist deshalb bemerkenswert, weil es sich hier nicht um einen Verteidigungs-, sondern unzweifelhaft um einen Präventivkrieg (lat. »praevenire« = zuvorkommen), d. h. um einen Angriffskrieg handelte. Er war nicht nur eine militärische Herausforderung, weil sich die preußische Armee einer weit überlegenen Heeresmacht aus österreichischen, sächsischen, russischen, französischen und schwedischen Kontingenten sowie Reichstruppen gegenüber sah. Die Gegner hatten es nun auch leicht, Preußen und Friedrich II. als Rechtsbrecher zu brandmarken. Folgerichtig erklärte der Reichstag in Regensburg sein Vorgehen als Landfriedensbruch und befahl die Reichsexekution gegen Brandenburg-Preußen.

Hier geht es nicht darum, die Geschichte des **Siebenjährigen Krieges** (1756–1763) in aller Ausführlichkeit zu schildern, abzuwägen, ob Friedrich II. der geniale Feldherr war, für den er oft gehalten wurde. Wir wissen, dass der Krieg für die betroffenen Länder, insbesondere aber für Brandenburg-Preußen eine große Belastung war. Mehr als einmal stand es am Rande des Abgrunds. Alles deutete darauf hin, dass es der Übermacht der Feinde auf Dauer nicht würde standhalten können. Friedrich hielt durch und forderte von seinen Untertanen – ob Soldaten oder Zivilisten – das Letzte. Noch klingt uns das Wort im Ohr, das er seinen Infanteristen in der Schlacht bei Kolin (1757) zurief: »Ihr Rackers [Henkersknechte], wollt ihr ewig leben?«

Freilich erlebte der große Heros selbst Phasen tiefster Niedergeschlagenheit. So schrieb er im August 1759 nach der Schlacht bei Kunersdorf gegen Russen und Österreicher an den Minister Carl Wilhelm von Finkenstein: »Das ist ein grausamer Umschlag, und ich werde es nicht überleben; die Folgen dieses Ereignisses werden noch schlimmer sein als dieses selbst. Ich habe keine Hilfsmittel mehr, und, um nicht zu lügen, ich glaube, dass alles verloren ist; ich werde den Untergang meines Vaterlandes nicht überleben. – Adieu für immer!« Preußen überlebte diesen fürchterlichen Krieg – und nicht nur das: Am Ende gehörte es zum »Konzert der Fünf«, zum engen Kreis der europäischen Großmächte (Österreich, Preußen, Frankreich, England, Russland). Das, was Friedrich II. gedacht und getan hatte, schien – vom Ergebnis her – gerechtfertigt.

Allerdings muss der Ehrlichkeit halber darauf verwiesen werden, dass Preußen »das Mirakel des Hauses Brandenburg« zugute kam. Im Jahr 1762 war die russische Zarin Elisabeth (Kaiserin 1741–1761), die den preußischen König gehasst hatte, gestorben. Nun kam Peter III., ein glühender Verehrer Friedrichs II., auf den russischen Thron. Er schloss sofort Frieden mit Preußen und vereinigte sich mit dem bisherigen Feind sogar in einem Bündnis. Zwar wurde Peter III. bereits nach einem halben Jahr ermordet, seine Gemahlin und Nachfolgerin Katharina II. kündigte das Bündnis mit Preußen auf, trat aber nicht von Neuem in den Krieg ein. Das wohl auch deshalb, weil sich bei allen beteiligten Mächten inzwischen eine tiefe Kriegsmüdigkeit eingestellt hatte. Im Frieden von Hubertusburg bei Leipzig (1763) mit Österreich und Sachsen wurde die Abtretung Schlesiens an Preußen endgültig besiegelt.

An der Außen- und Kriegspolitik Friedrichs II. scheiden sich bis zum heutigen Tag die Geister. Viele Historiker sahen in ihm den Vertreter wohl begründeter preußischer Interessen. Mit Klugheit und Energie habe er seinem Land gedient, eine reiche Provinz eroberte und Brandenburg-Preußen in den Kreis der europäischen Großmächte geführt. Ohne die Mittel der Diplomatie und eben auch des Krieges hätte all das nicht verwirklicht werden können. Letzten Endes habe auch für den Verfasser des »Antimacchiavell« der Grundsatz gegolten: »Der Zweck heiligt die Mittel!«

Es ist verständlich, dass das Urteil aus österreichischer oder großdeutscher Sicht anders ausfallen musste. Das hängt auch damit zusammen, dass Kaiserin Maria Theresia eine kluge und tatkräftige Monarchin war, die sich zu Recht große Sympathien und in der Auseinandersetzung mit Friedrich II. tiefes Mitleid erwarb. Friedrich erschien als Räuber. In den drei schlesischen Kriegen wurden auch Teile der österreichischen Kronländer verwüstet. Tausende und Abertausende von Offizieren und Soldaten blieben auf dem Schlachtfeld.

Wenn von preußischem Militarismus in der Zeit Friedrichs II. die Rede ist, muss aber noch ein letztes Kapitel nachgetragen werden. Noch immer hatte Preußen kein territorial in sich geschlossenes Staatsgebiet. In der Mitte lag der große Block mit dem Stammland Brandenburg, mit Pommern und nun auch mit Schlesien. Das Königtum (Ost-)Preußen war durch das Königreich Polen davon getrennt.

Die innere Schwäche dieses Landes weckte die Begehrlichkeit seiner mächtigen Nachbarn. Die russische Zarin Katharina II. gewann zunächst Friedrich II. von Preußen, dann Kaiserin Maria Theresia im Jahr 1772 für eine erste **Teilung des polnischen Staates**. Preußen erhielt u. a. Westpreußen und Ermland und damit die seit Langem erhoffte Landbrücke zwischen Brandenburg bzw. Pommern und Ostpreußen. Das Ereignis ist deshalb bemerkenswert, weil sich hier das bestätigt, was an anderer Stelle bereits gesagt wurde: Kühl räsonierend wird eine günstige außenpolitische Situation ohne moralische Rücksichtnahme ausgenutzt. Das vermeintliche Staatsinteresse geht allem anderen vor – und das eben nicht nur bei dem »Raubstaat« Preußen, sondern auch bei Österreich und Russland.

Natürlich wurden auch hier »Gründe« vorgebracht. Friedrich fand sie im desolaten Zustand des polnischen Staates und der polnischen Gesellschaft: »Ich bemitleide die Weltweisen, die sich für dieses Volk verwenden, das in jeder Hinsicht so verächtlich ist (...). Polen kennt weder Gesetz noch Freiheit; die Regierung ist zur Willkür und Anarchie entartet; der Adel übte die grausamste Tyrannei über seine Leibeigenen aus. Mit einem Worte, Polen hat die schlechteste Regierung in Europa mit Ausnahme der Türkei.«

Zur Ehrenrettung von Maria Theresia sei gesagt, dass sie sich bis zuletzt heftig gegen die Teilungspläne, die sie für rechtswidrig und ungerecht hielt, sträubte. Doch unter dem Druck der Verhältnisse, auch im eigenen Land, musste sie nachgeben. Friedrich kommentierte ihr Verhalten mit dem ihm eigenen Zynismus: »Die Kaiserin Katharina und ich, wir sind wie zwei Seeräuber, aber jene fromme Kaiserin und Königin, wie hat sie es mit ihrem Gewissen vereinbart? – Sie weint, aber sie nimmt.«

Die Geschichte der Auflösung des polnischen Staates ist damit nicht beendet. In den Jahren 1793 und 1795 kam es zu zwei weiteren Teilungen. Seit 1795 gab es keinen polnischen Staat mehr. Der Vollständigkeit halber sei hier ergänzt, dass er erst am Ende des Ersten Weltkrieges neu begründet wurde. Selbstverständlich haben die zweite und die dritte polnische Teilung nichts mehr mit Friedrich II. zu tun. Er war bereits 1786 gestorben.

Der **preußische Mythos**, der vor allem auch mit seiner Person verbunden war, wirkte fort und prägte die öffentliche Meinung innerhalb und außerhalb von Preußen. Da gab es einen Staat im Nordosten des Reiches, der ein Heer von inzwischen 180 000 Soldaten unterhielt, das eigentlich seine finanzielle Leistungskraft überforderte. Dieses Heer war unbesiegbar, weil sowohl das Offizierskorps und die Soldaten als auch die gesamte Bevölkerung des Staates sich einem unerbittlichen Staats- und Pflichtethos unterwarfen. Die Könige – gemeint sind Friedrich Wilhelm I. und Friedrich II. – waren mit gutem Vorbild vorangegangen. Ihr Leben war Arbeit und Pflichterfüllung gewesen. Friedrich hatte dies in dem geflügelten Wort zusammengefasst: »Ich bin der erste Diener meines Staates.«

Bei der Bewertung Preußens und seiner Könige kam im 20. Jahrhundert ein neuer Aspekt ins Spiel: Für die Alliierten galt es als bewiesen, dass eine direkte Linie von Friedrich II. über Otto von Bismarck und Kaiser Wilhelm I. zu Adolf Hitler führte. Die unheilvolle Entwicklung des preußisch-deutschen Militarismus, die spätestens mit dem Soldatenkönig Friedrich Wilhelm I. begonnen hatte, endete in der Menschheitskatastrophe des Zweiten Weltkriegs. Der Kult, den die Nationalsozialisten mit dem preußischen König trieben, begünstigte eine solche Auffassung. Vorarbeit hatte bereits der vierteilige erste deutsche Monumentalfilm »Fridericus Rex« von 1922/23 geleistet. Der Hauptdarsteller Otto Gebühr sah Friedrich II. so ähnlich, dass das Publikum ihn ohne Mühe mit dem Preußenkönig identifizieren konnte. Die zahllosen Zuschauer reagierten begeistert. In einer Zeit politischer Ohnmacht bot der Film die Möglichkeit, von preußisch-deutscher Größe zu träumen.

Der Film »Der Choral von Leuthen« kam Anfang des Jahres 1933 in die Kinos. Er erinnerte an die legendärste Schlacht im Siebenjährigen Krieg. 35 000 Preußen besiegten die feindliche Übermacht von 65 000 Österreichern und begründeten damit den Mythos von der Unbesiegbarkeit des preußischen Heeres. Berühmt wurde dieses Ereignis auch deshalb, weil die preußischen Soldaten nach dem Sieg angeblich spontan den Choral »Nun danket alle Gott« anstimmten und dem Sieg damit eine religiöse Weihe gaben.

Der »Tag vom Potsdam« am 21. März 1933 wurde bereits erwähnt. Hitler selbst war ein großer Bewunderer des Staatsmannes und Feldherrn. Selbst als die Lage am Ende des Krieges aussichtslos schien und die sowjetischen und die westalliierten Truppen ihren Wettlauf auf Berlin längst begonnen hatten, klammerte er sich an das große Vorbild und beschwor dessen Durchhaltewillen. Bis zuletzt hoffte er auf ein zweites »Mirakel des Hauses Brandenburg«, was in der gegebenen Situation nur das Auseinanderbrechen der Koalition der Westmächte mit der Sowjetunion bedeuten konnte.

Vielleicht gab es doch noch einen Separatfrieden im Westen und die gemeinsame Front gegen die »bolschewistischen Untermenschen«. Hitler und seine engsten Berater, unter ihnen Hermann Göring, Joseph Goebbels und Heinrich Himmler, wollten nicht wahrhaben, dass es eine solche Lösung – nach allem, was in den vergangenen zwölf Jahren geschehen war – nicht geben konnte.

Der preußische Mythos und damit das militärische Überlegenheitsgefühl sollte also bis ins »Dritte Reich« fortwirken. Vorerst sollte sich aber zeigen, welche Gefahr die Heroisierung der friderizianischen Vergangenheit in sich barg. **Napoleon I.** (Kaiser 1804–1814) zerschmetterte in einem unvergleichlichen Siegeslauf das alte Europa. Nun war er es, dem der Mythos der Unbesiegbarkeit vorauseilte.

Noch hoffte das Königreich unter König Friedrich Wilhelm III., den Ansturm der Feinde aufhalten zu können. In einem Ultimatum forderte Preußen von Frankreich die Räumung der besetzten Gebiete rechts des Rheins. Napoleon handelt rasch und entschlossen. In der **Doppelschlacht von Jena und Auerstedt** im Oktober 1806 wurde das preußische Heer vernichtend geschlagen. Zwei Wochen später war die Hauptstadt Berlin besetzt. Napoleon spielte mit dem Gedanken, das Königreich Preußen von der Landkarte zu tilgen. Dazu kam es allerdings nicht. Im **Frieden von Tilsit** im Jahr 1807 wurde das Territorium Preußens aber dramatisch verkleinert und praktisch halbiert. Es verlor seine Besitzungen westlich der Elbe und fast das gesamte durch die polnischen Teilungen erworbene Gebiet. Freilich ging es hier nicht nur um materielle Verluste. Das Land und seine politische Führung erlebten eine tiefe Identitätskrise. Alles, was als hehr und heilig gegolten hatte, war durch Napoleon mit eiserner Faust zerschmettert worden. Die glorreiche preußische Armee Friedrichs des Großen existierte nicht mehr.

Die aus der Not geborenen, durch kluge und entschlossene Männer nun eingeleiteten preußischen Reformen halfen, die tiefe moralische Krise zu überwinden, und machten einen neuen Anfang möglich. In diesem Zusammenhang interessiert nur, was in militärischer Hinsicht geschah: Der Friede von Tilsit beschränkte die preußische Armee auf 42 000 Mann. Napoleon hatte mit seinen revolutionären Truppen einen gewaltigen Sieg errungen. Der neuen Kampfweise waren die in der starren Lineartaktik gedrillten Preußen nicht mehr gewachsen. Und so begann auch bei den führenden Militärs ein – wie man sagen könnte – revolutionäres Umdenken. Das wird z. B. in den Äußerungen von August Neidhardt von Gneisenau (1760–1831), einem der großen militärischen Reformer, sichtbar: »Ein Grund hat Frankreich besonders auf diese Stufe von Größe gehoben: Die Revolution hat alle Kräfte geweckt und jeder Kraft einen ihr angemessenen Wirkungskreis gegeben. Dadurch kamen an die Spitzen der Armeen Helden, an die ersten Stellen der Verwaltung Staatsmänner und endlich an die Spitze eines großen Volkes der größte Mensch aus seiner Mitte (...). Die Revolution hat die ganze Nationalkraft des französischen Volkes in Tätigkeit gesetzt, dadurch die Gleichstellung der verschiedenen Stände und die gleiche Besteuerung des Vermögens, die lebendige Kraft im Menschen und die tote der Güter zu einem wuchernden Kapital umgeschaffen und dadurch die ehemaligen Verhältnisse der Staaten zueinander und das darauf beruhende Gleichgewicht aufgehoben. Wollten die übrigen Staaten dieses Gleichgewicht wieder herstellen, dann müssten sie sich dieselben Hilfsquellen eröffnen und sie benutzen. Sie müssten sich die Resultate der Revolution aneignen.«

Der neue Geist zeigte sich in den von Gerhard Johann von Scharnhorst und Neidhardt von Gneisenau eingeleiteten Reformen: Die grausamen und entwürdigenden Strafen wie das Spießrutenlaufen wurden abgeschafft. Fortan sollte es keine Vorrechte des Adels bezüglich der Offiziersstellen mehr geben. Wer tüchtig und mutig war, konnte bis in die höchsten Ränge aufsteigen. Die militärische Ausbildung und die Kampfesweise wurden der neuen Situation angepasst. Die beiden Reformer planten den Aufbau eines **Volksheeres**, das auf der Grundlage der allgemeinen Wehrpflicht rekrutiert werden sollte.

Angesichts der durch Napoleon verordneten Beschränkungen ließ sich diese Absicht aber zunächst nicht verwirklichen.

Die strukturellen Reformen, verbunden mit dem Geist der neuen Zeit, wurden bald einer harten Bewährungsprobe unterzogen. Überraschenderweise wurde das, was nun geschah, nicht unter dem Oberbegriff »preußisch-deutscher Militarismus« verbucht, sondern auch von den schärfsten Kritikern als geschichtlicher Fortschritt gedeutet. Das galt z. B. für die marxistische Geschichtsschreibung in der ehemaligen Deutschen Demokratischen Republik. Schon Friedrich Engels hatte die preußischen Reformen als Anfang der bürgerlichen Umwälzung und damit im Sinne des historischen Materialismus als notwendigen Entwicklungsschritt interpretiert. Die preußischen Reformer ermöglichten – zumindest auf die genannte Entwicklungsphase bezogen – die Versöhnung mit der preußisch-deutschen Vergangenheit.

Im Jahr 1812 marschierte Napoleon mit seiner Großen Armee nach Russland. Der Zar hatte sein Land für englische Produkte geöffnet und damit die vom Kaiser der Franzosen verordnete **Kontinentalsperre**, mit der er England in die Knie zwingen wollte, durchbrochen. Österreich und Preußen waren – gezwungenermaßen – mit Frankreich verbündet und lieferten große Truppenkontingente. Das galt selbstverständlich auch für die unter französischem Protektorat stehenden Rheinbundstaaten, die sich 1806 aus dem Heiligen Römischen Reich herausgelöst und damit dessen Ende besiegelt hatten. Das russische Abenteuer endete mit einer bis dahin unvergleichlichen militärischen Katastrophe. Napoleon gelang es nicht, die Russen zu einer entscheidenden Schlacht zu zwingen. Viel zu spät verließ er Moskau, das durch einen Brand zerstört worden war, um den Rückmarsch nach Westen anzutreten. Auf dem Weg nach Mitteleuropa wurde die glorreiche Armee durch russische Überfälle, durch Kälte und Hunger weitgehend aufgerieben. Nur ein Bruchteil der Soldaten kam von der mörderischen Unternehmung zurück.

Das war die Lage, auf welche die Gegner Napoleons im Umkreis des preußischen Königs Friedrich Wilhelm III. gewartet hatten.

Während der Monarch noch zögerte und sich an seine Bündnisverpflichtungen gebunden fühlte, organisierten sie den Widerstand. Eigenmächtig unterschrieb General Hans David Ludwig Yorck von Wartenburg Ende Dezember 1812 zusammen mit dem russischen General Hans Carl (Ivan) von Diebitsch die »Konvention von Tauroggen« und schied damit aus dem Kampf gegen Russland aus. Der König befahl, Wartenburg wegen Meuterei vor ein Kriegsgericht zu stellen. Gegen den Willen des Königs erhoben sich Anfang Februar auch die ostpreußischen Stände.

Das Blatt wendete sich erst, als es Ende Februar in Kalisch zu einem offiziellen Bündnis zwischen Russland und Preußen kam. Als die Franzosen Berlin verlassen hatten und die ersten russischen Truppen erschienen, war auch der König davon überzeugt, dass nun gehandelt werden musste. Am 12. März erklärte Preußen Frankreich den Krieg. Am Tag darauf veröffentlichte der König in Breslau seinen Aufruf »An mein Volk«: »(...) Brandenburger, Preußen, Schlesier, Pommern, Litauer! Bleibt eingedenk der Güter, die unsere Vorfahren blutig erkämpften; Ehre, Unabhängigkeit! Große Opfer werden gefordert; ihr werdet jene leicht bringen, für das Vaterland, für euren angeborenen König. Keinen anderen Ausweg gibt es als einen ehrenvollen Frieden oder einen ruhmvollen Untergang (...).« Der **Befreiungskrieg** gegen Napoleon hatte begonnen!

Der Krieg gegen den fremden Usurpator löste eine für uns heute nur schwer nachvollziehbare Begeisterung aus. Vor allem die studentische Jugend eilte zu den Waffen, um diesen entscheidenden geschichtlichen Augenblick nicht zu versäumen. Der Dichter Theodor Körner (1791–1813), Soldat im legendären Freikorps Lützow, wurde zum Herold der jungen Generation und eines glühenden, gefühlsinnigen Patriotismus. Damals dichtete er:

Frisch auf, mein Volk! Die Flammenzeichen rauchen,
Hell aus dem Norden bricht der Freiheit Licht.
Du sollst den Stahl in Feindes Herzen tauchen;
Frisch auf mein Volk! – Die Flammenzeichen rauchen,

Die Saat ist reif; ihr Schnitter, zaudert nicht!
Das höchste Heil, das letzte, liegt im Schwerte!
Drück dir den Speer ins treue Herz hinein;
»Der Freiheit eine Gasse!« – Wasch die Erde,
Dein deutsches Land, mit deinem Blute rein!

Es ist kein Krieg, von dem die Kronen wissen;
Es ist ein Kreuzzug, 's ist ein heilger Krieg!
Recht, Sitte, Tugend, Glauben und Gewissen
Hat der Tyrann aus deiner Brust gerissen;
Errette sie mit deiner Freiheit Sieg! (...)

Körners Ruhm wurde durch den eigenen Heldentod und die symbolträchtige Bestattung unter einer alten Eiche bei Wöbbelin (Mecklenburg-Vorpommern) noch gesteigert.

Fürs Erste war freilich noch nichts entschieden. In den folgenden Monaten wechselten auf beiden Seiten Sieg und Niederlage in rascher Folge. Immer wieder gelang es Napoleon, seine Truppen neu zu formieren und das Schlimmste zu verhindern. Im August erklärte Österreich Frankreich den Krieg.

Die mächtige Allianz aus Russland, Preußen und Österreich schuf die Voraussetzung für das entscheidende Treffen, das das Schicksal des französischen Kaisers fürs Erste besiegelte. Vom 16. bis zum 19. Oktober 1813 tobte vor den Toren von Leipzig die blutige **Völkerschlacht**, die bis dahin größte Schlacht der Weltgeschichte (»la bataille des géants«, »die Schlacht der Giganten«). Über eine halbe Million Soldaten war daran beteiligt, die Verluste auf beiden Seiten waren ungeheuer. Noch heute erinnert das monumentale im Jahr 1913 im Beisein von Kaiser Wilhelm II. eingeweihte Völkerschlachtdenkmal an dieses welthistorische Ereignis.

Napoleon war geschlagen. Eine Gegenwehr schien ausgeschlossen. Immerhin gelang es dem Kaiser, über den Rhein nach Frankreich zu entkommen.

Das Ende dieser dramatischen Ereignisse ist rasch berichtet, weil es hier nur am Rande zur Sache gehört. Die preußische Armee verfolgte Napoleon und überschritt in der Neujahrsnacht von 1813 auf 1814 bei Kaub den Rhein. In Paris wurde Napoleon gefasst und auf die Insel Elba an der italienischen Westküste verbannt. Während der Wiener Kongress tagte, um Europa eine neue Ordnung zu geben, kam Napoleon nach Frankreich zurück, rekrutierte hier in aller Eile eine neue Armee, um seine Herrschaft zurückzuerobern. In der Schlacht von Waterloo (»Schlacht von Belle Alliance«) südlich von Brüssel am 18. Juni 1815 erlitt er dann seine alles entscheidende Niederlage. Diesmal wurde er nach Sankt Helena fern im Atlantischen Ozean westlich der afrikanischen Küste gefangen gesetzt. Dort starb er im Jahr 1821.

Die Befreiungskriege gegen Napoleon gaben dem preußischen Heer, selbstverständlich auch den Armeen der anderen Sieger, ein neues, weit in die Zukunft weisendes Selbstbewusstsein. Der Sieg war mit hohen politischen und moralischen Erwartungen verknüpft. Nun schien es möglich, nach dem Untergang des tausendjährigen Heiligen Römischen Reiches Deutscher Nation im Jahr 1806 ein neues, alle Deutschen einigendes Reich zu begründen. Das Volk hatte sich durch seinen heldenmütigen Einsatz auf dem Schlachtfeld das Recht erkämpft, künftig stärker an den Staatsgeschäften beteiligt zu werden und größere politische Freiheiten zu genießen.

Leider wurden diese Erwartungen bitter enttäuscht. Der **Wiener Kongress** unter dem Vorsitz des österreichischen Staatskanzlers Klemens Wenzel von Metternich (1773-1859) leitete eine harsche Restaurationspolitik (lat. »restauratio« = Erneuerung, Wiederherstellung) ein. Alle liberalen Bestrebungen wurden unterdrückt; von der Gründung eines einigen Deutschen Reiches konnte nicht die Rede sein. An seiner Stelle entstand der **Deutsche Bund**, ein lockerer Staatenbund unter österreichischer Führung.

Bestimmte geschichtliche Ereignisse vergegenständlichen sich in Symbolen. Sie beleben unsere Fantasie oder vergegenwärtigen in ganz besonderer Weise das, was ein Ereignis auszeichnet. Staunend, vielleicht auch ergriffen stehen wir heute vor der Trajanssäule in Rom oder vor dem Brandenburger Tor in Berlin, vor dem Schrein der heiligen drei Könige im Dom zu Köln oder an den Sarkophagen der salischen und staufischen Kaiser in Speyer. Lieder, Gedichte und Legenden künden von bedeutenden Persönlichkeiten oder von Begebenheiten, welche die Menschen innerlich bewegt haben. Oft liegen Glücksgefühle oder das Gefühl der Erhabenheit und tiefe Trauer nahe beieinander.

Von Symbolen anderer Art ist im Zusammenhang mit den Befreiungskriegen zu reden. Am 10. März 1813 stiftete König Friedrich Wilhelm III. von Preußen das »Eiserne Kreuz«. Dieser neue Orden war für alle Dienstgrade, für Offiziere und Mannschaften gedacht und symbolisierte damit gleichzeitig das überkommene, durch Schlichtheit und Opferbereitschaft geprägte preußische Staatsethos und den neuen Geist des preußischen Volksheeres. Das aus Gusseisen gefertigte Kreuz war mit einem silbernen Rand versehen und wurde an einem schwarzweißen Band getragen. Es zeigte damit doppelt die Wappenfarben Preußens. Es trug die Initialen des Königs (»FW«) mit der Königskrone, drei Eichenblätter und die Jahreszahl 1813. Das Emblem ging auf einen Entwurf Friedrich Wilhelms zurück. Der berühmte Baumeister und Maler Karl Friedrich Schinkel (1761–1841) gab ihm seine endgültige Form. Er orientierte sich dabei am Ordenskreuz des Deutschen (Ritter-)Ordens, aus dessen Gebiet das weltliche Herzogtum Preußen, das spätere Königtum hervorgegangen war.

Das Eiserne Kreuz in seinen verschiedenen Stufen galt durch die deutsche Militärgeschichte hindurch als Symbol für individuelle Tapferkeit, aber auch für das preußisch-deutsche Militär insgesamt. So diente es im Ersten und im Zweiten Weltkrieg als nationales Erkennungszeichen. Noch heute wird es in diesem Sinne von der Bundeswehr verwendet. Der Orden wurde 1871 im Deutsch-Französischen Krieg durch König Wilhelm I., 1914 im Ersten Weltkrieg durch Kaiser Wilhelm II. und 1939 im Zweiten Weltkrieg durch Adolf Hitler erneuert. Der politischen Situation entsprechend, zeigt er auf der Vorderseite den Buchstaben »W« (König Wilhelm von Preußen bzw. Kaiser Wilhelm II.) oder das Hakenkreuz. Das Ordensgesetz von 1957 bestimmte, dass das Eiserne Kreuz auch nach dem Krieg weiterhin getragen werden durfte. Allerdings wurde das Hakenkreuz bei der ersatzweise neu angefertigten Version durch das Eichenlaub von 1813 ersetzt.

Ein Symbol ganz anderer Art verdankt den Befreiungskriegen seine Entstehung – auch wenn gewisse kulturgeschichtliche Verbindungen unübersehbar sind. Es handelt sich um die deutschen Nationalfarben **Schwarz-Rot-Gold** (vgl. S. 298 f.), die zum Erkennungszeichen der liberalen Einheitsbewegung wurden, nach dem Scheitern der Revolution von 1848 aber verboten waren.

Wieder folgte eine jahrelange Phase fürstlicher Reaktion. Die in Deutschland verbliebenen Anhänger liberaler Ideen durften es nicht wagen, sich in der Öffentlichkeit zu ihren politischen Grundsätzen zu bekennen. In Preußen übernahm Prinz Wilhelm von seinem kranken Bruder die Herrschaft. Nach dessen Tod wurde er im Jahr 1861 König Wilhelm I. (bis 1888).

Seinem neuen Ministerpräsidenten, dem erzkonservativen Landedelmann Otto von Bismarck (1815–1898), ging es zunächst darum, die Macht und Größe Preußens in Deutschland zu festigen und zu mehren, dann aber auch den Rang des Königtums in Staat und Gesellschaft zu sichern. Das, was nun geschah, ist nicht eigentlich unter dem Generaltitel des preußischen Militarismus zu verbuchen. In einem erbitterten Kampf, dem sogenannten **Heereskonflikt**, setzte Bismarck den Plan des Königs, die Truppenstärke zu vergrößern und die Dienstzeit der Soldaten zu verlängern, gegen die Mehrheit des Abgeordnetenhauses durch.

Die zumeist liberalen Abgeordneten fürchteten die erhöhte Belastung der Bürger durch Steuern, vor allem aber auch den verstärkten, unkontrollierten Einfluss seiner Majestät auf die bewaffnete Macht. Jahrelang verstieß der Ministerpräsident gegen die geltende Verfassung, weil die finanziellen Ausgaben für die Heeresvermehrung nicht vom Parlament bewilligt waren. Er regierte diktatorisch und unterdrückte jeden Widerspruch mit Gewalt. Der Bruch zwischen Bismarck und der Mehrheit der Abgeordneten schien unüberbrückbar.

Die außenpolitische Situation brachte eine überraschende Wende. Der Realpolitiker Bismarck nutzte die Verhältnisse klug und skrupellos, um seine Ziele zu erreichen – und zu diesen kam nun ein neues hinzu: Erstmals seit 1848 erschien es möglich, die deutschen Länder in einem neuen Deutschen Reich zu vereinigen. Gemeinsam marschierten Preußen und Österreich im Jahr 1864 gegen Dänemark, das durch eine neue Verfassung das Herzogtum Schleswig dauerhaft in das dänische Königreich eingliedern wollte. Gemeinsam errangen sie einen spektakulären militärischen Sieg.

Als Österreich und Preußen wegen der Besitzverhältnisse in Schleswig und Holstein in Streit gerieten, weitete sich das zu einem Zweikampf um die Vorherrschaft in Deutschland aus. Im **Deutschen Krieg** von 1866 erzwang die preußische Armee die Entscheidung. Im Juli wurden die Österreicher in der Schlacht von Königgrätz in Böhmen vernichtend geschlagen. Erneut hatten die Preußen in diesem Krieg ihre militärische Überlegenheit unter Beweis gestellt. Zu dem mit ungeheuren Opfern erfochtenen Sieg hatten auch die neue Strategie des Generalstabschefs Helmuth von Moltke (1800–1891) (»Getrennt marschieren, vereint schlagen!«), die Verwendung der Eisenbahn als Transportmittel für die Truppen und das neue preußische Zündnadelgewehr ihren Beitrag geleistet.

Für Bismarck bedeuteten die beiden militärischen Erfolge auch einen großen politischen Sieg. Bei vielen seiner Zeitgenossen setzte sich die Einsicht durch, dass er bei der rigorosen Durchsetzung der Heeresvermehrung die Voraussetzungen für die Hegemonie (griech. Vorherrschaft) Preußens in Deutschland geschaffen und folglich richtig gehandelt hatte. Hinzu kam, dass der Ministerpräsident den Sieg nutzte, um den alten friderizianischen Traum zu verwirklichen. Durch die Annexion des Königreichs Hannover, von Kurhessen, Hessen-Nassau und der freien Stadt Frankfurt entstand nun endlich die Landbrücke, die den östlichen und die westlichen Teile Preußens miteinander verband. Nun reichte der preußische Staat von der Memel im äußersten Nordosten bis hinab zur Mosel.

Bismarck wusste die Gunst der Stunde diplomatisch zu nutzen: Vor dem Abgeordnetenhaus in Berlin räumte er ein, gesetzwidrig gehandelt zu haben, und bat das hohe Haus um Indemnität (Straffreiheit). Wie nicht anders zu erwarten, wurde sein Antrag mehrheitlich angenommen. Damit bestätigten die Abgeordneten mehr oder weniger ausgesprochen eine politische Grundhaltung, die an die Lehren des mittelalterlichen Florentiner Staatsphilosophen Niccolò Machiavelli (1469–1527) erinnerte. Zur Erreichung bestimmter staatspolitischer Zwecke sind im Zweifelsfall alle Mittel erlaubt. Dazu gehören diplomatische List und auch militärische Gewaltanwendung. Was hatte Bismarck doch in seiner Budgetrede im September 1862 gesagt: »Nicht auf Preußens Liberalismus sieht Deutschland, sondern auf seine Macht (...). Nicht durch Reden und Majoritätsbeschlüsse werden die großen Fragen der Zeit entschieden – das ist der Fehler von 1848 und 1849 gewesen – sondern durch Eisen und Blut.« Noch freilich gab es eine weitere Probe der bismarckschen **Blut-und-Eisen-Politik.**

Österreich war nach dem Krieg von 1866 aus Deutschland ausgeschieden und hatte damit zähneknirschend die **Hegemonialstellung Preußens** akzeptiert. Unter dem Druck der Verhältnisse gelang es Bismarck im Jahr 1867, die deutschen Staaten nördlich des Mains zum **Norddeutschen Bund** zu vereinigen. Noch war es nicht möglich, die süddeutschen Mittelstaaten Bayern, Württemberg und Baden einzubeziehen. Das hatte auch erhebliche psychologische Gründe. Hier gab es große Vorbehalte gegen das preußische Machtstreben und den ungezügelten Expansionsdrang. Zudem musste Bismarck damit rechnen, dass Napoleon III. (Kaiser 1852–1870) der Gründung eines neuen Deutschen Reiches unter Einbezug der süddeutschen Staaten, also im Bereich der französischen Ostgrenze, nicht zustimmen würde. Für alle Fälle schloss Bismarck mit den süddeutschen Staaten geheime militärische Schutz- und Trutzbündnisse ab. Die gegenseitige Beistandspflicht war dann gegeben, wenn sich Frankreich zum Angriff auf deutsche Gebiete entschloss.

Ein völlig überraschendes außenpolitisches Ereignis gab Bismarck die Möglichkeit zum Handeln. Die Spanier hatten ihre Königin gestürzt und planten nun, den Erbprinzen Leopold von Hohenzollern-Sigmaringen, einen entfernten Verwandten des preußischen Königs Wilhelm I., auf den Thron zu erheben. Napoleon war entrüstet. Mit allen zur Verfügung stehenden Mitteln wollte er verhindern, dass Frankreich im Osten und im Süden von hohenzollernschen Territorien eingeschlossen wurde. In Paris sprach man bereits von Krieg.

Um die Affäre angesichts der wachsenden Kritik an seiner Herrschaft in einen so dringend erforderlichen außenpolitischen Sieg umzumünzen, unternahm der französische Kaiser Napoleon III. einen gewagten Schritt. Er ließ durch seinen Gesandten Vincent Benedetti den preußischen König auf der Promenade in Bad Ems an der Lahn aufhalten und ihn in ultimativer Form auffordern, dass Preußen der Kandidatur Leopolds niemals zustimmen werde. Auch dürfe Preußen in Zukunft nie mehr auf die Kandidatur zurückkommen.

König Wilhelm I. ließ diesen ärgerlichen Vorfall dem Ministerpräsidenten Otto von Bismarck in Berlin durch ein Telegramm mitteilen. Als es dort ankam, saß der gerade mit Kriegsminister Albrecht von Roon und dem Generalstabschef Helmuth von Moltke beim Essen. Bismarck verkürzte die »Emser Depesche« so, dass der Eindruck erweckt wurde, Benedetti sei in äußerst ungebührender Weise aufgetreten, und sie somit für Napoleon ein Schlag ins Gesicht sein musste. Den drei Herren war augenblicklich klar, dass dies Krieg bedeutete. Dazu Bismarck: »Schlagen müssen wir, wenn wir nicht die Rolle des Geschlagenen ohne Kampf auf uns nehmen wollen. Der Erfolg hängt aber doch wesentlich von den Eindrücken bei uns und andern ab, welche der Ursprung des Krieges hervorruft; es ist wichtig, dass wir die Angegriffenen seien, und die gallische Überhebung und Reizbarkeit wird uns dazu machen ...«

Das Kalkül ging auf. Tatsächlich ließ Napoleon Preußen den Krieg erklären und war damit in den Augen der Welt der Angreifer. Aufgrund der geheimen Schutz- und Trutzbündnisse leisteten die süddeutschen Staaten nun militärischen Beistand. Der **Deutsch-Französische Krieg** von 1870/71 endete nach langen blutigen Kämpfen mit dem Sieg der vereinigten deutschen Heere. Bereits am 2. September 1870 war Napoleon in der Schlacht von Sedan in Gefangenschaft geraten. Frankreich wurde von Neuem Republik. Noch bevor die Waffen schwiegen, erreichte Bismarck in zähen Verhandlungen den Zusammenschluss der deutschen Fürsten und Staaten zum neuen **Deutschen Reich**. Am 18. Januar 1871 wurde der preußische König Wilhelm I. im Spiegelsaal des Schlosses zu Versailles zum Deutschen Kaiser ausgerufen.

Die Zusammenhänge mussten deshalb hier erwähnt werden, weil das neue Reich – anders als in den Jahren 1848/49 – mit Bajonetten und Kanonen erkämpft wurde. Die Siegeseuphorie führte zu verhängnisvollen psychologischen Fehlern. Der erste war die Kaisererhebung im Feindesland, im Schloss Ludwigs XIV., der trotz aller geschichtlichen Verwerfungen als Repräsentant einer mächtigen und glorreichen Nation galt. Des Weiteren wurde der bestimmende Einfluss der Militärs für alle unübersehbar. Wer das berühmte Bild von Anton von Werner betrachtet, sieht, wer hier den preußischen König zum deutschen Kaiser machte: Überall sind Offiziere in Uniformen zu sehen. Vertreter des Volkes sind nicht anwesend, nicht einmal die von ihm gewählten Abgeordneten des Norddeutschen Reichstages. Das neue Reich ist nicht durch eine demokratische Willensentscheidung, sondern durch einen militärischen Sieg entstanden.

Tatsächlich gehörte es in der Folgezeit zur Staatsideologie des Deutschen Reiches, dass allem Militärischen im öffentlichen und im gesellschaftlichen Leben ein besonderer Rang eingeräumt wurde. Eigentlich fand dies nahezu jedermann angemessen. Eine Ausnahme bildeten nur die Sozialdemokraten, weil der Staat für sie ein Ausschuss der herrschenden Klassen und die Armee dessen Instrument zur Machtausübung und zur Machterhaltung war.

Bismarck betrachtete das neue Deutsche Reich – sicher zu Recht – als sein Werk. Die Schlachten waren geschlagen. Nun ging es darum, das Erreichte dauerhaft zu sichern. Er wusste, dass der mächtige Staat im Herzen Europas vielen anderen Staaten ein Ärgernis war und dass in der Zukunft neue militärische Konflikte drohten. So ging es nicht nur darum, Deutschland ausreichend zu bewaffnen, sondern es auch durch eine kompliziertes Vertragssystem gegen Aggressionen zu schützen. Unter diesem Gesichtspunkt lässt sich das spätere Wirken des Reichskanzlers durchaus als Friedenspolitik deuten. Wir wissen zum Beispiel auch, dass er ersten kolonialen Erwerbungen in Afrika nur widerwillig zustimmte.

Das wurde anders, als im Jahr 1888 Kaiser Wilhelm I. und nach gut einem Vierteljahr infolge von Kehlkopfkrebs sein Sohn und Nachfolger Friedrich III. 1888 starben. Nun kam der junge Wilhelm II. (Kaiser 1888–1918), der eigentlich auf diese große Aufgabe gar nicht vorbereitet war, an die Macht. Militärisches Zeremoniell und militärisches Gepränge bedeuteten ihm viel. Fehlendes Selbstwertgefühl überspielte er durch einen wahren Uniformkult sowie durch eine kraftstrotzende und bisweilen überaus gewalttätige Rhetorik. Zielstrebig trieb er die militärische Rüstung voran, etwa seit der Jahrhundertwende auch den Bau einer gewaltigen Kriegsflotte, die den Engländern im Konfliktfall gefährlich werden konnte.

Die **Militarisierung des öffentlichen Lebens** trug oft skurrile Züge und wurde deshalb immer wieder karikiert. Bekannt ist die heitere, aber durchaus nachdenklich stimmende Geschichte des »Hauptmanns von Köpenick«, die Carl Zuckmayer (1896–1977) zu einem häufig aufgeführten Schauspiel verarbeitet hat: Der Schuster Wilhelm Voigt (1849–1922) war wegen einiger Delikte eingesperrt gewesen. Als er wieder auf freiem Fuß war, konnte er nirgendwo sesshaft werden und dauerhaft Arbeit finden, weil es ihm an den nötigen Papieren fehlte. Jetzt nutzte er sein militärisches Wissen, das er sich in der Strafanstalt angeeignet hatte. Er kaufte sich bei einem Potsdamer Altwarenhändler eine alte Hauptmannsuniform, fuhr damit nach Köpenick, unterstellte eine Wachabteilung, die die

Straße heraufkam, »auf höheren Befehl« seinem Kommando und führte sie in das Rathaus von Köpenick. Dort verhaftete er den Bürgermeister. Die benötigten Formulare gab es hier freilich nicht. Ersatzweise beschlagnahmte Voigt die Tageskasse der Stadt mit 4 000 Mark Inhalt.
  Voigt wurde zu vier Jahren Zuchthaus, u. a. wegen unbefugten Uniformtragens und unbefugter Ausübung eines öffentlichen Amtes, verurteilt. Zur Ehrenrettung des Kaisers ist Folgendes zu ergänzen: Wilhelm soll über den köstlichen Ulk herzhaft gelacht und sich für die rasche Freilassung des Delinquenten eingesetzt haben.

Die imperialistische Macht und Aufrüstungspolitik führte letzten Endes dazu, dass Deutschland im Kreis der europäischen Mächte mehr und mehr in **Isolation** geriet. Als es im Juni 1914 zu der schrecklichen Mordtat von Sarajewo in Bosnien-Herzegowina kam, bei der Erzherzog Franz Ferdinand und seine Gemahlin erschossen wurden, hatte Deutschland seine Entscheidungsfreiheit weitgehend verloren. Der Kaiser klammerte sich an den letzten sicheren Verbündeten, an Österreich-Ungarn, und machte ihm unverantwortlich große Zugeständnisse. Letzten Endes wurde das Reich durch die sogenannte »Blankovollmacht« vom 5. Juli 1914 in den Ersten Weltkrieg, der gut drei Wochen später begann, hineingezogen.
  Ob in diesem Zusammenhang vom preußischen Militarismus gesprochen werden kann, ist fraglich. Vielleicht handelt es sich hier aber auch nur um eine akademische Fragestellung. Militaristisch war das kaiserliche System auf jeden Fall – und das nicht zuletzt wegen des Kaisers selbst. Als die verhängnisvolle Entwicklung der Dinge ihren Lauf nahm, erschrak Wilhelm II. über die sich anbahnenden schrecklichen Konsequenzen und zog sich weitgehend aus der aktuellen Politik zurück.
  Aber nun ließ sich der Fortgang der Geschichte nicht mehr aufhalten. Der preußische General Paul von Hindenburg und Beneckendorff (1847–1834) schlug ihm zwei siegreiche Schlachten in Ostpreußen. Im Jahr 1916 übernahm er zusammen mit Erich Lu-

dendorff (1865-1937) die Oberste Heeresleitung. Beide verfügten bis zum Ende des Krieges über nahezu diktatorische Vollmachten und vertraten – anders als der legendäre Carl von Clausewitz – den Primat des Militärischen über die Politik. Die Haltung Ludendorffs, sein späteres politisches Engagement und seine Veröffentlichungen ließen früh eine neue Qualität des Militarismus sichtbar werden und deuteten auf den sich bald nach dem Krieg entwickelnden Faschismus voraus.

Der Mensch als Gemeinschaftswesen
Staat und Politik

Der Mensch als instinktarmes, jedoch allein nicht lebensfähiges Wesen war von vornherein darauf angewiesen, sich mit anderen zusammenzuschließen. Die Urzelle des Gemeinschaftslebens war natürlicherweise die **Familie**. Sie wird in unserer Gesellschaftsordnung in der Regel durch die **Eheschließung** begründet. Die gesetzlich verpflichtend vorgeschriebene Zivilehe wird auf dem Standesamt geschlossen. Viele Paare wünschen darüber hinaus die mit religiösen Zeremonien verbundene kirchliche Trauung. Das Grundgesetz für die Bundesrepublik Deutschland bestimmt: »Ehe und Familie stehen unter dem besonderen Schutze der staatlichen Ordnung« (Art. 6).

Allerdings haben unterschiedliche ethnische Gruppen auch unterschiedliche Formen der Familie hervorgebracht. Erinnert sei nur an die Polygamie, die als »Vielweiberei« (Polygynie) oder als »Vielmännerei« (Polyandrie) vorkommt.

Die Familie gehörte von jeher zum weiteren Familienverband, der Sippe, die durch ein starkes Zusammengehörigkeitsgefühl gekennzeichnet war. Die Horde bestand aus mehreren Familien. Sie lebten in früher Zeit beisammen, um sich gemeinsam als Jäger und Sammler zu betätigen. Mit Sicherheit gab es bei den genannten Gruppenformen Normen, deren Einhaltung von den Familien-, Sippen- oder Hordenältesten überwacht und gegebenenfalls durch Sanktionen erzwungen wurde.

Über die **Entstehung des Menschen** gibt es verschiedene, teilweise widersprüchliche Auffassungen. Doch dürfte sicher sein, dass sich der »homo sapiens« (lat. »der verständige, vernunftbegabte Mensch«) gemäß der Evolutionstheorie von Charles Darwin (1809–1882) aus hochstehenden Tierarten, den Primaten, entwickelt hat. Diese Theorie wird freilich immer noch von vielen Menschen bestritten. Vor allem religiös motivierte Kritiker berufen sich auf den Schöpfungsbericht der Bibel, die durch göttliche Eingebung (Verbalinspiration = wörtliche Eingebung durch den Heiligen Geist) entstanden sei und konsequenterweise die Wahrheit enthalten müsse.

Vielleicht gibt es Menschen seit gut einer Million Jahren, vielleicht aber schon seit rund drei Millionen Jahren. Ein sehr alter Fund ist z. B. der »Peking-Mensch«, von dem Überreste im Jahr 1927 in der Nähe der chinesischen Hauptstadt gefunden wurden. Er konnte bereits mit dem Feuer umgehen und Steinwerkzeuge herstellen. Er lebte vor rund 500 000 Jahren, vielleicht sogar noch früher. Verhältnismäßig alt sind auch die Überreste des »Heidelberger« und des »Steinheimer (Kreis Ludwigsburg) Menschen«. Sie sollen vor 500 000 bzw. 250 000 Jahren gelebt haben. Erheblich jünger waren die sogenannten »Neandertaler«. Ihr Alter wird auf über 100 000 Jahre geschätzt. Benannt sind sie nach dem bei Düsseldorf gelegenen Flusstal, wo Skelettreste ihrer Art im Jahr 1856 erstmals entdeckt wurden.

Staaten gibt es mindestens seit dem 3. Jahrtausend v. Chr. Der Begriff (lat. »status« = Stand, Zustand) bezeichnet die Herrschaftsordnung einer großen Anzahl von Menschen, die ein Volk, ein Teil eines Volkes oder auch ein Zusammenschluss mehrerer verschiedener Volksgruppen sein kann, auf einem abgegrenzten Territorium.

In **Ägypten** z. B. erzwangen räumliche Enge und die Fruchtbarkeit spendenden Überschwemmungen des Nils eine gemeinsame Organisation. An ihrer Spitze stand der Pharao. Als Verkörperung des Sonnengottes regierte er absolut und bediente sich dabei einer großen Zahl von Beamten. Ähnliche frühe Staatsgebilde bestanden in Mesopotamien, dem heutigen Irak, und in China.

Zu Recht gilt **Griechenland** nicht nur als die Wiege der abendländischen Kultur, sondern auch der abendländischen Politik. Schon der Begriff stammt von dort. Das griechische Wort »polites« bezeichnete den Stadt- und Staatsbürger, »politeia« das Bürgerrecht und die Staatsverwaltung. Zuerst verlief die politische Entwicklung sicher ähnlich wie bei den allermeisten Völkern. In zwei großen Schüben hatten indoeuropäische Völkerschaften nach 2000 und um 1200 v. Chr. Griechenland erobert und besiedelt. Ihre Heere waren von Königen geführt worden. Nachdem sie sesshaft geworden waren, beanspruchten sie die Herrschaft. Unterstützt durch den Adel, der sich im Kampf verdient gemacht hatte und deshalb mit den besten Landlosen ausgestattet worden war, regierten und verwalteten sie das Land. Dort wo das Königtum abgeschafft wurde, trat die Adelsherrschaft oder Aristokratie an seine Stelle.

Eine entscheidende Neuerung für die Staatsentwicklung trat im Jahr 624 v. Chr. in Athen ein. Der Adelige Drakon ließ auf dem Markt das geltende Recht auf zwei Tafeln aufschreiben. Obwohl die Gesetze »mit Blut geschrieben«, also sehr streng waren, begründeten sie den frühen Rechtsstaat. An die Stelle der Willkür der Herrschenden traten nun nachprüfbare Rechtsvorschriften.

Eine ähnliche Entwicklung vollzog sich auch in anderen antiken Staaten, über deren Geschichte wir genauere Kunde haben. Allerdings vertrieben die Römer ihre etruskischen Könige erst um 510

v. Chr. und ersetzten sie durch ein Adelsregiment. Die Aufzeichnung des Rechts erfolgte um 451 v. Chr. durch zehn eigens dazu bestimmte Männer auf zwölf Tafeln (»Zwölftafelgesetze«). Die Gesetze bestimmten die rechtliche Gleichstellung der Patrizier (Adel) und der Plebejer (Volk). Sie verrieten damit – stärker noch als die drakonischen Gesetze –, dass sie aus erbitterten sozialen Auseinandersetzungen hervorgegangen waren.

In **Athen** erzwangen soziale Spannungen eine Fortentwicklung der Verfassung. Im Jahr 594 v. Chr. teilte Solon im Auftrag des Adels die freie Bürgerschaft in vier Steuerklassen mit unterschiedlicher politischer Berechtigung (Timokratie = Vermögensherrschaft). Aus der ersten Steuerklasse stammten die neun Regierenden (Archonten). Die ehemaligen Archonten bildeten den Areopag, dem die Aufsicht über den gesamten Staat zukam. Alle Klassen, also auch die vierte Klasse der Lohnarbeiter, nahmen an der Volksversammlung und an den Geschworenengerichten teil. Hierin lag die frühe demokratische Tendenz begründet, ohne dass die Demokratie allerdings bereits verwirklicht worden wäre.

Nach heftigen inneren Wirren konnte sie sich um 508 v. Chr. in der Verfassungsreform des Kleisthenes durchsetzen. Die neue Staatsform wurde als **Isonomie** (»Gleichheit vor dem Gesetz«) bezeichnet. Allerdings blieb das Bürgerrecht an bestimmte Voraussetzungen gebunden. Die Sklaven waren nach wie vor rechtlos. Die Entscheidung über die Gesetze lag nun bei der Volksversammlung und einem »Rat der Fünfhundert«. Durch das »Scherbengericht« (Ostrakismos) konnten Politiker des Landes verwiesen werden, wenn sie nach Ansicht der Mehrheit der Stimmberechtigten nach der Alleinherrschaft (Tyrannis) strebten.

Unter Perikles (um 500–429 v. Chr.) erlangte die athenische **Demokratie** (griech. Volksherrschaft) ihre Vollendung. Durch die Einführung von Tagesgeldern (Diäten) in der Höhe eines Handwerkertagesverdienstes ermöglichte er auch Angehörigen der unteren Volksschichten die Teilnahme an der Volksversammlung und den Geschworenengerichten. Die Regierenden konnten nun aus den drei ersten Steuerklassen gewählt werden, und der Areopag verlor die Oberaufsicht über den Staat. Ihm blieb nur die Blutgerichtsbarkeit.

Eine völlig andere Entwicklung als in Athen vollzog sich in **Sparta**. Seine Verfassung ging angeblich auf den sagenhaften König Lykurg zurück. Sie beruhte auf dem Missverhältnis zwischen der freien Oberschicht, die in Sparta lebte (Spartiaten), den freien Bewohnern der Umgebung (Periöken) und der großen Zahl der Sklaven (Heloten). Die Notwendigkeit zu ständiger Kriegsbereitschaft gegenüber den Heloten erzwang die absolute Unterordnung des Einzelnen unter die Gemeinschaft der Krieger, während in Athen die Freiheit des Einzelnen als politisches Ziel angestrebt wurde. So war Sparta aristokratisch-autoritär regiert. Zwar gab es eine Volksversammlung, jedoch fand keine Aussprache statt. Es durfte nur mit Ja oder Nein abgestimmt werden.

Der griechische Philosoph Aristoteles (384–322 v. Chr.) hat in seinem Werk »Politik« die verschiedenen Verfassungsformen in einem systematischen Zusammenhang dargestellt. Er unterschied danach »richtige« Verfassungen, die auf das Gemeinwohl zielten, und »entartete« Verfassungen als Folge des Egoismus. Als richtige Verfassungsformen bezeichnete er das Königtum, die Aristokratie und die Politeia (Herrschaft der Bürger). Sie konnten zur Tyrannis (Gewaltherrschaft), zur Oligarchie (Herrschaft weniger) oder zur Demokratie absinken. Der Begriff »Demokratie« bezeichnete bei Aristoteles – anders als heute üblich – die Pöbelherrschaft.

Der Philosoph Platon (427–347 v. Chr.) schuf in seinem Werk »Der Staat« ein aristokratisch-autoritäres Gegenideal zu der attischen Demokratie. Viele Einzelheiten erinnern an den spartanischen Staat. Doch blieb Platons Entwurf unverwirklicht, eine Utopie also. Er wurde zum Vorläufer späterer Utopien. An der Spitze des Staates sollten die Weisen stehen, weil sie das Rechte erkannt hatten und folglich – so jedenfalls Platon – entsprechend handelten. Sie lebten gemeinsam und besaßen keine Familien, damit sie sich ganz ihrer politischen Aufgabe widmen konnten. Die Regierenden hatten große politische, aber kaum persönliche Rechte. Ähnlich ging es dem zweiten Stand der Krieger. Der dritte Stand der Bauern und Handwerker besaß umgekehrt größere private Freiheiten, aber keinen politischen Einfluss.

Die **Römer** entwickelten keine eigene Staatstheorie. Die Überlegungen des Marcus Tullius Cicero (106–43 v. Chr.) stützten sich z. B. auf die Philosophie des Aristoteles. Andererseits schufen die Römer ein über die Jahrhunderte gut funktionierendes Verfassungssystem auf aristokratischer Grundlage. Das gelang ihnen deshalb, weil sie mit der Macht und den Problemen der Machterhaltung sehr pragmatisch umgingen.

Eine demokratische Tendenz lag in der Wahl der zehn Volkstribunen seit etwa 500 v. Chr., die gegenüber den Beschlüssen des adeligen Senats ein Vetorecht (lat. »veto« = »ich verbiete«) besaßen. In der zweiten Hälfte des 4. Jahrhunderts v. Chr. erreichten die Plebejer die völlige rechtliche Gleichstellung mit den Patriziern. Ab 366 v. Chr. sollte einer der beiden Konsuln Plebejer sein.

Der Ausgleich zwischen den verschiedenen Ständen der Bevölkerung war freilich nur äußerlich gelungen. Das erwiesen die sozialen Konflikte zur Zeit der beiden Volkstribunen Tiberius Sempronius Gracchus und Gaius Sempronius Gracchus um 133 bzw. 123 v. Chr. Da die Gegensätze zwischen der Adelspartei (Optimaten) und der Volkspartei (Popularen) im Rahmen der Verfassung nicht mehr lösbar waren, weil die Privilegierten mit Gewalt ihre Rechte verteidigten, kam es zum Untergang der Republik.

Sulla, Pompeius, Gajus Julius Cäsar (100–44 v. Chr.) und Octavian, der spätere Kaiser Augustus (Kaiser 27 v. Chr.–14 n. Chr.), regierten als **Militärdiktatoren**. Sie bestätigten damit die oft zu beobachtende Tendenz, dass starke wirtschaftliche und soziale Gegensätze diktatorische Regierungsformen begünstigen. Kaiser Augustus gründete seinen Staat zudem angeblich auf die Tradition, die »Sitte der Väter«. Er selbst genoss göttliche Ehren. All das diente als neue Legitimation seiner Herrschaft. In späterer Zeit, bei wachsenden inneren Schwierigkeiten, verstärkte sich die religiöse Legitimation noch. Unter Kaiser Diokletian (Kaiser 284–305) erreichte sie vermutlich ihren Höhepunkt.

Die verschiedenen Stämme der **Germanen** wurden von Königen, Fürsten oder Herzögen geführt, die von der Heeresversammlung aus den königlichen oder fürstlichen Geschlechtern gewählt wurden, weil eine feste Nachfolgeordnung fehlte. Die Heeresversammlung setzte sich aus den freien Germanen, die zu diesem Zweck bewaffnet erschienen, zusammen. Sie diente auch als Heerschau und als Gerichtsversammlung.

Beim Großstamm der Franken, aus dem das Reich Karls des Großen (König/Kaiser 768/800–814) und später dann das Deutsche Reich hervorgehen sollte, wuchs die Macht der Könige gegenüber der Heeresversammlung, weil unter ihrem Oberbefehl große Eroberungen gemacht worden waren. Um 700 herum hatte sich diese Situation aber grundlegend gewandelt. Weil die Könige ihren Aufgaben nicht mehr gerecht wurden, zogen ihre Hausmeier (lat. »maior domus«), die den königlichen Besitz verwalteten und auch mit vielerlei politischen Aufgaben betraut waren, nach und nach wichtige königliche Befugnisse an sich. Mit Pippin dem Jüngeren ging das Königtum im Jahr 751 an die Hausmeier über. Der letzte merowingische König wurde abgesetzt und ins Kloster verbannt. Pippin fehlte freilich das königliche Geblüt, eine besondere Auszeichnung Gottes, das seine Vorgänger in den Augen der Untertanen legitimiert hatte.

Eine neue Legitimation glich diesen Makel aus. Der neu erwählte König wurde von Bonifatius und von Papst Stephan II. mit geweihtem Öl gesalbt. Sie ließen damit den alttestamentarischen Brauch der Königssalbung wieder aufleben. Die Folge war, dass diese im Mittelalter – wie die Taufe oder die Priesterweihe – als Sakrament galt. Der König war so ein Geweihter des Herrn. Seine besondere Ausstrahlung (Charisma) und seine Macht gründeten auf der Mitwirkung der Kirche.

Der Frankenkönig Karl der Große verwendete seit seiner Krönung die Formel »dei gratia« (»von Gottes Gnaden«). Im Jahr 800 wurde er vom Papst in der Peterskirche in Rom zum Kaiser gekrönt. Das römische Volk, vertreten durch den städtischen Adel, akklamierte. Damit lebte das Römische Reich, das im Jahr 476 unter dem Ansturm der Germanen untergegangen war, wieder auf. Es hieß seit dem 15. Jahrhundert inoffiziell »**Heiliges Römisches Reich Deutscher Nation**«. Das staatstragende Volk waren die Franken, später die Deutschen.

Schon Pippin hatte im Jahr 754 den Titel eines »Patricius Romanus« (»Schutzherr der Römer«) angenommen und damit der Kirche seinen Schutz zugesichert. Karl der Große wiederholte das Versprechen. Daraus ergab sich eine enge Verbindung zwischen der Kirche und dem fränkischen Staat. Der Kaiser führte sein Amt im Sinne des Kirchenlehrers Augustinus (354–430), der die Geschichte als Auseinandersetzung zwischen dem Gottesstaat (»civitas dei«) und dem Weltstaat (»civitas terrena«) dargestellt hatte. Aus der Erde sollte nach Augustinus eine Gemeinschaft entstehen, die – trotz aller Mängel – das zukünftige Reich Gottes erahnen ließ.

Die staatliche Verwaltung des Frankenreiches war noch nicht weit ausgebildet. Ein **Kanzler** leitete die königliche Kanzlei. Zeitweise war das Amt mit dem des Hofkaplans vereinigt, dem die kirchlichen Angelegenheiten unterstanden.

Das Reichsgebiet war in Grafschaften unterteilt. Den **Grafen** als königlichen Beamten kam die Aufgabe zu, den Heerbann aufzubieten und anzuführen. Sie übten die Polizeigewalt aus, saßen dem Gericht in ihrer Grafschaft vor und zogen Abgaben ein. Die Amtsführung der Grafen wurde zur Zeit Karls des Großen von reisenden königlichen Sendboten (»missi dominici«) kontrolliert. Meist handelte es sich um zwei Adelige, einen geistlichen und einen weltlichen. Zwischen dem König und den Grafen bestand vielfach, aber nicht grundsätzlich, das **Herzogtum** als Zwischeninstanz. Der Herzog fasste die Truppen aus mehreren Grafschaften zusammen und besaß eine weiter reichende Richtergewalt als die Grafen. Einige Herzöge, sogenannte Stammesherzöge, erlangten eine sehr selbstständige Stellung gegenüber dem König und gefährdeten schließlich seine Macht.

In fränkischer Zeit vollzog sich – zunächst unbeabsichtigt – auf dem Umweg über die Heeresreform eine einschneidende Verfassungsänderung. Im Ergebnis ruhte schließlich fast das gesamte mittelalterliche Staatswesen auf dem Fundament des **Lehnrechts**. Die ursprüngliche Verpflichtung des freien Germanen zum Waffendienst wurde unpraktisch, als man seit dem 8. Jahrhundert im Kampf gegen die Araber schwer bewaffnete Reiterheere benötigte. Der König sicherte sich die Heeresfolge berittener Krieger, indem er Land als Lehen (von »leihen«) mit der Verpflichtung zum Heeresdienst und zu anderen Diensten an Lehnsmannen (Vasallen) ausgab. Er selbst versprach dabei seinen Untergebenen für den Fall der Gefahr königlichen Schutz. Ursprünglich fiel das Lehen beim Tod des Mannen an den Lehnsherrn zurück, auf jeden Fall aber, wenn er seinen Verpflichtungen nicht nachkam. Das Lehensband war ein wechselseitiges Treueverhältnis, das auf das germanische Gefolgschaftswesen zurückging. Allerdings gab es auch spätrömische und keltische Wurzeln.

Die Vasallen des Königs, sogenannte Kronvasallen, konnten ihr Lehen weiter verleihen. Das Gleiche galt für deren Lehnsmannen. Der hochmittelalterliche »Sachsenspiegel«, ein zwischen 1220 und 1235 entstandenes, sehr einflussreiches Rechtsbuch, enthielt eine Heerschildordnung mit der Rangfolge von Lehnsherren und Vasallen: 1. der König, 2. die geistlichen Fürsten, 3. die weltlichen Fürsten, 4. die Grafen und freien Herren, 5. die Ministerialen und 6. die Dienstmannen der Ministerialen. Das Lehnswesen verlor dadurch an Wirkung, dass viele Lehen früh erblich wurden und manche Vasallen von verschiedenen, auch miteinander verfeindeten Herren Lehen genommen hatten.

König bzw. Kaiser Otto der Große (König/Kaiser 936/962–973) hatte bereits die Gefahr erkannt, die aus dem dynastischen Egoismus der großen weltlichen Lehnsträger, der Herzöge, erwachsen war. So gab er bevorzugt Lehen an geistliche Fürsten, die ihren Besitz nicht vererben konnten, und machte sie damit zu geistlichen Reichsbeamten. Zunächst erregte die Verbindung von geistlichem Amt und weltlicher Macht keinen Anstoß. Der König machte von seinem unangefochtenen Recht Gebrauch, geistliche Würdenträger einsetzen zu dürfen.

Es führte aber im **Investiturstreit** (vgl. S. 147) zu heftigen Auseinandersetzungen zwischen Königtum und Papsttum, weil der Papst nun – beeinflusst durch die geistliche Reformbewegung der Kluniazenser – dem König das Recht bestritt, geistliche Würdenträger selbst zu bestimmen. Höhepunkt des Konflikts war die Bannung Heinrichs IV. (König/Kaiser 1056–1106) durch Papst Gregor VII. im Jahr 1076 und der »Gang nach Canossa« im Jahr 1077. Erst im Jahr 1122 wurde mit dem Wormser Konkordat ein Kompromiss zwischen dem päpstlichen Stuhl und dem deutschen Königtum ausgehandelt, ohne dass damit der Konflikt zwischen der weltlichen und der kirchlichen Macht endgültig ausgeräumt worden wäre. Zur Zeit der staufischen Kaiser lebte er von Neuem auf und führte letztlich im Jahr 1254 zum Untergang der Dynastie.

Unter den Kaisern Friedrich Barbarossa (König/Kaiser 1152/1155–1190) und Friedrich II. von Hohenstaufen (König/Kaiser 1211/1220–1250) begann eine verfassungsgeschichtliche Wende. Die Landesherren lösten sich mehr und mehr aus der Bindung an den deutschen König und verselbstständigten damit ihre Territorien. Friedrich Barbarossa hatte im Jahr 1156 dem Herzog Heinrich Jasomirgott in dem neu begründeten Herzogtum Österreich besondere Rechte eingeräumt. In den Jahren 1220 und 1232 verzichtete Friedrich II. gegenüber allen geistlichen und weltlichen Fürsten auf wichtige Kronrechte.

Die Macht der Fürsten zeigte sich insbesondere in dem Recht, den König wählen zu dürfen. Lange Zeit war unentschieden geblieben, ob das Deutsche Reich ein Wahl- oder ein Erbkönigtum haben sollte. Unter Karl IV. (König/Kaiser 1346/1355–1378) wurde durch die nach der goldenen Siegeldose benannten **Goldene Bulle** vom Jahr 1356 die Nachfolgefrage gesetzlich geregelt. Danach mussten sich mindestens vier von sieben Kurfürsten für einen Kandidaten entscheiden. Dem Kurfürstenkollegium, das sich über längere Zeit herausgebildet hatte, gehörten die Erzbischöfe von Mainz, Köln und Trier, ferner der König von Böhmen, der Markgraf von Brandenburg, der Herzog von Sachsen-Wittenberg und der Pfalzgraf bei Rhein an.

Die fortschreitende Ausbildung der **Landesherrschaften** schwächte die Autorität der kaiserlichen Zentralgewalt immer mehr. Im 15. Jahrhundert wurde verschiedentlich eine Reform der Reichsverfassung ins Auge gefasst. Insbesondere sollte sie den Landfrieden sichern. Erst unter Maximilian I. (König/Kaiser 1486/1508–1519) kamen seit 1495 größere Reformen zustande. Ihr Gelingen bzw. Misslingen ergab sich aus der unterschiedlichen Interessenlage des Kaisers und der ständischen Opposition, die sich um den Mainzer Erzbischof Berthold von Henneberg gesammelt hatte.

Die Stände waren im **Reichstag** vertreten. Diese Institution hatte sich seit dem 12. Jahrhundert aus gelegentlichen königlichen Hoftagen entwickelt. Seit 1489 gliederte sie sich in drei Kollegien: das Kurfürstenkollegium, den Reichsfürstenrat, der aus einer geistlichen und einer weltlichen Bank bestand, und das Kollegium der Städte. Im Jahr 1663 wurde der Reichstag zu einem ständigen Gesandtenkongress (»immerwährender Reichstag«), der fortan – bis zum Ende des alten Reiches im Jahr 1806 – in Regensburg tagte.

Die Reichsreform unter Maximilian I. stellte an die Spitze des Reiches ein Reichsregiment, das sich aus dem König und 20 ständischen Räten zusammensetzte. Es wurde schon 1502 vom Kaiser wieder aufgelöst. Erfolglos blieb auch die Ausschreibung einer allgemeinen Reichssteuer, des »(all)gemeinen Pfennigs«, weil sie vielfach von den Territorialherren nicht eingezogen wurde. Bestand hatten lediglich das Reichskammergericht und die Einteilung in **Reichskreise**, deren Aufgabe es wurde, die Urteile des Reichskammergerichts zu vollziehen und den Landfrieden zu sichern.

Seit 1618 wütete der Dreißigjährige Krieg. Der **Westfälische Friede** von Münster und Osnabrück, der im Jahr 1648 das Morden beendete, bedeutete einen tiefen Einschnitt in die deutsche Verfassungsgeschichte. Die Schweiz und die nördlichen Niederlande, die Generalstaaten, lösten sich endgültig vom Reich. Frankreich und Schweden wurden Garantiemächte mit dem Recht, ggf. in Deutschland einzugreifen. Der schwedische König wurde darüber hinaus durch seine Erwerbungen an der Nord- und Ostsee deutscher Reichsstand.

Alle Fürsten erhielten fast völlige Souveränität mit dem Recht, untereinander und mit ausländischen Mächten Verträge abschließen zu dürfen. Die Macht des Kaisers sank weiter ab. Nach Samuel von Pufendorf (1632–1694) war das Deutsche Reich weder ein richtiger Staat noch ein Staatenbund, sondern »einem Monstrum ähnlich«. Damit endete weitgehend die Geschichte eines zusammenhängenden Reiches. Das politische Gewicht verlagerte sich nun endgültig in die Territorien. Österreich und Preußen gelang es sogar, europäische Großmächte zu werden.

Die Politik wurde nach wie vor vom **Adel** bestimmt, wenn auch in sehr unterschiedlichem Maße. Er hatte sich aus verschiedenen Wurzeln entwickelt. Schon in frühgermanischer Zeit gab es die »Edelinge«, die von Geburt aus eine besondere Stellung innehatten. Seit der fränkischen Zeit kam der mit besonderen Königsaufgaben betraute Dienstadel hinzu, der sich zum hochmittelalterlichen Rittertum entwickelte. Die Ritter gehörten großenteils dem niederen Adel an. Anders die Fürsten, Grafen und freien Herren, die im Auftrag des Königs Hoheitsrechte ausübten und später als Reichsfürstenkollegium Teil des Reichstages wurden. Sie bildeten den Hochadel. Die bereits vor 1350 ritterbürtigen Familien zählt man zum Uradel. Der Briefadel leitete sich aus kaiserlicher oder – seit 1806 – aus landesherrlicher Ernennung her. Mit der Weimarer Verfassung von 1919 wurden die letzten Adelsvorrechte in Deutschland abgeschafft. Doch blieben die Adelsprädikate als Teil des Namens bestehen.

Die Staatsentwicklung seit dem 17. Jahrhundert wurde begünstigt durch den **Absolutismus** (lat. »absolutus« = losgelöst), der auf die Souveränitätslehre des Franzosen Jean Bodin (1530–1596) zurückging. In Frankreich erlebte er seinen Höhepunkt unter Ludwig XIV. (König 1643–1715), in Österreich unter Maria Theresia (Kaiserin 1740–1780) und unter ihrem Sohn Joseph II. (König 1780–1790), in Preußen unter Friedrich Wilhelm I. (König 1713–1740) und unter seinem Sohn Friedrich II. (König 1740–1786). Der Absolutismus schuf effizient durch Beamte verwaltete und rechtlich vereinheitliche moderne Staatswesen.

Im 17. Jahrhundert hatte aber bereits eine staatstheoretische Gegenbewegung gegen den absolutistischen Herrschaftsanspruch eingesetzt. Er erklärte sich aus den besonderen Verhältnissen **Englands**. Seit 1297 besaß dort das **Parlament**, eine Ständeversammlung aus Vertretern des Adels und später auch der Städte, das Recht der Steuerbewilligung. Im Kampf gegen die absolutistisch gesonnenen Stuart-Könige des 17. Jahrhunderts erzwang es neue politische Rechte. Im Jahr 1649 verurteilte es sogar, nachdem es zuvor von Oliver Cromwell (1599–1658) in seinem Sinn »gereinigt« worden war, den Stuart-König Karl I. (König seit 1625) zum Tode. Im Jahr 1688 machte das Parlament erneut von seinem »Recht auf Widerstand« Gebrauch, setzte König Jakob II. (König 1685–1688) in der sogenannten »Glorious Revolution« ab und berief Wilhelm III. (König 1689–1702) von Oranien aus den Niederlanden zum englischen König. Voraussetzung dafür war freilich, dass er vorher die »Bill of Rights« unterzeichnete.

Das Königtum war so auf einem Vertrag gegründet, der gegebenenfalls widerrufen werden konnte. Diese Theorie fand ihren Niederschlag in den Schriften des Engländers John Locke (1632–1704), der sich auch für das Repräsentativsystem, die Gewaltenteilung und das Mehrheitsprinzip aussprach. Weiter ausgearbeitet und verfeinert finden sich diese Grundsätze bei dem Franzosen Charles de Montesquieu (1689–1755), der nun eine gesetzgebende (Legislative), ausführende (Exekutive) und richterliche Gewalt (Jurisdiktion) unterschied. Die **Gewaltenteilung** verhinderte die Willkür des Herrschers und garantierte die Rechtsstaatlichkeit – allerdings nur unter der Voraussetzung, dass die drei Gewalten voneinander unabhängig waren und sich so gegenseitig kontrollieren konnten.

Der aus Genf stammende Franzose Jean-Jacques Rousseau (1712–1778) stand ganz unter dem Einfluss der radikalen französischen Aufklärung. Er vertrat den Standpunkt der **Volkssouveränität**, aufgrund derer der ursprünglich sittlich gute, aber durch die Zivilisation verdorbene Mensch durch einen Gesellschaftsvertrag den Staat begründet habe. Er behalte jedoch stets das Recht zum Widerstand. Die dieser Auffassung angemessene Staatsform sei die **Republik**. Eine echte Teilung der Gewalten sei wegen der allem übergeordneten Souveränität des Volkes, die sich im Gemeinwillen (»volonté générale«) ausdrücke, nicht möglich. Der »Gemeinwille«, der von dem durch individuelle Interessen bestimmten Willen der Einzelnen zu unterscheiden ist, lässt sich nicht einfach nach dem Mehrheitsprinzip ermitteln. Er beinhaltet das Wissen darüber, was für die Menschen und ihr Gemeinwesen gut und notwendig ist. Dies hat dazu geführt, dass die Staatstheorie Rousseaus sowohl von Anhängern der Demokratie als auch von Befürwortern der Diktatur in Anspruch genommen wurde.

Die Staatslehren der englischen und französischen Theoretiker wurden erstmals im Jahr 1776 bei der Loslösung der 13 englischen Kolonien in Amerika vom Mutterland in die politische Wirklichkeit übertragen. Die Kolonisten hatten von ihrem Widerstandsrecht Gebrauch gemacht, weil sie sich vom englischen König unterdrückt fühlten. Sie gründeten einen Staat, die **Vereinigten Staaten von Amerika** (USA), mittels eines Vertrages und verankerten in seiner Verfassung die strikte Gewaltenteilung.

Wenige Jahre später wurden diese Theorien zur geistigen Grundlage der tiefgreifendsten politischen Erschütterung, die Europa bis dahin erlebt hatte. Im Jahr 1789 begann die große **Französische Revolution**. Das Bürgertum erzwang die Macht, die ihm der absolutistische Staat bislang vorenthalten hatte. Von allem Anfang an zeigte die Revolution aber ein doppeltes Gesicht: Hier gab es Kräfte, die, Montesquieu folgend, auf einen demokratischen Repräsentativstaat drängten, während andere eine Diktatur befürworteten. Sie betrachteten sich im Sinne von Rousseau als Vertreter des Gemeinwillens, der sich angeblich nur den besonders Einsichtigen erschloss. Dies war die Auffassung von Maximilien de Robespierre (1758–1794) und der Partei der Jakobiner. Der Gemeinwille war gegenüber den angeblich Uneinsichtigen und Böswilligen nur mit blutigem Terror (lat.»Schrecken«) durchzusetzen.

Die schrecklichen Ereignisse, die mit allgemeiner Unsicherheit und Angst verbunden waren, führten seit dem Jahr 1795 zu einer bürgerlichen Reaktion. Hier zeigte sich, was an vielen Revolutionen erkennbar ist: Zumindest ein Teil der ursprünglichen Absichten wird im Verlauf in sein Gegenteil verkehrt. Im Jahr 1799 konnte sich Napoleon Bonaparte (Kaiser 1804–1814) durch einen Putsch an die Spitze des französischen Staates stellen und eine Militärdiktatur begründen. Durch Plebiszite (Volksabstimmungen) sicherte er seiner Herrschaft eine neue Legitimation. Das französische Volk machte ihn im Jahr 1802 zum Konsul auf Lebenszeit und im Jahr 1804 zum Kaiser der Franzosen. In der Folgezeit wurden auf ähnliche Weise immer wieder **plebiszitäre Diktaturen** begründet (Napoleon III., Mussolini, Hitler).

Die Ideen der Aufklärung und der Französischen Revolution sowie nicht zuletzt die Kriegspolitik Napoleons bewirkten mit einer Verzögerung von ein paar Jahrzehnten auch grundlegende Veränderungen in Deutschland. Das Deutsche Reich löste sich im Jahr 1806 nach tausendjähriger Geschichte auf, nachdem es Napoleon gelungen war, eine Reihe von deutschen Territorien im **Rheinbund** eng an Frankreich zu binden. Der letzte deutsche Kaiser Franz II. (Kaiser 1792–1806) trug bereits seit 1804 den Titel eines Kaisers von Österreich (als Franz I. bis 1835). Mit der Niederlegung der deutschen Kaiserkrone im Jahr 1806 war die letzte – wenn auch ohnehin lockere – staatsrechtliche Bindung zwischen den deutschen Staaten aufgehoben.

Der Ruf nach einem deutschen **Nationalstaat** wurde insbesondere bei der jungen Generation laut, die in der Folgezeit an den Befreiungskriegen gegen den fremden Usurpator Napoleon teilnahm. Stellvertretend sollen hier Johann Gottlieb Fichte (1762–1814) mit seinen »Reden an die deutsche Nation«, die eine begeisterte Zuhörerschaft fanden, und die im Jahr 1815 begründete Allgemeine Deutsche Burschenschaft mit ihrem Motto »Ehre, Freiheit, Vaterland« stehen.

Nationalstaatliche und liberale Ideen konnten sich aber auch nach Napoleons Sturz 1814 nicht durchsetzen, obwohl – besonders vorbildlich und weitreichend in Preußen – innere Reformen stattgefunden hatten. Unter dem beherrschenden Einfluss des österreichischen Staatskanzlers Klemens von Metternich (1773–1859) betrieb der **Wiener Kongress** (1814/15) eine Restauration (lat. »Wiederherstellung«) der politischen Verhältnisse, wie sie vor der Französischen Revolution und vor Napoleon gewesen waren. Natürlich zeigte sich sogleich, dass dies nur bedingt möglich war.

Im Jahr 1815 bildeten 35 souveräne deutsche Fürsten und vier ehemalige Reichsstädte den **Deutschen Bund**. Er war kein gemeinsamer Bundesstaat, sondern nur ein locker gefügter Staatenbund mit einem gemeinsamen Gesandtenkongress in Frankfurt am Main.

Der **Liberalismus** (lat. »liber« = frei) gründet auf den in der Zeit der Aufklärung entstandenen politischen Theorien. Er betonte die Freiheit des einzelnen Individuums gegenüber den Forderungen des Staates, der in dieser Zeit ja in der Regel noch ein absolutistisch regierter Staat war. Die reaktionäre Politik des Deutschen Bundes begünstigte den liberal begründeten Protest. In den drei Jahrzehnten nach dem Wiener Kongress entwickelte er sich zu einer kraftvollen geistig-politischen Strömung. Seine Anhänger fand er vor allem im Bürgertum und bei der studentischen Jugend.

Auch in Deutschland war das Missverhältnis zwischen wirtschaftlichem Fortschritt und politischer Beharrung unübersehbar.

Der Konflikt entlud sich in der **Revolution vom März 1848**, zu der es im Anschluss an die Februarrevolution in Frankreich gekommen war. Die Fürsten wichen erschrocken zurück, bewilligten eine Reihe liberaler Forderungen und ermöglichten damit die Wahl einer demokratischen Vertretungskörperschaft. Am 18. Mai 1848 wurde in der Paulskirche in Frankfurt am Main die deutsche **Nationalversammlung** eröffnet. In seiner Zusammensetzung war es fast ausschließlich ein bürgerliches Honoratiorenparlament.

Im Verlauf der Verfassungsberatungen zeigten sich allerdings bald deutliche Auffassungsunterschiede bezüglich der künftigen Staatsform. Die Erwartungen reichten von der liberal-konservativen Monarchie bis hin zur demokratischen Republik. Dabei bildeten sich – ähnlich den Klubs der Französischen Revolution (Jakobiner, Girondisten) – unterschiedliche politische Gruppierungen heraus. Sie nannten sich nach Frankfurter Gasthöfen, in denen sie zusammenkamen. Die äußerste Rechte tagte im »Café Milani«, die Rechte im »Casino«, das rechte Zentrum im »Landsberg«, das linke Zentrum im »Württemberger Hof«, die sogenannte »Linke im Frack« in der Westendhalle, die Linke im »Deutschen Hof« und die äußerste Linke im »Donnersberg«. Von Parteien im heutigen Sinne kann noch nicht gesprochen werden, weil ein verbindliches Programm und eine feste Organisation fehlten. Allenfalls handelte es sich um Vorformen der Parteien.

Das bleibende Verdienst der Nationalversammlung war die Formulierung der **Grundrechte** des deutschen Volkes, die im Dezember 1848 als Gesetz verkündet wurden. Sie waren eine der wesentlichen Grundlagen für die Weimarer Verfassung von 1919 und für das Grundgesetz von 1949, auch für die Verfassung der Deutschen Demokratischen Republik von 1949.

Zwar konnte die gesamte Verfassung des Deutschen Reiches am 28. März 1849 von der Nationalversammlung verabschiedet werden. Doch erlangte sie keine Gesetzeskraft mehr. Das kleindeutsche, konstitutionell regierte Reich unter der Herrschaft hohenzollernscher Erbkaiser blieb auf dem Papier. Die Nationalversammlung löste sich teilweise selbst auf, nachdem der preußische König Friedrich Wilhelm IV. (König 1840–1861, ab 1858 regierungsunfähig) die Kaiserkrone abgelehnt hatte. Das Rumpfparlament, das sich nach Stuttgart zurückgezogen hatte, wurde durch württembergisches Militär zersprengt.

Die liberale Staatsauffassung in Deutschland hatte eine vernichtende Niederlage erlitten. Von Neuem begann eine Zeit politischer Reaktion. Erst Ende der Fünfzigerjahre lebte der Liberalismus wieder auf. Im Jahr 1861 entstand die Deutsche Fortschrittspartei. Sie war die erste **politische Partei** Deutschlands im eigentlichen Sinne. Ihr Versuch, den preußischen Staat im Kampf gegen König Wilhelm I. und seinen Ministerpräsidenten Otto von Bismarck demokratisch umzugestalten, schlug freilich fehl. Bismarck erzwang die umstrittene Heeresvermehrung (vgl. S. 203, 241 f.) mit diktatorischen Mitteln und unterdrückte jeden Widerstand mit Gewalt.

Die Stimmung im Land änderte sich entschieden, als Preußen – mit seiner reformierten und vergrößerten Armee – Dänemark (1864) und Österreich (1866) auf dem Schlachtfeld besiegte. Der größere Teil der Liberalen versöhnte sich mit dem Ministerpräsidenten und organisierte sich in der weiter rechts stehenden Nationalliberalen Partei. Sie waren bereit, Bismarck bei seiner Einigungspolitik zu unterstützen, und arbeiteten über ein Jahrzehnt lang eng mit ihm zusammen.

Im Jahr 1863 hatte Ferdinand Lassalle (1825–1864) mit dem Allgemeinen Deutschen Arbeiterverein (ADAV) in Leipzig die erste sozialdemokratische Partei Deutschlands begründet. Sie bemühte sich um die Organisation des vierten Standes, der Proletarier, und forderte allgemeines und gleiches Wahlrecht sowie Produktivassoziationen (Fabriken) mit Staatshilfe. Obwohl sich Lassalle gelegentlich selbst als Schüler von Karl Marx und Friedrich Engels bezeichnet hatte, war er bereit, mit dem bestehenden Staat zusammenzuarbeiten.

Im Gegensatz dazu gründeten August Bebel (1840–1913) und Wilhelm Liebknecht (1826–1900) im Jahr 1869 in Eisenach die Sozialdemokratische Arbeiterpartei. Sie übernahm die marxistische Staatsauffassung, insbesondere auch den historischen Materialismus, wie sie Karl Marx (1818–1883) und Friedrich Engels (1820–1895) erarbeitet und in Kurzform im **Kommunistischen Manifest** von 1847/48 niedergelegt hatten. Danach ist der Staat ein Herrschafts- und Unterdrückungsinstrument der besitzenden Klassen. Im Verlauf einer gesetzmäßigen Entwicklung beseitigt das Proletariat durch eine Revolution die Herrschaft der Besitzenden, beraubt sie ihrer Produktionsmittel (Fabriken, Maschinen, Rohstoffe) und errichtet eine Diktatur des Proletariats. In der angestrebten sozialistischen bzw. kommunistischen Gesellschaftsordnung sind die Klassengegensätze aufgehoben, weil sich die Produktionsmittel nun im Gemeinbesitz befinden.

Der Allgemeine Deutsche Arbeiterverein und die Sozialdemokratische Arbeiterpartei vereinigten sich im Jahr 1875 auf dem Parteitag in Gotha zur Sozialistischen Arbeiterpartei Deutschlands. Sie hieß seit 1890 **Sozialdemokratische Partei Deutschlands** (SPD).

Ähnliche Wurzeln wie der radikale **Sozialismus** besaß der **Anarchismus** (griech. »anarchia« = ohne Herrschaft), der die revolutionäre Beseitigung des Staates und der Klassenunterschiede forderte, um dem Menschen Freiheit und Selbstverwirklichung zu ermöglichen. Die erste anarchistische Vereinigung stammte von Michail Alexandrowitsch Bakunin (1814–1876), der von Marx heftig befehdet wurde. Anarchistische Bestrebungen, die sich auch in Aufsehen erregenden Terroranschlägen äußerten, z. B. der Ermordung des russischen Zaren Alexanders II. (1881), verbanden sich gelegentlich mit kommunistischen und gewerkschaftlichen Bestrebungen. Im Jahr 1907 entstand eine »anarchistische Internationale«. Anarchistische Tendenzen lebten wieder auf in der Studentenbewegung der späten Sechziger- und der Siebzigerjahre des 20. Jahrhunderts, etwa in der Außerparlamentarischen Opposition (APO) und im Sozialistischen Deutschen Studentenbund (SDS).

Zur Wahrung ihrer kirchlichen und kulturellen Belange hatten sich spätestens seit 1848 in Deutschland immer wieder katholische

Gruppen gebildet. Im Jahr 1870 entstand dann die **Zentrumspartei**, die im Kaiserreich, in der Weimarer Republik und dann in der Bundesrepublik Deutschland bis um das Jahr 1950 herum in der Politik einen erheblichen Einfluss entfaltete.

Sehr zögernd nur und als Reaktion auf die Parteigründungen der anderen politischen Richtungen organisierten sich die **Konservativen** (lat. »conservare« = bewahren). Sie hielten aufgrund ihrer guten Beziehungen zu den Regierungen und zur Verwaltung eine feste Organisation für nicht erforderlich. Für sie trifft in besonderem Maße der Begriff »Honoratiorenpartei« zu. Im Reichstag sammelten sie sich vor allem in einer deutschkonservativen und einer freikonservativen Gruppe, die sich nun Deutsche Reichspartei nannte und die schon sehr früh die Bismarcksche Einigungspolitik unterstützt hatte.

Das Deutsche Reich von 1871 war durch eine »Revolution von oben« entstanden. Otto von Bismarck hatte Österreich im Jahr 1866 aus Deutschland hinausgedrängt und im Deutsch-Französischen Krieg von 1870/71 die Voraussetzung für einen deutschen Nationalstaat geschaffen. So brauchte er auf die politischen Parteien keine besondere Rücksicht zu nehmen. Er konstruierte das Reich als einen Bund souveräner Fürsten, an dessen Spitze der preußische König als deutscher Kaiser stand. Die Länder entsandten ihre Vertreter in den Bundesrat. Daneben bestand ein aus allgemeinen und gleichen Wahlen hervorgegangenes Gesamtparlament, der **Reichstag**. Das ist deshalb bemerkenswert, weil z. B. in Preußen für die Wahl des Abgeordnetenhauses noch ein Zensuswahlrecht (abhängig von der individuellen Steuerleistung), das sogenannte **Dreiklassenwahlrecht** galt. Der Reichskanzler war nun aber nicht vom Vertrauen des Reichstages, sondern nur von dem des Monarchen abhängig. Das neue Deutsche Reich war somit eine **konstitutionelle Monarchie**.

Die neu entstandene Großmacht im Herzen Europas beteiligte sich nun, wenn auch vergleichsweise spät, an der Aufteilung der

Welt im Zeitalter des **Imperialismus** (lat. »imperium« = Reich). Internationale Konkurrenz, gesteigertes Nationalbewusstsein und wirtschaftlicher Expansionsdrang lieferten die Motive. Sie verbanden sich mit der Überzeugung von der Überlegenheit und dem besonderen Auftrag der weißen Rasse.

Das Deutsche Reich erwarb eine Reihe von **Kolonien** (Schutzgebiete). Von Eingeborenen erhielt der Bremer Kaufmann Franz Adolf Lüderitz im Jahr 1883 Deutsch-Südwestafrika. Es wurde 1884 von Bismarck, der lange Zeit eine deutsche Kolonialpolitik abgelehnt hatte, unter den Schutz des Reiches gestellt. Es folgten Deutsch-Ostafrika, Kamerun, Togo, Deutsch-Neuguinea (Kaiser-Wilhelm-Land) und verschiedene asiatische Inselgruppen. Kiautschou in China wurde im Jahr 1898 auf 99 Jahre als Flottenstützpunkt gepachtet.

Die imperialistische Grundstimmung hatte erheblichen Einfluss auf die Selbsteinschätzung des deutschen Volkes und damit auf die politischen Verhältnisse insgesamt. Sie führte dazu, dass Regierung und Bevölkerung auf die Kriegsgefahr im Sommer 1914 unbedacht reagierten und am 1. August 1914 mit falschen Erwartungen in den Krieg eintraten. Alle überseeischen Besitzungen des Reiches gingen mit dem Ersten Weltkrieg verloren.

Der Erste Weltkrieg (1914–1918) brachte das Ende der Monarchie. Noch am 28. Oktober 1918, viel zu spät, wurde der Versuch unternommen, sie durch die Einführung der parlamentarischen Regierungsform zu retten. Am 9. November 1918 aber musste Kaiser Wilhelm II. abdanken. Er floh ins Exil nach Holland. Philipp Scheidemann (1865–1939) rief am gleichen Tag die **demokratische Republik** aus. Sein sozialdemokratischer Parteifreund Friedrich Ebert (1871–1925), der spätere Reichspräsident, wurde Reichskanzler bzw. Vorsitzender des Rates der Volksbeauftragten.

Die Entscheidung über die zukünftige Staats- und Regierungsform Deutschlands spielte sich zunächst vor allem zwischen den beiden rivalisierenden Flügeln der sozialdemokratischen Bewegung ab. Die SPD hatte sich im Verlauf des Krieges (1917) in eine

Staat und Politik

Mehrheits-SPD und eine Unabhängige SPD gespalten. Die USPD lehnte die Kriegskredite entschieden ab, weil der Krieg nach ihrer Auffassung ein imperialistischer Eroberungskrieg war. Besonders radikale Forderungen vertrat der nach einem römischen Sklavenführer benannte Spartakusbund. Aus ihm ging um die Jahreswende von 1918/19 die **Kommunistische Partei Deutschlands** (KPD) hervor. Sie erstrebte mit Teilen der USPD ein Rätesystem nach russischem Vorbild.

Am 7. November 1917 (25. Oktober nach dem alten russischen Kalender) hatte in **Russland** die **Oktoberrevolution** begonnen und Wladimir Iljitsch Uljanov, genannt **Lenin**, (1870–1924) und seine bolschewistische Partei an die Macht gebracht. Die Oktoberrevolution bedeutet einen mindestens ebenso tiefen geschichtlichen Einschnitt wie die Französische Revolution von 1789 und leitete eine Entwicklung ein, die große Teile der Welt kommunistisch machte.

Für den Augenblick blieb zunächst unentschieden, ob Deutschland künftig eine demokratische Republik oder ein radikalsozialistischer Rätestaat werden würde. Nach heftigen, teilweise mit Waffengewalt geführten Auseinandersetzungen konnten sich aber die gemäßigten Kräfte durchsetzen. Die demokratisch gewählte Weimarer Nationalversammlung beschloss die sogenannte **Weimarer Verfassung**. Sie wurde am 11. August 1919 unterzeichnet und begründete eine demokratisch-parlamentarische Republik nach westeuropäischem Muster.

Die gesetzgebende Gewalt lag beim Reichstag und beim Reichsrat, einer Vertretung der Länder. Durch Artikel 48 der Verfassung erhielt der Reichspräsident besondere Machtbefugnisse. Er konnte in Krisenzeiten Notverordnungen erlassen und damit die parlamentarische Kontrolle teilweise außer Kraft setzen. Damals war noch nicht abzusehen, dass der Artikel 48 der Verfassung am Ende der Weimarer Republik den Übergang in eine Diktatur erleichterte.

Die außenpolitischen Belastungen, die insbesondere durch den Krieg ruinierten Staatsfinanzen und das unzureichende Funktionieren der Demokratie verschafften den politischen Gruppen Zulauf, die den Staat von Weimar ablehnten. Bei der politischen Rechten war das seit den Zwanzigerjahren vor allem die **Nationalsozialistische Deutsche Arbeiterpartei** (NSDAP), die im Jahr 1919 als Deutsche Arbeiterpartei in München gegründet und von Adolf Hitler (1889–1945) zu einer schlagkräftigen Organisation umgestaltet worden war. Sie war ihrem Wesen nach nationalistisch und antidemokratisch und vertrat einen militanten **Antisemitismus**.

Vorbehalte gegenüber den **Juden** hatte es immer gegeben. Sie galten als Mörder Christi und unterschieden sich von der nichtjüdischen Bevölkerung durch ihre Religion und ihre besondere Lebensweise. In den Städten lebten sie ursprünglich zumeist in eigenen Wohnbezirken, den sogenannten Gettos.

Der im Wesentlichen religiös begründete Antisemitismus erhielt im 19. Jahrhundert eine neue, verhängnisvolle Qualität. Diese Entwicklung ist vor allem mit den Namen Joseph Arthur Gobineau (1816–1882) und Houston Stewart Chamberlain (1855–1927) verbunden. Gobineau betonte die »Ungleichheit der menschlichen Rassen« und hob die Besonderheit und Überlegenheit der »arischen Rasse« hervor. Chamberlain entwickelte diese Theorie weiter und verknüpfte sie mit einem militanten Antisemitismus. Bereits nach dem Ersten Weltkrieg sprach er sich für die Ausrottung der Juden aus, die er als »Ungeziefer« in der Gesellschaft ansah.

Verhängnisvoll wurde vor allem die im 19. Jahrhundert im Zusammenhang mit der Vererbungslehre entstandene biologistische Auffassung vom Judentum: Jude war nun nicht mehr nur derjenige, der sich zum mosaischen Glauben bekannte. Das Besondere dieser »Rasse« lag in ihrem Erbmaterial und wurde so von Generation zu Generation erneuert. Für Hitler und seine Gefolgsleute ergab sich daraus eine wahrhaft mörderische Konsequenz: Nur dann konnte der als schädlich, gefährlich und zerstörerisch angesehene Einfluss des Judentums unterbunden werden, wenn die Juden gewaltsam daran gehindert würden, sich fortzupflanzen – oder physisch vernichtet wurden. Wir wissen, dass es nicht bei weltanschaulichen

Gedankenspielen blieb, sondern dass aus der Theorie entsetzlicher Ernst wurde: Im **Holocaust** in den Jahren des Zweiten Weltkriegs wurden etwa sechs Millionen europäische Juden ermordet.

Der demokratische Neuanfang von 1919 war aus verschiedenen Gründen fehlgeschlagen. Am 30. Januar 1933 wurde Adolf Hitler vom Reichspräsidenten Paul von Hindenburg (1847-1934) zum Reichskanzler ernannt. Sofort begann die Umformung des Deutschen Reiches zu einem nationalsozialistischen Führerstaat durch die sogenannte »Gleichschaltung«.

Nach dem Reichstagsbrand am 27. Februar 1933 wurden durch eine Notverordnung die Grundrechte der Weimarer Verfassung aufgehoben. Von nun an herrschte der Ausnahmezustand. Das Ermächtigungsgesetz vom 23. März 1933 gestattete es der Regierung, zunächst für vier Jahre ohne den Reichstag zu regieren, und gab dem Führer diktatorische Macht. Das Gesetz wurde bis zum Ende des »Dritten Reiches« regelmäßig verlängert.

Die politischen Parteien lösten sich auf oder wurden zur Auflösung gezwungen. Als einzige Partei, als Staatspartei blieb nur die NSDAP übrig. Als Hindenburg am 2. August 1934 starb, übernahm Hitler auch das Reichspräsidentenamt. Er nannte sich fortan »Führer und Reichskanzler«.

Der **Zweite Weltkrieg** führte zum totalen Zusammenbruch des Deutschen Reiches und der nationalsozialistischen Herrschaft. Deutschland wurde von den vier Siegermächten besetzt und in eine amerikanische, eine britische, eine französische und eine sowjetische Besatzungszone aufgeteilt. Große Gebietsteile des Deutschen Reiches wurden abgetrennt und polnischer, sowjetischer und französischer Verwaltung unterstellt. Groß-Berlin bestand nun aus vier alliierten Sektoren. Die höchste Gewalt lag bei den alliierten Oberbefehlshabern in Deutschland. Sie betrieben die »Umerziehung« (amerik. »reeducation«) der Deutschen und gestatteten nur zögernd deren politische Betätigung, und zwar zunächst in den Gemeinden, dann auf der jeweils höheren Ebene.

Schon sehr früh war zu erkennen, dass die Westalliierten und die Sowjetunion sehr unterschiedliche Zukunftspläne verfolgten. Das durch die Waffenbrüderschaft im Krieg entstandene Einvernehmen zerbrach spätestens im Herbst 1947. Die Amerikaner bemühten sich daraufhin, Westdeutschland wirtschaftlich und politisch an sich und die übrigen westlichen Siegermächte zu binden. Wichtige Schritte auf diesem Weg waren seit 1947 der nach dem amerikanischen Außenminister George Marshall (1880–1959) benannte **Marshall-Plan** sowie die **Währungsreform** vom 20. Juni 1948.

Seit dem 1. September 1948 tagte in Bonn im Einvernehmen mit den drei westlichen Besatzungsmächten der Parlamentarische Rat als verfassungsgebende Versammlung. Er schuf das **Grundgesetz für die Bundesrepublik Deutschland**, das am 23. Mai 1949 nach der Annahme durch alle Länderparlamente mit Ausnahme des bayerischen in Kraft trat.

Auf dem Gebiet der Sowjetischen Besatzungszone (SBZ) hatte der III. Volkskongress inzwischen die **Verfassung der Deutschen Demokratischen Republik** beschlossen. Sie trat am 7. Oktober 1949 in Kraft. Damit war die Spaltung Deutschlands in eine westlich orientierte parlamentarische Demokratie und eine nach Moskau hin ausgerichtete Volksdemokratie endgültig besiegelt.

Die verschiedenen **Parteien** erhielten in der Bundesrepublik großes politisches Gewicht. Zum ersten Mal wurden sie in einer deutschen Verfassung erwähnt: »Die Parteien wirken bei der politischen Willensbildung des Volkes mit. Ihre Gründung ist frei. Ihre innere Ordnung muss demokratischen Grundsätzen entsprechen (...)« (Grundgesetz Art. 21).

Da das demokratische System von vornherein auf Pluralität angelegt war, bildete sich ein breit gefächertes Parteienspektrum: Betont traditionalistisch-konservative Parteien wie die Deutsche Partei (DP) konnten sich auf Dauer nicht behaupten. Die Sozialistische Reichspartei (SRP) wurde wegen ihrer programmatischen Nähe zur NSDAP im Jahr 1952 vom Bundesverfassungsgericht verboten.

Als längerfristig ausgesprochen erfolgreich erwies sich die neu gegründete gemäßigt konservative **Christlich-Demokratische Union** (CDU). Sie gründete u. a. auf den Traditionen der fast ausschließlich katholischen Zentrumspartei, die in der Weimarer Zeit eine wichtige Rolle gespielt hatte. Ganz bewusst vermied sie aber deren religiöse Einseitigkeit. Von allem Anfang an trat sie als Volkspartei auf und sammelte Wähler von der äußersten Rechten bis hin zur christlich-sozial eingestellten Arbeiterschaft. Zur überragenden Führungsperson wurde der ehemalige Kölner Oberbürgermeister Konrad Adenauer (1876–1967). Er war zwischen 1949 und 1963 Bundeskanzler.

In Bayern entstand eine stark landsmannschaftlich geprägte Variante der CDU, die **Christlich-Soziale Union** (CSU). Obwohl sie zusammen mit der CDU im deutschen Bundestag eine Fraktionsgemeinschaft bildete und bildet, betont sie doch immer wieder ihre politische Eigenständigkeit. Ihre politischen Ambitionen verkörperten sich in dem Parteivorsitzenden und bayerischen Ministerpräsidenten (ab 1978) Franz Josef Strauß (1915–1988).

Betont liberale Kräfte sammelten sich in der **Freien Demokratischen Partei** (FDP). Wieder zeigte und zeigt sie – wie die liberale Bewegung der Vergangenheit – ein doppeltes Gesicht: Auf der einen Seite stehen die aufklärerisch motivierten Linksliberalen, die sich für demokratische Freiheiten sowie individuelle Rechte und Entfaltungsmöglichkeiten einsetzen. Der eher rechte Flügel ist stark wirtschaftlich orientiert und bildet eine Brücke zu den Konservativen.

Die **Sozialdemokratische Partei Deutschlands** (SPD) wurde unmittelbar nach dem Zweiten Weltkrieg wiederbegründet. Anders als die bürgerlichen Parteien der Weimarer Zeit hatte sie im März 1933 das Ermächtigungsgesetz, das Hitlers Diktatur begründete, abgelehnt, und begann deshalb den neuen Abschnitt ihrer Geschichte unbelastet. Sie begann im Jahr 1945 als neomarxistische Klassenpartei und stritt noch lange für eine bedarfsorientierte sozialistische Planwirtschaft.

Um die wirtschaftlichen Kräfte zu beleben, hatten Ludwig Erhard (1897–1977) und andere nach der Währungsreform des Jahres 1948 in Westdeutschland die **Soziale Marktwirtschaft** durchgesetzt. Sie verband die marktwirtschaftlich-kapitalistische Wirtschaftsdynamik mit fundamentalen sozialen Grundsätzen und wurde zur Wirtschaftsdoktrin der bürgerlichen Parteien, insbesondere der CDU. Der Erfolg der sozialen Marktwirtschaft, der sich im »Wirtschaftswunder« offenbarte, auch die Erfolglosigkeit der sozialistischen Planwirtschaft in der DDR, bewirkten, dass sich die SPD schließlich auch dazu bekannte. In ihrem »Godesberger Programm« von 1959 wandelte sie sich zu einer modernen Volkspartei und wurde damit für andere Parteien koalitionsfähig. Sie war im Jahr 1966 erstmals an einer Regierung auf Bundesebene beteiligt. Unter Bundeskanzler Kurt Georg Kiesinger (1904–1988), CDU, wurde der SPD-Vorsitzende Willy Brandt (1913–1992) Vizekanzler und Außenminister.

Auch die **Kommunistische Partei Deutschlands** (KPD) konnte darauf verweisen, dass sie die nationalsozialistische Herrschaft abgelehnt und bekämpft hatte. Groß war die Zahl ihrer Opfer durch den Terror der Diktatur. Nach dem Krieg wurde sie von den westalliierten Besatzungsmächten zunächst als zuverlässige demokratische Partei akzeptiert. Das änderte sich rasch, als der Kalte Krieg begann und die KPD sich die politischen Ziele der von Josef Stalin geführten Kommunistischen Partei der Sowjetunion (KPdSU) bzw. der **Sozialistischen Einheitspartei Deutschlands** (SED) in der Sowjetischen Besatzungszone zu eigen machte. In der Bundesrepublik wurde sie als verfassungsfeindliche Organisation bekämpft und im Jahr 1956 durch das Bundesverfassungsgericht in Karlsruhe verboten.

Das westdeutsche Parteiensystem blieb über gut drei Jahrzehnte im Wesentlichen unverändert. Erst Ende der Siebzigerjahre kam eine wichtige Neuerung hinzu. Anhänger der neuen sozialen Bewegung, die ursprünglich bewusst außerparlamentarisch wirkten, Teile der Außerparlamentarischen Opposition und Bürgerinitiativen organisierten sich und bildeten im Jahr 1980 die Bundespartei **Die**

Grünen. Sie verstand sich als ökologisch, sozial, basisdemokratisch und pazifistisch. Nach der Wiedervereinigung Deutschlands vereinigte sich das ostdeutsche **Bündnis 90** mit den westdeutschen Grünen zum **Bündnis 90/Die Grünen**. Sie beteiligten sich erstmals im Jahr 1998 an einer Bundesregierung. Unter der Kanzlerschaft von Gerhard Schröder (geb. 1944), SPD, wurde der Grüne Joschka (Joseph) Fischer (geb. 1948) Außenminister und Vizekanzler.

Die **Sozialistische Einheitspartei Deutschlands** (SED) änderte im Februar 1990, also noch vor der Wiedervereinigung, ihren Namen in **Partei des Demokratischen Sozialismus** (PDS), um einen politischen Neuanfang zu bekunden. Sie kam als gesamtdeutsche Partei im Jahr 1994 in den Bundestag. Allerdings blieb sie, bezogen auf ihre Anhängerschaft, vorwiegend eine ostdeutsche Partei.

Die Unzufriedenheit mit den Sozialreformen der rot-grünen Regierung Schröder bot der PDS die Möglichkeit, ihre Basis – vor allem in Westdeutschland – zu verbreitern. Im Jahr 2004 hatte sich aus regierungskritischen Sozialdemokraten und Gewerkschaftern die **Wahlinitiative Arbeit und soziale Gerechtigkeit** formiert. Mitglieder der WASG kandidierten auf den Wahllisten der PDS, die sich seit 2005 **Die Linkspartei** nannte (in manchen Landesverbänden mit dem Zusatz PDS) und bildeten mit ihr, nach erfolgreicher Bundestagswahl im Jahr 2005, eine Fraktionsgemeinschaft. 2007 schlossen sich WASG und Linkspartei/PDS zur Partei **Die Linke** zusammen.

Ultrakonservative und extrem rechts stehende Gruppen versuchten sich immer wieder im Parteiensystem West- bzw. Gesamtdeutschlands zu positionieren, freilich ohne dauerhaften Erfolg. Die **Nationaldemokratische Partei Deutschlands** (NPD) wird vielfach als verfassungsfeindlich und als gewaltbereit eingeschätzt. Ein Verbotsantrag der Bundesregierung, des Bundestags und des Bundesrats im Jahr 2001 scheiterte aber aus formalen Gründen. Im Jahr 1983 wurde die Partei **Die Republikaner** (REP) gegründet. Auch sie wird vom Verfassungsschutz als rechtsextrem und fremdenfeindlich eingestuft.

In der DDR wurde kurz nach Kriegsende die **Kommunistische Partei Deutschlands** (KPD) wiederbegründet. Es folgte die **Sozialdemokratische Partei Deutschlands** (SPD). Hinzu kamen dann noch die **Christlich-Demokratische Union** (CDU), die **Liberaldemokratische Partei Deutschlands** (LDPD), die **Demokratische Bauernpartei Deutschlands** (DBD) und die **Nationaldemokratische Partei Deutschlands** (NDPD). Im Gegensatz zur Sowjetunion gab es hier also ein Mehrparteiensystem.

Der vergleichsweise geringe Rückhalt der Kommunisten in der Bevölkerung und schlechte Wahlergebnisse in anderen Ländern bewogen die KPD, unterstützt durch die sowjetische Militäradministration, zusammen mit der SPD eine neue Partei der Werktätigen zu bilden. Im April 1946 entstand in Berlin die **Sozialistische Einheitspartei Deutschlands** (SED) mit den Vorsitzenden Wilhelm Pieck (bislang KPD, 1876–1960) und Otto Grotewohl (bislang SPD, 1894–1964). Obwohl keine Urabstimmung stattfand, ist davon auszugehen, dass die Vereinigung von der Mehrheit der Sozialdemokraten abgelehnt wurde und nur durch Druck und Repressalien zustande kam.

An ein gleichberechtigtes Nebeneinander der Parteien in der DDR war von allem Anfang an nicht gedacht. Die SED sicherte ihren bestimmenden Einfluss durch die »Einheitsfront der antifaschistisch-demokratischen Parteien« bzw. »Die Nationale Front des demokratischen Deutschland«. Hinzu kam, dass sich an den Wahlen die Massenorganisationen der DDR wie der **Freie Deutsche Gewerkschaftsbund** (FDGB) und die **Freie Deutsche Jugend** (FDJ) beteiligten, die von der SED beherrscht wurden.

In der Zeit zwischen 1945 und 1948 wandelte sich die sozialistische Massenpartei des Anfangs zu einer »Partei neuen Typs« im leninschen Sinne. Ihre Sonderstellung wurde in der Verfassung festgeschrieben: »Die Deutsche Demokratische Republik ist ein sozialistischer Staat deutscher Nation. Sie ist die politische Organisation der Werktätigen in Stadt und Land, die gemeinsam unter Führung der Arbeiterklasse und ihrer marxistisch-leninistischen Partei den Sozialismus verwirklichen« (Art. 1).

Die Bundesrepublik Deutschland erlangte am 5. Mai 1955 mit der Aufhebung des Besatzungsstatuts ihre staatliche Souveränität. Am 9. Mai trat sie dem westlichen Militärbündnis der **NATO** (North Atlantic Treaty Organization = Nordatlantische Vertragsorganisation) bei. Sie war bereits im Jahr 1949 als Gegengewicht gegen die Sowjetunion gegründet worden und stand unter dem bestimmenden Einfluss der Vereinigten Staaten von Amerika. Die DDR gründete mit einer Reihe anderer Ostblockländer wenige Tage später den **Warschauer Pakt**.

In der Nachkriegszeit verbreitete sich bei weitblickenden Politikern die Auffassung – wie in Ansätzen bereits zwischen den beiden Weltkriegen –, dass die Zeit der Nationalstaaten vorüber sei. So schlossen sich im Jahr 1957 die Bundesrepublik Deutschland, Frankreich, Italien, Belgien, die Niederlande und Luxemburg zur **Europäischen Wirtschaftsgemeinschaft** (EWG) zusammen. Das erklärte Ziel dieses Zusammenschlusses war nicht nur der gemeinsame Markt, sondern auch die politische Einheit dieser Länder. Allerdings zeigte sich über die Jahrzehnte, dass es bei den Mitgliedern – bei den Regierungen und in der öffentlichen Meinung – erhebliche Vorbehalte gab, wenn es darum ging, auf nationale Souveränitätsrechte zu verzichten.

Ein wesentlicher Schritt in Richtung europäische Einigung geschah durch den **Maastrichter Vertrag** von 1992, der die **Europäische Union** (EU) begründete. Die Wirtschaftunion wurde durch die Währungsunion ergänzt. Dazu gehörte die Einführung des **Euro**, die allerdings an ganz bestimmte wirtschaftliche bzw. finanzpolitische Voraussetzungen geknüpft wurde. Großbritannien und Dänemark führten die einheitliche europäische Währung nicht ein. Der Vertrag von Maastricht sah auch eine gemeinsame Außen- und Sicherheitspolitik der Mitgliedsstaaten sowie erweiterte Mitbestimmungsrechte für das europäische Parlament in Straßburg und Brüssel vor.

Die Europäische Union umfasst seit 2004 die Staaten Belgien, Dänemark, Deutschland, Estland, Finnland, Frankreich, Griechenland,

Irland, Italien, Lettland, Litauen, Luxemburg, Malta, Niederlande, Österreich, Polen, Portugal, Schweden, Slowakei, Slowenien, Spanien, Tschechien, Ungarn, Vereinigtes Königreich (Großbritannien) und Zypern. Der Beitritt der Länder Bulgarien und Rumänien erfolgte 2007, der von Kroatien 2010. Unter den Mitgliedern befinden sich elf Staaten des ehemaligen Ostblocks.

Die DDR war seit 1950 Mitglied des im Jahr 1949 gegründeten **Rates für gegenseitige Wirtschaftshilfe** (RWG), der im Westen meist **Comecon** (Council for Mutual Economic Assistance) genannt wurde.

Die gesellschaftlichen und die politischen Systeme der Bundesrepublik Deutschland und der Deutschen Demokratischen Republik wurden von beiden Seiten als unvereinbar betrachtet. Lange Zeit betonte die Bundesrepublik den Alleinvertretungsanspruch für alle Deutschen und verweigerte der DDR die Anerkennung als selbstständiger Staat. Es dauerte lange, bis schließlich das Vorhandensein zweier Staaten mit unterschiedlichen Gesellschaftsordnungen auf deutschem Boden anerkannt wurde.

Die Normalisierung des gegenseitigen Verhältnisses war Teil der **neuen Ostpolitik** unter der sozialliberalen Regierung von Willy Brandt (1913–1992). Am 21. Dezember 1972 wurde von beiden Staaten der »Vertrag über die Grundlagen der Beziehungen zwischen der Bundesrepublik Deutschland und der Deutschen Demokratischen Republik« unterzeichnet. Im Jahr 1973 wurden die Bundesrepublik und die DDR Mitglieder der **Vereinten Nationen** (United Nations).

Die überaus angespannte wirtschaftliche Situation und wachsende innere Konflikte beschleunigten das Ende der DDR. Völlig überraschend wurden am 9. November 1989 unter dem Druck der Bevölkerung die Grenzen nach Westen geöffnet. Die von der Regierung und der Sozialistischen Einheitspartei ausgehenden Reformbemühungen kamen zu spät, um den Zerfall des Staates aufhalten zu können.

Im März 1990 fanden erstmals freie Wahlen zur Volkskammer, dem Parlament der DDR, statt. Am 1. Juli 1990 bildete die DDR mit der Bundesrepublik eine Wirtschafts- und Währungsunion. Damit wurde die D-Mark in Ostdeutschland eingeführt. Am 3. Oktober 1990 trat die DDR der Bundesrepublik Deutschland gemäß Paragraf 23 des Grundgesetzes bei. Der Plan, für das wiedervereinigte Deutschland eine neue Verfassung auszuarbeiten, wurde – auch unter dem Druck der Zeit – fallen gelassen. Nach über 40 Jahren der staatlichen Trennung war die **Wiedervereinigung** vollzogen.

Zu einer neuen schweren Bedrohung für die Weltordnung und den Weltfrieden wurde der politisch-religiös begründete **Terrorismus**. Am 11. September 2001 verübten islamische Fundamentalisten, die dem Terrornetzwerk Al-Qaida zugerechnet werden, einen Anschlag auf das World Trade Center in New York. Insgesamt starben dabei etwa 3 300 Menschen. Die weltberühmten, das Stadtbild prägenden Zwillingstürme (Twintowers) sanken in Schutt und Asche.

Der genannte und zahlreiche andere Terrorakte sind Ausdruck einer tiefen und gefährlichen Entfremdung zwischen fundamentalistisch denkenden und empfindenden Moslems und der als dekadent und verdorben empfundenen, zugleich aber wirtschaftlich überlegenen westlichen Welt. Der Kampf richtet sich vor allem gegen die USA und Israel, aber auch gegen andere hoch entwickelte Industrieländer.

Ordnung im Innern
Recht und Gesetz

Das **germanische Gericht** beruhte auf mündlich überliefertem Gewohnheitsrecht. Es bestand aus der Versammlung aller Freien oder auch eines engeren Kreises von Freien, die an einer besonders bevorzugten Stelle, etwa unter geheiligten Bäumen (Gerichtslinde) zusammenkamen. Der Zusammenhang mit dem Götterkult ist offenkundig, zumal in heidnischer Zeit der Kläger zu Beginn der Verhandlung die Götter anrief oder auch Kläger, Beklagter und ihre Eidhelfer auf die Götter schworen.

Vorsitzender des Gerichts war ein Mann, der besonderes Ansehen genoss, später für gewöhnlich ein Graf. Er befragte einzelne angesehene Männer um ihr Urteil, das dann durch die gesamte Gerichtsgemeinschaft angenommen oder verworfen wurde. Bei der Annahme schlugen die Krieger mit ihren Schwertern zustimmend gegen die Schilde.

Das Verfahren wurde durch den Kläger und seine Klage eröffnet. Der Beklagte hatte nur die beiden Möglichkeiten, entweder die Klage vollinhaltlich als berechtigt anzuerkennen oder sie zurückzuweisen. Daraufhin fällte das Gericht ein vorläufiges Urteil. Der Beklagte konnte sich nun von dem Vorwurf durch einen **Eid** reinigen, wobei er sich einer mehr oder weniger großen, ursprünglich aus seiner Sippe stammenden Zahl von Eidhelfern bediente, die sich für seine Unschuld verbürgten. Zeugen kamen so gut wie nicht zu Wort.

Wenn der Kläger auf seiner Anklage beharrte, so blieb ihm noch die Möglichkeit, auf einem **Gottesurteil**, insbesondere auf dem gerichtlichen Zweikampf, zu bestehen. Der Beklagte seinerseits war gezwungen, sich dem Gottesurteil zu unterwerfen, wenn er nicht eidfähig war oder keinen Eidhelfer fand. Gebräuchlich waren die Kesselprobe, bei der ein Gegenstand, ein Ring oder ein Stein, aus einem Kessel mit siedendem Wasser geholt werden musste, die Feuer-, Wasser- oder Losprobe. Bei der Feuerprobe musste der Beschuldigte durch ein Feuer oder über glühende Kohlen gehen. Bei der Wasserprobe wurde er gefesselt in einem Bach oder Teich versenkt. Wenn das Wasser ihn annahm, wenn er also versank, so war er entlastet.

Eine gerichtliche Zwangsvollstreckung war nicht bekannt. Der Kläger hatte das Recht, seine vom Gericht als berechtigt anerkannte Forderung selbst durchzusetzen, wobei ihm die Sippe behilflich war. Das galt auch für die berechtigte Rache an einem Mörder. Doch konnte der Totschlag auch durch das sogenannte Wergeld (Manngeld) gesühnt werden, das in Form von Geld oder Vieh von der Sippe des Täters an die des Getöteten zu bezahlen war. Die Höhe richtete sich nach dem Stand des Toten. Geringe Rechtsverletzungen wurden durch Bußen von unterschiedlicher Höhe gesühnt. Besonders schwere Untaten zogen die Friedlosigkeit als Strafe nach sich. Der Täter wurde vollkommen aus der Gemeinschaft ausgestoßen. Niemand durfte ihn beherbergen; sein Haus wurde zerstört. Jeder durfte ihn töten, ohne eine Strafe befürchten zu müssen.

Der Rechtsgang blieb über Jahrhunderte so gut wie unverändert, abgesehen davon, dass an die Stelle der heidnischen Bräuche christliche traten. Auch wurde nun hie und da das bislang mündlich tradierte **Volksrecht** aufgezeichnet, z. B. in der »Lex Salica« und der »Lex Ribuaria« der salischen und ribuarischen Franken, der »Lex Alamannorum« und der »Lex Baiuwariorum«.

Zu diesen überkommenen Volksrechten traten die merowingischen und karolingischen Königssatzungen, die nach ihren einzelnen Abschnitten in karolingischer Zeit **Kapitularien** genannt wurden. Sie dienten der Vereinheitlichung der im übrigen sehr stark landsmannschaftlich geprägten Rechtsvorstellungen. Das war in dem sich von Spanien bis an die Nordsee erstreckenden Reich Karls des Großen (König/Kaiser 768/800–814) auch aus politischen Gründen besonders wichtig.

In dieser Zeit saß bei wichtigeren Angelegenheiten grundsätzlich der **Graf** dem Gericht vor (vgl. S. 255). Er war der Beauftragte des Königs, der in seinem riesigen Reich nicht überall sein konnte. Das Gericht war auf drei allgemeine Termine beschränkt, um die Beteiligten nicht allzu sehr zu belasten, und bediente sich ständiger Urteilsfinder, die »Schöffen« genannt wurden.

An die Stelle des sehr formalen altgermanischen Rechtsganges trat nun die Befragung (lat. »inquisitio«). Mehrere glaubwürdige Personen wurden, nachdem sie einen Eid abgelegt hatten, vom Vorsitzenden befragt. Doch blieben die Möglichkeiten, sich durch einen Eid oder im Zweikampf zu reinigen, erhalten. Gottesurteile wurden zwar schon im Jahr 1215 von der Kirche untersagt. Doch blieben sie offenkundig auch weiterhin üblich. Bei den späteren Hexenprozessen waren sie sogar an der Tagesordnung.

Bis in die neueste Zeit hinein lebte das **Duell**, eine besondere Form des Gottesurteils, weiter. Es wurde nach einem strengen, genau festgelegten Ritual ausgetragen, und zwar insbesondere bei Ehrenhändeln. Die Kontrahenten kämpften mit Pistolen oder mit Säbeln. Bekannt sind der Tod des sozialdemokratischen Parteigründers Ferdinand Lassalle durch eine Kugel seines Duellgegners in einer Liebesangelegenheit oder das auf einer wahren Begebenheit beruhende Duell zwischen dem Baron von Innstetten und dem Major Crampas in Theodor Fontanes berühmtem Roman »Effi Briest« (1895).

Zwar wurde der »Zweikampf mit tödlichen Waffen« durch das Strafgesetzbuch von 1871 verboten. Aber noch immer waren uralte Rechtsvorstellungen wirksam. Das zeigte sich z. B. daran, dass die Duellanten nicht mit Gefängnis-, sondern mit Festungshaft, die nicht als entehrend galt, bestraft werden sollten. Viele Duelle wurden gar nicht gerichtlich verfolgt. Gegebenenfalls erhielten die Täter sehr milde Strafen.

Die Kirche bemühte sich, die strengen Leibes- und Lebensstrafen nach Möglichkeit zurückzudrängen. So wurden die **Acht**, die den Täter aus der menschlichen Gemeinschaft ausschloss, und die **Fehde**, der berechtigte Kampf zur Durchsetzung bestimmter Forderungen, nach Möglichkeit durch Bußstrafen ersetzt.

In diesem Zusammenhang ist auch die Bewegung zu sehen, welche die Fehde seit dem 11. Jahrhundert durch die Verkündigung des »Gottesfriedens« (»Treuga Dei«) einschränken wollte. Danach war sie vom Mittwochabend bis zum frühen Montag verboten, weil sich über diesen Zeitraum die Leidenszeit und Auferstehung Christi erstreckt hatte. Allerdings bemühten sich ja auch die deutschen Könige und Kaiser mit ihrer Landfriedensgesetzgebung um die Eindämmung des überkommenen Fehderechts. Es wurde aber erst 1495 durch den »Ewigen Landfrieden« Kaiser Maximilians I. (König/Kaiser 1486/1508–1519) endgültig verboten. Von nun an war die Fehde ein strafwürdiger Bruch des allgemeinen Landfriedens.

Der Kirche gelang es keineswegs, die körperlichen Strafen zu beseitigen. Auf bestimmte Verbrechen stand nach wie vor der Tod. Die Hinrichtung wurde durch Erhängen, Enthaupten, Verbrennen, Ertränken und Lebendigbegraben vollzogen. Am Ende des Mittelalters verbreitete sich sogar von Süddeutschland aus eine neue, bisher unbekannte Brutalisierung der Strafjustiz, die dann wohl in den Hexenverfolgungen des 16. und 17. Jahrhunderts ihren Höhepunkt erreichte. Auch auf kirchlicher Seite konnte nun von der Humanisierung des Strafrechts keine Rede mehr sein.

Um die Wende vom Mittelalter zur Neuzeit vollzog sich in Deutschland die folgenreiche Übernahme (Rezeption) des **römischen Zivilrechts**. Diese kam jedoch nicht unvorbereitet. Immerhin galt ja das Römische Reich Deutscher Nation als Fortsetzung des alten Römischen Reiches. Darüber hinaus besaßen die juristischen Hochschulen Italiens, allen voran die Universität in Bologna, großes Ansehen, das weit über Europa ausstrahlte. Die deutschen Juristen, die in Italien studiert hatten, waren in ihrer Heimat zunächst nur in der Verwaltung tätig. Da aber die Rechtsprechung weitgehend auf die Territorialgebiete übergegangen war, wurden sie immer öfter Richter und Advokaten. Das Reichskammergericht von 1495, begründet durch Kaiser Maximilian I., leistete dieser Entwicklung Vorschub. Hier galt das römische Recht als Bestandteil des gemeinen deutschen Rechts.

Insgesamt führte die Rezeption zu Vereinheitlichung des deutschen Zivilrechts und zur Ausbildung eines gelehrten, berufsmäßigen Juristenstandes. Die Art aber, wie das römische Recht übernommen wurde, führte zu vielfacher Kritik. So bemängelte man den Formalismus und die Überheblichkeit der Richter und Anwälte, die zu einer breiten Kluft insbesondere zwischen den weniger gebildeten Rechtsuchenden und den Gerichten führten.

Das römische Recht wirkt in Deutschland bis auf den heutigen Tag nach. Zwar verlor es am 1. Januar 1900 mit der Einführung des Bürgerlichen Gesetzbuches (BGB) da, wo es gebräuchlich gewesen war, seine Geltung. Doch beruht das BGB im Kern auf überkommenen römischen Rechtsauffassungen.

Für die Weiterentwicklung des deutschen Strafrechts war die Peinliche Gerichtsordnung (»**Carolina**«) Karls V. (König/Kaiser 1519/1520–1556) vom Jahr 1532 wichtig, die auf römisch-italienischem und deutschem Kriminalrecht ruhte. Sie war als Strafprozessordnung gedacht und gab an, wie die Richter zu einem treffenden Urteil gelangen konnten. Damit sollte der bis dahin herrschenden Willkür Einhalt geboten werden. So sah sie mildere Strafen für die Tatbestände der Notwehr, der Gehilfschaft und mangelnder Zurechnungsfähigkeit vor. Die Carolina hatte großen Anteil an der Vereinheitlichung des deutschen Strafrechts. Sie gilt als das erste allgemein verbindliche deutsche Strafgesetzbuch.

Für schwere Verbrechen blieben die Strafen jedoch grausam. Der Täter konnte geviertteilt, lebendig begraben, gepfählt, verbrannt, aufs Rad geflochten, ertränkt, gehenkt und mit dem Schwert enthauptet werden. Auch durfte der Henker den Verurteilten bei entsprechender Schwere seiner Tat an Augen, Ohren, Zunge und Hand verstümmeln. Auf leichtere Untaten standen das Stäupen (Auspeitschen), die Ehrlosigkeit und der Pranger.

Die ganze Strenge der Strafjustiz zeigte sich bei den **Hexenprozessen**. Nach dem Volksglauben gab es Frauen, die mit besonderen magischen Kräften ausgestattet waren. In christlicher Zeit schrieb man diese Kräfte vorwiegend dem Teufel zu und berief sich dabei auf die im Neuen Testament berichteten Teufelsaustreibungen. Die Hexen wurden wie Ketzer behandelt. Angeblich standen auch Männer, die Hexenmeister, mit dem Teufel im Bunde. Sie erlitten die gleichen Strafen wie die »vom Teufel besessenen« Frauen.

Schon vor Beginn der Neuzeit hatte es gelegentlich Hinrichtungen von Hexen und Hexenmeistern (Zauberern) auf dem Scheiterhaufen gegeben. Die große Welle der Hexenprozesse kam aber im

16. und 17. Jahrhundert. Sie wurde eingeleitet durch eine Bulle des Papstes Innozenz VIII. (Papst 1484–1492) aus dem Jahr 1484 und den »Hexenhammer« (»Malleus maleficarum«) des Dominikaners Heinrich Institoris (Kramer). Der Dominikaner Jakob Sprenger wird – offensichtlich fälschlich – als Mitautor genannt. Er war mit den Methoden Kramers nicht einverstanden.

Gefährdet waren all jene Personen, die durch besondere negative oder positive Eigenschaften, wie Hässlichkeit, rotes Haar oder außergewöhnliche Schönheit Aufmerksamkeit erregten. Außer der Furcht vor dem Teufel waren Missgunst und Neid wesentliche Antriebe für die Hexenverfolgung. Ganz deutlich wird auch die frauenfeindliche Grundtendenz des »Hexenhammers«. Frauen seien sexuell unersättlich und ließen sich aus diesem Grund auf wilde Orgien mit dem Teufel ein.

Den Unglücklichen wurden die unglaublichsten Verbrechen angelastet. Sie seien verantwortlich für Krankheiten und Tod bei Mensch und Tier, für Missernte und Unwetter. Sie ritten angeblich in bestimmten Nächten auf Besenstielen, Bratspießen, Böcken und Ähnlichem durch die Luft und trafen sich auf hohen Bergen wie dem Brocken im Harz. Besonders wilder Spuk soll sich in der ersten Mainacht, der Walpurgisnacht, ereignet haben. An den Versammlungsorten fänden Teufelsmessen und unzüchtige Ausschweifungen statt.

Die Geständnisse der »Hexen« wurden durch Folter erpresst. Zwar gab es für deren Anwendung genaue Vorschriften. Mit Sicherheit wurden diese aber oft willkürlich ausgelegt. Gefoltert wurde durch Auspeitschung, Daumen- und Beinschrauben (»spanische Stiefel«), durch Aufhängen mit verdrehten Armen, durch Schwefel- und Branntweinbrände auf dem Kopf oder dem Rücken. Andere Methoden kamen hinzu. Durch in Schmerz und Todesangst herausgelockte Namen kamen andere Personen in äußerste Lebensgefahr. Die große Zahl der Opfer in manchen Gegenden erklärt sich dadurch, dass die »peinliche Befragung« wie ein Schneeballsystem wirkte.

Als **Hexenprobe** dienten auch die verschiedensten Arten von Gottesurteilen. Dazu gehörten die Nagelprobe, mit der man ein angebliches Hexenmal – etwa einen Leberfleck – prüfte, die Tränenprobe, die Wasser- und Feuerprobe und Ähnliches. Falls das Hexengericht eine Angeklagte oder einen Angeklagten für schuldig befand, wurde er zum Tode durch Verbrennen verurteilt. »Item so jemand den Leuten durch Zauberei Schaden oder Nachteil zufügt, soll man strafen vom Leben zum Tod, und man soll solche Strafe mit dem Feuer tun (...)« (Peinliche Gerichtsordnung Karls V. von 1532).

Früh regte sich Widerstand gegen den Hexenwahn, der sich auch landschaftlich stark unterschiedlich äußerte. Als einer der bedeutendsten Gegner gilt der Jesuit Friedrich von Spee (1591–1635) mit seinem im Jahr 1631 zunächst anonym veröffentlichten Buch »Cautio criminalis« (»Hochpeinliche Vorsichtsmaßregel, ein Buch gegen die Hexenprozesse«). Übrigens war Spee auch einer der bedeutendsten Dichter seiner Zeit.

Erst um 1700 herum ebbte die Welle der Hexenprozesse ab. Die letzte Hexenverbrennung in Deutschland soll im Jahr 1749 stattgefunden haben. Neun Jahre zuvor hatte Friedrich II. (König 1740–1786), beeinflusst von aufklärerischem Gedankengut, in Preußen bereits die Folter verboten. Die anderen deutschen Territorien folgten diesem Beispiel. Heute wird sie durch den Paragrafen 136 a der Strafprozessordnung in Deutschland untersagt. Geltendes Recht schafft auch die Europäische Menschenrechtskonvention von 1950, in der es heißt: »Niemand darf der Folter oder unmenschlicher oder erniedrigender Strafe oder Behandlung unterworfen werden« (Artikel 3). Nach wie vor gibt es jedoch europäische und nichteuropäische Länder, in denen sich die Folter als Mittel der Beweisaufnahme erhalten hat.

Überhaupt brachte die **Aufklärung** eine Milderung des Strafrechts. Schon zuvor war die Neigung erkennbar geworden, Verbrecher für den öffentlichen Nutzen in Arbeits- und Zuchthäusern zu beschäftigen.

Das deutsche Strafrecht blieb wegen der territorialen Zersplitterung zunächst uneinheitlich. Allgemeinere Bedeutung erlangte jedoch der strafrechtliche Teil des »Allgemeinen Landrechts für die preußischen Staaten«, das Friedrich der Große in Auftrag gegeben hatte. Es wurde von Samuel von Cocceji, Johann Heinrich von Carmer und Carl Gottlieb Svarez erarbeitet, trat aber erst 1794, also unter König Friedrich Wilhelm II., in Kraft.

Über Preußen hinaus wirkte auch das Strafgesetzbuch von 1851. Es wurde vorbildlich für das Strafgesetzbuch des Norddeutschen Bundes vom Jahr 1870 und für das Strafgesetzbuch des Deutschen Reiches von 1871, das trotz der in den Fünfziger- und Sechzigerjahren des 20. Jahrhunderts durchgeführten Großen Strafrechtsreform im Kern heute noch gültig ist.

Anlässlich der Strafrechtsreform wurden z. B. die Straftatbestände »Unzucht zwischen Männern« (Homosexualität), »widernatürliche Unzucht« (Sodomie, Zoophilie), Kuppelei und die »Verbreitung unzüchtiger Schriften« (Pornografie) abgeschafft. Die Zuchthausstrafe entfiel. An ihre Stelle trat als einheitliche Strafandrohung die Freiheitsstrafe.

Die **Todesstrafe** war in einigen deutschen Ländern nach der Revolution von 1848/49 abgeschafft worden. Nach der Gründung des Deutschen Reiches im Jahr 1871 galt sie wieder für das gesamte Reich. Mit ihr wurde vor allem der Straftatbestand des Mordes geahndet. Diese Regelung bestand auch in der Weimarer Zeit, allerdings wurde sie nur noch ganz selten angewendet, z. B. bei dem Massenmörder Fritz Haarmann im Jahr 1925. Das änderte sich in nationalsozialistischer Zeit. Nun wurden über 16 000 Todesurteile ausgesprochen. Hinzu kamen weitere 20 000 Todesurteile durch Kriegsgerichte. Nach dem Krieg waren die Rechtslage und die Handhabung der Todesstrafe uneinheitlich. Die von den Besatzungsmächten durchgeführten Hinrichtungen betrafen insbesondere – aber nicht ausschließlich – Personen, die sich während des »Drittens Reichs« schwerer Verbrechen schuldig gemacht hatten.

Im Grundgesetz für die Bundesrepublik Deutschland von 1949 entstand allgemein verbindliches neues Recht. Der betreffende Artikel der Verfassung lautete: »Die Todesstrafe ist abgeschafft« (Art. 102). In der DDR gab es 227 Todesurteile, von denen 166 vollstreckt wurden. Wie viele zusätzlich von den sowjetischen Behörden verhängt und ausgeführt wurden, ist unbekannt. Die Todesstrafe wurde hier im Jahr 1987 abgeschafft.

Die **Strafprozessordnung**, die das Gerichtsverfahren in Strafsachen regelt, stammt aus dem Jahr 1877. Der bürgerlich-rechtliche Teil des Preußischen Allgemeinen Landrechts von 1794 wurde – wie berichtet – mit Wirkung vom 1. Januar 1900 durch das **Bürgerliche Gesetzbuch** (BGB) ersetzt. Auch wenn es im Laufe der Zeit manche Änderung erfahren hat, gilt es auch heute noch. Die DDR hatte im Jahr 1976 für ihr Territorium das BGB durch ein neues **Zivilgesetzbuch** (ZGB) ersetzt. Es ist heute noch für viele Altfälle, die seinerzeit auf dem Hoheitsgebiet der DDR entstanden, maßgebend, beispielsweise in erbrechtlichen Angelegenheiten.

Verschiedentlich sind Versuche unternommen worden, international gültiges Recht zu kodifizieren. Die zwischenstaatlichen Rechtsverhältnisse hat das **Völkerrecht** zum Gegenstand. Es liegt im Wesen der Sache, dass es ein alle Tatbestände umfassendes Gesetzeswerk gegenwärtig nicht gibt und nicht geben kann. Das auch deshalb nicht, weil unterschiedliche Rechtsauffassungen miteinander konkurrieren und viele Staaten sich gegen die Einschränkung ihrer souveränen Entscheidungsfreiheit wehren.

Immer wieder waren es internationale Konferenzen im Zusammenhang mit Krieg und schwerwiegenden Konflikten, die zur Kodifizierung zwischenstaatlicher Verhaltensnormen Anlass gaben. Das gilt z. B. für den Westfälischen Frieden von Münster und Osnabrück im Jahr 1648, für den Wiener Kongress von 1814/15 und die Pariser Vorortverträge von 1919/20, darunter den Versailler Vertrag mit Deutschland und den Vertrag von St. Germain mit Österreich. Internationale Rechtsnormen wurden z. B. auch durch die Nürnberger

Prozesse zwischen 1945 und 1948 sowie die Prozesse des im Jahr 1946 gegründeten **Internationalen Gerichtshofes** der Vereinten Nationen in Den Haag.

Die umfassendste Kodifizierung internationalen Rechts findet sich in der **Charta der Vereinten Nationen** von 1945. Ihr Hauptziel ist die Friedenssicherung. Fast alle Staaten der Erde sind Mitglieder der UN (United Nations). Aufgrund der besonderen politischen und rechtlichen Situation Deutschlands traten die Bundesrepublik und die DDR der Weltorganisation erst im Jahr 1973, also nach dem Grundlagenvertrag zwischen der Bundesrepublik und der Deutschen Demokratischen Republik (1972), bei. Die Vorläuferorganisation der Vereinten Nationen war der im Jahr 1920 gegründete Völkerbund mit Sitz in Genf. Seine Frieden stiftende Arbeit war aufgrund der politischen Zerrissenheit nach dem Ersten Weltkrieg nur wenig erfolgreich.

Der Garantie der Menschenrechte dient die **Allgemeine Erklärung der Menschenrechte**, die 1948 von den Vereinten Nationen beschlossen wurde. Im Gegensatz zu dieser weithin unverbindlichen Willenserklärung wurde die **Europäische Konvention der Menschenrechte und Grundfreiheiten**, die der Europarat im Jahr 1950 beschlossen hat, von den Mitgliedsstaaten als gültiges Recht anerkannt. Über die Einhaltung wacht der Europäische Gerichtshof für Menschenrechte in Straßburg.

Die **Polizei** (griech. »polis« = Stadt, Staat, »politeia« = Staatsverwaltung) ist Teil der staatlichen Exekutive und hat die Aufgabe, für Ruhe und Ordnung zu sorgen. Der Begriff wurde ursprünglich umfassender verwendet und bedeutete den Gesamtbereich der staatlichen Fürsorge für die Bürger. Im 19. Jahrhundert trat der bereits im Preußischen Allgemeinen Landrecht von 1794 enthaltene Aspekt der Gefahrenabwehr bei der Verwendung des Begriffes in den Vordergrund. Allerdings wird heute in manchen Bundesländern der Bundesrepublik Deutschland noch ein erweiterter Begriff verwendet, z. B. in den Bezeichnungen Gesundheits-, Feuer- und Baupolizei.

Die Polizei verstand sich in der Zeit des Absolutismus und des Obrigkeitsstaates als Ausführungsorgan der Staatsmacht und begegnete den Untertanen oft entsprechend schroff und autoritär. Allerdings gibt es als Gegenbild auch den (Berliner) »Schutzmann«, der seinen Dienst bürgernah versah, jederzeit auf der Straße angesprochen werden konnte und gegebenenfalls Schutz und Hilfe bot. In der Weimarer Zeit versuchte der preußische Innenminister Carl Severing (1875–1952) mit einigem Erfolg, der Polizei ein demokratisch-republikanisches Berufsethos zu vermitteln. Der Beamte sollte »Freund und Helfer« für den Bürger werden.

Diese Entwicklung wurde durch die Nationalsozialisten abrupt beendet. Die Polizei stand von nun an bedingungslos im Dienst der politischen Führung und war damit als ausführendes Organ in das Unrechts- und Terrorsystem eingebunden. Das galt in besonderem Maße für die **Geheime Staatspolizei** (Gestapo), die aus der politischen Polizei Preußens hervorging und die Aufgabe hatte, die politischen Gegner zu entlarven und zu vernichten. Sie hatte wesentlichen Anteil am Völkermord an den Juden, Sinti und Roma. Im Nürnberger Prozess wurde sie zur verbrecherischen Organisation erklärt.

Im Jahr 1936 wurde der Reichsführer-SS Heinrich Himmler (1900–1945) durch Führererlass zum »Chef der Deutschen Polizei« ernannt. Die Länder verloren ihre letzten polizeilichen Befugnisse. Ordnungspolizei, Kriminalpolizei und Geheime Staatspolizei waren damit auf Reichsebene in einer Hand vereinigt und eng mit der SS verzahnt.

Nach Kriegsende wurde der Polizeidienst zunächst von den Militärbehörden ausgeübt. Nach und nach kam es in den einzelnen Ländern zum Aufbau einer deutschen Polizei. Ihr war es aber infolge der totalen Entwaffnung Deutschlands verboten, Schusswaffen zu führen. Zunächst wurden nur politisch unbelastete Personen in den Polizeidienst eingestellt. Nach und nach wurden auch der allergrößte Teil der ehemaligen Polizeiangehörigen reaktiviert.

In der Bundesrepublik Deutschland war die Polizei im Wesentlichen Ländersache. Allerdings wurden im Lauf der Zeit die Dienstvorschriften und die Uniformierung weitgehend vereinheitlicht. Neben den Länderpolizeien gibt es auch die **Bundespolizei**. Dazu gehören das **Bundeskriminalamt** (BKA) in Wiesbaden und der ehemalige Bundesgrenzschutz, der seit 2005 **Bundespolizei** heißt. Der Bundesgrenzschutz wurde im Jahr 1951 gegründet und diente der Sicherung der Grenzen der Bundesrepublik, insbesondere auch der Grenze gegenüber der DDR. Er unterstand dem Bundesinnenminister. Er war – anders als die Polizei – militärisch organisiert und bewaffnet. Aus diesem Grund wurden seit 1956 viele BGS-Angehörige in die neu gegründete Bundeswehr übernommen. Heute werden an Stelle der militärischen Dienstgradbezeichnungen polizeiliche Dienstgrade verwendet, z. B. wurde aus einem Grenzjäger im BGS ein Polizeioberwachtmeister, aus einem Leutnant im BGS ein Polizeikommissar.

Auch in der Sowjetischen Besatzungszone lag die Polizeigewalt zunächst bei der Besatzungsmacht. Die sowjetische Armee behielt die volle Polizeigewalt bis zum Ende der DDR. Die bereits im Jahr 1945 begründete **Deutsche Volkspolizei** (DVP, VP) gliederte sich – wie die Polizei in Westdeutschland – in Schutz-, Verkehrs- und Kriminalpolizei. Sie war streng militärisch organisiert und unterstand dem Innenministerium. Hinzu kam die **Grenzpolizei** der DDR, die dem Verteidigungsministerium zugeordnet war und im Grenzbereich die alleinige Polizeigewalt ausübte. Dem Bundesgrenzschutz ähnliche Aufgaben hatte die Kasernierte Polizei des Ministeriums des Inneren (Kasernierte Volkspolizei). Aus ihr ging im Jahr 1956 die neu geschaffene **Nationale Volksarmee** (NVA) hervor.

Nach dem Beitritt der DDR zur Bundesrepublik im Jahr 1990 ging die Polizeihoheit an die neu gegründeten Bundesländer über. Etwa 60 Prozent der Angehörigen der Volkspolizei wurden im Polizeidienst weiterbeschäftigt.

Das **Gerichtswesen** in Deutschland ist nach dem Gerichtsverfassungsgesetz von 1877, das 1879 in Kraft trat, organisiert. Es steht in unmittelbarem Zusammenhang mit der Reichsgründung des Jahres

1871 und löste ältere Vorschriften in den deutschen Einzelstaaten ab. In der Folgezeit wurde es mehrfach novelliert.

Zur ordentlichen Gerichtsbarkeit gehören die Zivil- und die Strafgerichte, zur außerordentlichen die Arbeits-, Verwaltungs-, Finanz- und Sozialgerichte. Das Gerichtswesen ist hierarchisch geordnet. Im Bereich der Zivil- und Strafgerichtsbarkeit bildet das Amtsgericht die unterste Instanz. Es folgen – von unten nach oben – das Landgericht, das Oberlandesgericht und der Bundesgerichtshof, ausnahmsweise auch das Bundesverfassungsgericht.

Das Amtsgericht ist in Zivilsachen bis zu einem Streitwert von 5 000 Euro zuständig, in Strafsachen für eine zu erwartende Geldstrafe bzw. eine Freiheitsstrafe von nicht mehr als zwei Jahren. Bei höherem Streitwert bzw. bei einer höheren Strafe sind die nachfolgenden Instanzen zuständig. Verbrechen und Vergehen werden vor den Schöffen- und Schwurgerichten verhandelt, die mit Berufs- und Laienrichtern, den Schöffen, besetzt sind. Die Forderung nach Geschworenengerichten (Schwurgerichte) richtete sich gegen den Allmachtsanspruch des absolutistischen Staates. Sie spielte in der Revolution von 1848/49 eine wichtige Rolle. Die Geschworenen sollten ein Gegengewicht gegen die oft befangenen und abhängigen Richter bilden. Tatsächlich gab es seit 1848 in Deutschland Geschworenengerichte.

Auf dem Gebiet der ordentlichen Gerichtsbarkeit, also in Zivil- und Strafsachen, ist das im Jahr 1950 begründete **Bundesverfassungsgericht** (BVG) in Karlsruhe (ein Senat in Leipzig) die oberste Instanz. Das BVG ersetzte das im Jahr 1889 in Leipzig gegründete Reichsgericht, das nach Kriegsende durch die Alliierten abgeschafft wurde. Zu seinen wichtigsten Aufgaben gehört u.a. die Wahrung der durch die Verfassung garantierten Rechte des Individuums. Deshalb ist es jedermann, der sich in seinen Grundrechten beeinträchtigt glaubt, möglich, eine Verfassungsbeschwerde einzureichen: »Das Bundesverfassungsgericht entscheidet (...) über Verfassungsbeschwerden, die von jedermann mit der Behauptung erhoben werden können, durch die öffentliche Gewalt in einem seiner

Grundrechte oder in einem seiner (...) Rechte verletzt zu sein« (Art. 93). Diese Regelung wurde von den Vätern des Grundgesetzes geschaffen, um die Rechtssicherheit zu garantieren. Auf diese Weise sollte die staatlich begünstigte oder verordnete Rechtsbeugung, wie sie in nationalsozialistischer Zeit alltäglich war, dauerhaft verhindert werden.

Einigkeit und Recht und Freiheit
Staatliche Symbole

Symbole sind ihrer Wortbedeutung nach Erkennungszeichen. Sie vergegenwärtigen etwas, das selbst nicht anschaulich zu machen ist, zumeist einen abstrakten Sachverhalt. So bezeichnet der Ring Unendlichkeit, das Herz steht für Liebe, die Lilie für Jungfräulichkeit.

Von mehr oder weniger tiefem symbolischen Gehalt sind in der Regel die **Wappen**. Eigentlich meint der Begriff das Erkennungszeichen auf der Waffe. Das Wort stammt aus dem Mittelniederländischen. Die nicht durch die Lautverschiebung veränderte Form entspricht dem hochdeutschen Wort »Waffe«.

Die Entstehung der Wappen hat mit der Kampftechnik der mittelalterlichen Ritter zu tun. Wenn sie voll gerüstet waren, wenn Kopf und Gesicht durch einen Helm verdeckt wurden, konnten sie von Freund und Feind nicht mehr erkannt werden. Aus diesem Grund ließen sie sich seit dem 12. Jahrhundert ein persönliches Kennzeichen auf ihren Schild malen. Noch heute haben die Wappen in der Regel die Form eines Schildes. Der Unterscheidung dienten auch die Kleidung, die Satteldecke und vor allem die oft reich geschmückte Helmzier. Sie krönte auch die ritterlichen Wappen (vgl. S. 197 f.).

Die Wappen wurden weitervererbt und damit zum bleibenden Kennzeichen adeliger Familien oder ganzer Dynastien. Später dienten Wappen auch zur Kennzeichnung von bürgerlichen Familien, von Zusammenschlüssen jeder Art, von Städten und Gemeinden, von Ländern und Staaten, schließlich von inter- und übernationalen Organisationen.

Heute werden vielfach ähnliche Erkennungszeichen verwendet, die aber den vergleichsweise strengen Gesetzen der **Heraldik** (Wappenkunde) nicht unterliegen. Dazu gehören Firmen- und Markenzeichen, Signets und Logos jeder Art. Bekannte Beispiele sind das Greif-Symbol der Deutschen Lufthansa oder der Mercedesstern, das Posthorn oder das Zahnradsymbol des Technischen Hilfswerks (THW).

Im politischen Leben sind Symbole allgegenwärtig. Die Staaten verfügen über ein individuelles Wappen und über eine bzw. mehrere individuelle **Fahnen**. Bei festlichen Anlässen wird die **Nationalhymne** gesungen und gespielt. Hier geht es nicht nur um Eindeutigkeit und Wiedererkennen, sondern auch um emotionale Identifikation. Nicht ohne Grund legen die Menschen in manchen Ländern die Hand aufs Herz, wenn die Nationalhymne ertönt. Soldaten grüßen militärisch – auch dann, wenn die Fahne ihres Landes gehisst wird.

Gern schmücken sich die Staaten mit Zeichen, die Stärke und Kraft symbolisieren. So sind der Löwe und der Adler häufig verwendete Wappentiere. Der **Adler** ist heute auch das Wappentier der Bundesrepublik Deutschland und der Republik Österreich. Er wurde bereits bei den ägyptischen Pharaonen und den Hethitern als Symbol von Größe und Macht verwendet. Bei den Griechen symbolisierte er die Sonderstellung des obersten Gottes Zeus. Die Römer übernahmen ihn und schmückten damit seit der Heeresreform des Gaius Marius im Jahr 104 v. Chr. ihre Legionsstandarten. Er war das Erkennungszeichen für die eigenen Krieger, flößte aber zugleich den Feinden Furcht und Schrecken ein.

Die Germanen übernahmen das Adlersymbol von den Römern. Karl der Große (König/Kaiser 768/800–814) ließ seine Pfalz in Aachen mit einem in Bronze gegossenen fliegenden Adler, dem »Signum Romanum« (»römisches Zeichen«), schmücken. Er wurde noch in der Zeit Heinrichs IV. (König/Kaiser 1056/1084–1106) erwähnt. In der Folgezeit tauchte er immer wieder auf Königs- und Kaisersiegeln, auf Münzen und in Abbildungen der Herrscher auf. Seit Kaiser Heinrich VI. (Kaiser 1191–1197) war er kaiserliches Wappen. In der Zeit Friedrichs II. von Hohenstaufen (Kaiser 1220–1250) wurde die Farbgebung endgültig festgelegt: Ein schwarzer Adler lag auf goldenem (gelbem) Grund.

Im 13. und 14. Jahrhundert verbreitete sich die Auffassung, dass der einköpfige Adler dem König, der zweiköpfige aber dem ranghöheren Kaiser zukomme. Zweiköpfige Adler hatte es übrigens bereits in der Antike, bei den Hethitern in der Zeit zwischen 1400 und 800 v. Chr., gegeben. Amtlich wurde diese Unterscheidung dann unter Kaiser Sigismund (König/Kaiser 1410/1433–1437). Der Doppeladler blieb bis zum Untergang des alten Reiches im Jahr 1806 das kaiserliche Wappentier.

Viele Fürsten orientierten sich am Reichswappen und übernahmen ihrerseits für ihre Länder den Adler als politisches Symbol. Das galt z. B. für Brandenburg und Tirol. Hier wurde ein roter Adler auf silbernem Grund geführt. Das Herzogtum Preußen, das aus dem Staat des Deutschen Ordens hervorgegangen war, zeigte einen schwarzen Adler auf weißem Grund und übernahm damit folgerichtig die Farben des Deutschen Ordens.

Auch nach dem Ende des Heiligen Römischen Reiches wurde der Adler als nationales Emblem weiterverwendet. Das galt für den seit 1815 bestehenden Deutschen Bund, aber auch für die Revolutionsbewegung von 1848/49.

Im Jahr 1871 wurde das neue Deutsche Reich begründet. Fast versteht es sich von selbst, dass nun der Adler wiederum als Wappensymbol des Reiches gewählt wurde. Zur Unterscheidung vom alten Reich mit seinem universalen Anspruch war es nun der einköpfige schwarze Adler mit roter Bewehrung. Auf seinem Brustschild trug er gleichzeitig den preußischen Adler als Hinweis auf die Hegemonialmacht in Deutschland und auf die regierende Dynastie der Hohenzollern.

In der Weimarer Republik wurde der Adler vereinfacht und seiner monarchischen Kennzeichen, u.a. der Krone, entkleidet. Als Wappensymbol war er aber nicht umstritten, nicht einmal bei den Sozialdemokraten, die gegenüber dem politischen System der Vergangenheit und der Herrschaft der Hohenzollern äußerste Vorbehalte hegten.

Die Nationalsozialsten verwendeten den Adler in ihrem Sinne weiter und gaben dem Hoheitszeichen des Reiches einen neuen Sinn: In der Verordnung des Führers und Reichskanzlers Adolf Hitler vom 5.11.1935 wurde bestimmt: »Um der Einheit von Partei und Staat auch in ihren Sinnbildern Ausdruck zu verleihen, bestimme ich: Das Reich führt als Sinnbild seiner Hoheit das Hoheitszeichen der Nationalsozialistischen Deutschen Arbeiterpartei.« Der neue Adler erhielt ein martialisches Aussehen. In seinen Fängen trug er ein von einem Eichkranz umschlossenes **Hakenkreuz**. Entsprechend dem Totalitätsanspruch des Deutschen Reiches und der Staatspartei in allen Lebensbereichen war der Reichsadler in dieser Form allgegenwärtig.

Mit dem Zusammenbruch im Mai 1945 endeten die Eigenstaatlichkeit und die Souveränität Deutschlands. Das Land wurde von den alliierten Siegermächten besetzt; deren Oberbefehlshaber übernahmen die gesamte politische Macht zwischen Rhein und Oder. Erst nach der Gründung der Bundesrepublik Deutschland im Jahr 1949 wurden die politischen Selbstbestimmungsrechte schrittweise an die Deutschen zurückgegeben. Die Bundesrepublik Deutschland erhielt im Jahr 1955 ihre volle Souveränität. Bereits im Jahr 1950 war der Adler in der aus der Weimarer Zeit bekannten Form durch Gesetz zum Symbol für den neu entstandenen Staat bestimmt worden. Aus dem »Reichsadler« wurde nun der »Bundesadler«.

Ganz bewusst distanzierte sich die ebenfalls im Jahr 1949 gegründete Deutsche Demokratische Republik (DDR) von den nationalen Traditionen Deutschlands. Das neue Wappen aus dem Jahr 1950 folgte dem Vorbild der Sowjetunion. Bekanntlich zeigte die sowjetische Fahne Hammer und Sichel auf rotem Grund. An ihre Stelle traten bei der DDR-Fahne nun Hammer und Ährenkranz. Im Jahr 1953 wurde ein Zirkel als Symbol für die technische Intelligenz im sozialistischen Staat hinzugefügt.

Von hohem symbolischen Gehalt waren auch die sogenannten **Reichsinsignien**. Sie waren die Herrschaftszeichen der Könige und Kaiser des Heiligen Römischen Reiches Deutscher Nation. Vor allem gehörten dazu die Kaiserkrone, die Heilige Lanze und das Reichsschwert. Heute werden die Reichkleinodien in der Schatzkammer der Wiener Hofburg aufbewahrt. Originalgetreue Kopien finden sich auf der alten Reichsburg Trifels bei Anweiler in der Pfalz sowie in Nürnberg, Aachen und Frankfurt am Main. Auf dem Trifels wurden die Originale im Mittelalter sicher verwahrt. Da nur derjenige als Kaiser und König galt, der im Besitz dieser Schätze war, galt das Wort: »Wer den Trifels hat, hat das Reich.«

Die **Reichskrone** besteht aus gediegenem Gold. Die insgesamt acht Platten sind mit bildlichen Darstellungen verziert bzw. mit Edelsteinen und Perlen besetzt. Auf einer der Platten steht »Per me reges regant« (»Durch mich herrschen die Könige«). Diese Aussage kann sich auf Gott oder auf den Kaiser beziehen, der ranghöher ist als alle Könige. Auf der anderen Platte findet sich die Aufschrift »Rex Salomon«. Damit wird die Verbindung zum Königtum des Alten Testaments hergestellt. Die vorderste Platte wird durch ein Kreuz geziert. Ein fein verzierter Bogen mit dem Namen Kaiser Konrads II. (König/Kaiser 1024/1027-1039), der sie zur Kaiserkrone umarbeiten ließ, überspannt die gesamte Krone. Die Kaiserkrone in ihrer alten Form wurde in der Heraldik des wilhelminischen Reiches zwischen 1871 und 1918 wieder aufgenommen.

Das **Reichsschwert** war das Symbol kaiserlicher Macht. Der Kaiser führte das militärische Aufgebot und hatte das Recht, über Leben und Tod seiner Untertanen zu entscheiden. Bei seiner Krönung wurde er daran erinnert, dass er das Schwert zur Verteidigung der Kirche und des rechten Glaubens sowie für den Schutz der hilfsbedürftigen Witwen und Waisen zu führen habe.

Wie der Körper der Kaiserkrone stammte die **Heilige Lanze** auch aus Burgund. Vermutlich unter Otto I. (König/Kaiser 936/962–973) erfuhr sie eine bemerkenswerte Veränderung. In das eigentliche Lanzenblatt wurde ein Nagel eingefügt und mit Silberdraht befestigt. Mit dem Nagel, einer kostbaren Reliquie, war angeblich die rechte Hand Christi am Kreuz befestigt gewesen. Zum Reichsschatz gehörten auch der Reichsapfel und das Zepter, Kleidungstücke, die bei der Krönung getragen wurden, und mancherlei andere kostbare Symbolstücke.

Von den Wappen adeliger Familien und den Staatswappen war bereits die Rede. Zu den Erkennungsmerkmalen gehörte, dass sie mit bestimmten, leicht identifizierbaren Farbkombinationen gestaltet waren. Der Wiedererkennung und Identifikation dienten auch farbige bzw. mehrfarbige Tücher, die zumeist an Stangen befestigt waren. **Fahnen** waren seit dem Altertum im Gebrauch. Sie dienten vor allem als Feldzeichen oder als Herrschaftssymbol. Seit dem 17. Jahrhundert wurden bei der Seeschifffahrt **Flaggen** als Erkennungszeichen verwendet.

Die Fahne ist eines der wichtigsten staatlichen Symbole. Ihre Gestaltung erfolgte in aller Regel nicht willkürlich, sondern hat sich aus einem bestimmten geschichtlichen und gesellschaftlichen Hintergrund entwickelt. Das gilt selbstverständlich auch für die deutsche Nationalflagge, die heute die Farben **Schwarz-Rot-Gold** zeigt. Allerdings ist bei dieser Betrachtung auch an die anderen Nationalflaggen zu erinnern, die schwarz-weiß-rote Nationalflagge des kaiserlichen Deutschlands zwischen 1871 und 1918, die Hakenkreuzfahne des »Dritten Reiches« und die mit dem

DDR-Wappen versehene Flagge der Deutschen Demokratischen Republik.

Die schwarz-rot-goldene Fahne geht auf die Befreiungskriege (1813–1815) gegen den französischen Kaiser Napoleon I. zurück (vgl. S. 241). Das zu Beginn des Krieges neu gebildete Freikorps Lützow verfügte, weil die Zeit drängte, zunächst nicht über einheitliche Uniformen. So färbten die jungen Leute, vornehmlich Studenten der preußischen und anderer Universitäten, ihre bürgerliche Kleidung schwarz, versahen sie mit roten Aufschlägen und Paspeln und schmückten sie mit goldenen Knöpfen. Die Farbkombination Schwarz-Rot-Gold wurde zum Erkennungszeichen der nach deutscher Einheit und Freiheit strebenden studentischen Burschenschaft und schließlich der gesamten liberalen Einheitsbewegung. Das wurde vor allem in der deutschen Revolution von 1848/49 deutlich. Allerdings wurden die Farben der demokratischen Volksbewegung nach dem Scheitern der Nationalversammlung verboten.

Als im Jahr 1815 der Krieg zu Ende war, kehrten die überlebenden Kämpfer an ihre Universitäten zurück. Nun wollten sie den Lohn für ihren Einsatz auf dem Schlachtfeld ernten und schlossen sich zu **Burschenschaften** zusammen, um für nationale Einheit und Freiheit zu kämpfen. Von den elf Gründungsmitgliedern der Jenaer Burschenschaft stammten acht oder neun aus dem Freikorps Lützow. Sie erinnerten sich an die Farben ihrer Uniformen und übernahmen sie als Erkennungszeichen und politisches Symbol.

Dies wurde zum Beispiel beim **Wartburgfest** im Jahr 1817 sichtbar. Auf Einladung der Jenaer Burschenschaft versammelten sich Studenten aus verschiedenen Teilen Deutschlands und gedachten des Beginns der Reformation im Jahr 1517 und der Völkerschlacht bei Leipzig im Jahr 1813. Am Abend verbrannten die Studenten Symbole der Restauration und der politischen Unterdrückung, Zopf, Schnürleib und Korporalsstock. Im Jahr 1818 wurden die Farben Schwarz-Rot-Gold, die man irrtümlich für die Farben des alten Heiligen Römischen Reiches hielt, zu den Erkennungsfarben der neu gegründeten **Allgemeinen deutschen Burschenschaft**. An der Gründung hatten sich Delegierte von 14 Universitäten beteiligt. Es verstand sich von selbst, dass die politischen Bestrebungen der Studenten und damit auch ihr revolutionärer Dreifarb (Trikolore) Klemens von Metternich und den Fürsten ein Dorn im Auge war.

Die Situation verschärfte sich dramatisch, als an Pfingsten 1832 auf der Hambacher Burg oberhalb von Neustadt in der Pfalz eine große politische Volksversammlung stattfand. Am **Hambacher Fest** nahmen etwa 30 000 Menschen teil. Der Auslöser war die Julirevolution in Frankreich. Die Festredner und die Teilnehmer des Treffens demonstrierten für einen deutschen Einheitsstaat und für politische Freiheiten. Überall wehten schwarz-rot-goldene Fahnen. Wie nicht anders zu erwarten, reagierte der Deutsche Bund mit herben Unterdrückungsmaßnahmen. Die Presse- und die Versammlungsfreiheit wurden nun völlig aufgehoben. Führende Köpfe des Protestes kamen in Haft oder mussten ins Ausland fliehen.

Die Februarrevolution des Jahres 1848 in Frankreich machte den Liberalen in Deutschland neuen Mut. Überall kam es zu Demonstrationen und Protestversammlungen. Oft beugten sich die regierenden Fürsten den Forderungen der Revolutionäre, um die Ruhe wieder herzustellen und ihre eigene Herrschaft nicht zu gefährden. Das französische Beispiel, die Absetzung des Bürgerkönigs Louis Philippe, erzeugte Angst und Schrecken. Die Bundesversammlung erklärte am 9. März »den alten deutschen Reichsadler und die Farben des ehemaligen deutschen Reichspaniers Schwarz-Rot-Gold« zum Wappensymbol bzw. zu den Wappenfarben des Deutschen Bundes.

Trotz allem kam es in Wien und Berlin im März 1848 zu blutigen Kämpfen. Fürst Metternich floh nach England, um sein Leben zu retten. In Berlin gab König Friedrich Wilhelm IV. dem Druck der Straße nach und befahl seinen Truppen, sich zurückzuziehen. Ein paar Tage später ritt er mit einer schwarz-rot-goldenen Binde am Arm durch die Stadt. Am selben Tag erklärte er: »Ich habe heute die alten deutschen Farben angenommen und mich und mein Volk unter das ehrwürdige Banner des Deutschen Reiches gestellt. Preußen

Staatliche Symbole

geht fortan in Deutschland auf.« Das Ungeheuerliche war geschehen: Die Volksmassen und ihre liberalen Wortführer hatten der Staatsgewalt die Stirn geboten und bestimmten von nun an das Gesetz des Handelns.

Wichtigstes Ergebnis war, dass in ganz Deutschland eine **Nationalversammlung** gewählt wurde, die den Auftrag erhielt, eine Verfassung für das neu zu gründende Deutsche Reich auszuarbeiten. Sie trat am 18. Mai 1848 in der Paulskirche in Frankfurt am Main erstmals zusammen. Die Mainzer Zeitung berichtete: »Frankfurt schwimmt in Schwarz-Rot-Gold.« Und der Schriftsteller Heinrich Laube bemerkte bitter: »Vor vierzehn Jahren hatte die so geräumige Hausvogtei [Stadtgefängnis in Berlin] kaum Platz für uns schwarz-rot-goldene Verbrecher. Was damals Verbrechen, das ist heute Verdienst.«

Die Euphorie des Anfangs hielt nicht lange an. Zwar gelang es den Abgeordneten der Nationalversammlung, eine neue Reichsverfassung zu beschließen. Sie enthielt einen ausführlichen Katalog von Grundrechten, weil diese nach den Jahren spätabsolutistischer Unterdrückung besonders wichtig erschienen. Als dann aber König Friedrich Wilhelm IV. von Preußen die ihm angetragene Kaiserkrone ablehnte, brach die Revolution in sich zusammen. Längst hatten sich die restaurativen Mächte stabilisiert und rüsteten zur Gegenwehr. Die meisten Abgeordneten reisten nach Hause; Reste der Nationalversammlung (»Rumpfparlament«), die sich nach Stuttgart zurückgezogen hatten, wurden durch Soldaten auseinandergetrieben.

Hier und da wagten Anhänger der Verfassung den bewaffneten Kampf, z. B. in Baden und in Sachsen. Auch hier bereiteten die Truppen den Aufständen ein gewaltsames Ende. Viele Revolutionäre wurden hingerichtet; Tausende flohen nach Amerika. Immer wieder waren auch preußische Truppen an der Niederschlagung der Unruhen beteiligt. Die schwarz-rot-goldene Fahne wurde verboten.

Schwarz-weiß-rot waren die Farben des von Otto von Bismarck nach dem Sieg über Österreich im Jahr 1867 begründeten **Norddeutschen Bundes.** Er kombinierte hier die schwarz-weiße Fahne

Preußens mit der rot-weißen der kleinsten Staaten im Bund, den Hansestädten. Um dem preußischen König die ungeliebte Kombination schmackhaft zu machen, verwies er darauf, dass Brandenburg, das Kernland des preußischen Staates, auch die Farben Rot-Weiß habe.

Die neue Farbkombination setzte sich rasch durch. Sie wurde zum Symbol des politisch und wirtschaftlich aufstrebenden, machtvollen Deutschen Reiches. Diese Tendenz verstärkte sich noch, als Kaiser Wilhelm II. nach dem Tod seines Großvaters Wilhelm I. und der nur 99 Tage dauernden Regierungszeit seines Vaters Friedrich III. im Jahr 1888 den Thron bestieg. Die Farben Schwarz-Weiß-Rot waren auf alle Meeren zu Hause und kündeten von dem imperialen Anspruch Deutschlands.

In besonderem Maße galt das auch für die **Reichskriegsflagge**, die von den deutschen Truppen und damit auch von der kaiserlichen Kriegsmarine zwischen 1871 und 1919 geführt wurde. Die Flagge enthält eine doppelte Symbolik. Unübersehbar ist das preußische Erbe durch den in einem Kreis in der Mitte prangenden preußischen Adler mit der Buchstabenkombination »FR« (Fridericus Rex) auf der Brust und das sich über die ganze Fahne erstreckende liegende schwarze Kreuz mit weißen Innenrändern. Im linken oberen Viertel erscheinen die neuen Reichsfarben Schwarz-Weiß-Rot. Dieser Teil der Fahne wird zusätzlich durch das Eiserne Kreuz, also durch einen Hinweis auf die militärischen Traditionen Preußen-Deutschlands, ergänzt.

Die kaiserliche Reichskriegsflagge wird heute gelegentlich von rechtsradikalen Organisationen als – missverstandenes – Erkennungssymbol verwendet. In der Weimarer Zeit bestand die Reichskriegsflagge aus einem schwarz-weiß-roten Fahnentuch mit einem Eisernen Kreuz in der Mitte. Im »Dritten Reich« wurde die Gliederung der kaiserlichen Reichskriegsflagge wieder aufgenommen. Die Grundfarbe der Fahne war durchgehend rot. Der Innenkreis zeigte an Stelle des preußischen Adlers nun das Hakenkreuz. Im linken oberen Eck war ein Eisernes Kreuz eingefügt.

Nach dem verlorenen Ersten Weltkrieg war ein politischer Neuanfang unumgänglich. Ganz bewusst brach die Weimarer Republik mit den politischen Traditionen der Kaiserzeit und unternahm den Versuch, einen demokratisch verfassten Staat zu begründen. Nun erinnerten sich die politisch Verantwortlichen an die liberalen und demokratischen Traditionen des 19. Jahrhunderts, vor allem auch an die Revolution von 1848/49. Folgerichtig wählten sie die Farben Schwarz-Rot-Gold als Nationalfarben der Republik.

Die innere Zerrissenheit des Reiches wurde am **Flaggenstreit** sichtbar. Konservative Kreise verteidigten die alten kaiserlichen Farben, mit denen man in den Krieg gezogen war, und verunglimpften das neue Banner (»Schwarz-Rot-Mostrich«), das für sie die schwarze, die rote und die goldene Internationale, also den politischen Katholizismus, den internationalen Sozialismus und das internationale (oft jüdische) Kapital symbolisierte. Die Freikorps, »Der Stahlhelm, Bund der Frontsoldaten« und andere nationale Verbände marschierten selbstverständlich unter schwarz-weiß-roten Fahnen. Regierung und Reichstag versuchten einen Kompromiss, indem sie die Farben Schwarz-Weiß-Rot bei der Kriegs- und bei der Handelsflagge beibehielten. In der linken oberen Ecke wurden zusätzlich die neuen Reichsfarben Schwarz-Rot-Gold gezeigt.

In der Schlussphase der Weimarer Republik wurde die politische Auseinandersetzung zusehends gewalttätiger. Die politische Rechte, Stahlhelm und SA (»Sturmabteilung« der NSDAP), sammelte sich auf der Straße unter schwarz-weiß-roten und Hakenkreuzfahnen. Die Kommunisten, die KPD, zeigten die rote Fahne mit Hammer und Sichel. Zum Schutz der Republik gründeten vor allem Anhänger der SPD, aber auch der Zentrumspartei und der liberalen Deutschen Demokratischen Partei im Jahr 1924 das »**Reichsbanner Schwarz-Rot-Gold**, Bund deutscher Kriegsteilnehmer und Republikaner«. Sein Gründer Otto Hörsing, Oberpräsident in Magdeburg, bezeichnete das Reichsbanner im Jahr 1931 als »überparteiliche Schutzorganisation der Republik und der Demokratie im Kampf gegen Hakenkreuz und Sowjetstern«.

Nach der »Machtergreifung« im Jahr 1933 wurde wieder schwarz-weiß-rot geflaggt, allerdings in Verbindung mit der Hakenkreuzfahne der nationalsozialistischen Bewegung. Seit 1935 wurde dann nur noch die Hakenkreuzfahne gezeigt.

Das **Hakenkreuz**, Swastika, ist ein uraltes Heilszeichen. Seit dem 4. Jahrtausend v. Chr. ist es in Europa und in Asien nachweisbar. Offensichtlich symbolisiert es die Sonne und ihre Leben spendende Kraft. Die neuere Bedeutung wurde ihm erst etwa um 1900 beigelegt. Nun erschien es auf vielen völkischen und antisemitischen Publikationen. Im Jahr 1907 hisste der Antisemit Adolf Josef Lanz von Liebenfels auf seiner Burg Werfenstein vermutlich die erste Hakenkreuzfahne. Auch nach dem Ersten Weltkrieg tauchte das Symbol bei nationalistischen und antisemitischen Gruppen immer wieder auf. Das gilt z. B. für das Freikorps Ehrhardt, das am Kapp-Putsch des Jahres 1920 beteiligt war. Die Freikorpssoldaten trugen auf ihrem Stahlhelm das Hakenkreuz. Stolz sangen sie: »Hakenkreuz am Stahlhelm, / schwarzweißrotes Band, / die Brigade Ehrhardt / werden wir genannt.«

Adolf Hitler übernahm das Hakenkreuzsymbol von den genannten Gruppen. Sehr ausführlich äußerte er sich in seinem Buch »Mein Kampf« über seine Entscheidung: »Nicht nur, dass durch die einzigen, von uns allen heißgeliebten Farben, die einst dem deutschen Volke soviel Ehre errungen hatten [Schwarz-Weiß-Rot], unsere Ehrfurcht vor der Vergangenheit bezeugt wird, sie war auch die beste Verkörperung des Wollens der Bewegung. Als nationale Sozialisten sehen wir in unserer Flagge unser Programm. Im Rot sehen wir den sozialen Gedanken der Bewegung, im Weiß den nationalistischen, im Hakenkreuz die Mission des Kampfes für den Sieg des arischen Menschen und zugleich mit ihm auch den Sieg des Gedankens der schaffenden Arbeit, die selbst ewig antisemitisch war und antisemitisch sein wird.«

Der **Fahnenkult** der nationalsozialistischen Zeit ist unvergleichlich. Er zeigte vielfach durchaus religiösen Charakter. So z. B. wenn neue Fahnen der SA vom Führer mit der Blutfahne des nationalsozialistischen Putschversuchs von 1923 geweiht wurden. Die erste Strophe des »Horst-Wessel-Liedes«, das ab 1933 zusammen mit dem Deutschlandlied gesungen wurde (vgl. S. 308), lautete: »Die Fahne hoch! Die Reihen dicht geschlossen! / SA marschiert mit ruhig festem Schritt. / Kameraden, die Rotfront und Reaktion erschossen, / marschiern im Geist in unsern Reihen mit.« Bekannt ist auch das mythisierende Lied, das der Reichsjugendführer Baldur von Schirach gedichtet hatte. Dort heißt der Kehrreim: »Unsre Fahne flattert uns voran. / Unsre Fahne ist die neue Zeit. / Und die Fahne führt uns in die Ewigkeit. / Ja, die Fahne ist mehr als der Tod.«

Die Gleichschaltungspolitik und der Totalitätsanspruch der nationalsozialistischen Staatsführung und der NSDAP wurden auch dadurch unterstrichen, dass in den Jahren 1935 und 1937 das Zeigen der Landesfarben und der Farben der preußischen Provinzen untersagt wurde.

Heute ist die Verwendung des Hakenkreuzes und der Hakenkreuzfahne aufgrund der schrecklichen Ereignisse im »Dritten Reich« in Deutschland gesetzlich verboten. Das schließt nicht aus, dass rechtsradikale Organisationen im Inland und im Ausland Erkennungszeichen verwenden, die eine gewisse Ähnlichkeit mit dem Hakenkreuz aufweisen.

Mit der Gründung der **Bundesrepublik Deutschland** im Jahr 1949 wurde die demokratische Tradition der Revolution von 1848/49 und der Weimarer Republik neu belebt. Das Grundgesetz stellte lapidar und ohne Kommentar fest: »Die Bundesflagge ist schwarz-rot-gold.« Die Dienstflagge des Bundes zeigt ebenfalls die Farben Schwarz-Rot-Gold. In der Mitte ist das Wappen der Bundesrepublik Deutschland, der rot bewehrte schwarze Adler auf goldenem Grund eingefügt. Die Deutsche Bundespost erhielt ein eigenes Wappen. Hier war auf schwarz-weiß-rotem Grund im mittleren, roten Feld ein goldenes Posthorn mit vier Strahlenblitzen abgebildet. Die hoheitliche Fahne wurde von 1950 bis zur Privatisierung der Post im Jahr 1994 verwendet.

Auch die im gleichen Jahr gegründete **Deutsche Demokratische Republik** bekannte sich zu den Traditionen der bürgerlichen Revolution als einem wichtigen historischen Fortschritt und wählte die gleiche Farbkombination wie Westdeutschland. Ganz bewusst sollte damit der deutsche Sonderweg zum Sozialismus veranschaulicht werden. In der gegebenen Situation schien es politisch unklug, die rote Fahne der Kommunisten und der Sowjetunion zu wählen. Die Deutsche Post der DDR führte zwischen 1955 und 1973 eine eigene Fahne, die der der Postfahne der Bundesrepublik sehr ähnlich sah. Auf schwarz-rot-goldenem Grund zeigte sie im roten Streifen ein goldenes Posthorn.

Allerdings erschien es der politischen Führung schließlich doch ratsam, die Unterschiedlichkeit der Systeme in der Bundesrepublik und in der DDR auch symbolisch zu unterstreichen. Auch ging es der DDR-Führung darum, die Zwei-Staaten-Theorie zu untermauern und internationale Anerkennung zu erwerben. Im Jahr 1959 wurde in die schwarz-rot-goldene Fahne das Staatswappen der DDR mit Hammer, Zirkel und Ährenkranz eingefügt. Das Emblem stand für die verschiedenen Gruppen der Werktätigen, die Industriearbeiterschaft, die Bauern und die Angehörigen der technischen Intelligenz. Seit 1960 führte die Nationale Volksarmee (NVA) der DDR eine davon abgeleitete Fahne. Das Staatsemblem war links und rechts von zwei Lorbeerzweigen eingerahmt.

Die neue DDR-Flagge wurde in Westdeutschland als »Spalterflagge« bezeichnet und durfte hier nicht gezeigt werden. Das führte in der Folgezeit zu einer Reihe rechtlicher und diplomatischer Konflikte.

Um Schwierigkeiten aus dem Weg zu gehen, wurde auf Druck des Internationalen Olympischen Komitees für die gesamtdeutsche Olympiamannschaft zwischen 1959 und 1968 eine eigene **Olympiafahne** entworfen. Sie zeigte die fünf olympischen Ringe auf schwarz-rot-goldenem Grund.

Im Juli 1968 beschloss die Regierung der Großen Koalition (CDU-CSU/SPD), die Flagge und die Hymne der DDR bei internationalen

Sportveranstaltungen zu dulden. Seit 1970 durften die Fahnen und Embleme der DDR auf Empfehlung der Länderinnenminister und auf Beschluss der Bundesregierung der Koalition von SPD und FDP praktisch uneingeschränkt gezeigt werden. Sie erloschen als Staatssymbole mit dem Übertritt der DDR zur Bundesrepublik Deutschland am 3. Oktober 1990.

Zu den offiziellen politischen Symbolen gehören auch die **Nationalhymnen**. Sie werden bei feierlichen Anlässen, z.B. bei Staatsempfängen und bei internationalen Sportwettkämpfen, gesungen und gespielt. Sie sind Ausdruck einer bestimmten Staatsgesinnung und sollen die Identifizierung der Menschen mit ihrer Nation zum Ausdruck bringen. In diesem Sinne haben sie eine stark emotionale Aussagekraft.

Als älteste Nationalhymne der Erde gilt das niederländische Kampflied »**Het Wilhelmus**« der Geusen, der Freiheitskämpfer gegen die Spanier, das bereits um 1568 entstand: »Wilhelmus van Nassouwe / ben ik, van Duitsen bloed, / den vaderland getrouwe / blijf ik tot in den dood. (...)« (»Wilhelm von Nassau / bin ich, von deutschem Blut, / dem Vaterland getreu / bleib' ich bis in den Tod.«)

Bekannt ist vor allem auch die **Marseillaise**, das Kriegslied der revolutionären französischen Rheinarmee, das Claude Joseph Rouget de Lisle im Jahr 1792 gedichtet hatte: »Allons enfants de la Patrie, / Le jour de gloire est arrivé! Contre nous de la tyrannie, / L'étendard sanglant est levé. (...)« (»Auf, Kinder unsres Vaterlands, / Der Tag des Ruhms ist nah. / Das blut'ge Banner des / Tyranns steht unverhüllt da.«)

Die Nationalhymne **Großbritanniens** ist seit 1745 in der heutigen Fassung gebräuchlich: »God save our gracious Queen (King), / Long live our noble Queen, / God save the Queen! (...)« Die dazu gesungene Melodie wurde auch für die **preußische Königshymne** und seit der Reichsgründung im Jahr 1871 bis zum Ende der Kaiserzeit im Jahr 1918 als Nationalhymne verwendet:

Heil dir im Siegerkranz,
Herrscher des Vaterlands!
Heil, Kaiser, dir!
Fühl in des Thrones Glanz
Die hohe Wonne ganz,
Liebling des Volks zu sein!
Heil Kaiser, dir! (...)

Seit der Revolution von 1918/19 war die monarchische Hymne gegenstandslos geworden. Nun besann man sich auf das von August Heinrich Hoffmann von Fallersleben (1798–1874) im Jahr 1841 auf der damals noch englischen Insel Helgoland gedichtete »**Lied der Deutschen**«. Der Breslauer Germanistikprofessor wollte damit das Nationalbewusstsein seiner Landsleute stärken und seiner großdeutschen Gesinnung Ausdruck verleihen:

Deutschland, Deutschland über alles,
Über alles in der Welt,
Wenn es stets zu Schutz und Trutze
Brüderlich zusammenhält!
Von der Maas bis an die Memel,
Von der Etsch bis an den Belt:
Deutschland, Deutschland über alles,
Über alles in der Welt! (...)

Der Hamburger Verleger Campe druckte das Lied und unterlegte ihm die Partitur des von Joseph Haydn komponierten »Kaiserquartetts«. Nach dieser Melodie wurde übrigens auch die österreichische Hymne »**Gott erhalte Franz den Kaiser**« gesungen.

Das Lied wurde schon im 19. Jahrhundert sehr populär. Freilich wurde es wegen der ersten Strophe (siehe oben) in der Kaiserzeit in nationalistischen Kreisen mit durchaus imperialistischen Hintergedanken gesungen. Reichspräsident Friedrich Ebert (1919–1925) wollte es zur Hymne des ganzen Volkes machen und versuchte anlässlich der Einführung als Nationalhymne im Jahr 1922 eine vermittelnde Deutung: »Einigkeit und Recht und Freiheit! Dieser Dreiklang aus dem Liede des Dichters gab in Zeiten innerer Zersplitterung und Unterdrückung der Sehnsucht aller Deutschen Ausdruck; er soll auch jetzt unseren harten Weg in eine bessere Zukunft begleiten. Sein Lied, gesungen gegen Zwietracht und Willkür, soll nicht Missbrauch finden im Parteienkampf, es soll nicht der Kampfgesang derer werden, gegen die es gerichtet war; es soll auch nicht dienen als Ausdruck nationalistischer Überhebung. Aber so wie einst der Dichter, so lieben wir heute ›Deutschland über alles‹. In Erfüllung seiner Sehnsucht soll unter den schwarz-rot-goldenen Fahnen der Sang von Einigkeit und Recht und Freiheit der festliche Ausdruck unserer vaterländischen Gefühle sein.«

In nationalsozialistischer Zeit blieb das Deutschlandlied Nationalhymne. Es wurde aber nun stets mit der Parteihymne der SA kombiniert, dem »**Horst-Wessel-Lied**« (vgl. S. 305). Die Doppelhymne symbolisierte – wie vieles andere – die Einheit von Staat und Partei.

Nach der Gründung der Bundesrepublik Deutschland im Jahr 1949 stellte sich erneut die Frage, welche Nationalhymne künftig gesungen werden sollte. Bundespräsident Theodor Heuss (1884–1963, Bundespräsident 1949–1959) bevorzugte die von dem bekannten Dichter Rudolf Alexander Schröder (1878–1962) verfasste »Hymne an Deutschland«: »Land des Glaubens, deutsches Land, / Land der Väter und der Erben, / Uns im Leben und im Sterben / Haus und Herberg, Trost und Pfand, / Sei den Toten zum Gedächtnis, / Den Lebend'gen zum Vermächtnis / Freudig vor der Welt bekannt, / Land des Glaubens, deutsches Land. (...)«

In die Diskussion um die künftige Nationalhymne brachte Bundeskanzler Konrad Adenauer (1876–1967) handstreichartig einen neuen Akzent: Im April 1950 stimmte er am Ende einer politischen Kundgebung in Berlin die dritte Strophe des Deutschlandliedes, »Einigkeit und Recht und Freiheit«, an. Einige SPD-Politiker verließen demonstrativ den Saal, andere, wie der populäre Oberbürgermeister Ernst

Reuter, sangen begeistert mit. Die anwesenden westalliierten Stadtkommandanten erhoben sich nicht von ihren Plätzen.

Die Hymne von Rudolf Alexander Schröder blieb unpopulär. Viele Menschen wollten das ihnen vertraute Lied von Hoffmann von Fallersleben singen. Widerstrebend folgte Bundespräsident Heuss dem wiederholt vorgetragenen Wunsch der Regierung und erklärte das Deutschlandlied im Jahr 1952 erneut zur Nationalhymne. »Ich habe den Traditionalismus und sein Beharrungsbedürfnis unterschätzt.« In dem Briefwechsel zwischen Heuss und Adenauer wurde festgelegt, dass bei staatlichen Veranstaltungen nur die dritte Strophe gesungen werden solle:

> Einigkeit und Recht und Freiheit
> Für das deutsche Vaterland!
> Danach lasst uns alle streben
> Brüderlich mit Herz und Hand!
> Einigkeit und Recht und Freiheit
> Sind des Glückes Unterpfand –
> Blüh' im Glanze dieses Glückes,
> Blühe deutsches Vaterland!

Bis auf den heutigen Tag fehlt eine verfassungsrechtliche und gesetzliche Festlegung der Nationalhymne. Um Missverständnissen zu begegnen, betonten Bundespräsident Richard von Weizsäcker und Bundeskanzler Helmut Kohl in ihrem Briefwechsel vom August 1991: »Als Dokument deutscher Geschichte bildet es in allen seinen Strophen eine Einheit (...). Die 3. Strophe des Liedes der Deutschen von Hoffmann von Fallersleben mit der Melodie von Joseph Haydn ist die Nationalhymne für das deutsche Volk.«

Die Deutsche Demokratische Republik (DDR) wurde im Oktober 1949, also kurz nach der Bundesrepublik, begründet. Als Nationalhymne wurde das von Johannes R. Becher (1891–1958) gedichtete und von Hanns Eisler (1898–1962) vertonte Lied »**Auferstanden aus Ruinen**« gewählt:

Staatliche Symbole

Auferstanden aus Ruinen und der Zukunft zugewandt,
lasst uns Dir zum Guten dienen, Deutschland, einig Vaterland.
Alte Not gilt es zu zwingen, und wir zwingen sie vereint,
denn es muss uns doch gelingen, dass die Sonne schön wie nie
über Deutschland scheint, über Deutschland scheint. (...)

Als sich die DDR um Anerkennung als zweiter souveräner deutscher Staat bemühte, erschien der Text der Hymne (»Deutschland, einig Vaterland«) unpassend. Fortan wurde bei offiziellen Anlässen nur noch die Melodie gespielt; die Schulkinder mussten den Text nicht mehr auswendig lernen.

Durchaus symbolischen Charakter haben auch die jeweiligen **Hauptstädte** der einzelnen Länder. Für Paris und London sind Alternativen nicht denkbar. In Russland stritten sich Moskau und Sankt Petersburg (Leningrad) über die Jahrhunderte um den begehrten Rang.

Bezogen auf länger zurückliegende Zeiten von einer deutschen Hauptstadt zu sprechen, fällt schwer. Die Könige und Kaiser des Mittelalters waren ein Leben lang in ihrem Reich unterwegs, um möglichst vor Ort nach dem Rechten sehen und die Verbindung zu den Kronvasallen aufrecht erhalten zu können. Zu diesem Zweck ließen sie an vielen Stellen des Reiches **Königspfalzen** (lat. »palatium« = Palast) errichten. In diesen burgähnlichen Anlagen waren sie und ihr Gefolge geschützt und die Versorgung mit allem Lebenswichtigen gewährleistet. Bekannte Königspfalzen in Deutschland sind zum Beispiel Aachen und Gelnhausen, Forchheim und Wimpfen.

Mit einem gewissen Recht könnte man **Aachen** als die Hauptstadt des karolingischen Reiches bezeichnen. Hier hielt sich König und Kaiser Karl der Große (König/Kaiser 768/800–814) oft auf, weil er in den heißen Quellen Linderung für seine gesundheitlichen Beschwerden suchte. Hier erbaute er in Anlehnung an byzantinische und römische Vorbilder die berühmte achteckige Pfalzkapelle, das heutige Münster. Der Königsthron aus weißem Marmor hat sich bis heute erhalten.

In der Nachfolge Karls des Großen wurden in Aachen bis ins 16. Jahrhundert hinein die deutschen Könige gekrönt. Die römischen Kaiser erhielten ihre Krone durch den Papst in Rom. Bekanntlich wurde das Heilige Römische Reich Deutscher Nation am Weihnachtstag des Jahres 800 durch die Krönung des Frankenkönigs Karl durch Papst Leo III. begründet.

Als weitere mögliche Hauptstadt des Reiches kommt **Frankfurt am Main** in Betracht. Hier wurden vom 14. bis ins 18. Jahrhundert die deutschen Könige und Kaiser gewählt, vom 16. bis ins 18. Jahrhundert auch die deutschen Kaiser gekrönt.

Die Stadt **Prag**, Hauptstadt Böhmens, war im 14. und 15. Jahrhundert zeitweise das politische und kulturelle Zentrum des Reiches. Das verdankte sie vor allem Kaiser Karl IV. aus dem Haus Luxemburg (König/Kaiser 1346/1355–1378).

Die österreichische Hauptstadt **Wien** war seit 1438 – mit Unterbrechungen – die Residenz der deutschen Kaiser. In diesem Jahr kam König Albrecht von Österreich auf den Thron. Von nun an regierten die Habsburger das Reich ununterbrochen bis zu seinem Ende im Jahr 1806. Als der Habsburger Franz II. im Jahr 1806 die Kaiserkrone niederlegte und damit nach mehr als tausend Jahren das Heilige Römische Reich Deutscher Nation für beendet erklärte, war vorgesorgt: Schon im Jahr 1804 hatte er als Franz I. den Titel »Kaiser von Österreich« angenommen. Fortan war Wien die Hauptstadt des Kaisertums Österreich, seit 1918/19 dann der Republik Österreich.

Zu erwähnen bleibt noch der besondere Rang der Stadt **Regensburg**. Die Reichstage, die Ständeversammlungen des Heiligen Römischen Reiches, hatten zunächst in verschiedenen Städten getagt. Seit 1549 kamen sie nur noch hier zusammen. Weil die zu bewältigenden Aufgaben erheblich angewachsen waren, wandelten sie sich im Jahr 1663 zum »Immerwährenden Reichstag«, einem permanent arbeitenden Gesandtenkongress. Die Sitzungen fanden im

Reichstagssaal des Rathauses statt. In Regensburg waren auch 70 Gesandtschaften anderer Staaten vertreten.

Es versteht sich von selbst, dass nach 1806 von einer deutschen Hauptstadt nicht mehr die Rede sein konnte. Bestimmende Einflüsse auf die Politik der einzelnen deutschen Staaten gingen von der österreichischen Hauptstadt Wien und dem Staatskanzler Klemens von Metternich aus. Unter österreichischem Einfluss stand auch der Deutsche Bund, ein lockerer Staatenbund, der nach dem endgültigen Sieg über Napoleon I. entstanden war. Allerdings tagte sein einziges Organ, der Bundesrat oder die Bundesversammlung, in Frankfurt am Main. Hier versammelte sich im Mai 1848 auch die aus der Revolution und aus demokratischen Wahlen hervorgegangene verfassungsgebende Nationalversammlung. Das Scheitern der Revolution im darauf folgenden Jahr bereitete dem Neubeginn aber ein jähes Ende.

Der Sieg im Deutsch-Französischen Krieg von 1870/71 ermöglichte die Gründung eines Deutschen Reiches unter ganz anderen Vorzeichen. Im Jahr 1871 wurde **Berlin**, die Hauptstadt des Königreichs Preußen, die neue Hauptstadt. Dieser Umstand führte dazu, dass es sehr rasch wuchs und sich zur bedeutendsten Industrie- und Kulturstadt Deutschlands entwickelte. Im Jahr 1920 wurde aus 8 Städten, 59 Landgemeinden und 27 Gutsbezirken »Groß-Berlin« begründet. Die Bevölkerungszahl wuchs dadurch auf 3,858 Millionen Menschen.

Im Zweiten Weltkrieg gewann die Reichshauptstadt sowohl für die Deutschen als auch für die alliierten Feindmächte in ganz besonderer Weise symbolische Bedeutung. Während Adolf Hitler die Stadt bis zum letzten Augenblick in einem mörderischen Abwehrkampf verteidigen ließ, unternahmen die Alliierten alles, um die Stadt zu erreichen. Schließlich gelang es der sowjetischen Roten Armee unter hohen Verlusten, die Reichshauptstadt zu besetzen. Am 30. April 1945 hatte Hitler seinem Leben ein Ende gemacht; am 30. April wurde die rote Fahne mit Hammer und Sichel auf dem Reichstag gehisst.

Die bedingungslose Kapitulation der Wehrmacht am 8. Mai 1945 bedeutete das Ende des Deutschen Reiches und damit der Reichshauptstadt Berlin. Allerdings trugen die Siegermächte ihrer historischen Sonderstellung dadurch Rechnung, dass sie der besetzten Stadt einen Sonderstatus gaben. Berlin wurde in vier Sektoren aufgeteilt, einen amerikanischen, einen britischen, einen französischen und einen sowjetischen. Die Rote Armee, die ganz Berlin erobert hatte, zog sich aus dem Westen der Stadt zurück und überließ dieses Territorium den Westmächten. Im Gegenzug räumten die Amerikaner bereits von ihnen besetzte Teile Mitteldeutschlands.

Die Teilung Deutschlands wurde durch die Gründung der Bundesrepublik Deutschland und der Deutschen Demokratischen Republik im Mai bzw. im Oktober 1949 zementiert. Die starke Westorientierung des neuen westdeutschen Staates kam auch dadurch zum Ausdruck, dass **Bonn** zur vorläufigen Hauptstadt mit Parlament und Regierung wurde. Die traditionsreiche Stadt Frankfurt konnte sich nicht durchsetzen – sicher auch deshalb nicht, weil der Präsident des Parlamentarischen Rates, der verfassungsgebenden Versammlung, und Bundeskanzler Konrad Adenauer die bis dahin kleine rheinische Beamtenstadt favorisierte. Allerdings blieb der ideelle Anspruch, dass Berlin die eigentliche Hauptstadt Deutschlands sei, stets bestehen.

Die DDR erklärte von Anfang an den Ostteil von Berlin, den sowjetischen Sektor, zur **Hauptstadt der DDR**. Sie überging dabei die alliierte Auffassung, dass Berlin nicht konstitutiver Teil der Bundesrepublik Deutschland und der Deutschen Demokratischen Republik sein könne, sondern über einen rechtlichen Sonderstatus verfüge.

Die **Wiedervereinigung Deutschlands** am 3. Oktober 1990 schuf eine neue Situation. Durch den Einigungsvertrag und einen nach sehr kontroverser Diskussion im Jahr 1991 gefassten Beschluss des Deutschen Bundestages wurde Berlin nun offiziell wieder deutsche Hauptstadt. Im September 1999 nahmen hier die Bundesregierung und der Bundestag ihre Arbeit auf. Der Bundespräsident residiert in Schloss Bellevue. Das Parlament tagt im völlig renovierten und modernisierten, mit einer neuen Kuppel versehenen ehemaligen Reichstagsgebäude. Der Bundesrat tagt im Gebäude des ehemaligen preußischen Herrenhauses.

Bewundert und verfolgt
Die Juden in Deutschland

Die Heimat des jüdischen Volkes ist Palästina. Seit der Eroberung Jerusalems durch den Feldherrn Pompeius im Jahr 63 v. Chr. war Judäa politisch weitgehend von den Römern abhängig. Im Krieg gegen die Besatzungsmacht wurde im Jahr 70 n. Chr. der Tempel, das nationale Heiligtum des jüdischen Volkes, zerstört. Danach, in der Zeit der **Diaspora** (griech. »Zerstreuung«) verließen viele Juden Palästina und wurden in fremden Ländern heimisch. Sie siedelten zunächst in Mesopotamien und Ägypten, in Kleinasien und Griechenland, in Nordafrika und Mittelitalien, später auch in anderen Teilen Italiens, in Spanien, Frankreich und schließlich Deutschland.

Für das Jahr 321 sind jüdische Einwohner in Köln belegt. Juden gab es auch in Speyer, Worms und Mainz. Sie durften Jahrhunderte lang ihre Religion ungehindert ausüben, lebten aber in besonderen Stadtvierteln. Sie werden nach dem im Jahr 1516 in Venedig eingerichteten Judenviertel als **Gettos** (ital. »ghetto«) bezeichnet.

Zu blutigen Massakern unter der jüdischen Bevölkerung kam es im Zusammenhang mit dem Ersten Kreuzzug (1096–1099). Fanatisierte Massen drangen in die jüdischen Wohnviertel ein, ermordeten viele ihrer Bewohner oder zwangen sie, sich taufen zu lassen.

Sie kämpften im eigenen Land gegen die »Ungläubigen« und »Mörder Christi«.

Kaiser Heinrich IV. (König/Kaiser 1056/1084–1106) versuchte das Schlimmste zu verhindern, indem er nun die Juden unter seinen Schutz stellte. Allerdings verloren sie dadurch weitgehend ihre Selbstständigkeit. In der christlichen Gesellschaft Deutschlands, aber auch anderer Länder, blieben sie Fremde, die wegen ihres alttestamentarischen Glaubens und ihrer fremden Lebensgewohnheiten mit allergrößtem Misstrauen und oft mit Feindseligkeit betrachtet wurden. Noch in der Zeit der Kreuzzüge kamen Gerüchte auf, dass die Juden Hostien geschändet und Ritualmorde an Kindern verübt hätten.

Die Juden waren in den Zünften nicht zugelassen, durften keine öffentlichen Ämter bekleiden und keinen Grundbesitz erwerben. Weil es den Christen verboten war, Geld gegen Zinsen zu verleihen, übernahmen viele Juden diese Aufgabe. Wegen des großen Risikos waren die Zinsen oft hoch. Die jüdischen Geldverleiher wurden deshalb oft, besonders von zahlungsunwilligen Schuldnern, als Wucherer betrachtet.

Zu einer neuen Welle der Verfolgung und antisemitischen **Pogromen** (russ. »Krawall, Zerstörung«) kam es in den Pestjahren zwischen 1347 und 1353. Etwa ein Drittel der europäischen Bevölkerung erlag dem »Schwarzen Tod«. Da es in dieser Zeit noch keine medizinisch-naturwissenschaftlichen Erkenntnisse über das Wesen und die Verbreitung der Epidemie gab, wurde die Schuld daran den Juden zugeschrieben. Sie hätten Gift in das Trinkwasser geträufelt und durch die Brunnenvergiftung den Menschen Krankheit und Tod gebracht. Vielfach wurden sie bereits umgebracht, bevor die Epidemie bestimmte Städte und Landstriche erreicht hatte. Allerdings gab es auch Ausnahmen. So wurden die Juden in Österreich und Böhmen durch ihre Landesherren geschützt, in Regensburg durch die Stadtgemeinde.

Die Pogrome und die unsichere Lage insgesamt veranlasste viele deutsche Juden, sich in Osteuropa eine neue Heimat zu suchen. Ihre Sprache entwickelte sich dort zum **Jiddischen** (vgl. S. 331), einer Variante des Mittelhochdeutschen mit Anleihen vor allem aus dem Hebräischen und dem Slawischen. Es wurde und wird mit hebräischen Buchstaben geschrieben. Vor dem Zweiten Weltkrieg wurde das Jiddische von etwa zwölf Millionen Menschen gesprochen. Heute sind es noch etwa drei Millionen.

Durch Geldverleih und Fernhandel kamen manche jüdischen Familien zu beachtlichem Reichtum. Andere fristeten ihr Leben als Kleinhändler und Hausierer, Geld- und Pfandleiher. Landesherren und Adel hatten sehr oft einen hohen Geldbedarf. Sie nutzten die Erfahrung und das Geschick der jüdischen Financiers für ihre Zwecke und hielten sich sogenannte »Hofjuden« oder »Hoffaktoren«. Bekannt ist Joseph Süß Oppenheimer (1698–1738), der Hoffaktor des württembergischen Herzogs Karl Alexander. Seine Finanz- und Steuerpolitik, auch sein persönlicher Reichtum und sein Einfluss auf den Landesherren weckten den Hass der Landstände und führten schließlich zu seiner Hinrichtung.

In der Zeit der Aufklärung setzte sich bei den Gebildeten die Auffassung durch, dass alle Menschen von Natur aus gleich bzw. gleichberechtigt seien. Das musste folgerichtig dann auch für die in der Regel bis dahin diskriminierten Juden gelten. Gotthold Ephraim Lessings (1729–1781) dramatisches Gedicht »Nathan der Weise« (1779) ist ein wichtiger Beleg dafür, dass sich das Bewusstsein – zumindest bei einem einflussreichen Teil der Bevölkerung – gewandelt hatte. Das Vorbild für denn klugen, menschenfreundlichen und liebevollen Juden Nathan war der jüdische Philosoph Moses Mendelssohn (1729–1786).

Die sogenannte »**Judenemanzipation**«, d.h. die rechtliche Gleichstellung der Juden mit der übrigen Bevölkerung, geschah in der Französischen Revolution im Jahr 1791. In Preußen erfolgte die jüdische Emanzipation im Jahr 1812. In anderen deutschen Staaten gab es ähnliche Gesetze. Allerdings wurden sie in der Restaurationszeit weitestgehend wieder zurückgenommen. So wurden in Preußen im Jahr 1822 alle Juden wieder aus dem Staatsdienst entlassen. Der Passus der Reichsverfassung von 1849, der sich auf die Gleichberechtigung der Juden bezog, trat nie in Kraft: »Durch das religiöse Bekenntnis wird der Genuss der bürgerlichen und staatsbürgerlichen Rechte weder bedingt noch beschränkt.« Erst im Jahr 1862 erhielten die Juden im Großherzogtum Baden die uneingeschränkte Gleichberechtigung. Die Freie Stadt Frankfurt am Main folgte 1864. Otto von Bismarck erließ im Jahr 1869 im Norddeutschen Bund ein entsprechendes Gesetz, das seit der Reichsgründung im Jahr 1871 dann für das gesamte Deutsche Reich galt.

Schon vorher hatten viele Juden versucht, der gesellschaftlichen und gesetzlichen Benachteiligung dadurch zu entgehen, dass sie sich taufen ließen und ihre Lebensgewohnheiten denen der übrigen Bevölkerung anpassten. Auch Heinrich Heine sah darin das »Entreebillet zur europäischen Kultur«.

Die Juden hatten zunächst noch keine **Familiennamen**. Zur Kennzeichnung einer Person wurde oft der Vatersname (Jakobsohn, Mendel(s)sohn) benutzt. Feste Familiennamen wurden zuerst in Österreich eingeführt (1787). In den Jahren 1812 und 1813 folgten Preußen und Bayern, zuletzt Oldenburg im Jahr 1852. Die Namen hatten unterschiedliche Quellen. Dem romantischen Zeitgeist entsprechend wurden poetische Bezeichnungen gewählt, wie Rosenzweig oder Goldstein. Hinzu kamen Tiernamen wie Adler oder Katz, Herkunftsnamen wie Oppenheimer oder Schlesinger, Namen, die Eigenschaften bezeichneten, wie Gutmann oder Ehrlich. Es gibt noch viele weitere Möglichkeiten. Manche Namen wurden von böswilligen Beamten aufgezwungen und brandmarkten seine Träger unter Umständen ein Leben lang, z. B. Familiennamen wie Rindskopf.

Freilich förderten die bürgerliche Gleichstellung der Juden und ihr Erfolg in Berufen, die ihnen in der Vergangenheit verwehrt gewesen waren, antisemitische Tendenzen. Sehr oft wurden sie im Geschäftsleben, in Wissenschaft und Bildung, in Rechtswesen und Medizin, in Politik und Verwaltung als lästige oder gar bedrohliche Konkurrenz empfunden. Nun entstanden auch politische Parteien, die sich ausdrücklich zum **Antisemitismus** bekannten, z. B. die Christlichsoziale Arbeiterpartei (Christlich-Soziale Partei) des Hofpredigers Adolf Stoecker von 1878 oder die Deutschsoziale Reformpartei von 1894.

Verhängnisvoll wirkten sich neue, in der zweiten Hälfte des 19. Jahrhunderts gewonnene biologische Erkenntnisse aus, vor allem die von Charles Darwin (1809–1882) formulierte **Evolutionstheorie** und die **Vererbungslehre** von Gregor Mendel (1822–1884). Jude war nun nicht mehr nur derjenige, der sich zum mosaischen Glauben bekannte. Das Judentum ließ sich damit auch nicht durch eine Konversion zum Christentum ablegen. Vielmehr war Judentum für die Anhänger der neuen biologistischen Lehren im Erbgut fixiert. Durch Vererbung wurde es stets von Neuem auf Kinder und Kindeskinder übertragen. Der Antisemitismus wurde zum **Rassismus**, weil die Juden als Rasse definiert wurden.

Diese Auffassung hatte in nationalsozialistischer Zeit schreckliche Folgen. Adolf Hitler sah in den Juden die Verkörperung alles Schlechten und Bösen. In »Mein Kampf« schrieb er: »Er ist und bleibt der ewige Parasit, ein Schmarotzer, der wie ein schädlicher Bazillus sich immer mehr ausbreitet, sowie nur ein günstiger Nährboden dazu einlädt. Die Wirkung seines Daseins aber gleicht ebenfalls der von Schmarotzern: Wo er auftritt, stirbt das Gastvolk nach kürzerer oder längerer Zeit ab.«

Im Kaiserreich und in der Weimarer Zeit war der Antisemitismus weit verbreitet und wurde mehr oder weniger aggressiv vertreten. Das führte u. a. dazu, dass von Juden ernsthaft über eine neue Heimat nachgedacht wurde. Wichtigstes Dokument des sogenannten **Zionismus** ist das im Jahr 1896 erschienene Buch »Der Judenstaat« des Wiener Schriftstellers und Journalisten Theodor Herzl (1860–1904). Von hier aus gibt es einen direkten Zusammenhang zur Gründung des Staates Israel im Jahr 1948 in Palästina.

Der Antisemitismus in Deutschland wurde durch die politische Gesamtsituation verschärft. Dazu gehörten die Isolierung des Reiches auf internationaler Ebene (»Einkreisung«) und die unerwartete und unfassbare Niederlage im Ersten Weltkrieg, die Revolution von 1918 und die Begründung einer parlamentarisch-demokratischen Staatsordnung, die von vielen abgelehnt wurde, sowie die zahlreichen Krisen der Weimarer Zeit. Immer sah man in den Juden die Drahtzieher für all das, was misslang. Die sozialdemokratische und dann kommunistische Politikerin Rosa Luxemburg und Reichsaußenminister Walter Rathenau, um zwei bekannte Beispiele zu nennen, beide Juden, mussten dies mit ihrem Leben bezahlen.

In der Weltwirtschaftskrise seit 1929 fiel die antijüdische Propaganda der Nationalsozialisten auf besonders fruchtbaren Boden. Die Nationalsozialisten sprachen von der »goldenen Internationale«, welche den Zusammenbruch der Volkswirtschaften und damit die millionenfache Vernichtung von Existenzen verschuldet habe, und von der »roten Internationale«, der angeblich von Juden beherrschten kommunistischen und sozialistischen Weltbewegung.

Am 30. Januar 1933 wurde Adolf Hitler (1889–1945), der Führer der Nationalsozialistischen Deutschen Arbeiterpartei (NSDAP), vom Reichspräsidenten Paul von Hindenburg zum Reichskanzler ernannt. Innerhalb von anderthalb Jahren gelang es ihm, Deutschland in eine nationalsozialistische Diktatur zu verwandeln. Das innerhalb dieses Systems herrschende Führerprinzip gab ihm nahezu unbeschränkte politische Macht.

Von allem Anfang an wurden die Juden Schritt für Schritt aus dem Wirtschaftsleben, aus der Kultur und Wissenschaft sowie aus der Verwaltung hinausgedrängt. Unmittelbar nach der »Machtergreifung« inszenierten Nationalsozialisten spontane Aktionen gegen jüdische Richter und Beamte. Bereits am 1. April 1933 boykottierte die SA im ganzen Reich jüdische Geschäfte (»Kauft nicht beim Juden!«), zerstörte viele Läden und misshandelte die Besitzer. Durch das »Gesetz zur Wiederherstellung des Berufsbeamtentums« vom 7. April 1933 wurden jüdische Beamte – von seltenen Ausnahmen abgesehen – aus dem Dienst entfernt. Im Jahr 1935 wurden Juden nicht mehr zu Prüfungen für Ärzte und Apotheker zugelassen. Zahlreiche berufliche Organisationen weigerten sich von nun an,

Juden als Mitglieder aufzunehmen. Ihnen war auch der Dienst in der Wehrmacht nicht gestattet.

Im September 1935 wurden auf dem Reichsparteitag in Nürnberg die sogenannten »**Nürnberger Gesetze**« verkündet. Damit wurde die rechtliche Diskriminierung auch gesetzlich festgeschrieben. Das »Gesetz zum Schutz des deutschen Blutes und der deutschen Ehre« verbot »Eheschließungen zwischen Juden und Staatsangehörigen deutschen oder artverwandten Blutes«. Um die »Reinheit des Blutes« zu sichern, wurde der außereheliche Verkehr zwischen Deutschen und Juden ebenfalls verboten. Juden durften keine weiblichen Hausangestellten unter 45 Jahren beschäftigen.

Das »Reichsbürgergesetz« bestimmte, dass Reichsbürger nur »Staatsangehörige deutschen oder artverwandten Blutes« sein konnten. Damit hatten die Juden politisch jeden Einfluss verloren und waren juristisch bzw. staatsrechtlich betrachtet zu Menschen zweiter Klasse geworden.

Die Diskriminierung und Verfolgung der Juden in Deutschland erreichte im Jahr 1938 einen neuen dramatischen Höhepunkt. Um sie nach außen hin erkennbar zu machen, mussten sie (zusätzlich) einen jüdischen Vornamen annehmen (Sarah, Israel). Juden durften keine deutschen Frauen mehr beschäftigen und mussten ihr gesamtes Vermögen offen legen. Nun begann die »**Arisierung**« jüdischer Betriebe. Juden wurden genötigt, ihre Unternehmen zu einem unrealistisch niedrigen Preis an »Arier« zu verkaufen. Es folgten Berufsverbote für Ärzte, Apotheker, Rechtsanwälte und eine Reihe weiterer, auch nicht akademischer Berufsgruppen (z. B. Elektriker).

Psychologischer und wirtschaftlicher Druck, begleitet von Erniedrigungen und Misshandlungen, führten dazu, dass viele Juden versuchten, sich ins Ausland zu retten. Mehrere Länder erließen angesichts der großen Fluchtwelle aber strikte Einreisebeschränkungen. Die Zurückweisung durch ausländische Behörden bedeutete für die allermeisten Juden den sicheren Tod.

Ende Oktober 1938 schob die Gestapo etwas 15 000 aus Polen stammende und im Reich lebende Juden nach Polen ab. Aus Rache erschoss der Pariser Student Herschel Grynspan, dessen Eltern von der Abschiebung betroffen waren, in Paris den deutschen Botschaftssekretär Ernst Eduard vom Rath. Die nationalsozialistische Führung nahm das Attentat zum Anlass für ein blutiges Pogrom gegen die jüdische Bevölkerung in Deutschland. Angeblich waren die Ausschreitungen Ausdruck des spontanen Volkszorns, in Wirklichkeit wurden sie von Joseph Goebbels initiiert und von den Gliederungen der NSDAP unterstützt. Überall in Deutschland wurden Synagogen angezündet und zerstört, Tausende von jüdischen Wohn- und Geschäftshäusern demoliert. Die Zahl der Ermordeten konnte mit Sicherheit nicht ermittelt werden. Sie dürfte zwischen 100 und 400 liegen. Etwa 36 000 Juden wurden in die **Konzentrationslager**, die es bereits seit 1933 gab, gesperrt. Das Pogrom hatte seinen schrecklichen Höhepunkt in der Nacht vom 9. auf den 10. November 1938. Sie wird als »**Reichspogromnacht**« oder euphemistisch als »Reichskristallnacht« bezeichnet. Die letztgenannte Bezeichnung wurde wohl vom Berliner Volksmund angesichts der vielen zerschlagenen Fensterscheiben geprägt.

In der Folgezeit wurden die Juden vollends aus dem Wirtschaftsleben verbannt. Schikanen, z. B. das Verbot, Parkbänke oder Speisewagen der Reichsbahn benutzen zu dürfen, machten den Alltag nahezu unerträglich. Viele verließen unter oft abenteuerlichen Umständen ihre angestammte Heimat. Vor dem Krieg waren 515 000 Menschen Mitglieder der israelischen Kultusgemeinden gewesen. Davon gelang etwa 330 000 vor Kriegsbeginn die Übersiedlung oder Flucht ins Ausland.

Schon am 30. Januar 1939, dem sechsten Jahrestag der »Machtergreifung«, hatte Adolf Hitler verkündet: »Ich will heute wieder ein Prophet sein: Wenn es dem internationalen Finanzjudentum innerhalb und außerhalb Europas gelingen sollte, die Völker noch einmal in einen Weltkrieg zu stürzen, dann wird das Ergebnis nicht die Bolschewisierung der Erde und damit der Sieg des Judentums sein, sondern die Vernichtung der jüdischen Rasse in Europa.«

Auch vorher schon hatte es den Terror gegen die jüdische Bevölkerung und eine große Zahl von Morden gegeben. Mit dem Angriff auf Polen und damit dem Beginn des Zweiten Weltkriegs am 1. September 1939 begann die eigentliche nationalsozialistische **Vernichtungspolitik**. Schon im September 1939 wurde geplant, die in Deutschland verbliebenden Juden in Polen in Gettos anzusiedeln. Nach dem Sieg über Polen wurden die polnischen Juden in Gettos in Warschau, Lodz und anderen Städten unter menschenunwürdigen Lebensbedingungen zusammengetrieben. Viele starben an Unterernährung, Krankheiten und willkürlichen Übergriffen der Wachmannschaften. Der vom Reichssicherheitshauptamt kurzzeitig verfolgte Plan, alle Juden nach Madagaskar abzuschieben, scheiterte wegen mangelnder Transportkapazitäten und der kriegsbedingten Unsicherheit der Transportwege.

Mit dem Angriff auf die Sowjetunion am 22. Juni 1941 begannen systematische Massenmorde in den von der Wehrmacht besetzten Gebieten. Der kämpfenden Truppe folgten die Einsatzgruppen der SS. Sie trieben die Juden zusammen, um sie dann zu erschießen. Vereinzelt waren an den Massakern auch Einheiten der Wehrmacht beteiligt.

Ab dem 19. September 1941 mussten die Juden im Reich außerhalb des Hauses den »Judenstern«, einen gelben Davidstern, auf der Brust tragen.

Am 20. Januar 1942 fand im Gästehaus der Sicherheitspolizei am Wannsee eine Konferenz statt, bei der hochrangige Persönlichkeiten des nationalsozialistischen Regimes über die »**Endlösung** der Judenfrage« berieten. Die Konferenz wurde von Reinhard Heydrich, dem Chef des Sicherheitshauptamtes, geleitet. U. a. war der SS-Obersturmbannführer Adolf Eichmann, Leiter des Referats für Judenangelegenheiten im Reichssicherheitshauptamt, beteiligt. Der Beschluss zur Vernichtung der Juden in Europa war zu diesem Zeitpunkt freilich längst gefallen; längst hatte sie auch begonnen. Dennoch bezeichnet die Konferenz einen wichtigen Schritt auf dem Weg zur Ausrottung der Juden in Europa. Dieses unvergleichliche

Verbrechen, der Völkermord, wird als **Holocaust** (griech. »vollständiges Brandopfer«) oder **Shoa** (hebr. »große Katastrophe«, »Zerstörung«) bezeichnet.

Im Wannsee-Protokoll heißt es u. a.: »Im Zuge der Endlösung der europäischen Judenfrage kommen rund 11 Millionen Juden in Betracht. Unter entsprechender Leitung sollen im Zuge der Endlösung die Juden in geeigneter Weise im Osten zum Arbeitseinsatz kommen. In großen Kolonnen werden die arbeitsfähigen Juden straßenbauend in diese Gebiete geführt, wobei zweifellos ein Großteil durch natürliche Verminderung ausfallen wird. Der allfällig verbleibende Restbestand wird, da es sich bei diesen zweifellos um den widerstandsfähigsten Teil handelt, entsprechend behandelt werden müssen, da diese, eine natürliche Auslese darstellend, bei Freilassung als Keimzelle eines neuen jüdischen Aufbaus anzusprechen ist (siehe Erfahrung der Geschichte). Die evakuierten Juden werden zunächst Zug um Zug in sogenannte Durchgangsgettos verbracht, um von dort weiter nach Osten transportiert zu werden.«

Konzentrationslager hatte es, wie bereits erwähnt, in Deutschland seit 1933 gegeben. Nun entstanden in Polen und Weißrussland die sogenannten **Vernichtungslager**. Nachdem sich andere brutale Tötungsmethoden, z. B. das Erschießen, nicht bewährt hatten, wurde der Mord fabrikmäßig organisiert. In Chelmno, Auschwitz-Birkenau, Belzec, Sobibor, Treblinka, Majdanek und Maly Trostinez (Weißrussland) wurden Millionen Menschen mit Kohlenmonoxid oder Giftgas (Zyklon B) getötet und anschließend zu Asche verbrannt.

In den Vernichtungslagern wurden auch viele Sinti und Roma aus »rassischen Gründen« – wie die Juden – ermordet. Man schätzt ihre Zahl für das Gebiet des Deutschen Reiches auf 15 000. Die Sinti und Roma stammen aus Nordindien und sind seit dem späten Mittelalter in vielen Ländern Europas anzutreffen. Vielfach waren sie nicht sesshaft und lebten als Nomaden. Der früher verwendete Sammelbegriff »Zigeuner« wird heute als diskriminierend empfunden.

Auch politische Gegner (Kommunisten), Homosexuelle, geistig behinderte Menschen, Zeugen Jehovas und sogenannte »Asoziale« wurden von den Nationalsozialisten in den Lagern vergast. Heute gilt als sicher, dass in nationalsozialistischer Zeit zwischen fünf und sechs Millionen Menschen ermordet wurden. Auf das größte Vernichtungslager, Auschwitz-Birkenau, entfielen zwischen 1 100 000 und 1 500 000 Opfer. Die meisten Opfer stammten aus Osteuropa. Doch wurden Juden aus dem gesamten deutschen Herrschaftsbereich in die Vernichtungslager transportiert und dort getötet.

Das Lager Auschwitz wurde am 27. Januar 1945 von der sowjetischen Roten Armee befreit. Aus diesem Grund wird seit 1996 an jedem 27. Januar, dem **Holocaust-Gedenktag**, in Deutschland in besonderer Weise der Opfer des Holocaust gedacht. Die im Zusammenhang mit dem Holocaust verübten Verbrechen wurden in den **Nürnberger Prozessen** (1945–1949), den Auschwitz-Prozessen in Frankfurt am Main 1963 bis 1965 und in zahllosen anderen Gerichtsverfahren geahndet. Zu ihrer Aufdeckung entstand die »Zentralstelle der Landesjustizverwaltungen zur Verfolgung nationalsozialistischer Gewaltverbrechen« in Ludwigsburg.

Von Mund zu Mund
Unsere Sprache

Sprache ist das Ergebnis eines langen geschichtlichen Entwicklungsprozesses, dessen Anfänge sich im Dunkel der Vorzeit verlieren. Auch heute noch geht er weiter, obwohl es für alle Bereiche der Sprache feste Regeln gibt. Das gilt für die Rechtschreibung und die Aussprache, die Grammatik und die Bedeutungslehre. Wie richtig

zu sprechen ist, lernt das Kind spätestens in der Schule. Im Zweifelsfall geben einschlägige Nachschlagewerke zuverlässig Auskunft.
Die deutsche Sprache gehört zu den **germanischen Sprachen**. Sie ist folglich mit dem Englischen, Dänischen, Schwedischen, Norwegischen und Isländischen verhältnismäßig eng verwandt. Das gilt in noch stärkerem Maße für das **Niederdeutsche** oder **Plattdeutsche**, das weithin den altgermanischen Lautstand, vor allem den Konsonantenstand bewahrt hat. Allerdings konnte es sich – wohl wegen der politischen Zugehörigkeit des niederdeutschen Sprachgebietes zum Deutschen Reich – nicht als selbstständige Hoch- und Schriftsprache durchsetzen.

Anders war es beim **Niederländischen**, das ursprünglich auch ein niederdeutscher Dialekt war. Es entwickelte sich mit der Loslösung der Niederlande von Spanien (Utrechter Union von 1579) bzw. vom Deutschen Reich (Westfälischer Frieden von 1648) zu einer eigenen Sprache mit einer eigenen Literatur. Ihr Ausdehnungsbereich erstreckt sich über die Niederlande und den nördlichen Teil Belgiens bis hin zur französischen Sprachgrenze, die südlich von Maastricht, Brüssel und Dünkirchen verläuft, das bereits im französischen Sprachgebiet liegt.

In Belgien ist das Niederländische, wie es heute offiziell heißt, bzw. **Flämische** eine der Amtssprachen. Die Niederlande und Belgien haben im Jahr 1980 die sogenannte Niederländische Sprachunion (Nederlandse Taalunie) begründet. Sie soll die Einheitlichkeit der Hochsprache in beiden Ländern garantieren. Selbstverständlich bleiben aber regionale Varianten daneben bestehen.

In den u. a. von niederländischen Buren (Bauern) besiedelten Gebieten Südafrikas entwickelten sich niederländische Dialekte mit fremden Einflüssen zu einer neuen Hochsprache, dem **Afrikaans** oder Kapholländisch. Es ist seit 1925 neben dem Englischen Amtssprache in der Republik Südafrika.

Obwohl auch die Schweiz im Westfälischen Frieden im Jahr 1648 endgültig aus dem Verband des Deutschen Reiches entlassen wurde, bildete sich hier keine einheitliche Hochsprache. Beim **Schwei-**

zerdeutsch (Schwyzerdütsch), das in der deutschsprachigen Schweiz und in Liechtenstein gesprochen wird, gibt es zwar starke Bestrebungen zur Vereinheitlichung. Im Übrigen bezeichnet der Begriff aber eine Reihe schweizerischer Dialekte. Allgemein und in allen sozialen Schichten ist es üblich, das Schweizerdeutsche als Umgangssprache zu verwenden. Das gilt z. B. auch für Parlamentsdebatten oder für Rundfunksendungen. Das Hochdeutsche ist die Schriftsprache (Schriftdeutsch). So betrachtet sind die Schweizer und Liechtensteiner, bezogen auf das Deutsche, im Grunde zweisprachig.

Ähnliches gilt auch für die deutschstämmige Bevölkerung in Luxemburg, die mit dem **Luxemburgischen** oder Letzeburgischen (Lëtzebuergesch) einen moselfränkischen Dialekt spricht, aber hochdeutsch schreibt. Das Luxemburgische wurde im Großherzogtum Luxemburg im Jahr 1984 Nationalsprache und neben dem Französischen und dem Deutschen dritte Amtssprache.

Die deutsche Sprache gehört mit den germanischen Sprachen insgesamt zu der großen Gruppe der **indogermanischen** oder **indoeuropäischen Sprachen**. Diese Verwandtschaft wurde im Jahr 1786 von dem englischen Oberrichter in Kalkutta William Jones (1746–1794) erkannt und 1814 bzw. 1816 von dem dänischen Sprachforscher Rasmus Kristian Rask (1787–1832) und dem Deutschen Franz Bopp (1791–1867) wissenschaftlich bestätigt.

Von der indogermanischen Sprache gibt es keine unmittelbaren Zeugnisse. Jedoch lassen sich aus den Nachfolgesprachen viele Einzelheiten mit großer Sicherheit rückerschließen. Übereinstimmungen zeigen sich im Wortschatz, im Lautsystem und in der Grammatik.

Zur Gruppe der indogermanischen Sprachen gehören, nach ihrer West-Ost-Erstreckung angeordnet, u. a. die keltischen, italischen, germanischen, baltischen, griechischen, iranischen und indisch-arischen Sprachen. Die keltischen Sprachen sind heute vom Aussterben bedroht. Allerdings wurde das **Gälische** in Irland nach der Gründung der Irischen Republik im Jahr 1921 zur Nationalsprache erklärt. Das Englische blieb daneben Amtssprache.

Von den italischen Sprachen hat sich durch die Geschichte das **Lateinische**, die Sprache der Römer, zu behaupten vermocht. Sie wandelte sich aber zu den zahlreichen **romanischen Volkssprachen** unserer Tage: Portugiesisch, Spanisch, Katalanisch, Provenzalisch, Französisch, Sardisch, Italienisch, Rätoromanisch und Rumänisch. Das Latein selbst erhielt sich als Sprache der Wissenschaft und der katholischen Kirche. Der Wortschatz wird heute immer wieder durch eine vatikanische Kommission auf einen modernen Stand ergänzt, sodass auch etwa schwierige soziale oder technische Sachverhalte sprachlich fassbar sind. So heißt der Fernsehapparat »instrumentum televisificum«, die Gewerkschaft »collegium opificum« und der Hubschrauber »helicopterum«.

Von den **slawischen Sprachen** wären vor allem das Russische, Ukrainische und Weißrussische, das Tschechische, Slowakische und Polnische, das Slowenische, Serbokroatische (heute oft Serbisch oder Kroatisch) und Bulgarische zu nennen.

Inmitten des deutschen Sprach- und Kulturgebietes hat sich eine kleine slawische Volksgruppe, die **Sorben**, mit einer eigenen Sprache erhalten. Sie leben in der Lausitz und im Spreewald südlich von Berlin. In der DDR erhielten sie im Jahr 1948 kulturelle Autonomie und damit eigene Volks- und Oberschulen. Im Einigungsvertrag zwischen der Bundesrepublik Deutschland und der DDR werden der sorbischen Kultur und Sprache besonderer Schutz und besondere Förderung garantiert.

Das **Germanische** verselbstständigte sich langsam aus dem Indogermanischen heraus. Zunächst blieb es wohl noch in einer engen Verbindung zu den sich ebenfalls neu bildenden Sprachgruppen des Keltischen und des Italischen.

Zwei besondere Merkmale unterschieden das Germanische vom Indogermanischen. An die Stelle der innerhalb eines Wortkörpers wechselnden Betonung trat die germanische Wurzelbetonung (**am**icus, am**i**corum – **Bau**er, be**bau**en). Zum Zweiten veränderte die **Erste** oder **Germanische Lautverschiebung** den indogermanischen Konsonantenstand. Beide Ereignisse sind wegen des Fehlens schriftlicher Zeugnisse nicht datierbar. Bei der Ersten Lautverschiebung wurden unter anderem p, t und k in f, th und ch (h) umgewandelt (lat. »piscis« → dt. »Fisch«, lat. »tres« → engl. »three«, lat. »cornu« → engl. »horn«). B, d und g bildeten sich zu p, t und k um und ersetzten so die verloren gegangenen Verschlusslaute (lat. »turba« → altengl. »thorp«, lat. »edo« → altengl. »etan« (engl. »eat«), lat. »ager« → dt. »Acker«). Dieser Zusammenhang ist bis heute im Vergleich etwa der lateinischen und der englischen Sprache als Vertreterin der germanischen Sprachen ohne Weiteres nachweisbar.

Das **Deutsche** spaltete sich schließlich durch eine neue, die **Zweite** oder **hochdeutsche Lautverschiebung** von den übrigen germanischen Sprachen ab. Auch dieser Prozess erstreckte sich über einen längeren Zeitraum. Er begann wohl im 7./8. Jahrhundert. Besonders charakteristisch für die Zweite Lautverschiebung war der Wandel von p, t und k. Sie wurden zu pf, z und ch (in den Mundarten) bzw. ff, ss und ch, je nach ihrer Stellung im Wort (engl. »pilum« → dt. »Pfeil«, engl. »tooth« → dt. »Zahn« – engl. »pepper« → dt. »Pfeffer«, engl. »eat« → dt. »essen«, engl. »break« → dt. »brechen«).

Es ist besonders bemerkenswert, dass sich die Lautverschiebung, von Süden kommend, nach Norden immer weiter abschwächte. Im oberdeutschen Sprachgebiet (Bairisch, Alemannisch) wurde sie am konsequentesten durchgeführt, weniger im Mitteldeutschen (Fränkisch, Ostmitteldeutsch). An der sogenannten **Benrather Linie** kam sie zum Stehen. (Benrath ist ein südlicher Vorort von Düsseldorf.) Diese Linie beginnt an der deutschen Sprachgrenze südlich von Aachen, läuft dann südlich von Düsseldorf, Göttingen und Magdeburg vorbei, umrundet Berlin nördlich und stößt nordwestlich von Posen auf die polnische Sprachgrenze. Sie trennt dass **Hochdeutsche** vom **Niederdeutschen (Plattdeutschen)** mit seinem folglich germanischen Lautstand. Letzteres spielt als gesprochene Umgangssprache eine große Rolle. Das Vaterunser lautet im Niederdeutschen z. B. so: »Unse Vadder du, in 'n hogen Hewen! Heilig mäg wardem din Nam. Kamen mäg din Rik. Din Will mäg gescheihn so as in 'n Himmel, so ok up Irden. Giw uns Dag för Dag uns Brot. Un vergiw uns unse Schuld, denn ok wi hebben jo dei vergewen dei sick an uns versünnigt hebben. Un lat uns nicht in Versäukung kamen, redd uns veelmihr von alls Böse. Denn du büst dei ewige König un hest dei Macht und Herrlichkeit för alle Ewigkeit. Amen.«[9]

Zur selbstständigen Schriftsprache hat es sich freilich nicht entwickeln können, auch wenn es eine zum Teil bedeutende Mundartliteratur hervorgebracht hat. Am bekanntesten dürften der in Heide in Dithmarschen geborene Dichter Klaus Groth (1818–1899) mit seinem »Quickborn« (1852/71) und der Mecklenburger Fritz Reuter (1810–1874) aus Stavenhagen mit seinen zahlreichen Romanen und Erzählungen sein.

Frühe germanische Sprachzeugnisse, insbesondere aus dem späteren deutschen Sprachgebiet sind sehr selten. Besonders aufschlussreich ist wegen ihres Umfangs die Bibelübersetzung, die Bischof Wulfila (griech. Ulfilas) im 4. Jahrhundert n. Chr. für das westgotische Volk schuf. Die kostbare Handschrift wird wegen ihrer teilweise silbernen Buchstaben (auf purpurnem Grund) »Codex argenteus« genannt. Sie wird heute in der Bibliothek der schwedischen Universität Uppsala aufbewahrt.

Die gotische Sprache ist keine unmittelbare Vorgängerin des Deutschen. Dennoch zeigt sie, welche sprachlichen Wandlungen sich in gut anderthalb Jahrtausenden vollzogen haben. Der Anfang des Vaterunsers lautet hier: »Atta [Vater] unsar thu in himinam, weihnai [geheiligt] namo thein. qimai thiudinassus [Königreich] theins, wairthei wilja theins, swe in himina jach ana airthai ...«

Mit der Zweiten Lautverschiebung wandelte sich, wie gesagt, das Germanische zum **Hochdeutschen**. Die früheste Stufe bezeichnet man als das **Althochdeutsche**. Sie reichte von etwa 700 bis 1100. Ihr folgten – selbstverständlich blieben die Übergänge fließend – zwischen 1000 und 1500 das **Mittelhochdeutsche** und anschließend das **Neuhochdeutsche**. Die lautlichen Änderungen, die sich in dieser Zeit vollzogen, erstreckten sich vornehmlich auf den Vokalismus. Auffällig ist die fortschreitende Abschwächung der Endsilben, die sich durch die germanische Wurzelbetonung ergab.

Auf der Grundlage des Mittelhochdeutschen entwickelte sich das **Jiddische** (vgl. 317), die deutsche Sprache der Juden. Zum deutschen Wortschatz kamen hebräische und slawische Wörter hinzu. Beim Schreiben wurden und werden die hebräischen Schriftzeichen verwendet. Das Jiddische war bis Anfang des 19. Jahrhunderts hier und da auch in Westeuropa gebräuchlich. Größere Bedeutung erlangte es in Osteuropa. Hier fanden viele Juden, die vor den Verfolgungen in Deutschland geflohen waren, eine neue Heimat. Zeitweise war es für Millionen von Menschen die Muttersprache. Aus geschichtlichen und politischen Gründen, vor allem durch den Holocaust im »Dritten Reich« und durch den Antisemitismus in Russland bzw. der Sowjetunion, hat die Zahl der jiddisch sprechenden Menschen stark abgenommen. Sie beträgt heute auf der ganzen Welt etwa drei Millionen.

Übrigens enthält die deutsche Sprache eine Reihe von Lehnwörtern aus dem Jiddischen, z. B. »Schlamassel«, »Schickse« (Flittchen), »Stuss« (Unsinn) oder »Schmiere stehen«. Das Jiddische besaß und besitzt eine eigene Literatur. Bekannt ist vor allem der ukrainische Schriftsteller Scholem Alejchem (1859–1916), der »jüdische Mark Twain«, nach dessen Roman »Tewje, der Milchmann« in unserer Zeit das erfolgreiche Musical »Anatevka« entstand. Der amerikanische Autor Isaac Bashevis Singer (1902–1991) erhielt 1978 den Nobelpreis für Literatur. In seinen Werken schildert er das Leben der Ostjuden zwischen Tradition und Fortschritt.

Der Wortschatz des Germanischen, Althochdeutschen und Mittelhochdeutschen war selbstverständlich vielfachen Wandlungen unterworfen. Zum germanischen **Erbwortschatz** kamen mit fremden Einflüssen neue Wörter hinzu. Sie bezogen sich z. B. auf die durch die Germanen von den Römer übernommene Sachkultur. Dazu gehörten Neuerungen im Bauwesen (Steinbau), in Verkehrswesen und

Handel, im Obst-, Gemüse- und Weinbau. Von den zahlreichen Beispielen seien hier nur einige genannt: »fenestra« (Fenster), »mortarium« (Mörtel), »via strata« (Straße), »pondus« (Pfund), »caulis« (Kohl), »ceresia« (Kirsche), »vinum« (Wein).

Die Wörter waren zunächst wohl **Fremdwörter**, weil sie durch ihre sprachliche Form sogleich als nicht germanisch erkennbar blieben. Nach und nach wurden sie aber zu **Lehnwörtern**, d.h. sie glichen sich in ihrer äußeren Gestalt germanischen Wörtern an (»mortarium« → Mörtel). Daneben gab es **Lehnübersetzungen**. Auf diese Weise wurden vor allem christliche Sachverhalte bezeichnet, die bei den ursprünglich heidischen Germanen ja unbekannt gewesen waren. So wurde »domus dei« zu »Gotteshaus« oder »exsurgere« zu »auferstehen«.

In mittelhochdeutscher Zeit kamen fremdsprachliche Einflüsse aus Frankreich und Italien hinzu. Die ritterliche Kultur des hohen Mittelalters orientierte sich stark an provenzalischen, französischen und normannischen Vorbildern. So kamen viele neue Begriffe, etwa »palas« (Palast), »garzun« (Knappe) oder »tanz« (Tanz), nach Deutschland.

Die Vertreter der Mystik bemühten sich um 1300 herum um eine sehr persönliche, sehr gefühlsinnige Beziehung zu Gott. Sie bereicherten die Sprache durch eine Reihe abstrakter Begriffe, die zum Teil heute noch gebräuchlich sind. Dazu gehören z.B. die Wörter »einbilden« und »Einfluss«, »Entsetzen« und »sinnlos«.

Die **neuhochdeutsche Sprache** bzw. die neuhochdeutsche Gemeinsprache war nicht allein das Ergebnis lautlicher Entwicklungen. Viele Ursachen wirkten in die gleiche Richtung. Beim Zusammentreffen mit anderssprachigen Nachbarn erkannten die Deutschen, dass sie trotz unterschiedlicher Mundarten ähnlich sprachen. Urkunden sollten möglichst allgemein verständlich sein. Wo sie nicht lateinisch abgefasst wurden, mussten sich die Verfasser um ein für viele lesbares Deutsch bemühen. Pionierdienste leisteten hier die Kanzleien in Wien, Prag und im sächsischen Meißen.

Das Gleiche galt für den um 1440 erfundenen **Buchdruck**. Je verständlicher die Bücher abgefasst waren, desto leichter ließen sie sich an ein vergleichsweise breites Publikum verkaufen. So bemühten sich die Drucker und später dann die Verleger, mundartliche Eigenheiten einer Gegend in ihren Büchern möglichst zu vermeiden.

Nicht zuletzt hat sich im Kolonisationsgebiet östlich der Elbe die Sprache vereinheitlicht, weil hier Menschen unterschiedlicher Herkunft aufeinandertrafen und ein für alle verständliches Idiom entwickeln mussten.

Die sächsische Kanzleisprache in Meißen übte einen starken Einfluss auf Martin Luther (1483–1546) aus, der durch seine **Bibelübersetzung** einen erheblichen Anteil an der Entstehung der neuhochdeutschen Gemeinsprache hatte und ihr durch sein Werk eine weite Verbreitung sicherte. Seine Übersetzung des Neuen Testaments erschien 1522, die des Alten Testaments 1534. Sie waren sprachlich so anschaulich und kraftvoll, dass sie selbst die katholischen Übersetzungen beeinflussten und im Übrigen für lange Zeit in evangelischen Gegenden Deutschlands als das Lehrbuch der deutschen Sprache galten.

Noch dauerte es lange Zeit, bis sich das Deutsche gleichberechtigt neben dem Lateinischen, Französischen und Italienischen behaupten konnte. Selbst wo deutsch geschrieben und gesprochen wurde, war es oft mit französischen und italienischen Vokabeln überwuchert. Vielfach wurde es nur als Verständigungsmittel der unteren, ungebildeten Volksmassen angesehen. So lernte Friedrich II. von Preußen (König 1740–1786) zeitlebens nicht richtig deutsch sprechen und schreiben. Die erste Vorlesung in Deutsch – oder zumindest eine der ersten Vorlesungen – hielt der Leipziger Professor Christian Thomasius im Jahr 1687. Er gab auch seit 1680 die erste deutschsprachige Zeitschrift, die »Monatsgespräche«, heraus.

Die Blüte der deutschen Literatur seit dem 18. Jahrhundert (u. a. Wieland, Lessing, Herder, Goethe und Schiller) bereicherten die deutsche Sprache und beseitigten die ihr gegenüber bestehenden Vorurteile.

Mit der Romantik begann eine intensive Auseinandersetzung mit der Sprache als einem besonders wichtigen Teil der Volksüberlieferung. Nun entstand die **Germanistik**, die Wissenschaft von der deutschen Sprache. An ihrem Anfang standen bedeutende Sprachforscher wie Friedrich Schlegel (1772–1829), Joseph Görres (1776–1848), die Brüder Jacob Grimm (1785–1863) und Wilhelm Grimm (1786–1859) sowie Ludwig Uhland (1787–1862).

Eine für das Deutsche verbindliche **Rechtschreibung** entstand allerdings erst nach der Gründung des Deutschen Reiches. Im Jahr 1880 veröffentlichte der Gymnasialdirektor Conrad Duden (1829–1911) sein »Vollständiges orthographisches Wörterbuch der deutschen Sprache. Nach den neuen preußischen und bayerischen Regeln.« Im Jahr 1901 trat die »Orthographische Konferenz der deutschen Länder«, zu denen sich auch Österreich und die Schweiz gesellten, zusammen, um die Rechtschreibung weiter zu vereinheitlichen. Im Jahr 1907 bestimmten die Länder, dass der »Duden« für die Rechtschreibung an ihren Schulen verbindlich sein sollte. Dieser Grundsatz wurde in Westdeutschland durch einen Beschluss der Kultusminister im Jahr 1955 bestätigt. Es blieb dabei bis zur Einführung der Rechtschreibreform im Jahr 1996.

Nach dem Zweiten Weltkrieg wurde in Leipzig die 13. Auflage des Dudens veröffentlicht und in Westdeutschland, der Schweiz und Österreich nachgedruckt. Infolge der deutschen Teilung erschien im Jahr 1954 ein eigener westdeutscher Duden. Von nun an gab es in Mannheim und in Leipzig, d. h. in der Bundesrepublik Deutschland und in der Deutschen Demokratischen Republik, jeweils selbstständige Rechtschreibwörterbücher. Allerdings finden sich, ideologisch bedingt, nur im Wortschatz nennenswerte Abweichungen. Zur Ehrenrettung der Germanisten in West und Ost bleibt festzustellen, dass die Einheit der deutschen Sprache und Orthografie zu keinem Zeitpunkt infrage gestellt wurde. Nach dem Zweiten Weltkrieg gab es starke Bestrebungen, in Deutschland – wie in den Niederlanden und in Dänemark – die gemäßigte Kleinschreibung einzuführen. Sie konnten sich jedoch nicht durchsetzen.

Von einem ganz anderen Ansatz ging die **Rechtschreibreform** aus, die im Jahr 1996 durchgeführt wurde. Sie betraf u. a. die Schreibung von ss und ß, die Groß- und Klein- bzw. die Zusammen- und Getrenntschreibung, die Schreibung von Fremdwörtern, die Worttrennung und die Kommasetzung. Die Rechtschreibreform war in der Öffentlichkeit stark umstritten. Mehrere einflussreiche Zeitungs- und Zeitschriftenverlage (»Frankfurter Allgemeine Zeitung«, »Spiegel«), weigerten sich, sie zu übernehmen. Nebeneinander erschienen nun Bücher in der alten und in der neuen Rechtschreibung. Schulen erhielten eine mehrjährige Übergangszeit für die Anwendung der neuen Regeln. Im Jahr 2006 versuchte der **Rat für deutsche Rechtschreibung**, der aus Vertretern der deutschsprachigen Länder besteht und auch Reformgegner umfasst, die strittigen Probleme durch Kompromissvorschläge zu lösen. Diese erneut reformierte Rechtschreibung ist seit dem 1. August 2006 gültig. Viele Zeitungen, Zeitschriften und Verlage richten sich jedoch nach ihrer sogenannten »Hausorthografie«, die sich an der neuen Rechtschreibung orientiert, gelegentlich aber von der offiziellen Regelung abweicht.

Übrigens ist nicht nur die Schreibung, sondern auch die **Aussprache** des Deutschen normiert. Im Jahr 1898 veröffentlichte Theodor Siebs (1862–1941) seine »Deutsche Bühnenaussprache«. Das Werk heißt heute »Deutsche Hochsprache«.

Auch in neuhochdeutscher Zeit war der **Wortschatz** erheblichen Veränderungen unterworfen. Viele überlieferte Wörter verschwanden. Andere erweiterten oder verengten ihre Bedeutung. Schließlich kamen neue Vokabeln, insbesondere aus fremden Sprachen hinzu: Die lateinische Sprache blieb bis in unsere Gegenwart hinein wirkungsvoll. Das Italienische lieferte vor allem in der Zeit des Frühkapitalismus zahlreiche Begriffe aus dem Handels- und Bankwesen, zum Beispiel »bankrott« (»banca rotta« = zerbrochener Tisch), »netto« und »Kredit«. Auch als Sprache der Musik behauptete sich das Italienische: »Piano«, »Arie«, »Quartett«.

Das Französische drängt im Zeitalter des Absolutismus, insbesondere unter Ludwig XIV. (König 1643–1715), die übrigen europäischen Nationalsprachen weit zurück. Mit der französischen Mode und Lebensart kamen diesbezügliche Ausdrücke nach Deutschland. »Kostüm« und »Frisur«, »Terrasse« und »Sauce« mögen als Beispiele dienen. Auch die Überlegenheit der militärischen Organisation fand ihren sprachlichen Ausdruck: »Infanterie«, »Bataillon«, »Soldat«, »Bajonett«.

Seit dem Ende des 19. Jahrhunderts drangen viele englische Wörter in den deutschen Sprachschatz ein, und zwar aus allen Lebensbereichen. Dazu gehörten die Mode (»Pullover«, »Frack«) wie die Lebensart überhaupt (»Gentleman«, »Party«), Ess- und Trinksitten (»Cocktail«, »Pudding«), Politik (»Debatte«, »Lobby«) und nicht zuletzt der Sport (»Boxen«, »Trainer«).

Nach dem Zusammenbruch Deutschlands im Jahr 1945 geriet Westdeutschland unter amerikanische, Mitteldeutschland unter russisch-sowjetische Vorherrschaft. Der politische und kulturelle Einfluss spiegelte sich deutlich in den neu übernommenen Wörtern. »Teenager« und »Camping«, »sexy« und »testen« wurden in der Bundesrepublik Deutschland allgemein benutzte Vokabeln. In der DDR wurden aus dem russischen Sprachschatz insbesondere ökonomische und politologische Fachausdrücke eingeführt, die ihrerseits allerdings großenteils bereits Fremd- und Lehnwörter waren (»Politbüro«, »Revanchismus«). In der Umgangsprache blieb die Zahl der Entlehnungen aus dem Russischen gering (»Datscha« = russisches Holzhaus, Wochenendhaus, »Soljanka« = stark gewürzte Suppe mit Fleisch oder Fisch).

Die Ausführungen haben gezeigt, dass aus einigen Sprachen besonders viele Wörter ins Deutsche übernommen wurden. Daneben gibt es aber auch Einzelbeispiele aus allen Teilen der Welt: »Droschke« (russisch), »Kutsche« (ungarisch), »Peitsche« (tschechisch), »Ski« (norwegisch), »Anorak« (grönländisch – Eskimosprache), »Banane« (afrikanisch), »Kaffee« (arabisch), »Kiosk« (türkisch), »Mammon« (althebräisch), »schmusen« (neuhebräisch), »Bonze« (japanisch), »Reis« (indonesisch), »Taft« (persisch), »Tee« (chinesisch), »Tomate« (indianisch), »Tabu« (polynesisch).

Die Sorge um eine sprachliche Reinheit des Deutschen rief immer wieder einmal sogenannte »Sprachreiniger« (Puristen) auf den Plan. Bekannt sind die Versuche der barocken Sprachgesellschaften im 17. Jahrhundert. Obwohl ihre Vorschläge oft belacht wurden, setzten sich viele Eindeutschungen dauerhaft durch, z. B. »Mundart« statt »Dialekt« oder »Trauerspiel« an Stelle von »Tragödie«. Nicht übernommen wurden dagegen z. B. »Leichentopf« für »Urne«, »Zitterweh« für »Fieber« oder »Jungfernzwinger« für »Nonnenkloster«.

Nach der Gründung des Deutschen Reiches im Jahr 1871 ließ der Generalpostmeister Heinrich von Stephan (1831–1897) im Postverkehrswesen 760 Fremdwörter durch deutsche Wörter ersetzen. Ähnliches geschah bei den Preußisch-Hessischen Staatsbahnen, der größten deutschen Eisenbahngesellschaft. So wird heute in Deutschland statt »Korrespondenzkarte« »Postkarte«, statt »Barriere« »Schranke« gesagt und geschrieben. Die betreffenden Anordnungen galten selbstverständlich nur für das deutsche Staatsgebiet, nicht aber für Österreich und die Schweiz. Hier sind bis zu heutigen Tag die Fremdwörter im amtlichen Verkehr erheblich zahlreicher.

Die Eindeutschungsbestrebungen setzen sich auch in der Folgezeit fort. Ihren letzten Höhepunkt erreichten sie in der Zeit des Nationalsozialismus zwischen 1933 und 1945. Statt von »Literatur« sprach man nun von »Schrifttum«. Die »Redakteure« wurden zu »Schriftleitern«, aus »Auto(mobil)« wurde »Kraftwagen«.

Der seit 1885 bestehende »Allgemeine Deutsche Sprachverein«, der nach dem Zweiten Weltkrieg in »**Gesellschaft für deutsche Sprache**« umbenannt wurde, widmet sich der Sprachreinhaltung und der Sprachpflege. Er gibt die Zeitschrift »Die Muttersprache« heraus.

Neben dem zum Schriftdeutschen gewordenen Hochdeutschen gibt es im deutschen Sprachgebiet zahlreiche Mundarten oder **Dialekte**, die nur in einem begrenzten geografischen Raum gesprochen werden. Aus verschiedenen Gründen haben die Dialekte stark an Bedeutung verloren. Dazu gehören die wachsende Mobilität der Bevölkerung, die Vertreibung von Deutschen aus ihren ursprünglichen Siedlungsgebieten und nicht zuletzt die soziale Abwertung der Mundart gegenüber der Hochsprache. In der Schule wird die »richtige« Sprache, d. h. das Hochdeutsche gelehrt, und aus diesem Blickwinkel erscheint der Dialekt oft fehlerhaft.

Richtig ist, dass er sich für abstrakte, technisch-wissenschaftliche Sachverhalte in der Regel nicht eignet. Dennoch, für Millionen von Menschen bleibt er die Muttersprache. Er verfügt über einen großen Reichtum an Ausdrucksvarianten und ist damit in der Lage, Alltagssituationen angemessen zu erfassen. Die Mundarten aus dem Gebiet jenseits von Oder und Görlitzer Neiße und aus dem Sudetenland haben ihre Bevölkerungsbasis verloren und sind deshalb vom Aussterben bedroht.

In den letzten Jahrzehnten ist eine Neubesinnung bezüglich der Mundarten zu beobachten. Ganz bewusst pflegen viele Menschen das überlieferte Kulturgut, indem sie es im alltäglichen Umgang miteinander benutzen. Vielleicht vermittelt es in unserer schnelllebigen Zeit, in der es kaum noch Grenzen gibt, ein Gefühl von Heimat und Geborgenheit. In diesen Zusammenhang passt ein Wort von Wilhelm von Humboldt (1767–1835): »Die wahre Heimat ist eigentlich die Sprache.«

Zu unterscheiden sind hochdeutsche und niederdeutsche (plattdeutsche) Mundarten. Bei Letzteren ist die Zweite oder Hochdeutsche Lautverschiebung nicht durchgeführt worden. Sie umfassen das niederländische und das niederdeutsche Sprachgebiet nördlich der sogenannten Benrather Linie (siehe oben). Südlich davon werden zunächst die zahlreichen west- und ostmitteldeutschen Mundarten gesprochen, endlich das Alemannische einschließlich des Schwäbischen und das Bairisch-Österreichische.

Wie das Niederdeutsche haben auch die hochdeutschen Mundarten eine reiche Literatur hervorgebracht. Zu besonderem dichterischen Rang erhoben sich z. B. die alemannischen Gedichte von Johann Peter Hebel (1760–1826), die bairischen Erzählungen und Schauspiele von Ludwig Thoma (1867–1921) oder die österreichischen Dramen von Ludwig Anzengruber (1839–1889).

Denn was man schwarz auf weiß besitzt
Schrift und Buch

Die Schrift wurde vermutlich gegen Ende des 4. Jahrtausends v. Chr. von den Sumerern im Zeitstromland (Mesopotamien) entwickelt. Von da aus verbreitete sie sich nach Ägypten, Indien und China. Sie war zunächst wohl keine Buchstabenschrift, sondern verwendete aus Bildern entwickelte Zeichen, eine **Bilderschrift**. Die bekannteste dieser Schriften sind die ägyptischen Hieroglyphen (griech. »heilige Schriftzeichen«).

Die Entstehung der **Buchstabenschriften** liegt teilweise im Dunkeln. Um 1500 v. Chr. scheint sie in den phönizischen Küstenstädten aus ägyptischen Hieroglyphen gebildet worden zu sein. Durch die Handelsfahrten der Phönizier verbreitete sie sich an den Küsten des Ägäischen Meeres. Sie wurde zur Grundlage für die griechische, lateinische und arabische Schrift.

Die **griechische Schrift** entstand vermutlich um 900 v. Chr. Die Sage berichtet, dass König Kadmos, der Gründer von Theben, die Schrift aus Phönizien mitgebracht habe. Die ersten erhaltenen Schriftstücke mit griechischen Buchstaben sind Siegerlisten der olympischen Spiele aus dem 8. Jahrhundert v. Chr. Nach den ersten beiden Buchstaben (α, β) wird die Buchstabenfolge noch heute »**Alphabet**« genannt. Ersatzweise heißt es im Deutschen auch das »ABC«.

Von den Griechen kam die Buchstabenschrift zu den Etruskern und den **Römern**. Möglicherweise wurde sie den Römern erst durch etruskische Vermittlung bekannt. Die ältesten lateinischen Inschriften finden sich auf der »Goldenen Fibel von Praeneste« aus der Mitte des 7. Jahrhunderts v. Chr. bzw. auf dem »Lapis niger« (»schwarzer Stein«), der auf dem römischen Forum gefunden wurde. Die griechische und die lateinische Schrift verbreiteten sich im Lauf der Jahrhunderte über ganz Europa und über weite Teile der Welt.

Die **Germanen** besaßen eine eigene Schrift, die sogenannten **Runen**. Ihre Entstehung, die zwischen 100 v. Chr. und 100 n. Chr. liegen dürfte, ist bis heute ungewiss. Sie gehen wohl entweder auf die lateinische oder etruskische Schrift oder auf alte germanische Bedeutungszeichen zurück. Jedes der 24 Runenzeichen stand sowohl für einen Laut als auch einen Begriff (f oder »fehu« = Vieh, Besitz). Es hatte daneben mythische Bedeutung. Das Wort »Rune« ist verwandt mit unserem Wort »raunen«.

Die Kenntnis der geheimnisvollen Zeichen, die im Großen und Ganzen nicht als Gebrauchsschrift benutzt wurden, war nur unter Eingeweihten verbreitet, vielfach bei schicksalskundigen Frauen. Anscheinend wurden die Zeichen auf Holzstäbchen oder Holzscheite (Buchenstäbchen → Buchstaben) geritzt (vgl. engl. »to write« = ritzen, schreiben) und als Schicksalslose geworfen. Das gemeingermanische Runenalphabet wird nach seinem Anfangsbuchstaben »Futhark« genannt.

Die Runenschrift wurde überall durch die lateinische Schrift verdrängt, am spätesten aber im skandinavischen Norden. Hier fanden sich auch die zahlreichen, zum Teil recht umfangreichen Belege. Zwischen der Christianisierung der Germanen und der Einführung der lateinischen Buchstaben besteht ein deutlicher Zusammenhang.

Der Germanenkult der Nationalsozialisten führte dazu, dass einzelne Runen mit symbolischer Bedeutung in den Zwanziger-, Dreißiger- und Vierzigerjahren des 20. Jahrhunderts wiederbelebt wurden. Das gilt z. B. für die Siegesrune, die als Kennzeichen der SS (𝈊𝈊) verwendet wurde, oder für die Lebens- und die Todesrune (ᛉ, ᛣ). Letztere wurden bisweilen in Geburts- und Todesanzeigen gedruckt.

Die **kyrillische Schrift** entstand im 10. Jahrhundert in Bulgarien. Sie ist nach dem heiligen Kyrill von Saloniki (826/27–869) benannt. Er und der heilige Methodius gelten als Apostel der Slawen. Die Schriftzeichen wurden vor allem aus dem griechischen Alphabet entnommen. Heute wird das kyrillische Alphabet in Russland, der Ukraine, Weißrussland, Bulgarien, Serbien, Makedonien und in der Mongolei verwendet. Einige weitere asiatische Völker kommen hinzu.

Die für gewöhnlich verwendete Schrift hatte einen Mangel: Sie erlaubte nur ein verhältnismäßig geringes Schreibtempo. Deshalb entstand bereits in der Antike die sogenannte **Kurzschrift** oder **Stenografie**, die ursprünglich »tachygraphia« (»Schnellschrift«) oder lateinisch »notae« (»Zeichen«) genannt wurde. Vermutlich ist sie in Griechenland erstmals entwickelt worden. Die erste zeitlich genau bestimmte stenografische Aufnahme stammt jedoch aus Rom, und zwar handelt es sich um die von Marcus Tullius Tiro bzw. seinen Schülern aufgezeichnete erste »Catilinarische Rede« Ciceros (106–43 v. Chr.) aus dem Jahr 63 v. Chr. Tiro war Privatsekretär Ciceros. Die antike Stenografie blieb bis in die Zeit um 800 n. Chr., zum Teil sogar noch länger in Gebrauch.

Die moderne Stenografie verdankt ihre Entstehung dem Parlamentarismus, weil hier die Notwendigkeit bestand, Reden wortgetreu aufzuzeichnen. Erstmals wurde im Jahr 1602 in England das Wort »Stenografie« (»Engschrift«) verwendet. Die Bezeichnung »Kurzschrift« stammt aus dem Jahr 1819. Heute schaffen geübte Parlamentsstenografen bis zu 450 Silben in einer Minute.

Allein in Deutschland gab es über 600 verschiedene Kurzschriftverfahren. Als besonders zukunftsweisend erwiesen sich die fließenden Schriftzüge, die der bayerische Kanzleibeamte Franz Xaver

Gabelsberger (1789–1849) 1834 entwickelte. Sie wurden nicht nur für deutsche, sondern auch für eine Reihe anderer Sprachen verwendet. Seit 1924 und – in neuerlich vereinfachter Form – seit 1936 bzw. 1968 wird in Deutschland die **Einheitskurzschrift** benutzt, die auf die Systeme von Gabelsberger, Stolze, Schrey und Faulmann zurückgeht. Sie unterscheidet zwischen Verkehrsschrift und Eilschrift. Die deutsche Einheitskurzschrift vermeidet stumme Buchstaben, reduziert Konsonanten auf einfache Zeichen, kennzeichnet Vokale durch Veränderung an den Konsonanten und ersetzt Silben und häufig verwendete Wörter durch Sigel (Kürzel, Kurzzeichen). Durch die Erfindung und Einführung elektronischer Speichermedien (Tonbandgeräte, Diktiergeräte) ist die Bedeutung der Stenografie erheblich zurückgegangen. Sie wird an Schulen in der Regel nicht mehr gelehrt.

Für Blinde gibt es eine eigene **Blindenschrift**, die mit den Fingern, insbesondere mit dem rechten Zeigefinger ertastet werden kann. Sie wurde von dem Franzosen Louis Braille (1809–1852), einem blinden Lehrer, im Jahr 1820 entwickelt. Sie besteht aus einem System von sechs (oder acht) eingeprägten Punkten bzw. Leerstellen, die in unterschiedlicher Kombination Buchstaben oder Satzzeichen bedeuten. Seit 1900 gibt es auch Maschinen, mit denen die Blindenschrift verhältnismäßig schnell geschrieben werden kann.

Seit den Achtzigerjahren wurden Hilfsmittel erprobt, die auch Blinden den Umgang mit dem Computer und den Zugang zum Internet ermöglichen sollen. Mit Hilfe der »**Braillezeile**« ist es möglich, Texte auf dem Monitor zu lesen. Sie werden elektronisch in abtastbare Blindenschrift umgewandelt. Gegebenenfalls ist es auch möglich, Texte in Sprache umzuwandeln und damit hörbar zu machen.

Das bekannteste und bis auf den heutigen Tag am häufigsten verwendete Schreibmaterial ist das **Papier**. Es erhielt sein Namen von der am Nil wachsenden acht bis zehn Meter hohen Papyrusstaude, aus deren Mark **Papyrus** hergestellt wurde. Diese Staude gab es nur in Ägypten. Folglich besaßen die Ägypter ein Monopol auf Papyrus. Da es verhältnismäßig teuer war, wurde es zumeist nur für wichtige Aufzeichnungen benutzt. Allerdings beklagten sich römische Dichter gelegentlich darüber, dass ihre auf Papyrus geschriebenen Werke in den Läden als Papiertüten verwendet würden.

Neben dem Papyrus wurde seit dem Ende des 2. Jahrtausends v. Chr. **Pergament** als Beschreibmaterial benutzt. Es handelte sich dabei um Schafs-, Ziegen- und Kalbshäute, die abgeschabt und getrocknet waren. Seinen Namen verdankte das Material der vorderasiatischen Stadt Pergamon. Nach einem Bericht des römischen Naturforschers Plinius des Älteren (23/24–79) verbot einst ein ägyptischer König die Ausfuhr von Papyrus in diese Stadt, weil er sie um ihre Bibliothek beneidete. So war man gezwungen, sich nach einem anderen Schreibmaterial umzusehen, und benutzte deshalb das Pergament. Über Byzanz und Rom kam das Material nach Mitteleuropa, wo es bis gegen Ende des Mittelalters vorwiegend verwendet wurde. Von nun an wich es mehr und mehr dem Papier.

Um 100 n. Chr. war in China die Herstellung von Papier aus **Lumpen** (Hadern) erfunden worden. Anscheinend hatte es aber bereits Vorformen des Papiers gegeben. Über Samarkand (Usbekistan) und Bagdad (Irak), wo die ersten beiden Papiermühlen entstanden, verbreitete sich die Papierherstellung nach Ägypten, Spanien und Sizilien, von dort aus um 1100 weiter ins christliche Europa. Die Gleismühle bei Nürnberg soll im Jahr 1389 die erste deutsche Papiermühle gewesen sein.

Das Papier wurde in Europa hauptsächlich aus Leinenlumpen (Flachs) hergestellt. Auf der Suche nach anderen Ausgangsstoffen hatte der französische Physiker René Antoine de Réaumur (1683–1757) eine geniale Idee. Er schrieb im Jahr 1719 an die französische Akademie der Wissenschaften: »Die amerikanischen Wespen bilden ein sehr feines Papier, ähnlich dem unsrigen. Sie lehren uns, dass es möglich ist, Papier aus Pflanzenfasern herzustellen, ohne Hadern oder Leinen zu brauchen; sie scheinen uns geradezu aufzufordern zu versuchen, ebenfalls ein feines und gutes Papier aus gewissen

Hölzern herzustellen. Wenn wir Holzarten ähnlich denen besäßen, welche die amerikanischen Wespen zu ihrer Papierherstellung benutzen, so könnten wir das weißeste Papier herstellen.«

Heute wird Papier in der Tat vorwiegend aus Holz bzw. aus Holzzellstoff hergestellt. Daneben finden Stroh, zellstoffhaltige Gräser, Altpapier, aber gelegentlich auch noch Lumpen aus Pflanzenfasern (Leinen) Verwendung. Ursprünglich wurde es mit der Hand geschöpft. Seit 1798/99 gibt es auch Papiermaschinen.

Neben dem Papier und dem Pergament als Beschreibmaterial waren in Rom **Holztäfelchen**, gelegentlich auch Elfenbeintäfelchen üblich. Die Oberfläche war mit einer dünnen Wachsschicht überzogen. Sie wurde mit einem Metallgriffel (»stilus«) beschrieben, der an einer Seite spitz, an der anderen verdickt und abgerundet war. So konnten die eingeritzten Zeichen mit dieser Seite »ausradiert« und die Wachstafel von Neuem verwendet werden. Zumeist waren zwei Tafeln zusammengebunden. Da nur ihre Innenseiten mit Wachs bestrichen waren, blieb das Geschriebene beim Zuklappen geschützt, zumal die Tafeln mit einem leicht erhöhten Rand umgeben waren. Vom lateinischen Wort »stilus« stammt unser Begriff »Stil«, der die Art bezeichnet, wie etwas geschrieben oder gemacht ist (Schreibstil, Baustil, stilsicher). Übrigens wurde Gajus Julius Cäsar im Jahr 44 mit Schreibgriffeln erstochen.

Umfangreiche Texte wurden seit etwa 3000 v. Chr. auf **Papyrusrollen** aufgeschrieben. Von Ägypten aus verbreiteten sich solche **Bücher** nach Griechenland und Italien. Die Rollen wurden in runden Schachteln aufbewahrt und an einem Ende mit einem Zettel versehen, der über den Verfasser und über den Inhalt des Buches Auskunft gab. Vermutlich bestanden große Schreibstuben, in denen ein Text nach Diktat Dutzende Male gleichzeitig geschrieben und damit für den Verkauf durch den Buchhandel vervielfältigt wurde.

Neben den Büchern in Rollenform gab es auch bereits die heute übliche Buchform. Sie kam mit der Verwendung des Pergaments auf, das in viereckige Bogen geschnitten und dann an einer Seite zusammengebunden wurde. Die Römer benutzten statt des Pergaments, wie gesagt, dünne Wachstäfelchen. Die Anzahl richtete sich nach dem benötigten Umfang. Seit dem ersten nachchristlichen Jahrhundert wurde das Holz dann wieder durch Pergament, nun aber auch durch Papier verdrängt. Das handgeschriebene Buch wird als »**Codex**« (Plural lat. »codices«) bezeichnet.

Das Papier wurde gewöhnlich mit einer aus getrocknetem Rohr geschnittenen **Feder** beschriebenen. Archäologische Grabungen haben vereinzelt auch bronzene Metallfedern, die den Rohrfedern nachgebildet worden waren, zu Tage gefördert. Seit etwa 600 n. Chr. wird auch mit schräg angeschnittenen Gänsefedern geschrieben. Nach den lateinischen Wörtern »penna« für die Vogelfeder und »pennale« für die Federdose werden die Gymnasiasten bis heute gelegentlich »Pennäler« genannt. Stählerne Schreibfedern gibt es erst seit ungefähr 1840.

Die **Tinte** (lat. »aqua tincta« = »gefärbtes Wasser«) war in China bereits 2600 Jahre v. Chr. bekannt. Sie wurde aus feinem Ruß und aus Wasser mit gelöstem Pflanzengummi hergestellt. Über lange Zeit benutzte man die im 3. Jahrhundert v. Chr. erfundene Eisengallustinte. Sie gilt als besonders dokumentenecht. Sie wurde aus Eisenvitriol und Galläpfeln sowie aus mit Gummi arabicum leicht angedicktem Wasser zubereitet. Heute wird sie nur noch selten verwendet, da sie im Laufe der Zeit das Beschreibmaterial zerfrisst. Die Tinten unserer Zeit, insbesondere die Füllfederhaltertinten, bestehen aus Wasser und einem künstlich erzeugten Farbstoff.

Der **Füllfederhalter** in seiner heutigen Form ist seit dem Ende des 19. Jahrhunderts gebräuchlich. Das erste britische und das erste deutsche Patent stammen aus den Jahren 1809 und 1878. Im Jahr 1887 schuf die Firma Soennecken ein für lange Zeit vorbildliches Modell. Die Firma Pelikan produzierte seit 1929 den Kolbenfüllfederhalter. Die erste Abbildung eines Füllfederhalters stammt indessen bereits aus dem 17. Jahrhundert. Im 18. Jahrhundert waren verschiedentlich »ewige«, »immerwährende« und »endlose« Federn oder Reisefedern bekannt.

Der **Bleistift**, der wirklich aus Blei gefertigt oder vielmehr ein rundes Bleiplättchen war, diente ursprünglich zum Linieren des Papiers. Aber bereits im Mittelalter wurde neben dem Blei Graphit (griech. »graphein« = schreiben), kristalliner Kohlenstoff, verwendet, den man gelegentlich als Mineral in der Erde fand. Um 1500 kamen in England Graphitstäbchen als Schreibstifte auf. Sie wurden kurz darauf in Holz gefasst. Heute besteht die Bleistiftmine aus einem gehärteten Graphit-Ton-Gemisch. Es geht zurück auf die Erfindungen des Wieners Joseph Hardtmuth und des Pariser Mechanikers Nicolas-Jacques Conté aus den Jahren 1790 und 1795. Im Jahr 1822 wurde in England der erste mechanische Bleistift patentiert. Bereits seit dem Jahr 1726 gab es in Stein bei Nürnberg Unternehmen, die Bleistifte herstellten. Sie wurden von der bayerischen Regierung besonders gefördert. Das war wohl der Grund dafür, dass Nürnberg zum Mittelpunkt der Bleistiftproduktion in Deutschland wurde. In diesem Raum sind die bekannten Firmen Faber-Castell, Staedler, Lyra und Schwan-Stabilo zu Hause.

Heute ist der **Kugelschreiber** ein allgegenwärtiges, ausgesprochen leicht zu handhabendes Schreibgerät. Die Tintenpaste wird durch eine winzige Kugel auf das Papier übertragen. Er wurde im Jahr 1938 von dem Ungarn Laszlo Jozsef Biro erfunden. Vermutlich wurde er durch rotierende Druckwalzen, welche die Druckfarben auf das Papier übertragen, dazu angeregt. Allgemeine Verbreitung fand der Kugelschreiber in den Jahrzehnten nach dem Zweiten Weltkrieg. Übrigens erfand Biro auch, was nahe liegt, eine Vorform des Deorollers.

Die moderne **Schreibmaschine** diente dazu, den Schreibvorgang erheblich zu beschleunigen und eine einheitliche, ästhetisch ansprechende Schrift aufs Papier zu bringen. Sie hatte seit 1714, als der englische Ingenieur Henry Mill seine Erfindung patentieren ließ, zahlreiche Vorläufer. So stammt der erste erhaltene maschinengeschriebene Brief aus dem Jahr 1830. Wegweisend waren vor allem die Konstruktionsversuche des Tirolers Peter Mitterhofer (1822–1893), der seine Modelle zwischen 1864 und 1869 aus Holz baute. Sie wurden in Amerika von dem Drucker und Redakteur Christopher Latham Sholes, dem Anwalt Carlos Glidden, dem Maschinenbauer Samuel W. Soule und dem Ölmann James Densmore weiterentwickelt.

Die amerikanische Waffenfabrik Remington stellte im Jahr 1874 erstmals Schreibmaschinen in größerer Stückzahl her. Sie verfügten über 44 Tasten, konnten aber nur Großbuchstaben schreiben. Beim zweiten Modell aus dem Jahr 1878 konnte von Klein- auf Großbuchstaben umgeschaltet werden. Das Farbband wanderte automatisch mit. Die frühen Remington-Modelle verwendeten bereits die Buchstabenanordnung wie sie heute – von kleinen Änderungen abgesehen – noch üblich ist. Übrigens soll der berühmte Abenteuerroman »Die Abenteuer des Tom Sawyer« von Mark Twain (1835–1910) das erste mit Maschine geschriebene Buchmanuskript gewesen sein.

Im Jahr 1893 erhielt der aus Deutschland stammende Konstrukteur Franz Xaver Wagner in den USA ein Patent auf die Typenhebelschreibmaschine. Bei dieser Maschine konnte man das Geschriebene, was bislang nicht möglich gewesen war, sofort sehen. Sehr früh hatten auch Versuche mit elektrischen Schreibmaschinen begonnen. Den Durchbruch erzielte die amerikanische Firma IBM aber erst in den Sechzigerjahren des 20. Jahrhunderts.

Schon bevor Johannes Gutenberg den **Druck** mit sogenannten »beweglichen Lettern« erfand, wurden in Asien und Europa stempelartige Platten auf Stoff und Papier gedruckt. Noch heute dienen Model (Druckformen) gelegentlich dazu, Stoffe mit kunstvollen Mustern zu versehen. Der älteste noch vorhandene Blockdruck der Welt stammt aus Korea. Er entstand zwischen 704 und 751 und beinhaltet das »Dharani Sutra«, eine Sammlung buddhistischer Lehrsätze.

Zu den frühen Drucktechniken gehörten auch der **Holzschnitt** und der **Kupferstich**. Beide Techniken entstanden in Europa in der Zeit um 1400 herum bzw. im frühen 15. Jahrhundert. Ursprünglich wurden nur Umrisse in das Holz geschnitten, die dann nach dem

Abdruck farbig ausgemalt wurden. Um die Mitte des 15. Jahrhunderts kamen auch Einzelheiten der inneren Form dazu. Albrecht Dürer (1471–1528) brachte es um die Jahrhundertwende in der Holzschnittkunst zu besonderer Meisterschaft.

Der älteste mit einer Jahreszahl versehene Kupferstich stammt aus dem Jahr 1446. Bei diesem Verfahren werden Linien in eine Kupferplatte eingegraben und mit Druckerschwärze gefüllt. So werden beim Druck dann nur die Linien abgebildet. Hier handelt es sich – im Gegensatz zum Holzschnittdruck – um einen Tiefdruck. Auch in dieser Kunst blieb Dürer unübertroffen.

Die moderne Drucktechnik geht auf Johannes Gutenberg (um 1400–1468) zurück, der um die Mitte des 15. Jahrhunderts den **Druck mit beweglichen Lettern** erfand. Von nun an wurden Einzelbuchstaben zu Wörtern und Silben zusammengefügt. Sie hießen deshalb »beweglich«, weil sie nach dem Druckvorgang wieder in den Setzkasten zurücksortiert und für neue Texte genutzt werden konnten. An Stelle der ursprünglich benutzten Holzlettern verwendete Gutenberg sehr bald Metallbuchstaben aus einer Mischung von Blei, Zinn und Kupfer. Sie konnten in jeweils beliebiger Anzahl in Matrizen (Formen) gegossen werden. Gutenberg verbesserte auch die Druckerpresse und die Druckerschwärze.

Mit seiner wahrhaft revolutionären Erfindung begann die weite Verbreitung von Druckerzeugnissen. Nun entstanden Bücher, Zeitschriften und Zeitungen sowie Flugblätter in großer Zahl. Ohne sie wäre die rasche Entwicklung der Wissenschaften, die Ausbreitung von Bildung und manche geistige oder politische Strömung nicht denkbar gewesen. Dazu gehört z. B. die Reformation Martin Luthers (1483–1546). Die streitenden Parteien – der Reformator und sein Anhänger auf der einen und die katholischen Gegner auf der anderen Seite – lieferten sich einen regelrechten Propagandakrieg mit Druckschriften unterschiedlichster Art. Hinzu kam, dass für Luther das Wort Gottes allgemein zugänglich sein sollte. Deshalb übersetzte er das Neue und das Alte Testament ins Deutsche und sorgte für eine weite Verbreitung.

Die frühen, vor 1500 entstandenen Drucke werden als **Wiegendrucke** oder **Inkunabeln** (lat. »incunabula« = Windeln, Wiege) bezeichnet. Man schätzt ihre Zahl auf 40 000 mit einer durchschnittlichen Auflage von 200 Exemplaren.

Ursprünglich wurde der jeweils einzelne Bogen mit der Handpresse bedruckt. Im 19. Jahrhundert aber löste die Erfindung der **Schnellpresse** dieses Verfahren ab. Um 1811 entwickelte Friedrich Koenig die Zylinderdruckmaschine, die durch eine Dampfmaschine angetrieben wurde. Im Jahr 1814 erschien die erste damit gedruckte »Times«. Die Schnellpresse schaffte 1 100 Bogen in der Stunde.

Wer die **Rotationsdruckmaschine** letzten Endes erfunden hat, ist schwer zu sagen. Über die Jahrzehnte gab es Versuche mit Druckzylindern, die aber wenig zufriedenstellend verliefen. Den neuen Anfang bezeichnet vor allem der Amerikaner William Bullock (1813-1867). Er erhielt im Jahr 1863 ein Patent auf eine Maschine, die Endlospapier von der Rolle bedruckte. Im Jahr 1865 lief die erste echte Rotationsmaschine und druckte den »Public Ledger«, die Tageszeitung von Philadelphia. Ein Jahr später, im Jahr 1866, druckte auch die »Times« in London mit einer Rotationsmaschine. Der Satz ist auf einer Walze angebracht und bedruckt in schneller Drehung das von einer Rolle ablaufende Papier. Auf diese Weise können enorm hohe Auflagen pro Stunde erzielt werden. Das Verfahren eignet sich ganz besonders für den Zeitungs-, Zeitschriften- und Prospektdruck. Es wird bisweilen auch für den Buchdruck verwendet. Bekannt sind die preiswerten rororo-Bändchen (»Rowohlt Rotations-Romane«), die seit 1950 erschienen. Zunächst wurden sie übrigens im Zeitungsformat gedruckt.

Aber nicht nur das Druckverfahren wurde verbessert. Im Jahr 1884 erfand der nach Amerika ausgewanderte Ottmar Mergenthaler (1854-1899) die **Setzmaschine**, die einen erheblich rascheren Satz ermöglichte. Die einzelnen Buchstaben wurden nun nicht mehr mit der Hand aneinandergereiht, sondern maschinell als Matrizen zu einer Zeile angeordnet und dann mit Blei ausgegossen (»Linotype« –

»a line of types«). Die »New York Tribune« benutzte dieses Verfahren erstmals für ihre Ausgabe vom 3. Juni 1886.

Neben der »Linotype«-Setzmaschine wurde im Jahr 1897 die »Monotype« erfunden, mit der sich nicht nur Zeilen, sondern auch Einzelbuchstaben setzen ließen. Beide Maschinen bewirkten auch deshalb eine erhebliche Zeitersparnis, weil die benutzten Lettern nicht mehr in den Setzkasten zurücksortiert werden mussten. Nach Gebrauch wurden sie einfach wieder eingeschmolzen.

Heute wird der **Bleisatz** in den hoch entwickelten Ländern nur noch selten, z. B. bei künstlerisch anspruchsvollen Akzidenzen (Visitenkarten, Einladungen u. Ä.), verwendet. Er wurde in den Achtzigerjahren des 20. Jahrhunderts fast völlig durch den **Computersatz** mit seinen vielfältigen Gestaltungsmöglichkeiten verdrängt.

Die Drucktechnik findet vielfach Verwendung. Die bekanntesten Druckerzeugnisse sind Bücher und Broschüren, Zeitungen und Zeitschriften. Hinzu kommen Formulare jeder Art, Prospekte, Banknoten und manches mehr. Nicht nur Papier wird bedruckt, sondern auch Feinblech, Kunststofffolien, Porzellan und Glas.

Die **Zeitung** entstand bald nach der Erfindung des Buchdrucks mit beweglichen Lettern. Seit dem Ende des 15. Jahrhunderts kamen einseitig bedruckte Zettel in Umlauf. Sie waren zumeist mit Holzschnitten illustriert. Im Laufe der Zeit unterrichteten sie das wissbegierige Publikum regelmäßig über wichtige Ereignisse in aller Welt. Erste Zeitungen in unserem Sinne erschienen seit 1605 in Straßburg und seit 1609 in Wolfenbüttel. Als erste Tageszeitung mit sechs Ausgaben pro Woche gilt das seit 1650 in Leipzig erschienene Blatt »Einkommende Zeitungen« (»Nachrichten«).

Die Zeitungen beziehen sich – anders als die Zeitschriften – bevorzugt auf das Tagesgeschehen. Dazu gehört selbstverständlich die Politik, über die in »Nachricht« und »Kommentar« berichtet wird. Seriöse Zeitungen legen Wert darauf, dass diese beiden Bereiche, die sachliche und objektive Information und die Meinung der Redaktion, sauber getrennt bleiben, um dem Leser ein eigenes Urteil zu ermöglichen. Die Aufteilung in Sparten, wie wir sie heute kennen, erfolgte erst am Ende des 19. Jahrhunderts. Die Verbreitung der Zeitungen wurde durch bereits erwähnte technische Neuerungen begünstigt, z. B. die Schnellpresse (1811), die Rotationsdruckmaschine (1865/66) und die Setzmaschine (1884).

Die **Zeitschriften** unterscheiden sich durch ihre inhaltliche Konzeption, aber auch durch ihr Äußeres von den Zeitungen. Zumeist werden sie in Heftform veröffentlicht. Sie erscheinen in der Regel wöchentlich, vierzehntäglich, monatlich oder vierteljährlich. Neben den für die breitere allgemeine Information gedachten Blättern (in Deutschland z. B. »Spiegel«, »Focus«) gibt es eine große Zahl von Verbandszeitschriften (z. B. »Rheinische Bauernzeitung«, »Metall«) und Fachzeitschriften (z. B. »Der Internist«, »Fruchthandel Magazin«).

Die Zeitung erlebte mit der allgemeinen Politisierung der Öffentlichkeit einen großen Aufschwung. Das galt z. B. für die Revolution von 1848/49. Die kurzzeitige **Pressefreiheit** förderte die Entstehung der Meinungs- und Parteizeitungen (z. B. 1848 die konservative »Neue Preußische Zeitung«, genannt »Kreuz-Zeitung« nach dem Eisernen Kreuz im Zeitungskopf, 1876 der sozialdemokratische »Vorwärts«). Hinzu kamen die im engeren Sinn unpolitischen »Generalanzeiger«.

Besondere Bedeutung besaßen die Zeitungen auch in den Zwanzigerjahren des 20. Jahrhunderts, bevor der Rundfunk allgemeine Verbreitung fand. Berlin war das Zentrum des deutschen Zeitungswesens. Manche Zeitungen erschienen in vier verschiedenen Ausgaben als Morgen-, Mittag-, Abend- und Nachtzeitung.

Im 19. Jahrhundert entstanden die ersten modernen **Nachrichtenagenturen** oder Nachrichtenbüros, die Zeitungen, Zeitschriften, dem Rundfunk und dem Fernsehen bei der Beschaffung von Informationen dienlich sind. Die erste bekannte Agentur schuf Havas im Jahr 1832 in Paris. Ihr folgten 1848 »Associated Press« in New York, 1849 »Wolffs Telegraphisches Bureau« in Berlin und 1851 »Reuters Telegraphenbüro« in London.

Die Herstellung von Büchern bedeutete für die Fachleute, insbesondere für die Setzer, Drucker und Buchbinder, eine besondere Herausforderung. In der frühen Zeit des **Buchdrucks** waren die Auflagen zumeist recht klein. Sie dürften in der Regel bei etwa 200 Exemplaren gelegen haben. Eine Ausnahme machte der frühe Bestseller mit dem Titel »De imitatio Christi« (»Über die Nachfolge Christi«) des Mystikers Thomas von Kempen (um 1381–1471). Von diesem Werk erschienen 99 Ausgaben bereits vor 1500.

Die Reformation war durch den Buchdruck ermöglicht und gefördert worden. Umgekehrt begünstigte sie die Herstellung von Druckwerken, von Bibelübersetzungen, theologischen Abhandlungen und Flugschriften. Von Martin Luthers Bibelübersetzung wurden innerhalb von 30 Jahren 100 000 Exemplare verkauft. Schon hier traf zu, was der Schriftsteller Georg Christoph Lichtenberg (1742–1799) formulierte: »Mehr als das Blei der Flinte hat das Blei im Setzkasten die Welt verändert.«

Die Drucker hatten ein Interesse daran, ihre Werke einem möglichst großen Kundenkreis zu präsentieren. Dazu dienten die **Buchmessen** in Frankfurt am Main und in Leipzig, die aus allgemeinen Warenmessen hervorgingen. Seit 1564 erschien in Frankfurt, seit 1595 in Leipzig ein Messekatalog, der alle angebotenen Werke verzeichnete.

Ursprünglich lag der gesamte Herstellungs- und Vermarktungsprozess in der Hand der Drucker. Im Laufe der Zeit setzte sich hier das sogenannte **Verlagssystem** durch, wie es bereits in anderen Zweigen der gewerblichen Produktion, z. B. bei der Textilherstellung, existierte. Der Verleger übernahm das Manuskript eines Autors und beauftragte eine Druckerei mit der Herstellung des Buches. Heute werden die Manuskripte oft auch auf Anregung und im Auftrag eines Verlegers erstellt. Er allein sorgte für die Werbung und für den Verkauf.

Früh wurde die **Zensur** der gedruckten Werke eingeführt. Den Anfang machten der Erzbischof Berthold von Henneberg (Erzbischof 1484–1504) in Mainz und der Rat der Stadt Frankfurt im Jahr

1486. Fortan sollte jedes Buch daraufhin untersucht werden, ob es ketzerische Aussagen enthielt. Ab etwa 1524 verordnete ein Reichsgesetz die Zensur sowohl für katholische als auch für evangelische Reichstände. Von nun ab musste jedes Druckwerk den Namen des Druckers und den Druckort (»Impressum«) enthalten.

Die Verbreitung des Buches wurde im 18. Jahrhundert durch die zunehmende Bildung des Publikums und das gesteigerte Leseinteresse gefördert. Hinzu kam, dass die klassische Literatur, vor allem Wieland, Lessing, Goethe und Schiller, großes Interesse fand. Viele Drucker und Verleger nutzen die Gunst der Stunde, indem sie Nachdrucke oder **Raubdrucke** anfertigten und preiswert auf den Markt brachten. Die Autoren erhielten für diese Bücher keine Tantiemen; die Originalverlage wurden wirtschaftlich geschädigt. Im Jahr 1824 wurde in Leipzig der **Börsenverein des Deutschen Buchhandels** gegründet. Er machte sich vor allem die gesetzliche Sicherung des **Urheberrechts** und das Verbot von Raubdrucken zum Anliegen. Darüber hinaus forderte er einheitliche Ladenpreise für Bücher und die Aufhebung der Zensur. Heute sind alle diese Forderungen Wirklichkeit.

Das gesteigerte Lesebedürfnis und die verbesserten technischen Möglichkeiten brachten es mit sich, dass seit dem 19. Jahrhundert Bücher in preiswerten **Serien** angeboten wurden. Das wohl berühmteste Beispiel sind die Hefte aus »Reclams Universal-Bibliothek«, die seit 1867 in Leipzig erschienen. Diese zukunftweisende Neuerung war durch die Änderung des Urheberrechts in Deutschland möglich geworden. Bislang hatten in den einzelnen deutschen Staaten unterschiedliche Regelungen gegolten. Oft waren Werke von Schriftstellern illegal nachgedruckt worden. Der Norddeutsche Bund führte nun eine einheitliche Schutzfrist von 30 Jahren nach dem Tod des Autors ein. (Sie wurde im Jahr 1934 auf 50 Jahre verlängert und beträgt heute 70 Jahre.) Damit waren rechtliche Unklarheiten, die Werke der Klassiker betreffend, beseitigt. Da z. B. Johann Wolfgang von Goethe im Jahr 1832 gestorben war, konnte nun über seine Werke frei verfügt werden; sie waren gemeinfrei. Als Band 1 der legendären

»Universal-Bibliothek« erschien »Faust. Eine Tragödie. Erster Theil«. Noch heute trägt das Werk die Nummer 1. Die Leipziger Nachrichten kommentierten: »So etwas an Preiswürdigkeit ist im Buchhandel faktisch noch nicht da gewesen.« Die zahlreichen Klassikerausgaben waren und sind vor allem aus dem Schulunterricht nicht mehr wegzudenken. Der Reclam Verlag in Leipzig baute sein Angebot in den folgenden Jahrzehnten konsequent aus und veröffentlichte Reclam-Hefte aus allen möglichen Wissens- und Sachbereichen. Im Jahr 1943 konnte er 7 500 Titel anbieten. Dieses Jahr bedeutete aber gleichzeitig das vorläufige Ende der Entwicklung. In mehreren Bombenangriffen wurden die Firmengebäude zerstört, der bereits gedruckte Bestand an Büchern ein Raub der Flammen. Die deutsche Teilung nach dem Krieg brachte auch die Teilung des Verlags. Im Jahr 1946 wurde in Leipzig der mitteldeutsche und im Jahr 1947 in Stuttgart der westdeutsche Reclam Verlag begründet. Nach der Wende wurden die beiden Verlage wieder zusammengeführt, allerdings gab Reclam im Jahr 2005 den Verlagssitz in Leipzig auf.

Wissenschaftliche Werke, allgemein verständlich, aber dennoch von hoher Qualität, zu nahezu allen Fachgebieten erschienen seit 1889 in der erfolgreichen »Sammlung Göschen«.

Mit einem anspruchsvollen literarischen Programm und mit kunstvoll und individuell gestalteten Reihentiteln trat im Jahr 1912 der Insel-Verlag auf den Plan. Damals erschien als erstes Bändchen der »Insel-Bücherei« »Die Weise von Liebe und Tod des Cornets Christoph Rilke« von Rainer Maria Rilke (1875–1926). Der Verleger Anton Kippenberg hatte 10 000 Exemplare drucken lassen. Noch im gleichen Jahr mussten 20 000 Exemplare nachgedruckt werden. Seit Langem hat der Titel die Millionengrenze überschritten. Mit der Gründung der »Insel-Bücherei« »beginnt der Insel-Verlag, der aristokratisch angefangen und es im Sinn der Haltung bis heute geblieben ist, durch die Tat demokratisch zu werden«, schrieb Stefan Zweig im Jahr 1924.

Nach dem Zweiten Weltkrieg begann ein neues Kapitel in der Massenproduktion von Büchern. In Riesenauflagen wurden nun auch ausländische Autoren und Titel, z. B. aus den USA, aus Großbritannien und Frankreich, gedruckt, zu denen die deutschen Leser in den Jahren des »Dritten Reiches« keinen Zugang gehabt hatten.

»Rowohlt Rotations-Romane« (rororo) (vgl. S. 349) waren die ersten **Taschenbücher** in Deutschland. Der Verleger Heinrich Maria Ledig-Rowohlt hatte sich durch amerikanische Vorbilder inspirieren lassen. Im Juni 1950 erschien als erster Titel der Roman »Kleiner Mann, was nun?« von Hans Fallada (1893–1947). Nach einem Jahr waren bereits mehr als eine Million rororo-Taschenbücher verkauft. Zu den Autoren gehörten Ernest Hemingway, Graham Greene, Kurt Tucholsky, William Faulkner und viele andere.

Von hohem literarischen Anspruch war und ist auch die dtv-Taschenbuchreihe, die seit 1961 erscheint. Der Deutsche Taschenbuch Verlag wurde gemeinsam von elf Verlagen gegründet. Der erste Titel bei dtv war das »Irische Tagebuch« von Heinrich Böll (1917–1985).

Der Verbreitung moderner, bisweilen auch experimenteller Literatur dient die »edition suhrkamp«, die seit 1963 vom Suhrkamp Verlag herausgeben wird. Zusammen mit der »Suhrkamp-Bibliothek« und den »suhrkamp taschenbüchern« vermittelt sie einen repräsentativen Überblick über zeitgenössische deutsche und ausländische Literatur.

Die **Buchgemeinschaften** haben eine doppelte Aufgabe. Einerseits vermitteln sie einem breiten Publikum vergleichsweise preiswerten Lesestoff. Das gilt für Literatur im engeren Sinne, aber auch für ein breites Spektrum von meist leicht lesbaren Sachbüchern. Andererseits nehmen sie dem Publikum die Qual der Wahl ab, indem sie auf dem nahezu unüberschaubaren Buchmarkt die Werke auswählen, die sie für lesenswert und wirtschaftlich Erfolg versprechend einschätzen.

Die ersten Buchgemeinschaften entstanden im 19. Jahrhundert im Zusammenhang mit dem Vereinswesen. Die Vereine und Organisationen verfügten über eigene Verlage oder gewannen selbstständige Verlage dafür, dass sie ihre Mitglieder mit preislich günstigen und weltanschaulich erwünschtem Lesestoff versorgten.

Zunehmenden Erfolg hatten die Buchgemeinschaften in den Zwanzigerjahren des vergangenen Jahrhunderts. Im Jahr 1924 entstand die heute noch existierende »Büchergilde Gutenberg«. Sie wurde vom gewerkschaftlichen Bildungsverband der deutschen Buchdrucker begründet und sollte es den weniger wohlhabenden Schichten, Arbeitern und Angestellten, ermöglichen, hochwertige Bücher zu erwerben. Viele der veröffentlichten Werke, z. B. von B. Traven, Jack London oder Oskar Maria Graf, vertraten ein starkes soziales Engagement. Im Jahr 1933 zählte die Büchergilde 85 000 Mitglieder. Sie wurde im »Dritten Reich« unter dem Dach der Deutschen Arbeitsfront (DAF) gleichgeschaltet. Nach dem Zweiten Weltkrieg wurde die Büchergilde als Unternehmen des Deutschen Gewerkschaftsbundes (DGB) weitergeführt, Ende der Neunzigerjahre aber verkauft.

Nach dem Zweiten Weltkrieg entstanden einige neue Buchgemeinschaften. Es gelang dem im Jahr 1950 durch Reinhard Mohn gegründeten »Bertelsmann-Lesering« (heute »Der Club Bertelsmann«) aber bald, sich nahezu eine Monopolstellung zu sichern. Im Jahr 1956 kam der »Schallplattenring« hinzu. Beim 25-jährigen Jubiläum zählte der Buchclub 7,5 Millionen Mitglieder. Die Zahl sank dramatisch auf ca. 1 Millionen im Jahr 2014. Es ist geplant, den Club einzustellen.

Die »Wissenschaftliche Buchgesellschaft Darmstadt« zielt nicht auf ein breites Massenpublikum, sondern bietet hochwertige wissenschaftliche Publikationen als Lizenzausgaben zum ermäßigten Preis an.

Die einzige Buchgemeinschaft der DDR war der »buchclub 65«. Er vertrieb Werke namhafter mitteldeutscher Verlage, z. B. des Aufbau Verlags und des Verlags Rütten & Loening, zu günstigen Mitgliederpreisen.

Die gegenwärtige Marktsituation ist für die Buchgemeinschaften nicht günstig. Vielerorts gibt es bei Versandbuchhandlungen und in Ladengeschäften ein breites Angebot von ausgesprochen preiswerten Büchern. Hier handelt es sich u. a. um Restauflagen (»Modernes

Antiquariat«) oder um eigens für diesen Buchhandelszweig hergestellte Lizenzausgaben mit hohen Auflagen.

Die Billigangebote sind auch eine ernst zu nehmende Konkurrenz für den **Sortimentsbuchhandel**, bei dem ein breitgefächertes Angebot und eine individuelle Kundenbetreuung erwartet wird. Zur Sicherung seiner Existenz, die ja auch kulturpolitisch unverzichtbar ist, existiert in den deutschsprachigen Ländern die sogenannte **Buchpreisbindung**. Bücher haben normalerweise einen festen Preis, der nicht unterboten werden darf.

Am Rande des Buchmarkts – oft in Verbindung mit dem Zeitungs- und Zeitschriftenmarkt – findet sich das Angebot der **Groschenhefte**. Sie werden so genannt, weil sie in Heftform angeboten werden und zu einem sehr günstigen Preis zu erwerben sind. Der Begriff stammt aus der Zeit, als die Heftromane nur einige Groschen (zehn Pfennig) kosteten. Heute werden sie zumeist auf billigem Zeitungspapier im Rotationsdruck hergestellt.

Heftromane wurden vor allem seit der Mitte des 19. Jahrhunderts massenweise verbreitet. Sie sind in aller Regel der sogenannten Trivialliteratur zuzurechnen, die vergleichsweise geringe Anforderungen an den Leser richtet und mit konventionellen, oft klischeehaften Themen und Problemlösungen arbeitet. Dementsprechend wird diese Art von Literatur bevorzugt von Menschen ohne hohe literarische Erwartungen gelesen.

Die Heftliteratur hat eine Reihe von speziellen Genres hervorgebracht, die sich bis heute behaupten konnten. Dazu gehören die Heimat-, Liebes- und Frauenromane, die Kriminal- und Wildwestromane (»Jerry Cotton«, »Billy Jenkins«), die Arzt- und Adelsromane (»Dr. Norden«). Andere Genres sind die Science-Fiction- oder Zukunftsromane (»Perry Rhodan«), die Horror- und Fantasyromane (»Märchen und Traum«) sowie die Kriegsromane (»Landser«). Die jährliche Auflage der Trivialromane im deutschsprachigen Raum wurde 1976 auf 370 Millionen geschätzt.

Fairerweise ist darauf hinzuweisen, dass Trivialliteratur nicht nur in Heftform verbreitet wird. Vieles künstlerisch Anspruchslose und Klischeehafte findet sich auch in hochwertig gestalteten Büchern, manchmal sogar in den Werken anerkannter klassischer Autoren.

Schon früh wurden Schriftwerke in **Bibliotheken** (griech. »Büchersammlungen«) gesammelt und so einem mehr oder weniger umfangreichen Benutzerkreis zugänglich gemacht. Ein berühmtes Beispiel ist die Bibliothek von Alexandria in Ägypten, in der das Wissen der Antike auf Schriftrollen gespeichert war. Sie wurde zu Beginn des 3. Jahrhunderts v. Chr. gegründet und verfügte im Jahr 250 v. Chr. bereits über 400 000 Rollen. Später wurde die Zahl 700 000 erreicht. Im Jahr 48 v. Chr. verbrannten Teile der Bibliothek während der Kämpfe Cäsars gegen die Alexandriner.

Im Mittelalter wurden die Klöster zu Zentren der Bildung. In den **Klosterbibliotheken** wurde das Schrifttum der Vergangenheit sorgsam bewahrt und durch neues ergänzt. Allerdings blieb der Bestand mit einigen hundert, ausnahmsweise einmal tausend Exemplaren in der Regel bescheiden. Das Kopieren von Büchern galt im Sinne der benediktinischen Forderung »Ora et labora« als gottgefälliges Werk. Große Berühmtheit erlangte z. B. die im Jahr 613 gegründete und bis auf den heutigen Tag erhaltene Bibliothek des Klosters Sankt Gallen in der Schweiz. Die **Universitätsbibliotheken** waren aus den mittelalterlichen Kollegienbibliotheken hervorgegangen. Ein frühes Beispiel ist die Universitätsbibliothek in Heidelberg aus dem Jahr 1368.

In der Zeit der Renaissance erwachte neues Interesse, vor allem auch bei gebildeten Laien, an den Schätzen der Antike und für die Gelehrsamkeit insgesamt. Nun begannen Gelehrte, aber auch Fürsten und reiche Privatleute, in größerem Stil Bücher zu sammeln. Die Erfindung der Buchdruckerkunst und die damit wachsende Verbreitung des Buches begünstigte diese Entwicklung. Im deutschen Kulturraum entstanden die Bibliotheca Palatina in Heidelberg, die Herzogliche Bibliothek in München (1558) und die Hofbibliothek in Wien (1526). Die bedeutendste Bibliothek in Deutschland war die Bibliotheca Augusta (Herzog-August-Bibliothek) in Wolfenbüttel, die zwischen 1770 und 1781 von dem bedeutenden deutschen Dichter und Schriftsteller Gotthold Ephraim Lessing (1729–1781) geleitet wurde. **Stadt-** bzw. **Ratsbibliotheken** hatte es bereits seit dem späten Mittelalter gegeben, z. B. in Nürnberg und Regensburg.

Die verschiedenen Entwicklungslinien führten zu den **Landes-, Staats-** und **Nationalbibliotheken** als umfangreichen und umfassenden Büchersammlungen, die vor allem dann im 19. Jahrhundert an Bedeutung gewannen. Eine ähnliche Bedeutung hatten aber die Deutsche Bücherei in Leipzig und die Deutsche Bibliothek in Frankfurt am Main.

Die Deutsche Bücherei wurde im Jahr 1912 von der Stadt Leipzig, dem Börsenverein der deutschen Buchhändler und dem Königreich Sachsen gegründet. Sie hat die Aufgabe, das gesamte in Deutschland bzw. in deutscher Sprache seit 1913 erscheinende Schrifttum zu sammeln und für jedermann zur Verfügung zu stellen.

Da sie nach dem Zweiten Weltkrieg in der Sowjetischen Besatzungszone bzw. der DDR lag, wurde in Westdeutschland im Jahr 1947 die Deutsche Bibliothek in Frankfurt am Main gegründet. Nach der Wende wurden die beiden Einrichtungen unter dem Namen **Deutsche Bibliothek** zusammengefasst. Seit 2006 heißt sie Deutsche Nationalbibliothek. Insgesamt verfügt sie über rund 29 Millionen Einheiten (2014). Sehr große Nationalbibliotheken sind die British Library in London, die Library of Congress in Washington und die Russische Staatsbibliothek (früher Lenin-Bibliothek) in Moskau.

Die genannten Bibliotheken dienten und dienen vorwiegend wissenschaftlich Interessierten. Das war bei den sogenannten **Leihbüchereien** durchweg anders. Sie sahen ihre Aufgabe darin, einem breiteren Publikum zu preiswertem, meist unterhaltsamem Lesestoff zu verhelfen. Allerdings gab es hier große Unterschiede. Sie reichten von der Winkelleihbibliothek, verbunden z. B. mit einer Sortimentsbuchhandlung oder einem Zigarrenladen, über die Gemeinde-, Schul-, Firmen- oder Vereinsbücherei bis hin zu repräsentativen Großunternehmen in städtischen Zentren. Ein Beispiel dafür war das »Museum« des Leipziger Buchhändlers Johann Gottlob Beygang am Ende des 18. und zu Beginn des 19. Jahrhunderts. Es bot in hellen und geschmackvoll eingerichteten Räumen 70 000 Bände aus Unterhaltungs- und Fachliteratur zu allen möglichen Wissensgebieten. Daneben standen der interessierten und bildungsbeflissenen Leserschaft englische, französische und italienische Zeitungen sowie eine große Zahl von Fachzeitschriften zur Verfügung.

Die **Werbung** für Produkte, Dienstleistung u. a. wird heute hauptsächlich durch die Medien verbreitet. In Zeitungen und Zeitschriften finden sich Anzeigen, evtl. auch beigelegte Prospekte, in Rundfunk und Fernsehen sowie im Internet kurze Spots.

Die Werbung im modernen Sinne entstand um die Mitte des 17. Jahrhunderts, als die ersten Tageszeitungen erschienen. Bald gab es auch spezielle Werbeblätter, in denen die Anbieter ihre Anzeigen gegen eine Gebühr platzieren konnten. König Friedrich Wilhelm I. von Preußen (König 1713–1740) verbot Anzeigen in den Tageszeitungen, weil der Staat mit den Werbezeitungen verdiente. Das änderte sich erst wieder in der Mitte des 19. Jahrhunderts.

Ursprünglich wurden die angebotenen Produkte nur vorgestellt. Ab etwa 1870 entwickelte sich eine eigene Werbestrategie, mit deren Hilfe die Vorzüge des Produkts suggestiv und euphorisch in den Vordergrund gerückt wurden. Von nun an sprach man bestimmte Zielgruppen an.

Ab etwa 1900 wurde intensiv für Markenprodukte geworben. Die Markennamen (z. B. Maggi, Nivea) prägten sich ein und wurden von den Käufern als Qualitätsmerkmal verstanden. Mehr und mehr trat an die Stelle der Befriedigung vorhandener die Weckung neuer, bislang noch nicht empfundener Bedürfnisse. Entsprechend der Entwicklung der Drucktechnik ergänzte man die Anzeigen durch emotional wirkende Bilder, Zeichnungen und Fotos. Dabei spielte der Wiedererkennungseffekt eine große Rolle. Sowohl die Texte als auch die Illustrationen wurden seit Beginn des 20. Jahrhunderts durch professionelle Werbefachleute, gelegentlich sogar durch namhafte Schriftsteller und Künstler gestaltet.

Fernsehwerbung gibt es in Deutschland seit 1956. Sie trug bei den öffentlich-rechtlichen Anstalten mit zur Finanzierung des Programms bei. Die privaten Fernsehsender finanzieren den überwiegenden Teil ihres Programmangebots durch Werbung. Am 1. Januar 1984 gingen die Privatsender RTL und SAT 1 auf Sendung. Im Jahr 1989 folgten Pro Sieben, 1991 Premiere (»Pay-TV« – nur zu empfangen gegen Bezahlung), 1993 Vox und RTL 2.

Geworben wird nach wie vor auch durch große, auffällige Plakattafeln oder Anschlagtafeln. Eine Sonderform stellt die Platz sparende Litfaßsäule dar. Sie wurde von dem Drucker und Verleger Ernst Litfaß (1816–1874) erfunden. Die erste »Annonciersäule« wurde im Jahr 1855 in Berlin errichtet. Daran erinnert eine bronzene Litfaßsäule, die im Jahr 2006 an der gleichen Stelle, an der Münzstraße in Berlin-Mitte, entstand. Litfaß sicherte sich das Recht, allein solche Säulen in Berlin aufstellen zu dürfen. Dadurch wurde er ein reicher Mann.

Mit Segeln und Dampf
Die Schifffahrt

Vermutlich gibt es die Schifffahrt seit früher vorgeschichtlicher Zeit. Das Aussehen der Boote lässt sich aus Abbildungen oder aus den Fahrzeugen noch existierender primitiver Völker erschließen. Am Anfang standen wohl Einbäume, Auslegerboote und Flöße sowie Boote aus Fellen, Papyrusstauden u. Ä.

Im Mittelmeer taten sich seit etwa 1500 v. Chr. die **Phöniker** als tüchtige Seefahrer hervor. Sie trieben Handel und gründeten an den Küsten zahlreiche Niederlassungen, z. B. Karthago in Nordafrika. Bei ihren Fahrten stießen sie bis in die Ostsee und nach Indien vor und umrundeten um 600 v. Chr. die afrikanische Küste. Über ihre Schiffe ist wenig bekannt. Anscheinend bauten sie zwei verschiedene Arten, die **Langschiffe**, die mit Rudern bewegt werden konnten, für den Krieg und die **Rundschiffe** für den Frachtverkehr.

Im Kampf gegen die Perser gewannen um 480 v. Chr. die **Griechen** die Seeherrschaft im östlichen Mittelmeer. Als Kriegsschiffe wurden vornehmlich **Trieren**, Dreiruderer, gebaut, bei denen die Ruderer in drei Reihen übereinander oder auch teilweise nebeneinander saßen. Die Schiffe maßen wohl kaum mehr als 40 Meter in der Länge und 5 Meter in der Breite. Sie wurden von 170 Ruderern in einem gleichmäßig angeschlagenen Takt bewegt. An Deck befanden sich noch rund 20 Matrosen, die die Segel bedienten, und nur ungefähr ein Dutzend Soldaten.

Die Schiffe waren am Bug mit einem Rammsporn versehen, mit dem feindliche Schiffe leck geschlagen werden konnten. Vor der Schlacht wurde der Mast mit dem einfachen Rahsegel niedergelegt oder auch bereits an Land zurückgelassen. Im Winter ruhte der Schiffsverkehr. Die athenischen Kriegsschiffe wurden dann in den Lagerhallen von Piräus untergestellt.

Neben den Trieren gab es auch Schiffe mit mehr Ruderreihen. Plutarch (um 45–um 125) berichtete von einem großen Fahrzeug, das 40 Ruderreihen, 4 000 Ruderer und 2 850 Soldaten gehabt haben soll.

Die **Römer** wurden eigentlich nie eine Seemacht wie die Athener. Ihre Kriegsschiffe bildeten sie im Ersten Punischen Krieg (264–241 v. Chr.) angeblich einem gestrandeten karthagischen Fünfruderer nach. Sie versahen ihre **Penteren** mit einem acht Meter hohen Mast, an dem sie eine Enterbrücke befestigten. Im Kampf wurde sie auf das feindliche Schiff hinabgelassen, bohrte sich mit ihren eisernen Haken in dessen Deck und gestattete so eine Kampfesweise, die dem Landkampf ähnlich war. Zum Dienst in der Flotte wurden Bundesgenossen und Sklaven verwendet, was die geringe Wertschätzung beweist. Legionäre kämpften allenfalls als Soldaten an Deck. Außer auf dem Mittelmeer fuhren Kriegs- und Handelsschiffe auch auf größeren Flüssen oder Seen, z. B. auf der Donau, dem Rhein und dem Bodensee.

Die Bauweise der griechischen und römischen Kriegsschiffe lebte in den **Galeeren** des Mittelalters weiter, die allerdings fast ausschließlich auf dem Mittelmeer fuhren. Die Galeere war das typische Kriegsschiff der durch den Handel mächtig gewordenen italienischen Seestädte, vor allem Venedigs, Genuas und Pisas. Sie war sehr schlank gebaut und wurde von Ruderern bewegt, die in bis zu fünf Reihen nebeneinander – nicht mehr übereinander – saßen. Meist handelte es sich dabei um Kriegsgefangene oder begnadigte Verbrecher. In der Mitte der Boote verlief ein Steg, auf dem der Aufseher mit seiner Peitsche auf- und abgehen konnte. Die Galeeren waren knapp 50 Meter lang und 7 Meter breit. Über Wasser besaßen sie eine Art Schnabel, der sich als Rammsporn und Enterbrücke nutzen ließ. Sie trugen gewöhnlich zwei Masten mit einem an einer schrägen Rah aufgehängten dreieckigen Segel, dem von den Arabern übernommenen Lateinersegel.

Vermutlich unabhängig von der mittelmeerischen Schifffahrt entwickelte sich die der nordgermanischen **Wikinger** oder **Normannen** in Skandinavien. Sie benutzten ursprünglich **Einbäume** aus Eichenstämmen, die später durch zusätzliche Planken vergrößert und seetüchtiger gemacht wurden. Diese Planken waren – anders als bei den seefahrenden Völkern des Mittelmeeres – wie Schuppen oder Dachziegel übereinander geschichtet. Sie waren mit Riemen oder Holznägeln an Rippen befestigt.

Aus der Blütezeit der nordischen Schifffahrt sind einige Fahrzeuge erhalten geblieben, so das »Nydam-Boot«, das »Gokstad-« und das »Oseberg-Schiff« (gefunden 1863, 1880, 1904). Sie dienten wohl als letzte Ruhestätte für germanische Fürsten und wurden dann vom Moor oder von Tonschichten konserviert. Die drei genannten Schiffe maßen zwischen 21 und 23,40 Meter in der Länge und 3,26 und 5 Meter in der Breite. Der Bug der Wikingerschiffe war oft durch einen Drachenkopf geziert. An einem umlegbaren Mast hing ein einfaches Rahsegel. Die Krieger, die das Schiff zugleich ruderten, hängten ihre Schilde außen an die Bordwand. Als Steuer diente ein Außenruder.

Die Wikinger erwiesen sich als ausgesprochen wagemutige Seefahrer. Seit dem 9. Jahrhundert n. Chr. drangen sie auf verheerenden Kriegszügen an die friesischen, fränkischen, englischen und iberischen Küsten vor. Sie fuhren die großen Flüsse aufwärts, um die dortigen Ansiedlungen auszurauben und zu brandschatzen. An diesen Kriegsfahrten nahmen Hunderte von Schiffen teil. Um die Mitte des 9. Jahrhunderts gründeten sie das erste Staatswesen auf russischem Boden. »Rus«, die slawische Bezeichnung für die Normannen, gab dem Land später den Namen.

Im Jahr 911 musste der westfränkische König das Land an der Seine-Mündung, seitdem »Normandie« genannt, als Lehen an die Normannen abtreten. Die nordischen Seefahrer besiedelten Island (»Eisland«, um 860) und Grönland (»Grünland«, seit 982). Um das Jahr 1000 erreichten Leif Erikson und seine Gefolgsleute Nordamerika, das sogenannte Vinland (»Weinland«). Im Jahr 1059 nahmen Normannen vom Papst Süditalien und Sizilien zum Lehen. 1066 wurde der Herzog der Normandie, Wilhelm der Eroberer, nach der siegreichen Schlacht von Hastings König von England.

Im **Mittelalter** war die **Kogge** das in nordischen Gewässern am weitesten verbreitete Schiff. Über ihr Aussehen geben vor allem die Siegel der Hansestädte Auskunft. Der Reichtum und die politische Macht dieser Städte ging ja vor allem auf den Seehandel mit diesen Fahrzeugen zurück. Als Handelsschiffe waren die Koggen breit und bauchig gebaut. Die Ruder fehlten. Dafür waren ein Mast und ein großes Rahsegel vorhanden. An die Stelle des Seitenruders trat das praktischere Heckruder. Die Planken waren wie bei den Wikingerschiffen schuppenartig übereinander gelegt. Die Kogge diente nur gelegentlich als Kriegsschiff. Da die Kauffahrteischifffahrt aber ständig durch Piraten bedroht blieb, wurde sie auch für die Verteidigung eingerichtet. Am Bug und am Heck entstanden höhergelegte Kastelle, von denen aus im Notfall besser gekämpft werden konnte. Im Laufe der Zeit wurden insbesondere auf der hinteren Plattform Kajüten für den Kapitän und für Mitreisende aufgebaut.

Im 15. Jahrhundert wandelte das Handelsschiff sein äußeres Bild. Die Planken wurden nicht mehr übereinander geschoben, sondern gegeneinander abschließend, »kraweel« gezimmert. Zum Hauptmast kamen nun ein Fock- und ein Besanmast auf dem Vorder- und dem Achterkastell hinzu. Das erste Dreimastschiff im Nord- und Ostseegebiet könnte der »Peter von La Rochelle« oder – mit anderem Namen – der »Peter von Danzig« gewesen sein, der 1462 nach Danzig kam. Die Segel wurden immer weiter unterteilt, um den Wind besser ausnutzen und eine höhere Manövrierfähigkeit erreichen zu können. Berühmt ist der »Große Adler von Lübeck«, der 1564 vom Stapel lief. Er maß 64 Meter über alles in der Länge und 13,84 Meter in der Breite. Er war mit 122 Geschützen bestückt und hatte 1050 Mann Besatzung.

Portugiesen und Spanier bauten seit dem späten Mittelalter ihre Schiffe nach Vorbildern, die von der Nord- oder Ostseeküste stammten. Mit diesen Fahrzeugen, den sogenannten **Karavellen**, unternahmen sie wagemutige Entdeckungsfahrten. So entdeckte der Genuese Christoph Kolumbus im Jahr 1492 Amerika, der Portugiese Vasco da Gama 1498 den Seeweg um das »Kap der guten Hoffnung« nach Indien und sein Landsmann Pedro Alvarez Cabral 1500 Brasilien. In den Jahren 1519 bis 1522 umsegelten der Portugiese Fernão de Magalhães (Magallanes) und seine Leute erstmals die Erde. Voraussetzung war die Einführung des **Kompasses**, der bei den Chinesen seit Langem bekannt war, in Europa aber erst seit etwa 1300 verwendet wurde. Erst jetzt konnten sich die Kapitäne mit ihren Schiffen einigermaßen sorglos auf das offene Meer hinaus wagen. Übrigens waren die Schiffe im Zeitalter der Entdeckung recht klein.

So maß das Flaggschiff »Santa Maria« des Kolumbus nur 23 Meter in der Länge, 6,7 Meter in der Breite und 2,8 Meter im Tiefgang. Die Besatzung zählte 90 Seeleute.

Im 16., 17. und 18. Jahrhundert spielte sich auf den verschiedenen Meeren der Kampf um die **Vorherrschaft zur See** ab. Im Jahr 1588 erlitt die spanische Armada Philipps II. (König 1556–1598) im Ärmelkanal eine vernichtende Niederlage gegen die englische Flotte. Sie besiegelte den Abstieg der spanischen Seemacht und gleichzeitig den Aufstieg der Engländer. Noch aber waren die Niederländer überlegene Rivalen. Als »Fuhrleute des Meeres« hielten sie den größten Teil des Zwischenhandels in ihren Händen. Oliver Cromwell (1599–1658), der mit diktatorischen Vollmachten ausgestattete englische Lordprotektor (ab 1653), drängte die Holländer zurück. In der Navigationsakte von 1651 wurde u. a. bestimmt, dass Waren aus Europa nur auf englischen Schiffen oder auf Schiffen des Ursprungslandes nach England gebracht werden durften. Bei überseeischen Waren mussten die Schiffe mindestens zur Hälfte mit englischen Seeleuten bemannt sein. Von da ab besaß England die Vorherrschaft auf dem Wasser, die es bis ins 20. Jahrhundert hinein behaupten konnte.

Mit dem Niedergang der Hanse schied die deutsche Seeschifffahrt weitgehend aus der internationalen Konkurrenz aus. Daran änderte auch die Tatsache nichts, dass Friedrich Wilhelm, der Große Kurfürst von Brandenburg (Kurfürst 1640–1688), eine eigene Kriegsflotte schuf und sogar eine brandenburgische Kolonie gründete. Die Niederlassung Groß-Friedrichsburg an der afrikanischen Guineaküste ging bald wieder ein.

Inzwischen hatten sich Handels- und Kriegsfahrzeuge stark auseinander entwickelt. Die schnittigeren Kriegsschiffe, allen voran die besonders von den Franzosen konstruierten **Fregatten**, waren an den beiden Breitseiten mit 24 bis über 40 Kanonen bestückt.

Entscheidende Veränderungen traten indessen im 19. Jahrhundert ein. Noch behaupteten sich die Segelschiffe auf den Meeren.

Doch wandelten sie aufgrund neuer Voraussetzungen ihre Ausrüstung und ihr Aussehen. Schmal gebaute **Klipper** lieferten sich heftige Konkurrenzkämpfe. Sie brachten u. a. Tee aus Ostasien, Weizen und Wolle aus Australien und Salpeter aus Chile. Die »Vollblutrenner der Meere« liefen rund 18 Seemeilen in der Stunde und schafften z. B. die Entfernung von New York nach Hongkong in 81 Tagen. Die Schiffe besaßen bis zu fünf Masten. Einer davon konnte sieben oder gar acht Segel tragen. Als größter Klipper galt die 1853 vom Stapel gelaufene »Great Republic«. Sie maß gut 99 Meter in der Länge. Immer häufiger wurden die Schiffe aus Eisen oder Stahl gebaut, zuerst nur das Gerippe, endlich auch der Rumpf. Selbst die Segelstangen wurden aus Stahlrohr gefertigt. Am Anfang des 20. Jahrhunderts verschwanden die Segelschiffe fast völlig von den Ozeanen. Sie waren der Konkurrenz der Dampfschiffe nicht mehr gewachsen. Heute gibt es nur noch sehr wenige Segler, so das deutsche Segelschulschiff »Gorch Fock«.

Die **Dampfschifffahrt** hatte ihre Anfänge im frühen 19. Jahrhundert. Allerdings gab es bereits viel früher Versuche und Überlegungen, neue Antriebsarten zu entwickeln. Dazu gehörten Schaufelräder, die mit der Kraft von Menschen, Tieren oder des Windes bewegt wurden. Schon im 18. Jahrhundert entstanden verschiedene Dampfboote. Doch wurde keine dieser Erfindungen zukunftsweisend, nicht einmal die des Amerikaners John Fitch, der schon 1790 einen regelrechten Passagierverkehr auf dem Delaware River einrichtete.

In den Jahren 1806/1807 baute der amerikanische Künstler und Ingenieur Robert Fulton in New York seine »Clermont«. Am 17. August 1807 startete sie zu ihrer ersten Fahrt. Sie fuhr den Hudson River aufwärts bis nach Albany und legte die 120 Seemeilen lange Strecke in 32 Stunden zurück. Obwohl dieses Ereignis allgemein als der Beginn der Dampfschifffahrt gilt, muss betont werden, dass bis dahin bereits etwa 30 Dampfschiffe gebaut und drei in praktischen Gebrauch genommen worden waren.

Zunächst behielten die Dampfschiffe die Form und Takelung der Segelschiffe bei. Nur bei ungünstigem Wetter, z. B. bei einer Flaute, wurde die Dampfmaschine als Antrieb benutzt. So geschah es 1819 auf der »Savannah«, die als erstes Dampfschiff den Ozean überquerte. Als sie an der Südküste Irlands gesichtet wurde, vermutete man einen Schiffsbrand und sandte ihr einen Zollkreuzer zur Hilfe.

Die Erfindung der **Schiffsschraube** im Jahr 1826 durch den Österreicher Josef Ressel brachte bald eine erhebliche Verbesserung. Seit der Wende vom 19. auf das 20. Jahrhundert wurden neben der Dampfmaschine in wachsender Zahl auch Dampfturbinen und Dieselmotoren als Schiffsantrieb verwendet.

Große **Kanalprojekte** verkürzten zugleich die Schifffahrtslinien. Im Jahr 1869 wurde der Suezkanal eröffnet, 1914 der Panamakanal, 1895 der Kaiser-Wilhelm- bzw. Nord-Ostsee-Kanal (Erweiterung bis 1914).

Als größte deutsche **Schifffahrtsreedereien** entstanden 1847 die HAPAG (Hamburg-Amerikanische-Paketfahrt-Aktiengesellschaft) und 1857 der Norddeutsche Lloyd. Die HAPAG war bis zum Ersten Weltkrieg die größte Reederei der Erde. Sie unterhielt 194 Seeschiffe und lief damit regelmäßig 400 Häfen an. Nach dem Ersten Weltkrieg und nochmals im Zweiten Weltkrieg ging fast der gesamte Schiffsbestand der beiden Reedereien verloren. Mitte der Sechzigerjahre verfügten sie zusammen wieder über rund 100 Schiffe. Im Jahr 1970 fusionierten beide Unternehmen zum großen Schifffahrts- und Logistikkonzern Hapag-Lloyd.

Über die Entwicklung der Unterseeboote wird an anderer Stelle berichtet (vgl. S. 211 f.). Hier soll aber die amerikanische »Nautilus«, die 1954 vom Stapel lief, erwähnt werden. Sie war das erste atomgetriebene Schiff dieser Art. Im Jahr 1959 stellte die Sowjetunion den Eisbrecher »Lenin« in Dienst, der damit das erste atomgetriebene Überwasserschiff wurde.

Heute wird ein großer Teil des Warenverkehrs auf dem Meer durch **Containerschiffe** übernommen. Die Idee für dieses rationelle Transportverfahren entstand im Jahr 1956 in den USA. Hier wurde ein Frachter umgebaut, um die Auflieger von Sattelschleppern transportieren zu können. Seit Ende der Sechzigerjahre stellten die Liniendienste auf den Containertransport um. Im Jahr 1968 wurden in Deutschland die ersten beiden Containerschiffe für den Norddeutschen Lloyd und die Hapag gebaut. Die Maße der Container sind weltweit genormt, um das Stapeln und den Transport auf Schiffen sowie den Transport auf Sattelschleppern zu erleichtern. Mit ihrer Hilfe können Waren »von Haus zu Haus« befördert werden.

Lockende Ferne
Atemberaubende Entdeckungen

Die Kenntnisse vom Umfang und vom Aussehen der **Erde** waren in der Antike sehr begrenzt. Allerdings wusste man bereits seit ungefähr 540 v. Chr., dass sie nicht – wie noch bei Homer angenommen – eine Scheibe, sondern eine Kugel war. Eratosthenes (275–195 v. Chr.), der Direktor der weltberühmten Bibliothek in Alexandria in Ägypten, erkannte darüber hinaus die Möglichkeit, die Erde zu umsegeln. Er berechnete sogar ihren Umfang und kam zu einem ziemlich genauen Ergebnis (rund 45 000 Kilometer). Der erste bekannte Globus wurde um 150 v. Chr. von Krates von Mallos angefertigt.

Seefahrer brachten Kunde aus fernen, bis dahin unbekannten Ländern. So umfuhren die Phöniker bereits um 600 v. Chr. Afrika. Auch die Nordsee und anliegende Gebiete waren früh von Handelskapitänen entdeckt worden. Die wissenschaftliche Erforschung begann jedoch erst um 325 v. Chr. durch den griechischen Entdeckungsreisenden Pytheas von Massalia (Marseille), der bis zu den Shetland- und Orkneyinseln gelangte, vielleicht sogar darüber hinaus.

Früh schon zeigte sich Interesse an der Völkerkunde und Geschichte fremder Länder. Besonders erwähnenswert sind die »Historien« des Herodot von Halikarnassos in Kleinasien (etwa 484–425 v. Chr.), der als Vater der Geschichtsschreibung überhaupt gilt.

Die Kriegszüge Alexanders des Großen (König 336–323 v. Chr.) führten bis in das indische Fünfstromland (Pandschab) und bis zur Mündung des Indus. Sie vermehrten die Kenntnisse über Vorder- und Südasien ungeheuer. Alexander wurde von zahlreichen Wissenschaftlern begleitet, die alle neuen Entdeckungen und Erkenntnisse genauestens verbuchten. Sein Admiral Nearchos segelte mit seiner Flotte von der Indusmündung bis zur Mündung des Schattel-Arab. Bei dieser Gelegenheit sahen Seeleute im Indischen Ozean zum ersten Mal Wale. Der Bericht über die Entdeckung dieser großen und unheimlichen Tiere wurde später die Grundlage für märchenhafte Darstellungen von Ungeheuern.

Unter den Nachfolgern Alexanders in Ägypten, den sogenannten Ptolemäern, wuchs die Kenntnis über das Innere Afrikas. So wurden z. B. die Nilquellen entdeckt. Allerdings scheint das Wissen – wie so oft in der Antike und dann vor allem im Übergang zum Mittelalter – wieder verloren gegangen zu sein. Jedenfalls suchte eine Expedition zur Zeit des römischen Kaisers Nero (Kaiser 54–68) die Quellen vergeblich.

Mit der Entstehung des römischen Weltreiches wuchs das Wissen über fremde Länder weiter an. Immerhin erstreckte sich das **Imperium Romanum** ja von Schottland bis an den Rand der Sahara, von Armenien und Syrien bis nach Ägypten. Die afrikanischen Küsten waren bis auf die Höhe des Äquators bekannt. Außerdem besaßen die Römer Nachrichten von China und Indien.

Im Norden erweiterte sich das Weltbild mit dem Eintritt der Germanen in die Geschichte. Wikinger bzw. Normannen aus Skandinavien entdeckten als wagemutige Seefahrer neue Teile der Welt.

Sie schufen eine Fluss-Land-Verbindung durch Russland nach Konstantinopel, ließen sich seit 874 bzw. 986 auf Island und Grönland (entdeckt um 900) nieder und erreichten um das Jahr 1000 unter Leif Erikson erstmals Amerika. Die von ihnen als »Vinland« (Weinland) bezeichnete Neuentdeckung geriet in der Folgezeit aber wieder in Vergessenheit.

Seit Langem gab es schon Nachrichten über den fernen Osten und auch Handelsbeziehungen mit **China**. Im ersten Jahrhundert nach Christi Geburt soll sogar eine chinesische Expedition bis zum Mittelmeer vorgedrungen sein. Christliche Mönche missionierten im Reich der Mitte, und angeblich gewann die Sekte der Nestorianer dort im 9. Jahrhundert eine Viertelmillion Anhänger. Die erste ausführliche Darstellung über das chinesische Reich stammt von dem venezianischen Kaufmann Marco Polo (1254–1324), der mit seinem Vater und seinem Bruder im Jahr 1271 bis nach Peking (Kambaluk) gereist und vom Großkhan sogar zum Statthalter einer Provinz ernannt worden war. Ab 1292 reisten die drei Männer nach Venedig zurück. In genuesischer Gefangenschaft diktierte Marco Polo in den Jahren 1298/99 einem Mitgefangenen seinen aufsehenerregenden Reisebericht. Viele Zeitgenossen hielten ihn aber für eine fantasievolle Erfindung.

Das eigentliche Zeitalter der Entdeckungen begann im 15. Jahrhundert. Dies hatte verschiedene Ursachen. Dazu gehörte die durch Humanismus und Renaissance veränderte Auffassung vom Menschen und seiner Stellung in der Welt. Der Wissensdrang war ungeheuer. Gleichzeitig wuchs die Bereitschaft, sich in gefährlichen Situationen mit Mut und Intelligenz zu bewähren.

Der **Kompass** war bei den Chinesen seit Langem bekannt. Ab etwa 1300 wurde er auch in Europa verwendet und ermöglichte es den Kapitänen, sich mit ihren Schiffen von den Küsten zu entfernen und auf das offene Meer hinauszusegeln.

Folgenreich war auch, dass die islamischen Mächte im Vorderen Orient den bis dahin blühenden Handel mit **Indien** unterbrachen.

Die Portugiesen unter Heinrich dem Seefahrer (1394–1460) bemühten sich auf der Suche nach neuen Handelswegen seit 1415, **Afrika** zu umrunden. Im Jahr 1471 stießen sie über den Äquator hinaus nach Süden vor. Im Jahr 1488 umrundete Bartolomeo Diaz (um 1450–1500) die Südspitze Afrikas mit dem »Kap der guten Hoffnung«. Diese Entdeckung verdankte er einem Zufall, denn sein Schiff war vom Sturm verschlagen worden.

Schon im Jahr 1473 hatte angeblich der Deutsche Didrik Pining (um 1430–1491), der spätere dänische Statthalter auf Island, **Nordamerika** neu entdeckt. Doch blieb diese Entdeckung – ebenso wie die durch die Normannen rund 500 Jahre zuvor – in der Öffentlichkeit unbeachtet. So gilt bis heute der Genuese Christoph Kolumbus (1491–1506) als der eigentliche Entdecker Amerikas. Er suchte im Jahr 1492 im Dienst der Königin Isabella von Kastilien einen westlichen Seeweg nach Indien, nachdem seine Verhandlungen mit Portugal erfolglos geblieben waren. Am 3. August 1492 stach er mit seinen drei Karavellen in See. Am 12. Oktober erreichte er die Insel Guanahani, die er zu Ehren Jesu Christi San Salvador (»Heiliger Erlöser«) nannte. Auf der gleichen Reise entdeckte er auch Kuba und Haiti. Er unternahm noch drei weitere Fahrten, die ihn u. a. an das süd- und mittelamerikanische Festland führten. Weder Kolumbus noch seine Zeitgenossen ahnten, dass er Amerika entdeckt hatte. Vielmehr glaubte er, in Japan gelandet zu sein, und suchte folgerichtig, insbesondere auf seiner letzten Reise, eine Durchfahrt nach Westen.

Der neu entdeckte Erdteil wurde vom deutschen Kartografen Martin Waldseemüller (1470–1522) nach dem italienischen Expeditionsreisenden Amerigo Vespucci (1451–1512) benannt, der verschiedene Reisen nach Amerika gemacht und ausführlich darüber berichtet hatte. Viele sahen in ihm den Entdecker des neuen Erdteils. Die Bezeichnung »Amerika« galt seit 1507 zunächst nur für Südamerika, wurde im Jahr 1538 aber erstmals auf einer Landkarte Mercators (eigentlich Gerhard Kremer, 1512–1594) für den ganzen Kontinent verwendet. Mercator galt als der bedeutendste Kartograf seiner Zeit. Er schuf im Jahr 1552 eine Europa- und 1569 eine Weltkarte sowie im Jahr 1595 den ersten **Atlas**.

Auch mit der Entdeckung Amerikas durch Kolumbus war der Seeweg nach Ostindien noch nicht gefunden. Das gelang im Jahr 1498 dem Portugiesen Vasco da Gama (1469-1524), nachdem er das »Kap der guten Hoffnung« umsegelt hatte. Seine Entdeckung wurde der Anlass zur Gründung von Kolonien in Indien und damit des portugiesischen Kolonialreichs überhaupt.

Der neu entdeckte Kontinent Amerika wurde in den folgenden Jahrhunderten zielstrebig erschlossen und erobert. Im Jahr 1500 entdeckte der Portugiese Pedro Alvarez Cabral (um 1461-1526) **Brasilien**. Im Jahr 1513 drang der Spanier Nuñez de Balboa (um 1475-1517) über die Landenge von Panama bis zum Stillen Ozean vor. Der Spanier Hernando Cortez (1485-1547) eroberte zwischen 1519 und 1521 das Reich der Azteken in **Mexiko** und sein Landsmann Francisco Pizarro (um 1475-1541) ab 1531 das Reich der Inka in **Peru**.

Inzwischen war bereits zum ersten Mal die Erde umsegelt worden. Der Portugiese Fernão de Magalhães (Magellan, um 1480-1521) war im Jahr 1519 nach Westen aufgebrochen. Er entdeckte auf seiner Fahrt im Jahr 1520 die nach ihm benannte Magellanstraße zwischen Patagonien (Argentinien/Chile) und der Insel Feuerland. Sie öffnete den Weg in den Pazifischen Ozean. Im Jahr 1521 wurde Magellan auf den Philippinen – so benannt nach dem spanischen Infanten Philipp II. – von Eingeborenen getötet. 18 Überlebende der Expedition erreichten im Jahr 1521 Spanien und vollendeten damit die **erste Erdumrundung**.

Auch in Asien schritt die Erkundung bis dahin unbekannter Gebiete voran. Im Jahr 1517 kamen portugiesische Seefahrer nach Kanton und knüpften mit den Chinesen Handelsbeziehungen an. Im Jahr 1542 wurde **Japan** entdeckt.

Mit dem Aufstieg der Niederlande und Englands als neue Seemächte traten Portugal und Spanien immer mehr in den Hintergrund. Der Kampf zwischen Spanien und England um die Vorherrschaft auf den Weltmeeren ist vor allem mit dem Namen des englischen Seefahrers Francis Drake (um 1540–1596) verbunden. Seine gewinnbringenden Beutezüge wurden von der englischen Königin Elizabeth I. (Königin 1558–1603) wohlwollend unterstützt. Zwischen 1577 und 1580 umsegelte er zum zweiten Mal die Erde.

Auf der Suche nach einer nördlichen Route nach Indien fand der holländische Kapitän Willem Barents (um 1550–1597) die Küsten des nördlichen **Russlands** sowie Nowaja Semlja (russ. »neues Land«, 1594) und Spitzbergen (1596). Nach ihm wurde die Barents-See benannt.

Auch im Nordwesten suchten wagemutige Seefahrer eine Passage nach Indien, so die Engländer Henry Hudson (um 1550–1611) und William Baffin (1584–1622) um die Jahre 1610 bzw. 1616. Beide Versuche scheiterten. Noch heute erinnern die Hudson- und die Baffin-Bay in der Arktis an ihre verzweifelten Versuche.

Als letzter Erdteil rückte **Australien** (Südland) ins Blickfeld der abendländischen Welt. Er wurde erst 1605 von dem Holländer Willem Janszoon, der an der Küste des Carpentaria-Golfes ankerte, entdeckt. Ein Jahr später durchquerte der Spanier Luis Váez de Torres die nach ihm benannte Torres-Straße zwischen der Nordspitze Australiens und Neuguinea. In den Jahren 1642/43 fand sein Landsmann Abel Tasman (1603–1659) dann die nach ihm benannte Insel Tasmanien sowie den südlichen Teil von **Neuseeland**.

Der Engländer James Cook (1728–1779) vermehrte durch drei große Reisen die Kenntnisse über Australien, Neuseeland und die Südsee. So entdeckte er im Jahr 1770 die Ostküste Australiens und ging in der Nähe der heutigen Stadt Sidney an Land. Australien wurde von England fürs Erste als Sträflingskolonie genutzt. Im Jahr 1788 trafen die ersten Strafgefangenen dort ein. Übrigens berichtete Cook auch als Erster über die Küste **Alaskas** und führte zwischen 1772 und 1775 die erste Erdumseglung von West nach Ost durch.

Die Erschließung des australischen Binnenlandes vollzog sich unter großen Mühen und Opfern erst im 19. Jahrhundert. Viele Forscher teilten das Schicksal des Deutschen Ludwig Leichhardt (1813–1848), der seit 1841 ins Innere Australiens vorzudringen versuchte und dort spurlos verschwand, vermutlich weil er und seine Gefährten verdursteten.

Im 17. Jahrhundert begann die intensive Erforschung **Sibiriens**. Doch bereits im Jahr 1580 hatte der Kosakenführer Jermak den Ural überschritten und das dahinter liegende Khanat Sibir erobert. In den folgenden Jahren rückten russische Truppen weiter nach Osten vor. Um 1620 herum erreichten sie das Flussgebiet des Jenissei. Als frühe Ansiedlungen entstanden z. B. Tobolsk, Tomsk, Krasnojarsk und Irkutsk.

Bereits im Jahr 1639 stieß eine Expedition unter Iwan Moskvitin bis zum Stillen Ozean vor. Im Jahr 1648 umrundete der Kosakenführer Semen Iwanow Deschnew (Deschnjow) das Ostkap Asiens, das seit 1898 seinen Namen trägt. Allerdings blieb die Entdeckung zunächst unbekannt. So konnte der Däne Vitus Jonassen Bering (1680–1741), der im Auftrag des Zaren Peter des Großen (1682–1725) von Russland zur See fuhr, im Jahr 1728 die Entdeckung erneuern. Nach ihm wurde die Beringstraße benannt, die Sibirien und Alaska, also Asien und Amerika, voneinander trennt.

Um 1700 herum gehörte ganz Nordasien zu Russland, ohne dass das Gebiet in seiner ganzen Größe erkannt und erschlossen gewesen wäre. Insgesamt machte aber die Erschließung und teilweise auch die Besiedlung der neu entdeckten Länder im 18. Jahrhundert rasche Fortschritte. Sie steigerte sich im 19. Jahrhundert und führte in dieser Zeit zur vorläufig endgültigen Aufteilung der Erde.

Im Jahr 1497 hatte Giovanni Caboto (um 1450–1498) das **nordamerikanische Festland** entdeckt. Von den späteren USA waren ursprünglich aber fast nur die Gebiete zwischen der Ostküste und dem Alleghany-Gebirge besiedelt. Die beiden Reisenden Meriwether Lewis (1774–1809) und William Clark (1770–1838) erreichten am Anfang des 19. Jahrhunderts die Quellen des Missouri und überstiegen dabei die Rocky Mountains. Der amerikanische Ingenieurleutnant John Charles Fremont (1813–1890) durchforschte zwischen 1842 und 1853 das Felsengebirge und gewann 1848/49 Kalifornien für die Vereinigten Staaten. Um diese Zeit vollzog sich der legendäre »Run« nach Westen, der innerhalb weniger Jahrzehnte zur völligen Erschließung und Besiedelung des Halbkontinents führte. Die Ureinwohner des Landes, die Indianer, wurden in langwierigen Kämpfen aufgerieben oder in unwegsame Gebiete (Reservate) abgedrängt.

Von den zahlreichen Erforschern **Südamerikas** sei vor allem Alexander von Humboldt (1769-1859) genannt, der zwischen 1799 und 1804 mit Aimé Bonpland (1773-1858) Venezuela, Mexiko, Kolumbien und Ecuador bereiste.

Afrika blieb bis tief ins 19. Jahrhundert hinein der »dunkle Erdteil«, obwohl seit frühester Zeit Expeditionen zur Erforschung des Landes unternommen worden waren. Seit 1788 bestand in London die Afrikanische Gesellschaft, die sich die Erschließung des Erdteils zum Anliegen gemacht hatte. Der Schotte Mungo Park (1771-1806) erforschte zwischen 1795 und 1797 den Lauf des Niger. Der Deutsche Heinrich Barth (1821-1865) beteiligte sich 1849 an einer englischen Expedition durch Nord- und Zentralafrika unter James Richardson (1809-1851). Nach sechs Jahren kehrte er als einziger überlebender Europäer zurück. Gerhard Rohlfs (1831-1896) forschte ebenfalls in Nord- und Zentralafrika. Er durchquerte im Jahr 1865 Afrika von Tripolis nach Lagos. Gustav Nachtigal (1834-1885) erkundete in den Jahren zwischen 1869 und 1874 die Sahara und den Sudan. Im Jahr 1884 unterstellte er Togo dem »Schutz des Deutschen Reiches«. Die Quellgebiete des Nils und die zentralafrikanische Seenlandschaft hatten sich lange der Entdeckung verschlossen. Nun bemühten sich die Engländer Richard Francis Burton (1821-1890) und John Hanning Speke (1827-1864) sowie die Deutschen Georg Schweinfurth (1836-1925) und Wilhelm Junker (1840-1892) seit der Jahrhundertmitte um eine Aufklärung.

Bekannt ist das sensationelle Zusammentreffen der beiden Afrikareisenden David Livingstone (1813-1873) und Henry Morton Stanley (1841-1904) in Udschidschi (Udjidji) am Tanganjika-See im Jahr

1871: »Doctor Livingstone, I presume?« (»Ich nehme an, Sie sind Dr. Livingstone?«) Der Schotte Livingstone war 1840 als Arzt und Missionar nach Südafrika gekommen. Seit 1849 bereiste er fast ununterbrochen unerschlossene Gebiete Afrikas, z. B. das östliche Seengebiet und den Sambesi. Seit 1869 galt er als verschollen. Der Angloamerikaner Stanley erhielt daraufhin vom »New York Herald« den Auftrag, Livingstone in Afrika aufzuspüren. Zwar fand er, wie gesagt, den Verschollenen, doch starb dieser auf der Rückreise an Ruhr. Stanley durchquerte u. a. auch Zentralafrika und befuhr den Kongo von seiner Quelle bis zu Mündung.

Auch **das Innere Asiens** wurde erst im 19. und 20. Jahrhundert intensiv erforscht. Bedeutende Wissenschaftler aus vielen Nationen waren daran beteiligt. Zu nennen ist der russische General Nikolai Michailowitsch Prschewalskij (1839–1888), der das Gebiet um den Ussuri, die Wüste Gobi, das Tarimbecken, die Entstehungsgebiete des Hoangho und des Jangtsekiang erkundete.

Bekannter sind wohl die Expeditionen des Schweden Sven Hedin (1865–1952), der über seine Erlebnisse ausführlich, zum Teil sehr volkstümlich und publikumswirksam berichtete. Zwischen 1885 und 1909 unternahm er allein fünf große Reisen in Zentralasien. Besonders abenteuerlich waren die Expeditionen durch die zentralasiatischen Wüsten und durch Tibet. Zwischen 1927 und 1935 leitete er noch einmal eine große wissenschaftliche Expedition in die Wüste Gobi und die nordwestlichen Provinzen Chinas.

Wegen der überaus rauen klimatischen Verhältnisse galten die **Polargebiete** lange als unerreichbar. Seit dem 19. Jahrhundert gab es jedoch immer wieder Versuche, sie zu durchforschen. Oft nahmen sie ein tragisches Ende. Der Schwede Salomon Andrée (1854–1897) wollte mit zwei Begleitern den **Nordpol** im Freiballon von Spitzbergen aus erreichen. Er blieb für lange Zeit verschollen. Erst 1930 wurden Überreste der Expedition, darunter Tagebücher aufgefunden. Der norwegische Zoologe Fridtjof Nansen (1861–1930) unternahm zwischen 1893 und 1896 mit seinem Forschungsschiff »Fram« eine Polarfahrt und stieß dann mit Schlitten fast bis zum

Nordpol vor. Als erster Mensch erreichte wahrscheinlich der Amerikaner Robert Edwin Peary (1856-1920) im Jahr 1909 den Nordpol bzw. dessen unmittelbare Nähe. Allerdings behauptete der amerikanische Arzt Frederick Albert Cook (1865-1940), wenn auch nicht überzeugend, schon 1908 am Nordpol gewesen zu sein. Im Jahr 1926 überquerte der amerikanische Marineoffizier Richard Evelyn Byrd (1888-1957) den Pol mit dem Flugzeug. Wenige Tage später folgten Umberto Nobile (1885-1978) und Roald Amundsen (1872-1928) mit dem Luftschiff »Norge«. Dieses Ereignis wird als einziges als unzweifelhaft zutreffend bewertet. Im Jahr 1958 überquerte das atomgetriebene US-Unterseeboot »Nautilus« den Nordpol unter dem Polareis. Es brauchte dafür 96 Stunden und legte 1 830 Meilen (etwa 2 946 Kilometer) zurück, ehe es nordöstlich von Grönland wieder auftauchte.

Die Nordostpassage entlang der nordsibirischen Küste war bereits 1878/80 von dem Schweden Adolf Erik Nordenskiöld (1832-1901) mit seinem Schiff »Vega« erkundet worden.

Die Erschließung des sechsten Kontinents, der **Antarktis**, um den **Südpol** herum, begegnete ähnlichen Schwierigkeiten wie die der Arktis. Im 19. Jahrhundert und um die Wende zum 20. Jahrhundert gab es verschiedene Forschungsexpeditionen, wie die des Amerikaners Charles Wilkes (1798-1877) im Jahr 1840 oder die unter der Leitung des Deutschen Erich von Drygalski (1865-1949) in den Jahren 1901 bis 1903. Der Engländer Ernest Henry Shackleton (1874-1922) drang in den Jahren 1908/1909 bis zum magnetischen Südpol vor. Einen dramatischen Wettlauf zum geografischen Südpol lieferten sich die Expeditionen des britischen Forschers Robert Falcon Scott (1868-1912) und des Norwegers Roald Amundsen (1872-1928). Scott brach im Jahr 1910 auf und erreichte nach unsäglichen Strapazen am 18. Januar 1912 den Pol. Er musste aber feststellen, dass Amundsen ihm um vier Wochen, am 14. Dezember 1911, zuvorgekommen war. Auf dem Rückmarsch ging Scotts Expedition in Sturm und Kälte unter. Seine Tagebücher wurden später gefunden und veröffentlicht.

Zu den großen Forschungsreisen gehören auch die Vorstöße ins **Weltall.** Am 4. Oktober 1957 wurde der erste künstliche Erdsatellit, der sowjetische Sputnik I, in den Weltraum geschossen. Am 12. April 1961 begann mit dem sowjetischen Kosmonauten Juri Gagarin (1934–1968) die bemannte Weltraumfahrt.

Im Jahr 1969 endlich startete die amerikanische Rakete Apollo XI mit drei Astronauten an Bord zum Mond. Neil Armstrong und Edwin Michael Aldrin landeten mit einer Mondfähre und betraten nacheinander am 21. Juli 1969 als erste Menschen die Oberfläche des Erdtrabanten: »That's one small step for man, one giant leap for mankind.« (»Das ist ein kleiner Schritt für einen Menschen, aber ein gewaltiger Sprung für die Menschheit.«)

Einen längeren Aufenthalt im Weltraum zu Forschungszwecken ermöglichen die Raumstationen. Im Jahr 1971 machte die sowjetische Saljut 1 den Anfang. Im Jahr 1986 folgte die Raumstation Mir (russ. »Friede«). Die Internationale Raumstation ISS ist seit dem Jahr 2000 ständig bemannt. Sie hat eine Größe von 100 x 100 x 30 Metern und wiegt 450 Tonnen. Schon jetzt ist sie das größte und am hellsten leuchtende künstliche Objekt in der Erdumlaufbahn.

»Habe Mut!«
Vernunft und Aufklärung

Nach dem Wort der Heiligen Schrift ist der Mensch Ebenbild Gottes: »So schuf Gott den Menschen nach seinem Abbild, nach Gottes Bild schuf er ihn« (Genesis 1,27). Auch wenn die Gotteskindschaft durch den Sündenfall Adams und Evas verletzt worden war, so bleibt er doch ein Wesen, das an der Schöpferkraft des Herrn teilhat und sich durch die göttliche Vernunft von allen anderen Lebewesen unterscheidet.

Der Mensch verfügt über **Einsicht** und über einen **freien Willen**. Letzten Endes ist er für das, was er tut, selbst verantwortlich. Das schließt nicht aus, dass er in seinem Handeln immer wieder einmal irrt, dass er folgenreiche Fehler begeht und dadurch Schuld auf sich lädt.

In der Geschichte der Kirche begegnet uns immer wieder ein tiefes Misstrauen gegen das Selbstbestimmungsrecht des Individuums, das ja letzten Endes auf der göttlichen Gabe der Vernunft gründet. Die Geistlichkeit ebnet dem Gläubigen den Weg durchs Leben und zur ewigen Seligkeit. Die Gebote sagen, was er zu tun und zu lassen hat, und wenn er dann wirklich einmal gestrauchelt ist, vermittelt die Kirche durch das Sakrament der Beichte Gnade und Verzeihung. Der Papst, seine Kardinäle und Bischöfe, Priester und Mönche verkörpern gegenüber der gewaltigen Schar der Laien eine vermeintlich höhere Einsicht. Ihr Handeln ist von dem daraus resultierenden Machtanspruch, aber auch von der Fürsorge für den Einzelnen geprägt.

Wenn es im Mittelalter zu Krisen kam, dann ging es nicht darum, dass Glaube und Wissen, Glaube und autonomer menschlicher Verstand gegeneinander ausgespielt wurden. Konflikte entstanden dann, wenn die kirchlichen Oberen ihre aus dem Wort der Heiligen Schrift resultierenden Pflichten vergaßen, wenn sie selbst unübersehbar der Sünde anheimfielen und das Armutsgebot Christi missachteten. Hinzu kommt, dass vor allem die Bauern unter den Zins- und Zahlungsverpflichtungen litten, die sie an die Kirche oder die Klöster als Grundherrn zu entrichten hatten.

In der Zeit der **Renaissance** und des **Humanismus** am Ende des Mittelalters und zu Beginn der Neuzeit wandelte sich das Verhältnis zur Religion. Damit vollzog sich ein ganz wichtiger Schritt auf dem Weg zur autonomen, selbstbestimmten Persönlichkeit. Dem menschlichen Verstand und Forscherdrang wurde die Aufgabe zugewiesen, die überkommenen Lebensverhältnisse zu hinterfragen und gegebenenfalls korrigierend zu verändern. Es liegt im Wesen der Sache, dass diese »Wiedergeburt« nicht aus dem Volk kam und so auch nicht zu einer breiten Volksbewegung werden konnte. Die Renaissance war Angelegenheit der Gelehrten, der Universitäten, »Professores«, »Doctores« und »Studiosi«. Sie besaßen die Voraussetzungen dafür, sich mit den Problemen der Überlieferung und ihrer Zeit auseinandersetzen – und das heißt vor allem, griechische und lateinische Schriften studieren zu können.

Dass hier der Verstand, die **»Ratio«**, eine wichtige Rolle spielte, ist unübersehbar. Zunächst ging es um das sich wandelnde Verhältnis zur Natur. Gebirge und Meer, Mensch und Tier wurden in ihrer Schönheit und Großartigkeit erkannt. Das Bedrohliche trat in den Hintergrund.

Im Jahr 1326 bestieg der italienische Geistliche und Dichter Francesco Petrarca (1304–1374) den Mont Ventoux in der Nähe von Avignon in Südfrankreich. In seinem euphorischen Bericht wird die Aufbruchstimmung deutlich: »Wir stiegen auf und erreichten nach vielen Mühen schließlich den Gipfel. Zuerst stand ich wie betäubt von dem ungewohnten Luftzug und dem freien Umblick. Zu meinen Füßen lagen die Wolken, und schon jetzt schien mir weniger unglaublich, was ich von Athos und Olymp gehört und gelesen hatte.«

Das neue Naturgefühl ist das Eine. Der Mensch, der gebildete Mensch, sieht all das mit anderen Augen und ist bereit, den Ängsten und Gefahren, die von der Natur ausgehen, bewusst zu trotzen. Das ist nicht die Haltung des wissenschaftlichen Zergliederers, der den Gesetzen der Materie, der Biochemie und der Physik auf die Spur kommen möchte. Die Natur und die Landschaft bleiben Werke des allmächtigen Gottes. Er aber hat uns die Gabe verliehen, das Geschaffene mit den Sinnen und mit dem Gemüt zu erfassen und sich daran zu erfreuen.

Die wissenschaftliche **Forschung** kommt hinzu. Man könnte die Rückbesinnung auf das griechische und lateinische Schrifttum der Antike als eine unfruchtbare, rückwärts gewandte Sammeltätigkeit und Bildungshuberei ohne Bezug zu den bedrängenden Fragen des Alltagslebens betrachten. Sicher, da gibt es auch viel an akademischer Eitelkeit und an zielloser Betriebsamkeit. In unserem Zusammenhang ist aber etwas anderes wichtig: Die Beschäftigung mit der antiken Literatur, vor allem der der alten Griechen, förderte wissenschaftliche Erkenntnisse ans Tageslicht, die über Jahrhunderte verschüttet und vergessen waren. Erneut erfährt man nun, dass die Erde keine Scheibe ist, über deren Rand der unvorsichtige Seemann ins Nichts hinabstürzt, sondern eine Kugel. Hinzu kommt, dass sich nicht die Sonne um die Erde, sondern die Erde als Planet um die Sonne dreht.

Der Domherr Nikolaus Kopernikus (1473–1543) aus dem westpreußischen Thorn ist der Vater des neuen **heliozentrischen**, auf die Sonne bezogenen **Weltbildes**. In seinem Todesjahr 1543 erschien seine bahnbrechende Betrachtung »De revolutionibus orbium coelestium« (»Über den Umlauf der Gestirne«). Wir wissen, wie lange es noch brauchte, bis diese alte Einsicht allgemein anerkannt wurde. In diesem Zusammenhang erinnern wir uns an den Prozess gegen den italienischen Mathematiker und Physiker Galileo Galilei (1564–1642), der sich die Lehre von Kopernikus zu eigen gemacht und mit Hilfe seines Fernrohrs bewiesen hatte. Galilei wurde durch die kirchliche Inquisition zum Widerruf gezwungen und bis an sein Lebensende in Gefangenschaft gehalten.

Ein anderes Beispiel für den wissenschaftlichen und technischen Fortschritt bietet Leonardo da Vinci (1452–1519). Seine allgemein bekannten Gemälde sind von unübertroffener Schönheit und Aussagekraft. Wer kennt nicht die »Mona Lisa« oder die »Madonna in der Felsengrotte«. Die gleiche Aufmerksamkeit verdienen aber auch die wissenschaftlichen Forschungen und technischen Konstruktionen des Universalgenies. Leonardo sezierte Leichen und untersuchte mit äußerster Präzision den Körperbau des Menschen. Er untersuchte die Strömungsgesetze der Luft und des Wassers, trieb botanische und geologische Studien. Der intellektuelle Wandel zeigt sich bei ihm deutlich an seinem wissenschaftlichen Vorgehen. Hier gilt nicht mehr uneingeschränkt das Wort der klassischen Autoritäten, z. B. des so vielseitig gebildeten Aristoteles (384–322 v. Chr.), sondern was in der Natur als richtig und wahr gilt, muss erst verifiziert, als wahr bewiesen werden. Beobachtung und Experiment, wir würden heute sagen, die induktive Methode, verhilft zu wissenschaftlicher Zuverlässigkeit. Übrigens wurde dieses Verfahren bereits 100 Jahre zuvor von Galilei angewendet. Wir denken an das bereits erwähnte, von ihm verbesserte Fernrohr und seine angeblichen Fallexperimente am Schiefen Turm in Pisa, aber auch daran, dass er den dazu benutzten Stein in seiner Tasche gelegentlich als verblüffend einfaches Beweismittel ans Licht zog.

Die Verselbstständigung des Menschen gegenüber den existenziellen Bindungen an die Kirche hatte auch andere Folgen. Freilich beschränkten sich die Veränderungen des Menschenbildes im Wesentlichen auf die Gebildeten oder auf diejenigen, die die Mittel besaßen, ein angenehmes und luxuriöses Leben führen zu können. Wer heute Florenz oder andere toskanische Städte durchwandert, kann sich eine anschauliche Vorstellung davon bilden, wie die Reichen des 14., 15. und 16. Jahrhunderts in Mittel- und Oberitalien lebten.

Liebe und **Lust** erhielten einen bis dahin unbekannten Rang im Leben. (Das galt gelegentlich auch für höchste kirchliche Würdenträger.) Die Liebe wurde zu einem unerschöpflichen, die Fantasie ungeheuer anregenden Thema des gesellschaftlichen Lebens. Die Angst davor, dass man sich dabei einer Todsünde schuldig machen und auf diese Weise das ewige Leben verspielen könnte, verblasste. Carpe diem! Es galt, den Tag zu nutzen, solange man noch jung und bei Kräften war!

Natürlich konnten sich nicht alle ein Leben leisten, wie es für die Medici oder die Sforza selbstverständlich war. Sicher fristete so mancher Studiosus, der durch Europa wanderte, um an den hohen Schulen in Frankreich, Italien oder Deutschland Theologie und die Rechte zu studieren, ein karges Dasein. Sexuelle Freizügigkeit führte dazu, dass sich vor allem in der studentischen Jugend die neue Krankheit der Syphilis, genannt die »französische Krankheit«, rasch verbreitete. Angeblich wurde sie durch Matrosen des Seefahrers Christoph Kolumbus nach Europa eingeschleppt. Nach neuerer wissenschaftlicher Erkenntnis dürfte diese Theorie aber nicht zutreffen.

Individuelle Erfüllung und Selbstverwirklichung fanden die Mächtigen auch dadurch, dass sie noch mächtiger zu werden versuchten und dabei die überkommenen, geheiligten Traditionen der Vergangenheit einfach über Bord warfen. Für viele gehörte dazu auch der Kampf um die **Macht** und deren rauschhafter Genuss. In diesem Sinne verkörperten die italienischen Condottieri beispielhaft den Renaissance-Menschen. Die Condottieri waren Heerführer, die von den reichen Kleinstaaten der Apenninhalbinsel angeheuert wurden, um deren Territorium gegen Neider zu verteidigen. Sie kämpften gegen Bezahlung und waren deshalb geneigt, bei günstigem Anlass immer wieder einmal die Fronten zu wechseln. Viele von ihnen nutzen die ihnen anvertraute Macht und schwangen sich zu Herren der Länder auf, in deren Dienst sie standen.

Einer von ihnen war Gattamelata (1370–1443), der eigentlich Erasmo da Narni hieß. Wir kennen ihn vor allem deshalb, weil von ihm das von Donatello (eigentlich Donato di Niccolò di Betto Bardi, um 1386–1466) geschaffene wunderbare Reiterstandbild in Padua überlebte. Gattamelata war der Sohn eines Fleischers. Er trat als Soldat in den Dienst des Papstes sowie der Städte Florenz und Venedig und wurde schließlich der uneingeschränkte Herr von Padua.

Diese rein auf den (eigenen) Nutzen bezogene Einstellung der italienischen Söldnerführer hat auch mit Rationalität zu tun. Alte Bindungen, wie sie im Zeitalter des feudalen Lehnswesens gewachsen waren, geheiligt durch Eid und kirchlichen Segen, galten nicht mehr. Macht und Reichtum wurden um ihrer selbst willen erstrebt.

Der neue Geist fand seinen Niederschlag in einer folgenreichen Abhandlung aus dieser Zeit. Niccolò Machiavelli (1469–1527) kannte die politischen Kräfte, weil er als Sekretär der Kanzlei in Florenz gearbeitet hatte und in diplomatischer Mission öfter einmal ins Ausland gereist war. In seiner Schrift »Il principe« (»Der Fürst«) von 1513 setzte er sich mit der Frage auseinander, wie Macht zu erwerben bzw. dauerhaft zu behaupten sei. Offensichtlich ging es ihm bei seinen Überlegungen um die politische Einigung des innerlich zerrissenen Landes Italien und um die Person des Fürsten Cesare Borgia, den er dafür geeignet hielt, das große Einigungswerk in die Wege zu leiten und zu vollenden.

Das zwiespältige Verhältnis von Macht und Moral wird ersichtlich aus der folgenden Textstelle: »Ein Herrscher braucht also alle die vorgenannten guten Eigenschaften nicht in Wirklichkeit zu besitzen; doch muss er sich den Anschein geben, als ob er sie besäße. Ja, ich wage zu behaupten, dass sie schädlich sind, wenn man sie besitzt und stets von ihnen Gebrauch macht; und dass sie nützlich sind, wenn man sich nur den Anschein gibt, sie zu besitzen. So muss ein Herrscher milde, treu, menschlich aufrichtig und fromm scheinen und er soll es gleichzeitig auch sein; aber er muss auch die Seelenstärke besitzen, im Fall der Not alles ins Gegenteil wenden zu können. Man muss Verständnis dafür haben, dass ein Herrscher, und vor allem ein solcher in einer neu gegründeten Herrschaft, nicht alles beachten kann, wodurch die Menschen in einen guten Ruf kommen, sondern oft gezwungen ist, gegen Treue, Barmherzigkeit, Menschlichkeit und Religion zu verstoßen, eben um die Herrschaft zu behaupten. Darum muss er die Seelenstärke haben, sich nach dem Willen des Glücks und dem Wechsel der Verhältnisse zu richten und, wie ich oben sagte, vom Guten so lange nicht abzugehen, als es möglich ist, aber im Notfall auch verstehen, Böses zu tun.«

Hier wird klar, dass in Herrschaft und Politik insgesamt der Zweck die Mittel heiligt. Sicher, auch für die Regierenden gelten die in den Geboten und in der christlichen Überlieferung festgeschriebenen Regeln. Den Mächtigen wird aber das Recht eingeräumt, sie gegebenenfalls außer Acht zu lassen und ganz bewusst – aus Gründen der politischen Zweckmäßigkeit – dagegen zu verstoßen.

Dass so etwas alle Tage geschieht, auch in unserer Zeit, ist für jeden kritischen Betrachter offensichtlich. Für viele Herrschenden scheint der **Machiavellismus** das Herrschaftsprinzip schlechthin zu sein. So nutzten die Nationalsozialisten in den frühen Dreißigerjahren alle denkbaren Mittel, Lug und Trug, Drohungen, Unterstellungen und Bestechung, um die politische Macht im Deutschen Reich zu erringen. Viele andere Beispiele ließen sich nennen. Die Realität lehrt uns, dass machiavellistisches Handeln in seiner groben, fast primitiven Form nicht nur auf die Politik beschränkt bleibt. Immer deutlicher wird, dass es im Wirtschaftsleben vielfach nur noch um Macht und Profit geht, dass Moral und das Gefühl der Verpflichtung gegenüber den Beschäftigten, den Abnehmern und der Allgemeinheit schlechthin in Vergessenheit geraten sind.

Schon hier zeigt die voranschreitende Rationalität ihr Doppelgesicht. Einerseits stehen Verstand und Vernunft für den gesellschaftlichen Fortschritt und für wachsendes Wohlergehen der einzelnen Menschen. Darüber wird später noch zu reden sein. Andererseits verführt die Wurzellosigkeit des Denkens zu immer wiederkehrendem Missbrauch. Angesichts der Tatsache, dass der Verstand darauf drängt, radikal (von lat. »radix« = die Wurzel) zu den Wurzeln, zu den Urgründen eines Sachverhalts vorzudringen, erscheint dies geradezu absurd.

Letztlich unentschieden bleibt die Frage, ob die **Reformation** unter dem Gesichtspunkt der fortschreitenden Rationalisierung der Lebensverhältnisse zu betrachten ist. Sicher, das Sprachstudium der humanistischen Gelehrten in der Zeit der Renaissance führte dazu, dass in der gültigen lateinischen Bibelübersetzung, der »Vulgata«, eine Reihe von Ungenauigkeiten und Übersetzungsfehlern gefunden wurde. Dies war deshalb besonders bedeutsam, weil es sich bei dieser Bibelübersetzung aus der Feder des heiligen Hieronymus (um 345–420) ja nicht um irgendein Buch, sondern um das »Wort Gottes« handelte. Ganz unerklärlich und unverantwortlich waren die Fehler vor allem dann, wenn der Grundsatz der Verbalinspiration galt, d. h. wenn Gott den Verfassern der Heiligen Schrift den Text Wort für Wort eingegeben hatte.

Dass die Reformation vielfach als ein weiterer Schritt der menschlichen Fortentwicklung gedeutet wurde, ist allerdings unbestritten. Martin Luthers (1483–1546) Reformation, die mit dem legendären Thesenanschlag an der Schlosskirche in Wittenberg im Jahr 1517 – so er denn wirklich stattgefunden hat – begann, wurde erstaunlicherweise besonders rasch und besonders gründlich von den wirtschaftlichen und politisch fortgeschritteneren Städten mit ihrem Bürgertum übernommen. Viele Reichsstädte wurden in der Folgezeit zu einem Hort des lutherischen Protestantismus. Die Reformation weckte die Hoffnung, sich aus alten, rational nicht nachvollziehbaren Bindungen lösen zu können. Dass die deutschen Bauern in Luther einen Garanten einer fortschrittlicheren künftigen Lebensweise sahen, erwies sich allerdings als folgenreicher Irrtum. Er hatte mit seiner Schrift »Von der Freiheit eines Christenmenschen« (1520) hohe Erwartungen geweckt. Die unfreien, hörigen oder gar leibeigenen Bauern hofften darauf, dass ihnen ihre Freiheit zurückgegeben würde und die zu erbringenden Dienste und Abgaben an den Grundherrn auf ein erträgliches Maß verringert würden.

In den Jahren 1524/1525 erhoben sie sich in weiten Teilen Deutschlands gegen ihre Unterdrücker und lösten damit den großen deutschen Bauernkrieg aus. Sicher waren viele der Forderungen und Wünsche durchaus berechtigt. Übrigens stritten die Bauern keineswegs grundsätzlich für eine zukunftsorientierte Revolution – so wie sie Karl Marx und Friedrich Engels später mit dem Blick auf das besitz- und rechtlose Proletariat forderten –, sondern für ihr altes Recht, das ihnen adelige und kirchliche Grundherren verweigerten.

Wie sollte es anders sein: Der Aufstand der Bauern, der Schrei nach Gerechtigkeit und Rache führte zu schlimmen Übergriffen. Nicht nur, dass Herrensitze und Klöster überfallen und in Brand gesteckt, die herrschaftlichen Beamten misshandelt und die Verzeichnisse von Dienstleistungen und Abgaben vernichtet wurden. Bekannt ist die schreckliche Mordtat, die sich im April 1525 in Weinsberg ereignete. Hier wurden der Graf Ludwig von Helfenstein und vermutlich 15 weitere Ritter durch die Spieße der Bauern gejagt und so auf bestialische Weise abgeschlachtet.

Luther war entsetzt über das, was überall geschah. Die nun erfolgende Umkehr zeigte von rationaler Klarheit und Kühle keine Spur mehr. Zornig, hysterisch fast, verfasste er eine Schrift »Wider die räuberischen und mörderischen Rotten der Bauern« (1525). Darin finden sich die Worte: »Drum, liebe Herren ... erbarmet euch der armen Leute. Steche, schlage, würge hie, wer da kann. Bleibst du darüber tot, wohl dir, seliglicheren Tod kannst du nimmer mehr überkommen« (vgl. S. 19, 177 f.).

Bekanntlich wurden die bäuerlichen Rotten vernichtend geschlagen. Mit dem Schwert erstickten adelige Ritterheere den Traum von mehr Freiheit und einem menschenwürdigen Leben. Was nun kam, war noch schlechter, noch unbarmherziger als das, was vor dem Krieg gewesen war.

In unserem Zusammenhang bleibt zu bemerken, dass die deutsche Bauernschaft endgültig – und das für die folgenden Jahrhunderte – aus dem politischen Leben ausschied. Aber nicht nur das: Wenn von der Weiterentwicklung der gesellschaftlichen und politischen Verhältnisse im Sinn einer fortschreitenden Einflussnahme der Vernunft zu reden ist, dann spielen sie in diesem Zusammenhang keine Rolle. Der Blick fällt auf den Adel und mehr noch auf das sich seit dem späten Mittelmittelalter stetig fortentwickelnde Bürgertum.

Zunächst brachte die Kirchenspaltung durch die Reformation alles andere als eine erkennbar stetige Fortentwicklung zum Besseren. Die Verknüpfung religiöser Motive mit politischen Absichten führte zu einer Reihe mörderischer Kriege. Der längste und blutigste, die schlimmste Katastrophe, die Deutschland bis dahin erlebt hatte, war der **Dreißigjährige Krieg** zwischen 1618 und 1648. Als Religionskrieg hatte er begonnen. Bald aber wurde deutlich, dass die religiösen Grundsätze nur als Vorwand dienten und dass es letzten Endes um Macht und Land ging. Das wird daran besonders deutlich, dass Schweden und Frankreich, also zwei ausländische Mächte, sich in die innerdeutschen Querelen einmischten. Das allzu menschliche Verhalten auf beiden Seiten führte dazu, dass die Überzeugungskraft des religiösen Glaubens litt. Sicher, über Gott ließ sich im Grundsatz nicht diskutieren. Der Weg zur Ablehnung seiner Existenz und das sich daraus herleitende Bekenntnis zum Atheismus war noch weit. Wohl aber wurden die dogmatischen Varianten der verschiedenen Glaubensgemeinschaften kritisch hinterfragt. Wo der Glaube aufhörte, setzte der analysierende Verstand ein.

Anderes kam hinzu. Der **Absolutismus** Ludwigs XIV. (König 1643–1715) war eine Regierungsform von eigenartiger Zwiespältigkeit. Einerseits gab es an der uneingeschränkten, der absoluten (lat. »absolutus« = losgelösten) Macht des Königs keinen Zweifel. Er war die Sonne, die alles erhellt und Leben spendet. Der »Sonnenkönig« konnte von sich sagen: »Der Staat bin ich.« Natürlich galt das überkommene irrationale Prinzip des Gottesgnadentums, und das sogar in gesteigertem, eben verabsolutiertem Maße.

Die ständischen Rechte, die die Könige in ihrer Entscheidungsfreiheit von allem Anfang an eingeengt hatten, wurden beseitigt. Es gab keine Mitsprache der Stände mehr, und der französische Adel wurde durch den Glanz des Hofes von Versailles gefesselt und bestochen. Aus den gewachsenen Verwaltungs- und Gerichtsaufgaben der feudalen Vergangenheit draußen auf dem Land wurden allenfalls mehr oder weniger sinnvolle Hofämter.

Freilich war das nur eine Seite. In Staatsverwaltung, Wirtschaft und Politik setzten sich mehr und mehr rationale Grundsätze durch. Ludwig XIV. wurde so zum Mitbegründer des modernen **Verwaltungsstaates**, wie wir ihn aus unserer Zeit kennen. Dieses Modell war so überzeugend, dass es in Ansätzen und entsprechend individueller Gegebenheiten von anderen absolutistisch regierten

Staaten übernommen wurde. Darüber wird noch zu sprechen sein. Ludwig nahm dem Adel also seine Verwaltungsbefugnisse und schuf ein neues Modell. Die einzelnen Provinzen des Landes wurden fortan von königlichen Beamten, den sogenannten Intendanten, verwaltet. Die vom König bezahlten und dadurch abhängigen Beamten waren für Rechtsprechung, Gewerbe und Landwirtschaft sowie für das Steuerwesen zuständig.

Rationale Züge zeigten sich auch bei der Heeresorganisation. Nun entstand ein stehendes Heer mit wohlüberlegter innerer Gliederung und einheitlicher Uniformierung. Es versteht sich von selbst, dass eine Armee, die das ganze Jahr über zur Verfügung stand und sich durchgehend auf ihren militärischen Einsatz vorbereiten konnte, unverhältnismäßig schlagkräftiger und professioneller war als das Heeresaufgebot, das nur in Kriegszeiten zusammenkam und nach dem Ende des Krieges bzw. mit dem Beginn des Winters auseinanderging.

Noch deutlicher wird die Rationalität in der für den französischen Absolutismus kennzeichnenden Wirtschaftsform des **Merkantilismus**, auch wenn diese eigentlich aus der Not geboren wurde. Das verschwenderische Hofleben, die über das ganze Jahr zu fouragierende und zu beherbergende Armee und die zahlreiche Beamtenschaft verschlangen ungeheure Beträge. Nun war es die Aufgabe des Wirtschafts- und Finanzministers Jean-Baptiste Colbert (1619–1683), für die nötigen Mittel zu sorgen.

Zukunftsweisend, wenn auch nicht immer erfolgreich, waren die Versuche, die Steuer- und Zollvorschriften zu vereinheitlichen. Klug und wirkungsvoll gestaltete sich die vom Staat vorgenommene planmäßige Wirtschaftsförderung. Die eigene Wirtschaft wurde durch Schutzzölle geschützt und damit der Import aus anderen Ländern behindert. Gleichzeitig versuchte Colbert den Export zu fördern und damit Geld ins Land zu bringen. Fremde Fachleute wurden angeworben und Erfolg versprechende Herstellungsmethoden von außerhalb des Landes übernommen. Die gewerbliche Produktion wurde vereinheitlicht und in den staatlich geförderten Manufakturen in großem Maßstab erledigt. Durch vernünftige Arbeitsorganisation und durch Arbeitsteilung ließen sich die Waren besser, billiger und in vergleichsweise großen Mengen herstellen.

Die **Manufakturen** (lat. »manu facere« = mit der Hand machen) waren kleine und mittlere Industriebetriebe und deuteten damit auf das Industriezeitalter voraus. Der wesentliche Unterschied zur späteren Fabrik ist das Fehlen der Dampfmaschine als Antrieb für die einzelnen Arbeitsmaschinen. Natürlich entstand auch hier so etwas wie ein gewerbliches Proletariat mit Lebensverhältnissen, die sich von denen des überkommenen, zünftigen Handwerksmeisters und Handwerksgesellen deutlich unterschieden.

Die rationale Umgestaltung der verschiedenen Bereiche des absolutistischen Staatslebens konnte nicht verhindern, dass der alte Geist letzten Endes den Ruin des Systems verursachte. Ludwigs XIV. Raubkriege überforderten die Staatsfinanzen und führten dazu, dass sich eine breite militärisch-politische Koalition gegen den Monarchen bildete. Als der König starb, war Frankreich bankrott. Sein Biograf Louis de Saint-Simon stellte fest: »Beim Tode des Königs erbebten die Provinzen, die verzweifelt ihrem Ruin und ihrer Vernichtung entgegengesehen hatten, vor Freude.«

Der Merkantilismus hatte unversehens eine folgenreiche soziologische Wandlung bewirkt. Da entstand nicht nur die immer größer werdende Gruppe besitzloser »Proletairs«, die zunächst ohne politische Einsicht und ohne politischen Verstand vor sich hinvegetierte. Die Manufakturbesitzer wurden – mit königlicher Unterstützung – wohlhabend und reich. Und nun bewirkten die materiellen Gegebenheiten politische und soziale Bewusstseinsänderungen. Das erfolgreiche **Bürgertum** gab sich nicht mehr mit Wohlleben und Luxus zufrieden, sondern forderte politischen Einfluss und politische Macht. Die **Emanzipation** gegenüber dem Adel und die **Partizipation** am Staatsleben wurden unüberhörbare Forderungen.

Um die geheiligten Traditionen vieler Jahrhunderte infrage stellen und den mystischen Nebelschleier des königlichen Absolutismus durchdringen zu können, gab es angesichts der fehlenden politischen Macht nur die Möglichkeit, sich auf das Urteil des autonomen Verstandes zu verlassen. Intelligenz und Bildung erhielten einen bislang unbekannten Rang. Hier ging es nicht mehr nur darum, wissenschaftliche Sachverhalte zu klären und auf diese Weise die Menschheit voranzubringen. Die intellektuelle Einsicht und das Wissen wurden zu Waffen, die sich gegen den absoluten Herrschaftsanspruch des Monarchen und gegen die längst zu unberechtigten Privilegien gewordenen Ansprüche des Adels richteten.

Die Zeit, die nun begann, ist als **Aufklärung** in die Geistesgeschichte eingegangen. Bezeichnenderweise heißt sie in Frankreich »Lumières« und im Englischen »Age of Enlightenment«. Die Vernunft brachte Licht in das mittelalterliche Dunkel und den von den Herrschenden bewusst gepflegten Mystizismus. Sie erhielt die Aufgabe, alle Lebensbereiche zu durchleuchten und daraufhin zu überprüfen, ob sie dem strengen Urteil des Verstandes standhielten. Das galt zuerst einmal für die Wissenschaft selbst, die sich von Irrtümern und unbewiesenen Annahmen befreien musste. Dann aber ging es um Politik und die Ordnung der Gesellschaft, um Religion und Kunst.

Verstand und Wissenschaften hatten durch mancherlei neue Erkenntnisse, auch durch technische Neuerungen bewiesen, wozu sie fähig waren. Nun unternahmen französische Autoren, vor allem Jean-Baptiste d'Alembert (1717–1783) und Denis Diderot (1713–1784), die Mammutaufgabe, das gesamte Wissen der Zeit in einem Buch zusammenzufassen und als Fundament neuer Forschungen einem interessierten Publikum zu präsentieren. Die »Encyclopédie« erschien ab 1751. Ihr Programm wurde von Diderot folgendermaßen formuliert: »Tatsächlich zielt eine Enzyklopädie darauf ab, die auf der Erdoberfläche verstreuten Kenntnisse zu sammeln, das allgemeine System dieser Kenntnisse den Menschen darzulegen, mit denen wir zusammenleben, und es den nach uns kommenden Menschen zu überliefern, damit die Arbeit der vergangenen Jahrhunderte nicht nutzlos für die kommenden Jahrhunderte gewesen sei; damit unsere Enkel nicht nur gebildeter, sondern gleichzeitig auch tugendhafter und glücklicher werden, und damit wir nicht sterben, ohne uns um die Menschheit verdient gemacht zu haben.«

Es geht um den gesellschaftlichen Nutzen. Hier könnte man an die Verbesserung und Rationalisierung der Warenproduktion und an steigenden Wohlstand für die Bevölkerung denken. Die Aufklärung will aber noch mehr. Sie erstrebt das **Glück des Einzelnen** und ein durch **Tugendhaftigkeit** geprägtes menschliches Zusammenleben. Am Ende dieser Entwicklung stehen das vielleicht doch erreichbare Ideal und Zustände wie im Paradies.

Schon hier ist es möglich, von der Säkularisierung religiöser Verheißungen zu reden. Der Einzelne muss nicht auf das ferne Jenseits vertröstet werden, wie es die Kirche von Anbeginn an getan hat. Glück und Wohlergehen sind auch auf dieser Erde, auch in diesem Leben verwirklichbar. Und ob es das Jenseits überhaupt gibt, muss durch den alles zergliedernden Verstand noch erst bewiesen werden!

Eine Voraussetzung für Glück und Entfaltung ist die **politische Freiheit**, welche die Freiheit zur Kritik, die Freiheit des Wortes und damit der Presse beinhaltet. Dafür setzte sich vor allem der Philosoph Voltaire (1694–1778) ein. Dass sich diese Forderung direkt gegen den absolutistischen Staat richtete und der politischen Emanzipation der bislang zum Stillschweigen Verurteilten diente, ist unmittelbar einleuchtend. Allerdings ging es bei Voltaire keineswegs um die Gleichberechtigung aller Menschen. Die Teilnahme am politischen Leben setzt Intelligenz und Bildung voraus. Aber diese sind bei den Massen nicht – oder noch nicht – in ausreichendem Maße zu finden. »Das Volk hat sich zu bilden weder Zeit noch Fähigkeit. Es scheint nötig, dass es einen unwissenden Pöbel gibt; wenn dieser zu räsonieren anfängt, ist alles verloren.«

Solche Formulierungen machen nachdenklich: Ist das die philosophisch-intellektuelle Rechtfertigung für den aufgeklärten Regierungsstil Friedrichs II. von Preußen, Katharinas II. von Russland oder Josephs II. von Österreich, der ja bei aller Fortschrittlichkeit aufgeklärter Absolutismus blieb? Ist es die weise Voraussage dessen, was sich in der Französischen Revolution nach 1789 dann wirklich ereignete? Der Pöbel pervertierte den positiven und notwendigen Neubeginn in sein Gegenteil und erzwang den blutigen Terror der Jakobiner.

Fürs Erste ging es darum, die **Staatsverfassung** auf eine neue, rational nachvollziehbare gedankliche Grundlage zu stellen. Hier ist vor allem Charles de Montesquieu (1689–1755) zu nennen, der sich seinerseits auf englische Quellen, vor allem auf John Locke (1632–1704) stützte und die Entwicklung kannte, die zur Glorreichen Revolution des Jahres 1688 geführt hatte. Damals war der absolutistisch regierende König Jakob II. (König 1685–1689) abgesetzt und durch Wilhelm III. von Oranien (König 1689–1702), den Erbstatthalter der Niederlande, seinen Schwiegersohn, ersetzt worden. Der neue König musste die Bill of Rights (1689) bewilligen, eine äußerst wichtige Verfassungsurkunde, die England zur konstitutionellen, verfassungsmäßig gebundenen Monarchie machte. Das Parlament sicherte sich das Recht, Steuern zu bewilligen. Die Redefreiheit wurde garantiert. Von nun ab war es dem König nicht mehr gestattet, Gesetze aus seiner Machtfülle heraus einfach aufzuheben.

Die bleibende Leistung des französischen Staatsdenkers Montesquieu war die Forderung nach **Gewaltenteilung**. Um den Machtmissbrauch zu verhindern, forderte er drei voneinander unabhängige Gewalten, die eine gegenseitige Kontrolle möglich machten. Die Gesetze wurden von der gesetzgebenden Gewalt (Legislative) erlassen. Die ausführende Gewalt (Exekutive) sorgte dafür, dass sie im politischen Leben beachtet und umgesetzt wurden. Für Gerechtigkeit und Rechtsicherheit sorgte die ebenfalls unabhängige richterliche Gewalt (Jurisdiktion oder Judikative). Auch wenn die Trennung oft nicht so streng wie von Montesquieu gefordert verwirklicht wurde, ist sie ein unentbehrliches staatsrechtliches Fundament für alle demokratisch-parlamentarischen Verfassungssysteme. Bis zum heutigen Tag gilt sie als Garantie für größtmögliche Rechtssicherheit im Staat.

Noch erschien sie als gut gemeinte Theorie, deren Verwirklichung in weiter, unerreichbarer Ferne lag. Doch die Zeit schritt voran, und überraschend schnell ergab sich die Möglichkeit, fortschrittliche politische Ideen in die Wirklichkeit umzusetzen. Seit Langem waren die amerikanischen Kolonisten mit der Politik des Mutterlandes unzufrieden. Alle wichtigen Entscheidungen fielen in London. Dennoch mussten die Siedler die teuren Fertigwaren aus England kaufen und Steuern an die Regierung bezahlen. Als es zu militärischen Auseinandersetzungen zwischen den Kolonisten und der Regierungsarmee kam, proklamierte der Zweite Kolonialkongress in Philadelphia am 4. Juli 1776 die Unabhängigkeit der Vereinigten Staaten von Amerika. Für den Beschluss stimmten alle 13 Kolonien.

Die **Unabhängigkeitserklärung** war so wichtig und so zukunftweisend, dass hier eine größere Passage zitiert werden soll: »Folgende Wahrheiten erachten wir als selbstverständlich: dass alle Menschen gleich geschaffen sind; dass sie von ihrem Schöpfer mit gewissen unveräußerlichen Rechten ausgestattet sind; dass dazu Leben, Freiheit und das Streben nach Glück gehören; dass zur Sicherung dieser Rechte Regierungen unter den Menschen eingerichtet werden, die ihre rechtmäßige Macht aus der Zustimmung der Regierten herleiten; dass, wenn irgendeine Regierungsform sich für diese Zwecke als schädlich erweist, es das Recht des Volkes ist, sie zu ändern oder abzuschaffen und eine neue Regierung einzusetzen und sie auf solchen Grundsätzen aufzubauen und ihre Gewalten in der Form zu organisieren, wie es zur Gewährleistung ihrer Sicherheit und ihres Glücks geboten zu sein scheint. Gewiss gebietet die Vorsicht, dass seit Langem bestehende Regierungen nicht um unbedeutender und flüchtiger Ursachen willen geändert werden sollten (...). Aber wenn eine lange Reihe von Missbräuchen und Übergriffen, die stets das gleiche Ziel verfolgen, die Absicht erkennen lässt, sie [die Menschen] absolutem Despotismus zu unterwerfen, so ist es ihr Recht, ist es ihre Pflicht, eine solche Regierung zu beseitigen und sich um neue Bürgen für ihre zukünftige Sicherheit umzutun.«

Für uns bietet der Text eine Aneinanderreihung von Selbstverständlichkeiten. Das gilt ja in ähnlicher Weise auch für den Grundrechtskatalog des Grundgesetzes. Für die Zeit, in der er entstand, war er neu und revolutionär. Tatsächlich spricht man in diesem Zusammenhang ja auch von der »amerikanischen Revolution«, die der berühmt-berüchtigten Französischen Revolution um 13 Jahre vorausging.

Was ist das Neue? Zunächst einmal werden dem Menschen Rechte zugesprochen, die er durch Gott oder von Natur aus ursprünglich besitzt (Naturrechte). Sie wurden nicht von einer weltlichen oder geistlichen Instanz verliehen und können deshalb auch nicht von ihr widerrufen oder zurückgefordert werden. Für religiös gebundene Menschen ist dies wiederum Ausdruck der Gottähnlichkeit. Andere begründen die Sonderstellung unter den Lebewesen mit dem Vorhandensein der menschlichen Vernunft. Vergessen wir nicht, dass wir uns im Zeitalter der Aufklärung befinden. Der Staat ist etwas, das von Menschen für Menschen geschaffen wurde. Sein Ursprung liegt nicht in mythischem oder mystischem Dunkel. Hier wird, möchte man sagen, ein bürgerlich-rechtlicher Vertrag geschlossen. Der Zweck des Zusammenschlusses wird festgeschrieben: Er hat die Aufgabe, das Leben der Menschen zu schützen, ihnen Freiheit und Glück zu garantieren. Auf rationalem Grund ruht auch das hier noch einmal formulierte Recht auf Widerstand. Dazu sind die Untertanen berechtigt, wenn die Herrschenden den Staatszweck unberücksichtigt lassen, Freiheit und Wohlergehen durch Despotismus unterdrücken.

Eine Formulierung der Unabhängigkeitserklärung leuchtet unmittelbar ein – und ist doch Anlass zum Nachdenken und zu mancherlei historischen Exkursen: »dass alle Menschen gleich geschaffen sind.« Von allem Anfang an erweist sich diese Feststellung als interpretationsbedürftig: Sind von Gott und von der Natur aus wirklich alle Menschen gleich und haben sie damit gleiche Rechte und Ansprüche an das Leben? Oder: Gilt die **Gleichberechtigung** nur für ihre Startchancen, dass alle die Möglichkeit haben, sich frei im

Leben zu entfalten und die höchsten Ziele zu erreichen? Bald wird sich zeigen, dass die unterschiedlichen Deutungen dieses Satzes erhebliche politische Folgen haben. Da gibt es die radikalen Verfechter der Gleichheit, z. B. François-Noël Babeuf (1760–1797), der die »Verschwörung der Gleichen« ins Leben rief und eine streng kommunistische Lebensform erstrebte. Andere sprachen zwar von gleichen Chancen, verteidigten aber das Recht, Eigentum zu erwerben und zu genießen. Vergessen wir nicht, dass die Aufklärung im Wesentlichen eine Ausdrucksform des gebildeten (und oft wohlhabenden) Bürgertums war, das hier nicht über seinen Schatten zu springen vermochte.

In Amerika wurden die hehren Grundsätze für alle Welt sichtbar in einer wichtigen Verfassungsurkunde festgelegt. Das verhinderte nicht, dass die indianische Urbevölkerung zwischen Atlantik und Pazifik im 19. Jahrhundert dezimiert und in unwegsame Regionen des Subkontinents zurückgedrängt wurde. Lange, sehr lange dauerte es auch, bis die farbige Bevölkerung der Vereinigten Staaten gleiche Rechte – wenigstens auf dem Papier – zugesprochen bekam. Es ist noch gar nicht so lange her, dass der amerikanische Bürgerrechtler Martin Luther King in Memphis ermordet wurde (1968)!

Sicher ist, dass die auf rationaler Einsicht ruhende Forderung nach Gleichheit der Menschen ihre Faszination behalten und immer wieder auch politische Folgen haben wird. Die dramatische Geschichte des **Sozialismus** und **Kommunismus**, die ja auch Kinder der Aufklärung waren und sind, hat für uns heute schon etwas Antiquarisches. Allzu gern verschließen wir aber die Augen vor der real existierenden Ungleichheit im Weltmaßstab. Der Gedanke der Gleichheit wird weiterhin Völker und Kontinente in Bewegung setzen, wie es etwa unter dem chinesischen Führer Mao Tse-tung (Mao Zedong, 1893–1976) geschah, der mit diktatorischen Mitteln versuchte, das chinesische Volk und andere unterentwickelte Völker gegen die reichen kapitalistischen Länder zu vereinigen und zu mobilisieren.

Wer über die Aufklärung spricht, muss vor allem auch über **Religion** reden. Sofort wird ein ganz grundsätzlicher Gegensatz deutlich: Glaube und Wissen sind per definitionem nicht vereinbar. Ich glaube das, was ich mit Hilfe des Verstandes nicht beweisen kann. Könnte ich es beweisen, so verwandelte sich der Glaube in Wissen, wäre also kein Glaube mehr.

Die Aufklärer gingen, was die Religion betraf, mehr oder weniger radikal zu Werke. Manche begnügten sich damit, da anzusetzen, wo nach ihrer Auffassung der Irrtum des Glaubenden offenkundig war. Die Wunder erschienen als gefühl- und fantasievolle Ausschmückungen der biblischen Erzählung. Dass Jesus Tote zum Leben erweckte und durch Handauflegen Kranke heilte, dass er auf dem Wasser dahinschritt und Wasser zu Wein verwandelte, widersprach den beweisbaren Gesetzen der Natur und erwies sich damit als falsch.

Für manche Aufklärer erschien der Schnitt, der den Menschen endgültig von seinen religiösen Wurzeln trennt, zu radikal und zu schmerzhaft. Der sogenannte **Deismus** (lat. »deus« = Gott) bedeutete einen erträglichen Kompromiss: Es gibt einen Gott, und tatsächlich hat er die Welt und den Menschen geschaffen. Dann aber überlässt er das Geschaffene sich selbst und greift in die Geschichte und in das Menschenleben nicht mehr ein. Es versteht sich von selbst, dass unter dieser Voraussetzung alle Hilferufe und Gebete, alle guten Werke und Opfergaben ohne Sinn bleiben. Gott antwortet nicht! Der Deismus enthält eine Absage an das institutionell verfasste Bekenntnis und an die Kirche. Gott ist in seinem Werk, in der Natur, in den moralischen Gesetzen, die im Menschen angelegt sind, erfahrbar. Frommer Legenden und der Vermittlung durch die Priester der Kirche bedarf es nicht.

Natürlich bleibt ein Rest Glauben, denn trotz aller scholastischen Gottesbeweise ist die Existenz Gottes eben nicht beweisbar. Der große deutsche Philosoph Immanuel Kant (1724–1804) hat abschließend festgestellt, dass weder die Existenz noch die Nichtexistenz Gottes mit den Mitteln des Verstandes und der Philosophie bewiesen werden könne. Daraus ergibt sich konsequent ein geradezu ketzerischer Gedanke: Wenn das so ist, dann ist sowohl die Existenz Gottes als auch seine Nichtexistenz Gegenstand des Glaubens. Der Jude und der Christ, der Moslem und der Buddhist glauben an Gott; der Atheist glaubt daran, dass es Gott nicht gibt.

Die **Atheisten** gehen noch weiter als die Deisten und leugnen die Existenz Gottes ganz. Das ergibt sich konsequent aus der rationalistischen Forderung, dass nur das gelten könne, was mittels des Verstandes nachweisbar ist und sich mit dem Diktat der Naturgesetze vereinbaren lasse. Die Schöpfungsgeschichte der Bibel, die Genesis, ist entweder eine fantasievolle Kindergeschichte ohne Verbindlichkeit oder absichtlicher, geplanter Betrug durch eine machtgierige Priesterschaft.

Wenn der Schöpfungsbericht nicht zutrifft, dann bleibt eine schwierige philosophische Frage offen. Unumstößlich gilt der philosophische Grundsatz »Ex nihilo nihil«, nichts kann aus Nichts entstehen. Also müssen die Welt und der Mensch aus etwas Vorhandenem geworden sein – und dies muss, da es ja nicht irgendwann entstehen konnte, ewig sein. Die Materie wurde als das Vorhandene angenommen. Dies ergab allerdings nur dann einen Sinn, wenn sie als lebendig, d. h. wandelbar – ohne Anstoß von außen – angenommen wurde. Dass wir hier im Grunde bei einem Glaubenssatz angelangt sind, ist offensichtlich.

Französische **Materialisten** dachten das Problem mit der Schärfe des Gedankens zu Ende – oder doch so weit, wie der Gedanke reichte. Das galt z. B. für Paul Heinrich Dietrich von Holbach (Paul Henri Thiry d'Holbach, 1723–1789), der aus Deutschland stammte, und Claude Adrien Helvétius (1715–1771). Für den Arzt und Naturforscher Julien Offray de La Mettrie (1709–1751) war der Mensch eine Maschine, die sich nach den Naturgesetzen bewegte. Denken und Fühlen spiegelten nichts anderes als biochemische Vorgänge im Gehirn. Da es ein Jenseits nicht geben könne, empfahl der Philosoph den Menschen das Streben nach diesseitigem Lebensgenuss und irdischem Glück.

Die materialistische Philosophie wurde zu einem der tragenden Fundamente der Lehren von Karl Marx (1818–1883) und Friedrich Engels (1820–1895). Sie übernahmen auch den damit verbundenen Atheismus. Bekannt ist das berühmte Wort von Marx, das er in seiner Einleitung zur Kritik der Hegelschen Rechtsphilosophie formulierte: »Die Religion ist der Seufzer der bedrängten Kreatur, das Gemüt einer herzlosen Welt, wie sie der Geist geistloser Zustände ist. Sie ist das Opium des Volkes.« Die Verheißung des Jenseits dient dazu, den Menschen ihr schweres Los erträglicher zu machen.

Werfen wir noch einen Blick zurück auf Erscheinungsformen der Aufklärung in Deutschland. Es liegt im Wesen der Sache, dass sie sich vor allem in der **Literatur** offenbarte. Wir erinnern uns: Keineswegs war die Aufklärung ein Anliegen und eine Erkenntnishaltung der gesamten Bevölkerung, angefangen beim Einödbauern im Bayerischen Wald bis hin zum Philosophieprofessor in Königsberg. So konnte Immanuel Kant in seiner berühmten Abhandlung »Was ist Aufklärung?« (1784) zu Recht feststellen: »Wenn denn nun gefragt wird: Leben wir jetzt in einem aufgeklärten Zeitalter? So ist die Antwort: Nein, aber wohl in einem Zeitalter der Aufklärung.« Das Ziel ist noch fern, aber man ist auf dem rechten Weg!

Gotthold Ephraim Lessing (1729–1781) soll unser Gewährsmann sein, weil sowohl sein literarisches Werk wie auch seine philosophischen Überlegungen bis auf den heutigen Tag Beachtung finden. Seine klug vermittelnde Haltung in religiösen Angelegenheiten offenbart sich in der Abhandlung »Die Erziehung des Menschengeschlechts« (1780). Für ihn werden Erziehung und religiöse Offenbarung in gewisser Weise gleichgestellt: »Was die Erziehung bei dem einzelnen Menschen ist, ist die Offenbarung bei dem ganzen Menschengeschlechte.« Nun aber kommt die Vernunft ins Spiel: »Erziehung gibt dem Menschen nichts, was er nicht auch aus sich selbst haben könnte; sie gibt ihm das, was er aus sich selber haben könnte, nur geschwinder und leichter. Also gibt auch die Offenbarung dem Menschengeschlechte nichts, worauf die menschliche Vernunft, sich selbst überlassen, nicht auch kommen würde: sondern sie gab und gibt ihm die wichtigsten dieser Dinge nur früher.«

Die religiöse Offenbarung, vermittelt durch die Elementarbücher des Alten und des Neuen Testaments, lehrt den Menschen die Existenz eines einigen Gottes und die Unsterblichkeit der Seele. Mittels seines Verstandes und seiner Vernunft würde er im Laufe der Generationen aber auch von sich aus zu diesen Erkenntnissen gelangen. Am Ende stünde eine klare Einsicht in das Wesen Gottes und der Unsterblichkeit, die von kindgemäßem pädagogischen Zierwerk und von Irrtümern gereinigt wäre. Am Ende stünde damit auch eine vernunftgemäße Religion, eine »Vernunftsreligion«, die von allem Ballast befreit wäre. Die vielen Varianten der wohlgemeinten Suche nach dem Allerhöchsten und dem religiösen Sinn des Lebens, der sich in den verschiedenen Glaubensrichtungen, Religionsgemeinschaften und Kulten dokumentiert, wären entbehrlich – und damit auch der nicht selten feindselige Streit zwischen Judentum und Christentum, Christentum und Islam und anderen mehr.

Unter dem Gesichtspunkt der philosophischen Vermittlung zwischen den Konfessionen ist selbstverständlich auch Lessings dramatisches Gedicht »Nathan der Weise« (1779) zu deuten. Im Streit mit dem orthodoxen Hamburger Hauptpastor Johann Melchior Goeze hatte er geschrieben: »Ich muss versuchen, ob man mich auf meiner alten Kanzel, auf dem Theater wenigstens, noch ungestört will predigen lassen.«[10] Mittels der »Ringparabel« in »Nathan der Weise« vergleicht er die monotheistischen Hochreligionen Judentum, Christentum und Islam mit drei kostbaren Ringen, die ein Vater seinen Söhnen vererbt hat. Aber nur einer dieser Ringe ist der ursprüngliche; nur einer besitzt »die geheime Kraft, vor Gott und Menschen angenehm zu machen«. Leider sind sie so kunstvoll gefertigt, dass sie sich nicht mehr unterscheiden lassen. Nach dem Tod des Vaters streiten die Söhne darüber, wer den rechten Ring erhalten habe. Der Richter zeigt sich außerstande, den Besitzer des ursprünglichen Rings zu ermitteln, und tut folgenden weisen Spruch:

> (...) Mein Rat ist aber der: ihr nehmt
> Die Sache völlig, wie sie liegt. Hat von
> Euch jeder seinen Ring von seinem Vater:
> So glaube jeder sicher seinen Ring
> Den echten. (...)
> Wohlan!
> Es eifre jeder seiner unbestochnen,
> Von Vorurteilen freien Liebe nach!
> Es strebe von euch jeder um die Wette,
> Die Kraft des Steins in seinem Ring an Tag
> Zu legen! komme dieser Kraft mit Sanftmut,
> Mit herzlicher Verträglichkeit, mit Wohltun,
> Mit innigster Ergebenheit in Gott,
> Zu Hilf! (...)[11]

Es kommt also gar nicht mehr darauf an, sich im Besitz des rechten Rings bzw. der Wahrheit zu wähnen, sondern sich in seinem Leben so zu verhalten, dass man den anderen Menschen Freund und Helfer ist, dass man Gutes um des Guten willen tut und nicht, um irgendein von außen herangetragenes Gebot zu erfüllen, um Belohnung zu erhalten bzw. Strafe zu vermeiden.

Lessing legt die Handlung seines dramatischen Gedichts bewusst in die Zeit der Kreuzzüge, die durch Hass und Blutvergießen gekennzeichnet war. Auf der Bühne begegnen wir dem weisen Juden Nathan, der ein Christenkind adoptiert hat, dem muslimischen Menschenfreund Sultan Saladin und dem naiv frommen christlichen Klosterbruder. Das friedliche Zusammenleben der Religionen bleibt nicht unerfüllbares Postulat, sondern wird in schwieriger Zeit verwirklicht. Die Vernunft siegt über orthodoxen Starrsinn und egoistische Verblendung.

Friedrich Schiller (1759–1805) gehörte zu der Gruppe der jungen Dichter, die sich ganz bewusst und mit Feuereifer gegen die Kühle und Gefühlsarmut der Aufklärung verschworen. Die **Stürmer und Dränger** setzten dem abwägenden Verstand Empfindung und Leidenschaft entgegen. Auf der Bühne agierten nicht mehr Philosophen, wie Nathan einer war, sondern Originalgenies und Kerle vom Zuschnitt des jungen Grafen Karl Moor und des ritterlichen Haudegens Götz von Berlichingen.

Auf den zweiten Blick wird sichtbar, dass Schiller durchaus ein Kind der Aufklärung war und dass die menschliche Vernunft ordnend in die Verhältnisse eingreift, ja ordnend in sie eingreifen muss. Wie anders erklärt sich der Ausgang der »Räuber«? Karl Moor ist zum Räuber und Mörder geworden, weil er Recht und Gerechtigkeit wiederherstellen wollte. Spät erkennt er den Irrweg, auf dem er sich befindet: »Da steh ich am Rand eines entsetzlichen Lebens und erfahre nun mit Zähneklappern und Heulen, dass zwei Menschen wie ich den ganzen Bau der sittlichen Welt zugrunde richten würden.« Er endet mit den Worten: »Ich erinnere mich, einen armen Schelm gesprochen zu haben (...), der im Taglohn arbeitet und elf lebendige Kinder hat – man hat tausend Louisdore geboten, wer den großen Räuber lebendig liefert – dem Mann kann geholfen werden.«[12]

In »Kabale und Liebe« (1784) schimmern revolutionäre Gedanken durch, wie sie sich unter dem Einfluss der Aufklärung in England und Frankreich entwickelt haben. Der fürstliche Absolutismus wird als menschenverachtende und zerstörerische Gewaltherrschaft charakterisiert. Freilich bleibt der Ausgang des Stückes unbefriedigend. Weil der Verfasser in seiner Zeit keine andere Lösung sieht, gehen die Liebenden, Luise Miller und Ferdinand von Walter, gemeinsam in den Tod. Noch ist die Zeit nicht reif für eine Revolution, die mit den überlebten Traditionen aufräumt!

Politischer noch, auch reifer als dieses Stück ist Schillers »Don Carlos« (1787). Der Marquis von Posa brandmarkt das Überkommene und wird zum Künder eines neuen Staatsideals. Fürs Erste aber spricht er von seiner Legitimation und von dem, was ihn von den bewährten Ratgebern des Königs unterscheidet:

(...) Sie sehen
Von den Geheimnissen der Majestät

> Durch meine Hand den Schleier weggezogen.
> Wer sichert Sie, dass mir noch heilig heiße,
> Was mich zu schrecken aufgehört? Ich bin
> Gefährlich, weil ich über mich gedacht.

Und dann folgt seine Forderung:

> Gehen Sie Europens Königen voran.
> Ein Federzug von dieser Hand, und neu
> Erschaffen wird die Erde.
> Geben Sie Gedankenfreiheit.

Doch sogleich beruhigt er den Monarchen:

> (...) Die lächerliche Wut
> Der Neuerung, die nur der Ketten Last,
> Die sie nicht ganz zerbrechen kann, vergrößert,
> Wird mein Blut nie erhitzen. Das Jahrhundert
> Ist meinem Ideal nicht reif. Ich lebe
> Ein Bürger derer, welche kommen werden.[13]

Marquis Posa macht König Philipp II. nachdenklich und betroffen. Letzten Endes siegt aber auch hier die Staatsräson: Der Königssohn und sein Freund Posa müssen sterben, weil sie die überkommene und als gottgewollt verstandene Ordnung gefährden.

Für den Sieg der Vernunft in staatsrechtlich-politischen Angelegenheiten war die Zeit in der Tat noch nicht reif. Friedrich II. von Preußen (König 1740–1786), genannt der Große, wurde in diesem Zusammenhang bereits erwähnt. Er war der »erste Diener« seines Staates und zermürbte sich im alltäglichen Dienst. Keine sein Land und dessen Menschen betreffende Angelegenheit war zu klein, um unbeachtet zu bleiben, ob es um die Einführung der Kartoffel in Brandenburg-Preußen ging, weil schlechte Getreideernten immer wieder Hungersnöte herbeiführten, oder um die Trockenlegung des Oderbruchs. Seine Fürsorge, die oft pedantisch wirkte, ist durch die vielen holprigen Marginalien, Randbemerkungen, mit denen er amtliche Schriftstücke zierte, für die Nachwelt bezeugt.

Ja, Friedrich von Preußen war ein aufgeklärter Monarch. Das beweisen nicht zuletzt auch seine Freundschaft und der intensive Gedankenaustausch mit dem französischen Philosophen Voltaire. Da er aber seine Untertanen für unreif und ungebildet hielt, lag die gesamte Verantwortung für den Fortschritt in Gesellschaft und Wirtschaft des Landes beim König. Er regierte absolutistisch und duldete keine Widerrede. Immerhin verdient diese Regierungsweise das Etikett »aufgeklärter Absolutismus«.

In diesem Zusammenhang ist auch zu erwähnen, dass der König die Entwicklung seines Landes zum Rechtsstaat einleitete. Das »Allgemeine Landrecht für die preußischen Staaten« ging auf seine persönliche Einflussnahme zurück, auch wenn es erst nach seinem Tod fertiggestellt und im Jahr 1794 amtlich verbindlich wurde. Von diesem Gesetzeswerk führt ein direkter Weg zum bis auf den heutigen Tag geltenden »Bürgerlichen Gesetzbuch« aus dem Jahr 1900.

Es dauerte lange, bis in Deutschland das Volk seine Geschicke selbst in die Hand nahm und sich das durch die Aufklärung veränderte Denken zu eigen gemacht hatte. Die **Revolution von 1848/49** bot die große historische Chance – und tatsächlich entstand damals ja die Verfassung für ein zu gründendes Deutsches Reich, das an Vorbilder in Amerika und an die frühe Phase der Französischen Revolution erinnerte. Bekanntlich kam alles ganz anders: Als König Friedrich Wilhelm IV. von Preußen die ihm angetragene Kaiserkrone ablehnte, ging die Frankfurter Nationalversammlung auseinander. Der Rest, die allzu Beharrlichen, wurden mit Waffengewalt zerstreut.

Es lohnt sich, einen kurzen Rückblick auf die Verhältnisse in **Frankreich** zu tun: Die Fortschritte im politischen Denken und das offenbare Scheitern des absolutistischen Systems durch Misswirtschaft und moralischen Verfall schufen eine dramatische Situation.

Die Revolution begann, als sich im Juni 1789 die französische Ständeversammlung zur Nationalversammlung erklärte, als im Monat darauf, am 14. Juli, von der Pariser Bevölkerung das Staatsgefängnis Bastille gestürmt wurde und als die Nationalversammlung in der Nacht vom 4. auf den 5. August die Feudalrechte des Adels und des Klerus abschaffte.

Allgemein wurde all das als Sieg der Vernunft gedeutet: Die Nationalversammlung garantierte die politische Gleichgewichtigkeit aller Abgeordneten. Die Zwingburg einer despotischen Herrschaft gab es nicht mehr und auch nicht die seit Langem als ungerecht empfundenen, da funktionslosen Privilegien bevorrechtigter Bevölkerungsgruppen.

Unter der Herrschaft der Jakobiner, deren herausragender Vertreter Maximilien de Robespierre (1758–1794) war, wurde die Kirche verfolgt und der religiöse Kult durch den »Kult der Vernunft« ersetzt. Für alle sichtbar thronte in der Kathedrale Notre-Dame eine »Göttin der Vernunft«. Sie wurde durch eine Schauspielerin verkörpert.

Auch hier wird wieder einmal die Zweigesichtigkeit der Vernunft deutlich: Sie lehrt, was zu tun und zu lassen ist; sie entscheidet zwischen Recht und Unrecht; sie lässt Halbheiten und vermeintliche Kompromisse nicht zu, da es um höchste menschliche Ziele geht. Die politische Moral ist unerbittlich:

»Wir wollen in unserem Land an Stelle des Egoismus die Moral setzen, an Stelle der Ehre die Rechtschaffenheit, an Stelle der Gewohnheiten die Grundsätze, an Stelle der Willkür die Pflichten, an Stelle der Tyrannei der Mode das Reich der Vernunft, an Stelle der Verachtung des Unglücks die Verachtung des Lasters, an Stelle des Hochmuts den Stolz, an Stelle der Eitelkeit die Seelengröße, an Stelle der Geldgier die Liebe zum Ruhm, an Stelle der ›guten Freunde‹ die guten Menschen, an Stelle der Intrige das Verdienst, an Stelle der Geistreichigkeit den wahren Geist, an Stelle des Aufsehens die Wahrheit, an Stelle der Langeweile der Lüste die Heiterkeit des Glückes, an Stelle der Kleinheit der Großen die Größe des Menschen, ein großmütiges, mächtiges, glückliches Volk an Stelle eines liebenswürdigen, frivolen und erbärmlichen, d. h. alle Tugenden und alle Wunder der Republik an Stelle der Laster und Lächerlichkeiten der Monarchie.«[14]

Erschütternd ist, welche Folgen dieser Tugendkult, die Predigt des »Unbestechlichen« Robespierre zeitigte. Der Terror machte Frankreich zu einem blutigen Tollhaus. Die unermüdlich arbeitende, unermüdlich mordende Guillotine, sorgte dafür, dass die Verkörperer der Unmoral mit Stumpf und Stiel ausgerottet wurden. Am Ende starb Robespierre selbst auf dem Schafott, ohne sein erhabenes Ziel verwirklicht zu haben. Längst hatten sich viele Bewunderer, unter ihnen z. B. der deutsche Dichter Friedrich Schiller, schaudernd von der Revolution abgewandt.

Dennoch, das historische Verdienst der Aufklärung bleibt, die Tatsache, dass die menschlichen Lebensverhältnisse rationalen Grundsätzen zu entsprechen haben, dass nicht alles einfach zu glauben und zu erdulden, sondern gegebenenfalls mit der Kraft der Vernunft umgestaltet werden muss – zum Wohl der Betroffenen. So betrachtet sind viele europäische Länder und Amerika anderen einen guten Schritt voraus.

Natürlich gilt, dass nicht alles dem Diktat der Vernunft unterworfen sein darf. Religion und Ehrfurcht vor dem Geschaffenen, mitmenschliche Empfindungen und Autorität eignen sich nur sehr bedingt für eine rationale Prüfung. Wer Zuneigung und Liebe zwischen zwei Menschen auf die Apothekerwaage legt und mit der Mikrometerschraube vermisst, wer nach biochemischen Vorgängen fahndet und das Zusammenleben unter betriebswirtschaftlichen Gesichtspunkten organisiert, der zerstört ein wunderbares Geheimnis.

Für uns bleibt die klassische Definition des Begriffes »Aufklärung«, die der Königsberger Philosophieprofessor Immanuel Kant (1724–1804) formuliert hat, ein gültiges Vermächtnis. In seiner Abhandlung »Beantwortung der Frage: Was ist Aufklärung?« schreibt er: »Aufklärung ist der Ausgang des Menschen aus seiner selbstverschuldeten Unmündigkeit. Unmündigkeit ist das Unvermögen, sich seines Verstandes ohne Leitung eines anderen zu bedienen. Selbstverschuldet ist diese Unmündigkeit, wenn die Ursache derselben nicht am Mangel des Verstandes, sondern der Entschließung und des Mutes liegt, sich seiner ohne Leitung eines andern zu bedienen. Sapere aude! Habe Mut, dich deines eigenen Verstandes zu bedienen! ist also der Wahlspruch der Aufklärung.«

Weltall und Mensch
Die Naturwissenschaften

Die Hochkulturen Mesopotamiens und Ägyptens verfügten bereits über bemerkenswerte Anfänge der Naturwissenschaften. Die Sumerer kannten ein Zehner- und ein Sechserzahlensystem, wobei die einzelnen Zahlen ursprünglich durch Eindrücken eines Schilfrohrs in Tontafeln aufgezeichnet wurden. Später kamen keilförmige Stifte auf. Bereits 2500 v. Chr. wurden Multiplikationstafeln benutzt, mit denen der Flächeninhalt von Ackerstücken bzw. der Rauminhalt berechnet werden konnte. Annäherungsweise ließen sich auch Kreisflächen und Rauminhalte von zylindrischen Körpern erfassen.

Besonders große Leistungen vollbrachten die **Mesopotamier** auf dem Gebiet der **Astronomie**. Dabei mögen religiöse, d. h. astrologische Auffassungen den Anlass zu einer sorgfältigen Beobachtung des Sternenhimmels gegeben haben. Allerdings hatte das babylonische Mondjahr ursprünglich 360 Tage, die auf zwölf Monate zu je 30 Tagen verteilt wurden. Die dadurch entstandene Verschiebung jahreszeitlicher Abläufe wurde durch die gelegentliche Einführung von Zusatzmonaten korrigiert. Auf die Babylonier geht die Einteilung der Stunde in 60 Minuten und der Minute in 60 Sekunden zurück, auch die Aufteilung des Tages in zwölf Stunden.

Auch bei den **Ägyptern** erreichte die Astronomie eine bewundernswerte Höhe. Sie führten das Sonnenjahr, das sich an der Umdrehung der Erde um die Sonne orientiert, ein. Es hatte – wie unser Jahr heute – 365 Tage. Für die ägyptischen Bauern war eine genaue Zeitbestimmung, vor allem für die Aussaat, von allergrößter Wichtigkeit. Sie wussten, dass die Nilschwelle, die fruchtbares Schwemmland über ihre Äcker ausbreitete, in der Regel dann kam, wenn das Sternbild des Sirius am Himmel auftauchte.

Bei den Mesopotamiern und den Ägyptern handelte es sich um städtische Hochkulturen. Seit Langem waren ihre organisatorischen und wissenschaftlichen Leistungen bekannt. Andere archäologische Funde geben bis zum heutigen Tag noch ungelöste Rätsel auf – und das vor allem deshalb, weil schriftliche Quellen fehlen. Mit Sicherheit hatten der monumentale Steinkreis im englischen Stonehenge und die Steinreihen in Carnac in der Bretagne eine astronomische Bedeutung. Sicher waren die Astronomie und religiöse Kultur aber aufs Engste miteinander verbunden. Neue Rätsel gab die im Jahr 1999 von Raubgräbern in Sachsen-Anhalt gefundene »Himmelsscheibe von Nebra« auf. Es ist davon auszugehen, dass die im Durchmesser etwa 30 Zentimeter große Bronzescheibe genaue Angaben über den Jahresablauf, u. a. auch über den Beginn und das Ende der Feldarbeit enthält. Die Scheibe ist schätzungsweise 4 000 Jahre alt und damit das früheste Zeugnis ihrer Art.

Die naturwissenschaftlichen Erkenntnisse der Mesopotamier und der Ägypter kamen den **Griechen** zugute, insbesondere den Jonern mit ihren geografisch günstigen Beziehungen zum Orient. Zahlreiche naturwissenschaftliche Einzelergebnisse gehen auf die sogenannten jonischen **Naturphilosophen** zurück, unter denen Thales von Milet, Anaximander von Milet, Anaximenes (um 585–um 528 v. Chr.), Heraklit von Ephesos (um 540–um 480 v. Chr.) und Anaxagoras (499–428 v. Chr.) besonders zu nennen sind.

Thales von Milet (um 624–546 v. Chr.), der erste jonische Naturphilosoph, war vermutlich Kaufmann. Er kam auf seinen weiten Reisen auch nach Ägypten und Mesopotamien, wo er Kenntnisse in der Geometrie und in der Astronomie erwarb. Angeblich soll er eine Sonnenfinsternis für ein bestimmtes Jahr vorausgesagt haben. Er sah im Wasser den Urstoff, aus dem sich alles andere entwickelt habe. Anaximander von Milet (um 610–um 545 v. Chr.) übernahm von den Babyloniern und Ägyptern die Lehre von den Elementen und fügte dem Wasser, der Erde und der Luft noch das Feuer als viertes Element hinzu. Pythagoras von Samos (um 580–500 v. Chr.) ist noch heute durch den »Satz des Pythagoras« bekannt, nach dem in einem rechtwinkligen Dreieck die Summe der Quadrate über den Katheten gleich dem Quadrat über der Hypotenuse ist. Er und seine Schule versuchten das Universum mathematisch zu erfassen. Nach Empedokles von Agrigent (um 490–um 430 v. Chr.) bestanden alle Dinge aus den vier Elementen, die nur unterschiedlich gemischt waren. Liebe und Hass galten als die bewegenden Ursachen für Vereinigung oder Trennung dieser Ursubstanzen.

Noch weiter gingen die im 5. Jahrhundert v. Chr. lehrenden **Atomisten**, wie Leukippos von Milet und Demokritos von Abdera (um 460–371 v. Chr.). Nach ihrer Auffassung waren alle Dinge aus unteilbaren kleinsten Teilchen, den Atomen (griech. »unteilbar«), zusammengesetzt, die zudem ewig waren. Sie erklärten die Lebensprozesse rein mechanistisch.

Die vorsokratische jonische Naturphilosophie wurde mit dem Athener Sokrates (470–399 v. Chr.) abgeschlossen. Er selbst beschäftigte sich nicht mit Naturvorgängen, sondern – entsprechend den politischen und sozialen Wirren seiner Zeit – vorwiegend mit ethischen Problemen. Größere Aufgeschlossenheit für mathematische und physikalische Fragen zeigte sein Schüler Platon (427–347 v. Chr.).

Als Gipfel der griechischen und der antiken Naturforschung gilt aber dessen Schüler Aristoteles (384–322 v. Chr.), der bekanntlich der Lehrer von Alexander dem Großen war. Er bezeichnete zugleich einen Wendepunkt, weil er als Letzter das Universum in seiner Ganzheit erfassen wollte, aber als Erster umfassende eigene Untersuchungen unternahm. Seine physikalischen und astronomischen Schriften blieben stark spekulativ. Viel mehr auf Forschung,

Beobachtung und Vergleich beruhten die biologischen Werke. Aristoteles bemühte sich zum Beispiel, aufgrund nachprüfbarer Eigenschaften die Tierwelt zu klassifizieren. Zu diesem Zweck muss er auch Tiere von mindestens 50 verschiedenen Arten seziert haben.

Zum Zentrum der naturwissenschaftlichen Forschung entwickelte sich Alexandria in Ägypten, das im Jahr 331 v. Chr. von Alexander dem Großen gegründet worden war. Hier errichtete König Ptolemaios I. (König 323–um 285 v. Chr.), seinerzeit der Leibwächter und Freund des Makedonenkönigs, das sogenannte »Musaion« (Museum), eine Art Universität, die sich der Forschung und Lehre widmete. Zu dieser Einrichtung gehörten eine Bibliothek mit rund 500 000 Büchern (Schriftrollen), botanische und zoologische Gärten, eine Anatomie und ein astronomisches Observatorium. Die ungefähr 100 Professoren wurden sehr gut bezahlt. Von den alexandrinischen Physikern und Mathematikern sind noch heute z. B. Archimedes von Syrakus und Euklid von Alexandria bekannt.

Archimedes (um 287–212 v. Chr.) bestätigte mathematische Gesetze, die er vermutlich im Experiment bewiesen hatte. So fand er ein Verfahren zur genauen Berechnung der Zahl π und der Quadratwurzel. Er löste kubische Gleichungen und schuf die Anfänge der Integralrechnung. Zugleich verband er wissenschaftliche Einsicht mit praktischer Anwendung. Von ihm stammen verschiedenste Maschinen, z. B. der Drillbohrer und die »archimedische Schraube«, mit der sich Wasser heben lässt. Er entdeckte das »spezifische Gewicht« und das nach ihm benannte »archimedische Prinzip«, nach dem der Auftrieb eines Körpers in einer Flüssigkeit dem Gewicht der verdrängten Flüssigkeit entspricht. Angeblich entlarvte er damit einen betrügerischen Goldschmied, der minderwertiges Metall in ein Schmuckstück eingearbeitet hatte.

Euklid (um 330–260 v. Chr.) systematisierte in seinen »Elementen«, von denen 13 Bücher erhalten sind, die gesamte antike Mathematik. Sein Werk war bis fast in die Gegenwart hinein das bestimmende mathematische Lehrbuch. Aristarchos von Samos (um 310–um 230 v. Chr.) lehrte, dass die Sonne neben anderen Himmelskörpern ein

Fixstern ist und dass die Erde sich innerhalb eines Jahres um sie dreht. Daneben drehe sich die Erde einmal täglich um ihre eigene Achse. Aristarchos vertrat so das heliozentrische Weltbild. Schon damals gab es offenbar Stimmen, die den Gelehrten der Gottlosigkeit beschuldigten. Der Vergleich mit dem Prozess gegen Galileo Galilei im frühen 17. Jahrhundert drängt sich auf. Eratosthenes von Kyrene (um 284–um 202 v. Chr.), der Leiter der Bibliothek in Alexandria, vertrat aufgrund älterer Forschungen die Auffassung, dass die Erde eine Kugel sei. Relativ genau errechnete er ihren Umfang. Von den bekannten Teilen der Erde zeichnete er eine Karte mit Längen- und Breitengraden.

Die **Römer** brachten die theoretischen Wissenschaften im Gegensatz zu den Griechen kaum voran. Allerdings waren sie in der Zeit des Hellenismus, seit Alexander dem Großen, für manches empfänglich, das aus dem griechischen Kulturbereich kam.

Als namhaftester römischer Naturforscher gilt der Offizier Gaius Plinius der Ältere (23–79). In seinem Werk »Naturkunde« (»Naturalis historia«), das 37 Bücher umfasst, schuf er eine Enzyklopädie des damaligen, insbesondere des naturwissenschaftlichen Wissens. Dabei wertete er rund 2 000 Bücher von über 470 römischen und griechischen Autoren aus. Seine Arbeitsweise kann im Großen und Ganzen als typisch für die römische Wissenschaft gelten, die sich zwar die Ergebnisse der griechischen Gelehrten zu eigen machte, indessen nicht ihre Methoden übernahm. Übrigens kam Plinius im Jahr 79 beim Ausbruch des Vesuv ums Leben. Er blieb bis in die Neuzeit hinein eine naturwissenschaftliche Autorität, obwohl sein Werk völlig unglaubwürdige Nachrichten enthielt, z. B. über das Einhorn und den Vogel Phönix, der sich angeblich selbst verbrennt und dann neugeboren aus der Asche aufsteigt.

Das **Mittelalter** gilt mit Recht als vergleichsweise unfruchtbar in Bezug auf die naturwissenschaftliche Fortentwicklung. Doch dürfen dabei nicht wichtige technische Neuerungen übersehen werden, z. B. ein besserer Pflug, das Kummet, das Wasserrad, das Heckruder der Schiffe, der Kompass, das Schießpulver, das Papier und der Druck mit beweglichen Lettern, um einige besonders wichtige Erfindungen zu nennen.

Die Mathematik und die Naturwissenschaften in Europa erhielten aber wichtige Anstöße von außen, insbesondere aus der islamischen Welt, in der sie eine beachtliche Höhe erlangt hatten. Auf dem Umweg über die **Araber** wurden die alten griechischen Schriften in Europa wieder bekannt. Äußere Anlässe waren die Rückeroberung Spaniens (»Reconquista«) und Siziliens durch die Christen. Über die Araber kamen auch die indischen **Zahlzeichen**, die bei uns bis heute noch als »arabische Ziffern« bezeichnet werden, nach Europa. Der Italiener Leonardo da Pisa (um 1180–um 1241) genannt Fibonacci erläuterte sie im Jahr 1202 in seinem »Liber abaci« (»Buch der Rechenkunst«) und zeigte die großen Vorteile des neuen Zahlensystems bei den verschiedenen Rechenarten gegenüber den römischen Zahlzeichen.

Der englische Franziskanermönch Roger Bacon (um 1219–1294) kritisierte den Autoritätsglauben seiner gelehrten Zeitgenossen und empfahl die Einbeziehung der Naturwissenschaften und des Experiments. Dafür wurde er gemaßregelt und unter ständige Überwachung durch seinen Ordensoberen gestellt.

Das verwundert nicht angesichts der Tatsache, dass die hochscholastische Theologie und Philosophie, wie sie insbesondere von Thomas von Aquin (1225–1274) vertreten wurde, die Bewegung der Himmelskörper auf Engel zurückführte. Allerdings wurde seine Auffassung u. a. von dem englischen Gelehrten Wilhelm von Ockham (Occam, 1285–1349) angefochten. Gott hat laut ihm die Himmelskörper einmal in eine andauernde Bewegung gesetzt.

Die große naturwissenschaftliche Wende vollzog sich zu Beginn der **Neuzeit**, im 16. und 17. Jahrhundert also. Sie verhalf auch dem **kopernikanischen Weltbild** nach heftigen Auseinandersetzungen zum Durchbruch. Nikolaus Kopernikus (1473-1543) aus Thorn an der Weichsel war Domherr im ermländischen Frauenburg. Er schrieb bis 1507 an seinem Hauptwerk »De revolutionibus orbium coelestium« (»Über die Umdrehung der Gestirne«), das aber erst 1543 veröffentlicht wurde. Darin verwarf er das ptolemäische Weltbild, indem er die Sonne als Mittelpunkt der Welt ansah und die Kreisbewegung der Erde um die Sonne bzw. der Erde um ihre eigene Achse beschrieb.

Auf den Erkenntnissen von Kopernikus und den Aufzeichnungen des Dänen Tycho Brahe (1546-1601) baute Johannes Kepler (1571-1630) aus dem württembergischen Weil der Stadt auf. Im Jahr 1609 fand er heraus, dass sich die Himmelskörper auf elliptischen Bahnen bewegten, in deren einem Brennpunkt die Sonne ruhte. Die Verbindungslinien zwischen der Sonne und den Planeten überstrichen in gleichen Zeitabständen die gleiche Fläche. Das bedeutete, dass sich die Planeten, wenn sie weiter von der Sonne entfernt waren, langsamer bewegten. Im Jahr 1619 veröffentlichte er sein »drittes Gesetz der Planetenbewegung«, wonach ein exakter Zusammenhang zwischen der Umlaufzeit und der mittleren Entfernung eines Planeten von der Sonne besteht. Damit war nicht nur der Aufbau des Sonnensystems, sondern auch die Summe der Bewegungsvorgänge mit den erforderlichen Gleichgewichten, die sogenannte **Himmelsmechanik**, erfasst.

Schon Kepler hatte seine astronomischen Gesetze auf Beobachtungen gegründet. Der Engländer Francis Bacon (1561-1626), Lordkanzler des Stuartkönigs Jakob I., entwarf eine naturwissenschaftliche Methodenlehre, wonach von der Einzelbeobachtung in der Natur oder im Experiment zu allgemeinen Sätzen fortgeschritten werden sollte. Diese sogenannte **induktive Methode**, im Gegensatz zur deduktiven Methode der scholastischen Philosophie, verhalf den Naturwissenschaften in der Folgezeit zu ihren raschen Erfolgen. Bacon erneuerte damit auch die Verbindung zwischen den Wissenschaften und dem handwerklichen Können, was zur Voraussetzung für die technische Weiterentwicklung wurde.

Der Italiener Galileo Galilei (1564–1642) markierte den Höhepunkt der neuen auf **Experiment** und zusätzlich auf Mathematik gründenden naturwissenschaftlichen Methode, die er z. B. auf Wurf- und Fallbewegungen anwandte. Er baute sich selbst ein Fernrohr, ähnlich denen, die seit etwa 1608 in den Niederlanden von Brillenmachern angeboten wurden, und beobachtete den Sternenhimmel. Sein Eintreten für das umstrittene kopernikanische Weltbild führte aber zu gefährlichen Verwicklungen. 1615 wurde der Physiker in Rom erstmals vor ein Inquisitionsgericht geladen. Im zweiten Prozess im Jahr 1633 wurde er unter Androhung der Folter zum Widerruf gezwungen. Die Bedeutung der Mathematik für die moderne Wissenschaft charakterisierte er in seinem »Dialog über die beiden Weltsysteme« so: »Das Buch der Natur kann man nur verstehen, wenn man vorher die Sprache und die Buchstaben gelernt hat, in denen es geschrieben ist. Es ist in mathematischer Sprache geschrieben, und die Buchstaben sind Dreiecke, Kreise und andere geometrische Figuren, und ohne diese Hilfsmittel ist es Menschen unmöglich, auch nur ein Wort davon zu begreifen.«

René Descartes (1596–1650) verhalf der induktiven mathematischen Methode zum Durchbruch und ergänzte damit Francis Bacons experimentelle Methode. Grundlage seiner gesamten Philosophie war der Zweifel: »Cogito ergo sum« (»Ich denke, also bin ich«). Nach seiner Auffassung unterlag die gesamte physikalische und organische Welt einheitlichen naturwissenschaftlichen Gesetzen. Damit begründete Descartes eine **mechanistische Naturauffassung**, die mit der überkommenen Gottesvorstellung, wobei Gott jederzeit in das Weltgeschehen eingreifen konnte, nur schwer zu vereinbaren war.

Doch gab es auch in den Naturwissenschaften starke Bestrebungen, Rationalität und religiösen Glauben zu vermitteln. Bekannt ist die Theodizee (»Rechtfertigung Gottes«) durch Gottfried Wilhelm Leibniz (1646–1716), der in unserer Welt die beste aller möglichen Welten sah. Leibniz gab den Anstoß zur Gründung der Preußischen und der Russischen Akademie der Wissenschaften in Berlin (1700) und Sankt Petersburg (1711). Er war einer der Erfinder der Differential- und der Integralrechnung. Der zweite Erfinder der Differential- und Integralrechnung war der Engländer Isaac Newton (1642–1727). Neben einer großen Zahl anderer physikalischer und mathematischer Entdeckungen fand er das Gravitationsgesetz, wonach sich zwei verschiedene Massen in einer ganz bestimmten Weise anziehen. Das Gesetz der Schwerkraft erklärt die Bewegung der Planeten, wie sie Johannes Kepler beschrieben hatte, bzw. die Wirkung der Schwerkraft auf der Erde.

Schon die Ägypter hatten beachtliche Kenntnisse auf dem Gebiet der **Chemie** besessen. Sie vermittelten sie zunächst an Griechen und Römer, die sie ihrerseits an die Araber weitergaben. Seit dem Hochmittelalter wurde, wie bereits erwähnt, die arabische Wissenschaft zuerst in Spanien und Süditalien, dann in den nördlichen Teilen Europas übernommen, damit auch die **Alchemie**.

Der neuen Wissenschaft haftete allerdings noch sehr viel Spekulatives an, wie es sich ja in der Absicht zeigte, aus minderwertigen Substanzen Gold herzustellen. Von Paracelsus (um 1493–1541) wurde sie für die Medizin nutzbar gemacht. Zur selbstständigen Wissenschaft entwickelte sich die Chemie allerdings erst unter dem Engländer Robert Boyle (1627–1691). Inzwischen war die aus der Antike stammende Auffassung, dass die gesamte Materie aus Elementarteilchen bestehe, wieder aufgelebt. Boyle ergänzte sie durch die Lehre von den chemischen Grundsubstanzen, den **Elementen**, die durch Vermischung alle möglichen Stoffe ergaben. Allerdings glaubte auch er noch, dass Wasser, Feuer und Luft Elemente seien. Am Blutkreislauf, den William Harvey (1578–1657) entdeckt hatte, beobachtete er den Vorgang der Oxidation, ohne ihn recht erklären zu können.

Erst der Deutsch-Schwede Carl Wilhelm Scheele (1742–1786) und der Engländer Joseph Priestley (1733–1804) entdeckten im Jahr 1771 den Sauerstoff. Der Franzose Antoine Laurent Lavoisier (1743–1794) erklärte daraufhin die Verbrennung als Aufnahme von Sauerstoff.

Er erkannte als Erster die Zusammensetzung des Wassers aus Wasserstoff und Sauerstoff. Seine Bedeutung als erster moderner Chemiker, der endgültig mit der traditionellen Alchemie brach, gründete vor allem auf der Tatsache, dass er **quantitative Untersuchungsmethoden** in die Chemie einführte. Er lehrte, dass bei einem chemischen Vorgang das Gewicht der Ausgangssubstanzen genau dem der Endsubstanzen entsprach, dass die Quantität der Materie also nicht verändert wurde (vgl. S. 455, 561). Zudem stellte er eine Liste von 23 chemischen Elementen zusammen (heute über 100).

Die Erfolge auf den verschiedenen Gebieten der Naturwissenschaft förderten den Glauben an den unbegrenzten Fortschritt der menschlichen Vernunft. Das 18. Jahrhundert wird aus diesem Grund als die Zeit der Aufklärung oder des Rationalismus (lat. »ratio« = Verstand, Vernunft) bezeichnet (vgl. S. 392 ff.). Ihren Ausdruck fand diese Haltung in der von Jean-Baptiste d'Alembert (1717–1783) und Denis Diderot (171–1784) herausgegebenen »Encyclopédie«, die zwischen 1751 und 1780 in 35 Bänden erschien.

Die Wissenschaftsgläubigkeit der Zeit äußerte sich auch im sogenannten **Deismus**, wonach Gott die Welt zwar erschaffen habe, doch in ihren Gang nicht eingreife. Sie bewege sich vielmehr wie eine Uhr von selbst, und zwar nach den von Gott eingepflanzten Naturgesetzen. Eine noch radikalere Deutung gab z. B. Pierre Simon Laplace (1749–1827). Er verwarf Gott als eine entbehrliche Hypothese, nachdem er erkannt hatte, dass sich astronomische Unregelmäßigkeiten von selbst korrigieren.

Die Chemie machte zwischen 1790 und 1830 rasche Fortschritte. Der Engländer John Dalton (1766–1844) fand heraus, dass es verschiedene Arten von Atomen gibt, aus denen sich die jeweiligen chemischen Elemente zusammensetzen. So konnte er aufgrund seiner Experimente auch eine Tabelle relativer Atomgewichte, bezogen auf den Wasserstoff, anlegen. Sie wurde verbessert durch den Schweden Jakob Berzelius (1779–1848), der u. a. auch mehr als 2 000 anorganische chemische Verbindungen beschrieb.

Die Entdeckung der **Elektrizität** schuf neue Möglichkeiten auch für die Chemie. Der Italiener Luigi Galvani (1737–1798) experimentierte mit präparierten Froschschenkeln, die bei der Berühung mit zwei verschiedenen Metallen zuckten. Alessandro Volta (1745–1827) erfand die »Voltasche Säule«, eine Vorform des Akkumulators. Der damit zu gewinnende elektrische Strom wurde von William Nicholson und Anthony Carlisle zur **Elektrolyse** von Wasser, zur Trennung in Sauerstoff und Wasserstoff, benutzt. Humphry Davy (1778–1829) erzeugte durch Elektrolyse im Jahr 1807 erstmals Natrium und Kalium. Er erfand übrigens auch die explosionssichere Sicherheitslampe für den Bergbau.

Im Jahr 1828 gelang dem Deutschen Friedrich Wöhler (1800–1882) erstmals die Herstellung einer organischen Verbindung aus einer anorganischen Substanz, und zwar erzeugte er Harnstoff aus zyansaurem Ammonium. Bisher hatte man geglaubt, dass organische Verbindungen nur von Lebewesen hergestellt werden könnten. Damit fiel die scharfe Trennungslinie zwischen der anorganischen und der organischen Chemie. Wöhler war auch der Entdecker des Metalls Aluminium. Der Chemiker Justus (von) Liebig (1803–1873), der mit Wöhler gemeinsam Verbindungen zwischen der anorganischen und organischen Chemie aufdeckte, trug wesentlich zur Popularisierung der Chemie bei. Bleibende Verdienste erwarb er sich auch durch die Begründung der Agrikulturchemie und die Einführung der mineralischen bzw. chemischen Düngemittel.

In den Sechzigerjahren des 19. Jahrhunderts waren die Atomgewichte und auch die Wertigkeiten der chemischen Elemente bestimmt worden. Neben anderen ordneten der Deutsche Lothar Meyer (1830–1895) und der Russe Dimitri Mendelejew (1834–1907) sie im Jahr 1869 nach übereinstimmenden Eigenschaften im **periodischen System der Elemente**. Aufgrund dieses Systems ließen sich noch fehlende Elemente voraussagen. Mehrere wurden in rascher Folge entdeckt, insbesondere durch die Verwendung des Spektroskops, das von Robert Bunsen (1811–1899) und Gustav Robert Kirchhoff (1824–1887) im Jahr 1859 erfunden worden war. Die Spektralanalyse ermöglichte die Identifikation selbst kleinster Mengen eines chemischen Elements aufgrund seiner typischen Spektrallinien, die beim Erhitzen durch Lichtbrechung erzeugt werden.

Eine Wende in der Chemie brachte die Entdeckung der **Radioaktivität**. Im Jahr 1896 erkannte der Franzose Henri Becquerel (1852–1908) die radioaktive Strahlung des Urans. Im Jahr 1898 entdeckten Marie (1867–1934) und Pierre Curie (1859–1906) das radioaktive Element Radium. Die Erkenntnis, dass radioaktive chemische Elemente sich beim Zerfall in andere Elemente verwandeln, wirkte revolutionär, nachdem bislang die chemischen Elemente, bestehend aus jeweils völlig gleichartigen Atomen, als unveränderlich gegolten hatten. Hier nun gingen die Chemie und die **Atomphysik** ineinander über.

Auch die **Biologie** hatte insbesondere im 19. Jahrhundert eine Reihe aufsehenerregende Einsichten zu verzeichnen. Am bemerkenswertesten dürfte die von Charles Robert Darwin (1809–1882) in seinem Buch »Über den Ursprung der Arten durch natürliche Zuchtwahl« (1859) dargelegte **Entwicklungslehre** sein. Sie stellte fest, dass sich die Vielfalt der organischen Formen unter dem Druck der Lebensverhältnisse in einem unendlich langen Anpassungsprozess ergeben hatte. Darwin bezog den Menschen als vorläufiges Endglied einer langen Entwicklungsreihe noch nicht in seine Theorie ein. Archäologische Funde legten aber die Anwendung der Evolutionstheorie auch auf den Menschen nahe. Im Jahr 1838 hatte der Franzose Jacques Boucher de Perthes primitive Äxte ausgegraben, die viel älter waren als das Alter des Menschen nach dem Zeugnis der Bibel.

Die andere große biologische Entdeckung des 19. Jahrhunderts war die **Vererbungslehre**, die der Mönch Gregor Mendel (1822–1884) durch Pflanzenversuche entwickelte und der Öffentlichkeit im Jahr 1866 bekannt machte. Der Vererbungsvorgang wurde aber erst richtig verständlich, nachdem der Deutsche Walter Flemming (1843–1905), der Belgier Eduard van Beneden (1846–1910) und andere in den

Siebziger- und Achtzigerjahren die Chromosomen im Zellkern und ihre Eigenschaften bezüglich der Vererbung entdeckt hatten.

Das gesteigerte naturkundliche Interesse zeigte sich im 19. Jahrhundert auch an der Gründung zahlreicher zoologischer Gärten. Seit dem 16. Jahrhundert gab es Menagerien, in denen die dort ausgestellten wilden Tiere die Sensationslust der Betrachter befriedigten. Der erste eigentliche **Zoo** in Europa wurde im Jahr 1752 in Wien-Schönbeck begründet. Der Tierhändler Carl Hagenbeck (1844–1913), der im Jahr 1907 den Hamburger Zoo ins Leben gerufen hatte, verzichtete als Erster soweit wie möglich auf Gitter und zeigte seine Tiere in einer nachgeahmten natürlichen Umgebung.

Inzwischen hatte die **Elektrizitätslehre** große Fortschritte gemacht. Der Däne Hans Christian Oersted (1777–1851) zeigte im Jahr 1820, dass sich ein vom Strom durchflossener Draht um einen magnetischen Pol zu drehen versucht. Der Engländer Michael Faraday (1791–1867) fand das Prinzip der elektromagnetischen Induktion, wonach z. B. durch Bewegung einer Drahtschleife oder Spule in einem Magnetfeld Strom erzeugt werden konnte. So legten Oersted und Faraday das Fundament für den Elektromotor und den Dynamo. Der Gymnasiallehrer und Professor Georg Simon Ohm (1789–1854) hatte schon 1826/27 den gesetzmäßigen Zusammenhang zwischen Spannung, Stromstärke und Widerstand, das nach ihm benannte Ohmsche Gesetz, entdeckt. Die Einsichten in die physikalischen Grundlagen der Elektrizität ermöglichten seit der Mitte des 19. Jahrhunderts die vielfältige praktische Nutzung in der Elektrotechnik.

Die moderne **Physik** erhielt durch die **Atomphysik** wichtige Anstöße. Teilweise gewann sie revolutionäre neue Erkenntnisse über die Materie und die in Bezug auf sie herrschenden Gesetzmäßigkeiten. Wegweisend wurde die von Max Planck (1848–1947) im Jahr 1900 entwickelte **Quantentheorie**. Er hatte entdeckt, dass Licht immer in bestimmten Portionen, den Lichtquanten oder Photonen, abgeben wird. Es bleibt unentschieden und von der jeweiligen wissenschaftlichen Fragestellung abhängig, ob das Licht als Wellenbewegung oder als aus winzigen Teilchen zusammengesetzt zu verstehen ist.

Albert Einstein (1879-1955) veröffentlichte zwischen 1905 und 1916 die von ihm aufgestellte **Relativitätstheorie**. Sie bedeutete einen radikalen Bruch sowohl mit der herkömmlichen philosophischen Erkenntnistheorie als auch mit der konventionellen Physik. Mit den Mitteln der Mathematik wurde bewiesen, dass Raum und Zeit – anders als bei Immanuel Kant (1724-1804) – eben keine unveränderlichen Größen sind. Das veranlasste den Kirchenhistoriker Adolf (von) Harnack (1851-1930) zu der Aussage: »Man klagt darüber, dass unsere Generation keine Philosophen habe. Mit Unrecht. Sie sitzen jetzt nur in einer anderen Fakultät. Sie heißen Max Planck und Albert Einstein.«

Viele bislang unerklärbare physikalische Phänomene wurden durch die von Werner Heisenberg (1901-1976) und Erwin Schrödinger (1887-1961) in den Jahren 1925/26 entwickelte **Quantenmechanik** verständlich.

Der Engländer Ernest Rutherford (1871-1937) und der Däne Niels Bohr (1885-1962) schufen **Atommodelle**, die mit den beobachteten physikalischen Eigenschaften der Elemente übereinstimmten. Der aus Protonen und Neutronen bestehende Atomkern bildete die Masse, während die aus Elektronen bestehende Atomhülle das chemische Verhalten bestimmte. Rutherford beobachtete im Jahr 1919 die erste künstliche Kernumwandlung (Kernreaktion, d. h. die Umwandlung eines Atoms).

Otto Hahn (1879-1968) und Fritz Straßmann (1902-1980) führten 1938 die erste **Kernspaltung** durch. Sie stützten sich dabei auch auf die Mitarbeit von Lise Meitner (1878-1968), die Deutschland aus Furcht vor Verfolgung – sie war Jüdin – verlassen hatte und in Schweden lebte. Aus Uran entstand radioaktives Barium. Damit waren die wissenschaftlichen Grundlagen für die nukleare Energiegewinnung geschaffen, die sowohl im **Atomreaktor** als auch in der **Atombombe** genutzt wurden.

Die erste Atombombe wurde in den USA im Juli 1945 gezündet. Bekanntlich führte der Abwurf von zwei amerikanischen Bomben über Hiroshima und Nagasaki am 6. und 9. August 1945 zu hohen Menschenopfern und schrecklichen Verheerungen und zwang Japan zur Kapitulation im Zweiten Weltkrieg. Im Oktober 1952 zündeten die USA die erste Wasserstoffbombe (H-Bombe).

Der friedlichen Nutzung der Kernenergie dienten die Kernkraftwerke. Den Anfang machten 1954 Obninsk bei Moskau und 1955 Calder Hall in England. Das erste deutsche Kernkraftwerk entstand im Jahr 1961 in Kahl am Main bei Aschaffenburg. Die Nutzung der Kernenergie ist stark umstritten. Dazu haben schlimme Reaktorunfälle und die noch ungelöste Frage der Endlagerung radioaktiver Abfälle beigetragen. Die größte Katastrophe – vielleicht abgesehen von dem Atomunfall in Kyschtym bei Tscheljabinsk in Russland im Jahr 1957 – war der Reaktorunfall von Tschernobyl in der Ukraine am 26. April 1986. Durch die Kernschmelze und die Explosion des Reaktors wurden große Mengen radioaktiven Materials in die Atmosphäre geschleudert und über weite Teile Europas verteilt. Die Katastrophe forderte und fordert in der Ukraine Tausende von Toten. Der radioaktive Fall-out verursachte darüber hinaus auch in anderen Ländern eine nicht genau zu bemessende Zahl von Krebserkrankungen bzw. von Todesfällen. – Eine ähnlich schlimme Katastrophe ereignete sich im März 2011 im japanischen Fukushima. Auslöser waren ein Erdbeben und der dadurch verursachte Tsunami.

In der Bundesrepublik Deutschland wurde im Jahr 2002 der mit den Energieversorgungsunternehmen vereinbarte Atomausstieg durch Gesetz festgeschrieben. Danach werden keine neuen Kernkraftwerke mehr gebaut. Nach einer Regellaufzeit von durchschnittlich 32 Jahren sollen die bestehenden Anlagen vom Netz gehen. Allerdings blieb diese Regelung politisch umstritten.

Biologie und **Medizin** gewannen in den letzten Jahrzehnten neue, faszinierende Einsichten in die Lebensprozesse von Pflanzen, Tieren und Menschen und vor allem auch in die Vererbung von Eigenschaften (Genetik).

Das Gen ist Träger der Erbinformation. Das wurde nach langen Vorarbeiten im Jahr 1944 durch Oswald Avery, Colin MacLeod und Maclyn McCarty bewiesen. Im Jahr 1953 entschlüsselten James D. Watson und Francis Crick seine Struktur. Danach handelt es sich um ein Teilstück der Desoxyribonukleinsäure (DNA). Das Großmolekül besteht aus zwei Molekülketten, die sich schraubenförmig um eine gedachte Achse winden (Doppelhelix). Die im Gen gespeicherten Erbinformationen gehen auf die Nachkommen über, d. h. vorhandene Anlagen und Eigenschaften werden vererbt. Das gilt auch für Gendefekte. Sie bewirken unter Umständen bestimmte Krankheiten oder Deformationen.

Die **Gentechnik** macht sich die molekularbiologischen Erkenntnisse zunutze. Durch gezielte Eingriffe in das Erbgut werden z. B. Pflanzen gezüchtet, die bestimmte gewünschte Eigenschaften (z. B. Resistenz gegen Schädlinge, Haltbarkeit) aufweisen oder unerwünschte Eigenschaften verlieren. In der Medizin sollen auf diesem Weg neue, wirkungsvolle Medikamente erzeugt werden. Durch gentechnische Eingriffe kann auch das Erbgut des Menschen verändert werden. Die Wissenschaft hofft, auf diese Weise künftig erblich bedingte Erkrankungen verhindern zu können. Ein frühes sensationelles Ergebnis der Genmanipulation war die Geburt des Schafes »Dolly« im Juli 1996. Es entstand durch »Klonen«, d. h. die Verwendung von identischem Erbgut, also nicht durch geschlechtliche Vermehrung.

Die Gentechnik ist sehr umstritten. Kritiker weisen darauf hin, dass die Folgen der Genveränderung nicht kalkulierbar seien und zu katastrophalen Fehlentwicklungen führen könnten. Religiös motivierte Gegner sehen in der Manipulation des Erbmaterials einen Eingriff in die Schöpfung Gottes.

Entdeckungen und Erfindungen im Bereich der Naturwissenschaften haben die Welt revolutionär verändert. Ohne sie wären Technik und Industrie nicht denkbar. Unser Verständnis von Natur und Mensch hat sich grundlegend gewandelt. Dem versuchte der schwedische Chemiker, Erfinder und Industrielle Alfred Nobel (1833–1896) Rechung zu tragen, indem er sein Vermögen testamentarisch der nach ihm benannten Nobelpreis-Stiftung vermachte. Die Zinsen sollten »als Preise denen zugeteilt werden, die im verflossenen Jahr der Menschheit den größten Nutzen geleistet haben«. Nobel hatte seinen Reichtum vor allem durch die Erfindung des Dynamits (griech. »dynamis« = Kraft) erworben. Das flüssige Nitroglyzerin detoniert sehr rasch, was oft zu schlimmen Unfällen führte. Durch Beimischung von Kieselgur entsteht eine Sprengstoff, der gefahrlos aufzubewahren und zu transportieren ist. Nobel ließ sich das Herstellungsverfahren im Jahr 1867 patentieren.

Der **Nobelpreis**, die angesehenste wissenschaftliche Auszeichnung weltweit, wird zu gleichen Teilen in Physik, Chemie und Medizin / Physiologie vergeben. Hinzu kommen die nicht naturwissenschaftlichen Preise für Literatur und die Bemühungen um die Erhaltung bzw. Wiederherstellung des Friedens. Die ersten Preise wurden im Jahr 1901, also fünf Jahre nach dem Tod Nobels, verliehen. Seit 1969 gibt es auch einen Preis für Wirtschaftswissenschaften. Er wird von der schwedischen Reichsbank finanziert. Unter den Preisträgern waren auch zahlreiche Deutsche, u. a. Wilhelm Conrad Röntgen, Max Planck, Albert Einstein und Werner Heisenberg für Physik, Fritz Haber, Carl Bosch, Otto Hahn und Hermann Staudinger für Chemie sowie Emil Adolf von Behring, Robert Koch, Paul Ehrlich, Werner Forssmann und Karl von Frisch für Medizin bzw. Physiologie. Den Literatur-Nobelpreis erhielten Theodor Mommsen, Gerhart Hauptmann, Thomas Mann, Hermann Hesse, Heinrich Böll, Günter Grass und Herta Müller, den Friedensnobelpreis Gustav Stresemann, Carl von Ossietzky, Albert Schweitzer und Willy Brandt. Den zusätzlich ausgelobten Wirtschaftpreis erhielt Reinhard Selten.

Fabriken und Maschinen
Die industrielle Revolution

Die Geschichte der Menschheit ist auch eine Geschichte technischer Neuerungen und verbesserter Produktionsmethoden. Einzelne Erfindungen brachten einen für uns kaum noch nachvollziehbaren Fortschritt. Dazu gehört zum Beispiel die Zähmung des Feuers vor einigen 100 000 Jahren oder die Erfindung des Rades vor etwa 6 000 Jahren. Dass so etwas nicht selbstverständlich ist, beweist die Tatsache, dass das Rad im vorkolumbianischen Südamerika unbekannt war.

Einen Entwicklungsschub ganz besonderer Art und Dichte lieferte die sogenannte **jungsteinzeitliche (neolithische) Revolution**. In der frühen Vorgeschichte hatten die Menschen als Jäger und Sammler für ihren Lebensunterhalt gesorgt. Nun, vor etwa 6 000 Jahren in Mitteleuropa, wurden sie sesshaft, bauten sich Häuser, legten Äcker an und domestizierten wilde Tiere. Sie wurden **Ackerbauern** und **Viehzüchter**. Das schon dies einer Revolution gleich kommt, ist leicht zu verstehen: Das Leben der Einzelnen und ihrer Sippen änderte sich total. Nun blieb nichts mehr dem Zufall überlassen. Der Ackerboden musste sorgsam ausgewählt und vorbereitet werden. Es dauerte lange, bis die Saat spross und bis nach Monaten die Frucht gereift war und geerntet werden konnte. Was der Boden beschert hatte, musste eingelagert und versorgt werden und bis zur nächsten Ernte – einschließlich des neuen Saatguts – reichen. Auch die Tiere (Schaf, Ziege, Schwein, Rind und Pferd) bedurften der Fürsorge und planender Überlegung. Nur so war die Versorgung mit Milch, Fleisch und Wolle gesichert; nur so konnte der Bestand an Nutztieren erhalten und gegebenenfalls weiter vergrößert werden. Ochse und Pferd leisteten vor dem Pflug und dem Wagen unentbehrliche Dienste.

In dem Zusammenhang wird deutlich, dass sich im Neolithikum, in der Jungsteinzeit eben, nicht nur neue Produktionsformen, sondern auch entscheidend andere Besitzverhältnisse herausbildeten. Von nun ab besaß der Einzelne und seine Familie ein eigenes Haus oder einen eigenen Acker, Haustiere und Geräte, mit denen das Feld bearbeitet wurde. Höhere, anspruchsvollere Verfahren verdrängten nun die primitiven Formen handwerklicher Arbeit. Die Steinwerkzeuge wurden geschliffen und oft durchbohrt, was einen erheblichen technischen Fortschritt bedeutete. Nun tauchten auch die ersten Tongefäße auf. Seit etwa 3200 v. Chr. war in Ägypten die Töpferscheibe gebräuchlich. Die Kleidung der Menschen bestand nicht mehr nur aus Fellen, gewissermaßen dem Nebenprodukt der Jagd, sondern nun wurde die Wolle der Schafe am Webstuhl zu Stoff verarbeitet.

Die Herstellung von Waffen und Arbeitsgeräten, von Tontöpfen und von Webwaren setzte eine gesteigerte Geschicklichkeit und Intelligenz voraus. Das wurde noch deutlicher, als die Steinzeit durch die sogenannte **Bronzezeit** abgelöst wurde. Sie begann in Ägypten um 3500 v. Chr. und in Westeuropa um 2150 v. Chr. Schon die Bronzeherstellung war aufwendig und kompliziert. Aus verschiedenen, weit auseinanderliegenden Regionen mussten die Materialien herbeigeschafft und zu dem Metallgemisch, einer Legierung mit der Bezeichnung Bronze, zusammengeschmolzen werden. Bekanntlich besteht sie zu acht bis neun Teilen aus Kupfer und zu ein bis zwei Teilen aus Zinn. Im Vergleich zu anderen Metallen ist der Schmelzpunkt verhältnismäßig niedrig. Er liegt zwischen 786 und 900 Grad Celsius.

Die Bearbeitung des flüssigen Materials schuf neue Herausforderungen. Bevor der Guss begann, musste der Bronzeschmied eine Gussform hergestellt haben. Noch heute bewundern wir die sowohl praktischen als auch geschmackvollen Gussstücke. Sicher hängt dies auch damit zusammen, dass das wertvolle Material nur mit allergrößter Bedachtsamkeit verarbeitet wurde. Verschwendung durfte es nicht geben.

Spätestens hier wird deutlich, dass sich ein früher selbstständiger Handwerksberuf herausgebildet hatte. Vermutlich fand der Bronzeschmied gar keine Zeit mehr, nebenbei sein Vieh zu versorgen und den Acker zu pflegen. Im Zweifelsfall hatte die höherwertige Tätigkeit, die höhere Wertschöpfung den Vorrang vor dem, was letzten Endes alle anderen machen konnten.

Eine weitere Berufsgruppe entstand durch die Beschaffung der Rohmaterialien, des Kupfer- und Zinnerzes bzw. der Halbfertigwaren in Form von Barren. Abenteuerlustige Männer legten weite, schwierige Wege zurück und trieben mit fremden Stämmen und Völkern einen ergiebigen Handel. Der Warenaustausch durch Händler war nicht mehr nur das Nebenprodukt zufälliger Begegnungen, sondern eine wohl überlegte Strategie.

Die **Eisenzeit**, die sich zwischen dem Vorderen Orient und Nordeuropa im Zeitraum von 1400 bis 600 v. Chr. durchsetzte, brachte einen erneuten Qualitätssprung in Gewerbe und Handel. Schon früher war Meteoreisen bekannt, das aber etwa in Mesopotamien fünfmal so teuer wie Silber und doppelt so teuer wie Gold war. Das Erz wurde mit Holzkohle vermischt und in einfachen Brennöfen oder Brenngruben verhüttet, die man wegen des Zugwindes an Berghängen in die Erde hineinbaute. Die Temperaturen reichten aber nicht aus, um das Eisen flüssig und damit gießfertig zu machen. Bis zum 15. Jahrhundert n. Chr. wurde es stets noch geschmiedet.

Der Fortschritt zeigte sich vor allem in der Landwirtschaft und in der Kriegstechnik. Stellvertretend sei hier der Eisenpflug genannt, mit dem sich der Boden leichter und tiefer aufreißen, später auch umwerfen ließ. Beim Militär verdrängten das eiserne Schwert und mancherlei andere Eisenwaffen die Bronze. Der Eisenhelm und der eiserne Brustpanzer sowie Arm- und Beinschienen, später die den ganzen Körper bedeckende (Ritter-)Rüstung gaben dem Krieger einen größtmöglichen Schutz.

Über die Lebensweise der Ägypter, der Griechen und Römer, aber auch uns ferner gelegenen frühen Völkern, wissen wir heute sehr gut Bescheid. Die technischen Leistungen der **Antike** erfüllen uns immer von Neuem mit großer Bewunderung.

Der **Bergbau** reicht bis in vorgeschichtliche Zeit zurück. In den verschiedenen Teilen Europas wurde auf diese Weise der begehrte Feuerstein gewonnen. Am Grund der Schächte, die bis zu zwölf Meter tief waren, gingen einzelne Stollen strahlenförmig in den Berg. Später wurde u. a. nach Kupfer, Silber, Gold, Blei und Eisen sowie nach Edel- und Halbedelsteinen gegraben. Die Kupferbergwerke, wie sie sich z. B. in den Ostalpen fanden, gehen bis zu 20 Metern schräg in die Tiefe. Das erzführende Gestein wurde mit einfachen Werkzeugen, mit Hämmern und Meißeln, gebrochen. Zuvor lockerte man es durch große Feuer. Dieses Verfahren des Feuersetzens war bis ins Mittelalter hinein üblich. Überhaupt blieb die Technik der Erzgewinnung lange Zeit ohne auffällige Verbesserungen.

Als Bergarbeiter dienten in Griechenland und im Römischen Reich wohl vorwiegend Sklaven und Verbrecher. Doch wurden auch Freie eingesetzt. Sicherheitsvorkehrungen waren so gut wie unbekannt, die Unfälle deshalb schwer und zahlreich. Das für die Arbeit erforderliche Licht stammte von mit Harz und Fett getränktem Holz oder von eisernen und tönernen Öllampen, wie sie auch im Haus verwendet wurden.

Die **Metallbearbeitung** bediente sich der verschiedensten Verfahren, die heute noch handwerklich und industriell üblich sind. Auch das Löten und Schweißen waren bereits bekannt. Beim Schmieden benutzte man nicht nur den Hammer, die Zange und den Amboss, sondern auch bereits den aus Tierhäuten zusammengenähten Blasebalg, um das Feuer zu höchster Glut anzufachen. So entstanden Beile und Hacken, Nägel und Ketten, Sensen und Hufeisen sowie manches mehr.

Sägen gab es in Ägypten mindestens seit etwa 3500 v. Chr. Die Blätter waren ursprünglich aus Kupfer gefertigt. Man kannte sowohl die Stich- als auch die zweihändigen Schrotsägen, auch die

Die industrielle Revolution

Tischlersäge mit einem Holzgestell. Um 400 n. Chr. gab es in Gallien bereits Sägemühlen. Sie dienten nach dem Zeugnis des Dichters Ausonius zum Zerlegen von Marmor.

Sicher, von Industrie in unserem Sinne kann zur Zeit der Antike nicht gesprochen werden, auch wenn das Wort auf eine alte lateinische Vokabel zurückgeht. »Industria« bedeutet nichts anderes als »Fleiß« oder »Betriebsamkeit« – und so etwas gab es gewiss bereits im alten Rom. Sicher ist es aber berechtigt, vor allem bei den Römern von **Manufakturen** (lat. »manu facere« = mit der Hand herstellen) zu reden. Der enorm hohe Bedarf an Halbfertig- und Fertigwaren begünstigte die Massenproduktion und sicherte den Unternehmern beachtlichen Reichtum. Das vor allem auch deshalb, weil in den Manufakturen vorwiegend Sklaven beschäftigt waren. Die Eroberungskriege sorgten über lange Zeit für zahlreichen Nachschub. Sie unterlagen einem strengen Regiment und waren besonders billige Arbeitskräfte. Das galt vor allem für die republikanische Zeit. In der Kaiserzeit, die mit Augustus (Kaiser 27 v. Chr.–14 n. Chr.) begann, wurden die Sklaven dann mehr und mehr durch freie Arbeiter ersetzt, denen nichts anderes übrig blieb, als auf diese Weise ihren Lebensunterhalt zu verdienen. Das ist deshalb bemerkenswert, weil die körperliche Arbeit für den freien Römer eigentlich als Makel galt. Noch Cicero (106–43 v. Chr.) meinte, dass der Grundbesitz die im Grunde einzige standesgemäße Erwerbsquelle für den freien Römer sei.

In der Massenproduktion wurden zum Beispiel Tonwaren aller Art, Ziegel als Baumaterial, Töpferwaren und Öllampen hergestellt. Andere Unternehmen webten Stoffe, aus denen Kleider und Mäntel geschneidert wurden. Um Dinge für den alltäglichen Bedarf und die Luxusbedürfnisse der Wohlhabenden herzustellen, benötigte man Werkstätten, in denen Glas geblasen, Eisen, Silber und Gold verarbeitet und Teppiche gewoben wurden. Die römischen Erzeugnisse, die uns erhalten sind, bestechen durch ihre Kunstfertigkeit und ihre technische Zweckmäßigkeit. Diese konnten freilich nur dadurch erreicht werden, dass die Handwerker über besondere Fähigkeiten verfügten.

Die Herstellungsmethoden blieben vergleichsweise primitiv. Da die Arbeit billig war, bestand auch kein sehr starker Druck zur Rationalisierung und Automatisierung des Produktionsprozesses. Dennoch gab es im Altertum bereits verschiedene Arten von **Maschinen**. Aristoteles (384–322 v. Chr.) hat in seinem Werk »Mechanik« eine ganze Reihe einfacher Maschinen aufgezählt, u. a. den Hebel, den Keil, die Kurbel, die Walze und das Rad. Auch Zahnräder scheinen bekannt gewesen zu sein. Sie waren aus Holz, Eisen oder Bronze. Der Hebel fand beispielsweise beim Ziehbrunnen Verwendung. Wenn man eine Seite mit einem Gewicht beschwerte, war das Wasser besonders leicht zu schöpfen.

Das Rad, wohl aus einem runden Baumstamm hervorgegangen, ermöglichte den Bau von Wagen. Die Römer kannten eine ganze Reihe von Wagenarten. Die römischen Schnellwagen sahen den bei uns heute gelegentlich noch verwendeten Handwagen sehr ähnlich. Je nach der Bespannung mit zwei, drei oder vier Pferden unterschieden sie die Biga, Triga oder Quadriga. Mit Göpelrädern schöpfte man Wasser oder mahlte Getreide, ebenso mit Treträdern (Tretmühlen). Sie dienten auch dazu, um über ein Seil schwere Lasten zu heben. Dafür kannte man auch den Flaschenzug.

Technische Kenntnisse führten zur Erfindung wirkungsvoller Kriegsgeräte, und zwar insbesondere seit dem 4. Jahrhundert v. Chr. Die Römer kannten mehrere Arten von Geschützen (»tormenta«), die Pfeile oder Speere, Steine, Balken und Bleigewichte auf den Feind bzw. gegen seine Befestigungsanlagen schleuderten. So wurden beim sogenannten Onager (»Waldesel«) zwischen festen Eichenbalken Sehnen gespannt. Ein drehbarer Hebelarm diente dazu, ihre Spannung noch zu erhöhen. Er trug an seinem freien Ende in einer Schlinge das Geschoss. Wenn man ihn losließ, schnellte er zurück, schlug gegen ein Widerlager und gab das Geschoss frei. Mit Rekonstruktionen dieser Wurfmaschine wurden Schussweiten von annähernd 370 Metern erreicht.

Einen hohen Stand erreichte die antike Technik im **Bauwesen**. Sichtbare Zeugnisse sind bis heute die ägyptischen Pyramiden, die griechischen und römischen Tempel, Amphitheater und Thermen, Kunststraßen, Brücken, der Limes als römische Reichsgrenze und manches mehr.

Für die antike Urbanität mit ihrem hoch entwickelten kulturellen Leben, mit der ausgeprägten städtischen Binnenkultur und dem gesteigerten Bedarf an Luxusartikeln gab es bei den **Germanen** keine Entsprechung. Insofern bedeutet der Untergang des Weströmischen Reiches im Jahr 476 einen tiefen Einschnitt.

Der germanische Bauer produzierte im Wesentlichen das selbst, was er für seine tägliche Arbeit und für seine Familie benötigte. Dazu gehörten vor allem Werkzeuge aus Holz und Stoffe, die sich zu Kleidungsstücken verarbeiten ließen. Der von den Römern ja auch im römisch besetzten Germanien eingeführte Steinbau spielte fürs Erste keine nennenswerte Rolle mehr. Die Germanen mieden die »steinernen Särge«, die aus römischer Zeit stammenden Städte, und gaben sie dem Verfall preis. Seltene Ausnahmen waren Köln und Regensburg.

Das Handwerk kam über bescheidene Anfänge, z. B. bei der Herstellung von Tongefäßen oder bei der Eisenverarbeitung, nicht hinaus. Die **Klöster**, die sich seit dem frühen Mittelalter in Germanien entwickelten, zeigen eine Wirtschaftsform, die von der der stadtrömischen weit entfernt war. Auch hier galt in der Regel das Prinzip der Selbstversorgung. Innerhalb der Klostermauern waren viele, eigentlich alle benötigten Handwerke zu Hause. Die Mönche und Nonnen lebten nicht von der Wohltätigkeit anderer, die sie mit Speise und Trank versorgten, sondern durch eigener Hände Arbeit. Wir erinnern an den Leitsatz, den Benedikt von Nursia, der Gründer des Benediktinerordens, beispielhaft für das abendländische Mönchtum geprägt hatte: »Ora et labora« (»Bete und arbeite«). Die kontemplative, innige Verehrung Gottes im Gebet war das eine. Aber auch die Arbeit auf dem Feld, im Stall, in der Werkstatt oder in der Schreibstube galt als Gottesdienst. Wir wissen, dass ähnliche Ansätze in der Folgezeit, z. B. bei Martin Luther oder bei den Calvinisten, dem wirtschaftlichen Fortschritt dienten. Die ideale Gliederung dieses autarken Wirtschaftssystems wird am »Sankt Galler Klosterplan« sichtbar. Hier gibt es Müller, Bäcker und Brauer, Böttcher und Drechsler, darüber hinaus wohl noch eine Reihe anderer Gewerke wie Maurer, Tischler und Schmiede, von den landwirtschaftlichen Arbeitsfeldern ganz abgesehen. Zum Kloster in seinem idealen Zustand gehörten selbstverständlich auch Lehrer und Schreiber.

Das Wirtschaftsleben erhielt prägende Impulse durch die Entstehung und innere Entfaltung der **Städte**. Sie begann im 10. Jahrhundert und setzte sich in den folgenden Jahrhunderten fort. Für die Kulturgeschichte ist nicht nur interessant, wie sich Handel und Gewerbe entwickelten, sondern auch welche neuen politischen Strukturen mit dem Aufstieg städtischer Ansiedlungen und der Entwicklung eines selbstbewussten Bürgertums verbunden waren. Das Leben in der Stadt hatte entscheidende Folgen für das Umland und die politische Verfassung insgesamt. Städte repräsentierten in gewisser Weise Flexibilität und Fortschritt, während das Leben auf dem Land über die Jahrhunderte – von einzelnen bemerkenswerten Innovationsschüben abgesehen – verhältnismäßig gleichbleibend verlief.

Städte entstanden bevorzugt an geografisch günstigen Plätzen. Die Fernhändler siedelten sich an wichtige Handelsstraßen an, stapelten hier ihre Waren und unternahmen von hier aus ihre oft weiten Reisen. Wichtig war, dass sie sich in diesen Siedlungen sicher fühlen konnten. Der Schutz wurde durch hohe Mauern und ein militärisches Aufgebot gewährt. Nach und nach sammelten sich innerhalb der Mauern immer mehr Menschen an, die mit dem Handel zu tun hatten oder als Handwerker arbeiteten. Schließlich musste die städtische Bevölkerung mit Brot und Fleisch, mit Kleidung und Schuhen, mit Wohngebäuden und Mobiliar versorgt werden. Stadtgründungen entstanden auch dadurch, dass sich Menschen im Umkreis einer Burg oder eines Bischofssitzes ansiedelten. Hier gab es Arbeit und damit Verdienstmöglichkeiten und vor allem Schutz, der in gleicher Weise auf dem flachen Land fehlte.

Im Zusammenhang mit der Entwicklung der gewerblichen Produktion ist hier vor allem über das **Handwerk** zu sprechen. Mit der Steigerung der Bevölkerungszahlen und des Wohlstands entwickelte sich in den Städten nun eine zunehmende Spezialisierung, die entfernt an das Handwerk der römischen bzw. spätrömischen Zeit erinnert. Auch hier waren Materialkenntnis und fachliches Geschick gefragt; auch hier entstanden gewerbliche Produkte, die höchste Anerkennung verdienen.

Die Organisation des Gewerbes ist besonders erwähnenswert. Die einzelnen Gewerke vereinigten sich in sogenannten **Zünften**. Die Herkunft dieses Wortes ist aufschlussreich: Es leitet sich von dem Verb »ziemen« ab und bedeutet so »das, was sich schickt« bzw. »Ordnung, nach der eine bestimmte Gruppe von Menschen lebt«. Natürlich waren die Zünfte mit ihren strengen Vorschriften nicht von vornherein vorhanden. Sie entwickelten sich über Generationen und erhielten dann im Hoch- bzw. Spätmittelalter ihre endgültige Form, die das handwerkliche Wirtschaftsleben bis um das Jahr 1800 herum entscheidend prägte.

In der Stadt durfte nur derjenige sein Handwerk ausüben, der Mitglied einer Zunft war. Die Aufnahme erfolgte nach allerstrengsten Kriterien. Hier wurde nicht nur die fachliche Qualifikation überprüft, sondern auch die sittlich-moralische Eignung. Das fing mit der Herkunft an. So war zum Beispiel Sinti und Roma (Zigeunern) und Juden, Scharfrichtern und Abdeckern sowie dem fahrenden Volk der Eintritt in die Zunft verboten. Wer ihr angehören wollte, musste auch ehelich geboren sein und über einen tadellosen Leumund verfügen.

Die Zunft war keineswegs nur ein wirtschaftlicher Zusammenschluss, wie wir dies aus unserer Zeit kennen. Die einzelnen Mitglieder wurden durch ein enges religiöses Band miteinander verknüpft. Gemeinsam nahmen sie an Gottesdiensten, an religiösen Zeremonien und an feierlichen Prozessionen teil. Mit für uns nicht nachvollziehbarem Ernst kämpften die Angehörigen der gleichen Berufsgruppe, eben einer bestimmten Zunft, um ihren Platz in der Kirche oder etwa bei einer Fronleichnamsprozession. Gemeinsam veranstalteten sie fromme Stiftungen wie Altäre, Heiligenbilder oder kostbare Bleiglasfenster in Kirchen und Kapellen.

Wichtiger noch war das soziale Engagement der Zünfte. Von allem Anfang an waren sie als Genossenschaften organisiert, und in dieser Eigenschaft boten sie Schutz gegen die unausweichlichen Schicksalsschläge, die alle Genossen gleichermaßen bedrohten. Wer unverschuldet in Not geriet, konnte mit der Hilfe der anderen Zunftmeister rechnen. Sie unterstützten Witwen und Waisen und sorgten für Gesellen und Lehrlinge, denen der Meister weggestorben war.

Übrigens waren die Zünfte auch wesentlich an der Verteidigung ihrer Stadt beteiligt. Für ihre Bewaffnung hatten die Männer, ihren Einkommens- und Vermögensverhältnissen gemäß, in der Regel selbst zu sorgen. Daran erinnern heute noch die abschätzig gemeinten Bezeichnungen »Spießbürger« und »Schildbürger«. Jeder wusste, wo im Fall eines Angriffs von außen sein Platz auf Mauer oder Wall war.

Allgemein galt der Grundsatz »Leben und leben lassen«. Die Hersteller hatten ein gesichertes Einkommen zu erwarten; die Verbraucher zahlten angemessene Preise. Das christliche Gebot der Nächstenliebe, das soziale Gerechtigkeit forderte, wurde allgemein ernst genommen. Der Kampf aller gegen alle, wie er später das liberalistische Wirtschaftsgebaren kennzeichnete, war verpönt und wurde durch eine Reihe von Vorschriften unmöglich gemacht.

Dem Bedarf entsprechend war die Zahl der Meister sowie der Gesellen und Lehrlinge, die sie beschäftigen durften, in einem Gewerk genau festgelegt. Mancher Geselle konnte nur dadurch Meister werden, dass er die Witwe eines Meisters heiratete. Werbung für die eigenen Produkte und Konkurrenz, um einen größeren Marktanteil zu erobern, waren unzulässig. Die Preise wurden einheitlich festgesetzt und waren den Käufern bekannt. Der handwerkliche Wettbewerb wurde auch dadurch unterbunden, dass der Umfang der Produktion von der Zunft genau festgelegt wurde. Sie organisierte die Aufteilung des Kundenkreises und gab strenge Anweisungen darüber, welches Material zu verwenden war und welche Qualität abgeliefert werden musste. Sie wurde durch eigens bestellte Schaumeister überwacht. Fehlerhafte Ware wurde eingezogen, der Meister und seine Werkstatt öffentlich gerügt. Der Qualitätssicherung diente auch die genau festgelegte **Ausbildung** des handwerklichen Nachwuchses. Allerdings schwankte die Lehrzeit zwischen drei und sieben Jahren. Der junge Mann wurde losgesprochen, wenn er nach Auffassung seines Meisters gelernt hatte, was zu erlernen war. Bis dahin lebte er im Haushalt des Lehrherrn und unterlag dessen Erziehungsgewalt, natürlich auch dem Gebot der Meisterin. Als Geselle wurde er aus der Enge der Meisterfamilie und seiner Heimatstadt entlassen. Auch wenn die Lebensverhältnisse bescheiden blieben, war die neue Freiheit für viele ein erstrebenswertes Ziel. Nun durften sie die Stadt verlassen und auf die Walz gehen. In der Fremde suchten sie bei anderen Meistern Arbeit. Wenn es keine Arbeit gab, wurden sie mit einem Zehrgeld weitergeschickt. Durch die Wanderschaft wurde die organisatorische und vielleicht auch geistige Enge der Zunft zeitweise durchbrochen. Viele junge Leute legten in ihrer Gesellenzeit weite Wege zurück, lernten fremde Länder, fremde Lebensgewohnheiten und mancherlei technische Neuerungen kennen.

Das Handwerk mit seinen Zünften war vielfach aufgefächert. In großen Städten gab es 70 bis 80 verschiedene **Berufe**. Viele Berufsbezeichnungen sind inzwischen in Vergessenheit geraten, es sei denn, sie leben in Familiennamen weiter. Beispielhaft seien hier einige Gewerke genannt. Am Bau arbeiteten die Maurer, Dach-, Ziegel- und Schindeldecker. Viele Varianten gab es im Bereich der Metallverarbeitung. Hier wirkten der Grobschmied, der Stellmacher oder Wagner, der Hufschmied, der Zeug- und Zirkelschmied, der Pfannenschmied, der Kannenmacher und Zinngießer, der Klempner und der Drahtzieher. Andere Handwerker waren Waffenschmiede, Harnischmacher oder Plattner, Schwertfeger oder Bogner (Bogenmacher). Im Textil- und Bekleidungsgewerbe fanden sich Spinner und Weber, Tuchmacher, Lakenmacher, Walker und Färber, Schleiermacher und Seidenweber, Pelzer und Kürschner, Filzer und Hutmacher, selbstverständlich auch die Schuhmacher oder Schuster, Gürtler oder Riemer. Die Bäcker und Fleischer sorgten für die Versorgung der Bevölkerung mit Lebensmitteln. Natürlich gab es auch hier Spezialisten wie die Zuckerbäcker oder die Lebzelter. Für einen guten Trunk sorgten die Mälzer und Brauer.

Die Zunftorganisation beinhaltete eine Reihe positiver Merkmale. Dazu gehörten die religiöse und soziale Verbundenheit zwischen den Zunftmitgliedern und ihren Angehörigen, die hohe Qualität der Produktion und die Sicherung der Bedarfsdeckung. Das Verbot der Konkurrenz und die strenge Reglementierung waren freilich dem wirtschaftlichen und technischen Fortschritt hinderlich. Innovationen, die von außen kamen oder dem Erfindergeist einzelner zünftiger Handwerker zu verdanken waren, hatten es in der Regel schwer, anerkannt zu werden und sich durchzusetzen.

Jahrhunderte lang waren die Zünfte nicht aus dem wirtschaftlichen Leben der Städte wegzudenken. Vielfach entwickelten sie sich auch zu einer respektablen politischen Kraft und rangen mit dem städtischen Patriziat um die Macht in den städtischen Räten. Besonders in Süddeutschland gelang es ihnen oft, die Kaufmannsgeschlechter aus ihren Machtpositionen zu verdrängen. Mit dem Aufkommen der industriellen Produktion seit dem 18. Jahrhundert, vermehrt dann im beginnenden 19. Jahrhundert, erwiesen sich die Zünfte jedoch als Entwicklungshemmnis. Folgerichtig wurden ihre Vorrechte im Rahmen der preußischen Reformen im Jahr 1810 durch Karl August Fürst von Hardenberg (1750–1822) abgeschafft und die **Gewerbefreiheit** eingeführt. Die handwerklichen Innungen unserer Zeit sind mit den Zünften kaum noch zu vergleichen.

Trotz der grundsätzlich neuerungsfeindlichen Struktur des Zunftwesens und der Mentalität ihrer Angehörigen kam es seit dem Mittelalter doch zu bemerkenswerten **Innovationen**. Erwähnenswert ist in diesem Zusammenhang, dass der englische Franziskaner Roger Bacon (um 1219–1294) empfahl, gedanklich-philosophisch gewonnene Einsichten an der Erfahrung zu überprüfen. Er wies da-

Die industrielle Revolution 437

mit in die Richtung der neueren mathematisch-naturwissenschaftlichen, der sogenannten induktiven Forschungsmethode.

Die Wasserkraft diente mehr und mehr zum Antrieb verschiedenartigster **Mühlen**. Hier wurden Getreide, Eichenrinde (Lohe) und Pulver gemahlen, Erze zerkleinert, Draht gezogen und Metallgeräte geschliffen. Bergbau und Eisenverhüttung schritten voran. Wasserräder und Wasserradseilwinden ermöglichten eine bessere Trockenlegung der Schächte und Stollen und damit den Bergbau in größerer Tiefe. Seit etwa 1200 wurden auch Blasebälge mit Wasserkraft bewegt. So ließen sich bei der Eisenverhüttung im ebenfalls neu erfundenen Hochofen höhere Temperaturen und damit besseres Schmiedeeisen erzeugen.

In Italien kamen um 1300 die ersten **Brillen** auf. Das mittelhochdeutsche Wort »berille« ist von dem Mineral Beryll abgeleitet, das ursprünglich wohl zur Herstellung optischer Linsen diente. Seit dem 14. Jahrhundert wurden in deutschen Wohnhäusern die Fenster mit Glasscheiben versehen. Das war in England bereits seit 1180 geschehen. Die Erfindung der Drahtzieherei erleichterte ab dem Jahr 1370 die Herstellung von Nägeln. Nähnadeln erhielten an Stelle des hakenartigen Öhrs eine Öffnung, durch die der Faden gezogen werden konnte. Zwanzig Jahre später erwähnte eine Pariser Handschrift feststehende Windmühlen. Um 1400 erfand man die mit einem einfachen Schnurantrieb bewegte Drehbank.

Von allergrößter Bedeutung für die Zukunft war die Erfindung des **Buchdrucks** durch Johannes Gutenberg (um 1400–1468). In diesem Zusammenhang ist auch die Papierherstellung zu erwähnen. Sie ist in Europa erstmals für das Jahr 1276 in Italien belegt. Das vergleichsweise billige Beschreibmaterial löste das teure, aus Tierhaut gefertigte Pergament ab und ermöglichte so die massenhafte Herstellung von Druckschriften, Flugblättern, Zeitungen und Büchern (vgl. S. 342 ff.). In Deutschland entstand die erste Papiermühle im Jahr 1390 in Nürnberg.

Die Erfindung des **Schießpulvers** revolutionierte seit dem 13. Jahrhundert die Kriegstechnik. Die neuen Waffen, z. B. Hakenbüchsen und Kanonen, wurden in großer Stückzahl hergestellt. Für ihre Produktion reichten die engen, aus wenigen Personen bestehenden Handwerksbetriebe nicht aus. Eine Bronzegießerei benötigte erhebliche Materialmengen und ein umfangreicheres Personal, technischen Sachverstand und komplizierte Vorrichtungen für den Guss, die Bearbeitung der Rohlinge und den Transport.

Die Schifffahrt wurde durch die Einführung des **Kompasses** in Europa um 1300 und durch die 1474 von dem Mathematiker Johannes Müller (1436–1476), genannt Regiomontanus, veröffentlichten astronomischen Tabellen, die auch Kolumbus zur Berechnung seiner Schiffsposition benutzte, von den Küsten unabhängig. Das erste Trockendock entstand am Ende des 15. Jahrhunderts im englischen Portsmouth.

Auch am Ende des 15. Jahrhunderts wurde in Nürnberg die **Taschenuhr** erfunden, angeblich von einem Schlossermeister namens Petrus Hele (Peter Henlein). Er fertigte – wie es heißt – »aus ein wenig Eisen Uhren mit vielen Rädern« an, die »wie man sie auch wenden mag, ohne irgendein Gewicht 40 Stunden zeigen und schlagen, selbst wenn sie am Busen oder im Beutel stecken«. Nach neueren Forschungen wurde die Taschenuhr wohl aber von jemand anderem, dessen Name unbekannt ist, erfunden. Wegen der hohen Kosten für ihre Herstellung brauchte es einige Zeit, bis sie sich allgemein durchsetzen konnte. Noch immer diktierten Sonnenaufgang und Sonnenuntergang bzw. die Turmuhr und das Geläut der nahen Kirche den Arbeitsalltag auf dem Feld, im Stall und in der Werkstatt. Die Verbreitung eines handlichen Zeitmessers trug aber dazu bei, das Verhältnis des Menschen zur Zeit und zur Arbeit einschneidend zu verändern. In unserem Zusammenhang ist wichtig, wie er das Arbeitsleben in den Manufakturen des 17./18. Jahrhunderts beeinflusste und endlich dann den Tagesablauf in den industriellen Fabriken. Hier rief nicht die Glocke zur Arbeit, sondern der schrille Ton der Dampfpfeife auf dem Dach eines Kesselhauses (siehe unten).

Insgesamt hatten **Humanismus** und **Renaissance** vielerlei Anstöße für die Naturwissenschaften und die Technik und damit auch für das produzierende Gewerbe gebracht. In diesem Zusammenhang muss auch der italienische Künstler und Ingenieur Leonardo da Vinci (1452–1519) erwähnt werden, der auf dem Papier u. a. Flugmaschinen und Fallschirme, Schnellfeuergeschütze, Walzwerke und mechanische Spinnmaschinen entwarf.

Aus dem Gesagten geht hervor, dass es neben den familiär kleinen, zünftigen Handwerksbetrieben gelegentlich auch bereits größere Produktionsstätten, **Manufakturen**, gab. Das gilt eben insbesondere für die Waffenproduktion, dann aber auch für das Ziegler- und Töpfergewerbe und in ganz besonderer Weise für die Textilherstellung. Ein Zentrum dieses Gewerbes war Flandern im heutigen Belgien. Im Jahr 1710 entstand in Meißen die berühmte Porzellanmanufaktur, nachdem Ehrenfried Walther von Tschirnhaus und Johann Friedrich Böttger das in China längst bekannte Porzellan neu erfunden hatten. Die Meißner Manufaktur besteht heute noch.

Die veränderte Produktionsform führte schon früh zur Entstehung eines städtischen **Proletariats**, für das die soziale Absicherung, wie sie die Zünfte gewährte, nicht galt.

Neben den Manufakturen, industriellen Betrieben auf der Grundlage der Handarbeit, setzte sich in einigen Sparten des Gewerbes ein neues, zunächst zukunftsweisendes Verfahren durch. Es handelt sich um das sogenannte **Verlagssystem**. Kapitalkräftige Kaufleute, später auch vermögende Handwerksmeister, beschafften Wolle oder Metalle, indem sie Geld »vorlegten«, und gaben diese Rohmaterialien an Handwerker weiter. Deren Fertigwaren wurden dann vom Verleger zu einem bestimmten Stücklohn zurückgenommen und weiter verkauft. Natürlich hatte der Verleger ein Interesse daran, die Herstellungskosten möglichst niedrig zu halten. Er spielte die Produzenten gegeneinander aus und ließ immer mehr Waren draußen auf dem Land herstellen, wo geringere Löhne gezahlt wurden. Der Widerstand der Zünfte war groß, erwies sich auf die Dauer, vor allem aber seit dem 17. Jahrhundert, als verhältnismäßig unwirksam, weil sich der Staat im Streitfall oft auf die Seite der Kapitalisten stellte. Manche Handwerker wurden durch das Verlagssystem in die Rolle von lohnabhängigen Arbeitskräften hinabgedrückt. Das Verlagssystem war vor allem in der Textilbranche weit verbreitet. Auf dem Land wurde – neben der üblichen bäuerlichen Arbeit – schon immer Wolle zu Garn versponnen und diese am heimischen Webstuhl zu Stoff verwoben. Nun arbeitete die bäuerliche Familie in der verfügbaren Zeit gegen Lohn für einen Verleger. Das Verlagssystem gab es auch im Metallhandwerk, wo große Stückzahlen produziert werden mussten. Der Begriff selbst hat sich nur im Buchhandel erhalten. Der Verleger lässt seine Bücher auf seine Kosten in einer Druckerei herstellen und übernimmt ausschließlich deren Vertrieb.

Ein sehr anschauliches Bild vom Verlagssystem hat uns der Dichter Gerhart Hauptmann (1862–1946) in seinem Schauspiel »Die Weber« (1892) geliefert. Allerdings geht es hier um die dramatische und bedrückende Schlussphase einer wirtschaftlichen Entwicklung. Die in England entstandene Industrie produzierte unvergleichlich billiger als das schlesische Hausgewerbe. Die Folge war, dass die Unternehmer, die Verleger eben, die Arbeitspreise immer weiter nach unten drückten und die Heimweber damit dem Elend preisgaben. Die Hungerrevolte der schlesischen Weber im Jahr 1844 wurde vom preußischen Militär in Blut erstickt.

Es lohnt sich aber, noch einmal ein Stück weit zurückzugehen. Manufakturen gab es schon früh. Wie an anderer Stelle berichtet, erlebten sie in der Zeit des Absolutismus eine bemerkenswerte Blüte (vgl. S. 391). Jean-Baptiste Colbert, der Wirtschaftsminister des französischen Sonnenkönigs Ludwig XIV. (König 1643–1715), förderte diese Produktionsform, um die Wirtschaft zu beleben und dem Staat für seine vielfältigen, viel zu hohen Ausgaben die nötigen Finanzmittel zu sichern. Kennzeichnend für die Produktion war der hohe Grad der Spezialisierung und die damit verbundene Arbeitsteilung. Dazu gehörte auch, dass Colbert Fachkräfte aus dem Ausland anwerben ließ.

In den Manufakturen wurden traditionelle Produkte, z. B. Tuche, hergestellt. Vor allem die Adelsgesellschaft hatte aber einen wachsenden Bedarf an modischen Artikeln und Galanteriewaren. Dazu gehörten u. a. Hüte, Seidenwaren und Pelze, wertvolle Gläser und erlesenes Porzellan, Schmuck, Spiegel und Tapeten. Die französische Lebensart dieser Zeit wurde vorbildlich für ganz Europa, und so gingen viele in Frankreich hergestellte Luxusgüter nach Wien oder Sankt Petersburg, nach München oder Potsdam, Ludwigsburg oder Hannover. Sie brachten für den Staat unentbehrliche Devisen.

Die staatlich geförderte Wirtschaftsform des **Merkantilismus** (lat. »mercator« = Kaufmann) trug dazu bei, die Manufakturenbesitzer wohlhabend und reich zu machen. Viele von ihnen investierten die erwirtschafteten Kapitalien in der Folgezeit in industrielle Unternehmungen. Bisweilen vollzog sich der Übergang von der Manufaktur zur Fabrik gleitend. Die Handarbeit wurde schrittweise durch die Maschinenarbeit ergänzt, schließlich weitgehend ersetzt.

Erwähnenswert ist, dass wichtige Voraussetzungen für die Industrialisierung in den Manufakturen bereits gegeben waren. Dazu gehörte die Anwesenheit der Arbeiter am Produktionsort, also in der Fabrik, und die Arbeit nach einem strengen Reglement sowie einem festen Zeitrahmen. Die Arbeiter erhielten einen an Zeitaufwand oder Produktionsmenge gemessenen Lohn. Sie wurden damit zu **Lohnarbeitern**. Wenn sie zu Hause nicht über eine kleine Landwirtschaft verfügten, war das ihr einziges Einkommen.

Die Industrialisierung, die in der zweiten Hälfte des 18. Jahrhunderts einsetzte, veränderte die Lebensverhältnisse in vielen Ländern grundlegend. Das berechtigt dazu, von der **industriellen Revolution** zu sprechen. Voraussetzung war die Erfindung einer leistungsfähigen Antriebsmaschine und die Entwicklung vielfältiger Arbeitsmaschinen, die die Handarbeit mehr und mehr ersetzten.

Das Mutterland der Industrie war **England**. Hier fanden sich bevölkerungsstatistische, wirtschaftliche und weltanschauliche Voraussetzungen, die das Entstehen der Industrie begünstigten. Seit dem 17. Jahrhundert war England die führende Seehandelsnation. Mit den Schiffen kamen Geld und auch Rohstoffe aus entfernten Weltgegenden ins Land. In der Landwirtschaft setzten sich immer rationellere Produktionsmethoden durch. Nun fanden viele Menschen auf dem Land keine Arbeit mehr und drängten in die rasch wachsenden Städte. Hinzu kam, dass die Bevölkerungszahl aufgrund der verbesserten hygienischen und medizinischen Verhältnisse anwuchs. Eine bedrückende Folge dieser statistischen Veränderungen war die Verarmung vieler Menschen, für die es eigentlich keine Arbeit mehr gab.

In der **Textilindustrie** vollzog sich zuerst die Mechanisierung der Produktion, und das vor allem deshalb, weil eine gewaltige, nur schwer zu befriedigende Nachfrage nach Kleidung bestand. Eine Reihe von Erfindungen brachte die Stoff- und die Garnherstellung voran, noch bevor die Dampfmaschine voll einsetzbar war. Im Jahr 1733 erfand John Kay den »Schnellschützen«. Eine Zugvorrichtung katapultierte das Weberschiffchen blitzschnell von rechts nach links und von links nach rechts durch das »Fach« und beschleunigte damit den Webvorgang.

Dadurch entstand ein großer Bedarf an Garn. Die Handspinner kamen mit ihrer Arbeit nicht nach. Die Society of Arts versuchte dem durch ein Preisausschreiben abzuhelfen. Gewinnen sollte derjenige, der eine Spinnmaschine erfand, die gleichzeitig sechs Fäden zu spinnen vermochte. Im Jahr 1764 baute James Hargreaves die nach seiner Tochter benannte »Spinning Jenny«. Sie schaffte sogar acht Fäden gleichzeitig. Aber immer noch wurde von Hand gearbeitet.

Einen weiteren Schritt, nein, mehrere Schritte auf dem Weg der Mechanisierung tat der ursprüngliche Barbier Richard Arkwright. Im Jahr 1769 erwarb er ein Patent für seine »Waterframe-Spinnmaschine«. Sie wurde noch durch ein Pferdegöpel angetrieben. Im Jahr 1771 errichtete er eine große Spinnerei. Hier wurden die Spinnmaschinen bereits mit Wasserkraft bewegt. Im Jahr 1790 endlich verwendete er die inzwischen technisch ausgereifte Dampfmaschine als Antrieb.

Die industrielle Revolution

Der technologische Fortschritt brachte es mit sich, dass sich nun das Missverhältnis zwischen Garn- und Stofferzeugung ins Gegenteil umkehrte. Diesmal war die Webtechnik am Zug. Der mechanische Webstuhl wurde im Jahr 1785 von Edmond Cartwright erfunden. Er wurde zunächst – ähnlich wie bei Arkwright – durch einen Ochsengöpel in Gang gesetzt. Zwei Jahre später benutzte auch er die Dampfmaschine als Antrieb.

Die Beschleunigung der Produktion und die Schaffung von Arbeitsplätzen für das arbeitslose, Not leidende städtische und ländliche Proletariat fand nicht nur Anerkennung. Schon Hargreaves Maschine war von Handwerkern, die um ihre Arbeit fürchteten, zerschlagen worden. Cartwright wurde in kostspielige Prozesse verwickelt, die ihn sein gesamtes Vermögen kosteten. Auch in der Folgezeit kam es immer wieder zu Gewaltakten gegen die neumodische Mechanisierung, die vor allem handwerkliche Arbeitsplätze vernichtete. Am bekanntesten ist der Aufstand der »Maschinenstürmer«, die nach ihrem Anführer Ned Ludd »Ludditten« genannt wurden, in den Jahren 1811/1812. Ganz gezielt demolierten sie an vielen Orten die Maschinen und schreckten auch vor Morden nicht zurück. Der Aufstand wurde von Soldaten niedergeschlagen. Zahlreiche Beteiligte wurden hingerichtet, andere Aufständische nach Australien deportiert.

An verschiedenen Stellen klang es bereits an: Die Mechanisierung der Textilindustrie und dann auch anderer Industriezweige hing weitgehend von der neuen Antriebsmaschine ab. Längst waren Wasser- und Windkraft industriell genutzt worden, z. B. bei Walk-, Loh-, Säge- und Windmühlen, die vor allem zum Mehlmahlen dienten. Wasserkraft bewegte auch die Eisenhämmer. Die großflächige Ausdehnung der Industrie wurde aber erst durch eine revolutionäre Erfindung bzw. deren technische Vervollkommnung möglich. Das entscheidende Datum dieser Entwicklung ist das Jahr 1769. In diesem Jahr erhielt der schottische Feinmechaniker James Watt (1736–1819) sein Patent auf eine wirtschaftlich arbeitende **Dampfmaschine**.

Es dauerte noch einige Jahre, bis sie in industriellen Unternehmungen eingesetzt wurde. Von nun ab veränderte sie die Produktion und das Arbeitsleben grundlegend. Was mit den Manufakturen begonnen hatte, wurde zur Selbstverständlichkeit. Gearbeitet wurde dort, wo die neue Antriebsmaschine stand, eben in eigens errichteten Fabrikgebäuden. Die Bewegung, die von der Dampfmaschine ausging, wurde durch sich drehende Wellen in die Werkhallen übertragen. Hier standen nun die einzelnen Arbeitsmaschinen aufgereiht, Spinnmaschinen und Webstühle, schließlich Drehbänke, Sägen, Pressen und Fräsen. Von den sich drehenden Wellen wurden Kraft und Bewegung durch lederne Transmissionsriemen auf die einzelnen Maschinen übertragen.

Anders als in einem Handwerksbetrieb wurde der Rhythmus der Arbeit durch die Maschine bestimmt. Sie erzwang eine nahezu militärische Disziplin und ein bis dahin ungewohntes gleichmäßiges Tempo. Es versteht sich von selbst, dass die Arbeitenden hier ihren Tag verbringen mussten, oft weitab von der angestammten Wohnung und von ihren Familien. Am Morgen gab die Dampfpfeife das Signal für den Arbeitsbeginn; am Abend signalisierte sie, dass die Arbeit zu Ende war. Nun machten sich die Arbeiter müde und ausgelaugt auf den oft weiten Heimweg. Es dauerte noch lange, bis technische Hilfsmittel und die Verkehrsverbindungen so weit entwickelt worden waren, dass der Weg zur Arbeit leichter fiel. Noch gab es keine Eisenbahnen und Omnibusse, keine Fahrräder, Motorräder oder Autos, die die Entfernungen schrumpfen ließen.

Das investierte Kapital musste sich amortisieren, d. h. die Maschinen mussten möglichst lange arbeiten, um sich zu lohnen. Deshalb wurde der Tag mit seinen 24 Stunden in zwei oder drei **Schichten** aufgeteilt. Die Nachtschicht wurde allgemein üblich.

Handwerker, die keine Arbeit mehr fanden, und Bauern, deren Grund die Familien nicht mehr ernährte, mussten sich erst mühsam und schmerzlich an diese neue Lebenssituation gewöhnen. In der Regel gab es keine Alternative, weil nur hier Arbeit und Verdienst zu finden waren, die das Überleben sicherten.

Wohlhabende Handwerksmeister und Kaufleute hatten das Geld zusammengebracht, um Fabrikgebäude errichten und Maschinen kaufen zu können. Zunächst waren die Investitionen noch vergleichsweise bescheiden, wuchsen aber bald zu astronomischen Höhen. Natürlich ging es darum, Geld zu verdienen. Und das gelang nur, wenn der Betrieb reibungslos und effizient arbeitete.

Der Bedarf an industriell hergestellten Waren war so gewaltig, dass die verschiedenen Zweige der Industrie schwindelerregend schnell wuchsen. Das hat eine innere Logik, die leicht zu veranschaulichen ist. Für die Herstellung von Dampf- und Arbeitsmaschinen wurden gewaltige Mengen an **Eisen** benötigt. Bekanntlich wird das Roheisen in Hochöfen mit Hilfe von Kohle aus dem Eisenerz herausgeschmolzen. Seit Beginn der Eisenzeit hatte man für diesen chemischen Vorgang, den sogenannten Reduktionsprozess, Holzkohle verwendet. Der Bedarf wuchs so gewaltig, dass längst viele Landstriche abgeholzt waren und dass die zur Verfügung stehende Holzmenge einfach nicht mehr ausreichte, um das benötigte Eisen zu schmelzen.

Das Problem wurde durch eine Erfindung der Eisenfabrikantenfamilie Darby gelöst. Statt der Holzkohle verwendeten sie seit 1735 **Koks**. Er entsteht durch die sogenannte trockene Destillation der Steinkohle. Beim Erhitzen in einer geschlossenen Kammer entsteht ein brennbares Gas, das später als Leuchtgas genutzt wurde. Zurück bleibt fast reiner Kohlenstoff, bei dessen Verbrennung sich sehr hohe Temperaturen erreichen lassen. Die logische Folge war, dass der Bedarf an Steinkohle sprunghaft anstieg. Immer mehr Gruben entstanden; immer tiefer drangen die Bergleute in den Untergrund ein, um den kostbaren Rohstoff zu bergen. Die Folge war, dass die tiefen, im Grundwasser liegenden Schächte durch Pumpen entwässert werden mussten. Für die Pumpen und auch für die Förderkörbe benötigte man wiederum Dampfmaschinen. Nebenbei verschlangen diese Ungetüme selbst gewaltige Mengen an Kohle.

An diesen Zusammenhängen wird deutlich, dass die Entfaltung der Industrie wie ein Selbstläufer wirkte. Das steigerte sich noch einmal dramatisch, als seit 1835 in Deutschland der Aufbau eines dichten Eisenbahnnetzes begann. Für Lokomotiven und Waggons, vor allem aber auch für das Tausende von Kilometern umfassende Schienennetz wurden ungeheure Mengen an Eisen benötigt. Später kam die Dampfschifffahrt hinzu. Nun baute man die Schiffsrümpfe nicht mehr aus Holz, sondern ebenfalls aus Eisen – beides mit den Konsequenzen, die eben erläutert wurden.

Die frühen Fabriken waren oft aus Handwerksbetrieben hervorgegangen und erforderten einen vergleichsweise geringen Kapitalaufwand. Das war z. B. beim Eisenbahnbau anders. Nun entstanden sogenannte **Aktiengesellschaften** (AG). Das erforderliche Kapital wurde durch die Aktionäre aufgebracht, indem sie Aktien, Anteilscheine, kauften. Sie erhielten einen prozentualen Gewinnanteil, die Dividende. Die Aktien wurden wie heute an der Börse gehandelt. Die erste Börse wurde im Jahr 1531 in Antwerpen eröffnet. Falls ein Unternehmen erfolgreich arbeitet, steigt der Aktienwert. Der Besitzer kann sie ggf. mit hohem Gewinn weiterveräußern. Entstanden ist das Aktienwesen im Bergbau. So wurden in Leoben in Österreich im Jahr 1415 und danach bei vielen anderen ähnlichen Unternehmen sogenannte Kuxe, Anteilsscheine, ausgegeben. Eine erste moderne Aktiengesellschaft war die Niederländische Ostindienkompanie von 1602.

Mit der Entstehung der Textilindustrie hatte die industrielle Revolution begonnen. Wie bereits angedeutet, wurden für die weitere Entwicklung Bergbau und Schwerindustrie unentbehrlich.

Seit der Steinzeit gab es frühe Formen des **Bergbaus**. Mit seiner Hilfe wurden aus dem Erdinnern Feuerstein und Obsidian gewonnen, die zur Herstellung von Werkzeugen und Waffen dienten. In der Bronzezeit grub man nach Kupfererz, das in der Regel im harten Gestein eingelagert war, in der Eisenzeit in unseren Breiten vor allem nach Steinsalz. Eisen- und andere Metallerze, z. B. Silber und Zinn, kamen hinzu.

Im Mittelalter war der Bergbau in Deutschland bereits hoch entwickelt. Einzelne Gegenden, z. B. der Harz oder das Erzgebirge, wurden zu führenden Bergbauregionen. Bereits im 12. Jahrhundert begann der Abbau von Steinkohle. Zu Beginn der Neuzeit ermöglichte der technische Fortschritt den Ausbau tieferer Schächte. Das Grundwasser wurde mit Hebevorrichtungen nach oben befördert. Nun benutzte man auch Wasserräder für die Wasserhaltung und für den Transport des Erzes oder der Kohle ans Tageslicht.

Zunächst waren Kohle und Erz mit Meißel und Schlägel aus dem Gestein herausgehämmert worden. Oft benutzte man zu diesem Zweck auch das »Feuersetzen«. Der Fels wurde mit großen Feuern erhitzt und dann schlagartig mit Wasser abgekühlt. Der große Temperaturunterschied führte dazu, dass das Gestein zersprang und damit leichter aus dem umgebenden Felsen herauszulösen war. Das »Schießen«, d. h. die Verwendung von Schießpulver und Sprengstoff, erleichterte die Arbeit ungemein.

Entscheidend für die revolutionäre Ausweitung des Bergbaus, auch in größere Tiefen, war der Einsatz der Dampfmaschine seit dem Ende des 18. Jahrhunderts. In Deutschland entstanden in den folgenden Jahrzehnten drei gigantische Bergbauregionen, das Ruhrgebiet, das Saargebiet und das oberschlesische Bergbaugebiet. Da aus wirtschaftlichen Überlegungen, nämlich zur Verringerung der Transportkosten, der Grundsatz »Erz zur Kohle« galt, wurden diese Gebiete rasch Zentren der **Schwerindustrie** mit Hochöfen, Walzwerken und anderen Eisen und Stahl verarbeitenden Fabriken. Der erste Kokshochofen in Deutschland wurde im Jahr 1896 in Gleiwitz in Oberschlesien angeblasen.

Das Roheisen ist zunächst wegen seines hohen Kohlenstoffgehalts zu brüchig und deshalb nicht schmiedbar. Diesen Mangel versuchte man durch Zuführen von Sauerstoff, der einen Teil des Kohlenstoffs verbrannte, und durch Hämmern in meist wassergetriebenen Hammerwerken zu beseitigen. Neue Verfahren kamen hinzu. Henry Bessemer erfand 1855 die »Bessemer-Birne«. In ihr wurde der Kohlenstoff durch in das flüssige Eisen hineingepresste Luft verbrannt. Sidney Thomas entwickelte 1878 die »Thomas-Birne«. Sie wurde mit basischem oder sauerem Material ausgefüttert, das dann dem Roheisen unerwünschte Beimischungen, z. B. Phosphor, entzog. Weitere Erfindungen kamen hinzu, die die Stahlgewinnung erleichterten und bessere Qualitäten ermöglichten.

Das Entwicklungstempo zu Beginn der industriellen Revolution lässt sich an der Entwicklung der **Industriestädte** ablesen. Im Jahr 1809 wurde in Essen die erste Förder-Dampfmaschine installiert und damit die neue Epoche des Bergbaus eingeleitet. Der Aufstieg der Stadt Essen ist vor allem mit der Firma Krupp verbunden. Im Jahr 1826 übernahm der vierzehnjährige Alfred Krupp (1812–1887) von seinem Vater eine kleine, fast bankrotte Gussstahlfabrik. Er baute sie zum größten Werk seiner Art aus. Seine Firma beschäftigte im Jahr 1857 schon 1 000 und im Jahr 1866 bereits 8 000 Arbeiter. Im Jahr 1864 arbeiteten bereits 22 Prozent der Essener Bevölkerung in dieser Firma. Die Einwohnerzahl der Stadt wuchs von ursprünglich 7 700 bis zum Jahr 1896 auf 100 000. Im Jahr 1910 lebten in Essen bereits 552 000 Menschen. Krupp lieferte nach einem von ihm 1830 weiterentwickelten Verfahren erzeugten Gussstahl – auch Walzstahl, ferner Eisenbahnschienen, Räder, Schiffswellen und Schiffsschrauben. Seit 1856 stellte er Kanonen aus Gussstahl her und begann damit, sich zum größten Waffenproduzenten des Deutschen Reiches zu entwickeln. Im »Dritten Reich« erhielt Essen ein Etikett, das längst der Wirklichkeit entsprach. Es war nun die »Waffenschmiede des Reiches«.

Die technische Anwendung der Elektrizität und der Aufstieg der **Elektroindustrie** bedeuteten einen neuen, revolutionären Entwicklungsschub für die gewerbliche Wirtschaft, dann aber auch für alle anderen Lebensbereiche bis tief ins Private hinein. Voraussetzung war, dass elektrischer Strom jederzeit in ausreichender Menge zur Verfügung stand.

Im Jahr 1859 hatte der Franzose Gaston Planté den elektrischen **Akkumulator** (Akku, lat. »accumulare« = anhäufen) erfunden. 1867 stellte Werner (von) Siemens (1816–1892) eine bahnbrechende Erfindung vor: seine dynamo-elektrische Maschine, den Dynamo (griech.

»dynamis« = Kraft) oder **Generator** (lat. »Erzeuger«) also, der Bewegung in elektrische Energie umzuwandeln vermochte. Bekanntlich gibt es für den Strom erzeugenden Generator mehrere Antriebsarten. An geografisch günstigen Plätzen wird er durch Wasserkraft bewegt. Wo diese nicht zur Verfügung steht, erzeugen Dampfmaschinen oder Dampfturbinen die erforderliche Drehung. Heute wird in steigendem Maße auch die Windenergie genutzt.

Siemens war es auch, der den so erzeugten Strom für neue Maschinen verwendete. Damit begann der bis heute anhaltende Siegeszug des **Elektromotors**, der längerfristig die Dampfmaschine ersetzte. Die frühen Modelle waren eigentlich nur technische Spielzeuge. Der erste leistungsfähige und damit in die Zukunft weisende Motor wurde bereits im Jahr 1834 von Moritz Hermann von Jacobi erfunden. Er wurde durch eine Batterie angetrieben. Allerdings scheiterte die ökonomische Verwendung am hohen Energiepreis. Der Einsatz eines Elektromotors war damals noch 25 mal teurer als der der Dampfmaschine. Das änderte sich erst mit der Erfindung des Dynamos im Jahr 1866.

Im Jahr 1879 präsentierte Siemens eine elektrische **Lokomotive**. Sie war fürs Erste für den Einsatz in Bergwerken gedacht, erregte aber von allem Anfang an großes Aufsehen: »Der großen Menge schien es geradezu märchenhaft, den mit vielen Personen schwer beladenen Wagen ohne eine sichtbare Kraft dahinfahren zu sehen«, notierte die Leipziger »Illustrirte Zeitung«.

Zwei Jahre später zeigte Siemens auf der Pariser Weltausstellung die erste elektrische **Straßenbahn**. Der für den Elektromotor erforderliche Strom wurde von der über den Fahrweg in Fahrtrichtung gespannten Oberleitung abgenommen. Den Anfang machte eine elektrische Straßenbahn in Lichterfelde bei Berlin mit einer Strecke von 2,5 Kilometern zwischen dem Bahnhof und der Hauptkadettenanstalt. »Der behördlichen Anordnung gemäß soll die durchschnittliche Fahrgeschwindigkeit 15 Kilometer in der Stunde betragen und darf an keiner Stelle 20 Kilometer übersteigen.« Bekanntlich lösten die Straßenbahnen sehr bald die vorhandenen

Pferdebahnen ab und wurden durch den weiteren Ausbau zu einem der wichtigsten Verkehrsmittel. Siemens projektierte auch elektrische **Hoch- und Untergrundbahnen**. Die erste wurde im Jahr 1890 in London eröffnet, in Berlin fuhr seit 1902 eine elektrische U-Bahn. Zehn Jahre später fuhren in der Schweiz die ersten elektrisch betriebenen Eisenbahnzüge.

Die Verwendung des elektrischen Stroms für die **Beleuchtung** von Straßen, Wohnhäusern und Fabrikgebäuden veränderte das Leben der Menschen nachhaltig. Wir sind heute kaum noch in der Lage, uns die Dunkelheit des menschlichen Lebensraums in der Vergangenheit zur Nachtzeit und im Winter so richtig vorzustellen. Kienspan, Kerze und Öllampe spendeten nur wenig Licht und bedeuteten eine ständige Brandgefahr. Lichtdurchflutete Städte und Dörfer, wie wir sie heute kennen, gab es nicht. Sicher war der früh aufstehende Bauer oder der nächtliche Wanderer froh, wenn das Mondlicht die Landschaft erhellte.

Das Gas- und Petroleumlicht brachten einen gewaltigen Fortschritt. Zur Beleuchtung von Innenräumen, später auch von Straßen wurde das sogenannte **Leuchtgas** verwendet, das bei der trockenen Destillation von Steinkohle zu Koks entweicht. Die ersten Gas-Straßenlaternen wurden im Jahr 1805 in London errichtet. Zunächst war die Lichtausbeute schwach. Sie wurde aber seit dem späten 19. Jahrhundert durch den von Carl Auer von Welsbach erfundenen »Glühstrumpf«, der seltene Metallverbindungen enthielt, erheblich gesteigert. Zunächst mussten die Straßenlaternen einzeln entzündet werden. Der Anzünder ging mit seiner Leiter von Laterne zu Laterne. Später wurde dieser Vorgang durch einen Zündmechanismus automatisiert, sodass der Laternenanzünder nicht mehr benötigt wurde.

Das **Erdöl** war bereits seit Langem bekannt, weil es hie und da von selbst an die Erdoberfläche trat. Seit etwa 4 000 Jahren wurde es für verschiedene Zwecke genutzt. Die Chinesen nahmen es als Leuchtmittel. Die Mesopotamier nutzten das im Erdöl enthaltene Bitumen als Mörtel und zum Abdichten ihrer Schiffsrümpfe. In Mitteleuropa tauchte das Öl um 1430 am Tegernsee als Heilmittel auf.

Die Geschichte der kommerziellen Nutzung im großen Maßstab begann in der Mitte des 19. Jahrhunderts in einem kleinen Städtchen in Pennsylvania. Hier gab es einen Brunnen, der eine Bauholzfirma mit Wasser versorgte. Seit den Vierzigerjahren ärgerten sich die Besitzer über die Verunreinigungen durch eine unangenehm stinkende bräunliche Flüssigkeit. Immerhin versuchten sie, den fremden Stoff wirtschaftlich zu nutzen. Er fand als Heilmittel gegen Rheuma, bei Keuchhusten oder bei schweren Verbrennungen Verwendung. Das Öl wurde auch als willkommenes Schmiermittel benutzt. Schließlich nahm man es, da es brennbar war, auch als Leuchtmittel für Öllampen. Nun wurde der ehemalige Eisenbahnschaffner Edwin L. Drake engagiert, um nach der Quelle des oberirdischen Rinnsals zu forschen. Er baute in Titusville aus Balken und Brettern den ersten **Erdölbohrturm** der Welt. Im August 1859 war es so weit: Der Bohrer war bis zur Öllagerstätte vorgedrungen. Nun drang das kostbare Gut an die Erdoberfläche. Freilich blieb die Ausbeute fürs Erste gering. Selten wurden mehr als 300 Liter am Tag gefördert. Immerhin, die erfolgreiche Ölsuche in Titusville rief Spekulanten und Abenteurer auf den Plan. Sie war das Signal für einen regelrechten Ölboom, der in den folgenden Jahren und Jahrzehnten anhielt.

Das Erdöl wurde zu Schmiermitteln, vor allem aber auch zu Leuchtöl verarbeitet. Das Wort »Petroleum« ist ein aus dem Lateinischen abgeleitetes Kunstwort (»petra« = Stein, Fels, »oleum« = Öl, Steinöl). Um diese Zeit ahnte noch niemand, welche Bedeutung dem Erdöl eines Tages für den Antrieb von Benzin- und Dieselmotoren bzw. in der Petrochemie, etwa bei der Herstellung von Kunststoffen, zukommen würde.

Die erste **Petroleumlampe** war im Jahr 1855 durch den Amerikaner Benjamin Silliman konstruiert worden. In der Folgezeit verbreitete sie sich rasch in Amerika und in Europa, schließlich über die ganze Erde. Im Haushalt verdrängte sie die Kerze und die mit pflanzlichen oder tierischen Fetten gespeiste Öllampe.

Seit 1879 wurde für Beleuchtungszwecke die Bogenlampe und damit der elektrische Strom verwendet. Die größte Neuerung war freilich die Erfindung der **Glühbirne**. Das gelang dem deutschstämmigen Uhrmacher Heinrich Goebel bereits im Jahr 1854. Der Glühfaden bestand aus einer verkohlten Bambusfaser. Der amerikanische Erfinder Thomas Alva Edison (1847-1931) entwickelte die Glühlampe weiter (»Genie ist zu einem Prozent Inspiration und zu neunundneunzig Prozent Transpiration«), sodass sie nun für Beleuchtungszwecke taugte und industriell in Massenproduktion gefertigt werden konnte. Im Jahr 1880 gab es die ersten Glühbirnen zu kaufen. Edison baute in New York ein Elektrizitätswerk, das für Haushalte und Fabriken den erforderlichen Strom lieferte.

Mit der flächendeckenden Verfügbarkeit von elektrischem Strom begann die Zeit des **Elektromotors** als Antriebsmaschine in den Fabriken und in den Werkstätten der Handwerker. In den Werkhallen wurden die gefährlichen ledernen Transmissionsriemen entbehrlich, weil die einzelnen Arbeitsmaschinen am Platz von einem oder von mehreren Elektromotoren bewegt wurden.

Zuvor musste allerdings noch ein schwieriges technisches Problem gelöst werden. Wie war es möglich, den elektrischen Strom über größere Entfernungen zu transportieren? Einige Versuche machten den Ingenieuren Mut. Letzten Endes scheiterten sie aber deshalb, weil die Stromverluste eine wirtschaftliche Nutzung verhinderten. Den Durchbruch erzielte Oskar von Miller (1855-1934) mit einer Stromleitung von Lauffen am Neckar nach Frankfurt am Main. In diesem sensationellen Versuch wurde der Strom über eine Entfernung von 175 Kilometern mit einem Wirkungsgrad von 75 Prozent transportiert. Das gute Ergebnis war nur dadurch möglich geworden, weil hier nicht Gleichstrom, sondern Wechselstrom auf den Weg geschickt wurde. Das geglückte Experiment war die technische Voraussetzung dafür, dass nun gewaltige, Länder und Kontinente überspannende **Hochspannungsnetze** entstanden. Die Umwandlung in Hochspannung und die Zurückverwandlung in Niederspannung wurde durch den **Transformator** (lat. »Umformer«) möglich. Er war von den Ungarn Miksa Déri, Otto Titusz Bláthy und Károly Zipernowsky in der Zeit zwischen 1882 und 1885 erfunden worden. Oskar von Miller war übrigens unter anderem auch der Begründer des Deutschen Museums in München (1903) und der Projektleiter beim Bau des Walchenseekraftwerks (1918–1924), des damals größten Speicherkraftwerks der Erde.

Aus der im Jahr 1847 von Werner Siemens und Georg Halske gegründeten Telegrafenbauanstalt wurde das größte deutsche Unternehmen der Elektroindustrie. Ihm folgte die Allgemeine Elektrizitätsgesellschaft (AEG), die 1887 aus der von Emil Rathenau (1838–1915) im Jahr 1883 gegründeten Edison-Gesellschaft hervorging.

Die Elektrizität eroberte zahlreiche Gebiete der jungen Industrie. Sie diente zum Schmelzen von Eisen in Lichtbogenöfen und zur elektrolytischen Gewinnung von Aluminium, das erst 1827 von dem deutschen Chemiker Friedrich Wöhler (1800–1882) entdeckt worden war. Neben das autogene Schweißen mit Azetylen-Gas und Sauerstoff trat das Elektroschweißen.

Revolutionäre Veränderungen vollzogen sich auch in der **Haushaltstechnik**. Der Elektroherd und der Staubsauger, die elektrische Waschmaschine und der Kühlschrank erleichterten die Arbeit der Hausfrau und ließen zugleich einen neuen, überaus dynamischen Industriezweig entstehen. Im Jahr 1886 erhielt die Amerikanerin Josephine Cochrane ein Patent für eine mit Wasserdruck arbeitende Geschirrspülmaschine. Ein solches Gerät wurde in Europa erstmals im Jahr 1929 von der Firma Miele angeboten. Heute sind die genannten Geräte – manches andere kommt noch hinzu – aus einem normalen Haushalt in wirtschaftlich einigermaßen entwickelten Ländern nicht mehr wegzudenken.

Der Siegeszug der **chemischen Industrie** begann in der zweiten Hälfte des 19. Jahrhunderts. Allerdings mussten bis dahin mancherlei wissenschaftliche und technologische Vorbedingungen erfüllt worden sein. Im Altertum waren die chemischen Kenntnisse im engeren Sinne gering. Wegbereiter der neueren Wissenschaft von den Stoffen und ihren Verbindungen untereinander waren arabische

Gelehrte im Mittelalter. So ist es kein Zufall, dass unser Wort »Chemie« auf das arabische »al-kimiya« (»Kunst der Metallverwandlung, der Legierung«) zurückgeht. Fortschritte brachte auch die Alchemie, weil neue Arbeitsmethoden entwickelt und neue Substanzen entdeckt wurden. Zwar zeigte sie einen stark mystisch-spekulativen Charakter, z. B. beim Versuch, Gold oder irgendwelche Wundermittel herzustellen, erzielte aber auch nachhaltige Einsichten und Erfolge. Dazu gehören die Erfindung des Schwarzpulvers, das die Militärtechnik revolutionierte, und die Wiederfindung des in China seit Langem bekannten Porzellans durch Ehrenfried Walther von Tschirnhaus und Johann Friedrich Böttger im Jahr 1709. Chemisch-metallurgische Kenntnisse fanden u. a. im Bergbau und in der Hüttenindustrie praktische Anwendung.

Der empirisch-spekulative Doppelcharakter des alchimistischen Bemühens wird noch in Johann Wolfgang von Goethes »Faust« sichtbar:

> Es möchte kein Hund so länger leben!
> Drum hab ich mich der Magie ergeben,
> Ob mir durch Geistes Kraft und Mund
> Nicht manch Geheimnis würde kund; [...]
> Dass ich erkenne, was die Welt
> Im Innersten zusammenhält,
> Schau alle Wirkenskraft und Samen,
> Und tu nicht mehr in Worten kramen.[15]

Im Jahr 1609 war in Marburg eine erste Professur für Chemie eingerichtet worden. Die nach empirischen und rationalen Grundsätzen organisierte Wissenschaft geht aber auf den englischen Gelehrten Robert Boyle (1627–1692) zurück. Damit war die Trennungslinie hin zur mittelalterlich-frühneuzeitlichen Alchemie gezogen. Von ihm stammt auch der zentrale Begriff »Element«.

Bis zur modernen Chemie blieb allerdings noch ein weiter Weg. Wie bereits weiter oben erwähnt (S. 416 f.), war ein wichtiger Schritt in diese Richtung die Entdeckung des **Sauerstoffs** durch den deutsch-schwedischen Apotheker Carl Wilhelm Scheele (1771) und den Engländer Joseph Priestley (1774). Allerdings konnten die beiden Forscher seine Bedeutung für den Verbrennungsprozess noch nicht erklären. Die Lösung fand der Franzose Antoine Laurent de Lavoisier (1743–1794). Er erkannte, dass sich der Sauerstoff mit einem anderen Stoff verbindet und dass der neu entstandene Stoff durch die Aufnahme von Sauerstoff schwerer wird. Das galt selbstverständlich auch für die von ihm entschlüsselte chemische Verbindung des Wassers (H_2O). Im Jahr 1789 formulierte er den Grundsatz der Massenerhaltung, der allen chemischen Prozessen zugrunde liegt: »Nichts wird bei den Operationen künstlicher oder natürlicher Art geschaffen, und es kann als Axiom angesehen werden, dass bei jeder Operation eine gleiche Quantität Materie vor und nach der Operation existiert.« Das war in dem Jahr, in dem die Französische Revolution begann. Das 19. Jahrhundert brachte rasch weitere grundlegende Fortschritte. Dazu gehört z. B. die Herstellung von **Harnstoff** durch Friedrich Wöhler (1828). Damit erbrachte er den Beweis, dass organische chemische Verbindungen künstlich erzeugt werden konnten.

Für die Entwicklung der Chemie und der chemischen Industrie war auch die Begründung der **Agrochemie** von größter Wichtigkeit. Justus von Liebig (1803–1873) forschte nach Möglichkeiten, wie künftig Hungersnöte durch Missernten verhindert werden könnten. Er fasste seine Erkenntnisse in dem Buch »Die organische Chemie in ihrer Anwendung auf Agrikultur und Physiologie« (1840) zusammen. Der Kerngedanke war, dass die Ernte durch eine gezielte Düngung mit chemischen Substanzen, mit Kunstdünger eben, entscheidend verbessert werden könne. Er selbst entwickelte in seinem Gießener Labor einen Phosphatdünger, der bis zum heutigen Tag verwendet wird. Wir wissen, dass eine effiziente, die Welternährung einigermaßen sicherstellende Pflanzenproduktion ohne diese wegweisende Erkenntnis heute nicht möglich wäre.

Die Grundlagenforschung brachte neue Einsichten bezüglich der einzelnen chemischen Elemente und ihre Verbindung zu Molekülen. Dazu gehörte die Erkenntnis von der unterschiedlichen Wertigkeit einzelner Stoffe sowie von der Struktur der Atome innerhalb eines Moleküls. In den Fünfzigerjahren des 19. Jahrhunderts wurden die Strukturformeln der Kohlenwasserstoffe in offenen Ketten und in Kohlenstoffringen (Benzol und verwandte Verbindungen) beschrieben. Wenige Jahre später, im Jahr 1869, entwarfen annähernd gleichzeitig Lothar Meyer (1830–1895) und Dmitri Mendelejew (1834–1907) das **Periodensystem** der chemischen Elemente. Es sortierte diese nach ihrer Masse und nach ähnlichen chemisch-physikalischen Eigenschaften. Sie ließen sich nach der Konstruktion des Atommodells durch Niels Bohr (1885–1962) im Jahr 1913 und durch andere leichter erklären.

Vereinzelt war bereits von Anfängen der chemischen Industrie die Rede. Schon am Ende des 18. Jahrhunderts wurden **Soda** und **Schwefelsäure** in größerer Menge hergestellt. Die Soda diente nicht nur als Waschmittel, sondern vor allem auch zur Herstellung von Glas. Mit der sehr aggressiven Schwefelsäure konnten vielerlei chemische Prozesse in Gang gebracht werden.

Die Erkenntnis, dass organische Verbindungen künstlich erzeugt werden konnten, wurde für die **Herstellung synthetischer Farben** angewendet. Die sogenannten Anilin- oder Teerfarben begründeten einen großen Zweig der neu entstehenden chemischen Industrie. Ihre Geschichte hatte im Jahr 1856 begonnen, als ein erster, blauer Farbstoff aus Anilin entstand. Drei Jahre später folgte das rote Fuchsin. Ständig kamen neue farbige Verbindungen hinzu. Einen Höhepunkt dieser Entwicklung bedeutete die chemische Darstellung des Indigos im Jahr 1880 durch Adolf von Baeyer (1835–1917), den späteren Nobelpreisträger für Chemie. Die Qualität des künstlichen Indigos war besser als die des aus der indischen Indigopflanze gewonnenen Farbstoffs. Im Jahr 1853 hatte der aus Buttenheim bei Bamberg stammende, nach Amerika ausgewanderte Levi Strauss die Jeans erfunden. Die aus blauem, reißfestem Baumwollstoff geschneiderten Arbeitshosen waren für Goldgräber in Kalifornien gedacht. Später verstärkte er die besonders strapazierten Nähte durch

Nieten. Auf seine Arbeitshose der besonderen Art erhielt er 1873 ein Patent. Heute sind sie – indigogefärbt – zu einem modischen Kultobjekt geworden.
Noch heute existieren chemische Großbetriebe, die auf der massenweisen Herstellung von synthtischen Farbstoffen seit der Mitte des 19. Jahrhunderts gründen. Bekannt sind zum Beispiel die Badischen Anilin- und Sodafabriken (BASF) mit ihrem Hauptsitz in Ludwigshafen, die Farbwerke Bayer in Leverkusen und die Farbwerke Hoechst bei Frankfurt. Im Jahr 1904 schlossen sich drei große Werke zur IG (Interessengemeinschaft) Farben zusammen, um ihren Einfluss auf dem deutschen und dem internationalen Markt zu steigern. Weitere Werke folgten. Nach dem Zweiten Weltkrieg wurde die mächtige Organisation – auch wegen ihrer Verwicklungen mit dem nationalsozialistischen Regime – von den Alliierten aufgelöst. Die einzelnen Werke blieben aber unter ihren traditionellen Namen bestehen.

Für die Geschichte der chemischen Industrie ist die im Jahr 1913 entwickelte **Ammoniaksynthese** von größter Wichtigkeit. Das sogenannte Haber-Bosch-Verfahren wurde, wie der Name schon sagt, von dem deutschen Chemiker Fritz Haber (1868–1934) und dem Ingenieur Carl Bosch (1874–1940) entwickelt. Sie fanden heraus, dass sich Stickstoff und Wasserstoff bei hohem Druck und bei Hitze zu Ammoniak (NH_3) verbinden. Ammoniak ist für die Düngemittelherstellung unentbehrlich. Als das Deutsche Reich im Ersten Weltkrieg von den Salpeterfeldern Chiles abgeschnitten wurde, lieferte die Ammoniaksynthese den erforderlichen Grundstoff, nämlich Salpetersäure, zur Herstellung von Schießpulver und Sprengstoff und bot damit eine der materiellen Voraussetzungen für die Fortführung des Krieges.
Auch andere Naturprodukte wurden in der Folgezeit durch chemisch-technische Erfindungen künstlich hergestellt. Das gilt z. B. für den Kautschuk bzw. das **Gummi**. Die rasch fortschreitende Motorisierung hatte einen ungeheuren Bedarf erzeugt. Im Jahr 1927 er-

fand der deutsche Chemiker Walter Bock in Leverkusen den Styrol-Butadien-Kautschuk, genannt Buna. Das Wort leitet sich von den beiden für die Herstellung benötigten Grundstoffen Butadien und Natrium her. Der künstliche Gummi wurde seit 1937 industriell hergestellt und schuf damit für das nationalsozialistische Regime die Möglichkeit, sich von dem in den Tropen gewonnenen Naturkautschuk unabhängig zu machen.

In diesem Zusammenhang ist auch die **Kohleverflüssigung** zu sehen. Bekanntlich sind die im Erdinnern lagernden Erdölreserven begrenzt. Wir müssen davon ausgehen, dass sie in wenigen Jahrzehnten erschöpft sind. Andererseits gibt es auf der Erde enorme Kohlevorräte. Mit Hilfe der Kohleverflüssigung und dem im Jahr 1926 durch Franz Fischer (1877–1949) und Hans Tropsch (1889–1935) entwickelten Fischer-Tropsch-Verfahren kann Kohle unter hohem Druck und bei hohen Temperaturen sowie durch die Verwendung von Katalysatoren in flüssige Kohlenwasserstoffe umgewandelt werden. Industriell wurde das Fischer-Tropsch-Verfahren seit 1934 genutzt. Es versetzte das nach wirtschaftlicher Autarkie strebende nationalsozialistische Deutsche Reich in die Lage, einen großen Teil seines Benzin- und Ölbedarfs zu decken. Für die Kriegsführung und den Einsatz der motorisierten Verbände (Kraftfahrzeuge, Panzer, Flugzeuge) war es unentbehrlich. Da das Erdöl nach dem Krieg in großen Mengen zur Verfügung stand, kamen die sehr teuren Verfahren, mit denen Benzin aus Kohle hergestellt wurde, weitestgehend zum Erliegen.

Inzwischen haben sich die Verhältnisse grundlegend geändert. Der Ölschock von 1973 führte zu einer dramatischen Verteuerung der Erdölprodukte. Der Krieg zwischen Israel und arabischen Ländern hatte dazu geführt, dass die Produktion seitens der arabischen Öllieferanten drastisch eingeschränkt wurde. Innerhalb kurzer Zeit verfünffachte sich der Preis für Rohöl. Einerseits wurden vor allem beim Fahrzeug- und beim Hausbau sowie in der Industrie große Anstrengungen unternommen, um den Treibstoff- und Heizölverbrauch zu verringern. Andererseits suchte man nach Alternativen. Dazu gehören die Verwendung von Biodiesel, der aus Pflanzenfetten, vor allem aus Raps, hergestellt wird, und der Einsatz alternativer Energien, etwa die Gewinnung von Solar- und Windenergie.

Die Gewinnung von **Solarstrom** beruht auf dem im Jahr 1839 von dem Franzosen Alexandre Edmond Becquerel entdeckten fotoelektrischen Effekt. Erste Siliziumzellen zur Stromerzeugung entstanden Mitte der Fünfzigerjahre des 20. Jahrhunderts in den USA. Die Entwicklung wurde durch den Bedarf in der Raumfahrt und dann durch die Energiekrise seit 1973 enorm beschleunigt.

Der Einsatz alternativer Energien wurde für die Verbraucher deshalb interessant, weil der Staat sie finanziell bzw. steuerlich unterstützte. Dies ist z. B. im »Gesetz für den Vorrang erneuerbarer Energien« aus dem Jahr 2000 festgeschrieben. Einer der Gründe für die Förderung ist auch, den Ausstoß von Kohlendioxid (CO_2) und anderen Gasen sowie von Staubpartikeln in die Atmosphäre zu verringern, um den sogenannten Treibhauseffekt und die durch die Erwärmung der Erdatmosphäre bewirkte Klimaveränderung zu vermindern.

In diesem Zusammenhang ist auch das in den letzten Jahren systematisch betriebene **Recycling** (engl. »wieder in den Kreislauf bringen«) zu sehen. Hier geht es einerseits darum, bei der Wiederverwendung der Wertstoffe Energie zu sparen. Andererseits werden weniger Deponien gebraucht, bzw. es muss nicht so viel Müll termisch entsorgt, in Müllverbrennungsanlagen oder in Kraftwerken verbrannt werden. Seit Langem gibt es das Flaschenpfand für eine Reihe von Normflaschen (Bier, Mineralwasser). In der DDR gab es seit Ende der Vierzigerjahre das Entsorgungsunternehmen SERO (Sekundärrohstofferfassung). In zahlreichen Annahmestellen wurden Flaschen, Gläser, Lumpen und Zeitungspapier zurückgenommen. Die Sammler erhielten dafür einen kleinen Geldbetrag. In der Bundesrepublik wurde die Rückführung von noch verwertbaren Abfallstoffen u. a. durch das Duale System Deutschland (»Der Grüne Punkt«) organisiert, zu dem sich im Jahr 1990 Unternehmen der Lebensmittel- und der Verpackungsindustrie zusammengeschlossen hatten.

Heute wird das Recycling in Deutschland durch die »Verordnung über die Vermeidung und Verwertung von Verpackungsabfällen« von 1991, die inzwischen mehrfach novelliert wurde, geregelt. Sie enthält genaue Prozentangaben darüber, wie viel von den einzelnen Wertstoffen (Glas, Papier, Karton, Metalle, Kunststoffe, Holz) in den Verwertungskreislauf zurückgeführt werden muss.

Ein weiterer wichtiger Zweig der chemischen Industrie ist die Herstellung von **Kunst-** oder **Chemiefasern**, die nach und nach – zumindest teilweise – die natürlichen Spinnstoffe wie Wolle und Baumwolle ersetzten. Das, was zunächst als Notbehelf gedacht war, erwies sich über längere Zeit als technologischer Fortschritt. Die Kunstfasern erhielten Eigenschaften, die sie natürlichen Produkten überlegen machten.

Den Anfang machten die halbsynthetischen Fasern, die großenteils auf Zellulosebasis hergestellt wurden. Schon im Jahr 1897 hatten der Chemiker Max Fremery und der Ingenieur Johann Urban ein Patent auf die Herstellung von Zellulosefäden erworben. Die Zellulose wurde in einer Kupferoxid-Ammoniak-Mischung aufgelöst und ließ sich dann durch eine Düse zu einem endlosen Faden formen. Die Erfinder dieser Kunstseide erhielten im Jahr 1911 ein Patent auf die **Viskose**.

Nylon wurde im Jahr 1935 von Wallace Carothers in Amerika erfunden. Seit 1940 gab es dort Nylonstrümpfe für Frauen. Wegen seiner großen Belastbarkeit wurde es im Zweiten Weltkrieg in Amerika, statt der Naturseide, zur Herstellung von Fallschirmen genutzt. Nylon war die erste wirtschaftlich erfolgreiche Chemiefaser, die ausschließlich aus anorganischen Grundstoffen, Kohle, Wasser und Luft, hergestellt wurde. Der Siegeszug der Faser in Deutschland begann nach dem Zweiten Weltkrieg, als Nylonhemden, Nylonblusen und vor allem auch Nylonstrümpfe für Damen zu besonders modischen Attributen der im Entstehen begriffenen Wohlstandsgesellschaft wurden.

Das **Perlon**, ebenfalls eine völlig synthetische Faser, wurde im Jahr 1938 von dem Deutschen Paul Schlack erfunden. Schon kurz danach nutzte man es versuchsweise, um Damenstrümpfe daraus herzustellen. Wegen der laufenden Kriegsvorbereitungen wurden die Versuchsergebnisse fürs Erste aber geheim gehalten. Das Material wurde u. a. für Hochdruckschläuche und Seile, die großen Belastungen ausgesetzt waren, genutzt. Im Jahr 1943 erhielten die Ehefrauen der IG-Farben-Manager aus Perlon gewirkte Strümpfe als Weihnachtsgeschenk. Auch diente die Faser zur Verstärkung der Socken für die Soldaten der Wehrmacht.

Natürlich hat die Erfindung und die Verbreitung von halbsynthetischen und synthetischen Spinnstoffen sehr viel mit der Kunststoffindustrie zu tun. Dass diese unser Leben in ganz besonderem Maß verändert hat, ist für jedermann unübersehbar. **Kunststoff** ist allgegenwärtig – bei Gebrauchsartikeln aller Art, beim Hausbau, bei der Ausstattung von Autos, Flugzeugen und Schiffen, in der Verpackungsindustrie und bei der Herstellung von Klebe- und Bindemitteln.

Auch hier begann die Geschichte mit der Nutzung bzw. der Veränderung von Naturstoffen. Schon im Spätmittelalter wurde aus dem Käseeiweiß ein Stoff hergestellt, der dem Horn ähnlich sah. Er wurde für Einlegearbeiten verwendet. Ursprüngliche Naturstoffe waren auch der Kautschuk, der durch Vulkanisation mit feinem Schwefel zu Gummi verwandelt wurde (1839), und das aus Zellulose mit Hilfe von Kampfer erzeugte Zelluloid (Zellhorn, 1869). Wir erinnern uns an die alten Filmstreifen oder an lebensnah geformte Puppen, die aus Zelluloid hergestellt waren.

Der erste vollsynthetische Kunststoff war das von dem Belgier Leo Hendrik Baekeland im Jahr 1910 erfundene Bakelit. Das unscheinbare braune Kunstharz diente dazu, Steckdosen und Stecker sowie viele andere elektrische Bauteile und manches mehr mit Hilfe von Pressformen anzufertigen. Für die weitere Entwicklung waren die Erkenntnisse wegweisend, die Hermann Staudinger (1881–1965) im Jahr 1922 gewann. Hier ging es um die chemische Zusammensetzung von makromolekularen (aus Molekülketten bestehenden) Stoffen. Durch ein bestimmtes chemisch-technisches Verfahren, die **Polyme-**

risation, lassen sie sich aus einfachen Stoffen herstellen. Ein Ergebnis dieser Erkenntnis war das Polyvinylchlorid (PVC), das seit 1938 industriell hergestellt wurde.

Inzwischen gibt es eine große Zahl von Kunststoffen unterschiedlicher Zusammensetzung. Der Forschung gelingt es immer wieder, solche Substanzen maßgerecht zu entwickeln, ihnen also die gewünschten Eigenschaften zu geben. Die Thermoplaste (griech. »thermos« = warm, heiß) sind mit Hilfe von Wärme verformbar. Die Duroplaste (lat. »durus« = hart) haben eine feste, starre Form. Die Elastomere (griech. »elastos« = biegbar) sind weich und gummiartig. So können Autokarosserien oder dauerhaft haltbare Zahnfüllungen aus dafür besonders geeigneten Kunststoffen geformt werden. Sie werden für Töpfe und Mülleimer, Folien unterschiedlichster Art und Bodenbeläge, Schallplatten und Kunstfasern genutzt. Die Liste ist endlos. Die so weit verbreitete Anwendung von Kunststoffen wurde möglich, weil Erdöl als Ausgangsstoff in großen Mengen und zu günstigen Preisen zur Verfügung stand.

Eng mit der Geschichte der chemischen Industrie ist die der **pharmazeutischen Industrie** verbunden. Zunächst ging es darum, Wirkstoffe, die in der Natur vorhanden waren, mit moderneren Verfahrensweisen aufzubereiten und in großen Mengen für Apotheken und Krankenhäuser bereitzustellen. Das gilt z. B. für die Jodtinktur und vielerlei Salben auf pflanzlicher Grundlage, für Herztropfen mit dem Extrakt aus dem Roten Fingerhut (Digitalis) oder für Abführmittel wie das Öl aus Rizinussamen.

Eine ganz neue Situation trat ein, als es den Chemikern und Pharmazeuten gelang, Arzneimittel synthetisch herzustellen. Ein herausragendes Beispiel ist die von dem Chemiker der Bayer-Werke Felix Hoffmann (1868–1946) im Jahr 1897 entwickelte, überaus wirkungsvolle **Acetylsalicylsäure**, die vor allem unter dem Markennamen »Aspirin« bekannt ist (vgl. S. 564 f.).

Erste Erfolge ermutigten die Fachleute, systematisch nach künstlichen Wirkstoffen gegen Beschwerden und Krankheiten aller Art zu forschen. Schwierig bleibt das deshalb, weil eine direkte Zuordnung von Wirkstoff und Krankheitsbild in aller Regel nicht möglich ist. Ein Heilmittel-Chemiker der Firma Bayer drückte das einmal so aus: »Regeln über diese Beziehungen existieren nur im Geiste einiger besonders Begnadeter oder solcher, die sich dafür halten.« Hier sind intensive Forschungen und Versuchsketten unentbehrlich. Das auch deshalb, weil die Patienten nach Möglichkeit gegen die unerwünschten, oft sogar gefährlichen Nebenwirkungen von Medikamenten geschützt werden müssen.

Ein neuer Industriezweig, die **Kraftfahrzeugindustrie**, entstand durch die Erfindung des Automobils am Ende des 19. Jahrhunderts. Fast gleichzeitig entwickelten Gottlieb Daimler (1834–1900) und Carl Benz (1844–1929) in den Jahren 1885/86 einen motorangetriebenen selbstfahrenden Wagen (griech. »auto« = selbst, lat. »mobilis« = beweglich). Noch ahnte niemand, welche Bedeutung dieses Gefährt eines Tages besitzen würde. Seine Produktion erfolgte – fürs Erste jedenfalls – in kleinen, eher handwerklichen Manufakturen. Im Jahr 1900 wurden in Deutschland 800 Kraftfahrzeuge gebaut. Allerdings waren es in Frankreich um diese Zeit bereits 3 000. Die Produktion stieg bis 1907 auf 5 000 Stück. Im Jahr 1914 waren es bereits 65 000. Im Jahr 1909 hatte die Zahl der Beschäftigten in dem neuen Industriezweig bereits 17 748 betragen. Natürlich ging es nicht nur um die Produktion von Autos im engeren Sinne. Viele Sparten des industriellen Gewerbes lieferten das zu verarbeitende Material, z. B. Eisenblech und Gummi. In den Zulieferbetrieben arbeiteten Tausende, bald Zehn- und Hunderttausende von Männern und Frauen.

Eine entscheidende Veränderung des Herstellungsprozesses wurde durch den amerikanischen Unternehmer Henry Ford (1863–1947) begründet. Er hatte die Idee, ein einfaches, sehr preisgünstiges Auto zu bauen, das für möglichst viele Menschen erschwinglich war. In seiner Biografie notierte er: »An unseren Produktionsmethoden haben wir die größten Änderungen vorgenommen. Diese stehen niemals still. Ich beabsichtige, ein Automobil für die Menge zu bauen. Der allgemeine Kommentar lautete: ›Wenn Ford das macht, ist er in zehn Monaten kaputt.‹« Das Geheimrezept war die Einführung der **Fließbandarbeit** in den Ford-Werken im Jahr 1913. Fließbandarbeit hatte es in Ansätzen auch schon vorher gegeben. Bemerkenswert ist z. B. das um 1870 in den Schlachthöfen von Cincinnati angewandte Transportsystem, bei dem die geschlachteten Tiere durch ein an der Decke angebrachtes Band von einem Fleischer zum anderen transportiert wurden, um hier in getrennten Arbeitsgängen zerlegt zu werden.

Das legendäre T-Modell, die sogenannte »Tin Lizzy« (»Blechliese«) von Henry Ford, wurde ab 1908 gefertigt und bis zum Jahr 1927 15 Millionen Mal verkauft. Infolge der Rationalisierung des Herstellungsprozesses am Fließband verringerte sich der Preis von ursprünglich 850 auf 370 Dollar je Exemplar. Es war das meistverkaufte Auto der Welt, bis ihm der VW-Käfer im Jahr 1972 den Rang ablief.

Im Verlauf der Entwicklung entstanden viele Firmen, die Kraftfahrzeuge produzierten. Einige davon haben sich bis heute erhalten. Dazu gehört die Daimler-Benz AG, die 1926 durch den Zusammenschluss der Firmen Benz & Cie. Rheinische Gasmotorenfabrik Mannheim (gegründet 1883) und der Daimler-Motorengesellschaft Stuttgart (gegründet 1890 in Cannstatt) entstand. Das weltweit arbeitende Unternehmen heißt heute Daimler AG und beschäftigt weltweit etwa 280 000 Menschen. Der Name »Mercedes« stammt übrigens von einem spanischen Frauennamen. Unter diesem Decknamen, dem Vornamen seiner Tochter, meldete der Generalvertreter Emil Jellinek 1899 bei einer Rennveranstaltung einen Rennwagen an. Ab 1900 wurde Mercedes dann allgemein als Produktbezeichnung verwendet.

Die Adam Opel AG stellte zunächst Nähmaschinen und Fahrräder her, aber bereits seit 1898 auch Autos. Heute ist sie im Besitz des amerikanischen Konzerns General Motors. Die Bayerischen Motorenwerke (BMW) wurden 1916 als Bayerische Flugzeugwerke gegründet. Im Jahr 1922 erhielten sie ihren heutigen Namen.

Der **Volkswagen** geht auf Überlegungen des Unternehmers und Ingenieurs Ferdinand Porsche (1875–1952) zurück. Im Jahr 1934 schrieb er u. a. »Ein Volkswagen darf kein Fahrzeug für einen begrenzten Verwendungszweck sein, er muss vielmehr durch einfachen Wechsel der Karosserie allen praktisch vorkommenden Zwecken genügen, also nicht nur als Personenwagen, sondern auch als Lieferwagen und für bestimmte militärische Zwecke geeignet sein.« Dieser Plan fand Zustimmung bei der nationalsozialistischen Führung, die beabsichtigte, für weite Kreise der Bevölkerung ein preiswertes Auto zur Verfügung zu stellen. Federführend für dieses Projekt wurde die Unterorganisation der »Deutschen Arbeitsfront« (DAF) mit dem Namen »Kraft durch Freude«. Das Auto sollte deshalb »KdF-Wagen« heißen. Seit 1938 wurde am Volkswagenwerk in der Nähe der Stadt Fallersleben gebaut, dem größten Automobilwerk der Welt unter einem Dach. Der neue Standort hieß »Stadt des KdF-Wagens«. Er wurde nach dem Krieg in »Wolfsburg« umbenannt.

Die Volkswagen AG in Wolfsburg wurde im Jahr 1937 als »Gesellschaft zur Vorbereitung des deutschen Volkswagens« gegründet und 1938 in »Volkswagenwerk« umbenannt. Das neue Auto sollte 990 Reichsmark kosten und konnte in Wochenraten zu je 5 Reichsmark angespart werden. Der Ausbruch des Krieges im September 1939 machte den hochgespannten Plänen ein jähes Ende. Zwar produzierte das VW-Werk bis zum Kriegsende noch 620 Personenautos, im Wesentlichen wurden die Werkskapazitäten aber für Militärfahrzeuge genutzt. Seit 1940 wurde der »Kübelwagen«, der deutsche Jeep, gebaut. Es folgte der kleine »Schwimmwagen«. Ab 1946 wurde das Auto, das nun »Volkswagen« hieß, wieder produziert und trat im Rahmen des »Wirtschaftswunders« seinen Siegeszug an. 1955 waren bereits eine Million »**Käfer**« gebaut worden (vgl. S. 640 f.).

Das VW-Werk, das sich nach dem Zweiten Weltkrieg im Besitz der Bundesrepublik Deutschland als Nachfolgerin des Deutschen Reiches befand, wurde im Jahr 1960 durch die Ausgabe von Volksaktien privatisiert. Heute gehören zum Volkswagenkonzern die Audi- und die Porsche-Werke, die SEAT-Werke in Spanien und die Škoda-Werke in der Tschechischen Republik. Die Audi AG in Neckarsulm und Ingolstadt ist eine hundertprozentige Tochter von VW. 1931 wurde der Sportwagenhersteller Porsche durch den Automobilkonstrukteur Ferdinand Porsche (1875–1951) gegründet. Im Jahr 2009 erwarb die Volkswagen AG eine 49,9-prozentige Beteiligung an der Porsche AG.

Besondere Erwähnung verdient der in großen Stückzahlen hergestellte **Trabant**, den man mit einigem Recht als »Volkswagen der DDR« bezeichnen könnte. Er wurde seit 1957 von den aus den Firmen Audi und Horch hervorgegangenen VEB Sachsenring Automobilwerken in Zwickau produziert, bis zum Jahr 1991 in über 3 Millionen Exemplaren. Der »Trabi« galt zunächst als ein preisgünstiges, zweckmäßiges und robustes Auto. Die Kommentatoren lobten den geräumigen Innenraum, die großen Fenster und die geschmackvolle äußere Form. Der Hubraum von 500 Kubikzentimetern und eine Motorenleistung von 18 PS galten durchaus als angemessen. Damit erinnerte das Auto an vergleichbare Modelle in der Bundesrepublik Deutschland, z. B. den von der Autofirma Borgward gebauten Lloyd, der als »Leukoplastbomber« verspottet wurde. Der Trabi war mit einem Zweitaktmotor ausgestattet. Die Karosserie bestand aus Duroplast, also aus Kunststoff, weil Stahlblech in der DDR vergleichsweise teuer war.

Wegen der geringen Neigung der politischen Führung in Ostberlin, die Motorisierung voranzutreiben, blieb der Trabi in der Entwicklung weit zurück und galt deshalb bald als veraltet und unzeitgemäß. Nach der Öffnung der Berliner Mauer im November 1989 überschwemmten Tausende und Abertausende von Trabis die grenznahen Gebiete in der Bundesrepublik und unterstrichen damit ihre Bedeutung für die Bürger der DDR. Danach verschwanden sie rasch von den Straßen. Bisweilen blieben sie noch als Zweitauto in Betrieb; Autofans und Sammler sorgten dafür, dass einige zehntausend Exemplare überlebten.

Nach der Erfindung des motorgetriebenen Flugzeugs um die Jahrhundertwende vom 19. zum 20. Jahrhundert entwickelte sich auch in Deutschland eine – zunächst freilich bescheidene – **Flugzeugindustrie**. Die zivile Luftfahrt stand an ihren Anfängen, auch wenn ein fliegerischer Rekord auf den anderen folgte. Auftrieb gab die Verwendung des Flugzeugs im Ersten Weltkrieg. Insgesamt wurden 44 000 Maschinen gebaut. Als er zu Ende ging, betrug der Bestand etwa 20 000 Maschinen. Der Versailler Friedensvertrag verhinderte jedoch zunächst weitgehend sowohl die militärische als auch die zivile Nutzung von Flugzeugen. Allerdings waren Personen- und Postverkehr in geringem Umfang möglich. Erst 1926 wurden diese Einschränkungen aufgehoben. Von nun an war Deutschland in der zivilen Luftfahrt, aber nur in der zivilen, den anderen Nationen gleichberechtigt. Nun begann der Aufstieg der auch im Jahr 1926 gegründeten **Deutschen Lufthansa**. Die Flugzeuge wurden nun in Ganzmetallbauweise von den Firmen Dornier in Friedrichshafen, Junkers in Dessau und Rohrbach in Berlin gebaut.

Die deutsche Reichswehr hatte keine Militärflugzeuge. Einzelne Offiziere nahmen aber seit 1926 auf eigene Kosten Flugunterricht. Eine zusätzliche Möglichkeit eröffnete der im Jahr 1922 zwischen dem Deutschen Reich und der Union der Sozialistischen Sowjetrepubliken geschlossene Vertrag von Rapallo. Deutsche Offiziere wurden unter strengster Geheimhaltung auf einem russischen Flughafen zu Piloten ausgebildet. Noch ahnte niemand, dass sich die deutschen und die sowjetischen Offiziere eines Tages im Luftkampf gegeneinander wieder begegnen würden.

Ganz grundlegend änderte sich die Lage durch die vor allem seit 1935 betriebene Wiederaufrüstung des nationalsozialistischen Deutschen Reiches und den Bau einer modernen, kriegsfähigen Luftflotte. Schon vorher hatte im Geheimen eine verstärkte Aufrüstung begonnen. Sie bot die Voraussetzung für den »Blitzkrieg« zwischen 1939 und 1941. Nun entstand eine riesige Flugzeugindustrie. Die bekanntesten Firmen waren Dornier, Junkers, Heinkel und Messerschmidt.

Die Tatsache, dass alle Militärflugzeuge innerhalb weniger Jahre unmittelbar vor dem Krieg konstruiert und fertiggestellt worden waren, folglich dem aktuellen Stand der Technik entsprachen, verschaffte der deutschen Luftwaffe zu Beginn des Krieges einen erheblichen Vorsprung vor den Alliierten, die vor allem über ältere Maschinen verfügten. Auch das ist einer der Gründe dafür, dass der »Blitzkrieg« in Polen und Frankreich, für den Anfang auch in der Sowjetunion, militärisch so erfolgreich verlief.

Zu Beginn des Zweiten Weltkriegs verfügte die Luftwaffe über 4 300 Maschinen. Dazu gehörten 300 moderne Sturzkampfflugzeuge, die sogenannten »Stukas«. Ihren absoluten Höhepunkt erreichte die Flugzeugproduktion aber erst 1944, als die Niederlage längst absehbar war. In diesem Jahr kamen 40 288 Maschinen neu aufs Rollfeld. An den Zahlen wird deutlich, dass die alliierten Bombardements, die den Fabriken und Verkehrsverbindungen, aber auch städtischen Wohngebieten galten, die Flugzeugproduktion nicht entscheidend beeinträchtigen konnten.

Die militärische Niederlage Deutschlands im Jahr 1945 bedeutete nicht nur das Ende der militärischen, sondern auch der zivilen Luftfahrt. Erst im Jahr 1954 wurde die Lufthansa neu begründet. Sie nahm ein Jahr später den regelmäßigen Flugverkehr wieder auf. Ihre Maschinen stammten aus dem Ausland.

Heute ist die Bundesrepublik Deutschland an der Planung und Herstellung der europäischen **Airbus**-Flugzeuge beteiligt. Mehrere europäische Länder schlossen sich zusammen, um ein Gegengewicht zu den amerikanischen Firmen Boeing und McDonnell Douglas zu bilden. Sitz des Unternehmens ist Toulouse in Südfrankreich. Das deutsche Hauptwerk mit etwa 11 500 Mitarbeitern (2007) befindet sich in Hamburg-Finkenwerder. Ein besonders spektakuläres Produkt ist das Großraumflugzeug »Airbus 380«, das – je nach Klasseneinteilung – zwischen 550 und 853 Passagiere befördern kann.

Die industrielle Wirklichkeit in den fortgeschritteneren Ländern ist heute durch die **Automation** des Produktionsprozesses gekennzeichnet. Anstrengende, gefährliche und schmutzige körperliche

Arbeit wird durch Maschinen ersetzt. Die Rationalisierung erspart die teureren Arbeitskräfte. Die **zweite industrielle Revolution** beschert einerseits billige Massenprodukte, führt unter Umständen aber andererseits auch zu großer Arbeitslosigkeit, weil sich der Bedarf an Arbeitskräften dramatisch verringert.

Die Automatisierung ist eng verbunden mit der Entwicklung der **Datenverarbeitung** durch Computer. Die Lochkarte fand erstmals im Jahr 1805 bei dem von Joseph-Marie Jacquard (1752–1834) erfundenen Jacquardwebstuhl Verwendung. Bei ihm konnten die Kettfäden nach einem auf Lochkarten vorgegebenen Programm einzeln bewegt werden, sodass automatisch gewünschte Muster entstanden. Die Grundform der später viel verwendeten Lochkartenmaschine schuf im Jahr 1886 der Deutsch-Amerikaner Hermann Hollerith (1860–1929). Damit waren die ersten Voraussetzungen für Informationsspeicherung und Informationsabruf geschaffen. Hinzu kamen schnell arbeitende Rechenmaschinen. Schon Blaise Pascal (1623–1662), Gottfried Wilhelm Leibniz (1646–1716) und andere hatten früh mechanische Rechenautomaten konstruiert. Aber erst in den Vierzigerjahren des 20. Jahrhunderts entstanden elektromechanische und elektronische Rechengeräte, die sogenannten **Computer** (lat. »computare« = rechnen). Zu nennen wäre neben mehreren amerikanischen Erfindungen der erste programmgesteuerte Digitalrechner von Konrad Zuse (1910–1995) aus dem Jahr 1941. Nachdem im Jahr 1947 der Transistor erfunden worden war, kamen Mitte bzw. Ende der Fünfzigerjahre die ersten Transistorrechner auf den Markt. Der Siegeszug des Personalcomputers (PC) begann dann in den Achtzigerjahren.

Auf diesen Erfindungen beruht die sogenannte **Kybernetik** (griech. Steuermann, Steuerkunde), ohne die z. B. die moderne Atomenergienutzung und die Weltraumfahrt undenkbar wären. Sie bestimmt heute vor allem die mehr oder weniger automatisierte Produktion und bezeichnet das Zusammenspiel von Nachrichtenübertragung und Nachrichtenverarbeitung sowie die gleichzeitige Selbstkontrolle eines technischen und außertechnischen Ablaufs.

Als Vater der Kybernetik gilt der amerikanische Mathematiker Norbert Wiener (1894–1964).

Bald sprengte die Industrie den nationalen Rahmen. Die Unternehmen bemühten sich, ihre Erzeugnisse auch in anderen Ländern oder gar weltweit zu verkaufen. Die internationale Konkurrenz wuchs, allenfalls dass sie durch nationale Zollgesetze zum Schutz der heimischen Industrie behindert wurde. Im Jahr 1887 erließ Großbritannien ein Handelsmarkengesetz, nach dem deutsche Waren mit der Kennzeichnung »Made in Germany« versehen werden mussten. Die britischen Verbraucher sollten dadurch vor Erzeugnissen von schlechter Qualität gewarnt werden. Dieses Vorgehen erwies sich als folgenschwerer Fehlschlag. Tatsächlich entwickelte sich die diskriminierende Aufschrift als Gütesiegel. Deutsche Waren galten als besonders gut und wurden deshalb besonders gern gekauft.

Die industrielle **Massenproduktion** war von verschiedensten Faktoren abhängig. Sehr bald erwies es sich als notwendig und vor allem als kostensparend, wenn die Halbfertig- bzw. Fertigprodukte, z. B. Schrauben und Metallprofile, Leitungsrohre und elektrische Bauteile, vielfach verwendbar und für den internationalen Markt tauglich waren. Ein wichtiger Schritt in diese Richtung war es, weltweit einheitliche Maße zu bekommen, so z. B. die Festlegung des **Meters**. Er sollte die unterschiedlichsten, oft gar nicht genau bestimmten Längenmaße, die im Gebrauch waren (z. B. Elle, Fuß, Yard, Werst), durch eine allgemein und weltweit gültige Einheit ersetzen. Die Académie des siences in Paris definierte den Meter im Jahr 1793 als zehnmillionsten Teil der Strecke vom Pol zum Äquator auf der Höhe von Paris. Im Jahr 1799 entstand das »Urmeter«, ein aus den Edelmetallen Platin und Iridium gegossener Stab mit einem x-förmigen Profil. Aufgrund neuer wissenschaftlicher Erkenntnisse wurde die Definition in den folgenden 200 Jahren weiter verfeinert.

Die Tatsache, dass die am Meter ausgerichteten Längenmaße nach dem Zehnersystem aufgebaut sind (Kilometer, Zentimeter,

Millimeter, Nanometer), erleichtert ihre Verwendung. Allerdings sind in manchen Ländern – und gelegentlich auch in Deutschland – auch andere Längenmaße im Gebrauch. So werden etwa Gewinde (z. B. ¾-Zoll) oder die Bildschirmdiagonalen bei Monitoren (19 Zoll) oft noch in Zoll (internationales oder englisches Zoll: 25,4 Millimeter) gemessen. Vor allem in den angloamerikanischen Maßsystemen sind Zoll (»inch«), Fuß (»foot«), Schritt (»yard«) und Meile (»mile«) nach wie vor üblich.

Für die gewerbliche Wirtschaft, aber auch in vielen anderen Bereichen ist die **Deutsche Industrie-Norm** (DIN) längst unverzichtbar. Im Jahr 1917 wurde der Normenausschuss der deutschen Industrie gegründet. Die erste, im Jahr 1918 von ihm veröffentlichte Norm (DIN 1) bezog sich auf Kegelstifte. Allgemein bekannt ist die Norm DIN 476 von 1922, welche die Papierformate festlegte (z. B. DIN A4). Heute heißt die Institution »Deutsches Institut für Normung«. Ihre Arbeitsergebnisse werden »Deutsche Normen« oder »DIN-Normen« genannt. Längst geht es nicht mehr nur um Industrienormen im engeren Sinne. In unserer Zeit werden auch Gegenstände und Sachverhalte, u. a. aus den Bereichen Umweltschutz, Verbraucherschutz und Arbeitssicherheit, genormt.

Industrieller Fortschritt und menschliches Elend
Die soziale Frage

Die Entfaltung der Industrie bewirkte tiefgreifende soziologische Veränderungen. Mit ihr entstand die sogenannte »soziale Frage«. Hunderttausende, dann Millionen von Menschen arbeiteten nun in den Fabriken, unterlagen den Gesetzen, die durch die Maschinen und die Ökonomie vorgegeben wurden, und lebten zumeist in bejammernswürdig ärmlichen Verhältnissen.

Die Arbeitsordnungen der Fabriken sprechen oft eine deutliche Sprache: »§ 4: Sämtliche Arbeiter müssen sich pünktlich zur bestimmten Arbeitszeit in der Fabrik einfinden; 10 Minuten nach Glockenschlag 6 Uhr morgens wird die Türe geschlossen und kein Arbeiter mehr eingelassen; wer öfter als 2 mal fehlt, wird mit Abzug nach § 5 gestraft. § 5: Wer ¼, ½ oder 1 Tag fehlt, verliert nicht nur den verhältnismäßigen Lohn, sondern wird auch noch um ebensoviel gestraft (...)«.[16]

Armut und Elend hatte es immer gegeben. Die »Dorfarmut« lebte elend und verachtet am Rand der bäuerlichen Gesellschaft und fand gegebenenfalls mit Hilfe der Gemeinde oder der Kirche in irgendeinem heruntergekommenen Gebäude Unterschlupf. Sie fristete ihr Leben durch gelegentliche milde Gaben, durch die Nachlese auf den abgeernteten Feldern oder durch niedere Handlangerdienste. Hier ging es um Einzelne, die – aus welchen Gründen auch immer – den Anschluss verpasst hatten.

Die Industrialisierung erzeugte ein Heer von Lohnabhängigen, die zu wenig zum Leben und zu viel zum Sterben hatten. Die **Massenarmut**, die nun entstand, war einmalig. Das Problem erschien, selbst für die Gutwilligen, einfach unlösbar. Ein erschütterndes Bild des proletarischen Pauperismus (lat. »pauper« = arm) hat der Barmer Fabrikantensohn Friedrich Engels (1820–1895) geliefert. In seinem aufrüttelnden Dokumentarbericht »Die Lage der arbeitenden Klasse in England« (1845) schilderte er das wirtschaftliche Elend, aber auch die intellektuelle und moralische Verwahrlosung der Menschen, die nahezu ihre gesamte Zeit und Kraft der Arbeit an der Maschine opfern mussten.

Es liegt im Wesen der Sache, dass sich das industrielle **Proletariat** in der Nähe der Fabriken ansiedelte. Die Industriestädte erlebten durch den Zuzug vom Land ein geradezu atemberaubendes Wachstum. Die Situation, sowohl in hygienischer als auch struktureller Hinsicht, erinnerte fatal an das, was wir heute am Rand der Millionenstädte in den Entwicklungsländern erleben. Der Unterschied war nur, dass die Arbeiterquartiere sich im hoch zivilisierten England oder in Frankreich, Deutschland oder Belgien befanden. Die sozialen Unterschiede zwischen den Besitzenden auf der einen und den Besitzlosen auf der anderen Seite waren unübersehbar.

Engels berichtet über Arbeitersiedlungen: »Die Straßen selbst sind gewöhnlich ungepflastert, höckerig, schmutzig, voll vegetabilischen und animalischen Abfalls, ohne Abzugskanäle oder Rinnsteine, dafür aber mit stehenden, stinkenden Pfützen versehn (...). Die Straßen dienen überdies bei schönem Wetter als Trockenplatz; es werden von Haus zu Haus Leinen quer herüber gespannt und mit nasser Wäsche behangen.«

An anderer Stelle wird das englische Journal »The Artizan« zitiert: »In diesem Teile der Stadt sind weder Kloaken noch sonstige zu den Häusern gehörende Abzüge oder Abtritte; und daher wird aller Unrat, Abfall und Exkremente von wenigstens 50 000 Personen jede Nacht in die Rinnsteine geworfen, sodass trotz allen Straßenkehrens eine Masse aufgetrockneten Kots und ein stinkender Dunst entsteht und dadurch nicht nur Auge und Geruch beleidigt, sondern auch die Gesundheit der Bewohner auf höchste gefährdet wird.«

Die sittliche Verwahrlosung veranschaulicht ein Bericht der »Times« vom Oktober 1843, der bei Engels zitiert wird: »Aus unserem gestrigen Polizeibericht geht hervor, dass eine Durchschnittszahl von 50 menschlichen Wesen jede Nacht in den Parks schlafen, ohne anderen Schutz gegen das Wetter als die Bäume und einige Höhlungen in den Dämmen. Die meisten derselben sind junge Mädchen, die von Soldaten verführt, in die Hauptstadt gebracht und in die weite Welt hinausgestoßen sind, hinaus in all die Verlassenheit der Not in einer fremden Stadt, in all die wilde Unbekümmertheit des frühreifen Lasters.«

Auch in den Fabriken zeigte sich oft eine moralische Zügellosigkeit: »Dazu die Beförderung und Aufreizung der Trunksucht, des regellosen Geschlechtsverkehrs; ein Fabrikant bezeugt, dass während zwei Jahren, wo in seiner Fabrik nachts gearbeitet wurde, die doppelte Zahl unehelicher Kinder geboren und überhaupt eine solche Demoralisierung produziert wurde, dass er das Nachtarbeiten habe aufgeben müssen.«

Das sind nur Beispiele. Hier wäre vor allem über das Arbeitsleben als solches noch manches zu ergänzen, die Tätigkeit in den engen, stickigen Werkhallen, der Lärm und die Gefahren durch die Maschinen und die surrenden Treibriemen, die Arbeitszeit von täglich 12, 14 oder gar 16 Stunden.

Noch etwa anderes kommt hinzu. Der Verdienst des Familienvaters reichte oft nicht aus, um die Ehefrau und eine – bei aller Kindersterblichkeit – große Familie zu ernähren. Und so blieb nur die Möglichkeit, das Familieneinkommen durch **Frauen-** und **Kinderarbeit** zu vergrößern. In der Textilindustrie, insbesondere in den Spinnereien, waren weibliche Arbeitskräfte wegen ihrer größeren Fingerfertigkeit gern gesehen. Kinder jagte man, weil sie klein waren, in die engsten Kohlenschächte. Eine Fabrikkommission von 1833 berichtete, »dass die Fabrikanten Kinder selten mit fünf, häufig mit sechs, sehr oft mit sieben, meist mit acht bis neun Jahren zu beschäftigen anfingen, dass die Arbeitszeit oft 14 bis 16 Stunden (...) täglich daure, dass die Fabrikanten es zuließen, dass die Aufseher die Kinder schlugen und misshandelten, ja oft selbst tätige Hand anlegten; ein Fall wird erzählt, wo ein schottischer Fabrikant einem entlaufenen sechzehnjährigen Arbeiter nachritt, ihn zwang, so rasch, wie das Pferd trabte, vor ihm her zurückzulaufen, und fortwährend mit einer langen Peitsche auf ihn loshieb«.

Das frühkapitalistische Wirtschaftsgebaren erwies sich als inhuman und gnadenlos. Mitleid und soziale Zuwendung wurden oft mit dem Argument beiseite gewischt, die wirtschaftliche Lage, insbesondere die Konkurrenz, machten höhere Löhne und kürzere Arbeitszeiten unmöglich.

Die ideologische Untermauerung des **industriellen Frühkapitalismus** stützte diese Argumentation. Als Kronzeuge galt der

Die soziale Frage

schottische Nationalökonom Adam Smith (1723–1790) mit seinem Werk »Wohlstand der Nationen. Eine Untersuchung seiner Natur und seiner Ursachen« (1776). Für viele bezeichnet dieses Buch den Anfang der Nationalökonomie (Volkswirtschaftlehre) im engeren Sinne. Nach Smith ist das Selbstinteresse, der Egoismus, die Triebfeder des wirtschaftlichen Handelns. Jeder, der über Kapital verfüge, werde es so anlegen, dass er einen möglichst großen Gewinn erziele. Das könne fürs Erste unmoralisch und verwerflich erscheinen. Der Autor beweist aber durch seine Argumentation, dass der so ausgelöste Mechanismus letzten Endes allen dient, der Gesellschaft und dem Wirtschaftsprozess insgesamt. Da wo Mangel herrsche, investiere der Unternehmer und erziele hohe Gewinne. Auf diese Weise werde der vorhandene Bedarf befriedigt. Der Marktmechanismus sorge dafür, dass zwischen den Bedürfnissen der Menschen und dem Gewinnstreben der Kapitalgeber ein Ausgleich stattfinde; im Wirtschaftsleben stelle sich Harmonie ein. Nach Smith kann dieses Mechanismus aber nur dann optimal wirken, wenn sich das Spiel zwischen **Angebot und Nachfrage** ungehindert entfalten kann. Die wirtschaftlich Handelnden müssten völlig frei entscheiden können. Damit verbiete sich die Einflussnahme des Staates, wie sie zum Beispiel in der Wirtschaftsform des Merkantilismus während der Zeit des Absolutismus gegeben war. Smith vertritt damit die Doktrin des **Wirtschaftsliberalismus** bzw. der **(freien) Marktwirtschaft**. Sie lässt sich, auf eine kurze Formel gebracht, mit dem Schlagwort »Laissez faire, laissez aller!« (»Lasst machen, lasst gehen!«) umschreiben.

Tatsache ist, dass der Liberalismus dem Wirtschaftsprozess eine ungeheure Dynamik verlieh. Innerhalb weniger Generationen vollzog sich die Umwandlung zahlreicher agrarischer Länder in Europa, unter ihnen auch Deutschland, zu Industrienationen. Kein anderer als Karl Marx, der schärfste Kritiker der kapitalistischen Marktwirtschaft, hat diesen Prozess im »Manifest der Kommunistischen Partei« (1848) mit geradezu pathetischen Worten gewürdigt: »Die Bourgeoisie hat in ihrer kaum hundertjährigen Klassenherrschaft massenhaftere und kolossalere Produktionskräfte geschaffen als alle vergangnen Generationen zusammen. Unterjochung der Naturkräfte, Maschinerie, Anwendung der Chemie auf Industrie und Ackerbau, Dampfschifffahrt, Eisenbahnen, elektrische Telegrafen, Urbarmachung ganzer Weltteile, Schiffbarmachung der Flüsse, ganze aus dem Boden hervorgestampfte Bevölkerungen (...)«.

Fatal war, dass mit dem explosiven Wachstum der Industrie das Massenelend ein bis dahin ungeahntes Ausmaß erlangte. Von Harmonie, wie Smith sie vorausgesagt hatte, konnte wahrlich keine Rede sein. Der Grund für die Fehlentwicklung ist leicht zu ermitteln: Nun waren die Arbeiter und Arbeiterinnen Teil des Wirtschaftsprozesses und seinen Gesetzen unterworfen. Ihre Arbeitskraft – so Marx – wurde zur Ware erniedrigt und nach Marktpreis bezahlt. Da gab es nicht nur die Konkurrenz zwischen den einzelnen Unternehmen, sondern auch zwischen den arbeitenden Menschen selbst.

Eine industrielle Reservearmee stand bereit, um gegebenenfalls für noch weniger Geld bei längerer Arbeitszeit verwaiste Arbeitsplätze zu übernehmen. Wie gesagt, die meisten Unternehmer beruhigten sich mit der Feststellung, dass dieser Zustand unabänderlich sei, und sahen keine Notwendigkeit zum Handeln. Das sogenannte »**Manchestertum**«, benannt nach den Baumwollbaronen im Industriegebiet um das englische Manchester herum, war berüchtigt durch Herzlosigkeit und soziale Kälte.

Fürs Erste hielt sich der Staat zurück und ließ den Dingen, die ja ganz offensichtlich für das Wirtschaftsleben und die Beschäftigung des Bevölkerungsüberschusses Vorteile brachten, ihren Lauf. Freilich waren die verheerenden Folgen unübersehbar und führten zu heftiger Kritik von verschiedenen Seiten. So klagte der preußische General von Horn im Jahr 1828, »dass die Fabrikgegenden ihr Kontingent« zum Ersatz der Armee nicht vollständig stellen können«.

Endlich kam es zu ersten **Arbeiterschutzgesetzen.** In England war bereits im Jahr 1819 die Kinderarbeit unter 9 Jahren verboten worden. Jugendliche unter 16 Jahren durften höchstens 12 Stunden am Tag arbeiten. Im Jahr 1847 wurde die Maximalarbeitszeit für

Kinder und Jugendliche auf 10 Stunden festgelegt. Das »preußische Regulativ« von 1839 bestimmte, dass Kinder unter 9 Jahren in der Industrie nicht beschäftigt werden durften. Für Kinder und Jugendliche unter 16 Jahren wurde eine Höchstarbeitszeit von 10 Stunden verordnet. Die Einhaltung der gesetzlichen Maßnahmen sollte seit 1853 durch Fabrikinspektoren bzw. seit 1878 durch die Gewerbeaufsicht überwacht werden.

Die soziale Frage wurde zur wahrscheinlich größten gesellschaftlichen Herausforderung des 19. Jahrhunderts. Die Kirchen besannen sich auf das Gebot der Nächstenliebe und versuchten im Rahmen ihrer Möglichkeiten, das allergrößte Elend zu mildern. Auch einzelne Unternehmer fühlten sich ihren Arbeitern verpflichtet und schufen vorbildliche soziale Einrichtungen. Über den Staat und seine gesetzlichen Maßnahmen zur Verringerung der Ausbeutung und der Armut ist andeutungsweise bereits gesprochen worden.

Sehr folgenreich waren die **politischen Ansätze**. Hier ging es darum, die gesellschaftliche Situation zu verändern oder durch gesetzliche Maßnahmen tiefer greifende Verbesserungen zu erreichen. **Sozialistische Bestrebungen** hatte es bereits in der Französischen Revolution gegeben. In England und Frankreich, vereinzelt dann auch in Deutschland, hatten sich sozialistische Theoretiker mit der sozialen Frage beschäftigt.

Weltgeschichtliche Bedeutung gewann das Wirken von Karl Marx (1818–1883) und Friedrich Engels (1820–1895). Ihr literarisches, politisch-ökonomisches Lebenswerk ist schier unerschöpflich. Es gipfelt in dem großen nationalökonomischen Werk »Das Kapital« von Karl Marx, dessen erster Band im Jahr 1867 veröffentlicht wurde. Der Kern ihrer Weltanschauung ist in übersichtlicher, leicht fassbarer Weise im »Manifest der Kommunistischen Partei« enthalten, das im Februar 1848 in London erschien: »Die Geschichte aller bisherigen Gesellschaft ist die Geschichte von Klassenkämpfen (...). Unterdrücker und Unterdrückte standen in stetem Gegensatz zueinander, führten einen ununterbrochenen, bald versteckten, bald offenen Kampf, einen Kampf, der jedes Mal mit einer revolutionären Umgestaltung der ganzen Gesellschaft endete oder mit dem gemeinsamen Untergang der kämpfenden Klassen (...).«

In wenigen Worten wird hier der Gang der Geschichte aus der Perspektive des Historikers, Nationalökonomen und Soziologen charakterisiert. Laut Marx haben sich in der Zeit der Industrialisierung die gesellschaftlichen Gegensätze zugespitzt. Jetzt gebe es zwei Hauptklassen der Gesellschaft, die in Todfeindschaft einander gegenüberstünden, die »Bourgeoisie« und das »Proletariat«. Die einen besäßen die Produktionsmittel und die Macht in Staat und Gesellschaft. Die anderen lebten nur von ihrer Hände Arbeit. Die Kapitalisten hätten »die persönliche Würde in den Tauschwert aufgelöst«, die Arbeitskraft werde zur Ware. Die sozialen Gegensätze verschärften sich dramatisch mit der Entfaltung der Industriewirtschaft und der wachsenden Verarmung der Arbeiter. In dieser Situation falle dem Proletariat eine weltgeschichtliche Aufgabe zu: Es müsse sich seiner politisch-sozialen Lage bewusst werden, also ein proletarisches Klassenbewusstsein entwickeln, und sich an die Spitze des Kampfes gegen die Unterdrücker stellen. Der welthistorisch entscheidende Sieg sei nur eine Frage der Zeit. Die Expropriation der Expropriateure, die Enteignung der Ausbeuter, beende – gegebenenfalls blutig – die Herrschaft des Kapitalismus. »Wenn das Proletariat im Kampfe gegen die Bourgeoisie sich notwendig zur Klasse vereint, durch eine Revolution sich zur herrschenden Klasse macht und als herrschende Klasse gewaltsam die alten Produktionsverhältnisse aufhebt, so hebt es mit diesen Produktionsverhältnissen die Existenzbedingung des Klassengegensatzes, die Klassen überhaupt, und damit seine eigene Herrschaft als Klasse auf.« Für eine Übergangszeit herrsche die Diktatur des Proletariats. Sie beseitige alle materiellen und ideellen Überbleibsel der kapitalistischen Klassenherrschaft. Der Staat, seither politisches Machtmittel der herrschenden Klassen, sterbe von selbst ab. Wenn dies geschehen sei, beginne die Zeit der klassenlosen Gesellschaft, der **Kommunismus** als die endlich erreichte letzte Epoche der Menschheitsgeschichte. »An die

Die soziale Frage

Stelle der alten bürgerlichen Gesellschaft (...) tritt eine freie Assoziation, worin die freie Entwicklung eines jeden die Bedingung für die freie Entwicklung aller ist.« Das Kommunistische Manifest endet mit dem Aufruf: »Mögen die herrschenden Klassen vor einer kommunistischen Revolution zittern. Die Proletarier haben nichts in ihr zu verlieren als ihre Ketten. Sie haben eine Welt zu gewinnen. Proletarier aller Länder, vereinigt euch!« Das kleine, unscheinbare Heftchen in dunkelgrünem Pappeinband fand zunächst kaum Interesse. Von seiner politischen Sprengkraft ahnte im Jahr 1848 niemand etwas; seine Stunde war noch nicht gekommen.

Einen anderen Lösungsvorschlag für die soziale Frage empfahl der Jurist und Privatgelehrte Ferdinand Lassalle (1825–1864), der sich selbst als Schüler von Marx und Engels bezeichnete. Nicht die soziale Revolution sollte die ersehnten Veränderungen bringen. Eine gerechte Gesellschaftsordnung war – unter gewissen Voraussetzungen – auch durch **Reformen** zu verwirklichen. Aus diesem Grund empfahl Lassalle den Arbeitern die Durchsetzung des **allgemeinen und gleichen Wahlrechts**. Bekanntlich gab es damals noch das Zensuswahlrecht, z. B. das Dreiklassenwahlrecht in Preußen, das die Wohlhabenderen begünstigte. Wenn es gelänge, mit Hilfe dieser Veränderung die Mehrheit in den Parlamenten zu erringen – womit Lassalle fest rechnete –, dann könnten die Vertreter des Proletariats dort arbeiterfreundliche soziale Reformen durchsetzen. Sie könnten den Staat so dazu veranlassen, sogenannte Produktivassoziationen mit Staatshilfe einzurichten. Dabei handelte es sich um Fabriken, die nicht einzelnen Kapitalisten, sondern der Allgemeinheit gehörten. Der erwirtschaftete Mehrwert käme also nicht den Fabrikanten, sondern den Arbeitern zugute.

Auf der Grundlage dieser Überlegungen wurde am 23. Mai 1863 in Leipzig der **Allgemeine Deutsche Arbeiterverein** (ADAV) gegründet. Die Sozialdemokratische Partei Deutschlands (SPD) betrachtet dieses Ereignis als ihr Gründungsdatum. Zu ergänzen bleibt, dass wenige Jahre später, im Jahr 1869, in Eisenach die Sozialdemokratische Arbeiterpartei entstand. Ihre führenden Köpfe waren der Drechslermeister August Bebel (1840–1913) und der Journalist Wilhelm Liebknecht (1826–1900). Tendenziell stand die Partei weiter links als der ADAV, von einer marxistischen Partei im engeren Sinn ist hier aber noch nicht zu sprechen. Die beiden sozialdemokratischen Organisationen vereinigten sich im Jahr 1875 in Gotha zur Sozialistischen Arbeiterpartei Deutschlands.

Die sozialdemokratische Partei wurde von den Besitzenden, aber auch vom Staat und seinen Institutionen als Bedrohung für die bestehende gesellschaftliche Ordnung und für den inneren Frieden empfunden, zumal in den öffentlichen Verlautbarungen immer wieder die Forderung nach einer sozialen Revolution anklang. So versuchte der Kanzler des im Jahr 1871 gegründeten neuen Deutschen Reiches, zugleich Ministerpräsident von Preußen, Otto von Bismarck (1815–1898), die Sozialistische Arbeiterpartei Deutschlands zu unterdrücken. Das »Gesetz wider die gemeingefährlichen Bestrebungen der Sozialdemokratie« (Sozialistengesetz) vom Oktober 1878 verbot alle sozialdemokratischen Organisationen und ihre politische Propaganda. Allerdings blieben die Reichstagsmandate bestehen und erlaubten es den Abgeordneten, vom Rednerpult aus ihre politischen Ideen der Öffentlichkeit zu präsentieren. In der Folgezeit wurden über 1 000 Jahre Gefängnishaft gegen Sozialdemokraten verhängt; über 1 000 von ihnen wurden aus ihren Wohnorten ausgewiesen. Gerade sie trugen dazu bei, sozialistisches Gedankengut in der Bevölkerung zu verbreiten.

Das Verbot der sozialdemokratischen Partei hatte fatale Folgen: Nun war für die Arbeiter der Beweis erbracht, dass die Staatsmacht auf der Seite der kapitalistischen Bourgeoisie stand und an einem sozialen Ausgleich überhaupt nicht interessiert war. Das Misstrauen wuchs. Erst jetzt begann die entschiedene Hinwendung der organisierten Arbeiterschaft zum **Marxismus**.

Das Sozialistengesetz wurde, gegen den Willen der Reichsregierung, im Jahr 1890 nicht verlängert. Die Partei gab sich nun den Namen, der bis in unsere Zeit überdauert hat: **Sozialdemokratische**

Partei Deutschlands (SPD). In der Reichstagswahl von 1890 wurde sie – an Stimmen gemessen – die relativ stärkste Partei in Deutschland. Das damals geltende Mehrheitswahlrecht verhinderte, dass sie gleichzeitig die stärkste Fraktion bilden konnte. Bei der Reichstagswahl im Jahr 1912 erreichte sie auch dieses Ziel.

Über die Jahrzehnte schwelte ein interner Grundsatzstreit zwischen den Anhängern der reinen marxistischen Lehre und den sogenannten Revisionisten. Die Marxisten waren davon überzeugt, dass nur eine soziale Revolution die Lage des Proletariats grundlegend verändern könne. Die Revisionisten in der Nachfolge von Lassalle hofften auf Reformen und kämpften für schrittweise Verbesserungen, z. B. für Lohnerhöhungen, für die Verkürzung der Arbeitszeit und für soziale Sicherungssysteme. Eduard Bernstein, einer der führenden Theoretiker der SPD, fasste diese Haltung später in der anschaulichen Formel zusammen: »Der Weg ist das Ziel«.

Die zunehmende Integration in die gesellschaftlichen Gremien und der Tageskampf der Gewerkschaften für bessere Lebensbedingungen führten dazu, dass sich die Politik der SPD mehr und mehr nach revisionistischen, reformerischen Grundsätzen ausrichtete.

Ein geradezu symbolisches Datum auf diesem Weg ist der 4. August 1914. Seit dem 1. August befand sich das Deutsche Reich im Kriegszustand. In der Reichstagsitzung am 4. August stimmte die sozialdemokratische Fraktion, die stets mit Entschiedenheit gegen den Krieg gekämpft hatte, für die von der Reichsregierung geforderten Kriegskredite. Die »vaterlandslosen Gesellen« beeilten sich, den Beweis zu erbringen, dass auch sie zuverlässige Patrioten waren. Der Sprecher der Fraktion, Hugo Haase, erklärte: »Nicht für oder gegen den Krieg haben wir heute zu entscheiden, sondern über die Frage der für die Verteidigung des Landes erforderlichen Mittel. Da machen wir wahr, was wir immer betont haben: Wir lassen in der Stunde der Gefahr das eigene Vaterland nicht im Stich (...).«

Dass dies nicht das Ende der Entwicklung sein konnte, lag auf der Hand. Der »Burgfrieden« zerbrach, bevor er so recht begonnen hatte. Nach außen hin wurde das unübersehbar, als sich die SPD im

Jahr 1917 in die (Mehrheits-)Sozialdemokratische Partei Deutschlands (MSPD) und in die Unabhängige Sozialdemokratische Partei Deutschlands (USPD) spaltete. Letztere kämpfte mit aller Entschiedenheit gegen die Fortführung des imperialistischen Krieges.

Aus dem radikalen linken Flügel der USPD um Rosa Luxemburg (1870–1919) und Karl Liebknecht (1871–1919) ging um die Jahreswende 1918/19 die **Kommunistische Partei Deutschlands** (KPD) hervor, die einen orthodox marxistischen Kurs steuerte und in diesem Sinne die revolutionäre Umgestaltung der bestehenden politischen und sozialen Verhältnisse in Deutschland betrieb.

Inzwischen war anderswo auf der Welt ein Ereignis eingetreten, das in diesem Zusammenhang unbedingt erwähnt werden muss: Das autokratische Herrschaftssystem und die sozialen Spannungen hatten **Russland** bereits vor Beginn des Krieges an den Rand der Revolution gebracht. Der Krieg verschärfte die Gegensätze so dramatisch, dass es Anfang des Jahres 1917 zum Aufstand kam und die Zarenherrschaft gestürzt wurde. Die Autokratie des Monarchen wurde durch eine bürgerlich-liberale Staatsordnung ersetzt. Mit diesem Ergebnis waren Wladimir Iljitsch Uljanov, der sich selbst **Lenin** (1870–1924) nannte, und seine Sozialdemokratische Arbeiterpartei Russlands (Bolschewiki) nicht einverstanden. Sie erstrebten im Sinne von Marx die alles verändernde soziale Revolution. Tatsächlich bot sich Anfang November (nach altem russischen Kalender Ende Oktober) dazu eine günstige Gelegenheit. Die **Oktoberrevolution** des Jahres 1917 beseitigte die Herrschaft des bürgerlich-demokratischen Regimes und ersetzte es durch die Diktatur des Proletariats bzw. die Diktatur Lenins und seiner Partei. Russland wurde der erste kommunistische Staat mit einem völlig veränderten Sozialsystem. Die Sozialdemokratische Partei Russlands, die spätere Kommunistische Partei Russlands bzw. Kommunistische Partei der Sowjetunion (KPdSU), wurde zur Lehrmeisterin der kommunistischen Parteien auf der ganzen Erde, auch für die deutsche KPD. Höchstes Ziel – über die Revolutionierung der Verhältnisse im eigenen Land hinaus – war die Weltrevolution.

Die Parteien in Deutschland bemühten sich, auf politischer Ebene zu wirken, Abgeordnete in die Vertretungskörperschaften zu entsenden und dort Einfluss auf die Gesetzgebung zu nehmen. Anders die **Gewerkschaften**, die parallel dazu entstanden. Ganz gezielt kämpften sie vor Ort für Verbessungen im Arbeitsalltag, vor allem eben für höhere Löhne, kürzere Arbeitszeiten, für Gesundheits- und Altersversorgung sowie manches mehr.

Erste Anfänge der Gewerkschaftsbewegung in Deutschland gab es im Zusammenhang mit der Revolution von 1848/49. Nun organisierten sich die Zigarrenmacher und die Buchdrucker, um bessere Arbeitsbedingungen zu erstreiten. Allerdings wurden ihre Organisationen im Zusammenhang mit der Niederlage der Revolution unterdrückt. Das sogenannte Koalitionsverbot verhinderte bis in die Sechzigerjahre des 19. Jahrhunderts hinein Neugründungen. Die rasch voranschreitende Industrialisierung und die Aufhebung des Vereinigungsverbots für Arbeiter führten zur Neugründung des Allgemeinen Deutschen Zigarrenmachervereins und des Deutschen Buchdruckerverbandes. Rasch folgten weitere Gewerkschaftsvereine.

Die sozialistischen Gewerkschaften wurden allerdings mit dem Inkrafttreten des Sozialistengesetzes im Jahr 1878 verboten. Bis zu seiner Aufhebung im Jahr 1890 existierte eine Reihe von Fachvereinen als Tarnorganisationen. Im Jahr 1890 entstanden die freien, d. h. sozialdemokratisch organisierten Gewerkschaften neu. Sie vereinigten sich in der Generalkommission der Gewerkschaften Deutschlands unter dem Vorsitz von Carl Legien (1861–1920). Hauptziel der gewerkschaftlichen Agitation war die Einführung des **Achtstundentags** in der Industrie. Da der Samstag als normaler Werktag zählte, entsprach das einer Wochenarbeitszeit von 48 Stunden.

Diesem Zweck dienten in der Folgezeit auch die Feiern zum **1. Mai**. Im Jahr 1886 hatte die amerikanische Arbeiterbewegung für den 1. Mai zum Generalstreik zur Durchsetzung des Achtstundentags aufgerufen. In Folge der Demonstrationen kam es zu Gewalttätigkeiten, bei denen zahlreiche Menschen verletzt und getötet wurden. Zur Erinnerung an diese Ereignisse proklamierte man den 1. Mai auf dem Gründungskongress der Zweiten Internationalen, dem Zusammenschluss sozialistischer Organisationen verschiedener Länder, in Paris im Jahr 1889 zum »Kampftag der Arbeiterbewegung«. Im Jahr 1890 wurde er zum ersten Mal mit Arbeitsniederlegungen und politischen Kundgebungen gefeiert. An den Demonstrationen, zu denen auch die sogenannten Maispaziergänge während der Arbeitszeit gehörten, beteiligten sich in Deutschland etwa 100 000 Arbeiterinnen und Arbeiter. Die Zentren waren Berlin, Dresden und Hamburg, wo es zu einem besonders erbitterten Arbeitskampf mit zeitweise 20 000 Beteiligten kam. Die durch die Maidemonstrationen ausgelösten Auseinandersetzungen dauerten bis in den Sommer hinein. Obwohl die Arbeiterschaft den 1. Mai von nun an Jahr für Jahr als »Tag der Arbeit« beging, wurde er in Deutschland erst im Jahr 1933, also in nationalsozialistischer Zeit, zum arbeitsfreien Feiertag erklärt.

Die freien Gewerkschaften standen in enger Verbindung zur SPD, verständlicherweise zu deren reformerischem Flügel. Es dauerte lange, bis sie von den Arbeitgebern und den staatlichen Institutionen als legitime Vertreter der Arbeiterschaft und als wirtschaftliche Ordnungsmacht anerkannt wurden. Ihre Bedeutung spiegeln freilich die rasch wachsenden Mitgliederzahlen. Sie wuchsen von 250 000 im Jahr 1890 auf etwa 2,5 Millionen im Jahr 1913. Nach dem Ersten Weltkrieg vereinigten sich die freien Gewerkschaften im Allgemeinen Deutschen Gewerkschaftsbund (ADGB). Er hatte in den Jahren 1920 bis 1922 etwa 8 Millionen Mitglieder. Allerdings sank die Zahl in der Weltwirtschaftskrise auf etwa die Hälfte.

Neben den freien Gewerkschaften gab es seit den Neunzigerjahren des 19. Jahrhunderts auch christliche Gewerkschaften, die das christlich-soziale Gedankengut der Vergangenheit aufnahmen und der katholischen Zentrumspartei nahe standen. Weltanschauliche Unterstützung erhielten sie u. a. durch die von Leo XIII. (Papst 1878–1903) veröffentlichte Sozialenzyklika »Rerum novarum« (»Von den neuen Angelegenheiten«). Mit dem Blick auf die Sozialdemokratie und die freien Gewerkschaften stand dort zu lesen: »Ein Grundfehler in der Behandlung der sozialen Frage ist auch der, dass man das gegenseitige Verhältnis zwischen der besitzenden und der unvermögenden, arbeitenden Klasse so darstellt, als ob zwischen ihnen von Natur ein unversöhnlicher Gegensatz Platz griffe, der sie zum Kampf aufrufe. Ganz das Gegenteil ist wahr. Die Natur hat vielmehr alles zur Eintracht, zur gegenseitigen Harmonie hingeordnet (...).« Aber weiter heißt es auch: »Die Arbeiter dürfen nicht wie Sklaven angesehen und behandelt werden; ihre persönliche Würde, welche geadelt ist durch ihre Würde als Christen, werde stets heilig gehalten; Arbeit und Erwerbssorgen erniedrigen sie nicht, vielmehr muss, wer vernünftig und christlich denkt, es ihnen als Ehre anrechnen, dass sie selbstständig ihr Leben unter Mühe und Anstrengung erhalten; unehrenvoll dagegen und unwürdig ist es, Menschen bloß zum eigenen Gewinn auszubeuten und sie nur so hoch anzuschlagen, als ihre Arbeitskräfte reichen (...).« In diesem Sinn lehnten die christlichen Gewerkschaften die Klassenkampfdoktrin der freien Gewerkschaften ab und bemühten sich um einen gütlichen Ausgleich mit den Arbeitgebern. Ihre Bedeutung wird an der Mitgliederzahl, die im Jahr 1921 immerhin 1,1 Millionen betrug, sichtbar.

Von vergleichsweise geringem Gewicht waren die sozial-liberalen Hirsch-Dunckerschen Gewerkvereine, die der Fortschrittspartei bzw. ihren Nachfolgeparteien nahestanden. Sie betonten noch stärker als die christlichen Gewerkschaften die Gemeinsamkeit der Interessen von Arbeitgebern und Arbeitern.

Traditionell war der **Streik** (engl. »to strike« = schlagen) ein wichtiges, Erfolg versprechendes Kampfmittel der Gewerkschaften. Durch Arbeitsniederlegungen versuchten sie, das ungleiche Machtverhältnis zwischen den Unternehmern und ihren Beschäftigten auszugleichen. Heute ist das »Streikrecht bezüglich der Förderung der Arbeits- und Wirtschaftsbedingungen« im Grundgesetz für die Bundesrepublik Deutschland, Artikel 9, verankert. Politische Streiks sind jedoch nicht zulässig.

Nachdem die Gewerkschaften und die Verbände der NSDAP am 1. Mai 1933 gemeinsam den »Tag der nationalen Arbeit« gefeiert hatten, wurden am Tag darauf die Gewerkschaftshäuser besetzt und viele Funktionäre verhaftet. Wenige Tage später entstand die Deutsche Arbeitsfront (DAF) als »Organisation aller schaffenden Deutschen der Stirn und der Faust«. Ihr Führer war Robert Ley (1890–1945). Ihr erklärtes Ziel war es, den Klassenkampf zu überwinden und ihren Beitrag zur Verwirklichung der »Volksgemeinschaft« zu leisten. In diesem Sinne vereinigte die DAF – anders als die bisherigen Gewerkschaften – Arbeitnehmer und Arbeitgeber in einer Organisation.

Nach dem Krieg entstanden zunächst verschiedene Einzelgewerkschaften neu. Um die organisatorische und sozialpolitische Spaltung zu überwinden, vereinigten sie sich im Jahr 1949 zum **Deutschen Gewerkschaftsbund** (DGB). Allerdings blieben andere Gewerkschaften und gewerkschaftsähnliche Organisationen daneben bestehen, z. B. die Deutsche Angestelltengewerkschaft (DAG) und der Deutsche Beamtenbund (DBB).

In der Sowjetischen Besatzungszone wurde im Jahr 1946 der **Freie Deutsche Gewerkschaftsbund** (FDGB) gegründet. Er war die wichtigste Massenorganisation in der späteren Deutschen Demokratischen Republik und umfasste etwa 98 Prozent der Werktätigen (1989). Der FDGB billigte den Führungsanspruch der SED und bekannte sich seit 1950 offiziell zum Marxismus-Leninismus. Nach der Wiedervereinigung Deutschlands im Jahr 1990 traten die Einzelgewerkschaften der DDR den Einzelgewerkschaften des DGB bei.

Der **Staat** – davon war schon die Rede – versuchte die verheerendsten Auswüchse des frühen Industriekapitalismus durch Gesetze zu beseitigen. Einen historisch bemerkenswerten Schritt unternahm schließlich die kaiserliche Reichsregierung zur Zeit Wilhelms I. (Kaiser 1888–1918) unter dem Reichskanzler Otto von Bismarck (1815–1898). Durchaus erkannte er die Verpflichtung des Staates, gegebenenfalls für die Besitzlosen einzutreten, an. Auch das christliche Gebot der Nächstenliebe spielte in diesem Zusammenhang eine bewegende Rolle. Andererseits ging es dem Kanzler unbestritten darum, den vermeintlich zerstörerischen Einfluss der Sozialdemokratie zurückzudrängen.

In seiner Botschaft im November 1881 ließ Kaiser Wilhelm I. verlauten, »dass die Heilung der sozialen Schäden nicht ausschließlich im Wege der Repression sozialdemokratischer Ausschreitungen, sondern gleichmäßig auf dem der positiven Förderung des Wohles der Arbeiter zu suchen sein werde (...)«. Der Ankündigung folgten die entsprechenden Taten mit der Einführung des **Krankenversicherungsgesetzes** (1883), des **Unfallversicherungsgesetzes** (1884) und des **Gesetzes über die Invaliditäts- und Altersversicherung** (1889). Zwar wurden die vergleichsweise geringen Leistungen der Versicherung beklagt, auch dass es die Altersrente erst ab dem 70. Lebensjahr gab. Aber insgesamt war das Deutsche Reich durch diese sozialen Maßnahmen den anderen Ländern weit voraus. Statt der äußerst kargen Armenhilfe, die von der Geburtsgemeinde zu leisten war oder freiwillig von karitativen Einrichtungen erbracht wurde, hatte der Versicherte nun einen gesetzlichen Anspruch auf Leistungen. Bekanntlich wurde das bismarcksche Sozialsystem im Jahr 1927, unglücklicherweise wenige Jahre vor dem Ausbruch der Weltwirtschaftskrise, durch die **Arbeitslosenversicherung** ergänzt. Die vorläufig letzte Stufe der sozialen Absicherung gegen die Wechselfälle des Lebens entstand mit der **Pflegeversicherung** im Jahr 1995.

Für die **Kirchen** als Organisationen und die einzelnen Gläubigen galt von allem Anfang an das Gebot der Nächstenliebe. In der Bibel steht: »Ein Schriftgelehrter fragte Jesus: ›Meister, welches ist das vornehmste Gebot im Gesetz?‹ Jesus aber sprach zu ihm: ›Du sollst lieben Gott, deinen Herrn, von ganzem Herzen, von ganzer Seele und von ganzem Gemüte. Dies ist das vornehmste und größte Gebot. Das andere aber ist ihm gleich: Du sollst deinen Nächsten lieben wie dich selbst.‹«

Der Massenarmut von Tausenden und Hunderttausenden von Menschen waren die Kirchen nicht gewachsen. Verschiedentlich gab es aber Ansätze zu einer umfassenden Lösung der sozialen Frage im Sinne der christlichen Botschaft. Hier ist vor allem der Pfarrer und spätere Bischof von Mainz Wilhelm Emmanuel Freiherr von Ketteler (1811–1877) zu nennen. Unter anderem veröffentlichte er eine Schrift mit dem Titel »Die Arbeiterfrage und das Christentum« (1864). Übrigens korrespondierte er, anonym freilich, mit dem Gründer des Allgemeinen Deutschen Arbeitervereins, der ersten sozialdemokratischen Partei in Deutschland, Ferdinand Lassalle. Die Forderungen, die Ketteler erhob, deckten sich mit denen anderer Gruppen der Arbeiterbewegung. Hier ging es um höhere Löhne und kürzere Arbeitszeiten und das Verbot der Kinderarbeit in den Fabriken. Auch er schlug Spar- und Konsumvereine vor, um die Arbeiter vor Ausbeutung zu schützen.

So wurde er zu einem der wichtigsten, vielleicht zum wichtigsten Vordenker der **katholischen Soziallehre**, die dann ja auch in päpstlichen Enzykliken ihren Niederschlag fand, zum Beispiel in der Enzyklika »Rerum novarum« Leos XIII. (1891, vgl. S. 484 f.), oder in die Programmatik christlicher Parteien einfloss. Hier sind insbesondere die weitestgehend katholische Zentrumspartei zu nennen, für die Zeit nach dem Zweiten Weltkrieg auch die Christlich-Demokratische Union (CDU) und die Christlich-Soziale Union (CSU) in Bayern.

Um ganz konkrete Hilfe ging es bei anderen kirchlichen Vorhaben. Adolf Kolping (1813–1865) war der Sohn eines Schäfers. Er selbst lernte den Beruf eines Schuhmachers. Weil er über die Lebensbedingungen der Menschen in seiner Zeit entsetzt war, beschloss er, als Spätberufener Priester zu werden. Im Jahr 1846 entstand in Elberfeld (Wuppertal) ein erster katholischer Gesellenverein, in dem er bald eine führende Rolle übernahm. Dieser sollte den jungen Handwerksgesellen religiösen Halt und gegebenenfalls soziale Hilfe bieten. Mehr und mehr wurde er aber auch ein Verein für katholische Arbeiter. Weitere Vereinsgründungen folgten. Als Kolping starb, gab es bereits 400 Kolpingvereine. Sie wurden im

Kolpingwerk, das bis zum heutigen Tag besteht, zusammengefasst. Heute hat das Kolpingwerk mehr als 275 000 Mitglieder und ist damit der größte Sozialverband Deutschlands. Auf der ganzen Welt gibt es rund 450 000 Mitglieder in 5 800 örtlichen Kolpingfamilien.

Der evangelische Pastor Johann Hinrich Wichern (1808–1881) hatte schon im Jahr 1833 in Hamburg das Raue Haus begründet. Hier fanden arme, verwaiste Kinder Aufnahme, wurden menschenwürdig versorgt und für ihr späteres Leben ausgebildet. Seit 1842 warb er für die Gründung der »Inneren Mission«, einer »Missionsarbeit innerhalb der Christenheit gegenüber der Mission außerhalb derselben«, die dann beim ersten evangelischen Kirchentag im Jahr 1848 Wirklichkeit wurde. Die **Innere Mission** leistete praktische Sozialarbeit, z. B. indem sie geeignete Einrichtungen für gefährdete Kinder, Bedürftige und ehemalige Strafgefangene schuf. Sie kämpfte gegen Trunksucht und Prostitution und kümmerte sich auch um die Ausbildung von Lehrern und Pflegern. Eine Gründung der Inneren Mission war der umfassende Anstaltskomplex in Bethel bei Bielefeld, der seit 1872 von Pastor Friedrich von Bodelschwingh geleitet wurde. Aus der Inneren Mission ging im Jahr 1883 auch der **Christliche Verein Junger Männer** (CVJM) hervor. Bereits im Jahr 1844 war in London der erste Zusammenschluss dieser Art gegründet worden. Er hieß »The Young Men's Christian Association« (YMCA) und wollte vor allem jungen Männern in den Großstädten Orientierung im christlichen Glauben sowie Hilfe bei der Bewältigung von Problemen im Alltagsleben bieten.

Einzelne **Unternehmer** erkannten, dass sie persönlich für ihre Fabrikangehörigen verantwortlich waren, und versuchten im Rahmen ihrer Möglichkeiten, die soziale Frage zu entschärfen. In zahlreichen kleineren Betrieben herrschte ein patriarchalisches Verhältnis zwischen dem Fabrikanten und seinen Leuten. Der Unternehmer kümmerte sich um menschenwürdige Arbeiterwohnungen in der Nähe der Fabrik, für die Sorgen und Nöte seiner Leute hatte er ein offenes Ohr.

Diese Art der Sozialfürsorge, die an große landwirtschaftliche Gutsbetriebe erinnerte, war in den rasch wachsenden industriellen Großunternehmen nicht möglich. Weitsichtige Unternehmer schufen für ihre Arbeiter aber eine Reihe von Verbesserungen. Bekannt sind die sozialen Einrichtungen, die der Großindustrielle Alfred Krupp (1812–1887) in Essen schuf. Alfred Krupp hatte die von seinem Vater im Jahr 1810 übernommene Gussstahlfabrik zum größten Werk seiner Art auf der Welt ausgebaut. Er kaufte Kohle- und Erzgruben dazu und ließ eigene Hochöfen errichten. Auf diese Weise begründete er einen frühen industriellen Konzern. Die Firma Krupp wurde in der Folgezeit vor allem durch die Herstellung von Geschützen bekannt. Sie produzierte aber auch Eisenbahnschienen, Achsen und Räder sowie vielerlei schwerindustrielle Stahlprodukte.

Seit 1850 begann Krupp mit dem Ausbau seiner sozialen Einrichtungen. Dazu gehörten ausgedehnte Wohnquartiere für Arbeiter. Im Jahr 1900 wohnte jeder achte Einwohner von Essen in einer Werkswohnung der Firma Krupp. Hinzu kamen Krankenhäuser, eine Betriebskrankenkasse für Werksangehörige und eine Konsumanstalt, in deren zahlreichen Niederlassungen Waren des alltäglichen Bedarfs preiswert eingekauft werden konnten. Es entspricht der patriarchalischen Auffassung des Gründers, dass er in seinen Werken gewerkschaftliche Aktivitäten nicht duldete. Positiv bleibt zu vermerken, dass die verschiedenen vorbildlichen Sozialeinrichtungen dazu beitrugen, bei den »Kruppianern« ein ausgeprägtes Wir-Gefühl zu erzeugen.

Ähnliche Einrichtungen wie Alfred Krupp schufen in Stuttgart der Unternehmer Robert Bosch und in Jena Ernst Abbé. Robert Bosch (1861–1942) machte eine Feinmechanikerlehre und arbeite dann in den USA und in England. Im Jahr 1886 gründete er eine eigene Werkstatt für Feinmechanik, aus der ein großes Industrieunternehmen hervorging. Eines der wegweisenden frühen Produkte war die im Jahr 1887 erfundene verbesserte Version des Magnetzünders für Gasmotoren. Bosch erhielt den Beinamen »der rote Bosch«, als er im Jahr 1906 den Achtstundentag einführte.

Ernst Abbé (1840–1905) leitete bereits mit 27 Jahren die optischen Werkstätten des Universitätsmechanikers Carl Zeiss. Zusammen mit ihm entwickelte er ein neues Verfahren zur Herstellung von Linsen. Sie wurden die Voraussetzung dafür, dass ein verbessertes Mikroskop gebaut und so die Bakteriologie enorm vorangebracht werden konnten. 16 Jahre lang hatte Abbé eine Professur für Physik an der Universität Jena inne. Im Jahr 1882 gründete er zusammen mit Schott und Zeiss die Firma »Jenaer Glaswerke Schott und Genossen«, die vor allem auch nach dem neuen Verfahren optische Gläser herstellte. Abbé machte sich darüber hinaus als Sozialreformer einen Namen. Er führte in dem Betrieb, in dem er inzwischen Alleininhaber geworden war, den Achtstundentag, betriebliche Mitbestimmung und Gewinnbeteiligung, bezahlten Urlaub und ein Übergangsgeld bei Entlassung ein.

Viele Sozialreformer hatten sich Gedanken darüber gemacht, wie der Arbeitsertrag den arbeitenden Menschen möglichst ohne Abzug zugutekommen könne. In der kapitalistischen Wirtschaftsform beanspruchte der Unternehmer den im Produktionsprozess erwirtschafteten Mehrwert für sich selbst. Der Gewinn ermöglichte ihm und seiner Familie oft ein sehr luxuriöses Leben, was bis zum heutigen Tag an den schlossähnlichen Fabrikantenvillen abzulesen ist. Nicht selten trug der zur Schau gestellte Reichtum dazu bei, die sozialen Konflikte zu verschärfen.

Verschiedentlich war bereits davon die Rede, dass Konsumanstalten eingerichtet wurden, um den Arbeitern den Kauf günstigerer Lebensmittel zu ermöglichen. Der Vater des deutschen **Genossenschaftswesens**, das auf gegenseitiger Hilfe beruhte, war Hermann Schulze-Delitzsch (1808–1883). Er gründete im Jahr 1849 die Schuhmachergenossenschaft in Delitzsch. Weitere Genossenschaften folgten. Sie sollten den Handwerkern angesichts der bedrohlichen industriellen Konkurrenz die Möglichkeit bieten, zu günstigen Bedingungen Vorschüsse und Kredite zu erhalten. Der Kommunalbeamte und Sozialreformer Friedrich Wilhelm Raiffeisen (1818–

1888) nahm sich vor allem der Landbevölkerung an. Durch Missernten geriet die bäuerliche Bevölkerung sehr oft ins Elend, vor allem wenn von Wucherern teure Kredite aufgenommen werden mussten. Die von Raiffeisen gegründeten Darlehnskassen schufen hier Abhilfe auf Gegenseitigkeit. Relativ spät nutzten die Gewerkschaften die neue Möglichkeit. Erst 1903 lösten sie sich von der Genossenschaftsbewegung von Schulze-Delitzsch und gründeten einen eigenen Zentralverband deutscher Konsumvereine. Er zählte im Jahr 1911 1,3 Millionen Mitglieder und erreichte einen Umsatz von 335 Millionen Mark.

Die **Konsumgenossenschaften** bestanden – unterbrochen durch die Zeit des »Dritten Reichs« – bis ins letzte Viertel des 20. Jahrhunderts. Nach der Umwandlung in Aktiengesellschaften (CO-OP) angesichts einer übermächtigen Konkurrenz durch die verschiedensten Großmärkte verschwanden die meisten von ihnen vom Markt.

Der »Konsum« spielt in der DDR eine wichtige Rolle. Er hatte im Jahr 1989 4,6 Millionen Mitglieder. So war der **Verband der Konsumgenossenschaften** die drittgrößte Massenorganisation in der DDR. Wie ursprünglich in Westdeutschland wurde man durch Einzahlung eines einmaligen Genossenschaftsbeitrages (50 Mark) Mitglied. Die Mitglieder waren am Gewinn des Unternehmens beteiligt. Zusätzlich erhielten sie bei jedem Einkauf einen Rabatt von bis zu drei Prozent des Warenwertes.

In der Zeit des **Wirtschaftswunders** nach der Währungsreform von 1948 hatten sich die sozialen Gegensätze in Westdeutschland erheblich abgeschwächt. Der hohe Bedarf an Arbeitskräften führte zum Anstieg der privaten Einkommen sowie zu hoher Mobilität bei den Beschäftigten und stärkte die Verhandlungsposition der Gewerkschaften gegenüber den Arbeitgebern. Der Bedarf an Arbeitskräften war rasch angewachsen. Das hing u.a. mit den Kriegsverlusten, aber auch mit dem Aufbau der Bundeswehr seit 1955 zusammen.

Seit Beginn der Fünfzigerjahre wurden deshalb hier und da auch ausländische Arbeitskräfte eingestellt. Im Dezember 1955 wurde zwischen Deutschland und Italien offiziell ein »**Anwerbeabkommen**« abgeschlossen. Von nun an strömten Tausende von Italienern nach Deutschland. Der Bedarf wurde auf 800 000 Personen berechnet. Sie übernahmen oft Tätigkeiten, die bei den Deutschen unbeliebt waren. Das erleichterte den sozialen Aufstieg für die Deutschen. Die Zugezogenen wohnten in der Regel in Baracken oder in Altwohnungen, die in einem sehr schlechten Bauzustand waren und deshalb vergleichsweise billig vermietet werden konnten. Seit den Sechzigerjahren begann der Familiennachzug. Um den Unterschied zu den Fremdarbeitern im »Dritten Reich« zu unterstreichen, wurden die Neuankömmlinge euphemistisch als »**Gastarbeiter**« bezeichnet. Noch ging man davon aus, dass sie nach einer gewissen Zeit in ihre Heimat zurückkehren würden. Tatsächlich blieben viele in Deutschland. Die Zahl der Mischehen war beachtlich. Wegen der verschlechterten Wirtschaftslage wurde im Jahr 1973, dem Jahr der Ölkrise, ein »Anwerbestopp« erlassen. Damals gab es bereits etwa 4 Millionen Gastarbeiter mit Familienangehörigen in der Bundesrepublik. Nach den Italienern kamen Gastarbeiter aus Spanien, Portugal und Griechenland, zunehmend auch aus der Türkei in die Bundesrepublik. Es zeigte sich, dass die Migranten zum Teil nur schwer in die deutsche Gesellschaft zu integrieren sind. Dadurch entstanden neue soziale Probleme im Bildungswesen und in der Arbeitswelt, insbesondere in Bezug auf die Arbeitsvermittlung.

In der DDR wurden Arbeitnehmer aus fremden Ländern als Vertragsarbeitnehmer beschäftigt. Ihre Zahl betrug im Jahr 1989 94 000. Zwei Drittel davon waren Vietnamesen. Sie hatten einen auf fünf Jahre lautenden Arbeitsvertrag und wohnten in besonderen Siedlungen. Die Integration in die Gesellschaft der DDR war nicht vorgesehen und fand auch nicht statt.

Entfernungen schrumpfen
Fahrrad, Auto und Flugzeug

Eine mobile Gesellschaft in unserem Sinne bildeten die Menschen früherer Jahrhunderte wahrlich nicht. Nur selten kamen sie aus ihrem Dorf heraus, weil gar keine Notwendigkeit bestand, sich auf weite Reisen zu begeben. Die bäuerlichen Familien waren Selbstversorger. Nahezu alles, was sie zum Leben brauchten – Nahrung, Kleidung, Wohnung und Gerätschaften –, wurde auf dem eigenen Hof, im eigenen Weiler oder Dorf erzeugt.

Allerdings gab es Ausnahmen, auch wenn sie oft nur einen verschwindend geringen Teil der Bevölkerung betrafen. Immer wieder einmal zwang die **Landnot** dazu, die Heimat zu verlassen und nach neuem Grund und Boden Ausschau zu halten. Bauernsöhne rodeten herrenloses Land und machten es urbar; ganze Völkerschaften verließen die angestammte Heimat, weil die fruchtbaren Äcker vom Meerwasser versalzen wurden oder weil das schlechter werdende Klima die Ernten immer mehr schmälerte.

Handel gab es, wie archäologische Funde beweisen, bereits in allerfrühester Zeit. Erstaunlicherweise wurde schon sehr früh Schmuck aus Edelsteinen, Bernstein und Muscheln über Hunderte und Tausende von Kilometern in ferne Weltgegenden transportiert. Das galt selbstverständlich auch für die Edelmetalle Gold und Silber. In der Bronzezeit mussten die Rohstoffe beschafft werden, die nur gemischt das wertvolle Material für Waffen, Werkzeuge, Kult- und Schmuckgegenstände lieferten. Bekanntlich ist Bronze eine Legierung aus Kupfer und Zinn.

Das **Römische Reich**, das von England bis nach Nordafrika, von Spanien bis nach Ägypten reichte, umfasste auch Teile Deutschlands. Das gewaltige Territorium war nur dann zusammenzuhalten, wenn in den unterworfenen Ländern Truppen stationiert und rasch von einer Stelle zur anderen verlegt werden konnten. Römische Ingenieure bauten befestigte Straßen und Brücken, sicherten Gebirgspässe und Furten über die Flüsse. Bis zum heutigen Tag sind die oft schnurgerade durch die Landschaft gezogenen Trassen der Römerstraßen erkennbar. Natürlich wurden sie nicht nur für Truppenverschiebungen, sondern auch für den Handel genutzt. Der **Limes** (lat. »Grenze«), die befestigte Reichsgrenze, die das Römische Reich vom freien Germanien trennte, begann südlich von Bonn und endete westlich von Regensburg. Ihr Hauptzweck war, das Reich vor dem Ansturm der Barbaren zu sichern. Tatsächlich entfaltete sich in den langen Friedensjahren an der Grenze, bei den nahe gelegenen Kastellen und nicht militärischen Ansiedlungen, ein lebhafter Warenaustausch.

Wie beschwerlich das Reisen im **Mittelalter** war, wird aus vielen Berichten über die »Umritte« der deutschen Könige und Kaiser in ihrem Reich, über die Kriegsfahrten und vor allem auch über die wochenlangen Reisen nach Oberitalien und nach Rom ersichtlich. Eine Alternative gab es nicht: Seit Karl dem Großen (König/Kaiser 768/800–814) beanspruchten die fränkischen und dann die deutschen Könige die römische Kaiserkrone. So mussten sie sich persönlich nach Rom begeben und sich hier die Krone vom Papst aufs Haupt setzen lassen. Da Italien zum Heiligen Römischen Reich gehörte, zogen die deutschen Herrscher immer wieder einmal nach Süden, um ihren Herrschaftsanspruch durchzusetzen und widerspenstige Fürsten, Städte und Regionen von Neuem in die Pflicht zu nehmen. Beispielhaft dafür steht die Italienpolitik des staufischen Kaisers Friedrich I. Barbarossa (König/Kaiser 1152/1155–1190). Jeder der Italienzüge über die unwegsamen Alpen war ein gefährliches Abenteuer.

Wichtigstes Transportmittel war das **Pferd**. Auf Flüssen, Seen und auf dem Meer kamen **Boote** und **Schiffe** hinzu. Der Ausbau des Straßen- und Wegenetzes kam langsam voran, wobei oft auf alte Trassen zurückgegriffen wurde. Für den Warentransport kamen mehr und mehr leichte **Wagen** in Gebrauch. Aus ihnen entwickelte sich am Ende des Mittelalters und zu Beginn der Neuzeit die **Kutsche**. Das Wort stammt aus dem Ungarischen und bedeutet so viel wie »Wagen aus Kocs«. In diesem Ort wurden seit dem Mittelalter sehr begehrte Kutschen gebaut. Weil der Wagenkasten gegenüber dem Fahrgestell abgefedert war, ließ sich mit diesem Gefährt weit angenehmer als mit den ungefederten Lastwagen reisen.

Feste Linienverbindungen, wie wir sie heute im Verkehrswesen kennen, gab es zunächst nicht. Ihre Entwicklung ist eng mit der des **Postwesens** verbunden. Der Deutsche Orden in Ostpreußen und die Hansestädte unterhielten schon früh eigene Botendienste. Aus einem von der Adelsfamilie Taxis organisierten Botendienst ging die Thurn und Taxissche Reichspost hervor. Im Jahr 1500 wurde Franz von Taxis zum Oberaufseher (»capitaine et maître«) des in Brüssel regierenden Erzherzogs Philipp dem Schönen von Österreich ernannt. Unter Karl V. (seit 1516 als Karl I. König von Spanien, König und Kaiser 1519–1556 im Reich) erhielt die Familie 1518 das Postmonopol im spanischen Reich. Im Jahr 1595 wurde das Amt des Generaloberpostmeisters im Reich und in den Niederlanden an Leonhard von Taxis verliehen. Es wurde in der Folgezeit erbliches Lehen der Familie und blieb es bis zur Gründung des Norddeutschen Bundes im Jahr 1867. Seinerzeit wurde das Postregal von den deutschen Bundesstaaten gegen Entschädigung der Familie Thurn und Taxis übernommen (vgl. S. 523).

Die der **Personenbeförderung** dienenden Postwagen von Thurn und Taxis waren gelb angestrichen. Daran erinnert noch heute die Symbolfarbe der Post. Die Sachsen bevorzugten das Rot. Darüber spottete der bekannte satirische Schriftsteller Georg Christoph Lichtenberg (1742–1799): »Sie strichen die Postwagen rot an als die Farbe der Schmerzen und der Marter und bedeckten sie mit Wachslinnen, nicht (...) um die Reisenden gegen Sonne und Regen zu schützen (...), sondern aus derselben Ursache, warum man denen, die gehenkt werden sollen, eine Mütze über das Gesicht zieht, damit nämlich die Umstehenden die grässlichen Gesichter nicht sehen mögen, die jene schneiden.« Lichtenberg spielte damit auf die Mühen und Gefahren an, die für die Postkutschenpassagiere alltäglich waren. Nicht nur, dass sich auf den holprigen Wegen schlimme Unfälle, z. B. in Folge von Achs- und Radbrüchen ereigneten, überall lauerten auch Räuber und Wegelagerer, die es auf Wertsachen im Reisegepäck abgesehen hatten. Quälend waren die Fahrten auch deshalb, weil man nur langsam vorankam. Der normale Postwagen zwischen Dresden und Leipzig war zwei Tage unterwegs. Die Extrapost von Dresden nach München benötigte gar fünf Tage.

Bis ins 19. Jahrhunderts war die Pferdekutsche konkurrenzlos das Transportmittel zur Personenbeförderung über weite Strecken. Nun aber begann eine Entwicklung, die das Verkehrswesen von Grund auf veränderte. Im 18. Jahrhundert war die Dampfmaschine erfunden und durch James Watt (1736–1819) so verbessert worden, dass sich ihr industrieller Einsatz lohnte. Ein neuer Entwicklungsschritt ergab sich dadurch, dass man die Dampfmaschine auf ein fahrbares Gestell montierte und nun zum Antrieb dieses Wagens nutzte. Mit einem Dampfwagen, der nicht auf Schienen lief, hatte bereits im Jahr 1769 der Franzose Nicolas Joseph Cugnot experimentiert. Er war vom Kriegsministerium beauftragt worden, ein Transportmittel für Artilleriegeschütze zu entwickeln. Die Übungsfahrt endete an einer Mauer. Im Jahr 1804 baute der Engländer Richard Trevithick einen Dampfwagen, der auf Schienen lief, und damit eine erste brauchbare **Eisenbahnlokomotive**. Die im Prinzip erfolgreichen Fahrversuche mussten aber wieder eingestellt werden, weil die für Pferdebahnen gedachten gusseisernen Geleise unter dem Gewicht der Maschine zerbrachen.

Der Ingenieur George Stephenson (1781–1848) schaffte den Durchbruch. Im September 1825 wurde auf der Strecke Stockton–Darlington der Personenverkehr eröffnet. Das **Eisenbahnzeitalter** hatte begonnen. Stephensons »Locomotion« zog 38 Wagen, die teilweise mit Kohlen und Weizen beladen waren. Zusätzlich gab es rund 600 Sitzplätze für Festgäste. Auch in der Folgezeit macht sich der Ingenieur um die Entwicklung des Eisenbahnverkehrs verdient. Im Jahr 1829 baute er die Eisenbahnlinie Liverpool–Manchester. Er legte die endgültige Spurweite mit 1,435 Metern fest.

In Deutschland begann das Eisenbahnzeitalter einige Jahre später. Sehr früh hatten weitblickende Zeitgenossen aber erkannt, welche Bedeutung dem neuen Verkehrsmittel zukam. Stellvertretend seien hier die Worte des bereits achtzigjährigen Johann Wolfgang von Goethe (1749–1832), die er gegenüber seinem Sekretär Johann Peter Eckermann äußerte, zitiert: »Mir ist nicht bange, dass Deutschland nicht eins werde; unsere guten Chausseen und künftigen Eisenbahnen werden schon das ihrige tun. Vor allem aber sei es eins in Liebe untereinander, und immer sei es eins, dass der deutsche Taler und Groschen im ganzen Reiche gleichen Wert habe; eins, dass mein Reisekoffer durch alle sechsunddreißig Staaten ungeöffnet passieren könne (...).«

Am 7. Dezember 1835 wurde die erste deutsche Eisenbahnstrecke zwischen Nürnberg und Fürth in Bayern eingeweiht. Das Geld dafür hatten vorwiegend Nürnberger Bürger zusammengebracht. Die öffentliche Hand hielt sich abwartend zurück. Die feierliche Eröffnung fand »auf dem eingehegten Platze, welcher zu dem Verwaltungslokale der Eisenbahngesellschaft gehörte«, statt. Das Wort »Bahnhof« musste erst noch erfunden werden. Viele Schaulustige bestaunten die eleganten Passagierwagen und vor allem die aus England importierte, in der Lokomotivenfabrik von George Stephenson in Newcastle gebaute Lokomotive »Adler«. Nach einem Festmarsch der Landwehr, der Rede des Bürgermeisters, der Enthüllung eines Gedenksteins, einem Hoch auf seine Majestät, König Ludwig I. von Bayern, und einem Kanonenschuss setzte sich das Gefährt in Bewegung. Die aus dem Schornstein austretenden Dampfwolken verglich ein Reporter mit »dem schnaubenden Ausatmen eines riesenhaften antediluvianischen [vorsintflutlichen] Stieres«.

Der Anfang war gemacht. Weitere Eisenbahnlinien, z. B. die Verbindung Leipzig–Dresden im Jahr 1839, folgten. Natürlich fehlte es nicht an warnenden Stimmen. Ärzte vertraten die Ansicht, dass die »hohen« Geschwindigkeiten unweigerlich zu geistiger Zerrüttung führen müssten. Die in der Nähe der Bahnlinie lebenden Menschen sollten dadurch geschützt werden, dass man den Blick auf den fahrenden Zug durch einen hohen Bretterzaun abschirmte.

Der Nationalökonom Friedrich List (1789–1846) hatte schon früh einen Plan für ein ganz Deutschland überspannendes **Eisenbahnnetz** entworfen. Damit war er seiner Zeit weit voraus. Als Visionär bewertete er die Dinge ähnlich wie Goethe in der eben zitierten Gesprächsäußerung: Die Eisenbahn bringe nicht nur wirtschaftlichen Fortschritt, sie begünstige auch das Zusammenwachsen der deutschen Territorien zu einem einheitlichen Wirtschaftsraum. Der Deutsche Zollverein, der unter der Federführung Preußens bereits 1834 entstanden war, bezeichnete auf diesem Weg einen entscheidenden Schritt nach vorn und half, die politische Einigung Deutschlands vorzubereiten. Die Entwicklung des Eisenbahnverkehrs verlief so rasend schnell, dass innerhalb weniger Jahrzehnte ganz Deutschland von einem dichten Schienennetz überspannt war. Das Gleiche galt für Europa. Ferne Teile der Welt wurden mit Hilfe neuer Eisenbahnlinien erschlossen.

Beispielhaft gilt das für den Westen der Vereinigten Staaten von Amerika. Im Jahr 1869 wurde mit der »Union Pacific« eine durchgehende Eisenbahnlinie zwischen der Ost- und der Westküste des Subkontinents fertiggestellt. Die Transsibirische Eisenbahn von Moskau nach Wladiwostok wurde mit fast 10 000 Kilometern die längste Eisenbahnlinie der Welt. Nach einer Bauzeit von insgesamt 25 Jahren wurde die letzte Lücke, die Brücke über den Amur bei Chabarowsk, im Jahr 1916 geschlossen. Kleinere und größere Eisenbahnprojekte wurden in der Regel durch Aktien finanziert und brachten den Geldanlegern hohe Gewinne.

Zunächst waren in Deutschland zahlreiche private und staatliche Eisenbahnen entstanden. Ein gemeinsames Unternehmen gab es nicht. Dabei blieb es auch nach der Gründung des Deutschen Reiches im Jahr 1871. Allerdings fand nun insofern ein Konzentrationsprozess statt, als Eisenbahngesellschaften zusammengelegt und private Unternehmen in Staatseigentum übernommen wurden. Im Jahr 1912 unterhielt die Preußische Staatseisenbahn ein Streckennetz von etwa 39 000 Kilometern. Bayern folgte mit über 8 000 Kilometern.

In der Weimarer Republik konnte der Plan einer reichseinheitlichen Bahnorganisation – nach den Erfahrungen im Ersten Weltkrieg – endlich verwirklicht werden. Durch Staatsvertrag entstanden im Jahr 1920 die von der Weimarer Verfassung geforderten **Reichseisenbahnen**. Fürs Erste erlebten sie allerdings turbulente Jahre, weil sie zur Befriedigung von Reparationsansprüchen an die Gläubigerstaaten verpfändet wurden. Die finanziellen Verpflichtungen endeten erst 1931 mit dem Vertrag von Lausanne. Im Jahr 1937 wurde die **Deutsche Reichsbahn** (DR), wie sie nun wieder hieß (erstmals 1924), erneut der Hoheit des Reiches unterstellt. Im Zweiten Weltkrieg erlangte sie für die Logistik des Truppen-, Verwundeten-, Gefangenen- und Materialtransports eine kaum zu überschätzende Bedeutung.

Die Zerstörungen der Bahnanlagen und des rollenden Materials im Krieg waren ungeheuer. Nach dem Krieg unterstand die Reichsbahn zunächst den Militärregierungen der vier Besatzungszonen. Nach der Gründung der Bundesrepublik Deutschland im Jahr 1949 wurde sie im Westen im September 1949 in **Deutsche Bundesbahn** (DB) umbenannt. In der DDR behielt sie die alte Bezeichnung Deutsche Reichsbahn (DR). Die Deutsche Bundesbahn und die Deutsche Reichsbahn wurden 1993 in eine private Aktiengesellschaft umgewandelt, blieben aber zu 100 Prozent im Besitz des Bundes. Das vereinigte Dienstleistungsunternehmen heißt nun **Deutsche Bahn AG**.

Die Eisenbahnzüge wurden über viele Jahrzehnte von **Dampflokomotiven** gezogen. Allerdings gab es in Deutschland bereits vor dem Zweiten Weltkrieg eine starke Konkurrenz durch **Diesel-** und **Elektrolokomotiven**. Das änderte sich noch einmal kurzzeitig nach dem Krieg, weil viele Elektroanlangen nicht mehr betriebsbereit waren. In Bayern wurde die Dampflokomotive aber bereits in den Sechzigerjahren durch Elektrolokomotiven (z. B. das »Krokodil«) verdrängt. In der Bundesrepublik wurde der Dampflokbetrieb im Jahr 1977 eingestellt, in der DDR im Jahr 1988. Heute werden die noch betriebsbereiten Dampflokomotiven gelegentlich für nostalgische Sonderfahrten genutzt.

Die erste elektrische Bahn war die **Straßenbahn** zwischen Lichterfelde und Zehlendorf bei Berlin (heute Berlin) im Jahr 1881. Im Jahr 1895 folgte als erste elektrisch betriebene Vollbahn die Strecke Meckenbeuren–Tettnang im südlichen Württemberg. Vielversprechend waren die Fahrten, die im Jahr 1903 auf der 33 Kilometer langen elektrifizierten Versuchsstrecke Marienfelde–Zossen unternommen wurden. Hier erreichte ein Siemens-Triebwagen Geschwindigkeiten bis zu 210 Kilometer pro Stunde. In der folgenden Zeit wurden immer neue Strecken elektrifiziert, allerdings mit sehr unterschiedlichen technischen Voraussetzungen. Der Ausbau des mit elektrischen Lokomotiven betriebenen Bahnnetzes erfolgte zwischen den Weltkriegen vor allem in Süddeutschland, das wohl auch deshalb, weil im Gebirge durch Wasserkraft günstig elektrischer Strom erzeugt werden konnte.

Seit den Sechzigerjahren wurde der Einsatz von Elektrolokomotiven bei der Deutschen Bundesbahn und der Deutschen Reichsbahn vorangetrieben. Heute sind von etwa 46 000 Kilometern 20 000 Kilometer elektrifiziert (2004). Elektrisch betrieben werden auch die **ICE-Hochgeschwindigkeitszüge** (Intercity-Express), die seit 1991 in Betrieb sind. Teilweise mussten für sie neue Hochgeschwindigkeitsbahnstrecken gebaut werden. Elektrozüge wurden – neben den Straßenbahnen – auch für den innerstädtischen Verkehr genutzt. Das gilt z. B. für die **U-Bahnen** (Berlin 1902) und die **S-Bahnen** (Berlin 1924), aber auch etwa für die in ihrer Art einmalige Wuppertaler **Schwebebahn** (1901).

Das **Schiff** diente vorwiegend dem Fischfang und dem Transport von Handelsgütern. Seit Urzeiten spielte es auch in der Kriegsführung eine große Rolle. Man erinnere sich nur an die endlosen und erbitterten Auseinandersetzungen zwischen Rom, das zunächst als Landmacht auf den Plan trat, und der See- und Handelsmacht Karthago in Nordafrika. Die weltgeschichtliche Entscheidung fiel im Jahr 146 v. Chr. mit dem römischen Sieg und der Zerstörung Karthagos.

In Deutschland kam der Seehandel seit dem späten Mittelalter zu großer Blüte. Die **Hanse** war ein norddeutscher Städtebund unter der politischen Führung der freien Reichsstadt Lübeck. Ihre Handelsbeziehungen reichten von England bis Russland, von Norwegen bis Flandern, schließlich bis nach Spanien und Portugal. Die **Kogge** war das bei der Hanse gebräuchliche Handelsschiff. Das schwerfällige Gefährt in einer Länge von 20 bis 30 Metern konnte in seinem bauchigen Rumpf große Warenmengen, zwischen 80 und 200 Tonnen, aufnehmen. Für den Betrieb des Schiffes, u. a. für die Bedienung der Takelage, wurden vergleichsweise wenige Seeleute benötigt. Mit dem Niedergang der Hanse ging der Seehandel auf der Nord- und Ostsee, schließlich auch auf dem Atlantik und auf anderen Meeren der Erde vor allem an die Niederländer und dann an die Engländer über. Noch gab es zu den Segelschiffen keine Alternative.

Das änderte sich erst mit Beginn des 19. Jahrhunderts. Schon am Ende des vorausgehenden Jahrhunderts hatten erste Versuche mit **Dampfschiffen** stattgefunden. Der Amerikaner Robert Fulton (1765–1815) baute im Jahr 1807 den Raddampfer »North River Steam Boat«, später »Clermont« genannt. Er wurde als Linienschiff auf dem Hudson River zwischen New York und Albany eingesetzt. Übrigens war die »Clermont« zusätzlich zur Dampfmaschine noch mit Segeln bestückt, und so geschah es bei den nachfolgenden Modellen. Erst gegen Ende des Jahrhunderts wurde bei Dampfschiffen endgültig auf die Segel verzichtet.

Einen bemerkenswerten Fortschritt brachte die von Josef Ressel, einem tschechisch-slowenischen Forstbeamten, im Jahr 1827 erfundene **Schiffsschraube**. Sie wurde im Jahr 1829 bei einem Großversuch mit dem Dampfschiff »Civetta« im Hafen von Triest erprobt. In der Folgezeit wurden die Raddampfer weitestgehend durch Schraubendampfer verdrängt.

Ein weiterer Fortschritt ergab sich durch den Bau der Schiffsrümpfe aus Eisen- bzw. Stahlplatten, die miteinander vernietet wurden. In der zweiten Hälfte des 19. Jahrhunderts und zu Anfang des 20. Jahrhunderts verdrängten die **Eisenschiffe** die Segelschiffe weitgehend von den Meeren. Nach 1920 wurden die Platten auch verschweißt. (Siehe auch Kapitel »Mit Segeln und Dampf – Die Schifffahrt«.)

Ein vergleichsweise preisgünstiges Verkehrsmittel im Nahbereich war das **Fahrrad**. Über frühe Konstruktionsversuche ist wenig bekannt. Manches, was in diesem Zusammenhang berichtet wurde, gehört in den Bereich der Legende. Als eigentlicher Erfinder gilt der badische Forstmeister Karl Freiherr Drais von Sauerbronn (1785–1851). Er konstruierte im Jahr 1817 die nach ihm benannte **Draisine**, ein hölzernes Laufrad mit lenkbarem Vorderrad. Der Benutzer musste sich, um voranzukommen, mit den Füßen auf dem Boden abstoßen. Angeblich sollte die Draisine dazu beitragen, den durch die Hungersnot von 1816/17 entstandenen Mangel an Reitpferden auszugleichen.

In England wurde die Erfindung dadurch verbessert, dass man die Laufmaschinen oder »Hobby-Horses« (Steckenpferde) nun aus Eisen baute. Der Franzose Pierre Michaux erfand im Jahr 1864 dazu die Tretkurbel. Am Vorderrad waren links und rechts Pedale angebracht, mit deren Hilfe man das Fahrrad in Bewegung setzen konnte. Der neuen Technik gab eine neue Bezeichnung Ausdruck. Das **Veloziped** (lat. »velox« = schnell, »pes« = Fuß) erreichte höhere Geschwindigkeiten. Da es bei einer Kurbeldrehung einmal den Umfang des Vorderrades zurücklegte, kam man auf die Idee, dieses zu vergrößern, um so rascher voranzukommen. Aus dem Fahrrad mit zwei gleich großen Rädern war das **Hochrad** geworden. Der Umgang mit diesem Vehikel war nicht ungefährlich. Sehr leicht konnte der Fahrer, der etwa eineinhalb Meter über dem Boden saß, aus dem Sattel stürzen oder sich mit seinem Fahrrad überschlagen. Das führte dazu, dass es vielerorts polizeilich verboten wurde. In Köln galt das Verbot sogar bis zum Jahr 1894.

Der **Kettenantrieb** brachte die Fahrradtechnik ein entscheidendes Stück weiter. Verschiedene frühe Versuche konnten sich nicht durchsetzen. Der Durchbruch erfolgte im Jahr 1878 mit dem Einbau eines einseitigen Kettenantriebs. Dieser war bereits 1869 von dem Franzosen André Guilmet erfunden worden, hatte sich aber zunächst nicht durchsetzen können. Das Hinterrad war mit der Tretkurbel durch eine Kette verbunden. Weil das Zahnrad an der Tretkurbel größer war als das an der Hinterradachse, konnte der Fahrer mit einer Umdrehung der Tretkurbel mehrfach den Umfang des Hinterrades zurücklegen. Die Übersetzung erlaubte ein noch wesentlich schnelleres Fahren. Das Vorderrad war nicht mit dem Antrieb verbunden und ließ sich deshalb gut lenken.

Eine Reihe weiterer Erfindungen machte das Fahren mit dem »Knochenschüttler« angenehmer. Dazu gehörte die Verwendung von Stahlspeichen durch Eugène Meyer (1869), welche die Radachse und den Radreifen stabil miteinander verbanden. Seit 1884 produzierte die »Veloziped-Gussstahlkugelfabrik« Kugellager, die die Reibung zwischen Achse und Rad und damit die körperliche Anstrengung beim Fahren wesentlich verminderten.

Schon die Vollgummireifen hatten seit 1865 einen Fortschritt gebracht. Noch besser waren freilich die im Jahr 1888 von dem schottischen Tierarzt John Boyd Dunlop (1840–1921) erfundenen **Luftreifen**. Sie federten die Fahrbewegung ab und passten sich dem Untergrund besser an. Die anfänglichen Vorbehalte des Publikums gegenüber dem luftgefüllten Reifen schwanden, als er im Radrennsport deutlich seine Überlegenheit gegenüber dem Vollgummireifen unter Beweis stellte.

Übrigens wurden die Begriffe »Fahrrad« und »Radfahrer« durch eine Übereinkunft deutscher Radfahrervereine erst 1885 allgemein eingeführt. Sie ersetzten die aus dem Englischen entlehnten Wörter »Bicycle« und »Bicyclist«. In der Schweiz heißt das Fahrrad auch heute noch »Velo«. Das ist die verkürzte Form der alten Bezeichnung »Veloziped«.

Der **Freilauf** wurde im Jahr 1889 für A. P. Morrow patentiert. Auch wenn das Rad fuhr, z. B. auf einem abschüssigen Weg, konnte der Fahrer die Tretkurbel anhalten; sie drehte sich nicht automatisch mit dem Hinterrad. In Deutschland erzielte die neue Technik ihren Durchbruch seit 1903 mit der Einführung der »Torpedo-Freilaufnabe« durch die Firma Fichtel & Sachs in Schweinfurt. Der Freilauf war gleichzeitig mit einer Rücktrittsbremse gekoppelt. Die Idee war so ausgereift, dass 60 Jahre lang keine nennenswerten konstruktiven Veränderungen erforderlich wurden. Im Jahr 1907 brachte die Firma auf der Grundlage eines Patents der Wanderer-Fahrradwerke auch eine erste Zweigang-Nabenschaltung auf den Markt.

Zu Beginn des 20. Jahrhunderts war das Fahrrad technisch weitgehend ausgereift und wurde nun zum individuellen Fortbewegungsmittel schlechthin. In Deutschland und Europa vollzog sich erst nach dem Zweiten Weltkrieg eine tiefgreifende Wende. Mit steigendem Wohlstand wurde das Fahrrad mehr und mehr durch Motorräder und Kleinwagen verdrängt. Der Siegeszug des Personenautos als individuelles Beförderungsmittel vollzog sich in immer rascher werdendem Tempo seit den Fünfzigerjahren. Allerdings lässt sich heute von einer Renaissance des Fahrrads sprechen. Wegen der Verkehrsdichte und den damit verbundenen Problemen, aber auch wegen des Umweltschutzes – das Fahrrad erzeugt keine giftigen Abgase und keine Treibhausgase – haben sich viele Verkehrsteilnehmer auf das Fahrrad zurückbesonnen. Darüber hinaus spielt es bei der Freizeitgestaltung, z. B. als Citybike, Mountainbike, Trekkingrad oder Touringbike für Fahrten in der freien Landschaft und als Sportrad, eine zunehmend wichtigere Rolle.

Die Voraussetzung für die Entwicklung des **Automobils** war die Erfindung eines leistungsfähigen Motors (lat. »movere« = bewegen,

»motor« = Beweger). Erste Vorschläge, ein Fahrzeug mit einem **Gasmotor** anzutreiben, gab es seit dem Anfang des 19. Jahrhunderts. Ein besonders leistungsfähiges Modell eines Gasmotors entwickelte Nikolaus August Otto (1832–1891). Sein zukunftsweisender Verbrennungsmotor wurde im Jahr 1876 patentiert. Er arbeitete in vier Takten: 1. Zunächst wurde das Gas-Luft-Gemisch in den Zylinder angesaugt. 2. Hier wurde es durch den Kolben zusammengepresst (Kompression). 3. Dann brachte man das hochexplosive Gemisch zur Explosion. Der Explosionsdruck bewegte den Kolben. Über eine Stange (und später dann beim Auto über eine Nockenwelle) wurde die Kraft nach außen übertragen. 4. Die Verbrennungsgase wurden ausgestoßen. Danach begann der Vorgang von Neuem.

Einen weiteren Fortschritt auf dem Weg zum Automobil brachte die Verbesserung des Gasmotors zum leistungsfähigen, vergleichsweise kleinen **Benzinmotor**. Dies war das Verdienst der beiden Ingenieure Gottlieb Daimler und Wilhelm Maybach (1846–1929). Nun schien für die technischen Pioniere die Zeit gekommen, ein selbstfahrendes Gefährt zu bauen. Das Automobil (griech. »auto« = selbst, lat. »mobilis« = beweglich) hat mindestens zwei Väter. In Cannstatt bei Stuttgart konstruierte Gottlieb Daimler (1834–1900) im Jahr 1885 den »Reitwagen«, das erste **Motorrad** der Welt. Ein Jahr später baute er den Motor in eine Kutsche ein. Damit war der erste vierrädrige Kraftwagen entstanden. Daimler versuchte auch, den neuen Motor noch anderweitig einzusetzen. So erfand er das Motorboot, die mit einem Verbrennungsmotor angetriebene Straßenbahn und den Lastwagen.

Carl Benz (1844–1929) ist ebenfalls als Erfinder des Autos zu nennen. Das deshalb, weil sich die wegweisenden Entwicklungsschritte in Mannheim und in Cannstatt (heute Stuttgart-Bad Cannstatt) annähernd gleichzeitig vollzogen. Benz baute ein dreirädriges Automobil, das in seinen Bauteilen stark an das Veloziped erinnerte, mit Verbrennungsmotor und elektrischer Zündung. Benz: »Es war im Spätherbst 1885, die ersten Fahrversuche gingen gegen die Hofmauer (...). Aus 100 Metern waren 1 000 geworden. Ich mag mit dem

Wagen eine Schnelligkeit von 16 Stundenkilometern erreicht haben. Jede Fahrt stärkte mein Vertrauen, ich lernte aber auch neue Tücken des Motors und der Wagenteile kennen, andererseits zeigte mir jede Fahrt neue Wege der Verbesserungen.« Das Fahrzeug wurde am Anfang des folgenden Jahres, also 1886, patentiert. Es kann als das erste Automobil der Geschichte bezeichnet werden.

Die neuen Vehikel, Wagen ohne Pferde, wurden viel belächelt oder mit Angst und Abscheu zur Kenntnis genommen. Natürlich gab es noch vielerlei logistische Probleme zu lösen. Das zeigte zum Beispiel die legendäre erste Überlandfahrt zwischen Mannheim und Pforzheim, die Berta Benz im Jahr 1888 mit ihren Söhnen unternahm. Als das Benzin ausging, musste sie neuen Treibstoff in einer Apotheke einkaufen. So könnte man die Stadtapotheke in Wiesloch als erste Tankstelle der Welt bezeichnen.

Dass Benz und Daimler mit ihren Gedanken schon früh weit über die Lösung aktueller technischer Probleme hinausgingen, zeigt ein Bericht des Generalanzeigers der Stadt Mannheim vom 5. September 1886. Vermutlich wurde er von Benz inspiriert: »Wir glauben, dass dieses Fuhrwerk eine gute Zukunft haben wird, weil dasselbe ohne viel Umstände in Gebrauch gesetzt werden kann und weil es, bei möglichster Schnelligkeit, das billigste Beförderungsmittel für Geschäftsreisende, eventuell auch für Touristen werden wird.« Dass trotz allem die Anfänge zunächst bescheiden blieben, zeigen folgende Zahlen: Von dem seit 1894 hergestellten »Benz Velo«, dem ersten Massenautomobil, wurden etwa 1 200 Exemplare gebaut. Es hatte eine Motorleistung von 1,5 PS. Noch im Jahr 1902 hatte Kaiser Wilhelm II. geschworen, niemals in ein solch stinkendes Vehikel zu steigen, solange es noch Pferde gebe. Allerdings bestellte der kaiserliche Oberhofmarschall bereit ein Jahr später drei Wagen der Firma Daimler. Sie trugen den Markennamen »Mercedes« und waren nach der Tochter des Daimler-Generalvertreters Jellinek benannt.

Natürlich war es ein weiter Weg von den frühen Benzinkutschen bis zu den Autos unserer Tage. Vielerlei Erfindungen machten sie leistungsfähiger, vielseitiger verwendbar, bequemer und letzten Endes auch sicherer. Im Jahr 1895 wurde in Netphen im Siegerland die erste Linie mit benzinbetriebenen **Omnibussen** (lat. »omnibus« = für alle) eingerichtet. Im Jahr 1897 baute Rudolf Diesel (1858–1913) den ersten, nach ihm benannten **Dieselmotor**.

Eine Revolution der Herstellung leitete Henry Ford (1863–1947) in Amerika ein. Er führte im Jahr 1913 die Fließbandproduktion ein, die eine erheblich billigere Massenherstellung von Autos ermöglichte. Von nun an war sein T-Modell, die sogenannte »Tin Lizzy« (»Blechliese«) für viele Menschen mit mittleren und geringeren Einkommen erschwinglich. Das Modell wurde bis zum Jahr 1927 15 Millionen Mal verkauft und war damit das meist verkaufte Auto – bis ihm im Jahr 1972 der VW-Käfer den Rang ablief (vgl. S. 464).

Eine Reihe von technischen Innovationen sind uns heute selbstverständlich. Dennoch sollen die wichtigsten hier kurz genannt werden: Die Zündkerze wurde schon 1903 von Robert Bosch (1861–1942) erfunden. Seit 1931 wurde der Vorderradantrieb in einem DKW-Modell serienmäßig eingebaut. Im Jahr 1940 kam das Automatikgetriebe auf den Markt. Seit 1952 gab es die Benzineinspritzanlage und die Servolenkung, mit der das Auto leichter zu steuern war. Der Sicherheit beim Fahren dienten das Antiblockiersystem (ABS, 1975) und die seit 1980 verwendeten Airbags. Im Jahr 1974 hatte General Motors den Katalysator zur Reinigung von Abgasen des Benzinmotors entwickelt. Seit 1989 rüstete die Firma Opel als erster europäischer Hersteller alle Wagen serienmäßig mit Katalysator aus.

Ein Wort noch zum **Führerschein**: Für die allerersten Autos brauchte man noch keine Fahrerlaubnis. Doch schon Carl Benz benötigte eine Berechtigung zur Durchführung von Versuchsfahrten mit einem Patentmotorwagen. In den Jahren 1901 und 1903 erließen Österreich und Preußen Verordnungen über die Ausbildung und Prüfung von Kraftfahrern. Im Jahr 1904 wurde in Aschaffenburg die erste private Fahrschule eröffnet. Die erste Fahrprüfung mit der Erteilung einer Fahrerlaubnis fand im gleichen Jahr im preußischen Regierungsbezirk Hannover statt.

Die Autohersteller waren von allem Anfang an daran interessiert, die Tauglichkeit ihrer Wagen unter Beweis zu stellen und mögliche Kunden auf deren besondere Eigenschaften aufmerksam zu machen. Bei den ersten Wettbewerben ging es um die technische Zuverlässigkeit. Sie zeigte sich besonders bei Fernfahrten. Im Jahr 1900 siegte die französische Firma Panhard beim Circuit du Sud-Ouest gleich zwei Mal. Die Fahrt ging über 335 Kilometer.

Der **Rennsport** mit international einheitlichen Regeln, wie wir es heute kennen, ging auf den in Paris lebenden Herausgeber des »New York Herald« James Gordon Bennett zurück. Das erste Rennen dieser Art führte über eine Strecke von 568 Kilometern von Paris nach Lyon. Wieder siegte ein Panhard, und zwar mit einer Durchschnittsgeschwindigkeit von 61 Stundenkilometern. Nach schweren Unfällen wurde diese Art von Rennen in Frankreich aufgegeben. Das erste »Gordon-Bennett-Rennen« auf einem Rundkurs fand im Jahr 1903 in der Nähe von Dublin in Irland statt. Diesmal siegte zum ersten Mal ein Mercedes. Der Vierzylinderwagen mit 60 PS erreichte eine Durchschnittsgeschwindigkeit von 89 Stundenkilometern.

Wegen des deutschen Siegs kam das Rennen im folgenden Jahr nach Deutschland und wurde hier auf einer 512 Kilometer langen Rundstrecke im Taunus gefahren. Schon im Jahr 1927 war der Nürburgring in der Eifel als Gebirgs-, Renn- und Prüfungsstrecke eingeweiht worden. Die Anfänge des Sachsenrings bei Chemnitz und des Hockenheimrings bei Mannheim-Heidelberg liegen in den Jahren 1927 und 1932. Große Popularität erlangten die zwischen 1934 und 1939 bei Grand-Prix-Rennen gefahrenen »Silberpfeile« von Mercedes und Auto Union. Besonders erfolgreich waren die Fahrer Rudolf Caracciola und Bernd Rosemeyer. Übrigens fuhren auch wieder in den Fünfzigerjahren Silberpfeile für Mercedes.

Der rasch wachsende Kraftfahrzeugverkehr machte einen autogerechten Ausbau der Straßen erforderlich. U. a. musste die **Straßenoberfläche** befestigt werden. Dazu diente zunächst vor allem in einem Sandbett verlegtes Steinpflaster. Schon im 19. Jahrhundert waren Versuche mit Asphalt unternommen worden, so z. B. im Jahr 1837 in Bordeaux in Frankreich. Der Schotte John Loudon McAdam erfand den Straßenaufbau aus mehreren Schotterschichten von unterschiedlicher Körnung (Makadam). Um die Oberfläche fest und staubfrei zu machen, wurde sie mit Teer oder Bitumen, beides Erdölprodukte, getränkt. Heute werden Fahrbahnen wegen der hohen Belastbarkeit und Haltbarkeit oft auch aus Beton gefertigt.

Der Bau von **Autobahnen**, großzügig geplanten und ausgebauten Fernstraßen, begann in Deutschland in den Zwanzigerjahren. Die erste war die 1921 eröffnete AVUS (»Automobil-Verkehrs- und Übungsstraße). Im Jahr 1926 wurde der »Verein zum Bau einer Straße für den Kraftwagen-Schnellverkehr von Hamburg über Frankfurt a. M. nach Basel« (Hafraba) gegründet. Der Begriff »Autobahn« stammt von Robert Otzen, dem Vorsitzenden dieses Projkts. Er wurde erstmals 1929 verwendet. Die Planung für die Reichsautobahnen hatte also längst vor der nationalsozialistischen Machtübernahme begonnen. Im Jahr 1932 wurde die Verbindung Köln–Bonn eröffnet. Seit September 1933 forcierten die Nationalsozialisten den Autobahnbau vor allem unter dem Aspekt der Arbeitsbeschaffung. Anders als oft vermutet diente der Bau aber nicht der Kriegsvorbereitung.

Im Bundesfernstraßengesetz werden die Autobahnen so definiert: »Bundesautobahnen sind Bundesfernstraßen, die nur für den Schnellverkehr mit Kraftfahrzeugen bestimmt und so angelegt sind, dass sie frei von höhengleichen Kreuzungen und für Zu- und Abfahrt mit besonderen Anschlussstellen ausgestattet sind. Sie sollen getrennte Fahrbahnen für den Richtungsverkehr haben.«

Viele Autofahrer sind heute in **Automobilclubs** organisiert. Diese sind Interessenvertreter der Fahrzeughalter bzw. Fahrzeugbenutzer und bieten konkrete Hilfe bei Schwierigkeiten (z. B. Pannenhilfe und Versicherungen) an. Der erste Automobilclub entstand bereits im Jahr 1895 in Paris.

In Deutschland gibt es heute mehrere Automobilklubs. Der größte und einflussreichste ist der Allgemeine Deutsche Automobil-Club (ADAC) mit etwa 19 Millionen Mitgliedern (2014). Er wurde 1903 in Stuttgart gegründet und trägt seit 1911 seinen heutigen Namen. Der Automobilclub von Deutschland (AvD) wurde bereits 1899 gegründet. Schon im Jahr 1900 organisierte er die erste internationale Automobilausstellung in Frankfurt am Main. Zwischen 1904 und 1918 hieß er Kaiserlicher Automobilclub (KAC) unter der Schirmherrschaft Kaiser Wilhelms II. Vergleichsweise jung ist der Automobil Club Europa (ACE), der 1965 von den Gewerkschaften im DGB gegründet wurde. Seit 1995 steht er auch Nichtgewerkschaftlern offen.

Über die Vorteile des Autos für den Personen- und Warentransport muss hier nicht gesprochen werden, weil sie unmittelbar einleuchten. Hinzu kommt der Zugewinn an persönlicher Freiheit und Mobilität. Leicht lassen sich heute näher und ferner gelegene Ziele mit dem eigenen Auto erreichen. Dies hat zu einem ungeheuer hohen Grad der Motorisierung geführt. In Deutschland sind derzeit etwa 44 Millionen Autos (2014) amtlich gemeldet.

Natürlich sollten auch die Nachteile der Motorisierung nicht verschwiegen werden. Schon im Jahr 1902 schrieb die Zeitschrift »Jugend« zynisch: »Bei den kommenden Automobilrennen werden so viele Menschen totgefahren werden, dass ein europäischer Krieg für die nächsten Jahre überflüssig wird.« Der Straßenverkehr fordert Jahr für Jahr enorme Opfer. Nach einer Statistik der Weltgesundheitsorganisation (WHO) sterben jährlich 1,2 Millionen Menschen infolge von **Verkehrsunfällen**. Da ist es nur ein schwacher Trost, wenn sich die Zahlen in Deutschland in den letzten Jahren bemerkenswert verringert haben. Im Jahr 1971 starben 21 000 Menschen auf Deutschlands Straßen. Im Jahr 2014 waren es »nur noch« 3 368. Dazu trugen bemerkenswerte technische Neuerungen, zum Beispiel die Einführung von Sicherheitsgurten und Airbags, der Einbau von Knautschzonen und des Antiblockiersystems bei. Dazu gehört auch die Verbesserung der Straßen und der Orientierungssysteme.

Heftig diskutiert werden seit einigen Jahrzehnten auch die u. a. durch Autos verursachte **Umweltverschmutzung** und der sogenannte Treibhauseffekt. Die Ansammlung von Abgasen in den höheren Luftschichten führt zu einer stetigen Erhöhung der Durchschnittstemperatur auf der Erde und damit zur Veränderung des Klimas. Noch immer werden die Kraftfahrzeuge zum allergrößten Teil mit Treibstoffen bewegt, die aus fossilem Erdöl gewonnen wurden. Wir wissen, dass die Vorräte in wenigen Jahrzehnten erschöpft sein werden. Fieberhaft arbeitet die Forschung an neuen Technologien, um den Straßenverkehr vom Erdöl unabhängig zu machen.

Durch das Auto als selbstfahrendes Gefährt wurden Menschheitsträume wahr. Leicht und vergleichsweise mühelos lassen sich große Entfernungen überwinden. Unter anderem hat die Motorisierung mit zur Entwicklung des Massentourismus – vor allem mit Zielen im fernen Ausland – beigetragen.

Unerfüllt blieb zunächst der Traum, sich wie ein Vogel in die Lüfte erheben zu können. Dennoch, in Mythen und Geschichten wurde die Entwicklung der **Luftfahrt** vorausgedacht. Der griechische Erfinder Dädalus formte aus Vogelfedern zwei Flügel, so berichtet eine uralte griechische Sage, und erhob sich damit in die Luft. Er wollte so der Gefangenschaft bei König Minos auf Kreta entfliehen. Der Flug fand ein schlimmes Ende. Sein Sohn Ikarus hatte sich mit seinem Vater zusammen in die Luft erhoben. Als er der Sonne zu nahe kam, schmolz das Wachs, das die Federn zusammengehalten hatte. Der Junge stürzte in die Tiefe und in den Tod.

Das Universalgenie Leonardo da Vinci (1452–1519) zeichnete frühe Pläne für Flugzeuge und Hubschrauber. Auch wenn diese Erfindungen wohl kaum geflogen wären, beweisen sie das intellektuelle Interesse an einer sich vom Erdboden lösenden Flugmaschine. Anders stand es um den Fluggleiter, den Albrecht Ludwig Berblinger in den Jahren bis 1811 konstruierte. Der »Schneider von Ulm« erntete hämisches Gelächter, als er mit seiner Flugmaschine bei ungünstigen Luftverhältnissen in die Donau stürzte. Inzwischen konnte aber nachgewiesen werden, dass das Gerät im Prinzip flugtauglich war. Systematischer ging der Flugpionier Otto Lilienthal (1848-1896) zu Werke. Sorgfältig untersuchte er die aerodynamischen Eigenschaften der Tragflügel und unternahm eine große Zahl von Versuchsflügen. Zusammen mit seinem Bruder hatte er bereits seit 1862 experimentiert. Der Vogelflug, vor allem der der Störche, diente den beiden als Vorbild. Lilienthal verunglückte bei einem seiner Übungsflüge tödlich. Auf der Grundlage seiner Versuche konnte aber weitergearbeitet werden.

Angeblich gelang dem Deutsch-Amerikaner Gustav Weißkopf bereits im Jahr 1901 ein erster Motorflug. Genaueres ist darüber nicht bekannt. Als eigentliche Erfinder des **Motorflugzeugs** gelten die Brüder Orville (1871-1948) und Wilbur Wright (1867-1912). Im Dezember 1903 starteten sie zu ihrem ersten andauernden und gesteuerten Flug. Über ihre Experimente wissen wir Einzelheiten, weil sie genaue Aufzeichnungen anfertigten. Die ersten Flugzeuge waren zumeist **Doppeldecker**.

Von nun an schritt die Entwicklung des Flugwesens rasch voran. Im Jahr 1909 überquerte Louis Blériot mit seinem Eindecker auf der Strecke Calais-Dover als erster den Ärmelkanal. Dafür benötigte er 37 Minuten. Die Flughöhe lag bei durchschnittlich 100 Metern. Um 1910/11 begann auch die Sportfliegerei mit **Segelflugzeugen**. Seit 1911 gab es Gleitflüge auf der Wasserkuppe in der Rhön.

Sehr rasch erkannten die Krieg führenden Mächte die militärische Bedeutung der neuen Flugzeuge. Mit ihnen ließen sich aus der Luft heraus die feindlichen Stellungen erkunden. Bald wurden die Flugzeuge mit Maschinengewehren ausgestattet. Mit Hilfe eines Unterbrechergetriebes konnten sie durch den Propellerkreis hindurchschießen und dadurch als Jagdflugzeuge genutzt werden. Aus der Höhe wurden Spreng- und Brandbomben sowie geflügelte Eisenpfeile (Flechetten) auf die am Boden befindlichen Soldaten hinabgeworfen. Sehr bald kamen die Militärs auch auf die Idee, dem Feind durch das Bombardieren von Fabriken und Städten zu schaden.

Noch war es ein weiter Weg bis zu den schrecklichen Bombardements des Zweiten Weltkriegs. Aber die Idee des Luftkriegs, der sich gegen die Zivilbevölkerung und gegen die industrielle Produktion richtete, war bereits geboren. Dazu ein Zitat des alliierten Kriegsrats in Versailles vom Herbst 1918: »Das beste Mittel ist, die industriellen Zentren zu bombardieren, wo man: a) militärische und vitale Schäden durch Zerstörung der Versorgungszentren für Kriegsmaterial erreicht und b) den maximalen Effekt auf die Moral durch Zerstörung des empfindlichsten Teils der Bevölkerung, nämlich der Arbeiterklasse erreicht.«

Durch den Krieg war die Flugzeugproduktion gewaltig gesteigert worden. Nun ging es darum, sie für die zivile Nutzung umzustellen. Ein Markstein der Entwicklung war das von Hugo Junkers (1859–1935) im Jahr 1919 gebaute erste Ganzmetall-Verkehrsflugzeug der Welt.

Industrie und Flugpioniere unternahmen gewaltige Anstrengungen, um die Leistungsfähigkeit des neuen Verkehrsmittels unter Beweis zu stellen. Als besondere Herausforderung galt die Überwindung des Atlantik zwischen Amerika und Europa. Einige Piloten mussten ihren Wagemut mit dem Leben bezahlen. Den ersten spektakulären Erfolg konnte eine Crew der US-Navy verbuchen, die im Mai 1919 mit einem Flugboot von Neufundland aus nach Lissabon flog. Sie war auf den Azoren zwischengelandet. Wenige Wochen später gelang zwei Briten ein Nonstop-Flug von Neufundland nach Irland.

Zu einer fliegerischen Legende wurde der Nonstop-Alleinflug des Amerikaners Charles Lindbergh (1902–1974) mit seinem Flugzeug »Spirit of St. Louis« im Mai 1927 von New York nach Paris. Dieser Erfolg wurde gezielt genutzt, um noch intensiver für die Luftfahrt in den USA zu werben. Lindbergh bereiste alle Staaten der Union und trug so dazu bei, dass nun überall Flugplätze gebaut wurden.

Im April 1928 gelang die Atlantiküberquerung in Ost-West-Richtung. Hermann Köhl, James Fitzmaurice und Ehrenfried Günter von Hünefeld flogen von Irland nach Neufundland. Dazu Hermann Köhl: »Als wir hineinflogen ins amerikanische Land, als man uns in New York, in Washington, in Milwaukee und Chicago zujubelte, als von hohen Fahnenmasten neben dem Sternenbanner und dem irischen Grün-Weiß-Orange die deutschen Fahnen flatterten, da brachte uns der gewaltige Eindruck dieses Empfangs die beseligende Gewissheit: Wir waren Werkzeuge geworden, mit denen man Brücken schlug, von Nation zu Nation, von Kontinent zu Kontinent.« Dass es hier nicht nur um einen Wettbewerb zwischen Flugpionieren und einen sportlichen Erfolg ging, hatte mit der besonderen politisch-psychologischen Situation der Zwischenkriegszeit zu tun: Erneut war es Deutschen gelungen, eine international beeindruckende Höchstleistung zu erzielen.

Die folgenden Jahre brachten zahlreiche technische Neuerungen und machten das Fliegen sicherer und populärer. Dazu gehörten z. B. die großen **Flugboote**, von denen vor allem die »Dornier X« zu nennen ist. Die »Do X« startete im Jahr 1929. Sie war seinerzeit das größte Flugzeug der Erde. Bei einem Flug über den Bodensee transportierte sie 169 Passagiere. Großes Aufsehen erregte auch ihr Fernflug im Jahr 1930, der nach Afrika, Südamerika und Nordamerika führte. Mit seinem Aktionsradius von über 4 000 km war es in der Lage, mit den Luftschiffen im Überseeverkehr zu konkurrieren.

Seit 1930 wurden Geräte für den Blindflug bei schlechtem Wetter und in der Nacht entwickelt. Ab 1937 ließ die deutsche Luftwaffe Flugzeuge mit Druckkabinen bauen, um sie für dünnere Luftschichten tauglich zu machen. Sie erreichten Höhen zwischen 12 000 und 15 000 Meter.

Bereits vor dem Zweiten Weltkrieg begann auch das Zeitalter der **Düsenflugzeuge**. Hier leistete die Firma Heinkel Pionierarbeit. Im Juni 1939 flog erstmals ein Versuchsflugzeug, das mit einer Flüssigkeitsrakete angetrieben wurde. Heinkel baute im selben Jahr auch das erste Flugzeug, das mit einem Luftstrahltriebwerk arbeitete. Das erste zweistrahlige Flugzeug der Welt startete im Jahr

1941. Bei diesem Modell kam eine ganz neue Rettungsvorrichtung erstmals zum Einsatz: Der Pilot musste die Maschine mit dem Schleudersitz verlassen, weil sie durch Eis flugunfähig geworden war.

Bei Kriegsende versuchten Adolf Hitler und die militärische Führung die drohende Niederlage durch neue Waffensysteme abzuwenden. Die nun gebauten Düsenflugzeuge konnten das Kriegsgeschehen aber nicht mehr entscheidend beeinflussen. Die »Me 262« der Firma Messerschmidt war das erste praktisch verwendbare Militärflugzeug mit Düsenantrieb. Insgesamt wurden während des Kriegs 1 433 Exemplare ausgeliefert. Sie kamen aber nicht alle zum Einsatz. Im Jahr 1947 wurde erstmals von einem Düsenflugzeug die Schallmauer durchbrochen. Dass dies unbeabsichtigt bereits im Jahr 1945 mit der »Me 262« geschehen sei, wie deutsche Kampfflieger berichteten, ist nicht nachzuweisen.

Das Zeitalter der **Düsenverkehrsflugzeuge** begann 1952. Allerdings wurde die Entwicklung durch tragische Rückschläge verzögert. In Folge von Materialermüdung stürzten mehrere Maschinen ab. Ein neuer Anfang gelang der Sowjetunion im Jahr 1956. Mit ihrer »Tupolew« richtete sie regelmäßige Linienflüge ein. Im Westen gelang der Flugzeugfirma Boeing mit ihrem Modell 707 der Durchbruch. Im Jahr 1959 machte sie in den USA ihren ersten Flug. Sie erreichte eine Geschwindigkeit von 940 Stundenkilometern und eine Reichweite von 9 500 Kilometern. Seit 1960 verwendete die im Jahr 1953 neu gegründete **Lufthansa** auf interkontinentalen Strecken Boeing-Strahltriebflugzeuge. In den folgenden Jahren verdrängten sie die Kolbenmotorflugzeuge völlig. Im Jahr 1967 unternahm die »Super Constellation« ihren letzten Linienflug.

Seit Anfang der Siebzigerjahre waren **Großraumflugzeuge** des Typs »Boeing 747« im Einsatz. Wegen ihres großen Fassungsvermögens wurden sie »Jumbo-Jet« genannt. Sie beförderten 350 Passagiere und 15 Tonnen Fracht und überquerten den Atlantischen Ozean in drei Stunden. Eine neue Ära des Großraumflugzeugs sollte mit dem Einsatz des »Airbus 380« beginnen. Seinen Erstflug absolvierte er im April 2005. Das Modell 380-800 erreicht eine Fluggeschwindigkeit von 1 061 Stundenkilometern. Die Reichweite beträgt 15 000 Kilometer. Die Maschine kann bis zu 853 (bei nur einer Klasse) bzw. 555 (bei drei Klassen) Passagiere aufnehmen.

Der Einsatz von **Überschallflugzeugen** blieb fürs Erste nur eine Episode. Im Jahr 1968 und 1969 unternahmen die sowjetische »Tupolew« und die englisch-französische »Concorde« ihre ersten Flüge. Die »Concorde« erreichte eine Spitzengeschwindigkeit von 2 330 Kilometern pro Stunde. Die hohen Energiekosten, die Belastung der Umwelt und ein schwerer Unfall führten dazu, dass die Flüge der »Concorde« im November 2003 eingestellt wurden. Auch die Tupolew ist nur noch im Museum zu bestaunen.

Bevor sich der Mensch mit Flugzeugen in die Lüfte erhob, war mit anderen Vorrichtungen experimentiert worden. Den Anfang machte der **Heißluftballon** der Brüder Joseph Michel und Jacques Étienne Montgolfier. Im Jahr 1782 gelang ihnen ein erster Versuch. Im folgenden Jahr konstruierten sie einen verbesserten Ballon aus Leinwand, die mit Papier abgedichtet worden war. Da die heiße Luft, die in die Hülle geleitet wurde, leichter war als die umgebende Luft, entstand ein Auftrieb, der die »Montgolfière« vom Boden abhob. Angeblich dauerte der Flug zehn Minuten; die zurückgelegte Strecke war 1 500 Meter lang.

Die Experimente der erfindungsreichen Brüder erregten allerhöchstes Interesse. König Ludwig XVI. (König 1774-1792) ließ weitere Versuche durchführen. In seiner Anwesenheit starteten drei Tiere, ein Hammel, eine Ente und ein Hahn, den ersten Flug mit Lebewesen. Als das Experiment gelungen war, erhob sich ein erster Mensch in die Luft. Den ursprünglichen Gedanken, den gefährlichen Versuch mit einem Sträfling zu wagen, hatte man inzwischen verworfen.

Spektakulär und dramatisch war die erste Überquerung des Ärmelkanals mit einer mit Wasserstoff gefüllten Montgolfière durch Jean Pierre Blanchard und den Amerikaner John Jeffries. Sie dauerte zwei Stunden. Das Unternehmen gelang nur, weil die beiden Luftschiffer allen Ballast, sogar die Gondel, abwarfen und sich nur noch am Netz festhielten. Angeblich war Jeffries, der das Unternehmen finanziert hatte, nur deshalb auf den Plan eingegangen, weil Blanchard versprochen hatte, im Notfall abzuspringen.

Im Prinzip waren die Ballons nicht steuerbar. Sie konnten nur in Windrichtung fahren. Das änderte sich, als im Zusammenhang mit der Erfindung des Autos leichte Benzinmotoren entwickelt worden waren. Die Geschichte des **Luftschiffs** oder **Zeppelins** begann um die Wende vom 19. zum 20. Jahrhundert. Als Luftschiffpioniere sind vor allem August von Parseval (1861–1942) und Ferdinand von Zeppelin (1838–1917) zu nennen. Während Parseval unstarre Luftschiffe konstruierte, baute Zeppelin zigarrenförmige Ballons mit einem starren Leichtmetallgerippe. Der Auftrieb entstand durch leichte Gase, zunächst vor allem Wasserstoff, später dann Helium.

Graf Zeppelin hatte als junger württembergischer Kavallerieoffizier in einer Denkschrift an den König im Jahr 1887 auf die Bedeutung von Luftschiffen für Wissenschaft und Militär hingewiesen. In der Folgezeit widmete er sich ganz der Verwirklichung seiner Pläne. Das »LZ 1« erhob sich im Juli 1900 erstmals über dem Bodensee in die Luft. Die Fahrt mit fünf Passagieren dauerte 18 Minuten und verlief erfolgreich.

Die folgenden Jahre waren durch schrittweise Erfolge und durch entmutigende Niederlagen zugleich gekennzeichnet. Immerhin, noch vor dem Ersten Weltkrieg wurden kommerzielle Passagierflüge unternommen. Der Geschäftsbericht der Deutschen Luftschifffahrt AG (Delag) von 1912 berichtet: »Im Ganzen wurden rund 400 Fahrten ausgeführt, die eine Strecke von 53 000 Kilometern durchmaßen und reichlich 900 Stunden dauerten. Es nahmen an denselben außer der Besatzung annähernd 3 000 zahlende Passagiere und eine größere Anzahl zur Ausbildung kommandierter Militärpersonen sowie Gäste teil.«

Der Krieg beendete fürs Erste die zivile Nutzung der Zeppeline. Allerdings war ihre militärische Bedeutung längst erkannt worden.

Schon in napoleonischer Zeit war in Frankreich darüber spekuliert worden, wie England zu Wasser und aus der Luft gleichzeitig angegriffen werden könne. Einen Vorausblick auf die Schrecken des Luftkriegs bot der Versuch der Österreicher, von Ballonen aus die Stadt Venedig zu bombardieren. Gott sei Dank blieb das Unternehmen erfolglos.

Die Luftschiffe dienten der Beobachtung der feindlichen Stellungen und dem Bombenabwurf. Sehr bald erwiesen sich die Flugzeuge aber als lebensbedrohende Gefahr. So wurde der Luftschiffeinsatz im Kampfgeschehen beim Heer im Jahr 1917, bei der Marine im Sommer 1918 beendet. Erwähnenswert bleibt der Afrikaflug von »LZ 59«. Er sollte die Kolonie Deutsch-Ostafrika mit militärischem Nachschub, mit Waffen und Sanitätsmaterial versorgen. Der Flug wurde abgebrochen, weil die deutschen Truppen inzwischen von den Engländern aus der Kolonie vertrieben worden waren. Immerhin lieferte er den Beweis, dass Luftschiffe für den interkontinentalen Flug mit großen Lasten taugten.

Nach dem Ersten Weltkrieg wurde der zivile Zeppelin-Luftverkehr wieder aufgenommen. Allerdings unterlag er durch den Versailler Vertrag von 1919 starken Beschränkungen. Große Werbewirksamkeit entfaltete die »Weltfahrt« des »LZ 127« im Jahr 1929. Der Linienverkehr nach Südamerika brachte den Durchbruch, auch wenn ein Flug nur für wenige Wohlhabende erschwinglich war. Wie luxuriös die Luftschiffe ausgestattet waren, lässt sich heute noch im Zeppelin-Museum in Friedrichshafen am Bodensee nacherleben.

Mit der »LZ 129 Hindenburg« entstand im Jahr 1936 das größte Luftschiff der Welt. Die nationalsozialistische Regierung nutzte geschickt die propagandistische Wirkung dieses Kolosses, auch im Zusammenhang mit den Olympischen Spielen im gleichen Jahr in Berlin. Die »Hindenburg« wurde im Mai 1937 bei einer Brandkatastrophe in Lakehurst in den USA innerhalb von 34 Sekunden völlig zerstört. Erneut hatte sich die Gefährlichkeit der Füllung mit dem hochexplosiven Wasserstoff erwiesen. Bei diesem Unglück kamen

35 Menschen ums Leben. Die Katastrophe bedeutete das Ende der Zeppelin-Luftfahrt. Im Jahr 1940 wurden die letzten intakten Luftschiffe verschrottet und die Zeppelinhallen in Frankfurt gesprengt. Nach dem Zweiten Weltkrieg wurden gelegentlich nur noch kleinere Luftschiffe für Werbezwecke gebaut. Inwieweit der »Zeppelin NT« (»Neue Technik«), der im Jahr 1997 seinen Jungfernflug unternahm, einen Wandel bringt, bleibt abzuwarten. Das Schiff ist mit 75 Metern wesentlich kleiner als die bis zu 245 Meter langen Giganten der Vorkriegszeit.

Der **Hubschrauber** bezeichnet eine Sonderform des Flugzeugs. Der Rotor, ein horizontal kreisender Propeller, erlaubt ihm – anders als beim Flugzeug – auch den Senkrechtflug. Die Bezeichnung »Helikopter« setzt sich aus den griechischen Wörtern »Helix« (Windung) und »pteron« (Flügel) zusammen.

Die Idee zu einer Flugspirale findet sich schon bei Leonardo da Vinci (1452–1519). Vermutlich gelang es im Jahr 1907 erstmals, ein hubschrauberähnliches Gerät zu konstruieren, mit dem sich ein Mensch für einen kurzen Augenblick vom Boden erheben konnte. Der erste stabil fliegende Hubschrauber wurde jedoch erst in den frühen Dreißigerjahren des 20. Jahrhunderts durch Louis Charles Bréguet und René Dorand konstruiert. Technische Verbesserungen brachten die Modelle von Henrich Focke (1890–1979) und Igor Sikorsky (1889–1972). Von ihnen konstruierte Modelle wurden in Deutschland und in den USA im Zweiten Weltkrieg in Serie gebaut.

Nach dem Krieg schritt die Entwicklung rasch voran. Heute sind Hubschrauber der unterschiedlichsten Größen aus dem vor allem über kurze Strecken gehenden Luftverkehr nicht mehr wegzudenken. Sie werden als ziviles Transportmittel, beim Militär und bei der Polizei sowie bei Rettungsorganisationen für vielerlei Aufgaben genutzt.

Die gewerbliche Produktion, Handel und Kapitalverkehr haben sich durch die **Globalisierung** in letzter Zeit erheblich gewandelt. Sie wurde durch die verbesserten Verkehrs- (Flugzeug), Transport- (Containerschiffe) und Nachrichtenverbindungen (Internet) sowie den Abbau der Handelsschranken möglich. Der Einfluss auf die nationalen Volkswirtschaften ist enorm, z. B. durch die weltweite Konkurrenz, die u. a. die Verlagerung der Produktion in Niedriglohnländer erzwingt.

Insgesamt werden das Wirtschaftswachstum und die technische Innovation durch die Globalisierung gefördert. Allerdings gibt es auch schwerwiegende strukturelle Krisen, z. B. die hohe Arbeitslosigkeit. Die politischen Einflussmöglichkeiten durch die Regierungen und die Vertretungskörperschaften der einzelnen Länder sind sehr beschränkt. Eine globale Ordnungsmacht fehlt. Die Vereinten Nationen (UN) sind nicht in der Lage, sie zu ersetzen.

Ein Gruß aus der Ferne
Das Postwesen

Die modernen Postorganisationen entwickelten sich aus dem Botenwesen vergangener Jahrhunderte. Bereits im **Ägypten** der frühen Zeit wurden auf Papyrus aufgezeichnete Nachrichten in entfernte Landesteile befördert. Nach alten Quellen vermachten die Boten ihr Vermögen ihren Kindern, bevor sie sich auf den Weg machten, weil sie fürchteten, unterwegs getötet zu werden.

Die älteste bekannte Postorganisation gab es bei den Persern. Doch ist nicht auszuschließen, dass sie auf noch ältere Formen, etwa die babylonische, zurückgeht. Unter Kyros II. dem Großen (König ca. 559–529 v. Chr.) hatten die Perser ein gewaltiges Weltreich geschaffen, das von den jonischen Küstenstädten Kleinasiens bis nach Indien reichte. Um dieses Gebiet verwalten und militärisch sichern zu können, richtete Kyros die **persische Reichspost** ein. Eine rund 2 500 Kilometer lange Heerstraße reichte von Sardes (bzw. Ephesos) bis nach Susa. Sie bildete eine Überlandverbindung zwischen dem Ägäischen Meer und dem Persischen Golf. Der Postweg war sorgfältig in Etappen unterteilt. An den einzelnen Stationen standen zu jeder Zeit frische Pferde zum Auswechseln bereit. So konnten Nachrichten oder auch Personen in der schnellstmöglichen Zeit befördert werden, auf der großen Heerstraße z. B. in etwa sieben Tagen. Allerdings blieb die persische Staatspost dem privaten Brief- und Reiseverkehr verschlossen.

Das Gleiche galt auch für die **römische Staatspost**, den »cursus publicus«, die unter Augustus (Kaiser 27 v. Chr.–14 n. Chr.) eingerichtet wurde. Nach der Bezeichnung der einzelnen festgelegten Stationen (»stationes positae« oder »mansiones positae«) wurde sie in der Folgezeit »Post« genannt. Im Westen endete sie mit dem Untergang des Westreiches. Im Ostreich dagegen bestand sie bis zur Eroberung durch die Türken im Jahr 1453.

Wie gesagt, beförderten die antiken Staatsposten für gewöhnlich keine privaten Briefe oder Privatpersonen. Wer eine Nachricht übermitteln wollte, musste sich entweder eines Kuriers bedienen oder irgendjemanden finden, der den Brief an Ort und Stelle ablieferte. Manche Boten tauschten ihre Briefe untereinander aus und übernahmen auch Sammelaufträge. Wer sicher gehen wollte – die Straßen waren oft gefährlich –, sandte seine Nachricht auf verschiedenen Wegen an ein und dasselbe Ziel.

Im **Mittelalter** gab es auf deutschem Gebiet keine übergreifende Postorganisation. Der Briefverkehr ruhte ganz auf dem **Botenwesen**. Mönche hielten die Verbindung zu anderen Klöstern und zum päpstlichen Stuhl in Rom aufrecht. Universitätsboten beförderten Briefe und Dokumente zwischen den Hochschulen und den Studenten. Bei den sogenannten »Metzgerposten« nahmen Fleischer Briefe mit aufs Land, wenn sie dort Vieh einkauften. Auf dem Gebiet des Deutschen Ritterordens (Ostpreußen) gab es eine eigene Ordenspost, die auch einen ständigen Kurierdienst nach Rom unterhielt.

Reisende Kaufleute übermittelten Nachrichten und galten im Allgemeinen in der damaligen Zeit als ungewöhnlich gut informiert. Seit dem Ende des 13. Jahrhunderts endlich beschäftigten die wirtschaftlich blühenden Städte eigene Boten für den Briefverkehr. Sie beförderten sowohl amtliche als auch private Post. Die Boten wurden vereidigt, in den Farben ihrer Stadt gekleidet und durch ein Botenzeichen mit Wappen kenntlich gemacht. Daneben besaßen sie einen Pass, der sie als Amtspersonen auswies, und einen Botenspieß, der als Wanderstock und Waffe diente.

Die erste umfassende Organisation in neuerer Zeit war die um 1500 entstandene **Taxissche Post** (vgl. auch S. 496). Maximilian I., damals noch König (Kaiser 1508–1519), beauftragte den Lombarden Franz von Taxis, für ihn die Briefbeförderung in den weit verstreuten habsburgischen Ländern zu übernehmen. Im Jahr 1489 gab es bereits den Postkurs Innsbruck–Mechel (Niederlande). Zu einem regelmäßigen Postdienst, der auch für Privatbriefe zugelassen war, kam es allerdings erst nach 1516. Die Familie Taxis war inzwischen aufgrund ihrer Verdienste um das Postwesen in den Ritterstand erhoben worden und nannte sich nun »von Thurn und Taxis«.

In die Folgezeit fiel der geschickte Ausbau der Postorganisation und der einzelnen Postkurse. Kaiser Rudolf II. (Kaiser 1576–1612) ernannte Leonhard von Thurn und Taxis im Jahr 1596 zum Reichsgeneralpostmeister. Dieses Amt wurde im Jahr 1615 unter Lamoral von Taxis in der Familie erblich. Freilich war das von der Familie Thurn und Taxis ausgeübte kaiserliche Postregal nicht unumstritten. Immer wieder kam es mit einzelnen Landesfürsten zu Konflikten, weil sich das Postwesen als sehr gewinnbringend erwiesen hatte. Daneben erstreckte sich die Thurn- und Taxissche Post nur über den Süden und Westen des Reiches, einen Teil Mitteldeutschlands, die Reichsstädte und die Bistümer Westfalens. In den übrigen Gebieten bestanden besondere Landesposten, so in Brandenburg, Kursachsen, Braunschweig, Lüneburg, Mecklenburg und Oldenburg. Der Große Kurfürst Friedrich Wilhelm von Brandenburg (Kurfürst 1640–1688) eröffnete im Jahr 1646 eine Postlinie zwischen Memel und Kleve, den äußersten Punkten seines Herrschaftsgebietes. Auf dieser Strecke verkehrten zweimal in der Woche reitende Postillione. Selbst in Österreich gab es seit Beginn des 18. Jahrhunderts eine Landespost neben der Thurn- und Taxisschen Post. Gelegentlich versuchten die Landesposten, den Postverkehr durch Verträge mit der kaiserlichen Reichspost wirkungsvoller und wirtschaftlicher zu gestalten.

Gegen Ende des alten Reiches erlebte auch die Thurn- und Taxissche Post einen Niedergang. Als Kaiser Franz II. (Kaiser 1792–1806) infolge der napoleonischen Politik im Jahr 1806 abdankte und das Heilige Römische Reich Deutscher Nation damit sein Ende fand, verlor sie die Eigenschaft einer Reichspost. Die Rheinbundstaaten Bayern, Württemberg und Baden gründeten nun eigene Landesposten. Allerdings wurden deren Aufgaben auf der Grundlage vertraglicher Vereinbarungen zum Teil weiterhin von der Thurn- und Taxisschen Postorganisation übernommen.

Im Jahr 1850 entstand der **Deutsch-Österreichische Postverein** für das gesamte Postgebiet, ohne dass allerdings die Vielfalt der postalischen Erscheinungen damit beseitigt worden wäre. Nach dem Sieg über Österreich im Jahr 1866 übernahm das Königreich Preußen im Jahr 1867 die damals noch bestehende Thurn- und Taxissche Postorganisation in den mitteldeutschen Staaten und zahlte dafür an das fürstliche Haus von Thurn und Taxis eine Entschädigung von drei Millionen Talern. Ein Jahr später entstand die Post des Norddeutschen Bundes. Sie wurde nach dem Deutsch-Französischen Krieg und der Gründung des Deutschen Reiches im Jahr 1871 zur **Reichspost**. Sie erstreckte sich über das Gebiet des Norddeutschen Bundes, über Baden und das neue Reichsland Elsass-Lothringen. Bayern und Württemberg erhielten in der Reichsverfassung als sogenannte »Reservatrechte« jeweils eigene Postverwaltungen zugesichert.

Die Post nahm in dieser Zeit eine für viele Länder beispielgebende Entwicklung unter dem Generalpostdirektor des Norddeutschen Bundes bzw. Generalpostmeister des Deutschen Reiches Heinrich von Stephan (1831–1897). Stephan führte im Jahr 1870 die **Postkarte** (Postkorrespondenzkarte) und 1877 den **Fernsprecher** ein. Im Jahr 1872 gründete er das Postmuseum (heute Museum für Kommunikation) in Berlin und 1874 den Weltpostverein, der einen reibungslosen Briefverkehr auf internationaler Ebene ermöglichen sollte. Im Jahr 1919 entstand ein eigenes **Reichspostministerium**. Die Landespostverwaltungen von Bayern und Württemberg wurden im Jahr 1920 in die Reichspost eingegliedert.

Der Zweite Weltkrieg bedeutete eine besondere Herausforderung für die Post. Mit Beginn des Krieges begann der **Feldpostdienst** seine Arbeit. Die Beförderung und Auslieferung der Sendungen war eine logistische Leistung besonderer Art. Insgesamt wurden angeblich 30 bis 40 Milliarden Sendungen verschickt. Um die Moral der Truppe aufrecht zu halten, wurden sie vordringlich bearbeitet. Die verzögerte Zustellung, hieß es in einer Anweisung der Reichspost, könne dem Soldaten »Sorgen bereiten und ihm seine Pflichterfüllung erschweren«. Die Feldpostsendungen wurden bis zu einem Gewicht von 250 Gramm gebührenfrei befördert. Die einzelnen Truppenteile erhielten **Feldpostnummern**. Auf diese Weise sollte verhindert werden, dass sie vom Feind genau lokalisiert werden konnten. Die Zensur benutzte die von den Soldaten oder ihren Angehörigen in der Heimat versendeten Briefe, um sich ein Bild von der Stimmung bei der kämpfenden Truppe und in der Bevölkerung zu machen.

Nach dem Zweiten Weltkrieg entstanden aus der Reichspost in den vier Besatzungszonen getrennte Postverwaltungen. Im Jahr 1947 wurde für die drei Westzonen die Hauptverwaltung für das Post- und Fernmeldewesen des Vereinigten Wirtschaftsgebietes in Frankfurt am Main gegründet. Die Organisation hieß zunächst »Deutsche Post« und wurde im Jahr 1950 in »**Deutsche Bundes-**

post« (DBP) umbenannt. Seit dieser Zeit unterstand die Bundespost dem Bundesministerium für das Post- und Fernmeldewesen bzw. dem Bundesministerium für Verkehr und für das Post- und Fernmeldewesen (seit 1974). In der Sowjetischen Besatzungszone und der Deutschen Demokratischen Republik entstand aus der Reichspost die **»Deutsche Post«** (DP). Sie hatte weitgehend die gleichen Aufgaben wie die Bundespost in Westdeutschland. Sie unterstand dem Ministerium für Post und Fernmeldewesen. Nach der Wiedervereinigung im Jahr 1990 wurde sie in die Deutsche Bundespost integriert.

Im Jahr 1995 wurde die Post privatisiert und in drei selbstständige Unternehmen aufgeteilt, die Deutsche Post AG, die Deutsche Telekom AG und die Deutsche Postbank AG. Das Bundespostministerium wurde im Jahr 1996 aufgelöst. Die staatliche Aufsicht und Koordination übernahm ab 1998 die Regulierungsbehörde für Telekommunikation und Post (Bundesnetzagentur). Neben der Deutschen Post und der Telekom gibt es inzwischen sowohl für den Brief- bzw. Paketversand als auch für den Telefonverkehr eine Reihe anderer gewerblicher Anbieter. Das ursprüngliche Postmonopol wurde fast vollständig aufgehoben.

Neben der Brief- und Paketbeförderung ist nochmals über die **Personenbeförderung** durch die Post zu sprechen. Die Einführung von Ordinari- und Extraposten bedeutete einen enormen Zugewinn an Mobilität. Nun konnten auch Personen über weitere Strecken reisen, die keine eigenen Pferde und Wagen besaßen. Dabei soll nicht vergessen werden, dass manche Menschen, vor allem Handwerksgesellen und Studenten, in früherer Zeit viele 100 Kilometer zu Fuß zurücklegten.

Die Organisation des Reiseverkehrs hatte sich seit den Tagen der persischen und der römischen Reichspost im Prinzip kaum verändert. An festen Stationen standen Pferde zum Wechseln bereit. In der Regel gab es hier auch die Möglichkeit, zu essen und zu übernachten. Noch heute erinnern die Namen mancher Wirtshäuser, z. B. »Zur Post« oder »Posthorn«, an diese Zeit. Trotz allem blieb eine Reise mit der Postkutsche eine zeitaufwendige, ungemütliche und gefährliche Sache. So brauchte die Ordinari-Post von Dresden nach Leipzig zwei Tage, die Extrapost zwölf Stunden. Über die Gefahren, die unterwegs lauerten, machte sich Rudolf Baumbach (1840-1905) in seinem Gedicht »Aus der guten alten Zeit« lustig:

(...)
Auch war es sehr ergötzlich,
wenn mit gewaltigem Krach
in einem Hohlweg plötzlich
der Wagen zusammenbrach.
War nur ein Rad gebrochen,
so herrschte Fröhlichkeit.
Mitunter brachen auch Knochen.
O gute alte Zeit! (...)

Der Abenteuer Perle
war doch das Waldwirtshaus.
Es spannten verdächtige Kerle
die müden Schimmel aus.
Ein Bett mit Federdecken
stand für den Gast bereit;
das zeigte blutige Flecken.
O gute alte Zeit!

Und waren der Gäste hundert
verschwunden im Waldwirtshaus,
dann schickte der Rat verwundert
berittene Häscher aus.
Die Leichen wurden gefunden,
bestattet und geweiht,
der Wirt, gerädert, geschunden.
O gute alte Zeit!

Tatsächlich waren Postkutschenüberfälle gar nicht selten. Klar, wenn die Räuber gefasst wurden, gab es kein Pardon. Die Gerichte machten kurzen Prozess.

Seit 1824 verkehrten auf der Ostsee auch **Postdampfschiffe** an Stelle der bisher üblichen Segelschiffe. Nach 1835 bediente sich die Post auch der Eisenbahn als Beförderungsmittel. Eigene **Bahnpostwagen** wurden an die Züge angehängt. Das Personal bearbeitete die Sendungen oft während der Fahrt. Etwas seit der Wende vom 19. zum 20. Jahrhundert begannen die **Kraftomnibusse** die Postkutschen zu verdrängen.

Die ersten **Briefkästen** wurden im Jahr 1653 im Stadtgebiet von Paris aufgestellt. In Deutschland machte die preußische Hauptstadt Berlin im Jahr 1766 den Anfang. Offiziell wurden sie in Preußen im Jahr 1824 eingeführt. Ihre Bedeutung wuchs, als mit Hilfe der neu erfundenen Briefmarken das Porto bequem vorausbezahlt werden konnte. Im Jahr 1895 verfügte die Reichspost über 83 637 Briefkästen in 52 672 Orten. Im Jahr 1907 waren es bereits 121 412 Briefkästen in 117 431 Orten.

Im Jahr 1848 begann der **Postbankdienst** mit der Möglichkeit der Bareinzahlung und der Barauszahlung. Die erste **elektrische Telegrafielinie** nahm im Jahr 1849 zwischen Berlin und Frankfurt am Main ihren Betrieb auf. Seit 1877 wurden in Deutschland **Fernsprechapparate** benutzt. Die Post sicherte sich neben dem bereits bestehenden Telegrafenregal das Telefonregal. **Luftpostsendungen** wurden erstmals im Jahr 1912 befördert, planmäßig dann seit 1919. Seit 1961 gibt es auf dem Gebiet der Bundesrepublik Deutschland die Nachtluftpost, die – wie schon in der Vorkriegszeit – insbesondere Briefsendungen zu normalen Gebühren befördert. Der **Postscheckdienst** entstand 1909, der **Postsparkassendienst** im Jahr 1939.

Um die Zustellung von Postsendungen zu erleichtern, führte die Reichspost im Jahr 1941 für den Paketdienst, im Jahr 1943 für den

Briefdienst **Postleitzahlen** ein. Sie wurden auf dem Gebiet der Deutschen Bundespost im Jahr 1962 durch vierstellige Zahlen ersetzt, die jeweils vor dem Bestimmungsort anzugeben waren. Die bundesdeutsche Regelung wurde verschiedentlich für andere Postgebiete vorbildlich. So erhielt die Schweiz im Jahr 1964 Postleitzahlen. Im Jahr 1965 folgte die DDR und im Jahr 1966 Österreich. Die Wiedervereinigung Deutschlands im Jahr 1990 machte eine grundlegende Reform notwendig, da zahlreiche Postleitzahlen doppelt vorkamen. Das Problem wurde übergangsweise dadurch entschärft, dass ihnen ein W (Westdeutschland) bzw. ein O (Ostdeutschland) vorangestellt wurde. Im Jahr 1993 wurden neue, nun fünfstellige Postleitzahlen eingeführt. Die Verteilung der Post erfolgt über 83 große Briefzentren, deren Nummer den ersten beiden Ziffern der Postleitzahl entspricht.

Heute wird das für die Postsendungen zu zahlende Porto sehr oft durch **Briefmarken** (Postwertzeichen) entrichtet. Sie werden auf die betreffende Sendung aufgeklebt. Die Marken sind seit Generationen zu einem beliebten Sammelobjekt geworden. Einzelne, besonders seltene Exemplare erreichen einen beachtlichen Wert. Als teuerste Briefmarke der Welt gilt der schwedische Fehldruck der »Tre Skilling Banco«, die versehentlich gelb statt grün gedruckt wurde. Sie wechselte im Jahr 1996 den Besitzer für 2 875 000 Schweizer Franken. Die teuerste deutsche Briefmarke ist die »Baden 9 Kreuzer schwarz auf blaugrün« von 1851. Das breite Interesse an Briefmarken bewog die Postverwaltungen, sie besonders ansprechend zu gestalten. Viele sind kleine Kunstwerke und oft – insbesondere auch für Kinder – sehr lehrreich. Nicht selten werden Briefmarken für erzieherische und propagandistische Zweck genutzt. Das Briefmarkensammeln wird auch »Philatelie« genannt und von vielen Spezialisten mit durchaus wissenschaftlichem Anspruch betrieben.

Bevor die ersten Briefmarken versandt wurden, kannte man schon **Stempel** zur Kennzeichnung von Briefsendungen. Erstmals wurden sie 1661 in England benutzt. Allerdings gab es bereits 1459 Prägestempel für die Kurierpost des italienischen Herzogs Alexander Sforza. In Preußen wurden 1813 Ortsstempel eingeführt.

Als Vorläufer der Briefmarken können z. B. die im Jahr 1653 bei der Pariser Stadtpost eingeführten Papierbanderolen gelten, die mit einem Siegel befestigt und durch den Eintrag des Datums entwertet wurden. Ähnliches gilt auch für gestempelte oder besonders bedruckte Schreibbogen, wie sie z. B. zwischen 1819 und 1836 im Königreich Sardinien in Gebrauch waren. Das Gleiche gilt für die seit 1823 in China oder seit 1838 in Neu-Südwales in Australien herausgegebenen besonders gekennzeichneten Briefumschläge, bei denen das Porto mit dem Kauf des Umschlags abgegolten wurde.

In Großbritannien kam es 1840 zur Vereinheitlichung des Briefportos auf einen Penny. Gleichzeitig wurden die ersten Briefmarken eingeführt. Als Vorbilder sollen Stempelmarken für Hüte und Handschuhe aus dem Jahr 1784 gedient haben. Seit 1843 benutzten Brasilien und die schweizerischen Kantone Zürich und Genf aufklebbare Briefmarken. Die Vereinigten Staaten folgten 1846, Russland 1848, Frankreich und Belgien 1849. Als erstes deutsches Land führte Bayern im Jahr 1849 Briefmarken ein (»Schwarzer Einser«). Ein Jahr später folgten Preußen, Sachsen, Hannover, Schleswig-Holstein und Österreich. Seit 1860 gab es Briefmarkenalben und seit 1861 Briefmarkenkataloge.

Heute wird die herkömmliche Briefmarke oft durch andere Entwertungsmöglichkeiten ersetzt. Schon seit 1923 gibt es den Absenderfreistempler, eine Maschine, mit der der Portowert und zumeist ein Werbeaufdruck angebracht werden. Inzwischen sind auch die Automatenmarken verbreitet. Ein einheitlicher Hintergrund wird durch den gewünschten Markenwert ergänzt. Die ebenfalls automatisch in den Postfilialen und Postagenturen erstellten sowie die durch das Internet ausgedruckten Portoaufkleber (»Stampit«) haben keine Ähnlichkeit mehr mit den herkömmlichen Briefmarken und sind künstlerisch bedeutungslos.

Der Blutkreislauf der Wirtschaft
Geld und Kredit

Das Geld ist eine kulturgeschichtlich späte Erfindung. Ursprünglich wurde Ware gegen Ware, vielleicht auch Ware gegen bestimmte Dienstleistungen getauscht. Es handelte sich um eine **Natural-** bzw. **Tauschwirtschaft**. Das Vieh scheint beim Tausch eine besondere Rolle gespielt zu haben – die Römer nannten das Geld »pecunia«, das Wort ist von lateinisch »pecus« (Vieh) abgeleitet. Mit der wachsenden Verbreitung des Warenverkehrs wurde der Tauschhandel unpraktisch und hinderlich. So suchte man nach einem Tauschmittel, das leicht teilbar, in sich wertvoll und dauerhaft war. Alle diese Eigenschaften fanden sich bei den seltenen und chemisch überaus widerstandsfähigen **Edelmetallen**. Allerdings verwendete man auch das weniger edle Kupfer. Zunächst wurde das Metall jedoch nicht zu Münzen geschlagen, sondern gewogen. Dieses bei den Sumerern und den Ägyptern gebräuchliche Verfahren erinnert an den Tauschhandel mit Goldstaub oder Nuggets in den Camps der Goldgräberzeit in Kalifornien oder in Australien. Die in Deutschland über Generationen verwendete Währungseinheit »Mark« bezeichnete in vergangenen Zeiten, angefangen mit dem 9. Jahrhundert, ein Gewicht für Silber. So wog die »Kölner Mark« 233,855 Gramm.

Seit ungefähr 1600 v. Chr. wurde dann in Phönizien und Ägypten mit Metallstücken gehandelt, die in Form und Gewicht einheitlich waren, die sich also besonders gut für den Wertvergleich eigneten. Sie hatten die Form von Ringen. Die Kyprer (Zypern) verwendeten im Gegensatz dazu Kupfer- oder Bronzebarren, die bezeichnenderweise wie Rinderfelle geformt waren. Die Griechen kannten dünne, spießförmige Kupferstangen. Die frühen geldähnlichen Zahlungsmittel gerieten aber anscheinend wieder in Vergessenheit.

Geld im modernen Sinne scheint zuerst bei den kleinasiatischen **Lydern**, wohl unter König Gyges, in der ersten Hälfte des 7. Jahrhunderts v. Chr. geprägt worden zu sein. Sie verwendeten gleichartige Metallstücke, die mit einem Prägestempel gekennzeichnet waren. Der Staat autorisierte sie damit als Zahlungsmittel und schützte sie zugleich vor Missbrauch. Von Kleinasien aus verbreitete sich das Geldwesen nach Griechenland und weiter nach **Rom**. Als bevorzugtes Metall war das Silber im Gebrauch, doch wurden daneben überall auch Goldmünzen verwendet. Als besonders zuverlässig (solide!) galt zunächst der römische **Solidus**. Sein Wert sank dann aber durch ständige Münzverschlechterungen sehr stark. So konnte sich aus dem lateinischen Wort das französische »sou« entwickeln und auch das deutsche »Sold« als Entlohnung für Soldaten.

Über die Römer wurde das Geld bei den **Germanen** bekannt. Die Frankenkönige Pippin und sein Sohn Karl der Große (König/Kaiser 768/800–814) schufen durch die karolingische Münzreform den **Silberpfennig**, der nach der entsprechenden römischen Münze »denar(ius)« genannt wurde. Gelegentlich wurde bis in unsere Zeit hinein ein kleines d (δ) in deutscher Schrift als Abkürzung für das Wort »Pfennig« gebraucht. Eine solche Silbermünze wog den 240. Teil eines Pfundes. Zwölf **Denare** ergaben einen **Schilling** (Solidus), zwanzig Schillinge ein **Pfund**. Dieses Münzsystem wurde z. B. in Großbritannien erst 1971 durch das international übliche Dezimalsystem ersetzt. Dass der karolingische Silberpfennig in Europa weit verbreitet war, beweisen heute gebräuchliche Münznamen wie »Dinar« oder »Penny«. Lange Zeit blieb er die fast ausschließlich benutzte Münzsorte und behielt unverändert seinen Wert.

Die Münzprägung blieb zunächst ein königliches Recht (»Regal«: lat. »regalis« = königlich), ging im Lauf der Zeit aber mehr und mehr an Landesfürsten und Städte über. So herrschte in Europa ein großes Durcheinander verschiedenster Geldsorten. Italienische Geldwechsler tauschten sie nach Bedarf und schufen damit die

Grundlage für das Bankwesen. Infolge der Kreuzzüge blühte der Fernhandel ja besonders in Oberitalien. Die Pfennige sanken inzwischen ständig im Wert, weil ihr Gewicht und ihr Materialwert durch die Vermischung mit billigerem Kupfer verringert wurden. In kürzeren Abständen wurden »Münzverrufungen« erforderlich, bei denen die im Umlauf befindlichen Münzen für ungültig erklärt wurden. Das Verfahren erinnert an die Währungsreformen bzw. die damit verbundenen Abwertungen in unserer Zeit. Dennoch hatten die Pfennige im Spätmittelalter nur noch ein Siebtel ihres ursprünglichen Gewichts.

Seit der Mitte des 11. Jahrhunderts erfreute sich die auf dem wichtigen rheinischen Handelsplatz geprägte »**Kölner Mark**« aus Silber wachsender Beliebtheit. Bis zum 15. Jahrhundert hatte sie sich fast allgemeine Anerkennung erworben.

Gegenüber den geringwertigen Pfennigen entstanden auch silberne »grossi«, also dickere Münzen oder **Groschen**. Freilich gab es auch wertvollere Goldmünzen, wie den **Dukaten** oder den **Gulden**. Ersterer war nach dem lateinischen Wort »dux« (Führer) bzw. dem italienischen »duca« (Herzog) benannt. Erstmals wurde er im Jahr 1140 von Roger II. geprägt, der 1130-1154 König von Sizilien und Herzog von Apulien war. Ihm folgte der venezianische Doge Giovanni Dandolo (Doge 1280-1289), der 1284 einen »ducatus aureus« prägen ließ. Der Gulden war ursprünglich der »guldin pfennic«. Berühmt und weit verbreitet war auch der silberne **Heller**, der seine Bezeichnung von der Reichsmünzstätte Schwäbisch Hall herleitete. Trotz allem gelang es nicht, der verwirrenden Vielfalt an Zahlungsmitteln Herr zu werden. Kaufleute behalfen sich damit, dass sie Edelmetallbarren statt der Münzen verwendeten oder Waren gegeneinander aufrechneten.

Am Ausgang des Mittelalters und zu Beginn der Neuzeit setzte sich der silberne **Taler** als fast allgemeines Zahlungsmittel durch. Er erhielt seinen Namen nach dem Ort Joachimsthal im böhmischen Erzgebirge, wo große Silberfunde gemacht und Münzen geprägt wurden. Zwischen 1556 und 1750 war er die amtliche Münze des Heiligen Römischen Reiches. Ihm entsprechen z. B. der amerikanische Dollar, die englische Crown und der russische Rubel. Allerdings war die Verwirrung damit nicht beseitigt. Zahllose Münzstätten prägten nun unterschiedliche Taler. Hinzu kam, dass in der sogenannten »Kipper- und Wipperzeit« vor dem Dreißigjährigen Krieg die Münzen durch Beschneidung in ihrem Wert verringert oder gar zu schlechteren Sorten umgeschmolzen wurden.

Die Unterschiedlichkeit der Münz- und Währungssysteme dauerte bis in die zweite Hälfte des 19. Jahrhunderts. Mit der Gründung des Deutschen Reiches im Jahr 1871 wurden alle in den Bundesstaaten umlaufenden Geldsorten durch die **Mark** (M) ersetzt. Sieben ursprünglich verschiedene Währungsgebiete bildeten nun eine Einheit. Sehr wichtig war auch, dass die Währung auf den **Goldstandard** gegründet wurde und so als sehr stabil gelten konnte.

Der Erste Weltkrieg brachte aber mit der hohen Verschuldung des Staates und mit den Nachfolgelasten, z. B. den Reparationszahlungen an die Siegermächte sowie Witwen- und Waisenrenten, einen raschen Währungsverfall. Die **Inflation** (lat. »inflare« = aufblasen), die schon im Krieg begonnen hatte, beschleunigte sich schwindelerregend und erreichte im November 1923 ihren Höhepunkt. Eine Billion Papiermark entsprachen dem Wert einer Goldmark. Durch die Entwertung der Mark verloren Millionen Sparer fast ihr gesamtes Geldvermögen. Viele, vor allem Selbstständige, hatten es als Alterssicherung angespart und standen nun vor dem Nichts. Am 15. November 1923 wurde nach einem radikalen Währungsschnitt die sogenannte **Rentenmark**, später **Reichsmark** (RM), in Kraft gesetzt. Das alte Geld verlor seinen Wert.

Eine ähnliche Entwicklung vollzog sich im Zweiten Weltkrieg und unmittelbar danach. Die Reichsmark verlor durch gigantische Rüstungsausgaben und den Krieg dramatisch an Wert. Das war für die Verbraucher zunächst nicht ohne Weiteres zu erkennen, weil der Warenaustausch über **Lebensmittelkarten** und **Bezugsscheine** gesteuert wurde. Die Menschen hofften, das ersparte Geld nach dem

Krieg ausgeben zu können. Die nationalsozialistische Führung ihrerseits hoffte darauf, die Kriegsschulden durch eroberte Sachwerte und die billige Arbeitskraft unterworfener Völker tilgen zu können.

Nach dem Zusammenbruch des »Dritten Reiches« im Mai 1945 zeigte sich der katastrophale Wertverlust der Reichsmark augenblicklich. Lebensnotwendige Waren, vor allem Lebensmittel und Kleidung, waren oft nur noch durch Tausch zu bekommen. Die deutsche Wirtschaft sank auf die urtümliche Stufe der Tausch- und Naturalwirtschaft zurück. Eine gewisse Bedeutung gewann die sogenannte »Zigarettenwährung«, weil Rauchwaren besonders begehrt waren. Um überleben zu können, unternahmen die hungrigen Menschen »Hamsterfahrten« in ländliche Gebiete oder handelten auf dem **Schwarzmarkt** mit Wertgegenständen jeder Art.

Am 20. Juni 1948 wurde in den drei westlichen Besatzungszonen die neue **Deutsche Mark** (DM) durch die **Währungsreform** in Umlauf gebracht. Insgesamt geschah die Abwertung der Reichsmark ungefähr im Verhältnis 100 zu 6,5. Am 23. Juni 1948 führte auch die Sowjetische Besatzungszone eine Währungsreform durch. Damit war das ehemals einheitliche deutsche Währungsgebiet gespalten und die Hoffung auf eine Wiedervereinigung in absehbarer Zeit fürs Erste zunichte gemacht.

Die Spaltung der deutschen Währung schuf im viergeteilten Berlin besondere Probleme. Die Einführung der Westwährung durch Amerikaner, Briten und Franzosen in den drei Westsektoren bewog Josef Stalin, den Zugang zu Lande und zu Wasser in die ehemalige Reichshauptstadt durch die Berliner Blockade zu unterbinden. Mit der »Luftbrücke«, der Versorgung der Westberliner durch Lebensmitteltransporte per Flugzeug, verhinderten die Westalliierten jedoch, dass Berlin gegenüber den sowjetischen Ansprüchen kapitulierte. Im Jahr 1949 musste Stalin seinen Erpressungsversuch erfolglos abbrechen. Das Nebeneinander der beiden deutschen Währungen in Berlin blieb freilich eine dauerhafte Belastung. Das vor allem auch deshalb, weil das Wertverhältnis sich sehr stark zu Ungunsten der **Ostmark** entwickelte.

Bald nach dem Zweiten Weltkrieg waren erste Versuche unternommen worden, (West-)Europa wirtschaftlich und politisch zu einigen. Dabei stellte sich die politische Einigung als ein nur schwer lösbares und überaus langwieriges Problem heraus. Immer wieder waren die Staaten nicht bereit, auf überkommene Souveränitätsrechte zu verzichten.

Größere Fortschritte wurden bei der wirtschaftlichen Einigung erzielt. Den Anfang machte im Jahr 1952 die **Europäische Gemeinschaft für Kohle und Stahl** (EGKS, auch **Montanunion**) mit einem gemeinsamen Markt für die genannten Produkte. Im Jahr 1957 gründeten die Bundesrepublik Deutschland, Frankreich, Italien und die Beneluxstaaten Belgien, die Niederlande und Luxemburg die **Europäische Wirtschaftsgemeinschaft** (EWG). Auf der Grundlage dieses Vertrages sollte schrittweise ein gemeinsamer Markt für alle Waren verwirklicht werden.

Einen ersten Schritt auf dem Weg zur Vereinheitlichung der europäischen Währung bedeutete das **Europäische Währungssystem** (EWS) von 1979. Es sollte starke Schwankungen der nationalen Währungen, die den Außenhandel der einzelnen Länder behinderten, verhindern.

Im Maastrichter Vertrag von 1992 wurde die **Europäische Union** (EU) geschaffen. Sie sah u. a. die Einführung einer einheitlichen europäischen Währung, dem **Euro**, vor. Er wurde seit 1999 als Buchgeld verwendet. Seit dem 1. Januar 2002 sind Euro-Banknoten und Euro-Münzen in den 19 (2015) Mitgliedsländern der Euro-Zone im Umlauf. Ein Euro entspricht 1,95583 Deutschen Mark. Zur Euro-Zone gehören auch Monaco, San Marino und der Vatikanstaat, die nicht Mitglieder der Europäischen Union sind. Inoffiziell gilt der Euro in Andorra, im Kosovo und in Montenegro als Standardwährung.

Die **Banknoten** als Zahlungsmittel haben im Gegensatz zu Gold- und Silbermünzen so gut wie keinen Materialwert. Sie entwickelten sich aus den Depositenscheinen italienischer Banken, mit de-

Geld und Kredit

nen hinterlegtes Geld quittiert wurde. Wer den Schein besaß, konnte ggf. über den darauf ausgewiesenen Betrag verfügen. Der Schein gewann damit einen dem hinterlegten Kapital entsprechenden Wert.

Mit der raschen Entfaltung von Handel und Industrie reichte das Metallgeld nicht mehr aus. Auch war es umständlich in der Handhabung. Schon im 18. Jahrhundert versuchten verschiedene Landesfürsten, durch die Gründung von Banken Papiergeld in Umlauf zu bringen. Eine davon war die Königliche Giro- und Lehnbank Friedrichs des Großen, die 1765 entstand, um Geld für die Beseitigung der Folgen des Siebenjährigen Krieges (1756–1763) zur Verfügung zu stellen. Über die Preußische Bank und die Deutsche Reichsbank ist sie zu einer der Vorläuferinnen der Deutschen Bundesbank, letzten Endes sogar der Europäischen Zentralbank geworden.

Im 19. Jahrhundert wurden besonders privilegierte Banken ermächtigt, Papiergeld in Umlauf zu bringen. Die Vielfalt unterschiedlicher Noten schuf allerdings ein großes Durcheinander, das Änderungen unumgänglich machte. Nach der Gründung des Deutschen Reiches wurde im Jahr 1875 die Banknotenausgabe neu geregelt und auf nur wenige Banken beschränkt. Heute besteht ein staatliches Banknoten-Monopol. In der Bundesrepublik Deutschland ist die Deutsche Bundesbank für die Ausgabe von Banknoten zuständig. In der DDR war es die Deutsche Notenbank bzw. die Deutsche Staatsbank.

Abgesehen von antiken Vorformen ist das **Bankwesen** im Mittelalter bzw. in der Neuzeit entstanden. Sehr früh gingen insbesondere italienische Handelsplätze voran, die von dem durch die Kreuzzüge belebten Mittelmeerhandel profitierten. Zunächst ging es darum, die verschiedenen Münzsorten, die im Umlauf waren, sachkundig gegeneinander zu tauschen und aufzurechnen. Die Geldwechsler stapelten ihre Geldstücke zu diesem Zweck auf einem Tisch (ital. »banca«). Bei einem Bankrott, wenn also einer von ihnen nicht mehr zahlen konnte, wurde sein Wechseltisch angeblich zerschlagen (ital. »banca rotta«). Doch ist dieses Vorgehen nirgendwo sicher belegt. Anscheinend ist der Begriff eher im übertragenen Sinne zu verstehen.

Aus dem einfachen Wechselgeschäft vor Ort wurde bald der Wechsel zwischen unterschiedlichen Orten. Die Bankiers hatten in anderen Städten Beauftragte, die auf Anweisung Zahlungen entgegennahmen oder ausführten. Auf den oberitalienischen Wechselmessen lernten sich die Bankiers untereinander auch persönlich kennen. Das machte es möglich, dass die zwischen ihnen bestehenden Forderungen nicht jeweils mit barem Geld beglichen, sondern nur auf dem Papier verbucht wurden. Auf diese Weise entstand das **Girosystem** (ital. »giro« = Kreis, Umlauf).

Der Vorsprung der Italiener auf dem Gebiet des Bankwesens ist bis heute an den zahlreichen Fachausdrücken erkennbar, z. B. »Giro«, »netto«, »brutto«, »Inkasso«, »Saldo«, »Agio« u. a. Lange Zeit wurden die Geldwechsler in Westeuropa als »Lombarden« bezeichnet, selbst wenn sie nicht aus der Lombardei oder aus Italien stammten. Heute erinnert z. B. der Begriff »Lombardsatz« (Zins, zu welchem die Bundesbank den Geldinstituten Kredite einräumt) noch an diesen Sachverhalt.

Die Banken übernahmen im Spätmittelalter für Kaufleute auch die Aufbewahrung von Wertgegenständen und Geldmitteln (Depositen). Sie erkannten bald, dass diese am besten genutzt waren, wenn sie nicht nur verwahrt, sondern wieder in den Geldkreislauf zurückgeführt wurden. Das deponierte Geld wurde nun von den Banken an Dritte ausgeliehen und schuf damit die Voraussetzung für neue Investitionen. Der Einleger profitierte von diesem Geschäft, weil ihm die Bank einen bestimmten Zinssatz (Habenzins) gewährte. Sie selbst verdiente an dem beträchtlichen Zinsüberschuss, der zwischen den Habenzinsen und den vom Kreditnehmer zu zahlenden Sollzinsen bestand.

Mit dem Ende des Mittelalters und dem Beginn der Neuzeit waren einige Familien, z. B. die Medici in Florenz und die Fugger in Augsburg, vermögend und einflussreich geworden. Ein eindrucksvoller Beleg dafür ist die Tatsache, dass das Bank- und Handelshaus Fugger im Jahr 1519 die Wahl Karls V. (König/Kaiser 1519/1520–1556) zum deutschen König finanzierte. Die Kurfürsten waren zu diesem Zweck mit 852 000 Gulden bestochen worden.

Neben die Privatbanken traten jedoch bald öffentliche, d. h. städtische und staatliche Geldinstitute. Die ersten Banken dieser Art entstanden in Genua (1407), Venedig (1578), Mailand (1593), Amsterdam (1609), Hamburg (1619) und Nürnberg (1621).

Im 17. und 18. Jahrhundert spielten **jüdische Finanzleute** an den Höfen der absolutistischen Fürsten eine erhebliche Rolle. Diese »Hofjuden« oder »Hoffaktoren« stellten Kredite bereit, verkauften Waren jeder Art, leiteten das Münzwesen und vieles mehr. Sie waren den Fürsten einerseits für die Finanzierung der überschwänglichen Hofhaltung unentbehrlich, zogen andererseits aber vielfach den Hass und Neid ihrer Rivalen auf sich.

In diesem Zusammenhang ist vor allem der württembergische Finanzmann Joseph Süß Oppenheimer (1698–1738), genannt »Jud Süß«, zu nennen. Er erschloss für den Herzog Karl Alexander von Württemberg, der einen hohen Geldbedarf hatte, neue Finanzierungsquellen. Der Herzog setzte die Maßnahmen absolutistisch um, ohne die Landstände, denen eigentlich das Recht der Steuerbewilligung zustand, zu befragen. Religiöse Spannungen – der Herzog war katholisch, die Stände evangelisch –, die steuerliche Belastung der Bürger und der wachsende Reichtum Oppenheimers erzeugten Hass und Neid. Er wurde auf Betreiben der Landstände und Beamten zum Tode verurteilt und hingerichtet. Der sensationelle Aufstieg und Sturz des Hofjuden Süß Oppenheimer fand in der Literatur ihren Niederschlag. Zu nennen sind vor allem die Novelle »Jud Süß« von Wilhelm Hauff (1802–1827) und der gleichnamige Roman von Lion Feuchtwanger (1884–1958). Eine verhängnisvolle propagandistische Breitenwirkung hatte der im Jahr 1940 von Veit Harlan gedrehte Ufa-Spielfilm »Jud Süß«.

Bis ins frühe 19. Jahrhundert blieben die großen privaten Bankhäuser, etwa Rothschild, Oppenheimer und Bleichröder, vorherrschend. Mit der Industrialisierung und dem dadurch vermehrten Finanzbedarf änderte sich das Bild. Jetzt entstanden große **Aktiengesellschaften** (AG), wobei die Privatbanken vielfach beteiligt waren. Die erste deutsche Aktienbank der neuen Art war der A. Schaafhausensche Bankverein in Köln seit 1848. Im Jahr 1851 entstand die Disconto-Gesellschaft, 1853 die Darmstädter Bank, 1856 die Berliner Handelsgesellschaft. In den Jahren 1870 und 1872 kamen die Deutsche Bank und die Dresdner Bank hinzu.

Die neuen Großbanken gewannen in der Folgezeit einen erheblichen Einfluss auf die Entwicklung der Volkswirtschaft, insbesondere der Industrie, und indirekt auch auf die Politik. Zu internationalen Verwicklungen führte das von Kaiser Wilhelm II. forcierte Projekt der Bagdadbahn im Osmanischen Reich, an deren Finanzierung die Deutsche Bank wesentlich beteiligt war.

Die Kreditinstitute sind heute in Deutschland nach dem **Dreisäulenprinzip** gegliedert: Neben den privaten Geschäftsbanken (z. B. Deutsche Bank, Sal. Oppenheim) gibt es die öffentlich-rechtlichen (Landesbanken, Sparkassen) und die genossenschaftlichen Kreditinstitute (Volks- und Raiffeisenbanken, Bausparkasse Schwäbisch Hall).

Der **Zahlungsverkehr** erfolgt heute großteils unbar, z. B. durch Überweisungen und Schecks. Zahlungen können mit Scheckkarten oder Kreditkarten vorgenommen werden. Mit ihnen lässt sich auch Bargeld abheben. Eine Pioniertat in diesem Zusammenhang war die Einführung des **Euroschecks** (»eurocheque«) bzw. der **Euroscheck-Karte** im Jahr 1969. Sie wurde damals in 18 Ländern akzeptiert. Deren Zahl vergrößerte sich rasch. Seit 1975 kann die Karte auch außerhalb der Banken für den bargeldlosen Zahlungsverkehr genutzt werden (»Plastikgeld«).

Ende der Siebziger-, Anfang der Achtzigerjahre wurden mehr und mehr **Geldautomaten** installiert. An ihnen kann sich der Kunde mittels einer EC-Karte und einer PIN (Persönliche Identifikations-Nummer) – selbstverständlich auch außerhalb der Schalterstunden – jederzeit mit Bargeld versorgen. Seit 1984 gilt dies auch für das Ausland, soweit dort die EC-Karte akzeptiert wird. Das ist deshalb besonders wichtig, weil es den Touristen im Ausland die Geldbeschaffung, gegebenenfalls in der vom Heimatland abweichenden Landeswährung erheblich erleichtert.

Die seit der Mitte der Achtzigerjahre in der DDR ausgegebene Geldkarte erlaubte es, an Automaten Bargeld abzuheben. Diese waren aber nicht sehr zahlreich, sodass sich das Angebot nur mäßig durchsetzen konnte.

Die **Kreditkarte** wurde im Jahr 1950 durch den Amerikaner Frank McNamara erfunden. Angeblich kam er auf die Idee, weil er beim Mittagessen auswärts seinen Geldbeutel vergessen hatte. Er gründete das Kreditkartenunternehmen »Diners Club«. Bekannt sind heute vor allem die Visa- und die Mastercard. Bei der Kreditkarte erhält der Kunde eine monatliche Rechnung über seine Umsätze, die dann zu bezahlen ist. Der Zahlungsempfänger hat eine Provision zu entrichten. Bei der Scheckkarte dagegen wird der geforderte Betrag sofort abgebucht.

Foto, Funk und Fernsehen
Die Nachrichtenübermittlung

Die Entstehung und Verbreitung von **Zeitungen** und **Zeitschriften** hängt eng mit der Entwicklung der Drucktechnik zusammen. Allerdings gab es bereits im Altertum einzelne Vorformen. Besonders erwähnenswert sind die von Julius Cäsar (100–44 v. Chr.) im Jahr 59 v. Chr. begründeten »acta diurna«, in denen wichtige öffentliche Ereignisse mitgeteilt wurden. Aus dem lateinischen Wort »diurna«

entwickelte sich das italienische »giornale« und das französische »journal«, das auch ins Deutsche Eingang gefunden hat.

Das deutsche Wort »**Zeitung**« bedeutete zunächst »Nachricht« oder »Neuigkeit«. Nach der Erfindung des Druckes mit beweglichen Lettern wurden aktuelle Ereignisse häufig in Flugblättern kommentiert, die öffentlich, vor allem auf Märkten, verkauft wurden. Außer der Aktualität und Publizität beinhaltet der Begriff »Zeitung« aber das regelmäßige Erscheinen, die Periodizität. Das galt bereits für die seit 1583 zur Frühjahrs- und Herbstmesse in Frankfurt am Main erscheinenden Messrelationen, in denen neben Verkaufsanzeigen auch andere Nachrichten von allgemeinem Interesse gedruckt wurden.

Die ersten eigentlichen Zeitungen sind aus dem Jahr 1609 (Straßburg und Braunschweig) bekannt. Sie erschienen wöchentlich. Im Jahr 1727 ordnete König Friedrich Wilhelm I. (König 1713–1740) die Herausgabe von Zeitungen für Berlin und das übrige Preußen an. Darin sollten Gelehrte allgemein verständliche Artikel zur Hebung der wirtschaftlichen und politischen Kenntnisse veröffentlichen. Im Übrigen dienten diese »Intelligenzblätter« zur Vermittlung von Angebot und Nachfrage im Waren- und Dienstleistungsverkehr. Die staatliche Begünstigung der Intelligenzblätter endete in Preußen im Jahr 1845. Die Zeitungen, die Anzeigen druckten, mussten aber fortan, bis 1849, als eine Art Steuer eine Abgabe an das Militärwaisenhaus in Potsdam entrichten.

Im Zeitalter des Absolutismus unterstand die Presse einer strengen staatlichen Zensur. In der Revolution von 1848/49 wurde die **Pressefreiheit** gefordert und teilweise erkämpft. Damit begann eine bis in unsere Tage andauernde Blütezeit des Zeitungswesens. Es erschienen nicht nur zahlreiche Zeitungen, sondern es bildete sich auch eine feste journalistische Berufsgruppe.

Das Wort »**Zeitschrift**« wird erst seit der Mitte des 18. Jahrhunderts verwendet. Allerdings gab es bereits früher Druckerzeugnisse, auf die es anwendbar gewesen wäre. Sie wurden als »Journale« oder »Magazine« bezeichnet. Als erste Zeitschrift gilt das seit 1665 in Paris erschienene »Journal des Savantes«. Als deutsches Gegenstück kamen im Jahr 1682 in Leipzig die »Acta Eruditorum« (»Zeitschrift für Gebildete«) heraus, die 100 Jahre lang erschienen. Die erste deutschsprachige Zeitschrift waren seit 1688 die »Monatsgespräche« des Professors Christian Thomasius, der bekanntlich ja auch als einer der ersten Hochschullehrer Vorlesungen in deutscher Sprache hielt.

Aus den wissenschaftlichen Zeitschriften entwickelte sich die Vielfalt der modernen **Fachzeitschriften**. Vor allem im 19. Jahrhundert kamen dann die **Familienzeitschriften** hinzu, die oft reich illustriert waren. Die »Illustrated London News« war die erste illustrierte Zeitschrift überhaupt. Sie wurde im Jahr 1842 von Herbert Ingram begründet. In Leipzig erschien ein Jahr später erstmals die »Illustrierte Zeitung« von Johann Jakob Weber. Bekannt ist vor allem die seit 1853 erschienene »Gartenlaube«. Mit der Erfindung moderner Reproduktionstechnik kamen die **Illustrierten** auf, die insbesondere fotografische Aufnahmen abbildeten und dadurch große Aktualität gewannen.

Die Nachrichtenübermittlung durch Schall- und Feuerzeichen ist seit Langem bekannt. Bis auf den heutigen Tag hat sie sich bei Naturvölkern erhalten. Bei den Griechen und Römern erreichte die **Telegrafie** bereits eine erstaunliche Vollkommenheit. Auch hier wurden Nachrichten durch verabredete optische Zeichen übermittelt. Zunächst war es aber noch nicht möglich, Wörter in beliebigem Zusammenhang zu senden.

Die Römer schufen feste Telegrafenlinien mit Signaltürmen, die z. B. dazu dienten, das Auftauchen von Seeräubern weiterzumelden. Dabei wurde eine sensationelle Entdeckung gemacht. Plinius der Ältere (23–79) hat sie in seiner Naturgeschichte aufgezeichnet: Eine von Osten aus telegrafierte Nachricht kam im Westen früher an, als sie aufgegeben worden war. Daraus ergab sich zwingend der damals keineswegs selbstverständliche Schluss, dass nicht überall zur gleichen Zeit Tag oder Nacht herrschten.

Die moderne Telegrafie geht vor allem auf den Franzosen Claude Chappe zurück, der im Jahr 1792 einen **optischen Telegrafen** konstruierte. Er wurde im Jahr 1794 auf der Strecke Paris–Lille eröffnet. Er bestand aus einem beweglichen Hauptflügel und aus zwei an dessen Enden befestigten Seitenflügeln, die ebenfalls beweglich waren. Durch unterschiedliche Stellung der drei Flügel zueinander konnten annähernd 200 Zeichen übertragen werden. Die einzelnen Telegrafenstationen standen so nahe beieinander, dass die Zeichen mit dem Fernrohr gelesen werden konnten. Auf einer Strecke von über 200 Kilometern dauerte die Übertragung ungefähr zwei Minuten. Allerdings blieb der Telegraf politischen und insbesondere militärischen Nachrichten vorbehalten, die für den Konvent oder die Regierung Napoleons I. wichtig waren. Im Jahr 1844 gab es in Frankreich über 5 000 Kilometer optische Telegrafenlinie.

In Deutschland entstand nach dem nahezu gleichen System im Jahr 1832 eine Telegrafenlinie zwischen Berlin und Koblenz. Sie wurde bis 1849 benutzt. Die Übertragungszeit betrug 15 Minuten.

Der erste **elektrische Telegraf** stammte von dem Mediziner Samuel Thomas von Sömmering, der im Jahr 1809 35 verschiedene Drähte mit ebenso vielen mit angesäuertem Wasser gefüllten Gefäßen verband. Diese waren durch einzelne Buchstaben und Zeichen unterschieden. Durch die Stromzufuhr zersetzte sich das Wasser und erlaubte damit die Zuordnung eines bestimmten telegrafischen Zeichens. Allerdings blieb die Reichweite dieses »Telegrafen« auf maximal 700 Meter beschränkt.

Erste **Nadeltelegrafen** wurden von Schilling von Canstadt (1832) sowie Carl Friedrich Gauß und Wilhelm Weber (1833) erfunden. Im Jahr 1837 kam Samuel Finley Morse (1791–1872) hinzu. Seine Erfindung sollte bald allgemeine Verbreitung finden. Mit einem einfachen Mechanismus (»Morsetaste«) wurde ein Stromkreis geöffnet und geschlossen. Dadurch entstanden unterscheidbare Zeichen, die am Ende einer Übertragungsleitung mittels einer elektromagnetisch bewegten Nadel aufgezeichnet wurden. Ursprünglich handelte es sich dabei um Zickzacklinien, später um Punkte und Striche in unterschiedlicher Kombination, die nach ihrem Erfinder »Morse-Alphabet« genannt wurden. Die erste Telegrafenlinie dieser Art wurde zwischen Washington und Baltimore am 24. Mai 1844 eröffnet. Morse selbst bediente die Gebertaste und schrieb: »Was Gott geschaffen hat.« Der bekannteste Morse-Code ist die sich leicht einzuprägende und leicht zu sendende Buchstabenkombination SOS (... - - - ...). Sie wurde und wird vor allem von Schiffen in Seenot gesendet. Nachträglich unterlegte man ihr die Bedeutung »Save our ship« oder »Save our souls«.

Die erste elektrische Telegrafenlinie in Deutschland, zwischen Berlin und Frankfurt am Main, stammt aus dem Jahr 1849. Die **Morsetelegrafie** wurde – z.B. bei Bahn und Post – bis weit ins 20. Jahrhundert hinein verwendet. Im Jahr 1933 wurde aber in Deutschland als erstem Land der Welt der **Fernschreiber** (Telex) öffentlich eingeführt. Von einer Schreibmaschine aus wurden durch die Betätigung der Tasten unterschiedliche elektrische Impulse ausgesandt, die dann bei einer zweiten Maschine als Empfänger in Buchstaben zurückverwandelt und im Klartext ausgedruckt wurden. Beim Fernschreiber handelte es sich um eine Weiterentwicklung von mit Tasten versehenen **Schnelltelegrafen**, wie sie bereits einige Jahrzehnte zuvor gebaut worden waren.

Das **Telefon** (griech. »Fernsprecher«), das die Vermittlung von Lauten auf elektrischem Weg ermöglicht, geht auf die Erfindung von Philipp Reis (1834–1874) aus den Jahren 1860/61 zurück. Am 26. Oktober 1861 stellte der Erfinder sein Gerät im Physikalischen Verein in Frankfurt am Main vor und ließ über eine Entfernung von 100 Metern ein Waldhornsolo übertragen. Die überaus rasche Verbreitung des Telefons erfolgte jedoch erst, nachdem der schottisch-amerikanische Sprachphysiologe Professor Alexander Graham Bell (1847–1922) im Jahr 1876 ein für die Praxis brauchbares Modell entwickelt hatte, das 1877 auf der Weltausstellung in Philadelphia vorgeführt wurde.

In Deutschland wurde dieses Gerät durch den allem Neuen aufgeschlossenen Generalpostmeister Heinrich von Stephan (1831–1897) bereits 1877 eingeführt. Er sicherte darüber hinaus dem Staat das Monopol für die telefonische Nachrichtenübermittlung. Im Jahr 1880 entstand im Deutschen Reich die erste Stadtfernsprecheinrichtung, und zwar im damals deutschen Mülhausen im Elsass. Im Jahr darauf folgte Berlin mit wenigen Anschlüssen. Der Amerikaner Almon Strowger entwickelte seit 1889 ein Selbstwählsystem mit Tasten und dann mit einer Drehscheibe (1896) und ermöglichte damit den Selbstanschluss der einzelnen Fernsprechteilnehmer.

Im Jahr 1908 wurde in Hildesheim die erste automatische Ortsvermittlungsstelle in Deutschland und Europa in Betrieb genommen. Die letzte Hand-Ortsvermittlungsstelle schloss 1966 (Uetze, Oberpostdirektion Hannover). Der Selbstwählferndienst auf internationaler Ebene von der Bundesrepublik Deutschland aus begann 1955. Im Jahr 1970 wurde erstmals die Selbstwahl zu einem anderen Kontinent, nämlich in die USA, möglich.

Seit der Mitte des 19. Jahrhunderts wurde verschiedentlich versucht, ohne elektrische Leitungen zu telegrafieren. Der Physiker Heinrich Hertz (1857–1894) entdeckte dann 1887 die Hertzschen Wellen, Strahlen elektrischer Kraft, die eine drahtlose Übertragung von elektrischen Schwingungen ermöglichten. Auf dieser Grundlage arbeitete der Italiener Guglielmo Marconi (1874–1937) weiter. Im Jahr 1897 funkte er Punkt-Strich-Signale, also Morsezeichen, im Golf von La Spezia über 12 Kilometer von einem Schiff an Land. Damit war die Möglichkeit geschaffen, auch mit Schiffen auf offener See telegrafisch zu verkehren. Im Jahr 1900 entstand auf der Insel Borkum die erste deutsche Funkanlage für diesen Zweck. 1901 überbrückte Marconi den Atlantik, und 1903 wurde die erste Pressenachricht über den Ozean gefunkt.

Es dauerte allerdings noch einige Zeit, bis Sprache und Musik gesendet werden konnten. Voraussetzung war die Entwicklung der Radioröhre, die kontinuierliche Schwingungen ermöglichte. Im

Jahr 1913 wurde in den Vereinigten Staaten die erste Musiksendung übertragen. Seit 1920 strahlte der Sender Pittsburgh ein festes Programm aus. Träger war die Radio Corporation of America (RCA), die ein Jahr zuvor gegründet worden war.

In Deutschland wurde der **Rundfunk** seit 1920 erprobt, und zwar über die Hauptfunkstelle der Deutschen Reichspost in Königs Wusterhausen südöstlich der Reichshauptstadt. Am 29. Oktober 1923, um 20 Uhr, kam dann die offizielle Eröffnung des deutschen Rundfunks in Berlin. Das erste Studio befand sich im Vox-Haus in der Potsdamer Straße. Besondere Verdienste erwarb sich dabei Hans Bredow (1879–1959), der »Vater des Rundfunks«, der bereits seit 1908 den deutschen Schiffs- und Überseefunk aufgebaut hatte.

Ursprünglich wurde der Rundfunk von mehreren privaten Aktiengesellschaften betrieben, die sich 1925 in der Reichsrundfunkgesellschaft zusammenschlossen. Darin besaß die Deutsche Reichspost die Stimmenmehrheit. Im »Dritten Reich« unterstanden die deutschen Sender (seit 1934 »Reichssender«) dem Reichspropagandaministerium unter Joseph Goebbels (1897–1945). Die nationalsozialistische Führung nutzte die hohe Suggestivität des neuen Mediums für ihre Propaganda. Nun wurde massiv für den Kauf von Rundfunkgeräten und das Anhören der Sendungen geworben. Der seit 1933 massenweise produzierte »Volksempfänger« war für nahezu jedermann erschwinglich. »Ganz Deutschland hört den Führer mit dem Volksempfänger« lautete ein Werbespruch.

Nach dem Zweiten Weltkrieg wurden die Sender durch die Alliierten in den westlichen Besatzungszonen bzw. in der Bundesrepublik Deutschland in Anstalten des öffentlichen Rechts umgewandelt. Sie sollten der Einflussnahme des Staates möglichst entzogen sein. In der zweiten Hälfte der Vierzigerjahre entstanden – entsprechend der Kulturhoheit der Länder – verschiedene Landesrundfunkanstalten, z. B. der »Bayerische Rundfunk« (BR) und der »Nordwestdeutsche Rundfunk« (NWDR). Sie schlossen sich im Jahr 1950 zur »Arbeitsgemeinschaft öffentlich-rechtlicher Rundfunkanstalten der Bundesrepublik Deutschland« (ARD) zusammen. Das Rundfunkmonopol der öffentlich-rechtlichen Anstalten wurde Mitte der Achtzigerjahre aufgehoben und die Gründung von Privatsendern gestattet.

Für die Sowjetische Besatzungszone wurde bereits seit dem 13. Mai 1945 ein Radioprogramm ausgestrahlt, und zwar von dem historischen Gebäude in der Masurenallee aus. Dieses lag allerdings seit Juli 1945 im britischen Sektor der Stadt. Weitere Sender auf dem Gebiet der SBZ kamen hinzu. Der »Berliner Sender« siedelte im Jahr 1949 in den Ostsektor der Stadt um.

Im Jahr 1952 entstand das Staatliche Rundfunkkomitee als oberstes Leitungsorgan aller Sender der DDR. Nun wurden drei verschiedene, aufeinander abgestimmte Programme gesendet: »Radio DDR« richtete sich vorwiegend an die Bürger der DDR, der »Deutschlandsender« an die Bevölkerung der Bundesrepublik und der »Berliner Rundfunk« an die Westberliner.

Seit dem Altertum war die **»Camera obscura«** (lat. »dunkler Raum«) bekannt, bei der sich durch die Lochöffnung in einem dunklen Kasten ein um 180 Grad gedrehtes, verkleinertes Bild betrachten ließ. Die moderne **Fotografie** (griech. »phos«, »photos« = Licht, »graphein« = schreiben) wurde aber erst durch die Erfindung des Arztes Johann Heinrich Schultze aus Halle an der Saale möglich. Im Jahr 1727 entdeckte er, dass sich Silbersalz unter der Einwirkung von Licht zersetzt, dass also die belichteten Stellen schwarz werden. Als eigentlicher Erfinder der Fotografie gilt der französische Theologe, Offizier und Verwaltungsbeamte Joseph Nicéphore Nièpce (1765–1833). Seine ersten fotografischen Versuche unternahm er bereits 1814. Im Jahr 1827 reichte er der Royal Society in London selbst hergestellte Bilder ein. Die ersten Fotografien von körperlichen Gegenständen stammten von dem französischen Maler Louis Jacques Mandé Daguerre (1787 oder 1789–1851). Er benutzte 1837 eine »Camera obscura« und Jodsilberplatten, um seine »Daguerrotypien« herzustellen. Die Bilder wurden mit Quecksilberdämpfen entwickelt und mit unterschwefligsaurem Natrium fixiert.

Seit 1847 wurden Glasplatten, die mit einer lichtempfindlichen Schicht bestrichen waren, als Negative benutzt. Im Jahr 1871 stellte der englische Arzt Richard Leach Maddox die Bromsilber-Gelatine-Trockenplatte vor. Von nun an war es nicht mehr erforderlich, jedes Negativ vor der Aufnahme eigens mit der lichtempfindlichen Schicht zu versehen.

Bereits 1873 entwickelte Hermann W. Vogel farbenempfindliche Fotoplatten und schuf damit die Voraussetzung für die **Farbfotografie**. Seit den frühen Neunzigerjahren des 19. Jahrhunderts wurden Plan- und Rollfilme produziert. Die lichtempfindliche Schicht war hierbei auf einer Zelluloidfolie aufgetragen. Das Verfahren wurde erstmals im Jahr 1887 von Hannibal Goodwin angewandt.

Der **Film** beruhte auf einer ganzen Reihe notwendiger Erfindungen. Die Projektion von durchsichtigen Bildern gelang erstmals um die Mitte des 17. Jahrhunderts. Der niederländische Mathematiker Christiaan Huygens (1629–1695), der Jesuit Athanasius Kircher u. a. erfanden die sogenannte »**Laterna magica**« (lat. »Zauberlaterne«) und schufen damit eine Vorform moderner Diaprojektoren.

Um mithilfe von Bildern Bewegung darstellen zu können, musste daneben die Trägheit des menschlichen Auges erkannt werden. Das Auge bewahrt ein gesehenes Bild noch einen Bruchteil von Sekunden, wenn es bereits aus dem Blickfeld entschwunden ist. Seit der ersten Hälfte des 19. Jahrhunderts entstanden zahlreiche Apparaturen, die diese Einsicht nutzten und bewegte Bilder erzeugten, so das »Fantascop« von Joseph Antoine Plateau in Gent oder das »Zoetrop« des Engländers William George Horner.

In die Siebzigerjahre des 19. Jahrhunderts fiel dann die Entwicklung von Kameras, die in der Lage waren, sehr schnell viele Bilder nacheinander zu fotografieren. Der amerikanische Wanderfotograf Edward Muybridge baute eine ganze Batterie von Kameras auf, die die einzelnen Bewegungsphasen bei einem Pferderennen festhielten. Der amerikanische Erfinder Thomas Alva Edison (1847–1931) entwarf den **Kinematografen**, die erste Kamera, mit der man einen kurzen Bewegungsablauf festhalten konnte. Die damit aufgenommenen 15 Meter langen Filmstreifen wurden durch das **Kinetoskop** in Bewegung zurückverwandelt. Für eine Geldmünze konnte man seit 1894 den Film mithilfe eines guckkastenähnlichen Geräts betrachten.

Ein Jahr später wurden die inzwischen gewonnenen Einsichten über das bewegte Bild mit der **Projektion** verknüpft. In Berlin zeigten die Brüder Max und Ernst Skladanowsky sowie Oskar Meßter erste Filme; in Frankreich gleichzeitig die Brüder Louis und Auguste Lumière, in Amerika Jean Aimé Le Roy. Zunächst ging es weniger um die Vermittlung von Filminhalten als vielmehr um die sensationelle Erfindung selbst. So zeigten z. B. die Brüder Skladanowsky ihre Filme mit dem **Bioskop** im Varieté Wintergarten. Ihr Filmmaterial hat sich teilweise bis in unsere Zeit erhalten.

Im Jahr 1905 wurde in Pittsburgh das erste Theater eröffnet, in dem nur Filme gezeigt wurden. Nach dem Eintrittspreis von 5 Cent (= ein Nickel) wurde es »Nickel-Odeon« genannt. Die Ausstattung der frühen **Filmtheater** war sehr einfach. Die Filminhalte blieben zunächst anspruchslos, bis sich kurz vor dem Ersten Weltkrieg der künstlerische **Spielfilm** zu entwickeln begann. Schon in den folgenden Kriegsjahren wurde die neue Erfindung als Propagandamittel genutzt, um die Kriegsbegeisterung zu fördern und für Kriegsanleihen zu werben.

Noch lange Zeit blieben die Filme stumm. Edison versuchte aber spätestens seit 1906, sie mit einem Phonografen zu synchronisieren. Einige Jahre später entstanden so seine ersten Sprechfilme. In den Zwanzigerjahren schritt die Entwicklung dann zum eigentlichen **Tonfilm** voran. Dabei wurde der Schall in Stromimpulse umgewandelt, die man auf dem Filmstreifen als Tonspur aufzeichnete. Mit Hilfe einer Fotozelle ließ sie sich in elektrische Impulse und dann in Schall zurückverwandeln. Die ersten Tonfilme wurden im Jahr 1922 gezeigt. Allerdings dauerte es noch ein paar Jahre, bis die Verfahren ihrer Herstellung eine allgemeine Verbreitung gestatteten. Der erste deutsche Tonfilm stammt aus dem Jahr 1929.

Fünf Jahre später wurde in den Vereinigten Staaten erstmals ein **Farbfilm** gezeigt. Der erste deutsche Farbfilm entstand 1936, der erste farbige deutsche Spielfilm 1941.

So wie es gelungen war, Laute durch elektrische Impulse zu übertragen, wurde seit dem Ende des 19. Jahrhunderts versucht, Bilder von einem Sender an einen Empfänger zu übermitteln. Dazu war es notwendig, ein Bild in ein Mosaik von Punkten zu zerlegen und zugleich die Trägheit des menschlichen Auges auszunutzen.

Beide Voraussetzungen waren bekannt, als Paul Nipkow (1860–1940) im Jahr 1884 sein **elektrisches Teleskop** patentieren ließ. Es beruhte auf der Bildzerlegung durch die rotierende Nipkow-Scheibe, in die spiralförmig Löcher gebohrt waren. Durch diese Scheibe sollte das Bild bei hoher Geschwindigkeit in einzelne Punkte zerlegt werden, deren Helligkeitswerte durch Fotozellen in elektrische Impulse verwandelt wurden. Diese Impulse ergaben auf einem Bildschirm wiederum Lichtpunkte von unterschiedlicher Helligkeit, die wegen der Trägheit des Auges als Bildganzes erfasst wurden.

Bis zum **Fernsehen** – der Begriff entstand 1891 – war es aber noch weit. In den Zwanziger- und frühen Dreißigerjahren fanden zahlreiche Erfolg versprechende Versuche statt, bei denen man sich der Nipkow-Scheibe bediente. Seit 1930 gab es Versuchssendungen der Deutschen Reichspost. Im Jahr 1935 begannen die öffentlichen Übertragungen nach der Einweihung des Fernsehstudios in Berlin-Charlottenburg. Die Olympiade des Jahres 1936 in Berlin gab dem Fernsehen einen starken Aufschwung. Durch den Zweiten Weltkrieg wurde die Entwicklung in Deutschland aber fürs Erste unterbrochen. In den Vereinigten Staaten von Amerika begann der öffentliche Fernsehdienst im Jahr 1939. Doch auch hier stagnierte die Entwicklung im Krieg. Sie lebte danach jedoch rasch wieder auf.

In der Bundesrepublik Deutschland gab es seit dem ersten Weihnachtstag des Jahres 1951 von Neuem regelmäßige und öffentliche Fernsehsendungen. Die Sender Hamburg, Hannover und Köln machten den bescheidenen Anfang. Der Ausbau des Fernsehnetzes und die Verbreitung von Empfangsgeräten nahm einen ungeahnten Aufschwung, wozu besonders spektakuläre Fernsehereignisse, z. B. die Krönung der britischen Königin Elizabeth II. im Jahr 1953 und die Fußballweltmeisterschaft 1954 in Bern, bei der die Bundesrepublik Deutschland überraschend Weltmeister wurde, ihren Teil leisteten. Am 25. August 1967, dem Eröffnungstag der großen deutschen Funkausstellung in Berlin, wurde in der Bundesrepublik Deutschland mit der Ausstrahlung von Farbfernsehprogrammen begonnen.

Zunächst waren Ereignisse mit Bewegungsabläufen auf Film aufgezeichnet und dann vom Film auf die Fernsehapparate übertragen worden. Ähnlich wie beim **Tonbandgerät**, das bereits Mitte der Dreißigerjahre des 20. Jahrhunderts entwickelt worden war, gelang es nun, sie auf Magnetband zu speichern und nach Bedarf abzuspielen. Im Jahr 1956 wurde von der Firma Ampex der erste **Videorekorder** (lat. »video« = ich sehe, engl. »record« = Aufzeichnung) für Sendezwecke hergestellt. Im Jahr 1969 boten die Firmen Philips und Grundig einem breiteren Publikum erstmals Heim-Video-Geräte mit **Videokamera** an. Von nun an wurden Videokassetten benutzt. Das Magnetband lief nicht mehr auf offenen Rollen. Die ersten **Camcorder** (aus »Camera« und »Recorder«), Videokameras mit Kassetten, kamen 1984 bzw. 1985 auf den Markt.

Ab etwa 2000 begann die **DVD** sich langsam durchzusetzen und die bislang gebräuchlichen Videokassetten mehr und mehr zurückzudrängen. Das Kurzwort wird gelegentlich als »digital versatile disc« (vielseitige Digitalplatte) aufgeschlüsselt. Diese Etymologie ist aber umstritten. Bei der DVD handelt sich um einen digitalen Plattenspeicher, ähnlich einer CD, mit sehr hoher Speicherkapazität.

Die **Nachrichtenübermittlung** erfolgte traditionell über Draht und Funk, eventuell miteinander kombiniert. Heute erleichtern hochleistungsfähige **Nachrichtensatelliten** den Austausch von Informationen. Mit ihrer Hilfe werden Fernseh- und Rundfunkprogramme zurück zur Erde gesendet. Satellitenfunk und Satelliten-

fernsehen gestatten es, Programme aus fernen Weltgegenden zu empfangen. Der erste Nachrichtensatellit »Echo 1« wurde von den USA im Jahr 1960 in den Weltraum befördert. Der Fernsehsatellit »Telstar« von 1962 ermöglichte bereits Fernsehübertragungen zwischen den USA, Japan und Europa. Europäische Nachrichtensatelliten gibt es erst seit der Mitte der Siebzigerjahre.
Die Satelliten dienen darüber hinaus wissenschaftlichen Zwecken (u. a. Kartografie, Klimaforschung) und der militärischen Überwachung (Truppenaufmarsch, Telefonspionage). Die **Satellitennavigation** ermöglicht eine genaue Standortbestimmung auf der Erde bzw. auf dem Meer. Das »Global Positioning System« (GPS) war ursprünglich ausschließlich für militärische Zwecke entwickelt worden und gilt seit 1995 als technisch ausgereift. Seit 2000 kann es auch für zivile Zwecke, z. B. die Navigation in der Seefahrt und im Straßenverkehr, genutzt werden. Das europäische Navigationssystem »Galileo« soll stufenweise in der Zeit zwischen 2015 und 2020 einsatzbereit sein.

Die Telefone, die in der Vergangenheit durch Festnetze, eventuell mit zwischengeschalteten Funkstrecken, miteinander verbunden waren, werden zunehmend durch **Mobiltelefone** (Handys) ersetzt. Ein erster Schritt in diese Richtung war die Ausstattung von Reichsbahnzügen auf der Strecke Berlin–Hamburg mit Funktelefonen im Jahr 1926. Sie standen nur den Reisenden der 1. Klasse zur Verfügung.
Der Handy-Boom entwickelte sich freilich erst, nachdem seit 1990 in Deutschland flächendeckende Mobilfunknetze aufgebaut worden waren. Heutzutage sind Smartphones weit verbreitet. Sie vereinen die Funktionen von Mobiltelefonen mit denen kleiner Computer. Sie können somit unter anderem auch zur Aufnahme und Wiedergabe audiovisueller Medien, zur Nutzung des Internets und des E-Mail-Verkehrs, als Spielkonsole oder als GPS-Navigationsgerät verwendet werden.

Gesund bleiben und gesund werden
Die Medizin

Bereits aus der vorgeschichtlichen Steinzeit sind komplizierte medizinische Eingriffe an Hand von Skelettfunden belegt. In den Gesetzen des babylonischen Königs Hammurabi (König 1792–1750 v. Chr.) wurden Operationen an den Augen, an Knochen und anderen Organen erwähnt. Die ägyptischen Ärzte der Frühzeit genossen nach dem Zeugnis des Herodot (um 490–425/420 v. Chr.) großes Ansehen in der Antike. Ihre Kenntnis wirkungsvoller Präparate wird bis auf den heutigen Tag durch die mumifizierten Leichname erwiesen.

Auch die alttestamentlichen Juden verfügten über Kenntnisse in der Heilkunde, die zum Teil auch auf ägyptische Quellen zurückgehen könnten. Bemerkenswert sind die hygienischen Vorschriften des Alten Testaments. Sie befassen sich mit der Unterscheidung zwischen reinen und unreinen Tieren, mit Wöchnerinnen und dem Aussatz. Auch die Beschneidung der neugeborenen Knaben ist unter hygienischen Gesichtspunkten zu verstehen.

Die **Griechen** besaßen mit Asklepios einen eigenen Gott der Heilkunde. Er wurde besonders in Epidauros auf dem Peloponnes verehrt, einem antiken Kur- und Wallfahrtsort mit Tempeln, Bädern und Liegehallen. Die Ärzte waren, dem kultischen Ursprung der Heilkunst entsprechend, zunächst gleichzeitig Priester.

Der bekannteste antike Arzt war wohl Hippokrates (um 460–377 v. Chr.) von der Insel Kos. Genaueres ist über ihn nicht bekannt, auch nicht, welche hippokratischen Schriften wirklich von ihm stammen. Er gilt als Begründer der wissenschaftlichen Medizin. Bis heute ist der **Hippokratische Eid** für das Selbstverständnis der Ärzte gültig geblieben. Ob er tatsächlich von Hippokrates stammt, ist unsicher. Er verpflichtet die Mediziner zu Hilfe und Lebenserhaltung und erlegt ihnen die ärztliche Schweigepflicht auf. Wörtlich heißt es u. a.: »Meine Verordnungen werde ich treffen zu Nutz und Frommen der Kranken, nach bestem Vermögen und Urteil; ich werde sie bewahren vor Schaden und Willkürlichem. Ich werde niemandem, auch nicht auf seine Bitte hin, ein tödliches Gift verabreichen oder auch nur dazu raten. Welche Häuser ich betreten werde, ich will zu Nutz und Frommen der Kranken eintreten, mich enthalten jedes willkürlichen Unrechtes und jeder anderen Schädigung, auch aller Werke der Wollust an den Leibern von Frauen und Männern, Freien und Sklaven. Über alles, was ich während oder außerhalb der Behandlung im Leben der Menschen sehe oder höre und das man nicht nach draußen tragen darf, werde ich schweigen und es geheim halten.«

Einen neuen Höhepunkt erlebte die Medizin an der Hochschule im ägyptischen **Alexandria**, das Alexander der Große im Jahr 331 v. Chr. gegründet hatte. Bis in diese Zeit waren die anatomischen Kenntnisse sehr gering. Die alexandrinischen Ärzte versuchten, sie durch Erfahrung und Experimente zu verbessern. Mit der Erlaubnis der ptolemäischen Könige sezierten sie Leichen. Das rasch wachsende medizinische Wissen führte zu hoher Spezialisierung. So gab es bereits Fachärzte für Augen- und Zahnerkrankungen sowie für innere Medizin.

Die herrschende medizinische Lehre war die sogenannte **Humoralpathologie**, die die Krankheiten aus der unrichtigen Mischung der vier verschiedenen Körpersäfte erklärte. Diese Säfte waren das Blut, die gelbe Galle, die schwarze Galle und der Schleim. Noch heute erinnern Krankheitsbezeichnungen an diese Auffassung. So entstand die Melancholie angeblich durch ein Übermaß an schwarzer Galle (»melaina chole«). Diese Lehre stellte insofern einen Fortschritt dar, als sie auf Beobachtungen beruhte und die Krankheit nicht mehr durch die Einflussnahme der Götter begründete. Auf die Dauer stand diese Sichtweise allerdings dem medizinischen Fortschritt im Weg.

Das medizinische Wissen der Antike erscheint gesammelt in den Werken des Galen(os) von Pergamon (129–um 200 n. Chr.), der Leibarzt des römischen Kaisers Commodus war. Seine humoralpathologischen Auffassungen blieben bis ins 16. Jahrhundert unbestritten. Sie wirkten bis ins 19. Jahrhundert hinein nach. So verwundert es nicht, dass viele medizinische Fachausdrücke, die bis zum heutigen Tag gebräuchlich sind, der griechischen Sprache entstammen (z. B. »Diät«, »Katarrh«, »Ophtamologie«), übrigens auch das Wort »Arzt« (griech. »archiatros« = Chefarzt).

Römische Ärzte bereicherten die medizinische Wissenschaft nicht nennenswert, obwohl manche von ihnen sehr berühmt wurden. Unter ihnen gab es zahlreiche Spezialisten, die es z. B. verstanden, künstliche Zähne, Brücken, Kronen und Goldplomben zu setzen. Viele der in Rom wirkenden Mediziner stammten übrigens aus Griechenland – wie der bereits erwähnte Galenos von Pergamon.

Das antike medizinische Wissen ging im **Mittelalter** nie ganz verloren. Heilkunst und Körperpflege waren vor allem Aufgabe der Mönche, die damit tätige Nächstenliebe übten. Sie unterhielten Hospitäler, Arzthäuser, Aderlasshäuser und Gärten für Heilkräuter. Von einer Reihe mittelalterlicher Heiliger wird berichtet, dass sie heilkundig gewesen seien. Sie folgten damit dem Beispiel zweier Brüder, dem heiligen Kosmas und dem heiligen Damian, die unter dem römischen Kaiser Diokletian (Kaiser 284–305) den Märtyrertod erlitten hatten. Die beiden wurden die Schutzheiligen der Ärzte und Apotheker.

Außer den Mönchen nahmen sich noch verschiedene Gruppen von medizinischen Laien oder Halblaien der Heilkunst an. Dazu gehörten die Bader, die als Barbiere, Heilpraktiker und Zahnärzte gleichzeitig tätig waren, oder auch erfahrene Frauen, die insbesondere als Hebammen Geburtshilfe leisteten. Bisweilen betätigten sie sich auch als »Engelmacherinnen« und halfen jungen Frauen, ihre oft unerwünschte Schwangerschaft durch Abtreibung zu beenden.

Mit Sicherheit gab es unter diesen Leuten eine große Zahl von Scharlatanen, vor allem unter den Ärzten und Arzneiverkäufern, die auf Jahrmärkten ihre Dienste und Heilmittel feilboten. So hatte z. B. der Arzt Johann Andreas Eisenbarth (1663–1727) durchaus Erfolge aufzuweisen, praktizierte seine Kunst aber in einem Zelt auf dem Jahrmarkt und ließ sich von Gauklern begleiten. Die Erinnerung an diese Zeit lebt in dem Spottlied »Ich bin der Doktor Eisenbarth« weiter:

Ich bin der Doktor Eisenbarth,
Kurier die Leut' nach meiner Art,
Kann machen, dass die Blinden gehn
Und dass die Lahmen wieder sehn. (...)

Des Küsters Sohn in Dideldum
Dem gab ich zehn Pfund Opium.
Drauf schlief er Jahre, Tag und Nacht,
Und ist bis jetzt noch nicht erwacht.

Die medizinische Wissenschaft des Abendlandes erhielt wichtige Anregungen durch die kulturell hochentwickelten **Araber**. Durch ihre Vermittlung wurden Kenntnisse aus der Antike neu belebt, aber auch bisher unbekannte Einsichten aus dem Orient nach Europa übermittelt. Der berühmteste arabische Arzt und Universalgelehrte war Avicenna (980–1037). Auf arabische Anregung hin entstand in Europa nicht nur die **Alchemie** und daraus dann die wissenschaftliche Chemie, sondern auch die **Pharmazie** (griech. »pharmakeia« = Gebrauch von Heilmitteln und Giften) und mit ihr die **Apotheke** (griech. Vorratsraum). Arabischer Einfluss war auch an den beiden berühmtesten medizinischen Hochschulen des Mittelalters spürbar, im süditalienischen Salerno und im südfranzösischen Montpellier.

Im Übrigen war die an den mittelalterlichen Universitäten gelehrte Medizin sehr praxisfern. Sie stützte sich auf ein gewaltiges

Buchwissen, das zu einer hohen sozialen Stellung privilegierte, und führte zur Abwertung und Verachtung einer mehr handwerklich ausgerichteten Heilkunde. So blieb es über Jahrhunderte. Chirurgische Eingriffe und Wundbehandlungen, die Operation von Brüchen, Blasensteinen und Starerkrankungen an den Augen (Starstechen) waren sozial weniger angesehenen Praktikern vorbehalten.

Um 1280 kamen in Oberitalien die ersten **Brillen** auf. Die Bezeichnung stammt von dem mineralischen Halbedelstein Beryll. Weil sie konvex geschliffen waren, halfen sie zunächst nur gegen Weitsichtigkeit.

An der medizinischen Hochschule in Salerno studierten die Wissenschaftler die **Anatomie** der Lebewesen, z.B. anhand von Schweinen. Sie gingen davon aus, dass es Ähnlichkeiten mit der Anatomie von Menschen gebe. Die Obduktion von Verstorbenen war erlaubt, wenn der Verdacht auf einen unnatürlichen Tod, etwa durch Vergiftung, bestand. Die erste sicher verbürgte Sektion eines menschlichen Leichnams im Mittelalter hat im Jahr 1302 in Bologna stattgefunden.

Der zwischen 1347 und 1352 in Europa grassierende »Schwarze Tod« verwies die Medizin in ihre Grenzen. Fürchterlich hauste die **Pest** und entvölkerte ganze Landstriche. Diese wohl schlimmste aller Seuchen war nachweislich schon in der Antike als verheerende Epidemie aufgetreten und verbreitete sich in der Folgezeit immer wieder einmal bis ins 18. Jahrhundert hinein. Die letzte große Pestepidemie erfasste in den Jahren 1720/21 Marseille und die Provence.

Die Pest wird durch den Rattenfloh auf den Menschen übertragen. Die Beulenpest zeigte sich nach einer Inkubationszeit von einigen Stunden bis zu sieben Tagen durch große blau-schwarze, bis zu zehn Zentimeter große Beulen im Bereich der Lymphknoten am Hals, in den Achselhöhlen und in den Leisten. In vielen Fällen entwickelte sie sich zur Lungenpest. Diese kann aber auch direkt von Mensch zu Mensch übertragen werden. Die Sterblichkeitsrate liegt bei 95 Prozent. Vermutlich starben bei der großen Pestepidemie zwischen 1347 und 1353 etwa 20 bis 25 Millionen Menschen. Das war ein Drittel der europäischen Bevölkerung.

Da die Menschen nicht wussten, wie die schreckliche Krankheit entstand und wie sie übertragen wurde – die Bakteriologie wurde erst im 19. Jahrhundert begründet –, suchten sie nach ihnen einleuchtenden Begründungen für den »schwarzen Tod«. Viele sahen darin eine Strafe Gottes. Nur durch Bußübungen konnte der Allmächtige besänftigt werden. Scharen von Geißlern (Flagellanten) zogen durchs Land, kasteiten sich bis aufs Blut und predigten ein gottgefälliges Leben. Ein seit 1348 umlaufendes Gerücht hatte schlimme Folgen: Die Juden wurden der Brunnenvergiftung verdächtigt. So hätten sie die Pest verbreitet. In blutigen Pogromen wurde ein großer Teil der jüdischen Bevölkerung in Deutschland und in der Schweiz ausgerottet.

An vielen Orten künden noch heute Bau- und Bildwerke oder auch Volksbräuche von der Pest. Das gilt z. B. für die »Pestsäulen«, Denkmäler wie z. B. in der Wiener Innenstadt. Auch die Oberammergauer Passionsspiele gehen auf ein Gelübde aus der Pestzeit von 1633/34 zurück. Sie fanden erstmals an Pfingsten 1634 statt, und zwar auf einer Bühne, die auf dem Friedhof über den Gräbern der Pesttoten aufgeschlagen worden war.

Die **Renaissance** belebte mit ihrem gewandelten Verhältnis zur Welt und zum Menschen auch die Medizin. Als berühmtester Arzt dieser Zeit gilt der aus dem schweizerischen Einsiedeln stammende Theophrastus Bombastus von Hohenheim, genannt Paracelsus (1493–1541). Er gilt als Begründer einer neuen Heilkunde, die im Gegensatz zu der bis dahin geübten scholastischen Medizin stand: Nicht überliefertes Bücherwissen bringe den Arzt voran, sondern die untrennbare Verbindung von Natur- und Gotteserkenntnis. Durch ihn wurde die Chemie in die medizinische Wissenschaft eingeführt, und zwar sollte sie Krankheiten erklären helfen, aber auch Mittel zu ihrer Heilung bereitstellen. Berühmt ist sein Ausspruch:

»Alle Dinge sind Gift und nichts ist ohne Giftigkeit; allein die Dosis macht, dass ein Ding kein Gift ist.«

Die anatomischen Kenntnisse wurden seit der Renaissancezeit gewaltig vermehrt. Neue Vervielfältigungsverfahren, der Holzschnitt und der Kupferstich, trugen dazu bei. Besonders bemerkenswert ist die Entdeckung des **Blutkreislaufs** durch den Engländer William Harvey (1578–1657), der Leibarzt des Stuart-Königs Karl I. war. Sie wurde im Jahr 1628 durch seine Schrift bekannt. Harvey vertrat eine neues Verständnis der Wissenschaft, indem er scharf zwischen Hypothesen und Fakten unterschied. Eine Annahme gewann nur dann Gültigkeit, wenn sie in Kontrollversuchen bestätigt worden war. Auf diese Weise wurde die Verbindung zwischen der Medizin und der Biologie, aber auch der Mathematik hergestellt.

Der Italiener Santorio Santorio (1561–1636), der fast gleich alt war wie der berühmte Physiker und Mathematiker Galileo Galilei (1564–1642), versuchte, die Medizin physikalisch zu begründen. Er wandte seit 1625 das **Thermometer** (griech. »Wärmemesser«) an und entwarf eine Pulsuhr.

Die Erfindung des **Mikroskops** (griech. »mikros« = klein, »skopein« = betrachten), die vermutlich um 1590 durch die Holländer Hans Janssen und seinen Sohn Zacharias Janssen gemacht wurde, schuf neue Möglichkeiten. Der Niederländer Antoni van Leeuwenhoek (1632–1723) entdeckte mit seiner Hilfe um 1675 Blutkörperchen, Samenzellen, Bazillen und Infusorien (einzellige Aufgusstierchen). Da er das Verfahren, hoch leistungsfähige Linsen zu schleifen, geheim hielt, wirkten diese Erkenntnisse zunächst nicht weiter. Sie wurden erst wieder im 19. Jahrhundert aufgenommen, als es gelang, mehrlinsige Mikroskope zu bauen.

Heute erlaubt das Elektronenmikroskop durch ungleich höhere Auflösung weitaus tiefere Einblicke in die Materie. Die beiden Grundtypen wurden im Jahr 1931 von Ernst Ruska und Max Knoll (1906–1988) bzw. im Jahr 1937 von Manfred von Ardenne (1907–1997) erfunden. Im Jahr 1938 kam durch die Firma Siemens das erste kommerzielle Elektronenmikroskop auf den Markt.

Die Medizin

Im 18. Jahrhundert wurde die medizinische Wissenschaft vom Zeitgeist der **Aufklärung** geprägt. Hygiene und Krankheitsvorbeugung erhielten neues Gewicht. Verschiedentlich wurden für die Krankheiten nicht mehr nur physische, sondern auch psychische Ursachen erkannt, so beim »Animismus« Georg Ernst Stahls (1660–1734) und beim »Vitalismus« von Théophile de Bordeu (1722–1776).

Neue Erkenntnisse gewann die Medizin jetzt auch über die Chemie und die Physik. Der Franzose Antoine-Laurent Lavoisier (1743–1794) erkannte den Zusammenhang zwischen der Atmung einerseits und der Verbrennung bzw. Oxidation andererseits: Nahrungsmittel werden mit Hilfe von Sauerstoff im Körper verbrannt und in Energie umgewandelt. Er fand damit auch eine naturwissenschaftliche Erklärung für die Körperwärme (vgl. S. 416 f.). Der Italiener Luigi Galvani (1737–1798) entdeckte in den Jahren 1791/92 die tierische Elektrizität. Bekannt sind seine Experimente mit Froschschenkeln: Die Muskeln zuckten, wenn sie mit statischer Elektrizität zusammen kamen.

Das **19. Jahrhundert** brachte einen wegweisenden Fortschritt in der medizinischen **Diagnostik**. Nun gelang es, die Ursachen von Krankheiten zu benennen, die bislang unbekannt gewesen waren. Gezielt wurden entsprechende neue Heilmethoden entwickelt. Der auch als liberaler Politiker bekannt gewordene Rudolf Virchow (1821–1902) begründete um 1858 die sogenannte **Zellularpathologie**, die Krankheiten aus Störungen und Veränderungen von Zellen erklärte.

Im Jahr 1859 veröffentlichte der Engländer Charles Darwin (1809–1882) sein Buch »Über die Entstehung der Arten durch natürliche Zuchtwahl«. Damit begründete er die Abstammungs- oder **Evolutionslehre**. Die Vielfalt biologischer Erscheinungsformen ist danach das Ergebnis eines langen Entwicklungsprozesses. Im »Kampf ums Dasein« (»struggle for life«) behaupten sich die jeweils tüchtigsten und anpassungsfähigsten Exemplare einer Tierart. Natürliche Zuchtwahl unterstützt diesen Vorgang.

Die Evolutionslehre führte zu einer revolutionären Neubewertung des göttlichen Schöpfungsprozesses. Die Entstehung der Welt und des Menschen innerhalb von sechs Tagen ließ sich mit dem Millionen Jahre langen Entwicklungsprozess im Pflanzen- und Tierreich nicht vereinbaren. Entschieden veränderte sich auch die Stellung des Menschen unter den Geschöpfen. Letzten Endes war das Ebenbild Gottes eben auch nur das Ergebnis eines langen Entwicklungsvorgangs.

Das 19. Jahrhundert hatte eine Reihe von Erfindungen und Entdeckungen gebracht, die die Medizin bzw. die Alltagsarbeit der Ärzte weiter voranbrachten. Dazu gehörte seit 1816 das **Stethoskop** (griech. Beobachtungsgerät für die Brust) von René Laënnec in Frankreich und der 1850 von Hermann von Helmholtz (1821–1894), dem berühmten Physiker, erfundene **Augenspiegel**.

Justus von Liebig (1803–1873) wurde durch seine Schriften in den Vierzigerjahren zum Begründer der **pharmazeutischen Chemie**. Schon 1803 hatte Friedrich Wilhelm Sertürner das Beruhigungsmittel Morphin (griech. »morpheus« = »Gott des Schlafes«) entdeckt. Es wurde aus dem im Saft des Schlafmohns enthaltenen Opium gewonnen. Im Jahr 1846 führte William Thomas Green Morton die erste **Äthernarkose** durch. 1867 machte Joseph Lister seine Methode bekannt, Krankheitserreger in einer Wunde mit chemischen Mitteln, z. B. Phenol, abzutöten und begründete damit die **Antisepsis**.

Wilhelm Conrad Röntgen (1845–1923) entdeckte im Jahr 1895 die X-Strahlen, die nach ihm **Röntgen-Strahlen** genannt wurden. Sie gestatteten dem Arzt den Einblick in den unversehrten Körper.

Den **Infektionskrankheiten** standen die Menschen lange Zeit machtlos gegenüber. Besonders gefürchtet waren die Pocken, an denen 30 Prozent der Infizierten starben. Wer die Krankheit überlebte, war allerdings ein Leben lang gegen die Krankheit gefeit. Diese Erkenntnis machte sich der englische Arzt Edward Jenner (1749–1823) zu Nutze. Im Jahr 1796 infizierte er einen Jungen mit Kuhpocken und machte ihn dadurch immun. Andere Ärzte übernahmen das Verfahren der **Vakzination** (lat. »vaccinia« = Kuhpocken, vacca = Kuh), ohne die genauen Ursachen für die Wirkung der Schutzimpfung zu kennen.

Das änderte sich, nachdem Louis Pasteur (1822–1895) und Robert Koch (1843–1910) erkannt hatten, dass die Infektionskrankheiten durch Keime bzw. Bakterien erzeugt werden. Der Franzose Louis Pasteur begründete die **Bakteriologie**. Er fand heraus, dass an der Gärung, bei einer Seidenraupenkrankheit und beim tierischen Milzbrand Kleinstlebewesen beteiligt waren, die bzw. deren Sporen unter Umständen durch die Luft übertragen werden konnten. Er erprobte die Immunisierung mit abgeschwächten Erregern, die sogenannte **Impfung**, erstmals bei der Hühnercholera. Diese Entdeckungen, über die er 1863 berichtete, zogen ähnliche nach sich. So fand Robert Koch im Jahr 1882 den Tuberkelbazillus und 1884 den Choleraerreger. So wie Louis Pasteur ein eigenes bakteriologisches Institut, das »Institut Pasteur« in Paris erhalten hatte, bekam Koch nun in Berlin das »Institut für Infektionskrankheiten« (heute »Robert-Koch-Institut«).

Pasteur entwickelte zusammen mit Emile Roux (1853–1933) Impfstoffe gegen Milzbrand (1881) und Tollwut (1885). Paul Ehrlich (1854–1915), Emil von Behring (1854–1917) und Shibasaburo Kitasato (1853–1931) fanden Mittel gegen Diphtherie und Wundstarrkrampf (1890). Der Amerikaner Jonas Edward Salk (1914–1995) entwickelte 1955 einen Impfstoff gegen die durch Viren ausgelöste Kinderlähmung (Polio). Dieser Totimpfstoff verringerte die Poliofälle auf ein Fünftel. Der russisch-amerikanische Arzt Albert Sabin (1906–1993) entwickelte die **Schluckimpfung**. Allerdings war sie nicht risikofrei, weil sie mit abgeschwächten lebenden Viren arbeitete (Lebendimpfung). Sie wurde in der DDR ab 1960 in großem Maßstab angewendet, seit 1962 auch in der Bundesrepublik Deutschland. Heute gibt es auf der ganzen Erde nur noch wenige Poliofälle.

Mit der Entwicklungsgeschichte der Chemie ist die der **Pharmazie** eng verbunden. Aus der chemischen Industrie entwickelte sich früh die pharmazeutische Industrie, die auf die Herstellung von Arzneimitteln spezialisiert war. Medikamente gibt es bereits seit Tausenden von Jahren. Die Menschen versuchten ihre Krankheiten mit Mitteln zu heilen, die sie in der Natur fanden. Erfahrung und Aberglaube bildeten oft eine unauflösliche Verbindung. Allerdings ist die heilende Wirkung vieler pflanzlicher und mineralischer Substanzen längst wissenschaftlich belegt. Sie werden deshalb auch heute noch sowohl in der Naturmedizin als auch in der sogenannten Schulmedizin angewendet.

Natürlich beschäftigt sich die pharmazeutische Industrie auch mit der Herstellung solcher Produkte. Pflanzenwirkstoffe finden sich in Salben und Tinkturen, in Pulvern und Tabletten. Dabei ist nicht falsch, was vor langer Zeit der italienische Abenteurer Giacomo Casanova (1725–1798) notierte: »Gift in den Händen eines Weisen ist ein Heilmittel, ein Heilmittel in den Händen des Toren ist Gift.«

Mit chemischen Verfahrensweisen wurden Wirkstoffe isoliert, die starke Gifte sind, in genau bemessenen Dosen aber heilende physiologische Wirkungen entfalten. Dazu gehören u. a. das Morphin, das Chinin und das Strychnin.

In unserem Zusammenhang interessiert mehr die auf chemischen Verfahren beruhende Herstellung künstlicher Arzneimittel, die gegen Ende des 19. Jahrhunderts einsetzte und in ihrer Weise die Heilkunst revolutionierte. Es ist nicht möglich, alle Substanzen zu nennen, die in der Medizin segensreich verwendet wurden und werden. Einige Arzneimittel haben aber ihre eigene, spannende Geschichte. Das gilt z. B. für die vor allem unter der Bezeichnung **Aspirin** bekannte Acetylsalicylsäure (ASS). Das sehr wirkungsvolle und gut verträgliche Schmerzmittel wurde im Jahr 1897 von dem Chemiker Felix Hoffmann (1868–1946) entwickelt. Das Aspririn war damit das erste vollsynthetische Arzneimittel überhaupt. Mit Erfolg testete Hoffmann das Präparat an seinem Vater, der an schwerer Arthritis litt. Es wurde im Jahr 1899 für die Bayer-Werke patentiert. Zunächst kam es in Pulverform auf den Markt, wurde aber ab 1915 in Tabletten gepresst. Der Erfolg dieses Schmerzmittels war überwältigend – und das bis in unsere Zeit hinein. Eine einzige Zahl macht das deutlich: Im Jahr 1950 wurden in den USA insgesamt 15,67 Milliarden Aspirintabletten geschluckt!

Eines der ersten antibakteriellen Heilmittel wurde das von Paul Ehrlich und Sahachiro Hata im Jahr 1909 entwickelte **Salvarsan**, das ein Jahr später in den Handel kam. Mit seiner Hilfe konnte die bislang unheilbare Infektionskrankheit Syphilis wirksam bekämpft werden. Zur Heilung von Infektionskrankheiten dienten auch die sogenannten Sulfonamide und das Penizillin. Als erstes Sulfonamid kam das von Gerhard Domagk entwickelte **Prontosil** seit 1935 auf den Markt. Weitere ähnliche Produkte folgten. Schon in den Zwanzigerjahren hatte der schottische Bakterienforscher Alexander Fleming (1881–1955) zufällig erkannt, dass durch Ausscheidungen eines Schimmelpilzes Bakterien abgetötet wurden. Ihm kam der Gedanke, diese Einsicht medizinisch zu nutzen. Erst im Zweiten Weltkrieg wurde dieser Ansatz ernsthaft weiterverfolgt, weil ein hoher Bedarf an Bakterien hemmenden bzw. vernichtenden Medikamenten bestand und weil die Alliierten in nicht ausreichendem Maß über das für die IG Farben patentierte Sulfonamid Prontosil verfügten. Im Jahr 1941 wurde erstmals ein Kranker mit dem neuen Medikament **Penizillin** (lat. »penicillium« = Pinsel) behandelt. Er hatte sich beim Rasieren geschnitten und sich eine lebensgefährliche Blutvergiftung zugezogen. Nach einigen Tagen war das Fieber verschwunden, allerdings starb der Unglückliche dann doch, weil kein Penizillin mehr zur Verfügung stand.

In größeren Mengen wurde das Penizillin seit 1944 in den USA und in Kanada hergestellt. In diesem Jahr kamen auch in Deutschland erste Penizillinpräparate auf den Markt. Die Forschung war hier durch die – freilich nur kargen – Veröffentlichungen von Fleming angeregt worden. Die Produktion blieb aber zunächst gering. Die Bedeutung des neuen Präparats wird durch statistische Zahlen offensichtlich: Im Jahr 1910 lag die Sterblichkeitsrate infolge von Infektionskrankheiten noch bei 35 Prozent. Im Jahr 1990 betrug sie nur noch vier Prozent.

Ebenfalls im 19. Jahrhundert machte Gustav von Bunge (1844–1920) eine weitere wichtige Entdeckung. Im Jahr 1881 hatte er in Basel in Experimenten festgestellt, dass Ratten bei der Ernähung mit chemisch reinen Nahrungssubstanzen eingingen. Der Pole Casimir Funk (1884–1967) führte dann im Jahr 1912 bestimmte, durch einseitige Ernährung entstandene Mangelkrankheiten, z. B. Beriberi, auf das Fehlen von **Vitaminen** (lat. »vita« = Leben, »Amine« = organische Stickstoffverbindungen) zurück.

Ins 20. Jahrhundert fallen zahlreiche weitere bahnbrechende Erfindungen auf dem Gebiet der Medizin. Der Niederländer Willem Einthoven (1860–1927) hatte zu Beginn des Jahrhunderts das **Elektrokardiogramm** (EKG) erfunden, das aber erst später praktische Anwendung fand. Mit ihm wurde aufgrund elektrischer Impulse die Herztätigkeit sichtbar gemacht.

In der **Chirurgie** schuf Ferdinand Sauerbruch (1875–1951) im Jahr 1903 die Möglichkeit, mit Hilfe der **Unterdruckkammer** in die Brusthöhle vorzudringen. Dem Amerikaner Harvey Cushing (1869–1939) gelang das operative Eingreifen in die Schädelhöhle. Die letzte sensationelle chirurgische Tat war die erste **Herztransplantation** durch den Südafrikaner Christiaan Barnard (1922–2001) im Jahr 1967. Der Patient erhielt das Herz einer bei einem Verkehrsunfall getöteten jungen Frau. Er überlebte zunächst die Operation, starb dann aber nach 18 Tagen an einer Lungenentzündung und an Abstoßreaktionen der Zellen. Fast gleichzeitig, auch 1967, hatte Thomas Starzl in den USA die erste **Lebertransplantation** durchgeführt.

Als gesellschaftlich und politisch äußerst folgenreich erwies sich die Entwicklung und Verwendung moderner **Empfängnisverhütungsmittel**. Das **Präservativ** (lat. »praeservare« = schützen) war bereits im 17. Jahrhundert erfunden worden. Man fertigte es zunächst aus Schafdärmen oder anderen geeigneten Tierhäuten. Der bekannte Abenteurer Giacomo Casanova benutzte es, um sich vor

Die Medizin

der Syphilis zu schützen. Angeblich wurde es von dem englischen Hofarzt Conton oder Condom erfunden und erhielt deshalb die Bezeichnung »Kondom«. Die ersten Gummikondome kamen im Jahr 1855 auf den Markt. Ab 1912 produzierte der Gummifabrikant Julius Fromm nahtlose Kondome. Seit dem Ersten Weltkrieg wurden in vielen Ländern Kondome an die Soldaten verteilt. Dadurch verringerte sich die Zahl der Ansteckungen mit Geschlechtskrankheiten deutlich – sicher auch die Häufigkeit ungewollter Schwangerschaften.

Heutzutage sind Kondome nicht nur zum Schutz vor Schwangerschaft und Geschlechtskrankheiten unentbehrlich: Eine neue gefährliche Epidemie entstand durch die Verbreitung von **AIDS** (engl. »Acquired Immune Deficiency Syndrome« = erworbenes Immundefektsyndrom). Die Krankheit wird durch das HI-Virus (engl. »Human Immunodeficiency Virus« = menschliches Immunschwäche-Virus) ausgelöst, das im Jahr 1983 erstmals beschrieben wurde. Da es vor allem durch den Geschlechtsverkehr übertragen wird, sind Präservative sowohl bei hetero- als auch bei homosexuellen Paaren im Zweifelsfall unverzichtbar.

In den Sechzigerjahren des 20. Jahrhunderts kamen zahlreiche hormonal wirkende Ovulationshemmer, sogenannte **Antibabypillen**, auf den Arzneimittelmarkt. Den Anfang machte im Jahr 1961 in Deutschland das Präparat »Anovlar« der pharmazeutischen Firma Schering in Berlin. Die Anwendung von Antibabypillen war anfangs sehr umstritten, weil sie den herkömmlichen Moralvorstellungen widersprach. Noch heute gibt es – zumeist religiös begründete – Vorbehalte. Tatsächlich hatte die Pille einen erheblichen Einfluss auf das Sexualverhalten. Vermutlich wäre die **sexuelle Revolution** ohne Antibabypille nicht denkbar gewesen. Sie ermöglichte Geschlechtsverkehr vor der Ehe und mit wechselnden Partnern ohne die Gefahr einer ungewollten Schwangerschaft. Der ursprüngliche Zweck der geschlechtlichen Betätigung, Fortpflanzung und Arterhaltung, trat in den Hintergrund. In der Gesellschaft des späten 20. und des frühen 21. Jahrhunderts wurde Sex vorwiegend als Mittel der lustvollen Befriedigung erstrebt. Eine der Folgen war, dass durch den massenhaften Gebrauch von Antibabypillen ein deutlich erkennbarer Geburtenrückgang (»Pillenknick«) einsetzte.

Eigentlich waren die Wechselwirkungen zwischen Körper und Seele von allem Anfang an bekannt. Bis zu einem gewissen Maß kann sie jeder an sich selbst beobachten. So ist auch das alte lateinische Sprichwort »Mens sana in corpore sano« (»Ein gesunder Geist in einem gesunden Körper«), das von dem Dichter Juvenal (um 100 n. Chr.) stammt, zu deuten.

Ein neuer Abschnitt der **Psychologie** und in der Folge auch der Medizin entstand mit der Entwicklung der **Psychoanalyse** (griech. »Untersuchung der Seele«) bzw. der **Psychotherapie** (griech. »Heilung der Seele«). Als Begründer der Psychoanalyse gilt der Wiener Neurologe Sigmund Freud (1856–1939). Allerdings finden sich psychoanalytische Ansätze bereits seit der Antike, verstärkt im 19. Jahrhundert, z. B. bei Arthur Schopenhauer, Friedrich Nietzsche oder Fjodor Michailowitsch Dostojewski. Der für Freud so zentrale Begriff des Unbewussten wurde im Jahr 1869 von dem Philosophen Eduard von Hartmann (1842–1906) geprägt.

Den Begriff »Psychoanalyse« verwendete Freud erstmals im Jahr 1896. Ihm ging es darum, die verborgenen Triebkräfte des Handelns im Menschen durch analytisches Fragen bewusst zu machen und auf diese Weise die Voraussetzungen für seine Heilung zu schaffen. 1908 fand in Salzbug ein erster psychoanalytischer Kongress statt. 1910 gründete Freud die Internationale Psychoanalytische Vereinigung. Obwohl seine Lehren im Einzelnen oft angefochten wurden, sind Psychoanalyse und Psychotherapie heute unverzichtbare Bestandteile der Medizin und der Wissenschaft vom Menschen insgesamt.

In den letzten Jahrzehnten hat die sogenannte **Schulmedizin** in der **Alternativmedizin** bzw. der Naturheilkunde eine ernst zu nehmende Konkurrenz erhalten. Viele Patienten beklagen die rasch fortschreitende Spezialisierung der wissenschaftlichen Medizin und den dadurch eingeengten Blick auf den Gesamtorganismus, oder sie suchen Heilung dort, wo die Schulmedizin nicht mehr helfen kann, z. B. bei Krebserkrankungen. Die Methoden der alternativen Medizin reichen von alten Volksrezepten der Naturheilkunde über Verfahren der chinesischen Medizin (Akupunktur) bis hin zu esoterischen Verfahren. Ihre Wirkung ist heftig umstritten.

Die **Homöopathie** (griech. »ähnliches Leiden«) wurde von Samuel Hahnemann (1755–1843) begründet. Für ihn galt der Grundsatz, dass Ähnliches durch Ähnliches geheilt wird. Nach Auffassung der Schulmedizin reicht die Wirkung der stark verdünnten Wirkstoffe über den Placeboeffekt aber nicht hinaus.

Zu erwähnen bleibt noch die Entstehung der gesetzlichen **Krankenversicherung**. Sie fällt in die zweite Hälfte des 19. Jahrhunderts. Schon im Mittelalter hatte es genossenschaftliche Vorsorge für den Krankheitsfall gegeben, z. B. bei den städtischen Zünften (vgl. S. 433 ff.) oder den Knappschaften der Bergleute. Das bismarcksche Krankenversicherungsgesetz von 1883 aber machte fast alle gewerblichen Arbeitnehmer versicherungspflichtig (vgl. S. 487). Die Krankenversicherung verwirklichte das Solidaritätsprinzip insofern, als hier ein Ausgleich zwischen Stärkeren und Schwächeren, Kranken und Gesunden stattfand. Die Beiträge wurden von den Arbeitnehmern und den Arbeitgebern gemeinsam aufgebracht. **Krankenkassen** betreuten die Bedürftigen und verwalteten das zur Verfügung stehende Geld.

Die **Reichsversicherungsordnung** (RVO) von 1911, die im Jahr 1914 in Kraft trat, fasste die Kranken-, die Unfall- und die Rentenversicherung zu einem einheitlichen Gesetzeswerk zusammen. Sie dehnte die Versicherungspflicht auf Beschäftigte in der Land- und Forstwirtschaft sowie auf Wanderarbeiter und Dienstboten aus. Sie blieb die Rechtsgrundlage für die Krankenversicherung bis zur Gesundheitsreform von 1989.

Die rasch steigenden Kosten für das Gesundheitswesen, die u. a. durch den medizinischen Fortschritt (»Apparatemedizin«) und das wachsende Durchschnittsalter der Bevölkerung verursacht werden, zwingen zu ständigen Anpassungsbemühungen, um die Leistungsfähigkeit des Gesundheitssystems dauerhaft zu sichern.

In der Bundesrepublik Deutschland gibt es gesetzliche Krankenkassen, z. B die Allgemeinen Ortskrankenkassen und die Betriebskrankenkassen, und private Krankenversicherungen. Sie versichern Personen, für die keine Versicherungspflicht in der gesetzlichen Krankenkasse besteht, weil sie über ein Einkommen verfügen, das eine gewisse Höchstgrenze übersteigt, oder Beamte, Selbstständige oder Freiberufler sind.

Dichtung und Wahrheit
Die Autoren und ihre Bücher

Der Begriff »**Literatur**« (lat. »littera« = Buchstabe, Geschriebenes) umfasst eigentlich das gesamte Schrifttum. Er wird oft aber auch in einer eingeschränkten Bedeutung verwendet und bezieht sich dann nur auf das schöngeistige Schrifttum (**Belletristik**), vor allem auf Romane, Erzählungen, Schauspiele und Gedichte. Die einzelnen Völker haben zumeist eigene Literaturen. Die Nationalliteraturen sind Ausdruck der jeweiligen nationalen Identität. Manche Werke der Literatur werden auf der ganzen Welt gelesen. Zur Weltliteratur gehören z. B. die Schauspiele William Shakespeares, die Romane von Leo Tolstoi und Fjodor Dostojewski, von Albert Camus und Ernest Hemingway oder die »Faust«-Dichtung von Johann Wolfgang von Goethe.

Von der frühen deutschen Literatur sind nur sehr wenige Belege erhalten. Weit verbreitet waren die **Heldenlieder**, in denen große

Waffentaten der Vergangenheit, insbesondere der Völkerwanderungszeit besungen wurden. Sie handelten u.a. von Siegfried und den Burgunden, von Dietrich von Bern und dem Hunnenkönig Etzel. Ein frühes Beispiel aus diesen Sagenkreisen ist das »Hildebrandslied« aus der ersten Hälfte des 9. Jahrhunderts, das den tragischen Kampf zwischen Vater und Sohn schildert. Auf ähnlichem stofflichen und weltanschaulichen Hintergrund entstand verhältnismäßig spät, um 1200 herum, das »Nibelungenlied«. Ein unbekannter Dichter erzählte in einem gewaltigen Versepos die Siegfriedsage und die Geschichte vom Untergang des burgundischen Volkes im Kampf gegen die Hunnen:

> Uns ist in alten maeren wunders vil geseit
> Von heleden lobebaeren, von grôzer arebeit,
> Von frôuden, hôchgezîten, von weinen und von klagen,
> Von küener recken strîten muget ir nu wunder hoeren sagen.

> Viel Wunderdinge melden die Mären alter Zeit
> Von preiswerten Helden, von großer Kühnheit,
> Von Freud und Festlichkeiten, von Weinen und von Klagen,
> Von kühner Recken Streiten mögt ihr nun Wunder hören sagen.[17]

Neben den Heldenliedern sind einzelne heidnische Zaubersprüche, etwa die »Merseburger Zaubersprüche«, erhalten. Sie veranschaulichen den Götterglauben und das magische Weltbild unserer heidnischen Vorfahren. Sehr bald wird aber in frühen germanischen Werken der Einfluss des Christentums spürbar. Das gilt z.B. für den im frühen 9. Jahrhundert in altsächsischer Sprache geschriebenen »Heliand«. Durch dieses Epos sollte den durch Karl den Großen (König/Kaiser 768/800–814) eben erst unterworfenen und zum Christentum bekehrten Sachsen der Heiland nahegebracht werden. Er erscheint in diesem Werk aber, angepasst an das Heldenethos der germanischen Krieger, als mächtiger Gefolgsherr.

Bis um das Jahr 1100 bestimmten die **Mönche**, die ja als einzige Bevölkerungsgruppe lesen und schreiben konnten, die Literatur. Sie war fast ausnahmslos in lateinischer Sprache abgefasst und widmete sich religiösen Themen. Im Großen und Ganzen blieb sie ohne nennenswerten künstlerischen Anspruch. Nach 1100, insbesondere in der Zeit der staufischen Könige und Kaiser (1137–1254), übernahm das **Rittertum** die kulturelle Führung in Deutschland. Seine politische Bedeutung war durch das Lehnswesen, die Italien- und Kreuzzüge rasch gewachsen. Damit verband sich nun ein anspruchsvoller, diesseitsbezogener und optimistischer Lebensstil sowie ein gesteigertes Selbstbewusstsein.

Auf französische bzw. provenzalische Einflüsse ging die deutsche **Minnedichtung** (mittelhochdt. »minne« = Liebe) zurück. In sehr kunstvollen Lied- und Gedichtformen wurde das Lob gesellschaftlich hoch stehender Frauen gesungen. Das unmittelbare Liebeserlebnis trat zumeist in den Hintergrund. Seinen Höhepunkt erreicht der Minnesang mit Walther von der Vogelweide (gestorben um 1230). Er verband formale Meisterschaft mit persönlicher Gefühlsinnigkeit.

Das ritterliche Ethos und die ritterliche Lebensweise fanden ihren Niederschlag vor allem aber in den **Versepen**, die auch vorwiegend auf französische Vorlagen zurückgingen. Besonders charakteristisch für den Geist der Zeit ist Wolfram von Eschenbachs (um 1170–1220) »Parzival«. Ein Jüngling, der Sohn eines Kreuzritters, zieht in die Welt, um ritterlichen Ruhm zu erlangen. Er ist von Gott zum König der Gralsburg bestimmt. Durch seine Unerfahrenheit (»tumpheit«) richtet er jedoch viel Unheil an. So bedarf es eines langen Weges der Läuterung (»zwîvel«), bis er endlich, vorbildlich an Leib und Seele, Gralskönig im Dienst des Allerhöchsten werden kann (»saelde«). Andere wichtige Epen stammen u. a. von Hartmann von Aue (»Der arme Heinrich«) und Gottfried von Straßburg (»Tristan und Isolde«).

Mit dem Untergang der Stauferherrschaft sank auch die kulturelle Bedeutung des Rittertums. Sein Verfall spiegelt sich in dem um 1250 entstandenen Versepos »Meier Helmbrecht« des Mönches Wernher der Gärtner. Der Bauernsohn Helmbrecht will zum Ritter aufsteigen, weil er die angestammte Lebensweise verachtet. Dabei lässt er sich mit Raubrittern ein und nimmt teil an ihrem wüsten und verbrecherischen Treiben. Schließlich wird er gefangen, von seinen Richtern geblendet und von den aufgebrachten Bauern aus Rache gehenkt.

Im Spätmittelalter begann der rasche Aufstieg der Städte und damit des **Bürgertums**. Nun wurden vor allem dessen Angehörige Träger der Kultur. Nach ritterlichen Vorbildern entstand der sogenannte **Meistersang**, eine bürgerlich-biedere, handwerkliche Dicht- und Tonkunst, die zumeist ohne Originalität war. Nach strengen Regeln wurde gedichtet und komponiert. Die gesamte künstlerische Tätigkeit richtete sich am Geist der Handwerkszünfte aus. Der einzige bedeutendere Meistersinger war der Nürnberger Schuhmacher Hans Sachs (1494–1576), der Meisterlieder, Erzählungen, handfeste Schwänke und Fastnachtsspiele dichtete. Übrigens bestanden vereinzelt Meistersingerschulen bis ins 19. Jahrhundert hinein (vgl. S. 606).

Die Erfindung der **Buchdruckerkunst** durch Johannes Gutenberg um 1440 (vgl. S. 348) ermöglichte eine weitere Verbreitung der Literatur. Sehr beliebt waren die sogenannten **Volksbücher**, die zumeist auf ältere, anspruchsvollere Vorlagen zurückgingen. So gab es zum Beispiel Drucke über den »Hörnenen Siegfried« und »Tristan und Isolde«, über christliche Märtyrer und antike Helden, nicht zuletzt über »Doktor Faustus«, der sich dem Teufel verschrieben hatte, die »Schildbürger« und den hintersinnig listigen »Till Eulenspiegel«.

Ungefähr um die gleiche Zeit erlebte auch das **Volkslied** seine Blüte. Die Verfasser sind nicht bekannt. Oft wurde es zersungen, d. h. durch häufiges Singen inhaltlich abgewandelt. Die Melodie und die Symbolik sind schlicht und eingängig. Thematisch beschäftigt sich das Volkslied mit immer wiederkehrenden Lebenssituationen, mit den Jahreszeiten und der Natur, mit Liebe und Leid, Trennung und Tod.

Es fand in der **Reformationszeit** eine Ergänzung durch das volkstümliche **Kirchenlied**. Bekanntlich betätigte sich Martin Luther (1483–1546) ja selbst als geistlicher Dichter, und zwar mit großem und nachhaltigem Erfolg. Das bedeutendste literarische Werk der Epoche war indessen seine **Bibelübersetzung** ins Deutsche. Im Jahr 1522 erschien das Neue Testament, im Jahr 1534 die gesamte Heilige Schrift. Sie wurde die wichtigste Grundlage für die neuhochdeutsche Schriftsprache. Das übrige Schrifttum der Reformationszeit stand sehr stark im Dienst der religiösen Propaganda aus evangelischer oder katholischer Sicht. Dies schmälerte seine Bedeutung für die Zukunft.

Die Literatur des **Barock** zeigte vor allem zwei widerstreitende Grundtendenzen: Dem Zeitgeschmack entsprechend bot sie inhaltlichen und sprachlichen Überschwang, Fülle und zur Schau getragene Heiterkeit. Zugleich aber spiegelten sich in zahlreichen Werken Weltflucht und religiöse Versenkung. Sicher war beides die Reaktion auf die schrecklichen Ereignisse des Dreißigjährigen Krieges (1618–1648). Nun galt es nachzuholen, was über eine Generation versäumt worden war. Luxus und Glanz prägten vor allem das Leben an den fürstlichen Höfen. Andererseits hatte der Krieg den Menschen die Eitelkeit (lat. »vanitas«) alles Irdischen vor Augen geführt und von Neuem den Blick auf das Leben nach dem Tod geöffnet. In diesem Sinne wurde Andreas Gryphius (1616–1664) zum Chronisten seiner Zeit:

Tränen des Vaterlandes

Wir sind doch nunmehr ganz, ja mehr denn ganz verheeret!
Der frechen Völker Schar, die rasende Posaun,
Das vom Blut fette Schwert, die donnernde Karthaun
Hat aller Schweiß und Fleiß und Vorrat aufgezehret.

Die Türme stehn in Glut, die Kirch ist umgekehret,
Das Rathaus liegt im Graus, die Starken sind zerhaun,
Die Jungfraun sind geschändt, und wo wir hin nur schaun,
Ist Feuer, Pest und Tod, der Herz und Geist durchfähret.

Hier durch die Schanz und Stadt rinnt allzeit frisches Blut;
Dreimal sind's schon sechs Jahr, als unsrer Ströme Flut,
Von Leichen fast verstopft, sich langsam fortgedrungen;

Doch schweig ich noch von dem, was ärger als der Tod,
Was grimmer denn die Pest und Glut und Hungersnot:
Dass auch der Seelen Schatz so vielen abgezwungen.

Neben Gryphius sind u. a. die Dichter Paul Fleming, Friedrich von Spee und Paul Gerhardt zu nennen. Als herausragendes Romanwerk und Zeitgemälde gilt »Der abenteuerliche Simplicissimus Teutsch« von Hans Jakob von Grimmelshausen (um 1625-1676). Ein Bauernjunge verliert durch den Krieg seine Eltern und seine Heimat. Er wird ein berühmter, aber zugleich auch berüchtigter Soldat, der sich gewissenlos an dem allgemeinen Morden und Brandschatzen beteiligt. Zu guter Letzt flieht er aus der Welt, um in der Einsamkeit des Waldes als frommer Klausner zu leben.

Verschiedene Barockdichter des Auslands zählen zur Weltliteratur. Sie erlangten auch große Bedeutung für die deutsche Dichtung. Das gilt vor allem für den Engländer William Shakespeare (1564-1616). Reisende englische Komödianten brachten seine Dramen nach Deutschland, allerdings sprachlich und inhaltlich verflacht und verfälscht. Wirkungsvoll wurden sie dadurch, dass deutsche Dichter von Rang immer wieder auf ihren besonderen literarischen Wert hinwiesen, so etwa Johann Georg Hamann, Johann Gottfried Herder, Johann Wolfgang Goethe und die Brüder August Wilhelm und Friedrich von Schlegel. Die für lange Zeit maßgeblichen Übersetzungen der shakespeareschen Dramen stammten von dem Dichter Christoph Martin Wieland (1733-1813) aus der Zeit zwischen

1762 und 1766. Als klassische Übersetzungen gelten immer noch die von August Wilhelm von Schlegel (1767–1845), Dorothea Tieck (1799–1841) und Wolf von Baudissin (1789–1878), die in den Jahren zwischen 1825 und 1833 von Ludwig Tieck (1773–1853) herausgegeben wurden.

Das europäische **Schauspiel** geht auf das griechische zurück. Es war in klassischer Zeit Teil des religiösen Kults. In Gesängen zu Ehren des Wein- und Fruchtbarkeitsgottes Dionysos standen sich ein Chor und ein Vorsänger gegenüber. Die erste **Tragödie** (griech. »Bocksgesang«, »Gesang bei der Opferung eines Bockes«) im eigentlichen Sinn dichtete der Grieche Thespis nach 550 v. Chr. Er gab den Chormitgliedern und Schauspielern Masken mit menschlichen Zügen.

Die Tragödiendichter Aischylos (525–456 v. Chr.), Sophokles (496–405 v. Chr.), Euripides (480–406 v. Chr.) sowie der Komödiendichter Aristophanes (um 445–385 v. Chr.) markierten den klassischen Höhepunkt des griechischen Schauspiels. Die Aufführungen fanden zunächst am Südhang der Akropolis in einem dreiviertelrunden Theater mit hölzernen Sitzstufen statt. Die Schauspieler, die sich vor der Fassade eines Palastes oder mehrerer Häuser, unter Umständen auch vor einem ländlichen Hintergrund bewegten, trugen mit Schalltrichtern versehene Masken und erhöhte, stelzenartige Stiefel (Kothurne). Die Auslagen für die Aufführung wurden von reichen Bürgern getragen. Nach wie vor bestand ein enger Zusammenhang mit dem Götterkult, insofern als die Götter – wenn auch nicht sichtbar – im Drama mithandelnd anwesend waren. Schaudernd erlebte z. B. das Publikum in einer Tragödie des Sophokles, wie der mächtige König Ödipus für seine Blindheit und Überheblichkeit (»Hybris«) von den Göttern bestraft wurde. Am Ende der Tragödie zieht der Chor der thebanischen Greise Bilanz:

> Kann man fortan einen Menschen
> Glücklich nennen, der noch nicht

Seine ganze Bahn durchmessen
Ohne Kummer, ohne Leid?[18]

Unabhängig vom klassischen griechischen Drama, das in Rom weitergelebt hatte, entwickelten sich im **Mittelalter** die sogenannten **Mysterienspiele**. Die Inhalte liturgischer Texte und Gesänge wurden zur Veranschaulichung in oder später bei der Kirche gespielt. Dabei wurden die einzelnen Szenen immer üppiger ausgestaltet. Oft gab es auch heitere Einlagen. Beliebt waren die Mysterienspiele insbesondere an hohen kirchlichen Feiertagen, etwa zu Weihnachten oder in der Passions- und Osterzeit. Ursprünglich waren diese geistlichen Schauspiele in lateinischer Sprache abgefasst, seit dem 12. Jahrhundert aber auch in der Volkssprache.

Die Beschäftigung mit der Antike in der Renaissance bzw. im Humanismus leitete dann über zum neueren Drama, das im Barock und in den verschiedenen nationalen Klassiken seinen Höhepunkt erreichte.

Großen Einfluss auf das deutsche Theater hatten die französischen Dramatiker Pierre Corneille (1606–1684), Jean Baptiste Racine (1639–1699) und der Komödiendichter Jean Baptiste Poquelin genannt Molière (1622–1673). Der Philosophie- und Literaturprofessor Johann Christoph Gottsched (1700–1766) empfahl deren klassizistische Stücke als Muster für das deutsche Theater. Sein Verdienst war es, dass an die Stelle der platten und oft anzüglichen Unterhaltung im Theater wieder literarisch anspruchsvollere Werke traten. Allerdings erntete Gottsched, der als Anhänger der **Aufklärung** in der Dichtkunst eine handwerkliche, nach Regeln zu erlernende Fertigkeit sah, bald entschiedenen Widerspruch. Dieser wurde insbesondere von Gotthold Ephraim Lessing (1729–1781) vorgetragen. Er stellte das deutsche Theater – vor allem durch seine »Hamburgische Dramaturgie« – auf ein neues Fundament. Der literarische Wert eines Stückes ließ sich nach seiner Auffassung nicht an der Regelmäßigkeit des Aufbaus, sondern nur an seiner Wirkung messen. Er wurde dadurch zum maßgeblichen Vertreter der sogenannten **Wirkungspoetik**.

Lessing schrieb auch selbst Theaterstücke. In dem dramatischen Gedicht »Nathan der Weise« (1779) befasste er sich mit den Unterschieden der Hochreligionen. Nach seiner Ansicht war es zweitrangig, welchem Bekenntnis ein Mensch angehört. In seinem Handeln erweise er sich und damit seine Religion als gut. Das Stück ist ein eindrucksvoller Aufruf zu religiöser Toleranz (vgl. S. 401 f.).

Bis in diese Zeit waren im Drama nur hoch stehende Persönlichkeiten als Hauptpersonen vorgeführt worden. Lessing schrieb mit »Miss Sara Sampson« (1755) und »Emilia Galotti« (1772) zwei erste **bürgerliche Trauerspiele**, in denen die aufsteigende Gesellschaftsschicht durch die Protagonisten verkörpert war. Die Literatur wurde zum Kampfmittel gegen den politisch und sozial privilegierten Adel. Bürgerliche Tugendhaftigkeit stand gegen Verderbtheit und Machtmissbrauch.

Die kühle, verstandesmäßige Dichtart der Aufklärung stieß auf die entschiedenste Ablehnung durch eine Gruppe junger Dichter. Die neue Epoche wurde nach einem Drama von Friedrich Maximilian Klinger (1752-1831) als »**Sturm und Drang**« bezeichnet. Sie betonte die Bedeutung des Gefühls, der Natur und des menschlichen Genies. Johann Gottfried Herder (1744-1803) hatte die Bewegung vorbereitet. Neben Friedrich Maximilian Klinger und Jakob Michael Reinhold Lenz (1751-1792) gehörten ihr der junge Johann Wolfgang Goethe (1749-1832) und der junge Friedrich Schiller (1759-1805) an. Goethe schuf z. B. mit dem »Götz von Berlichingen« und »Die Leiden des jungen Werthers«, Schiller mit »Die Räuber« bedeutende Sturm-und-Drang-Werke. Nur diesen beiden Vertretern gelang jedoch der Wandel zu Dichtern der Klassik.

Goethe, der aus einer Frankfurter Patrizierfamilie stammte, wandelte sich unter dem Einfluss Herders in seiner Straßburger Studentenzeit zum echten Dichter. In der Lyrik gelang ihm der schlichte, persönliche Ausdruck seelischer Zustände, z. B. in seinem Gedicht »Willkommen und Abschied« (1771 bzw. 1789). Von seinen

Dramen wurde »Iphigenie auf Tauris« (1787) das Musterbeispiel eines klassischen Werkes. Es vereinte im Sinn der **Klassik** einen aus der Antike überlieferten Stoff, die edle Gesinnung der Hauptperson und die Gesetzmäßigkeit der Form.

Mit dem »Faust« (1772–1832) schuf Goethe die alle bekannten Formprinzipien durchbrechende Tragödie des »faustischen Menschen«, der in seinem Drang, zu erkennen und zu erleben, kein Ziel findet. Der Herr und Mephistopheles haben ein Wette geschlossen, wem von beiden Fausts Seele nach dem Tod gehören soll. Dieser ahnt nichts davon, schließt aber mit Mephistopheles nun seinerseits einen Vertrag, nachdem es ihm durch Wissenschaft und Magie nicht gelungen ist, die Urgründe des Seins zu erkennen:

> »Werd ich zum Augenblicke sagen:
> Verweile doch! Du bist so schön!
> Dann magst du mich in Fesseln schlagen,
> Dann will ich gern zugrunde gehen!«[19]

Faust lernt durch die Hilfe des Teufels die tugendreine Margarete (Gretchen) kennen. Er verführt sie und ist indirekt daran schuld, dass sie zur Kindsmörderin wird. Um zu vergessen, lässt er sich von Mephistopheles weiter durch alle möglichen seichten Zerstreuungen schleppen. Am Ende seines Lebens verliert er die mit dem Teufel geschlossene Wette, weil er zum ersten Mal mit dem, was vermeintlich um ihn herum geschieht, zufrieden ist. Doch seine Seele wird auf die Fürsprache Margaretes hin gerettet.

Der andere große Klassiker war Friedrich Schiller, der in Marbach am Neckar als Sohn eines württembergischen Offiziers geboren wurde. Anders als bei Goethe war seine Lyrik weniger von subjektiven Empfindungen als von Ideen bestimmt. Man bezeichnet sie deshalb als Gedankenlyrik. Sein Interesse als Dramatiker galt vorwiegend der Geschichte und den sich darin verkörpernden Ideen. »Don Carlos«, »Maria Stuart« und »Wilhelm Tell« sind dafür kennzeichnende Beispiele. In seiner »Wallenstein«-Trilogie (1799) zeigte er aber auch die große geschichtliche Persönlichkeit, die von der Macht verführt wurde:

»Denn seine Macht ist's, die sein Herz verführt,
Sein Lager nur erkläret seine Verbrechen.«[20]

Schließlich wird Wallenstein von der Übermacht der Realität bezwungen und durch seine Widersacher ermordet.

Die bedeutenden Dichter Friedrich Hölderlin (1770–1843) und Heinrich von Kleist (1777–1811) standen bereits auf der Schwelle zu einer neuen literarischen Epoche. Hölderlin gestaltete die Sehnsucht nach dem Göttlichen in einer gottfern nüchternen Welt. Kleist umschrieb mit seinem Drama »Prinz Friedrich von Homburg« den Zwiespalt zwischen den Ansprüchen des romantischen Ichs und des Gehorsam fordernden preußischen Staates. Von ihn stammt auch die Komödie »Der zerbrochene Krug«, die nach Lessings »Minna von Barnhelm« als der zweite Höhepunkt der deutschen Lustspieldichtung gilt.

Die kurz vor 1800 einsetzende **Romantik** forderte neuen Raum für das Irrationale im Menschen, für Gefühl, Glauben und Fantasie. Ihre Themen wählte sie bevorzugt aus Geschichte, Religion und Märchen. Das organisch Gewordene galt ihr als besonders wertvoll. Dazu gehörten die einzelnen Völker in ihrer individuellen Unterschiedlichkeit und deren kulturelles Erbe. Die Beschäftigung damit förderte die Entfaltung zahlreicher historischer Wissenschaften, vor allem der Geschichtswissenschaft und der Sprachwissenschaften, u.a. auch der Germanistik. Allerdings legte die romantische Bewegung auch die Fundamente für ein übersteigertes, aggressives Nationalbewusstsein, den **Nationalismus**. Das galt beispielsweise für Deutschland und die slawischen Völker des Ostens und des Südostens.

Romantische Gefühlsinnigkeit fand vor allem in der **Lyrik**, in Gedichten von Friedrich von Hardenberg, genannt Novalis (1772–

1801), Clemens Brentano (1778–1842) und Joseph von Eichendorff (1788–1857) ihren Niederschlag. Davon abgesehen haben sich nur sehr wenige romantische Werke, einige Novellen (Eichendorff: »Aus dem Leben eines Taugenichts«), aber eigentlich kein einziges Schauspiel, bis in unsere Zeit hinein behaupten können.

In der Zeit der Romantik entstand die wohl bedeutendste Sammlung von **Märchen** in Deutschland. Im Jahr 1812 erschienen die »Kinder- und Hausmärchen« der Brüder Jacob (1785–1863) und Wilhelm Grimm (1786–1859). Hierbei handelt es sich um sogenannte Volksmärchen, die von den beiden Gelehrten gesammelt und für den Druck bearbeitet worden waren. Volksmärchen sind oft sehr alt und reichen bis in vorliterarische Zeiten zurück. In ihrer charakteristischen stilistischen Form künden sie vom Verhältnis der Menschen zu geheimnisvollen hilfreichen oder bedrohlichen Mächten. Letzten Endes wird das Böse bestraft und das Gute belohnt (»Hänsel und Gretel«, »Sterntaler«). Die Märchen sind Ausdruck einer mythischen Weltsicht und eines überindividuellen seelischen Geschehens.

Schon früh im 19. Jahrhundert vollzog sich eine stärkere Hinwendung der Literatur zur Wirklichkeit. Sie leitete die Epoche des **Realismus** ein. Die Veränderung der Lebensverhältnisse durch Technik und Naturwissenschaften, aber auch durch die Politik und die Philosophie erforderten eine Neubesinnung. Schon bei Heinrich Heine (1797–1856) wurde die romantische Stimmung durch Ironie zerstört. Nun klangen politische und soziale Themen an.

Die schlesischen Weber

Im düstern Auge keine Träne,
Sie sitzen am Webstuhl und fletschen die Zähne:
Deutschland, wir weben dein Leichentuch,
Wir weben hinein den dreifachen Fluch –
Wir weben, wir weben! (...)

Politisches und soziales Engagement vertraten vor allem die Dichter des **Jungen Deutschland**. Besonders entschieden zeigte sich das bei Georg Büchner (1813–1837). Seine Dramen »Dantons Tod« und »Woyzeck« zeigten bereits naturalistische Züge. Der Mensch, hier der französische Revolutionär Danton und der arme, geschundene Soldat Woyzeck, ist nicht mehr frei in seinen Entscheidungen, wie es ihm die Klassik unterstellt hatte. Vielmehr wird er in seinem Handeln, Denken und Empfinden durch das Milieu, dem er entstammt und in dem er lebt, sowie durch seine Erbanlagen bestimmt (Determinismus).

Die seit der Mitte des 19. Jahrhunderts vorherrschende literarische Richtung des **poetischen Realismus** ging aber wieder ein Stück weit hinter die Auffassungen Büchners zurück. Zwar spiegelte auch sie ein verändertes Welt- und Menschenbild, doch wurde sie den revolutionären Wandlungen durch die Industrialisierung nicht gerecht. Noch waren die hässlichen Seiten der Entwicklung nicht literaturfähig. Die realistische Literatur beschränkte sich auf die oberen Schichten der Bevölkerung und übersah dabei den vierten Stand. »Wohl ist das Motto des Realismus der Goethesche Zuruf:

›Greif nur hinein ins volle Menschenleben,
Wo du es packst, da ist's interessant‹,

aber freilich, die Hand, die diesen Griff tut, muss eine künstlerische sein.«[21]

Im Übrigen besaß die Literatur des poetischen Realismus eine ungewöhnliche Fülle und Breite, auch eine große landsmannschaftliche Vielfalt. Im Süden des deutschen Sprachraums dichteten die Schweizer Gottfried Keller (1819–1890) und Conrad Ferdinand Meyer (1825–1898), im Norden Theodor Storm (1817–1888) und Wilhelm Raabe (1831–1910), um nur wenige Namen zu nennen. Den vielleicht kritischsten Blick für soziale Gegebenheiten – trotz der genannten Einschränkung – besaß Theodor Fontane

(1819–1898). Er hat ein außerordentlich farbiges und treffendes Gemälde der bürgerlichen und adeligen Gesellschaft des späten Preußens geschaffen, z. B. in »Frau Jenny Treibel«, »Effi Briest« und »Der Stechlin«.
Der realistischen Literatur ist auch die Heimatdichtung des 19. Jahrhunderts zuzurechnen. Zum Lokalkolorit gehörte oft die Verwendung der Mundart, z. B. bei Ludwig Anzengruber, Ludwig Thoma, Klaus Groth oder Fritz Reuter.

Der **Naturalismus** verstand sich als etwas revolutionär Neues, setzte aber zugleich die im Realismus angelegten Tendenzen fort. Natur wurde nun als gesellschaftliche und biologische Wirklichkeit verstanden. Der Mensch handelte nicht aus freiem Willen, sondern unter dem Zwang der Umstände, seines Milieus und seiner Veranlagung. Die materialistische Philosophie, der Sozialismus von Karl Marx und neue biologische Erkenntnisse, vor allem die Abstammungslehre von Charles Darwin (1809–1882) und die Vererbungslehre von Gregor Mendel (1822–1884), bildeten den ideologischen Hintergrund dieser literarischen Richtung.

Bedeutende ausländische Vertreter waren z. B. der Franzose Émile Zola (1840–1902, »Germinal«) und der Norweger Henrik Ibsen (1828–1906, »Nora«). In Deutschland erzielte nur Gerhart Hauptmann (1828–1946) dauerhafte Wirkung. Streng naturalistisch war sein erstes Drama »Vor Sonnenaufgang« (1889), das sich mit den Schattenseiten der frühen Industrialisierung und den Gefahren des Alkoholismus befasst. Als künstlerisch reifer gelten aber »Die Weber« (1892), »Rose Bernd«, »Die Ratten« und die großartige Diebeskomödie »Der Biberpelz«. Der geschichtliche Hintergrund der »Weber« war eine Hungerrevolte in Schlesien: Im Jahr 1844 erhoben sich die schlesischen Heimweber gegen die billigere Konkurrenz der neu entstandenen Textilfabriken. Der Aufstand wurde von preußischem Militär blutig erstickt.

Zum Umkreis des Naturalismus gehört die frühe **Arbeiterliteratur**. Sie wurde u. a. durch Karl Bröger (1886–1944) und Heinrich

Lersch (1889–1936) vertreten. Sie setzte sich im 20. Jahrhundert in der Literatur der Arbeitswelt bzw. im sozialistischen Realismus fort, der von sozialistisch-kommunistischer Seite propagiert wurde.

Seit dem Ende des 19. Jahrhunderts standen mehrere literarische Richtungen nebeneinander. Eine ungewöhnlich große, aber letzten Endes doch nur kurze Breitenwirkung erlangte vor dem Ersten Weltkrieg der **Expressionismus**. Viele junge Künstler hatten das Empfinden, dass die Gesellschaft erstarrt und die Kultur unschöpferisch geworden sei. Ein neuer Aufbruch schien unumgänglich. Der Geist sollte die überholten Konventionen sprengen und eine neue Menschlichkeit, einen neuen schöpferischen Menschen ermöglichen. Naturgemäß wandte sich diese Bewegung auch gegen den Naturalismus, der den Menschen als unfreies, von Milieu und Abstammung determiniertes Wesen definiert hatte.

Von den Dramen dieser Zeit werden heute nur noch einige gespielt, etwa die von Frank Wedekind (1864–1919,»Frühlings Erwachen«), Georg Kaiser (1878–1945, »Die Bürger von Calais«) und Carl Sternheim (1878–1942, »Bürger Schippel«). Sehr kunstvoll und melodiös gerieten manche Gedichte von Georg Trakl (1887–1914, »Verklärter Herbst«) und Georg Heym (1887–1912), auch wenn hier immer wieder Tod und Krieg, Vermassung und Verfall thematisiert werden. Andere Dichter, z. B. August Stramm (1874–1915), zerstörten bewusst die überkommenen Sprachstrukturen und Symbole:

Patrouille[22]

Die Steine feinden
Fenster grinst Verrat
Äste würgen
Berge Sträucher blättern raschlig
Gellen
Tod.

Wohlklang und künstlerische Vollkommenheit erstrebte die Lyrik Stefan Georges (1868-1933), Hugo von Hofmannsthals (1874-1929) und Rainer Maria Rilkes (1875-1926). Unter dem Einfluss der französischen **Symbolisten** wollten sie eine »poésie pure« (reine Dichtung) schaffen, eine Dichtung, die sich bewusst von den Zeitproblemen fernhielt. Diese Art zu dichten fand bis in die Fünfzigerjahre des 20. Jahrhunderts zahlreiche Nachahmer. Im Gegensatz zur »poésie engagée« (engagierte Dichtung), die sich bewusst politischen und sozialen Themen widmete und sich in die Verhältnisse einmischte, suchte sie nach den schrecklichen Ereignissen der beiden Weltkriege Ruhe und seelische Ausgeglichenheit. Die Linie reicht von Hermann Hesse (1877-1962) über Joseph Weinheber (1892-1945) bis Werner Bergengruen (1892-1964).

Die Auseinandersetzung mit der Realität in der Literatur ging indessen ununterbrochen weiter, auch wenn sich die Darstellungsweise wandelte. Der Romancier Thomas Mann (1875-1955) betrachtete das zu Ende gehende bürgerliche Zeitalter mit einer Mischung von Sympathie und Resignation. Diese Einstellung findet in »Die Buddenbrooks« oder »Der Zauberberg« Ausdruck. In den monumentalen Romanen werden der Verfall einer über Generationen erfolgreichen und mächtigen Lübecker Kaufmannsfamilie und die fast perverse Idylle und Weltferne in einer schweizerischen Lungenklinik geschildert.

Der Bruder Heinrich Mann (1871-1950) prangerte in seinen Romanen die Verlogenheit der bürgerlichen Welt an und nahm damit eine entschieden politische Haltung ein, so in »Professor Unrat« (verfilmt als »Der blaue Engel«) oder in »Der Untertan«. In diesem Roman wird eine angeblich typisch deutsche Verhaltensweise karikiert. Diederich Hessling begegnet der Obrigkeit mit Unterwürfigkeit und Schmeichelei. Gegenüber seinen Untergebenen verhält er sich herrisch und gewalttätig.

In der Zwischenkriegszeit verbanden sich expressionistische Formvorstellungen, auch die Lust am Experimentieren, mit der naturalistischen Auffassung vom Menschen. In dem Roman »Berlin Alexanderplatz« von Alfred Döblin (1878–1957) ist nicht Franz Biberkopf, die Hauptperson, der eigentlich Handelnde, sondern die Großstadt Berlin. Die Verführungen und Zwänge sind so übermächtig, dass er ihnen unterliegt.

Für den Marxisten Bertolt Brecht (1898–1956) ist das Wesen des Menschen Ausdruck der materiellen, ökonomischen Verhältnisse. Seine Stücke zielen auf eine grundlegende, revolutionäre Veränderung. Nur so werde ein menschenwürdiges Dasein auf Dauer möglich. Das zeigt sich z. B. in »Die Dreigroschenoper« (1928), »Mutter Courage und ihre Kinder« (1941) und »Leben des Galilei« (1943).

Für das moderne Schauspiel wurde auch die Theorie vom **epischen Theater** sehr wichtig. Sie war nicht von Brecht erfunden, wohl aber weiterentwickelt und popularisiert worden. Der Zuschauer sollte durch dramaturgische Mittel, etwa den Verfremdungseffekt, durch Songs und Projektionen daran gehindert werden, sich emotional mit dem Bühnengeschehen zu identifizieren. Die so erzeugte Distanz gab ihm die Möglichkeit, sich kritisch damit auseinanderzusetzen, nach Lösungsmöglichkeiten zu forschen und selbst verändernd aktiv zu werden.

Die Bindung des Menschen an nicht mehr erkennbare, bedrohliche Mächte ist Thema im Werk des aus einer jüdischen Prager Familie stammenden Franz Kafka (1883–1924). Seine oft surrealistische Darstellungsweise von ungewöhnlicher Intensität wurde in Deutschland erst nach dem Zweiten Weltkrieg einem breiteren Publikum bekannt. In »Der Prozess« wird Josef K. verhaftet, verurteilt und hingerichtet, ohne dass er den Grund dafür jemals erfährt. In »Die Verwandlung« (postum 1925) wird Gregor zum hilflosen und hässlichen Käfer. Er stirbt an einer Wunde, die ihm der Vater zugefügt hat. Alle Familienmitglieder fühlen sich befreit, als das ekelerregende Tier entsorgt worden ist.

Während der **nationalsozialistischen Zeit** zwischen 1933 und 1945 wurde die zeitgenössische experimentelle Literatur geächtet und durch Bücherverbrennungen öffentlich vernichtet. Viele Autoren verließen Deutschland und gingen ins Exil, z. B. Bertolt Brecht, Alfred Döblin, Lion Feuchtwanger (1884–1958, »Exil«), Heinrich Mann, Thomas Mann, Erich Maria Remarque (1898–1970, »Im Westen nichts Neues«), Anna Seghers (1900–1983, »Das siebte Kreuz«), B. Traven (vermutlich 1890–1969, »Das Totenschiff«), Kurt Tucholsky (1890–1935, »Rheinsberg«), Franz Werfel (1890–1945, »Das Lied von Bernadette«), Arnold Zweig (1887–1968, »Der Streit um den Sergeanten Grischa«) und Stefan Zweig (1881–1942, »Schachnovelle«). Auch war Deutschland von der Entwicklung der modernen Literatur im Ausland abgeschnitten. Erst nach dem Zweiten Weltkrieg wurden die Werke namhafter Autoren, z. B. Ernest Hemingway (1899–1961) und Jean-Paul Sartre (1905–1980), einem breiteren Publikum bekannt.

Die sogenannte »**Blut-und-Boden-Literatur**« entsprach den weltanschaulichen Erwartungen der politischen Machthaber. Hier wurde das bodenständige, gesunde und selbstbewusste Bauerntum heroisiert. Dabei wurden inhaltliche und gestalterische Tendenzen aufgenommen, die es bereits im 19. und im frühen 20. Jahrhundert in der realistischen, heimatbezogenen Literatur gegeben hatte (z. B. Hermann Löns, 1866–1914, »Der Wehrwolf«). Die »Blut-und-Boden-Literatur« war insofern anachronistisch, als die Entwicklung von Technik und Industrie – auch mit dem Blick auf den bevorstehenden Krieg – die Gesellschaft nachhaltig prägte und veränderte.

Auch nach dem Zweiten Weltkrieg ist eine Vielfalt literarischer Strömungen nebeneinander zu beobachten. Mit den Erfahrungen des Krieges und der frühen **Nachkriegszeit** befassten sich unter vielen anderen Wolfgang Borchert (1921–1947) und Heinrich Böll (1917–1985, »Der Zug war pünktlich«). Borchert wurde zum Sprecher der »verlorenen Generation«. In seinem Schauspiel »Draußen vor der Tür« (1947) schildert er das Schicksal des verwundeten Kriegsheimkehrers Beckmann, der nirgendwo Aufnahme findet.

Eine große Gruppe kritischer Autoren verband die Schilderung der Wirklichkeit mit experimentellen Darstellungsformen. Dazu gehörten die sehr erfolgreichen Schweizer Max Frisch (1911–1991) und Friedrich Dürrenmatt (1921–1990). Das Hauptthema Frischs ist die Unmöglichkeit, die menschliche Identität zu fassen. Extreme Beispiele sind sein Schauspiel »Biographie« oder auch der Roman »Stiller«. Sie leiten über zum **absurden Theater**, das vor allem durch den französisch schreibenden Rumänen Eugène Ionesco (1909–1994) repräsentiert wurde. Ein deutsches Beispiel ist das Stück »Die Verspätung« von Wolfgang Hildesheimer (1916–1991).

Viele der zeitkritischen Autoren sammelten sich in der **Gruppe 47**. Sie prägte den Literaturbetrieb der Fünfziger- und Sechzigerjahre nachhaltig. Bekannte Mitglieder dieses von Hans Werner Richter begründeten und geleiteten literarischen Zusammenschlusses waren u. a. Alfred Andersch, Ingeborg Bachmann, Johannes Bobrowski, Heinrich Böll, Paul Celan, Günter Eich, Hans Magnus Enzensberger, Günter Grass, Peter Handke, Helmut Heißenbüttel, Wolfgang Hildesheimer, Walter Jens, Uwe Johnson, Siegfried Lenz, Martin Walser und Peter Weiss.

Mit den Darstellungsmitteln des **epischen Theaters** drängten Peter Weiss (1916–1982) und Rolf Hochhuth (geb. 1931) auf die Veränderung der Gesellschaft. Eine sehr kritische Bestandsaufnahme findet sich auch in den Romanen von Günter Grass (geb. 1927, »Die Blechtrommel«) und Martin Walser (geb. 1927, »Ehen in Philippsburg«).

Neben der eher experimentellen Literatur hat sich auch die konventionelle Erzählungs- und Darstellungsweise erfolgreich behauptet. Eine Zwischenstellung nehmen z. B. die Autoren Carl Zuckmayer (1896–1977) und Siegfried Lenz (geb. 1926) ein. In seinem Theaterstück »Des Teufels General« zeigte Zuckmayer am Beispiel des Fliegergenerals Harras, wie der Einzelne der Verführung durch das diktatorische, menschenverachtende Regime erliegt und in eine letztlich ausweglose Lage gerät. Lenz' Roman »Deutschstunde« (1968) schildert das zutiefst zwiespältige Verhalten eines Polizeibeamten, der das Malverbot für den mit ihm befreundeten Maler Nansen – das Vorbild war Emil Nolde – überwachen soll. Die verordnete, bedingungslose Pflichterfüllung siegt über das Gebot der Menschlichkeit.

In der DDR wie in den anderen kommunistisch regierten Ländern wurde der **sozialistische Realismus** zur bestimmenden Kultur- und Literaturdoktrin. Er geht zurück auf Äußerungen von Karl Marx und wurde im Jahr 1932 vom Zentralkomitee der KPdSU als Richtlinie für Literatur und Kunst beschlossen. Im Jahr 1934 übernahm der neu gegründete sowjetische Schriftstellerverband diese Lehre. In seinen Statuten hieß es u. a.: »Wahrheitstreue und historische Konkretheit der künstlerischen Darstellung müssen mit den Aufgaben der ideologischen Umformung und Erziehung der Werktätigen im Geiste des Sozialismus abgestimmt werden.« An der Proklamation hatte der russische Schriftsteller Maxim Gorki (1868–1936, »Die Mutter«) entscheidenden Anteil.

Der sozialistische Realismus ist, entsprechend dem marxistischen Menschen- und Geschichtsbild, durch eine optimistische und parteiische Grundhaltung gekennzeichnet. Er zeigt den Menschen, insbesondere den Proletarier, in seiner alltäglichen Lebensumwelt, wo er die Entwicklung zum Sozialismus vorantreibt und sich als Held verwirklicht.

Nicht unerwähnt soll die sogenannte **Trivialliteratur** bleiben, die das Lesebedürfnis von Millionen meist inhaltlich und formal anspruchslosen Lesern befriedigt. Die Autoren und die Verlage bevorzugen bewährte Klischees und bedienen damit die emotionalen Erwartungen des Publikums. Die oft – aber keineswegs immer – in Heftform verbreiteten Geschichten gliedern sich in Liebes-, Heimat-, Kriminal-, Western-, Zukunfts- (Science-fiction-), Fürsten-, Arzt- und Landserromane.

Der **Comic** (engl. »comic strip« = humorvoller Streifen) erzählt eine Geschichte in – zumeist gezeichneten – Bildfolgen. Allerdings müssen die Geschichten keineswegs immer lustig sein. Der Begriff entstand am Ende des 19. Jahrhunderts in Amerika. Seit dieser Zeit wurde in den gedruckten Bilderfolgen auch die Sprechblase verwendet.

Sehr erfolgreiche Comics waren die heiteren »Mickey Mouse«-Geschichten, die seit 1930 im Auftrag von Walt Disney (1901–1966) erschienen. In Frankreich (und auch in Deutschland) wurden seit 1959 die »Asterix«-Geschichten, die den Kampf des Galliers Asterix gegen die Römer schildern, sehr populär. Sie stammten von René Goscinny (1926–1977) und dem Zeichner Albert Uderzo (geb. 1927). Allerdings widmete sich der Comic mehr und mehr auch ernsten Themen (Familienkonflikte, Krieg und Rassismus, geschichtliche Ereignisse). Nicht zufällig wurde er in der zweiten Hälfte des 20. Jahrhunderts oft zur Kultlektüre für junge Intellektuelle.

Farben und Formen
Malerei und bildende Kunst

Sehr früh formte der Mensch Gegenstände und Bilder, die wir als Kunstwerke verstehen. Die frühesten, die wir kennen, sind etwa 30 000 Jahre alt und stammen aus Höhlen der Schwäbischen Alb. Die frühen Kunstwerke zeugen von Einfallsreichtum und Fantasie, aber auch von handwerklicher Geschicklichkeit. Darauf deutet der Begriff »Kunst« hin. Dieses Substantiv ist vom Verb »können« abgeleitet. Oft ist eine unmittelbare Zweckbestimmung nicht zu erkennen. Das Schöne wird um seiner selbst willen geschaffen.

Sicher hatten die Kunst und das Kunstwerk zunächst sehr oft, vielleicht sogar in der Regel einen religiösen Hintergrund. Die aus Stein oder aus Knochen angefertigten Figuren verkörperten ge-

Malerei und bildende Kunst

heimnisvolle Kräfte. Die in Stein gemeißelten, in Horn oder Holz geritzten oder auf Wände gemalten Bilder, z. B. die etwa 15 000 Jahre alten **Höhlenmalereien** von Altamira in Spanien, dienten dem Zauber und versprachen Glück bei der Jagd.

Hinzu kam das Bedürfnis, sich selbst zu schmücken. Früh gab es kunstvolle Schmuckstücke aus Gold und Edelsteinen sowie aus anderen geeigneten Materialien. Gegenstände der unmittelbaren Lebensumwelt, Waffen und Werkzeuge, Töpfer- und Webwaren wurden reich und geschmackvoll verziert.

Bei allen Völkern dieser Erde gibt es mehr oder weniger entfaltete Formen der Kunst. Mit Bewunderung betrachten wir noch immer das, was in frühen Kulturen, z. B. in Mesopotamien, in Ägypten oder im alten China geschaffen wurde. Faszinierend sind die Zeugnisse der griechischen Kunst, vor allem aus der klassischen Zeit, und manches, das uns die Römer hinterlassen haben.

Aus germanischer Zeit ist vergleichsweise wenig bekannt. Ein neuer Anfang wurde mit der Christianisierung gemacht. Es versteht sich von selbst, dass sich die Kunst nun der Verkündigung des göttlichen Wortes und der höheren Ehre Gottes widmete.

Auf deutschem Boden entwickelte sich die **Malerei** nur zögernd. Die Künstler sahen ihre Vorbilder zunächst vor allem in den Werken der christlichen Antike. In den Schreibstuben der Klöster, den Skriptorien, entstanden kunstvolle **Buchillustrationen**. In der Regel ist am charakteristischen Stil der Bilder zu erkennen, aus welchem Kloster sie stammen. Die Bilder wurden nach dem lateinischen Wort »minum« (Zinnoberrot) bzw. »miniare« (mit Zinnoberrot ausmalen) **Miniaturen** genannt, weil für Anfangsbuchstaben, Überschriften und auch für Illustrationen rote Farbe verwendet wurde. Bekannt ist das Evangeliar Kaiser Ottos III. (König/Kaiser 983/996–1002), das kurz vor der Jahrtausendwende auf der Bodenseeinsel Reichenau entstand.

Vom Ende des 9. oder aus dem 10. Jahrhundert sind erste **Wandgemälde** im Bodenseegebiet erhalten, so auf der Insel Reichenau

(Sankt Georg in Oberzell) und in Goldbach bei Überlingen (Kapelle Sankt Sylvester).

Tafelbilder waren in dieser frühen, romanischen Zeit offensichtlich sehr selten. Häufiger dürften **Glasmalereien** gewesen sein, die zur Verzierung von Kirchenfenstern dienten. Unbegrenzt haltbar waren die Farben, wenn sie in das Glas eingeschmolzen wurden. Im hohen Mittelalter und im Spätmittelalter, in der Zeit der **Gotik** also, erlebte die Kunst, bunte Fenster herzustellen, ihren Höhepunkt. Nun gab es große, längliche Fensterflächen, welche die Wucht und Schwere der Außenwände aufheben sollten. Sie messen in der Kathedrale von Chartres im Herzen Frankreichs z. B. 2000 Quadratmeter. Das Licht, das von außen in den Kirchenraum floss, erleuchtete Szenen aus der Bibel, Propheten und Heilige.

Die **Tafelmalerei** gewann erst im 14. Jahrhundert weitere Verbreitung, als neue Bindemittel für die Farben gefunden worden waren. An die Stelle der schwierig zu benutzenden harzigen Bindemittel, wie sie aus der byzantinischen Malerei überbracht waren, trat nun das Eigelb oder eine Mischung aus Eigelb und Feigenmilch. Als Malgrund dienten Holztafeln. Vor allem entstanden Bilder bzw. Bildfolgen für gotische Flügelaltäre. Noch standen die abgebildeten Personen zumeist vor einem ebenen, mit echter Goldfolie belegten Hintergrund. Für Wandmalereien boten die Kirchen kaum mehr Platz.

In der Spätgotik zeigte sich ein größerer Realismus in der Darstellung. Die Gestalten der frommen Überlieferung trugen bürgerliche Kleidung in bürgerlicher, dadurch allerdings auch anachronistischer Umgebung. In dieser Zeit gab es auch schon zahlreiche Beispiele rein weltlicher Malerei.

In gotischer Zeit, insbesondere im 13. Jahrhundert, erreichte auch die **Bildhauerkunst** einen frühen Höhepunkt. Sie hatte bis dahin schon eine längere Entwicklung hinter sich. Zur Zeit der Karolinger und Ottonen (8.–10. Jahrhundert) waren vor allem Kleinplastiken entstanden. Das änderte sich seit dem 11. Jahrhundert. Doch wurden größere Werke zumeist reliefartig gestaltet, was mit ihrer engen Einbindung in die Architektur kirchlicher Bauwerke zusammenhing. Sie dienten z. B. der Verzierung von Kirchenportalen, Chorschranken oder Taufsteinen. Aus der frühen Zeit sind nur verhältnismäßig wenige Holzplastiken erhalten. Doch dürfte ihre Zahl recht groß gewesen sein, weil Kruzifixe, Marien- und Heiligenbilder wohl zumeist aus Holz geschnitzt waren.

In gotischer Zeit löste sich die Plastik immer mehr aus der Wand heraus, obwohl sie auch jetzt noch architektonischen Zwecken diente. Besonders eindrucksvolle Beispiele finden sich an den Portalen gotischer Dome. An die Stelle romanischer Schlichtheit der Gestalten und der Ruhe des Ausdrucks traten nun Feinheit und Bewegung, die vor allem in den Gesichtszügen, der Körperhaltung und im Faltenwurf der Gewänder sichtbar wurden. Die beiden berühmten Standbilder der Ecclesia und der Synagoge am Südportal des Straßburger Münsters seien hier beispielhaft genannt.

Die Hochgotik im 14. Jahrhundert zeigte eine tiefe Vergeistigung der dargestellten Menschen. Dagegen erstrebte die spätgotische Bildhauerkunst – ähnlich wie die Malerei – eine größere Wirklichkeitsnähe. Sie ist u. a. an einer großen Zahl von Holzplastiken, die sich über die Jahrhunderte erhalten haben, abzulesen. Als Material wurde vorwiegend Lindenholz genutzt. Nach dem Schnitzen übernahm ein Fassmaler (»fassen« = farbig bemalen oder vergolden) oder der Bildhauer selbst die Aufgabe, die Figuren bunt zu bemalen und mit Blattgold zu belegen. Der neue Realismus der Zeit drückte sich darin aus, dass in den sogenannten Andachtsbildern der Kreuzestod Christi in seiner ganzen Qual dargestellt wurde. Ähnliches gilt für die Vesperbilder (Pietà), bei denen Maria nach der Kreuzesabnahme ihren toten Sohn auf dem Schoß hält.

In spätgotischer Zeit schufen Veit Stoß (um 1447–1533) und Tilman Riemenschneider (um 1460–1531) Kunstwerke von einmaliger Aussagekraft und höchster handwerklicher Vollkommenheit. Dazu gehören der »Englische Gruß« in der Lorenzkirche in Nürnberg und der »Heiligblutaltar« in der Sankt Jakobskirche in Rothenburg ob der Tauber.

Die **Malerei** erhielt neue, revolutionäre Anstöße aus **Italien**. Der Florentiner Giotto di Bondone (1266–1337) löste sich von den gotischen Vorbildern, indem er die Figuren realistisch gestaltete und sie gleichzeitig vor einen echten Hintergrund mit Landschaft und Himmel stellte, nicht mehr nur vor eine mit Goldfolie belegte Fläche. Andere Maler folgten ihm auf diesem Weg. Vermutlich erfand Filippo Brunelleschi (1377–1446) um 1420 die Bildkomposition mit Hilfe der **Zentralperspektive**. Sie wurde von Tommaso Masaccio (1401–1428) in die Malerei eingeführt. Anatomische Studien ermöglichten eine naturgetreue Darstellung von Menschen und Bewegungen. Im Jahr 1302 hatte in Bologna ja die erste sicher verbürgte Sektion eines menschlichen Leichnams – abgesehen von der Antike – stattgefunden.

Insgesamt war die Malerei der Frührenaissance wie die gesamte Kunst und der Lebensstil der Zeit durch eine starke Diesseitsbejahung und eine wissenschaftlich begründete Genauigkeit gekennzeichnet. Sandro Botticelli (1444/45–1510) verhalf der rein profanen, rein weltlichen Malerei zum Durchbruch.

In der **Hochrenaissance** entwickelte sich die Malerei wie die Kunst überhaupt in Italien zu höchster Blüte. Reiche und großzügige Gönner schmückten sich mit ihren Werken. Nun wirkten Leonardo da Vinci (1452–1519), Michelangelo Buonarotti (1475–1564), Raffaelo Santi (1483–1520) und Tiziano Vecellio (1477–1576). Beispielhaft für ihr umfangreiches Schaffen seien hier das »Abendmahl« in der Kirche Santa Maria delle Grazie in Mailand (Leonardo), die Fresken in der Sixtinischen Kapelle in Rom (Michelangelo), die »Sixtinische Madonna« in Dresden (Raffael) und das Reiterbildnis Kaiser Karls V. (Tizian) in Madrid genannt.

Die Renaissancekünstler malten körperlich schöne, bedeutend erscheinende, vom Geist durchdrungene Menschen vor einem architektonisch durchgestalteten, sonst aber realistischen Hintergrund. Übrigens sezierte Leonardo selbst Leichen, anscheinend auch Michelangelo.

Von Italien aus verbreiteten sich die gewandelte Kunstauffassung und neue künstlerische Techniken nach Norden. Hier hatte es schon in einigen Landstrichen bedeutende Malerschulen gegeben. In den **Niederlanden** arbeiteten die Brüder Hubert (um 1370–1426) und Jan van Eyck (um 1390–1441). Sie gelten als Erfinder der **Ölmalerei**. Anscheinend schufen sie die ersten Tafelbilder, deren Farben mit Öl gebunden waren. Allerdings gab es schon vorher mit Ölfarben bemalte Holzplastiken.

Aus den verschiedenen bestehenden Schulen erwuchs um 1500 ein Höhepunkt der deutschen Malerei. Matthias Grünewald, eigentlich Mathis Neithardt Gothardt (um 1460–1528), Lukas Cranach der Ältere (1472–1553), Hans Baldung (1484/85–1545) und Hans Holbein der Jüngere (1497–1543) zählten zu den bedeutendsten Malern dieser Zeit.

Den Gipfelpunkt der künstlerischen Entwicklung bezeichnete der Nürnberger Albrecht Dürer (1471–1528). Er gilt zugleich als der bedeutendste deutsche Maler überhaupt. Bei seiner ersten Italienreise in den Jahren 1494/95 studierte er die Technik der italienischen Meister und vollzog damit den Übergang von der Spätgotik zur Renaissance. Er bemühte sich zeit seines Lebens um handwerkliche Präzision, zugleich aber auch um die theoretische Durchdringung der Möglichkeiten und des Gegenstandes der Malerei. Seine Bilder wirken wirklichkeitsgetreu (»Selbstporträt«, »Anbetung der Könige«). So sind seine Landschaftsaquarelle die frühesten Werke, in denen die Natur als Selbstzweck erscheint (»Großes Rasenstück«). Den prägenden Einfluss der Renaissance wies auch sein Werk »Vier Bücher von der menschlichen Proportion« auf, das 1528, im Jahr seines Todes, erschien.

Besondere Meisterschaft erreichte Dürer bei den neuen Techniken des **Holzschnitts** und des **Kupferstichs**. Holzschnitte wurden seit ungefähr 1400 angefertigt. Sie hatten sich aus den hölzernen Formen entwickelt, die nach orientalischem Vorbild zum Bedrucken von Stoffen geschnitzt wurden. Dürer veröffentlichte im Jahr 1498 als erste Folge seine Holzschnitte zur »Apokalypse«.

Der Kupferstich entstand etwas später als der Holzschnitt, vermutlich in Süddeutschland. Die Gravur von Metallplatten war seit dem Altertum bekannt. Nun aber wurden die eingeritzten Linien eingefärbt und auf Papier abgezogen. Dürer erlernte das neue Verfahren durch den Italiener Andrea Mantegna (1431–1506) und durch Martin Schongauer (um 1440–1491).

Die Technik der **Radierung** kam um 1510 in Augsburg auf. Hier wird die Zeichnung in eine Schicht aus Wachs und Harz eingeritzt, mit der die Kupferplatte überzogen ist. Durch Säureätzung überträgt sie sich auf den metallischen Untergrund.

Holzschnitte und Kupferstiche entstanden durch unterschiedliche Druckverfahren, erstere durch den sogenannten Hochdruck, weil die zu druckenden Teile erhaben waren, letztere durch den sogenannten Tiefdruck, weil das Papier die Farbe aus den tiefer liegenden Einritzungen aufnahm. Von nun an konnte ein einziges Bild hundert- oder gar tausendfach vervielfältigt werden. Kurz nach der Erfindung dieser neuen Verfahren erfand Johannes Gutenberg (um 1400–1468) um 1440 bekanntlich den Druck mit beweglichen Lettern (vgl. S. 348).

Das neue Menschenbild der Renaissance fand vor allem auch in der **Bildhauerkunst** seinen Ausdruck. Der Florentiner Donatello (1386–1466) hatte die Darstellungsweise der griechischen und römischen Antike studiert und sich von den mittelalterlichen Vorbildern gelöst. Er arbeitete mit lebenden Modellen und verlieh seinen Werken Natürlichkeit, Ebenmaß, aber auch geistige Ausstrahlung. Mit dem Standbild des »Condottiere Gattamelata« in Padua schuf er das erste weltliche Reiterstandbild dieser Zeit.

Die Bildhauerkunst erlangte mit Michelangelo ihren Höhepunkt. Seine zahlreichen Werke sind weltberühmt und von unvergleichbarer Schönheit und Ausstrahlung. Das gilt z. B. für das Standbild des »David« in der Kunstakademie in Florenz und des »Moses« in der Kirche San Pietro in Vincoli in Florenz, die Pietà in der Peterskirche in Rom oder die Grabskulpturen in der Medici-Kapelle in Florenz.

Von Italien her wurde die Renaissance-Kunst aber bald vom **Barock** abgelöst. Die beherrschende Gestalt der Bildhauerei war der aus Neapel stammende Giovanni Lorenzo Bernini (1598–1680). Seine Plastiken zeigten barocken Schwung, Pathos und Pomp und ließen das ruhige Ebenmaß der Renaissance vermissen. Das gilt z. B. für das Grabmal Papst Urbans VIII. in der Peterskirche in Rom. Die Bildwerke des Barocks waren schon bei Bernini, aber dann auch bei den übrigen Künstlern der Zeit in die Gesamtarchitektur eingefügt. Sie fanden sich in Nischen und an Portalen, auf den Dächern, auf Altären, Grabmälern und Brunnen und verstärkten den allgemeinen Eindruck gestalterischer Üppigkeit.

In Deutschland kam das Barock erst spät zur Blüte. Der bedeutendste Bildhauer war wohl Andreas Schlüter (um 1660–1714), der im Jahr 1700 das Reiterdenkmal des »Großen Kurfürsten« schuf, das heute vor dem Schloss in Berlin-Charlottenburg steht. Von ihm stammen auch die eindrucksvollen Bildnisse der »Sterbenden Krieger« im Innenhof des Berliner Zeughauses.

In der barocken Malerei erfreute sich das **Fresko** (ital. »fresco« = frisch) großer Beliebtheit. Dabei wurde auf den noch feuchten Kalkmörtel gemalt, sodass die Farben in das Material einziehen konnten. Auf diese Weise sollte verhindert werden, dass sie später abbröckelten. Besonders kunstvoll erscheinen die oft großflächigen Deckengemälde der Zeit, mit denen der Maler die Architektur und die Schwere der Decke aufhob. Dem Blick des Betrachters öffnete sich der Himmel oder eine idealisierte, lebendige und farbenfrohe Landschaft. Beispiele finden sich in allen Kirchen und Schlössern des Barocks, etwa in der Residenz der Würzburger Fürstbischöfe. Das dortige Deckengemälde stammt von dem berühmten italienischen Maler Giovanni Battista Tiepolo (1696–1770).

In den **Niederlanden**, zu denen damals auch Belgien gehörte, entstanden eindrucksvolle barocke **Tafelbilder**. Der Flame Peter Paul Rubens (1577–1640) drückte die ganze Sinnenhaftigkeit und innere Dynamik des Barocks in seinen oft monumentalen Werken aus, z. B. im »Höllensturz der Verdammten«. Er stellte die Verbindung zwischen der traditionellen niederländischen und der italienischen Malerei her. Diese hatte er auf einer Italienreise kennengelernt. Rembrandt Harmens van Rijn, genannt Rembrandt (1606–1669), der bedeutendste niederländische Maler, war im Gegensatz dazu weniger auf Pomp und auf äußere Bewegtheit bedacht. Er wollte seine Gestalten aus ihrem Inneren heraus sprechen und wirken lassen. Meisterhaft ist seine Hell-Dunkel-Technik, neu seine Art, Gruppenbildnisse aufzubauen. Das berühmte Gemälde »Die Nachtwache« führte wegen der ungewohnten Malweise und der unkonventionell dynamischen Anordnung der Personen zum Konflikt mit den Auftraggebern.

Die gewandelte Kunstauffassung der Niederländer brachte neben dem Gruppenbild noch andere Neuheiten hervor. Nun entstanden in großer Zahl Stillleben, Genrebilder, also Sittengemälde mit Themen des alltäglichen Lebens, Landschafts- und Seefahrtsbilder. Sie beeindrucken durch ihre Genauigkeit und ihren Realismus.

Das Barock setzte sich in das **Rokoko** hinein fort, verlor dabei aber an Schwere und Verbindlichkeit. Die dargestellten Personen und Ereignisse wirkten leicht und zart. Über allem lag eine spielerische Heiterkeit, die uns heute oft künstlich und übertrieben erscheint.

Die Französische Revolution, die im Jahr 1789 begann, bereitete dieser als feudal und kirchlich diskreditierten Kunstrichtung ein schroffes Ende. Schon ein paar Jahre zuvor hatte der Franzose Jacques Louis David (1748–1825) damit begonnen, neuerlich die Antike zum Vorbild für seine Werke zu nehmen. Sein Bild »Der Schwur der Horatier« von 1785 bezeichnete die Wende zum formstrengen **Klassizismus**. Der barocke Überschwang wurde durch Schlichtheit der Formen und Ausdrucksmittel ersetzt. Allerdings stellten die Bilder und Plastiken oft imposante Szenen und beeindruckende Persönlichkeiten dar. Die klassizistische **Architektur** verkörperte Selbstbewusstsein und Macht. Das zeigen der Königsplatz in München (Leo von Klenze, 1784–1864), das Brandenburger Tor (Carl Gotthard Langhans, 1732–1808) und die Staatsoper (Georg Wenzeslaus von Knobelsdorff, 1699–1753) in Berlin sowie das Stadtbild von Karlsruhe (Friedrich Weinbrenner, 1766–1826).

In Deutschland entstanden einige bemerkenswerte klassizistische Plastiken. Dazu gehört die »Quadriga« auf dem Brandenburger Tor von Johann Gottfried Schadow (1764–1850). Von Christian Daniel Rauch (1777–1857) stammen z. B. das Grabdenkmal der Königin Luise im Mausoleum in Berlin-Charlottenburg und das Reiterstandbild Friedrichs II. von Preußen auf der Straße Unter den Linden in Berlin. Johann Heinrich Dannecker (1758–1841) schuf die berühmte Porträtbüste des Dichters Friedrich von Schiller.

Die Kunst der **Romantik** im frühen 19. Jahrhundert sollte die Gemütskräfte des Menschen darstellen und anregen. Bewusst setzte sie sich von der kühlen Klarheit des Klassizismus ab. Das gelang allen voran dem Maler Caspar David Friedrich (1774–1840). Schon in der Auswahl der Motive zeigte sich das neue Kunstverständnis. Die Romantiker malten Szenen aus dem Mittelalter und verwitterte Ruinen, Naturbilder und Märchenlandschaften sowie die geheimnisvolle Stimmung der Nacht. Aus dem Geist der Romantik heraus malten auch die sogenannten Nazarener. Sie bemühten sich, die religiöse Malerei neu zu beleben.

Wie in anderen Bereichen der Kunst setzte sich im 19. Jahrhundert auch in der Malerei und in der Plastik ein neuer **Realismus** durch. Das hatte vor allem auch mit den gesellschaftlichen und wirtschaftlichen Veränderungen der Zeit zu tun. Die Wissenschaften, vor allem die Naturwissenschaften, verzeichneten bemerkenswerte Fortschritte. Nun begannen der Siegeszug der Technik und die rasche Veränderung der Lebensverhältnisse durch die Industrie.

Berühmt sind die historischen Bilder Adolph (von) Menzels (1815–1905) mit ihrer genauen, auf sorgfältigen Studien beruhenden Detailschilderung, vor allem die Werke über Friedrich den Großen (»Das Flötenkonzert in Sanssouci«). Menzel erschloss der Malerei auch neue, zeitgemäße Motive. Davon kündet sein Bild »Das Eisenwalzwerk« (1875). Von nun an entstanden Hunderte und Tausende realistischer Ansichten von Landschaften, Städten, Fabriken, Hafenanlagen und Villen. Bevor die Fotografie erfunden und voll leistungsfähig geworden war, wurde auf diese Weise der Wandel dokumentiert. Einen klassisch stilisierenden Realismus malten z. B. Anselm Feuerbach (1829-1880, »Iphigenie«) und Arnold Böcklin (1826-1901, »Toteninsel«).

Der **Impressionismus** entwickelte sich zwischen 1860 und 1870 zuerst in Frankreich. Die Bezeichnung entstammt dem im Jahr 1872 entstandenen Bild »Impression soleil levant« (»aufgehende Sonne«) von Claude Monet (1840-1926). Die Künstler bemühten sich, den flüchtigen, zufälligen Eindruck in Farbe und Form angemessen wiederzugeben, und setzten sich damit entschieden vom **Naturalismus** ab, dem es auf nachprüfbare Genauigkeit bei der Darstellung der Natur, aber auch des menschlichen Zusammenlebens ankam.

Um die Wende vom 19. zum 20. Jahrhundert entstand und blühte der **Jugendstil (Art nouveau)**. Er ist nach der Wochenzeitschrift »Die Jugend« benannt, die ab 1886 in München erschien. Die Künstler lösten sich vom überkommenen Historismus und schufen eine neue dynamische, schwungvolle Bildsprache, die vor allem durch Pflanzen- und Blütenformen bestimmt wurde. Die Kunst sollte das gesamte Leben veredeln und auch Alltagsgegenstände jeder Art verschönern. So hatte der Jugendstil einen stark dekorativen Grundzug.

Zahlreiche Künstler in Wien, München, Berlin, Darmstadt und an anderen Orten schufen Bauten und Möbel, Bilder und Skulpturen, Gebrauchsgegenstände jeder Art, Gebrauchsgrafik und Drucklettern sowie manches andere in der Formensprache des Jugendstils. In Worpswede bei Bremen wirkte der Maler und Illustrator Heinrich Vogeler (1872-1942). Sein Bild »Sommerabend auf dem Barkenhof« von 1905 zeigt unter anderem die Malerin Paula Modersohn-Becker (1976-1907) und ihren Mann, den Maler Otto Modersohn (1865-1943). Herausragendster Vertreter des Wiener Jugendstils war der Maler Gustav Klimt (1862-1918).

In impressionistischer Weise begann z. B. Lovis Corinth (1858-1925) zu malen. Doch wandelte sich sein Stil hin zum **Expressionismus**, der von Vincent van Gogh (1853–1890) und Paul Gauguin (1848–1903) vorbereitet worden war. Nicht mehr flüchtige, sinnliche Eindrücke sollten nun eingefangen werden, sondern innere, seelische Erlebnisse und Wirklichkeiten. Dazu dienten ausdrucksstarke, schroffe Formen und grelle Farben.

In Deutschland, wo der Expressionismus besonders wirksam wurde, sammelten sich die Maler seit 1905 in der Dresdner Künstlergemeinschaft »Die Brücke« um Ernst Ludwig Kirchner (1880–1938) und seit 1911 in der Künstlergruppe »Der blaue Reiter« um Wassiliy Kandinsky (1866–1944) in München. Berühmte Expressionisten waren u. a. Emil Nolde (1867–1956), Franz Marc (1880–1916), Max Beckmann (1884–1950), Oskar Kokoschka (1886–1980) und August Macke (1887–1914). Bedeutende expressionistische Plastiken schufen Wilhelm Lehmbruck (1881–1919) und Ernst Barlach (1870–1938).

Weiterhin stand eine Vielzahl künstlerischer Ausdrucksmöglichkeiten nebeneinander. Die Pluralität des Kunstschaffens gestattet es kaum, von einer das 20. Jahrhundert prägenden Kunstrichtung zu sprechen. Nach wie vor wurde realistisch bzw. naturalistisch, aber auch expressionistisch gemalt. Im Jahr 1910 schuf Wassiliy Kandinsky das erste rein abstrakte, gegenstandslose Bild, nachdem er bei einem falsch an der Wand stehenden Bild erkannt hatte, »dass der Gegenstand seinen Bildern schade«. Die **abstrakte Malerei** komponiert Bewegungen, Formen und Farben zu einem kunstvollen Ganzen. Heute steht die abstrakte Malerei in der Wertschätzung des Publikums und der Fachwelt in der Regel gleichwertig und gleichberechtigt neben der gegenständlichen. Als einer ihrer Hauptvertreter gilt in Deutschland Willi Baumeister (1889–1955).

Auch in der Bildhauerkunst vollzog sich eine vergleichbare Entwicklung vom Gegenständlichen zum Abstrakten. Das gilt z. B. für den berühmten englischen Künstler Henry Moore (1898–1986) oder für den Deutsch-Franzosen Hans Arp (1886–1966).

- Die **Surrealisten** (frz. »jenseits des Realismus«) malen oft zwar gegenständlich, verlassen dabei aber die erfahrbare Wirklichkeit zugunsten von Fantasie und Traum. Das Unbewusste aus der Tiefe der Seele wird in ihren Bildern sichtbar und erfahrbar. Eine erste surrealistische Gruppenausstellung fand im Jahr 1925 in Paris statt. Pablo Picasso (1881–1973), Marc Chagall (1887–1985), Giorgio de Chirico (1888–1978), Max Ernst (1891–1976), René Magritte (1898–1967) und Salvador Dali (1904–1989) sind namhafte Vertreter dieser Richtung.

Die gegenständlich idealisierende Kunst des »Dritten Reiches«, heute oft als »**Blut-und Boden-Kunst**« bezeichnet, blieb im Wesentlichen auf die zwölf Jahre der nationalsozialistischen Herrschaft beschränkt, und zwar sowohl in der Malerei als auch in der – zumeist monumentalen – Plastik. Sie wurde nicht in den Dreißigerjahren erfunden, sondern übernahm und verstärkte bereits vorhandene künstlerische Tendenzen des Realismus und des Naturalismus. Insbesondere wurde auf heroisierende Stilmittel der wilhelminischen Zeit zurückgegriffen. Als Bildhauer fand Arno Breker (1900–1991) zwischen 1936 und dem Kriegsende große Anerkennung. Danach wurden seine vor allem Männlichkeit, Kraft und Siegeswillen symbolisierenden Werke vorwiegend kritisch bewertet. Ähnliches ist über Josef Thorak (1889–1952) zu sagen, der sich durch besonders monumentale neoklassizistische Plastiken die Gunst der nationalsozialistischen Führung erwarb.

Im kommunistischen Machtbereich galt der **sozialistische Realismus** als bestimmende Kunstauffassung. Er wurde im Jahr 1932 durch das Zentralkomitee der Kommunistischen Partei der Sowjetunion (KPdSU) für verbindlich erklärt. Auch er gründete auf den Traditionen des Realismus und des Naturalismus und forderte eine wirklichkeitsgetreue Abbildung der Welt. Bevorzugt wurden Szenen und Persönlichkeiten aus der Geschichte der sozialen Bewegung (Thomas Müntzer, Lenin) und aus der industriellen Arbeitswelt gewählt. Im Sinne der marxistisch-leninistischen Staatsdoktrin wurde der Proletarier als Träger des geschichtlichen Fortschritts heroisiert. Bedeutende Maler der DDR waren Willi Sitte (1921–2013) und Werner Tübke (1929–2004) mit seinem monumentalen »Panorama über den Bauernkrieg von 1524/25« in Bad Frankenhausen in Thüringen. Als Bildhauer ist stellvertretend Fritz Cremer (1906–1993) zu nennen, der vor allem durch seine Skulptur am Ehrenmal Buchenwald über Weimar bekannt wurde.

In den Sechzigerjahren entstand in den USA die »**Pop Art**«, die sich in der Malerei vor allem Motiven aus der Werbung, der Alltagskultur und den Medien bediente. Herausragende Beispiele hierfür sind Andy Warhols (1928–1987) Siebdrucke und Roy Lichtensteins (1923–1997) Comic-Bilder.

Ein neues Kunstverständnis verbindet sich auch mit dem Maler, Bildhauer und Happening-Künstler Joseph Beuys (1921–1986), der die Betrachter durch unkonventionelle Themen und vor allem unübliche Materialien (Fett, Filz, Honig u. a.) herausfordert. Er formulierte den Satz »Jeder Mensch ist ein Künstler« und übertrug den Kunstbegriff auf neue Daseinsbereiche, z. B. auf reine Ideen, technisch und handwerklich Unvollständiges und Unperfektes sowie auf politische Gegebenheiten, politisches Handeln und Gestalten.

Die heutige Kunstszene zeigt eine große Vielfalt künstlerischer Ausdrucksformen. Sie reichen von der naturnahen Kunst, die sich auf realistische und naturalistische Traditionen stützt, über den **Fotorealismus** (z. B. Gerhard Richter, geb. 1932) bis hin etwa zu den neoexpressionistischen Werken von Jörg Immendorf (1945–2007) und den oft experimentellen Formen der Installations- und Videokunst.

Das Reich der Klänge
Die Musik

Spätestens seit dem 2. Jahrtausend v. Chr. wurde in **Griechenland** und damit in Europa die Musik gepflegt. Die ältesten archäologischen Zeugnisse aus dieser Zeit sind Terracotta-Figuren, die Kitharaspieler darstellen. Mit Sicherheit gab es eine enge Verbindung zwischen dem religiösen Kult und der Musik. Die Griechen schrieben ihr eine große Wirkung auf die menschliche Seele zu und versuchten sie auch erzieherisch und medizinisch zu nutzen. Eine Reihe von Schlachten soll angeblich unter dem Einfluss anfeuernder Musik und mitreißender Kampfgesänge gewonnen worden sein. Bekannt sind die Lieder des Spartaners Tyrtaios aus dem 7. Jahrhundert v. Chr.

Als Blasinstrumente wurden klarinettenartige Flöten (Aulos), von denen meist zwei gleichzeitig geblasen wurden, sowie Pan- oder Hirtenflöten (Syrinx), bei denen Rohre unterschiedlicher Länge und folglich unterschiedlicher Tonhöhe zusammengebunden waren, benutzt. Hinzu kamen als Saiteninstrumente die Kithara (mit Saiten bespanntes Zupfinstrument), die Lyra und die Harfe. Ihre einstimmige Melodie unterstützte die gesungenen Verse. Dichter und Komponist waren ein und dieselbe Person. Die **Römer** übernahmen mit der griechischen Kultur auch deren Musik. Eine selbstständige Weiterentwicklung ist nicht zu erkennen.

Bei den **Germanen** scheint die Musik eine wichtige Rolle gespielt zu haben. Allerdings fehlt es an frühen Quellen. Neben der Harfe und der Leier wurden die bronzene Lure und das Rinderhorn als Instrumente benutzt. Bei der Lure handelt es sich um eine s-förmig gewundene Trompete aus dünner Bronze, die eine Länge zwischen 1,50 und 2,40 Meter erreichte. Die germanischen Lieder befassten sich wohl vor allem mit kultischen und mythologischen Angelegenheiten. Sie besangen den Jahreslauf und den Kampf, große Taten einzelner Helden (z. B. Siegfried) sowie Höhepunkte im Leben der Menschen und versuchten auch, die Natur dem menschlichen Willen durch Zauberformeln untertan zu machen (z. B. »Merseburger Zaubersprüche«).

Die **christliche Musik** ging auf antike Vorbilder zurück. Zunächst war nur der einstimmige Gesang üblich. Instrumente wurden meistens wohl nicht benutzt, weil ihre vom römischen Zirkus her bekannten, aufdringlichen Klänge als zu weltlich galten.

Aus dem Orient, vor allem aus Syrien und Kleinasien, wurde durch den Mailänder Bischof Ambrosius (um 340–397) der Hymnengesang übernommen, der dem Lob Gottes diente. Papst Gregor der Große (Papst 590–604) ließ die frühen christlichen Gesänge sammeln und vereinfachen und gab ihnen ihre endgültige Form. Nach ihm ist der bis heute in der katholischen Kirche gebräuchliche **gregorianische Choral** benannt, der einstimmige liturgische Gesang. Er wurde bereits in früher Zeit an besonderen Choralschulen gepflegt, etwa in Aachen, Köln und Mainz sowie auf der Reichenau und in Sankt Gallen. Später entstanden lateinische geistliche Lieder einer in Melodie und Text freieren Form.

Die **weltliche Musik** wurde durch das Christentum zurückgedrängt. Zumindest bleiben die Zeugnisse aus der frühen Zeit sehr spärlich. Noch im Mittelalter genossen die **Spielleute**, die bei Festen aller Art für Unterhaltung und für Belustigung sorgten, nur ein geringes soziales Ansehen. Sie waren so gut wie rechtlos und konnte unter Umständen – wie andere Außenseiter der Gesellschaft – sogar straflos getötet werden. Manche Städte verwehrten ihnen den Zutritt. Doch gab es seit dem späten Mittelalter neben den fahrenden Spielleuten auch solche, die als **Hof- und Stadtmusikanten** in festem Sold standen.

Das Rittertum entwickelte im Hochmittelalter eine eigene Standeskultur, zu der auch die musikalische Betätigung gehörte. Reisende ärmere Ritter sangen auf Burgen und in Schlössern das Lob schöner und edler Frauen. Oft wurden sie dafür mit reichen Geschenken belohnt. In Südfrankreich, vor allem in der Provence, von wo die Bewegung ausging, hießen sie Troubadoure, in Nordfrankreich Trouvères. In Deutschland bezeichnete man sie als **Minnesänger**. Der Begriff ist von dem mittelhochdeutschen Wort »minne«, das Liebe bedeutet, abgeleitet (vgl. S. 572). Die Melodien der Minnesänger, von denen allerdings nur wenige überliefert sind, waren in Deutschland schlicht und den gregorianischen Gesängen ähnlich. Der Dichter schuf nicht nur die Verse und Strophen, sondern auch die dazu passende charakteristische Melodie, den »Ton« oder die »Weise«. Berühmte Minnesänger waren Heinrich von Morungen, Reinmar von Hagenau und vor allem Walther von der Vogelweide (um 1170-1230). Seine Lieder beeindrucken noch heute durch ihre Gefühlsinnigkeit und ihre subjektive Ehrlichkeit.

Mit dem Niedergang des Rittertums seit 1250 verfiel auch der Minnesang. Das aufsteigende Bürgertum maß sich an der bis dahin führenden Schicht und entwickelte aus den ritterlichen Liedern den sogenannten **Meistersang**, der vom 14. bis zum 16. Jahrhundert blühte. Er war handwerklich formal und meist wenig originell. Der Schüler, der den Meistersang erlernen wollte, wurde vom Meister kostenlos unterrichtet. Als »Singer« konnte er bereits fünf oder sechs »Töne« (Melodien) nachsingen. Als »Dichter« schuf er für eine vorgegebene Melodie einen neuen Text, und als »Meister« musste er eine neue Melodie erfinden. Die Meistersinger bildeten Meistersingerschulen, die sich in Kirchen zum musikalischen Wettstreit trafen. Ein Preisgericht, das hinter einem Vorhang saß, die sogenannten »Merker«, beurteilten die Richtigkeit des Gesangs und belohnten die Besten mit einer Siegerkette. Die letzte Meistersingerschule schloss erst im 19. Jahrhundert. Als bedeutendster und originellster Vertreter des Meistersangs gilt der Nürnberger Schuhmachermeister Hans Sachs (1494-1576).

Um 1500 herum erlebte das **Volkslied** seine Blütezeit. Es reichte wohl weit in die Vergangenheit zurück. Doch fehlen frühe Zeugnisse. Die ältesten Beispiele für den »Gassenhauer«, den »Burengesang« oder das »Reiterliedlein« stammen aus dem 14. Jahrhundert. Aus der Zeit davor sind nur geistliche Lieder überliefert. Die bekannteste frühe Volksliedersammlung ist das »Lochamer (Lochheimer) Liederbuch«, das zwischen 1450 und 1460 handschriftlich abgefasst wurde und nach dem Nürnberger Wolflin Lochamer benannt ist.

Bei den weltlichen Volksliedern handelt es sich zumeist um schlicht gebaute Vierzeiler mit jeweils drei oder vier Takten. Zumeist werden mehrere Strophen zu derselben Melodie gesungen. Der Inhalt drückt menschliche Gefühle in einfacher, oft aber symbolischer Sprachgestalt aus. Bevorzugte Themen sind Liebe, Sehnsucht und Trauer, die Jahreszeiten und wichtige Ereignisse im Leben. Da die Lieder ursprünglich nur mündlich überliefert wurden, gerieten die Namen ihrer Dichter in Vergessenheit. Mit Sicherheit waren sie aber zunächst das Werk Einzelner, nicht der Volksseele schlechthin, wie man zur Zeit der Romantik, um 1800, behauptete. Die Texte wurden bei der Weitergabe über Generationen oft sinnvoll (»umsingen«) oder sinnlos (»zersingen«) verändert.

Die evangelische Reformation machte sich die allgemeine Freude am Volkslied zunutze, indem sie die Melodien für geistliche Kontrafakturen (Nachbildungen), für Kirchenlieder, verwendete.

Der Humanismus, das Barock und die Aufklärung schenkten dem Volkslied, dem Freizeitvergnügen der einfachen Leute, kaum Beachtung. Das änderte sich gegen Ende des 18. Jahrhunderts. Johann Gottfried Herder (1744–1803), der Wegbereiter des Sturm und Drang und der Romantik, weckte neues Interesse für das Volksgut und veröffentlichte im Jahr 1778 seine Volksliedsammlung »Stimmen der Völker in ihren Liedern«. Ihm folgten die Romantiker Achim von Arnim (1781–1831) und Clemens Brentano (1778–1842) mit ihrer Sammlung »Des Knaben Wunderhorn« von 1806.

Übrigens wurden auch viele romantische Gedichte in schlichter Vertonung wie Volkslieder gesungen. Das gilt zum Beispiel für das

Lied »Der Mond ist aufgegangen« von Matthias Claudius (1740–1815) oder »Am Brunnen vor dem Tore« von Wilhelm Müller (1794–1827). Der Unterschied ist heute oft nicht mehr bewusst.

Von den Niederlanden her gewann die **mehrstimmige Musik** im 16. Jahrhundert immer weitere Verbreitung. Viele der deutschen Hofmusiker waren selbst Niederländer. In der geistlichen Musik wurde der neue Einschlag z. B. durch die Motette, in der weltlichen Musik durch das Madrigal und das französische Chanson als **Chorlied** bezeichnet. Den Gipfel erreichte die Kunstrichtung bei dem niederländischen Komponisten Orlando di Lasso (um 1530–1594), der die Münchener Hofkapelle leitete, und dem Italiener Giovanni Pierluigi da Palestrina (um 1525–1594). Das Konzil zu Trient (1545–1563) sah die Messen Palestrinas als vorbildlich an. In der Tat beherrschten seine Werke, insbesondere seine Vokalmusik, für Jahrhunderte die katholische Kirchenmusik. Palestrina wurde nach seinem Tod in der Peterskirche in Rom beigesetzt. An seinem Grab steht die Inschrift »Musicae princeps« (»Fürst der Musik«).

Die **Oper** (lat. »opus« = Werk) entstand am Ende des 16. Jahrhunderts in Florenz. Allerdings wurde sie erst seit 1693 mit dem italienischen Wort »opera« (Musikwerk) bezeichnet. Vorher hieß sie »dramma per musica«. Als Vorbild dienten insbesondere die antiken Tragödien, doch auch mittelalterliche Mysterienspiele, Zwischenaktmusiken und andere szenische Aufführungen.

Die Oper »L'Orfeo« (1607) von Claudio Monteverdi (1567–1643) gilt als das erste mustergültige Werk seiner Gattung. Erstmals wurde eine umfangreichere Instrumentation verwendet. Personen, Situationen und die Aussage der Oper wurden durch bestimmte Instrumente charakterisiert. Das erste Opernhaus öffnete im Jahr 1637 in Venedig.

Die deutsche Opernkunst begann mit »Dafne« von Heinrich Schütz (1585–1672) nach einem Text des namhaften Dichters Martin Opitz (1597–1639). Die Partitur ist verschollen. Die erste erhaltene

Oper mit deutschem Text, »Seelewig« von Sigmund Theophil von Staden (1607–1655), stammt aus dem Jahr 1644. Auch hier stammte das Libretto von einem bekannten Dichter, nämlich von Georg Philipp Harsdörffer (1607–1658). Allerdings konnte sich die deutsche Oper zunächst nicht durchsetzen. An den Höfen der Barockfürsten in Wien, München und Dresden behaupteten sich italienische Werke.

Die **komische Oper**, die als »Opera buffa« neben die ernste »Opera seria« trat, fand bei Giovanni Battista Pergolesi (1710–1736) mit »La serva padrona« (»Die Magd als Herrin«) im Jahr 1733 ihre mustergültige Form. Die Gattung wurde eine der Quellen für die **Operette**, die sich vor allem seit dem 19. Jahrhundert entwickelte. Andere Wurzeln waren volkstümliche Singspiele und Possen mit Musik.

Wichtige Entwicklungsstufen der heiteren Kunstform sind mit den Namen von Jacques Offenbach (1819–1880) und Johann Strauß Sohn (1825–1899) verbunden. Im Jahr 1858 wurde in Paris »Orpheus in der Unterwelt« von Offenbach mit großem Erfolg uraufgeführt. Strauß schuf mit »Die Fledermaus« (1874) und »Der Zigeunerbaron« (1885) unübertroffene Operettenklassiker. Seine Walzer sind zeitlos berühmt.

Mit der Oper eng verbunden war die Entwicklung des **Balletts**. Im 15. Jahrhundert kam es aus Spanien über Italien nach Frankreich, wo es seine strenge künstlerische Form erhielt. Bis 1691 tanzten nur Männer. Der französische Tanzmeister Jean-Georges Noverre (1727–1810) löste es von der Oper und begründete damit eine selbstständige Kunstform.

Die **Instrumentalmusik** löste sich erst spät von der Vokalmusik. Sie blieb ihr bis ins 16. Jahrhundert untergeordnet und verselbstständigte sich erst in der Barockzeit. Als früher Höhepunkt gilt das außerordentlich umfangreiche Werk Johann Sebastian Bachs (1685–1750), der seit 1723 Kantor an der Thomaskirche in Leipzig war. Er beeinflusste viele spätere Komponisten. Es ist unmöglich, auch nur annähernd einen Überblick über seine Kompositionen zu geben.

Seine Passionen (»Matthäus-« und »Johannespassion«) und Oratorien (»Weihnachts-« und »Himmelfahrtsoratorium«) werden auch heute noch regelmäßig gespielt. Das Gleiche gilt für die »Brandenburgischen Konzerte«.

An musikalischen Formen wurden u. a. die Suite, eine Folge von Tanzsätzen in gleicher Tonart, die dreisatzigen Kammersonaten und Konzerte sowie die kompliziert gebauten Fugen mit ständig in vielfachen Verwandlungen wiederkehrenden Themen gepflegt. In der Vokalmusik Bachs und Georg Friedrich Händels (1685–1759) spielten die Kantaten sowie die bereits erwähnten Oratorien und Passionen eine wichtige Rolle.

Wie auf anderen Gebieten der Geistesgeschichte ereignete sich nach 1730 auch in der Musik ein spürbarer Wandel. An die Stelle der strengen, hoheitsvollen Barockpolyphonie sollte – im Sinne des Rokoko – eine gefällige, emotional ergreifende Tonkunst treten. Für die Komponisten und Hörer besaß nicht mehr die nachprüfbare Struktur eines Musikwerkes den Vorrang, sondern das erzeugte Gefühl. Folglich kam dem eigentlichen, dem typischen Klang eines Instruments besondere Bedeutung zu. Die Geige entsprach am meisten den Erwartungen der Zeit.

Johann Philipp Telemann (1681–1767) war ein früher Vertreter dieser Wende. Mit Joseph Haydn (1732–1809) leitete sie die sogenannte **Wiener Klassik** ein, die etwa auf den Zeitraum zwischen 1781 und 1827 datiert wird. Neben Haydn werden ihr vor allem Wolfgang Amadeus Mozart (1756–1791) und Ludwig van Beethoven (1770–1827) zugerechnet.

Mozart war der Sohn des erzbischöflichen Kapellmeisters Leopold Mozart, der auch als namhafter Komponist galt. Als musikalisches Wunderkind machte er bereits mit sechs Jahren von sich reden und wurde mit 13 Jahren selbst erzbischöflicher Kapellmeister in Salzburg. Seine großen Opernkompositionen begann er in den Achtzigerjahren des 18. Jahrhunderts, nachdem er nach Wien übergesiedelt war und Konstanze Weber geheiratet hatte. Sie folgten überwiegend der italienischen Tradition. Er schrieb die Musik zu

»Die Entführung aus dem Serail« (1782), »Die Hochzeit des Figaro« (1785), »Don Giovanni« (1787) und »Die Zauberflöte« (1791). Daneben komponierte er 40 Sinfonien, z. B. die »Jupiter-Sinfonie« in C-Dur (1788), über 30 Konzerte und zahllose kleinere Werke.

Beethoven wurde in Bonn als Sohn eines kurfürstlich kölnischen Tenorsängers geboren. Kurze Zeit studierte er bei Mozart. Er wurde im Jahr 1792 Pianist bei verschiedenen Adelsfamilien Wiens, die ja an der Entwicklung der Wiener Klassik durch ihre Kunstpflege und Kunstförderung wesentlichen Anteil hatten. Im Jahr 1800 komponierte er seine erste Sinfonie. Gleichzeitig begann aber sein Gehör nachzulassen, was im Jahr 1818 zu seiner völligen Ertaubung führte. Im Jahr 1805 schrieb Beethoven seine einzige Oper, »Fidelio«. Mit seinen Werken, vor allem auch den neun Sinfonien, verhalf er einer neuen musikalischen Sprache zum Durchbruch. Im Gegensatz zu Mozart verliehen seine Werke den Erschütterungen des ausgehenden 18. und des frühen 19. Jahrhunderts – Französische Revolution und napoleonische Kriege – klanglichen Ausdruck.

Die **Romantik** fand in der Musik ihren unmittelbarsten Ausdruck. Gefühle und Stimmungen mussten nicht erst in Worte oder Farben übersetzt und damit von vornherein unzureichend wiedergegeben werden. Lange ehe die Klassik mit Ludwig van Beethoven zu Ende ging, hatte die neue Kunstrichtung begonnen. Ihren Höhepunkt erreichte sie mit Franz Schubert (1797–1828) und Robert Schumann (1810–1856). Schubert komponierte über 600 Kunstlieder, z. B. den »Erlkönig« (1814) nach der Ballade von Johann Wolfgang von Goethe und »Die Winterreise« (1826) nach Wilhelm Müller.

Wie in der Lyrik das Lied als Lieblingsform der romantischen Dichtung gepflegt wurde, so in der Musik das volkstümlich innige, volksliedhafte **Kunstlied**. Andere Werke Schuberts, z. B. seine »Messe in Es-Dur« und seine »unvollendete Sinfonie«, gelten als durchaus klassisch. Auch Schumann pflegte und bereicherte das romantische Kunstlied. In seinen Vertonungen zu Gedichten von Johann Wolfgang von Goethe, Joseph von Eichendorff, Justinus Kerner, Adalbert von Chamisso und Eduard Mörike zeigen sich alle Spielarten von Stimmung und Gefühl. Die Biografie des Komponisten zeigt die fast typische romantische Gefährdung, insofern, als sie auch andere Künstler und Intellektuelle seiner Zeit betraf. Sie führte im Jahr 1827 zu einem Selbsttötungsversuch und zu geistiger Zerrüttung.

Die große **romantische Volksoper** schuf Carl Maria von Weber (1786–1826) mit »Der Freischütz«, der im Jahr 1821 erstmals aufgeführt wurde. Weber setzte damit die deutsche Operntradition fort, die vor allem auf Mozarts »Zauberflöte« und Beethovens »Fidelio« gründete. Erstmals wurde auch eine deutsche Volkserzählung für ein Libretto benutzt: Max möchte Agathe, die Tochter des Erbförsters Kuno, für sich gewinnen. Um beim Wettschießen erfolgreich zu sein, lässt er sich in der Wolfschlucht mit dem Teufel Samiel ein. Die Geschichte nimmt ein gutes Ende. Allerdings muss sich Max ein Jahr lang gedulden und in dieser Zeit beweisen, dass er seiner Geliebten würdig ist.

Einen neuen Höhepunkt erreichte das Opernschaffen Richard Wagners (1813–1883). Er war bereits in verschiedenen Städten Kapellmeister gewesen, bevor er im Jahr 1843 in Dresden Hofkapellmeister wurde. Wegen seiner Teilnahme am Revolutionsaufstand des Jahres 1849 musste er aber fliehen. Im Jahr 1863 – er war inzwischen amnestiert worden – ging er auf Einladung des 18-jährigen bayerischen Königs Ludwig II. nach München. Doch auch von hier musste er 1865 fliehen, weil er sich in der Öffentlichkeit viele Gegner gemacht hatte. Im Jahr 1876 wurde in Bayreuth in Anwesenheit Kaiser Wilhelms I. und König Ludwigs II. sein durch den bayerischen König ermöglichtes Festspielhaus mit »Der Ring der Nibelungen« (»Rheingold«, »Walküre«, »Siegfried«, »Götterdämmerung«) eröffnet.

Wagners Opern oder – besser – Musikdramen sind stark vom antiken Drama beeinflusst. Wie die Werke von Aischylos, Sophokles und Euripides sollten sie Wort und Gesang kunstvoll miteinander verbinden und eine religiöse Aussage beinhalten. Freilich traten an die Stelle der antiken Sagen und Mythen bevorzugt germanische Überlieferungen. Die Gleichwertigkeit von Wort und Musik wurde u. a. dadurch betont, dass Wagner alle Texte selbst dichtete. Die romantische Oper erreichte mit »Der fliegende Holländer« (1843), »Tannhäuser« (1845) und »Lohengrin« (1850) ihren Gipfel. Gesamtkunstwerke im Sinne von Wagners ästhetischen Ansätzen wurden die folgenden Werke, so »Die Meistersinger von Nürnberg« (1868) und »Der Ring der Nibelungen« (1869–1876).

Die Romantik stärkte das Selbstbewusstsein der einzelnen Völker in ihrer Unterschiedlichkeit und begünstigte die Entstehung eigener nationaler Kulturen. Das galt auch für die Musik. Nun gewannen Völker, die in der Musiktradition bislang keine nennenswerte Rolle gespielt hatten, an Bedeutung. In diesem Zusammenhang sind die Tschechen Friedrich Smetana (1824–1884) und Antonín Dvořák (1841–1904), die Russen Modest Mussorgski (1839–1881) und Pjotr Iljitsch Tschaikowski (1840–1893) sowie der Norweger Edvard Grieg (1843–1907) und der Finne Jean Sibelius (1865–1957) zu nennen.

Die Vorherrschaft der klanglichen Harmonie wurde durch die Musik der Moderne seit dem Ende des 19. Jahrhunderts bzw. dem Anfang des 20. Jahrhunderts infrage gestellt. Schon der musikalische **Impressionismus**, als dessen Hauptvertreter Claude Debussy (1862–1918) und Maurice Ravel (1875–1937) gelten, vollzog diesen Wandel.

Der Österreicher Arnold Schönberg (1874–1951) erstrebte im Geist des **Expressionismus** bewusst die Durchbrechung aller Schranken einer vergangenen Ästhetik. Im Jahr 1922 entwickelte er seine Zwölftontechnik. Sie ging davon aus, dass kein Ton wiederholt werden dürfe, ehe nicht alle elf anderen benutzt worden sind. Die Verbindung der Töne untereinander ermöglichte eine große Vielfalt. Unter den modernen Komponisten fanden Paul Hindemith (1895–1963), Alban Berg (1885–1935), Benjamin Britten (1913–1976), Igor Strawinski (1882–1971) und Serge Prokofjew (1891–1953) besondere Resonanz.

Die modernen technischen Reproduktionsmöglichkeiten förderten die Entstehung neuer Darbietungsformen und neuer musikalischer Gattungen. Großen Anklang finden bis heute die sogenannten **Schlager**, musikalische Kurzformen, die für ein breites Publikum bestimmt sind und deshalb – wie die Trivialliteratur – in der Regel eingängige Botschaften vermitteln. Themen sind z. B. Sehnsucht, Liebe und Trennungsschmerz, Fernweh und Abenteuer. Der Begriff entstand um 1880 in Wien und bezeichnete ursprünglich wohl den zündenden Blitzschlag. Dem Schlager ähnliche Lieder, Gassenhauer und Ohrwürmer, fanden sich in den Wiener bzw. Berliner Operetten, z. B. in »Die Fledermaus« von Johann Strauß Sohn oder »Frau Luna« von Paul Lincke (1866–1946). Auch der sehr populäre Tonfilm sorgte in den Dreißigerjahren des 20. Jahrhunderts für die weite Verbreitung eingängiger Texte und Melodien, wie z. B. »Ich bin von Kopf bis Fuß auf Liebe eingestellt« aus dem Spielfilm »Der blaue Engel« (1930) mit Marlene Dietrich (1901–1992).

Diese Entwicklung setzte sich auch im »Dritten Reich« – freilich unter veränderten Vorzeichen – fort. Viele der damals durch Film, Funk und Schallplatte verbreiteten Schlager sind heute noch bekannt. Gegen Ende des Krieges dienten sie dazu, den Widerstandswillen der Bevölkerung zu festigen. Davon kündet z. B. das von Zarah Leander (1907–1981) gesungene Lied »Ich weiß, es wird einmal ein Wunder geschehn« oder der Schlager von Heinz Rühmann (1902–1994) »Das kann doch einen Seemann nicht erschüttern«. Zur Schlager-Legende wurde das von Lale Andersen (1905–1972) gesungene Lied »Lilli Marleen«, das im Krieg zwischen 1941 und 1944 durch den Soldatensender der Wehrmacht in Belgrad täglich gespielt wurde. Übrigens stammt der Text von dem bekannten Schriftsteller Hans Leip (1893–1983) und wurde bereits im Jahr 1915, also im Ersten Weltkrieg gedichtet.

In der Nachkriegszeit wurde der Schlager zum literarischen Volksgut schlechthin. Zu Film und Funk kam nun seit Anfang der Fünfzigerjahre das Fernsehen hinzu. Der Schlager war aus Unterhaltungssendungen der unterschiedlichsten Art, z. B. aus den beliebten Quizsendungen von Peter Frankenfeld (1913–1979, »1:1 für Sie«) und Hans-Joachim Kulenkampff (1921–1998, »EWG – Einer wird gewinnen«) nicht mehr wegzudenken.

Breites Publikumsinteresse fand und findet der internationale »Grand Prix d'Eurovision de la Chanson« (heute »Eurovision Song Contest«), der seit 1956 alljährlich im Fernsehen übertragen wird. Allerdings ist es heute besonders schwierig, eine alle Richtungen erfassende Definition des Begriffs »Schlager« zu finden. Sie reicht heute von der gefühlsinnigen Volksmusik bis hin zur Popmusik.

Die **Popmusik** entstand in den Fünfzigerjahren des 20. Jahrhunderts im angloamerikanischen Raum aus dem Rock 'n' Roll, der Folk- und Beatmusik. Bands wie die Beatles führten sie fort und machten sie weithin populär. In den letzten Jahrzehnten haben sich unzählige Musikgenres entwickelt, die mehr oder weniger der Popmusik zuzurechnen sind, z. B. Country-Musik, Soul, Hip Hop, Rock, Reggae und elektronische Musik.

Aus Amerika kam zwischen den beiden Weltkriegen die **Jazzmusik** nach Europa. Sie entstand um 1900 in den amerikanischen Südstaaten, insbesondere in New Orleans, aus der dort üblichen Musik der Afroamerikaner. Ihre Quellen waren u. a. die Spirituals und Gospels, geistliche Volkslieder der schwarzen Sklavenarbeiter. Der Jazz ist durch eine überaus vitale Rhythmik geprägt. Er wurde und wird in Bands gespielt und bietet der gemeinsamen und der individuellen Improvisation breiten Raum. Lange Zeit wurde der Jazz, abschätzig deutsch als »Jatz« ausgesprochen, als »Negermusik« diskriminiert. Heute ist er, auch wegen seines Einflusses auf andere Musikrichtungen, nicht mehr aus dem Musikleben wegzudenken.

Vom Jazz gibt es auch Querverbindungen zu einer neuen musikalischen Bühnenform, dem **Musical**, das eine gewisse Verwandtschaft mit der herkömmlichen Operette zeigt. Populär wurde es seit etwa 1900 auf dem Broadway in New York. Unterschiedlichste Einflüsse entfalteten hier ihre Wirkung: die Operetten aus Wien und Paris, die Musik der schwarzen Afroamerikaner, vor allem Jazz und Swing, und die populären, auf Nervenkitzel und Amüsement zielenden Wildwestshows. Ein faszinierender Inhalt, eingängige Musik, Tanz und üppige Kostümierung bildeten eine faszinierende Einheit. Das erste Musical im engeren Sinn war »Showboat« (1926). Obwohl Inszenierung und Show stets im Vordergrund standen, widmete sich das Musical immer wieder auch sozialkritischen Themen. Das gilt z.B. für die »West Side Story« (1957) von Leonard Bernstein (1918–1990).

Heute wird das Musical oft in eigens errichteten Musicaltheatern aufgeführt, um dem gut zahlenden Publikum ein optimales Showerlebnis zu ermöglichen. Erfolgreiche Titel der letzten Jahrzehnte waren u. a. »Hair« (Galt MacDermot), »Die Schöne und das Biest« (Alan Menken), »Les Misérables« (Claude-Michel Schönberg), »Cats«, »Das Phantom der Oper« und »Evita« (alle Andrew Lloyd Webber).

Die Geschichte der Musik ist unlöslich mit der Entwicklung der **Musikinstrumente** verbunden. Von den Streichinstrumenten muss die **Geige** oder Violine genannt werden, die im 17. Jahrhundert den Vorrang vor allen anderen Instrumenten hatte. Sie war im 16. Jahrhundert aus älteren Saiteninstrumenten, insbesondere aus der mittelalterlichen Fidel, entstanden. Erstmals wurde sie im Jahr 1523 in Turin urkundlich erwähnt. Der Violine sind andere Streichinstrumente, z.B. die Bratsche (Viola), das Violoncello und der Kontrabass verwandt.

Das **Klavier** (lat. »clavis« = Taste) oder Piano(forte) (ital. »leise«, »laut«) entwickelte sich auch aus älteren Instrumenten, bei denen die Saiten mittels einer Tastatur in Schwingung versetzt wurden. Seit dem 12. Jahrhundert wurde das **Klavichord** gebaut. Bis ins 16. Jahrhundert handelte es sich um kleinere Instrumente, die keinen Unterbau besaßen und nicht frei stehen konnten. Seit dieser Zeit wurde das **Cembalo** üblich, das mit seiner äußeren Form an den Flügel erinnert. Die Dreiecks- bzw. Flügelform erklärte sich aus der unterschiedlichen Länge der Saiten, die parallel zur Längsseite verliefen. Die Klaviatur lag an der Schmalseite. Am Anfang des

18. Jahrhunderts wurde die Hammermechanik und damit das Klavier durch den Italiener Bartolomeo di Cristofori (um 1655–1731) erfunden. Andere Instrumentenbauer wie Gottfried Silbermann (1683–1753) aus Deutschland verbesserten es. Doch gelang es dem Klavier erst im 19. Jahrhundert, das Klavichord und das Cembalo aus den Salons und Konzertsälen zu verdrängen.

Bis in vorgeschichtliche Zeiten reicht die Geschichte der **Flöte**. Das älteste jemals gefundene Musikinstrument ist eine aus Schwanenflügelknochen gefertigte Flöte mit Grifflöchern, die in der Geißenklösterle-Höhle bei Blaubeuren auf der Schwäbischen Alb gefunden wurde. Ihr Alter wird auf 30 000 bis 36 000 Jahre geschätzt. Die nach dem griechischen Hirtengott genannte **Panflöte** ist mindestens 6 000 Jahre alt. Hier sind unterschiedlich lange Röhrchen zusammengebunden, mit denen unterschiedlich hohe Töne hervorgebracht werden können. Schon im Mittelalter war die Flöte als **Block-** und **Querflöte** gebräuchlich. Im 17. Jahrhundert gelang es, sie durch genauere Bohrungen zu verbessern. Die Querflöte erhielt zudem Klappen und wurde ein besonders geschätztes Soloinstrument. Das zeigt u. a. das Beispiel König Friedrichs des Großen von Preußen (König 1740–1786). Um diese Zeit ging das Interesse an der Blockflöte fast völlig verloren, bis sie um 1920 über die Haus- und Schulmusik zu neuer Wertschätzung gelangte.

Auch die **Oboe** hat ein lange Geschichte. Sie stammt von der Schalmei ab, die als Holzinstrument seit dem Mittelalter weit verbreitet war. Diese geht auf alte Blasinstrumente zurück, wie sie in Asien und Ägypten und dann auch in der klassischen Antike verwendet wurden. Das heute gebräuchliche Instrument stammt aus dem 17. Jahrhundert und wurde von Jean de Hotteterre konstruiert. Zu den Holzblasinstrumenten gehören auch die **Klarinette**, die um 1690 von Joseph Christoph Denner (1655–1707) in Nürnberg aus der französischen Schalmei entwickelt wurde, und das im gleichen Jahrhundert erfundene **Fagott**.

Metallinstrumente waren schon im alten Ägypten bekannt. Doch wurden in früher Zeit auch Stierhörner, Knochen, Elefantenzähne

u. Ä. zu Blasinstrumenten verarbeitet. Römer und Griechen verwendeten einfache Trompeten, die Nordgermanen die s-förmig geschwungene bronzene Lure. Im 15. Jahrhundert erhielt die **Trompete** ihre gewundene Form. Die Ventile wurden aber erst 1814 von Heinrich Stölzel (1777–1844) eingeführt. Die **Posaune** entstand im 15. Jahrhundert und erhielt im 16. Jahrhundert ihre endgültige Form. Das **Saxophon** wurde im Jahr 1840 von dem Belgier Adolphe Sax (1814–1894) erfunden. Obwohl es aus Metall hergestellt ist, wird es wegen des hölzernen Rohrblattmundstücks doch den Holzblasinstrumenten zugeordnet. Besondere Bedeutung gewann es wegen seines charakteristischen Klangs und seiner musikalischen Dynamik in der Jazz- und zeitgenössischen Tanzmusik.

Die **Orgel** war schon lange vor Christi Geburt im Orient bekannt. Ein erstes Instrument dieser Art ist um 246 v. Chr. bezeugt. Es war von Ktesibios, einem Ingenieur in Alexandria in Ägypten, gebaut worden. Im Abendland setzte sie sich jedoch erst in karolingischer Zeit durch. Angeblich ließ Ludwig der Fromme (König 814–840), der Sohn Karls des Großen, nach Jahrhunderten erstmals wieder eine Orgel bauen. Von nun an wurden sie in großen Kirchen, später auch in Klöstern eingebaut und für die kirchliche Liturgie genutzt. Ihren Höhepunkt erreichte die Orgelmusik im 16. Jahrhundert und in der Barockzeit.

Aus dem 19. Jahrhundert stammen das **Harmonium** sowie die von Friedrich Buschmann erfundene **Mundharmonika** (1821) und die **Handharmonika** (1822).

Seit den Zwanzigerjahren des 20. Jahrhunderts werden auch elektronische Musikinstrumente verwendet. Bekannt ist vor allem die im Jahr 1934 von Laurens Hammond entwickelte **Hammond-Orgel**. Aus der Rock- und Popmusik sind heute **E-Gitarre** (1931) und **E-Bass** (1935) nicht mehr wegzudenken.

Frisch, fromm, fröhlich, frei
Freizeit und Sport

Die Arbeit ist notwendig für den Lebensunterhalt. Gott sei Dank bereitet sie bisweilen Freude und Erfüllung. Aber da sind auch noch die Stunden, in denen der Mensch das tun kann, wozu er Lust und Muße hat. Er sucht Abwechslung und Zerstreuung, entwickelt bislang ungeahnte Fertigkeiten oder erweitert sein Wissen.

Im **Spiel** ist das Kind ganz bei sich selbst. Darauf hat Friedrich Schiller in seinen »Ästhetischen Briefen« hingewiesen: »Der Mensch spielt nur, wo er in voller Bedeutung des Wortes Mensch ist, und er ist nur da ganz Mensch, wo er spielt.« Allerdings gilt das eben nicht nur für Kinder, sondern auch für Erwachsene. Auch sie tauchen ein in das Reich der Freiheit und vergessen für Stunden und Tage, was sie bedrückt.

Kinder sind, was das Spielen und die Selbstbeschäftigung angeht, zunächst äußerst bedürfnislos. In ihrer Fantasie werden Wurzeln und Steine, Blumen und Blätter zu wertvollen Spielzeugen. Dass sie sich damit heute oft nicht mehr zufrieden geben, hat sicher viel mit den Erwachsenen zu tun. Sie möchten, dass ihre Tochter oder ihr Enkel beim Spielen etwas Sinnvolles lernt, oder messen den Grad ihrer Zuneigung am Wert der Geburtstags- und Weihnachtsgeschenke. So verwundert es nicht, dass manche Kinderzimmer überquellen und sich die Kleinen in der Fülle der Angebote nicht mehr zurechtfinden.

Puppen für die Mädchen und das Schwert oder der Flitzebogen für die Jungen sind allerdings uralte Kinderspielzeuge, die auf die künftige Rolle in der Gesellschaft verweisen sollten.

Würfel gibt es schon seit langer Zeit. In der Antike und im Mittelalter wurden dazu beispielsweise Sprunggelenkknochen von Schafen und Ziegen verwendet.

Kartenspiele gibt es spätestens seit dem Ende des 14. Jahrhunderts. Sie werden in einer Verordnung aus Florenz und in einer Quelle aus Regensburg in den Jahren 1376 und 1378 erwähnt. Sie waren damals sehr groß und sehr schwer. Das Kartenspiel wurde zunächst nicht von armen Leuten oder den Landsknechten, sondern in der adeligen Gesellschaft gepflegt. Angeblich wurde es erfunden, um den kranken König Karl VI. von Frankreich (König 1380–1422) aufzuheitern. Selbstverständlich fand es bald auch bei Bürgern und Bauern Anklang.

Über die Jahrhunderte – bis in unsere Zeit – entwickelte sich eine große Zahl unterschiedlichster, auch unterschiedlich anspruchsvoller Kartenspiele. Besonders erfolgreich war der **Skat**. Er entstand aus dem deutschen Schafskopf, das wegen seiner geringen Variationsmöglichkeiten oft als langweilig empfunden wurde. So übernahmen findige Altenburger Kartenspieler Regeln und Schwierigkeiten aus den italienischen bzw. französischen Spielen Tarock und L'hombre. Das Skatspiel wurde erstmals im Jahr 1813 erwähnt. 1818 schrieb ein Kommentator: »Dieses Spiel ist offenbar der König aller Spiele deutscher Karte, so wie das königliche L'hombre in der französischen, denn beide haben den unbestrittenen Vorzug, dass Geschick und Glück in gleicher Wechselwirkung Gewinn und Verlust bereiten.« Bis heute ist Altenburg in Thüringen, wo das Skatspiel entstand, die Skatstadt schlechthin. Hier wurde im Jahr 1927 das Skatgericht zur Klärung von Streitfragen eingerichtet. Seit 1998 gilt verbindlich die Internationale Skatordnung.

Viele andere Kartenspiele erfreuen, fördern die Konzentration und die Kombinationsfähigkeit. Verhältnismäßig anspruchslos und leicht zu erlernen sind Mau-Mau, Schwarzer Peter oder Elfer Raus. Zu anspruchsvollen Gesellschaftsspielen gehören Canasta, Rommé, Bridge und Patience. Ein ausgesprochenes Glücksspiel, in dem es oft um hohe Geldbeträge geht, ist Poker.

Eine große Vielfalt gibt es auch bei den **Brettspielen**. Die ersten wurden bereits vor Jahrtausenden gespielt. So beanspruchen das »Spiel von Ur« in Mesopotamien (2300 v. Chr.) und das chinesische Go gleichermaßen den Rang, das älteste Brettspiel überhaupt zu sein.

Eine Spiellegende ist das königliche **Schachspiel** (pers. »schah« = König), das vermutlich aus Indien, vielleicht auch aus China kam, Ende des 6. Jahrhunderts in Persien Aufnahme fand und dann durch die Araber über die islamische, später auch die nicht islamische Welt verbreitet wurde. In Deutschland wurde es erstmalig um 1050 in dem in Tegernsee entstandenen Versepos »Ruodlieb« erwähnt. Im 19. Jahrhundert wurde das anspruchsvolle Strategiespiel gern im gebildeten Bürgertum gespielt. Im Jahr 1851 begann in London die Geschichte der modernen Schachturniere.

Sehr populär sind auch die Spiele Dame, Mühle, Halma und »Mensch ärgere dich nicht«. Das **»Mensch ärgere dich nicht«** wurde im Winter 1907/1908 von dem Spieleshersteller Josef Friedrich Schmidt in München erfunden. Er stellte es seit 1914 in Serie her. Zunächst verkaufte es sich nur mühsam. Das änderte sich allerdings, nachdem Schmidt im Ersten Weltkrieg 3 000 Exemplare an Lazarette verschenkt hatte. Die zur Untätigkeit verurteilten verwundeten Soldaten vertrieben damit ihre Langeweile und sorgten für die weitere Verbreitung des Spiels. Bis 1920 war die erste Million verkauft. Inzwischen sind es mehr als 60 Millionen.

In früheren Jahrhunderten hatten die Menschen wenig Zeit zum Spielen. Das galt auch für die Kinder, die – zumindest in den Bauern- und später dann auch in den Arbeiterfamilien – ihren Beitrag zum Lebensunterhalt leisten mussten. Das hat sich inzwischen grundlegend geändert. Noch nie haben die Menschen in den hoch entwickelten Ländern über so viel Freizeit verfügt wie heute. Sport und Spiel bereiten Vergnügen und Ausgleich. Insbesondere seit der Zeit der Romantik suchen die Menschen die Begegnung mit der Natur (vom »Wandervogel« und der Jugendbewegung insgesamt ist an anderer Stelle die Rede, vgl. S. 112). Man tanzt und musiziert.

Das **Sammeln** ist zu einer weit verbreiteten Leidenschaft geworden, ob es sich dabei um Briefmarken, Münzen, Zündholzetiketten oder Versteinerungen handelt, bleibt zweitrangig. Manchmal wird hier, bei den Philatelisten (Briefmarken), Numismatikern (Münzen) und Phillumenisten (Streichholzschachteln) mit tiefem Ernst und nahezu wissenschaftlicher Gründlichkeit gearbeitet. Es gibt kaum etwas, das nicht gesammelt wird.

Kinder, Jugendliche, aber auch Erwachsene vertreiben durch **Basteln** von Flugzeug- und Schiffsmodellen, durch die Einrichtung eines Aquariums oder eines Taubenschlags ihre Langeweile und zeigen zugleich, wozu sie fähig sind, wenn sie ihre Kräfte frei entfalten können.

Allerdings hat sich das Freizeitverhalten durch die Einführung des **Fernsehens** seit den Fünfzigerjahren erheblich gewandelt. Bei vielen Kindern und Erwachsenen wird Freizeit nicht mehr gestaltet. Das suggestive Angebot der einzelnen Sender, das sich oft an den (vermeintlichen) Bedürfnissen der Kinder, Jugendlichen und Erwachsenen orientiert, nimmt gefangen. Aus handelnden und gestaltenden Menschen werden passive Konsumenten.

Ein Bereich der Freizeitgestaltung soll hier noch etwas ausführlicher behandelt werden. Die **Jagd** ist heute ein Zeitvertreib für wenige. Das Wild ist rar geworden, die Pacht teuer. Genaue Vorschriften, z. B. bezüglich auf die Schonzeiten der Tiere, setzen einen engen Rahmen. Das war nicht immer so. In früher Zeit war die Jagd für den Lebensunterhalt unentbehrlich. Noch heute gibt es Völker in entlegeneren Weltgegenden, die – wie der Steinzeitmensch Mitteleuropas – vom Sammeln und Jagen leben. Frühe Felszeichnungen (Altamira in Spanien, Lascaux in Frankreich) belegen, dass die Menschen durch Jagdzauber den Erfolg zu beeinflussen versuchten – und das vor allem auch deshalb, weil der Nahrungserwerb schwierig und gefährlich war.

In der Jungsteinzeit wurden die Menschen zu sesshaften Bauern. Allerdings konnten sie wegen der geringen Erträge oft nicht auf die Jagd verzichten. Das Wild, Vögel und Fische blieben über lange Zeit ein unentbehrlicher Eiweißlieferant.

Das galt auch für das Mittelalter. Über den Winter konnten nur wenige Schweine gehalten werden, weil noch die Kartoffeln fehlten. Wenn es in einem Jahr kaum Eicheln und Bucheckern gab, dann mussten viele Schweine, die sich sonst im Wald selbst ernährten, aus Futtermangel geschlachtet werden.

Bis ins 19. Jahrhundert hinein, bisweilen noch darüber hinaus, wird von **Wilderei** berichtet. Einerseits war sie Ausdruck einer fast manischen Jagdleidenschaft, andererseits diente sie dazu, die hungernden Familien der Kleinbauern und Dorfarmen zu ernähren.

Gejagt wurde mit dem Speer und dem Jagdschwert, später auch mit der Armbrust. Hunde stöberten das Wild auf und stellten es. Seit dem 16. Jahrhundert wurden Feuerwaffen verwendet. Aus ihnen entwickelten sich die noch heute gebräuchlichen Jagdwaffen, die Schrotflinte und die mehrschüssige, mit einem Zielfernrohr versehene Kugelbüchse.

Ursprünglich gehörte der Wald zur Allmende, war also gemeinschaftlicher Besitz der Dorfgemeinde. Das galt für Bau- und Brennholz, für Wild und Fische, für Steinbrüche und Sandgruben. Im späten Mittelalter eignete sich der Adel die bis dahin in der Regel nicht schriftlich fixierten Rechte an und nutzte sie für seine eigenen Zwecke. Die Jagd des gemeinen Mannes wurde verboten und ggf. streng geahndet. Die adeligen Herren konnten nun ohne Einschränkungen ihrer Jagdleidenschaft frönen. Die Bauern hatten von den in ihrer Nähe lebenden Hirschen, Rehen, Wildschweinen und anderen jagdbaren Tieren keinen Nutzen mehr. Im Gegenteil: Ihre Felder wurden im Sommer und im Herbst oft durch die viel zu zahlreichen Wildtiere verwüstet. So verwundert es nicht, dass die Bauern Abhilfe forderten. Im großen deutschen Bauernkrieg von 1525 (vgl. S. 19, 387 f.) formulierten die Aufständischen u. a. ihre wirtschaftlichen und sozialen Forderungen. Da heißt es in den berühmten »Zwölf Artikeln«: »Ist bisher in Brauch gewesen, dass kein armer Mann Gewalt gehabt hat, Wildbret, Geflügel und Fische in fließendem Wasser zu fangen. Auch halten an etlichen Orten die Obrigkeiten das Wild uns zu Trotz und mächtigem Schaden. Das ist wider Gott und den Nächsten, da, als Gott der Herr den Menschen erschuf, er ihm Gewalt gegeben hat über alle Tiere, den Vogel in der Luft und den Fisch im Wasser.« Der Bauernaufstand wurde blutig erstickt – und so blieb für die nächsten Jahrhunderte bezüglich des Jagdrechts alles beim Alten.

Die fürstliche Jagd- und Repräsentationssucht nahm gelegentlich skurrile Formen an. Bei der Parforcejagd (frz. »par force« = mit Gewalt) wurde ein Hirsch stundenlang gehetzt, bis er sich zum Kampf stellte, um dann vom Jagdherrn oder einem Ehrengast abgeschossen oder mit dem Hirschfänger erlegt zu werden. Hier wird besonders deutlich, dass die Jagdbeute, das Wildfleisch, nur noch eine Nebensache war.

Bei den sogenannten eingestellten Jagden wurde das Wild, oft Hunderte, manchmal mehr als tausend Stück, von den dienstpflichtigen Bauern in einem nach außen hin geschlossenen Waldstück zusammengetrieben. Am Tag der Jagd öffnete man es auf der Seite, wo der Fürst und seine Jagdgesellschaft mit geladenen Gewehren warteten. Aus dem nun folgenden Massaker gab es für die Tiere kein Entrinnen. Das Ausmaß fürstlicher Jagdleidenschaft geht z. B. aus dem Schussbuch des Fürstbischofs von Würzburg und damit Herzogs von Franken Friedrich Carl von Schönborn (Fürstbischof 1729–1746) hervor. Er erlegte an einem Tag 43 Hirsche, 94 Stück Kahlwild (weibliche Hirsche), 32 Rotwildkälber, 2 Rehe und 10 Wildschweine.

Die Aufklärung veränderte das Verhältnis zur Jagd und führte dazu, dass die Wildmassaker von Ausnahmen abgesehen aufgeben wurden. In der Revolution von 1848/49 wurde das adelige Privileg abgeschafft. Jeder konnte nun auf dem ihm gehörigen Grundstück selbst jagen. Diese Praxis führte innerhalb kurzer Zeit dazu, dass das jagdbare Wild weitgehend ausgerottet war.

Eine Neuregelung schien unumgänglich. So wurde in den Fünfzigerjahren des 19. Jahrhunderts verordnet, dass das Jagdrecht nur auf einer ausreichend großen Fläche ausgeübt werden dürfe. Die Besitzer kleiner Anteile mussten sich zu Genossenschaften zusammenschließen. Die so entstandenen Bezirke wurden von den Gemeinden verpachtet. Diese Regelung hat sich dauerhaft bewährt und wurde deshalb in das Reichsjagdgesetz von 1934 und in das Bundesjagdgesetz von 1952 übernommen.

Schon in der **griechischen Antike** widmeten sich die Adeligen sportlichen Übungen, die der Stählung des Körpers, zugleich aber auch dem Vergnügen dienten. Sie verfügten über genügend Zeit, weil ihnen Sklaven die körperliche Arbeit abnahmen. Zudem mussten sie ständig kriegsbereit sein. Beliebte Sportarten waren Weitsprung, Wettlauf, Ringen, Boxen, Hockeyspielen, Diskuswerfen, Speerwerfen und Bogenschießen. In Sparta stand bei allem sportlichen Tun der militärische Zweck im Vordergrund.

Seit etwa 500 v. Chr., als in Athen die Demokratie begründet wurde, fand der Sport auch in der nicht adeligen Bevölkerung zahlreiche Anhänger. Die Begeisterung des Publikums war groß und ähnelte der in unserer Zeit. Obwohl Philosophen und Dichter gelegentlich heftig protestierten, genossen die Olympiasieger oft göttliche Ehren.

Die **Olympischen Spiele** gaben der griechischen Auffassung vom Sport in besonderem Maße Ausdruck. Sie fanden alle vier Jahre im heiligen Bezirk von Olympia auf der Peloponnes statt. Seit dem Jahr 776 v. Chr. wurden die Namen der Sieger aufgezeichnet. Möglicherweise gab es die Spiele aber schon früher. Die Kämpfer maßen sich in den oben genannten Sportarten. Seit dem Jahr 720 v. Chr. kämpften die Athleten nackt. Angeblich diente dafür ein Missgeschick des Wettläufers Orsippos als Anlass: Er hatte unterwegs seinen Lendenschutz verloren, war aber dennoch weitergelaufen. Im Jahr 648 v. Chr. kam das Wettrennen mit Vierergespannen hinzu.

An den Spielen durften zunächst nur freie Griechen teilnehmen. Später wurden auch Makedonen und schließlich Römer zugelassen. Den Frauen war es strengstens, ja bei Todesstrafe verboten, den

Kämpfen zuzuschauen. Die Sieger erhielten als Preis einen Ölzweig. Weitere Belohnungen kamen hinzu. So durften sie in Olympia ihre Standbilder aufstellen lassen. Oft wurden sie in ihren Heimatgemeinden von Steuern befreit und bis an ihr Lebensende unentgeltlich im Rathaus gespeist.

Auch die **Römer** kannten die verschiedensten Sportarten. Bei ihnen waren vor allem aber die brutaleren Boxkämpfe, Wagenrennen und Gladiatorenkämpfe geschätzt. Die Boxer trugen an den Fäusten und Unterarmen Lederriemen, die mit Metall beschwert waren, um wuchtigere Schläge zu ermöglichen.

Als **Gladiatoren** (lat. »gladius« = Schwert) traten zum Tode verurteilte Verbrecher, Sklaven oder wagemutige Abenteurer auf, die ihr Leben retten oder ihre Kraft und Überlegenheit beweisen wollten. Gladiatorenkämpfe gab es seit 264 v. Chr. Die Gladiatoren mussten mit unterschiedlichen Waffen gegeneinander oder gegen wilde, absichtlich ausgehungerte Tiere kämpfen, die aus Afrika oder den Ländern des Nordens herbeigeschafft worden waren. In der Zeit der Christenverfolgungen war vielen Christen dieses Schicksal bestimmt. Die Schaukämpfe fanden in eigens erbauten Amphitheatern statt, von denen mehrere – etwa das Kolosseum in Rom – bis auf den heutigen Tag erhalten sind. Er gab besondere Fechterschulen, in denen die Gladiatoren für ihre Auftritte ausgebildet wurden. Von einer dieser Schulen, der Fechterschule in Capua, ging der von dem Sklaven Spartacus geleitete Sklavenaufstand (74–71 v. Chr.) aus, der für den römischen Staat zu einer lebensbedrohlichen Gefahr wurde.

Die Begeisterung des römischen Publikums für die blutigen Metzeleien muss nach zeitgenössischen Zeugnissen außerordentlich groß gewesen sein. Diktatoren und Kaiser nutzten die Spiele immer wieder für propagandistische Zwecke und verpflichteten sich auf diese Weise vor allem das zahlreiche und oft wankelmütige Proletariat. Diese Absicht hat sich in der immer noch gebräuchlichen römischen Redensart erhalten: »panem et circenses« (»Brot und Spiele«).

Freizeit und Sport

Auch in christlicher Zeit dauerte es noch Generationen, bis die Gladiatorenspiele endlich abgeschafft wurden. Kaiser Konstantin der Große (Kaiser 306–337) hatte schon im Jahr 325 verordnet: »In Zeiten, in denen Frieden und innenpolitische Ruhe herrschen, missfallen uns blutige Vorführungen. Deshalb verfügen wir, dass es keine Gladiatoren mehr geben darf. Die, die ihrer Verbrechen wegen früher dazu verurteilt wurden, Gladiatoren zu werden, sollen ab jetzt in den Bergwerken arbeiten.« Ein Rest der antiken Gladiatorenkämpfe und Tierhetzen hat sich in den spanischen, südfranzösischen und südamerikanischen Stierkämpfen erhalten.

Das **Christentum** beendete nicht nur die brutalen Auswüchse der Sportbegeisterung. Der menschliche Körper galt als Widersacher der Seele und damit als sündig. So wurden die Olympischen Spiele folgerichtig im Jahr 394 n. Chr. durch Kaiser Theodosius I. (Kaiser 379–395) verboten. Gelegentlich gingen christliche Asketen so weit, dass sie jegliche Körperpflege ablehnten. Doch wurden die Leibesübungen nicht völlig abgeschafft, zumal die Mönche und später die Ordensritter ja jederzeit kampfbereit sein mussten, um ihre Klöster und Burgen gegen Feinde verteidigen zu können.

Im hohen **Mittelalter** wandelte sich das Verhältnis zum Leben und zur Körperlichkeit des Menschen. Die Ritter hatten es im 12. und 13. Jahrhundert, in der Zeit der staufischen Könige und Kaiser, zu Einfluss und Ansehen gebracht und schufen sich nun eine eigene, durch Selbstbewusstsein und Diesseitsbejahung geprägte Standeskultur. Dazu gehörte die höfische Dichtung, z. B. der Minnesang, und die höfische Lebensart. Zum standesgemäßen Zeitvertreib zählten auch ritterliche Kampfspiele. Sie boten die Möglichkeit, sich in sportlichem Wettstreit miteinander zu messen und sich gleichzeitig für den Ernstfall vorzubereiten. Die **ritterlichen Turniere** wurden für gewöhnlich mit scharfen Waffen ausgefochten, mit dem Schwert und der Lanze bzw. dem Speer. Tote und Verwundete waren nicht selten. So starben bei einem Turnier im niederrheinischen Neuss im Jahr 1241 angeblich rund 100 Ritter an Hitze und Überanstrengung.

Der »Buhurt« war ein kunstvolles Reiterspiel, bei dem zwei Gruppen ohne Rüstung und mit stumpfen Waffen gegeneinander antraten. Auch hier gab es gelegentlich Verletzungen. Doch ereigneten sie sich unabsichtlich. Der ritterliche Zweikampf hieß »Tjost«. In der Regel war auch er nur ein Spiel. Allerdings konnte es – wie später beim Duell – ausnahmsweise auch einmal um Leben und Tod gehen. Als Kampfstätte diente der Burghof oder ein nahe gelegener Platz. Viele adelige Zuschauer fanden sich ein, insbesondere auch Frauen. Aus ihrer Hand erhielten die Sieger anschließend ihren Preis, z. B. einen Kranz. Die verschiedenen ritterlichen Kämpfe waren offenbar sehr beliebt und deshalb weit verbreitet. Schon im 12. Jahrhundert erließ die Kirche erste Turnierverbote und weigerte sich, die im Kampf Gefallenen kirchlich zu bestatten. Doch blieben die Strafandrohungen ohne erkennbare Wirkung.

Nach dem politischen und sozialen Abstieg des Rittertums fiel den **Städtern** eine führende Rolle zu. Auch die Bürger mussten sich kriegsbereit halten, um im Verteidigungsfall auf den Mauern ihren Mann stehen zu können. Meist waren die verschiedenen Feste mit sportlichen Übungen verbunden. Laufen, Springen und Werfen waren sehr beliebt. Hinzu kamen das Fechten und vor allem das Schießen, das mit Armbrüsten und später mit Büchsen ausgetragen wurde. Noch heute zeugen Bürgerwehren und Schützenvereine von den alten städtischen Bräuchen. Das **Schützenwesen** erreichte im 15. und 16. Jahrhundert seinen Höhepunkt. Man schoss mit der Armbrust auf eine Entfernung von 120 bis 140 Schritt, mit der Büchse etwa doppelt so weit. Als Ziel diente eine Scheibe oder ein hölzerner Vogel. Diese Wettschießen waren Teil ausgelassener Volksfeste.

Etwas später, im 16. und 17. Jahrhundert, erreichte das **Fechterwesen** seinen Höhepunkt. Die Fechtergesellschaften standen allen unbescholtenen Bürgern, nicht jedoch dem Adel und der Ritterschaft offen. Auch hier sollte Wehrhaftigkeit anerzogen werden, sogleich jedoch wollte man wie in anderen Lebensbereichen den sozial höher stehenden Adel nachahmen.

Daneben gab es andere gesellige Spiele. Der **Tanz** erfreute sich über Jahrhunderte andauernder Beliebtheit. Ursprünglich war er als Teil des religiösen Kults, wie es noch heute bei vielen Völkern, insbesondere bei den Naturvölkern der Fall ist. Mit dem Christentum ging diese Bindung jedoch verloren. Seit dem 11. Jahrhundert gab es den nach Ständen unterschiedenen Volks- und Gesellschaftstanz.

Der **Humanismus** hatte mit seiner stärkeren Diesseitsbetonung ein neues Interesse am menschlichen Körper geweckt. Der Sport wurde als wichtige Ergänzung und als notwendiger Ausgleich für die geistige Tätigkeit erkannt. Allerdings betraf dies nur einen sehr geringen Teil der Bevölkerung. Die schwer arbeitenden und um ihr tägliches Brot ringenden Bauern hatten anderes im Sinn. Seit dem 15./16. Jahrhundert gab es eine Vielzahl sportlicher und gymnastischer Betätigungen, die zum Teil Einzug in die damals entstehenden, in der Regel landesherrlichen Schulordnungen für die »teutschen« und lateinischen Schulen fanden.

Körperliche Übungen gab es selbstverständlich auch an den Ritterakademien, aber auch an Jesuitenschulen und Universitäten. Im Altertum, vor allem bei den Griechen, sah man den harmonischen, allseitig gebildeten Menschen verwirklicht. Folglich wurden die antiken Autoren als Autoritäten angesehen. Es galt das alte lateinische Sprichwort »Mens sana in corpore sano« (»Ein gesunder Geist in einem gesunden Körper«), das sich bei dem römischen Dichter Juvenal findet, der um das Jahr 100 n. Chr. lebte.

In der Zeit der **Aufklärung** setzte sich diese Tendenz fort. Allerdings ging es weniger um die Formung des allseitig gebildeten Menschen. Die Körperkultur wurde zunächst unter dem Gesichtspunkt der Nützlichkeit bewertet. Erst die aus der Aufklärung erwachsene Gruppe philanthropischer Pädagogen betonte den Wert sportlicher Tätigkeit für die menschliche Charakterbildung und Persönlichkeitsentwicklung. Der Schulsport im engeren Sinne begann mit dem bayerischen Lehrplan für Volksschulen, der – wenn auch nicht unumstritten – Gymnastik als ordentliches Lehrfach vorsah.

Einen Neuanfang brachte der »Turnvater« Friedrich Ludwig Jahn (1778–1852). Nun wurde die sportliche Betätigung der Jugend Teil der nationalen Aufbruchsbewegung im Kampf gegen den französischen Usurpator Napoleon. Im Jahr 1811 eröffnete er auf der Hasenheide bei Berlin den ersten Turnplatz. Sein mit Ernst Eiselen herausgegebenes Buch »Die deutsche Turnkunst« von 1816 wurde wegweisend für das **Turnwesen**. Hierbei ging es nicht nur um die Beherrschung des Körpers, sondern auch um eine bestimmte geistig-seelische Haltung, wie sie ja auch in dem von Jahn geprägten geflügelten Wort »Frisch, fromm, fröhlich, frei!« zum Ausdruck kommt. Von Jahn stammt auch das längst allgemein geläufige Wort »turnen«. In althochdeutscher Zeit bedeutete es »drehen, wenden« (vgl. engl. »to turn«). Allerdings handelte es sich hier nicht um ein angeblich urdeutsches Wort, sondern um ein aus dem Lateinischen stammendes Lehnwort (»tornare« = mit dem Dreheisen abrunden).

Die in Turnerkreisen verbreitete liberale und nationale Gesinnung führte 1819 im Zusammenhang mit den sogenannten Demagogenverfolgungen (griech. »demagoge« = Volks(ver)führer) zum Verbot der Turnerschaften. Jahn blieb fünf Jahre in Untersuchungshaft und dann noch bis zum Jahr 1840 unter Polizeiaufsicht. Seine Anhänger kamen vielfach illegal zusammen. Sie widmeten sich vorwiegend dem Turnen an neu erfundenen Geräten (Pferd, Barren, Reck).

Nach der Aufhebung des Verbots der Turnerschaften im Jahr 1842 nahm die Turnbewegung eine neue Wendung. Der Schwung der Gründungs- und der Verbotszeit schwand. An die Stelle trat nun eine sehr starke Formalisierung der Körperkultur, die zu Gehorsam, Ordnung und körperlicher Geschicklichkeit führen sollte. Hauptbefürworter dieser Richtung war Adolf Spieß (1810–1858), der das **Schulturnen** einführte. Im Jahr 1860 wurde die Deutsche Turnerschaft gegründet. Der Schulsport wurde von nun an zu einem staatlichen Anliegen. So bestimmte eine allerhöchste Kabinettsorder im

Jahr 1842 in Preußen, dass der Turnunterricht »an allen öffentlichen Lehranstalten als notwendiger und unerlässlicher Bestandteil der männlichen Erziehung« eingeführt werden sollte.

Der **Mädchensport** wurde seit 1860 in den Schulen unterrichtet. Allerdings wurden schwierigere und gefährliche Disziplinen vermieden. Im Gegensatz zum Jungensport ging es mehr darum, anmutige und harmonische Bewegungen einzuüben.

Die moderne **Gymnastik** befasst sich mit rhythmischen Übungen. Sie dienen dazu, den Körper zu kräftigen und beweglich zu machen bzw. beweglich zu halten. Diese Art der Körperertüchtigung spielte im alten Griechenland eine sehr wichtige Rolle, insbesondere in der Jugenderziehung. Aus dem Griechischen stammt auch der Begriff. Er bedeutet »mit nacktem Körper Leibesübungen machen«. Diese Übungen fanden im »gymnásion« statt. Unschwer ist zu erkennen, dass sich dieses Wort zu unserem Wort »Gymnasium« weiterentwickelte, was zusätzlich die Wichtigkeit gymnastischer Übungen unterstreicht. In neuerer Zeit wurde die Gymnastik vor allem in Schweden kultiviert und verbreitete sich von dort aus in andere Länder.

Der **Sport** im modernen Sinne aber kam aus England auf den Kontinent und auf die ganze Erde. Das Wort leitet sich vom englischen »to disport« (sich vergnügen, sich ausgelassen tummeln) ab. Der Sport hatte seinen Ursprung in den besonderen soziologischen Verhältnissen des Inselstaats. Auf den englischen Public Schools (höhere Privatschulen mit Internat), die von den Söhnen der Adelsfamilien besucht wurden, waren **Cricket**, **Rudern**, später auch **Fußball**, **Hockey** und **Leichtathletik** üblich.

Ursprünglich unverbindliche Spiele wurden methodisiert und erzieherisch nutzbar gemacht, zumal sie von Mannschaften ausgetragen wurden. Angeblich sollten damit die jungen Männer, die sich nicht selten roh und gewalttätig verhielten, diszipliniert werden. Durch den Sport sollten Kampfgeist und Mannschaftsbewusstsein anerzogen werden. Bei aller Härte galt jedoch das Gebot unbedingter Fairness. Hinzu kam, vor allem auch durch die Amerikaner, die Absicht, körperliche Höchstleistungen, Rekorde, zu erzielen. Die Absolventen der Schulen und Universitäten verschafften dem Sport dann breiteren Zuspruch in der Bevölkerung. Im Jahr 1858 entstand in London der »Black Heath Football Club« und 1863 die »Football Association«.

In Deutschland fand der Sport insbesondere im ausgehenden 19. Jahrhundert weite Verbreitung. Allerdings war schon im Jahr 1836 in Hamburg ein Ruderclub und bereits 1878 in Hannover der erste Fußballverein gegründet worden. Im Jahr 1893 entstand der Amateur-Athletik-Verband. Es folgten 1894 der Allgemeine Sportbund und 1898 die Deutsche Sportbehörde für Athletik. Um die gleiche Zeit wurden zahlreiche andere **Sportverbände** geschaffen, die die einzelnen **Vereine** miteinander verbanden, so 1883 der Deutsche Ruderverband, 1886 der Deutsche Schwimmverband, 1888 der Deutsche Segler-Verband und der Deutsche Eislaufverband, 1891 der Deutsche Athletiksportverband, 1900 der Deutsche Fußball-Bund, 1902 der Deutsche Tennisverband, 1905 der Deutsche Skiverband und 1909 der Deutsche Hockey-Bund.

Im Jahr 1924 bildete sich in Konkurrenz zur Deutschen Turnerschaft der Deutsche Sportbund (DSB). Als übergeordnete und vermittelnde Organisation bestand bereits seit 1917 der Deutsche Reichsausschuss für Leibesübungen. Er vertrat in der Weimarer Zeit über 3 000 000 Turner und Sportler. Auf ihn gingen z. B. die seit 1922 durchgeführten »Deutschen Kampfspiele« und die »Reichsjugendwettkämpfe« zurück. Das Turn- und Sportabzeichen gab es bereits seit 1913. Die »Reichsjugendwettkämpfe« leben seit 1951 in den **Bundesjugendspielen** fort. Weiter begründete der Reichsausschuss unter seinem Generalsekretär Carl Diem (1882–1962) im Jahr 1920 die Deutsche Hochschule für Leibesübungen in Berlin.

Weithin unabhängig von der bürgerlichen Sportbewegung entwickelte sich die der deutschen Sozialdemokratie. Auch sie hatte die verbindende und erzieherische Wirkung der Körperkultur erkannt und rief nach der Aufhebung ihres Verbots im Jahr 1891 zahlreiche **Arbeitersportvereine** ins Leben. Hier wurde nicht nur der Klassengegensatz zwischen dem Bürgertum auf der einen und der Arbeiterschaft auf der anderen Seite sichtbar, sondern auch das unterschiedliche ideologische Fundament, auf dem die sportliche Betätigung ruhte. In der Kaiserzeit und während der Weimarer Republik war das bürgerliche Vereinswesen sehr stark von patriotischem oder gar nationalistischem, oft auch von militärischem Ideengut beeinflusst.

Die Arbeitersportvereine sammelten sich zwischen 1892 und 1933 im Arbeiter-Turn-und-Sportbund, der fast eine Million Mitglieder zählte und von Fritz Wildung (1872–1954) geführt wurde. Im Jahr 1925 fand in Frankfurt am Main die erste Arbeiter-Olympiade statt.

Im Jahr 1896 wurden in Athen erstmals die internationalen **Olympischen Spiele** neuerer Zeitrechnung begangen. An ihnen nahmen 295 Athleten aus 13 Ländern teil. Der Austragungsort sollte an die antiken Spiele erinnern. Ihr Begründer, der französische Baron Pierre de Coubertin (1863–1937), wollte die alte olympische Idee wieder aufleben lassen. Amateure aus den verschiedensten Ländern sollten sich – freundschaftlich und ohne materiellen Lohn – in Wettkämpfen miteinander messen. Die Internationalität wird durch die fünf ineinander verschlungenen Ringe, jeder für einen Erdteil, symbolisiert. Die Olympischen Spiele finden, wie in der Antike, alle vier Jahre statt, wenn nicht wichtige Gründe, z. B. Kriege, dem entgegenstehen. Seit 1924 gibt es außer den Sommerspielen auch olympische Winterspiele.

Bei der I. Olympiade in Athen lief der Sieger Thomas Burke die 100 Meter in 12 Sekunden. Im Hochsprung erreichte Ellery Clark 1,81 Meter und William Welles Hoyt im Stabhochsprung 3,30 Meter.

Politische Gründe führten bei den VII. Olympischen Spielen im Jahr 1920 in Antwerpen und bei den VIII. Olympischen Spielen im Jahr 1924 in Paris zum Ausschluss Deutschlands und Sowjetrusslands bzw. der Sowjetunion. Deutschland wurde geächtet, weil es angeblich die alleinige Schuld am Ausbruch des Ersten Weltkriegs trug. Das aus der Revolution des Jahres 1917 hervorgegangene bolschewistische System wurde von den anderen Ländern nicht anerkannt.

Die XI. Olympischen Spiele fanden im Jahr 1936 in Berlin statt. Sie erwiesen sich für das inzwischen nationalsozialistische Deutschland als außerordentlich werbewirksam, zumal sie von einem hohen Propagandaaufwand begleitet waren. Filme und frühe Fernsehsendungen berichteten über die Ereignisse. Den Geist der Zeit, die Idealisierung und Heroisierung von Kraft und Eleganz, spiegelte der zweiteilige Dokumentarfilm »Olympia« (1938) von Leni Riefenstahl (1902–2003) wider. Der Architekt Werner March (1894–1976) hatte das antiken Vorbildern nachgebildete Olympiastadion geplant.

Auch bei den XIV. Olympischen Spielen im Jahr 1948 in London waren die Deutschen, neben den Japanern, wegen des Zweiten Weltkriegs von der Teilnahme ausgeschlossen. Sie beteiligten sich erstmals wieder im Jahr 1952 in Helsinki.

Die XX. Olympischen Sommerspiele fanden wieder in Deutschland statt, und zwar im Jahr 1972 in München. Sie wurden überschattet durch einen von arabischen Terroristen verübten blutigen Anschlag auf die israelische Olympiamannschaft, bei dem zwei Israelis getötet wurden. Bei dem anschließenden missglückten Polizeieinsatz starben darüber hinaus acht Geiseln, fünf Terroristen und ein Polizeibeamter.

Heute sind die verschiedensten Sport- und Turnvereine in der Bundesrepublik Deutschland in dem 1950 gegründeten Deutschen Sportbund (DSB) und in dem im gleichen Jahr entstandenen Deutschen Turner-Bund (DTB) vereinigt. In der DDR war der Deutsche Turn- und Sportbund (DTSB) die entsprechende Spitzenorganisation.

Der Sport ist heute aus dem kulturellen und gesellschaftlichen Leben nicht mehr wegzudenken. Viele Menschen verwenden darauf einen erheblichen Teil ihrer Freizeit. Freilich ist eine differenziertere Betrachtung erforderlich. Kinder und Jugendliche, aber auch ältere Leute treiben Sport, weil es ihnen Spaß macht und weil sie sich dabei bzw. danach zufrieden und entspannt fühlen. Dazu gehören Fußballspielen und Tennis, Schwimmen und Wandern. Weitergehende Motive spielen keine Rolle. Auch geht es nicht darum, sich und anderen durch Höchstleistungen zu imponieren.

Allerdings versuchen Industrie und Werbung immer wieder, diese Art der Betätigung zu beeinflussen und zu vereinnahmen. Dabei spielen ökonomische Gesichtspunkte eine große Rolle. Ständig werden neue Sportarten und Übungsformen kreiert und mit großem propagandistischen Aufwand verbreitet. Dazu gehören z. B. Aerobic, Bodybuilding, Nordic Walking, Skateboarding oder auch aus dem asiatischen Kulturkreis stammende Bewegungslehren wie Yoga, Qigong oder Tai Chi (Schattenboxen). Die sportlichen Übungen versprechen Wellness (Wohlbefinden), Spaß und Gesundheit.

Der herkömmliche **Vereinssport** hat sich über die Jahrzehnte behauptet. Immer noch sind Millionen von Jungen und Mädchen, Männern und Frauen in Vereinen organisiert und treffen sich zu regelmäßigem Training bzw. zu Wettkämpfen mit anderen Vereinen. In Deutschland sind z. B. über sechs Millionen Menschen Mitglied in rund 27 000 Fußballclubs. Die Ausbildung der Sportler und die Organisation erfolgt im Wesentlichen ehrenamtlich. Einige Sportarten wie **Fußball** oder **Tennis** sind besonders populär und sehr weit verbreitet. Daneben gibt es unzählige weitere Sportarten, manche mit örtlichen oder regionalen Schwerpunkten. Dazu gehören z. B. Badminton und Judo, Segelfliegen und Rallyefahren, Klettern und Windsurfen. Dem menschlichen Erfindungsgeist sind kaum Grenzen gesetzt. Das zeigen »Sportarten« wie Stiefel- oder Handywerfen, Sitzvolleyball oder Bankdrücken.

In letzter Zeit haben sogenannte Extremsportarten großen Zulauf. Sie versprechen den ultimativen Kick, eine Stärkung des Selbstbewusstseins und gesellschaftlichen Respekt. Dazu gehören Bungee-Springen und Paragliding (Fallschirmgleiten), Rafting (Schlauchbootfahren auf Wildwasser) und Freeclimbing (Freiklettern).

Kennzeichnend für unsere Zeit ist auch der **Profisport**. Die einzelnen Sportler üben ihre Tätigkeit professionell, als Beruf, aus und werden dafür bezahlt. Die Folgen dieser Entwicklung sind vor allem – aber nicht nur – beim Profifußball zu erkennen. Sportler werden wie eine seltene Handelsware gekauft und verkauft. Die Preise für einen einzelnen Spieler betragen oft mehrere Millionen Euro. Das Publikum erwartet von ihnen eine spannende Show. In gewisser Weise erinnern die Wettkämpfe heute an die Zirkusspiele der römischen Antike. Fußballasse werden durch Fernsehen, Funk, Zeitschriften und Zeitungen zu Idolen hochstilisiert. Das gilt etwa für den Brasilianer Pelé (eigentlich Edson Arantes do Nascimento), den Argentinier Diego Maradona oder den Engländer David Beckham.

Der **Passivsport** hat durch die modernen Medien millionenfache Verbreitung gefunden. Eine Sonderrolle kommt dabei dem Fernsehen zu, das zeitgleich oder zeitnah über wichtige Sportereignisse berichtet. Sportsendungen sind ein unverzichtbarer Teilbereich des Programms. Das Publikumsinteresse steigert sich extrem, wenn über Olympische Spiele oder über Fußballweltmeisterschaften bzw. Fußballeuropameisterschaften zu berichten ist. Im Vordergrund steht hier der Show-Charakter des Ereignisses. Das Publikum will unterhalten werden – wenn es geht, auf möglichst spannende Art und Weise. Die psychologischen Nebenwirkungen sind ggf. erheblich. Ein unvergessenes Beispiel ist die Fußballweltmeisterschaft des Jahres 1954, bei der die Bundesrepublik Deutschland im Endspiel mit 3:2 über Ungarn siegte und dadurch Weltmeister wurde. Das Ereignis bedeutete nach Krieg und Niederlage eine Stärkung des nationalen Selbstgefühls. Die Nachwirkungen sind bis in unsere Zeit spürbar und an dem populären Spielfilm »Das Wunder von Bern« (2002/03) nachzuvollziehen. Die Bundesrepublik Deutschland wurde auch in den Jahren 1974 (gegen die Niederlande 2:1 in München), 1990 (gegen Argentinien 1:0 in Rom) und 2014 (gegen Argentinien 1:0 in Rio de Janeiro) Fußballweltmeister.

Wenn einer eine Reise tut
Der Tourismus

Das Wort »Tourismus« ist vom französischen »tour« (Reise) abgeleitet. Es wurde seit etwa 1800 in England (»tourism«), seit 1810 auch in Deutschland verwendet. Die Endung (»-ismus«) lässt erkennen, dass es hier nicht um eine einzelne Reise oder um mehrere ohne Zusammenhang erfolgende einzelne Reisen geht. Der Tourismus ist ein Zeitphänomen, das viele Menschen unter vergleichbaren Bedingungen betrifft. Unter diesem Gesichtspunkt ist auch der heutige Massentourismus zu begreifen. In diesem Sinne gibt es den Tourismus erst seit dem 18. Jahrhundert. Zur vollen Entfaltung kam er erst im 20. Jahrhundert, vor allem nach dem Zweiten Weltkrieg.

Allerdings gab es bereits in der **Antike** Vorformen des modernen Reisens. Sie dienten dem Vergnügen oder auch, wie bei dem griechischen Historiker Herodot (ca. 484–425), der Erkundung fremder Völker und Weltgegenden. Es versteht sich von selbst, dass das Reisen nur ganz wenigen Menschen vorbehalten war. Die Sklavenhaltergesellschaft in Griechenland und in Rom sicherte den Besitzenden die Freizeit und die finanziellen Mittel, die sie dafür benötigten. Verkehrsmittel im neuzeitlichen Sinn gab es nicht, sodass jede Unternehmung mit erheblichem Aufwand und mit unkalkulierbaren Gefahren verbunden war.

Die Verbesserung der Binnenstruktur in den einzelnen Ländern mit Straßen, Brücken und Kanälen schritt im **Mittelalter** und in der frühen Neuzeit nur langsam voran. Allerdings entstanden Schritt für Schritt Erleichterungen, die das Reisen bequemer und sicherer machten. Bald machten sich viele junge Adelige auf den Weg, um Sehenswürdigkeiten im eigenen Land, vor allem aber in

Italien kennenzulernen. Die »Kavalierstour« war Teil einer standesgemäßen Erziehung und Ausbildung.

Das gewachsene Interesse führte dazu, dass seit dem 17. Jahrhundert **Reisehandbücher (Reiseführer)** auf den Markt kamen, in denen die Benutzer Hintergrundinformationen über ihre Reiseziele, aber auch praktische Hinweise erhielten. Wir wissen, dass Johann Wolfgang von Goethe (1749–1832) für seine italienische Reise in den Jahren 1786–1788 solche Handbücher benutzte.

In der Zeit der **Aufklärung** wuchs das Interesse an fremden Ländern und Völkern. Das Fernweh und das Reisefieber wurden durch sensationelle Entdeckungen und durch entsprechende Veröffentlichungen in weiten Teilen des Adels und nun auch des wohlhabenden Bürgertums geweckt. Beispielhaft seien hier die Seereisen des englischen Seefahrers James Cook (1728–1779) genannt. Eine große Breitenwirkung erzielte auch Goethes »Italienische Reise« (1816/17).

Die **Romantik** begünstigte ein neues, gefühlsinniges Verhältnis zur Natur. Gebirgs- und Meereslandschaften, »Seelenlandschaften«, wurden bevorzugte Reiseziele. Voller Bewunderung besuchte man mittelalterliche Städte (Nürnberg, Heidelberg) sowie die Ruinen von Burgen (Drachenfels, Wartburg) und Klöstern (Maulbronn, Chorin). Es begann die Zeit der **Rheinromantik**, die bis in unsere Zeit weiterwirkt.

Im 19. Jahrhundert begann die Zeit des **organisierten Reisens**, das eng mit dem Begriff des Tourismus nach unserem Verständnis verbunden ist. Im Jahr 1827 gründete Karl Baedeker (1801–1859) in Koblenz einen Verlag für Reisehandbücher. Nach eigenen Aussagen war der »Baedeker« der erste Reiseführer der Welt. Im Jahr 1841 veranstaltete Thomas Cook (1808–1892) die erste Gruppenreise. 500 Teilnehmer fuhren mit dem Zug von Leicester nach Loughborough zu einem Abstinenzlertreffen. Vier Jahre später gründete er in Leicester sein erstes **Reisebüro**. Im Jahr 1855 organisierte er eine Europarundreise für britische Touristen und im Jahr 1869 die erste Nilkreuzfahrt.

Der Tourismus

Noch für lange Zeit blieb das Reisen den privilegierten Klassen der Bevölkerung vorbehalten. Ausnahmen waren z. B. die **Wanderburschen**, die auf die Walz gingen, um in der Fremde ihre handwerklichen Kenntnisse und Fertigkeiten zu vervollkommnen. Der bei weitem größte Teil der Bevölkerung kam über den angestammten Lebensbereich nicht hinaus.

Verschiedentlich gab es Versuche, auch weniger wohlhabenden Menschengruppen Reisen zu ermöglichen. **Natur- und Wandervereine** bemühten sich um preiswerte, freilich im Angebot bescheidene Möglichkeiten. So wurde im Jahr 1888 in Plochingen der Schwäbische Albverein gegründet. Er besteht immer noch und ist mit 110 000 Mitgliedern heute der größte europäische Wanderverein.

In einer besonders schwierigen sozialen Lage war die Arbeiterschaft in der Auf- und Ausbauphase der Industrie. Im Jahr 1895 wurde in Wien der sozialdemokratische Freizeitverein »Naturfreunde« gegründet. Er zählt heute in Deutschland etwa 100 000 Mitglieder und widmet sich engagiert sozialen und ökologischen Fragen.

Seit Beginn des 20. Jahrhunderts entstanden im Zusammenhang mit der Jugend- und Wandervogelbewegung (vgl. S. 112) überall in Deutschland **Jugendherbergen**. Die erste wurde im Jahr 1909 auf der Burg Altena in Westfalen gegründet. Sie bieten vor allem jungen Menschen, Gruppen und Schulklassen einfache und billige Unterkünfte. Die Arbeit der Initiatoren und der zahlreichen Herbergseltern wird von starken ethischen und pädagogischen Beweggründen bestimmt. Im Jahr 1928 gab es in Deutschland bereits 2 200 Jugendherbergen. In der DDR wurden im Jahr 1976 257 Einrichtungen dieser Art gezählt. Hinzu kamen die Jugendtouristenhotels. Sie dienten der Freien Deutschen Jugend (FDJ) zur Unterbringung ausländischer Jugendgruppen, zur internationalen Begegnung sowie zur Beherbergung junger Einzelreisender und junger Familien. Heute sind über 600 Jugendherbergen im Deutschen Jugendherbergswerk (DJH) zusammengeschlossen. Die Idee verbreitete sich von Deutschland aus über die Welt. Gegenwärtig gibt es über 4 000

Jugendherbergen in 80 Ländern. Sie sind im Weltverband Hostelling International vereinigt.

Die diktatorischen Systeme des 20. Jahrhunderts erkannten die enorme propagandistische und sozialpsychologische Bedeutung der kollektiven Freizeit- und Reisegestaltung. In Deutschland wurde im Jahr 1933 die Organisation »**Kraft durch Freude**« (KdF), eine Unterorganisation der »Deutschen Arbeitsfront« (DAF), gegründet. Sie bestand bis 1945. Allerdings wurden mit Kriegsbeginn im Jahr 1939 die meisten Unternehmungen eingestellt. Der Führer der »Deutschen Arbeitsfront«, Robert Ley (1880–1945), wurde durch die italienische Freizeitorganisation »Opera Nazionale Dopolavoro«, die bereits im Jahr 1925 unter Benito Mussolini (1883–1945) entstanden war, zur Gründung der KdF angeregt. Sie selbst definierte ihre Aufgabe so: »Das Ziel der Organisation ist die Schaffung der nationalsozialistischen Volksgemeinschaft und die Vervollkommnung und Veredelung des deutschen Menschen.« Als Freizeitorganisation bot die KdF vielerlei Aktivitäten, z. B. Bunte Abende, Theateraufführungen und Konzerte, Nähkurse und Schwimmlehrgänge an. In unserem Zusammenhang sind die touristischen Unternehmungen wichtig. Ferienfahrten führten z. B. nach Oberbayern, aber auch nach Italien, Norwegen, Griechenland und Madeira. Für diesen Zweck gab es eigene »KdF-Schiffe«. Bekannt ist die »Wilhelm Gustloff«, die im Krieg als Lazarett- und Wohnschiff diente und am 30. Januar 1945 mit 10 000 Flüchtlingen an Bord von einem sowjetischen Unterseeboot torpediert und versenkt wurde.

Der von Ferdinand Porsche (1875–1951) entwickelte »**KdF-Wagen**« ist auch im Zusammenhang mit dem Tourismus erwähnenswert, weil er den Menschen mit geringerem Einkommen zu größerer Mobilität verhelfen sollte. Ehe es dazu kam, musste die Produktion auf Kriegsgüter, z. B. auf den »Kübelwagen«, umgestellt werden. Die Erfolgsgeschichte des Autos, das nun »Volkswagen« hieß, begann 1946. Bereits 1955 konnte der millionste »**Käfer**« gebaut werden (vgl. S. 465). Es versteht sich von selbst, dass dieses Auto – gemeinsam mit den anderen inzwischen produzierten Modellen – einen erheblichen Beitrag zur Entstehung des **Massentourismus** der Nachkriegszeit leistete.

Dieser war von ganz bestimmten wirtschaftlichen, sozialen und soziologischen Voraussetzungen abhängig. Dazu gehörten die vermehrte Freizeit und das sich stetig steigernde Einkommen der Arbeitnehmer. Das »**Wirtschaftswunder**« ermöglichte es den Menschen, Geld über den lebensnotwendigen Bedarf für Nahrung, Kleidung und Wohnung hinaus zur freien Verfügung zu erwirtschaften.

Zur Zeit beträgt die wöchentliche Arbeitszeit der Arbeitnehmer durchschnittlich etwa 40 Stunden pro Woche, der Jahresurlaub etwa 29 Tage. Der Zuwachs an frei verfügbarer Zeit wird vor dem Hintergrund der Zahlen aus der frühen Nachkriegzeit deutlich. Damals arbeiteten die Menschen wöchentlich etwa 48 Stunden. Für das Jahr 1950 wurden durchschnittlich 12 Urlaubstage errechnet.

Die Motive für den Urlaub waren und sind unterschiedlich. Natürlich ging es zunächst um Erholung und Ausgleich angesichts der starken körperlichen und seelischen Beanspruchung in der rasch wachsenden Wirtschaft, vor allem im industriellen Bereich. Selbstverständlich wollten die Menschen nach den Entbehrungen in der Kriegs- und Nachkriegszeit die neu gewonnene Freiheit nutzen und andere Länder, andere Völker und andere Lebensformen kennenlernen.

Die Wirklichkeit des Massentourismus hat längst bewiesen, dass dieses Ziel weitgehend verfehlt wurde und in zunehmendem Maße verfehlt wird. In vielen Feriengebieten leben die Touristen in eigens für sie geschaffenen Gettos. Nicht selten wir ihnen von Reiseveranstaltern »Landestypisches« präsentiert, das ausschließlich für Fremde inszeniert wird. Das gilt zum Teil für bayerisches Brauchtum, aber auch für indianische Festriten in Süd- oder Nordamerika.

Urlaub vermittelt Geselligkeit und Spaß. Für viele, insbesondere jüngere Reisende ist dies das eigentliche Motiv, sich auf den Weg zu machen. Berühmt-berüchtigt in dieser Hinsicht war das bekannte Ferienziel »Ballermann 6« bei El Arenal auf Mallorca.

Nicht zu vergessen ist, dass das Reisen – oder besser das Reisen-Können – gegebenenfalls das soziale Prestige steigert. Das hat nicht zuletzt dazu beigetragen, dass immer ferner liegende Ziele angesteuert werden (z. B. Australien, Neuseeland, Patagonien) und besonders luxuriöse Angebote (z. B. Luxuskreuzfahrten) durchaus Interessenten finden.

Der neu entstandene Massentourismus wurde von großen **Reisegesellschaften** organisiert und kanalisiert. Dazu gehörten z. B. Touropa und Scharnow-Reisen. Große Kaufhauskonzerne wie Neckermann und Quelle erkannten die neuen Chancen und begründeten eigene Reisebüros. In Wechselwirkung trugen sie alle aber auch dazu bei, die gesamtgesellschaftliche Entwicklung zu fördern. Durch preiswerte Baukosten für Hotelauslagen in den Urlaubsländern und betriebswirtschaftliche Kalkulation der Transportkosten bei hohen Teilnehmerzahlen wurden für die Kunden günstige Preise möglich. Im Jahr 1968 wurde das Reisebüro TUI (»Touristik Union International«) durch Touropa, Scharnow-Reisen, Hummel-Reise und Dr. Tigges-Fahrten gegründet. Heute ist es das größte Touristikunternehmen Europas.

In jüngster Zeit rücken verstärkt die negativen Folgen des Massentourismus in den Blick. Die **Umweltbelastung** durch den Flug- und Autoverkehr sowie die riesigen Ferienanlagen ist gewaltig. Nicht selten führt das Aufeinandertreffen von Bevölkerungsgruppen aus unterschiedlichen Weltgegenden und einer unterschiedlichen sozialen Lebensumwelt zu Missverständnissen und Vorurteilen, insbesondere dann, wenn sich Überfluss und Armut begegnen. Ideologische und religiöse Vorbehalte werden nicht abgebaut, sondern verstärkt. Verwerflich ist der sogenannte Sextourismus, bei dem – abgesehen von der sexuellen Ausbeutung von Frauen und Kindern – die Armut und Hoffnungslosigkeit von Menschen ausgenutzt wird.

Veranstalter und Kunden setzen heute vielfach auf den sogenannten **sanften Tourismus**, der die Umwelt nicht übermäßig belastet. Es bleibt die Frage, inwieweit so etwas angesichts von vielen Millionen Feriengästen alljährlich umsetzbar ist.

Anhang

Quellennachweise

[1] Zimmermann, Wilhelm: Der große deutsche Bauernkrieg. Berlin 1975, S. 805.
[2] Hitler, Adolf: Mein Kampf. 753.–757. Tsd. München 1942, S. 151.
[3] Goldschmit-Jentner, Rudolf K. (Hg.): Die Jugend großer Deutscher. Leipzig 1944, S. 277.
[4] Puppe, Fibel, Schießgewehr. Ausstellungskatalog. Akademie der Künste. Berlin 1976/77, S. 20.
[5] Pestalozzi, Johann Heinrich: Wie Gertrud ihre Kinder lehrt. Baden-Baden 1947, S. 71.
[6] Tacitus: Germania. Kap. 14.
[7] Hermann, Carl Hans: Deutsche Militärgeschichte. München 1979, S. 109.
[8] Schiffels, Josef: Handbuch für den Unterricht in der brandenburgisch-preußischen Geschichte. Paderborn 1895, S. 67.
[9] Dat Ni Testament för plattdütsch Lüd in ehr Muddersprak äwerdragen (Matth. 6,9–13). Berlin 1929, S. 13.
[10] Lessing, Gotthold Ephraim: Brief an Hermann Samuel Reimarus vom 6. September. 1778.
[11] Lessing, Gotthold Ephraim: Nathan der Weise. III. Akt, 7. Szene.
[12] Schiller, Friedrich: Die Räuber. V. Akt, 2. Szene.
[13] Schiller, Friedrich: Don Carlos. III. Akt, 10. Szene.
[14] Robespierre, Maximilien de: Rede im Nationalkonvent 5.2.1794.
[15] Goethe, Johann Wolfgang von: Faust. Der Tragödie erster Teil. Vers 376–385.
[16] Eisengießerei Klett & Comp., Nürnberg 1844.
[17] Das Nibelungenlied. Erste Strophe. Übersetzt aus dem Mittelhochdeutschen von Karl Simrock.
[18] Sophokles: König Ödipus. Abzugslied (letzte Szene). Übersetzt aus dem Griechischen von Ernst Buschor.
[19] Goethe, Johann Wolfgang von: Faust. Der Tragödie erster Teil. Vers 1699–1702.
[20] Schiller, Friedrich: Wallensteins Lager. Prolog.
[21] Fontane, Theodor: Unsere lyrische und epische Poesie seit 1848. 1852/53.
[22] Stramm, August: Das Werk. Wiesbaden 1963, S. 86.

Literatur

Unübersehbar ist die Literatur, die sich mit den verschiedensten Bereichen der Kulturgeschichte befasst. Die folgende Liste enthält einige Titel, die dem interessierten Leser eigene Vertiefungen und Nachforschungen ermöglichen. Sie verweisen in der Regel auch auf weiterführende Literaturangaben.

Abel, Wilhelm: Die drei Epochen der deutschen Agrargeschichte. 2. Aufl. Hannover 1964
Alberts, Simone: Geschichte der Kindheit. Baltmannsweiler 2009
Aschoff, Volker: Aus der Geschichte der Nachrichtentechnik. Opladen 1974
Becker-Huberti, Manfred: Lexikon der Bräuche und Feste. Rheda-Wiedenbrück 2007
Belting, Hans: Kunstgeschichte. Eine Einführung. 7. Aufl. Berlin 2008
Benz, Wolfgang: Der Holocaust. 7. Aufl. München 2008
Bergmann, Werner: Geschichte des Antisemitismus. 2. Aufl. München 2004
Beutin, Wolfgang: Deutsche Literaturgeschichte. Von den Anfängen bis zur Gegenwart. 7. Aufl. Stuttgart 2008
Böhm, Winfried: Geschichte der Pädagogik. 3. Aufl. München 2010
Burke, Peter: Was ist Kulturgeschichte? Frankfurt a. M. 2005
Claiborne, Robert: Die Erfindung der Schrift. Reinbek 1978
Clark, Christopher: Preußen. Aufstieg und Niedergang. München 2008
Diem, Carl: Weltgeschichte des Sports und der Leibeserziehung. Stuttgart 1960
Durant, Will: Kulturgeschichte der Menschheit (mehrbändig). Frankfurt a. M. ab 1981
Eckart, Wolfgang U.: Geschichte der Medizin. 6. Aufl. Heidelberg 2009
Fees, Konrad: Geschichte der Pädagogik. Ein Kompaktkurs. Stuttgart 2015
Fischer-Homberger, Esther: Geschichte der Medizin. 2. Aufl. Heidelberg 1977
Franzen, August u. Roland Fröhlich: Kleine Kirchengeschichte. Freiburg 2008
Friedel, Alois: Deutsche Staatssymbole. Frankfurt a. M. 1968
Fuhrmann, Bernd: Geschichte des Wohnens vom Mittelalter bis heute. Darmstadt 2008
Gallus, Alexander u. Eckhard Jesse (Hg.): Staatsformen von der Antike bis zur Gegenwart. 2. Aufl. Köln 2007
Glaser, Hermann: Kleine deutsche Kulturgeschichte von 1945 bis heute. Frankfurt a. M. 2007

Gleba, Gudrun: Klosterleben im Mittelalter. Darmstadt 2004
Hachtmann, Rüdiger: Tourismus-Geschichte. Göttingen 2007
Handschin, Jacques u. Franz Brenn (Hg.): Musikgeschichte im Überblick. 6. Aufl. Wilhelmshaven 1990
Hattenhauer, Hans: Deutsche Nationalsymbole. 4. Aufl. München 2006
Henning, Friedrich-Wilhelm: Die Industrialisierung in Deutschland. 9. Aufl. Paderborn 1995
Hermann, Carl Hans: Deutsche Militärgeschichte. 3. Aufl. München 1979
Herrlitz, Hans-Georg: Deutsche Schulgeschichte von 1800 bis zur Gegenwart. 5. Aufl. Weinheim 2009
Hiebler, Heinz, Karl Kogler u. Herwig Walitsch: Kleine Medienchronik. Von den ersten Schriftzeichen zum Mikrochip. München 1997
Holford-Strevens, Leofranc: Kleine Geschichte der Zeitrechnung und des Kalenders. Stuttgart 2008
Johnson, Donald u. Juha Nurminen: Die große Geschichte der Seefahrt. 3000 Jahre Expeditionen, Handel und Navigation. Hamburg 2008
Knipping, Andreas: 175 Jahre Eisenbahn in Deutschland. Die illustrierte Chronik. München 2010
Knoll, Gabriele: Kulturgeschichte des Reisens. Darmstadt 2006
Koch, Wilfried: Baustilkunde. 32. Aufl. München 2014
Kolbe, Wilhelm: Missernten und Hungersnöte im Spiegel der Geschichte. Burscheid 1995
Kopp, Rita u. Burkhard Finken (Hg.): 500 Jahre Mode. Ostfildern 2008
Krupke Lutz (Red.) u. Harald Baer: Der Brockhaus Religionen. 2. Aufl. Mannheim 2007
Kupferschmid, Werner: Kleine Kulturgeschichte unserer Lebensmittel. Berlin 2001
Langner, Helmut u.a.: Geschichte der deutschen Sprache. Stuttgart 2007
Lotz, Wolfgang: Deutsche Postgeschichte. Essays und Bilder. Berlin 1989
Lutz, Heinrich u. Alfred Kohler: Reformation und Gegenreformation. 5. Aufl. München 2002
March, Ulrich: Grundzüge der Militärgeschichte. Krieg und politische Kultur. Aachen 2014
Mason, Stephen F.: Geschichte der Naturwissenschaften. 2. Aufl. Stuttgart 1974
Maurizio, Adam: Geschichte der gegorenen Getränke. Wiesbaden 1970
Merki, Christoph Maria: Verkehrsgeschichte und Mobilität. Stuttgart 2008
Mittag, Jürgen u. Diana Wendland: Geschichte des Tourismus. Frankfurt a. M. 2014
Mönch, Walter: Deutsche Kultur von der Aufklärung bis zur Gegenwart. 2. Aufl. München 1971
Müller, Rolf-Dieter: Militärgeschichte. Köln 2009
Myrell, Günter (Hg.): Auf den Spuren genialer Forscher und Erfinder. München 2009
Nahrstedt, Wolfgang: Die Entstehung der Freizeit. Göttingen 1972
North, Michael: Kleine Geschichte des Geldes. Vom Mittelalter bis heute. München 2009
Ohler, Norbert: Mönche und Nonnen im Mittelalter. Düsseldorf 2008
Parry, John H.: Das Zeitalter der Entdeckungen. München 1978
Peter, Peter: Kulturgeschichte der deutschen Küche. München 2008
Pichler, Franz: Historische Meilensteine der Mikroelektronik. Linz 2014

Pierenkemper, Toni: Gewerbe und Industrie im 19. und 20. Jahrhundert. 2. Aufl. München 2007

Pilcher, Jeffrey M.: Nahrung und Ernährung in der Menschheitsgeschichte. Essen 2006

Pleticha, Heinrich: Das Zeitalter der Entdeckungen. Stuttgart 1955

Reese-Schäfer, Walter: Klassiker der politischen Ideengeschichte. Von Platon bis Marx. München 2007

Ritter, Gerhard A.: Soziale Frage und Sozialpolitik in Deutschland seit Beginn des 19. Jahrhunderts. Opladen 1998

Schamfuß, Charlotte: Kleidung als Spiegel des Zeitgeistes. Nordhausen 2012

Schildt, Axel: Deutsche Kulturgeschichte. München 2009

Schulze, Eberhard: Deutsche Agrargeschichte. 3. Aufl. Aachen 2014

Schuppener, Georg: Basiswissen Sprachgeschichte. Leipzig 2014

Scott, Margaret: Kleidung und Mode im Mittelalter. Stuttgart 2009

Seidl, Alois: Deutsche Agrargeschichte. Frankfurt a. M. 2006

Senn, Marcel: Rechtsgeschichte auf kulturgeschichtlicher Grundlage. 3. Aufl. Zürich 2009

Tannahill, Reay: Kulturgeschichte des Essens. München 1979

Tenorth, Heinz-Elmar: Geschichte der Erziehung. 4. Aufl. Weinheim 2008

Tilly, Richard H.: Geld und Kredit in der Wirtschaftsgeschichte. Stuttgart 2003

Timm, Albrecht: Kleine Geschichte der Technologie. Stuttgart 1964

Toch, Michael u. Elisabeth Müller-Luckner (Hg.): Wirtschaftsgeschichte der mittelalterlichen Juden. Fragen und Einschätzungen. München 2008

Wenzel, Horst: Mediengeschichte vor und nach Gutenberg. Darmstadt 2007

Zemanek, Heinz: Kalender und Chronologie. 5. Aufl. München 1990

Zentner, Christian: Das große Buch der Olympischen Spiele. München 1995

Personenregister

Abbé, Ernst 490f.
Achard, Franz Carl 49
Achilles 190
Adenauer, Konrad 219, 273, 309f., 314
Aischylos 576, 612
Albertus Magnus 134, 149, 162
Albrecht der Bär 17
Albrecht von Brandenburg 17, 166, 171
Albrecht von Österreich 312
Aldrin, Edwin Michael 379
Alejchem, Scholem 331
Alembert, Jean-Baptiste d' 392, 417
Alexander der Große 121, 370, 410ff., 555
Alexander II. (Russland) 266
Alkuin 122
Ambrosius 605
Amundsen, Roald 378
Anaxagoras 409
Anaximander 409f.
Anaximenes 409
Andersch, Alfred 588
Andersen, Lale 614
Andrée, Salomon 377
Anhalt-Dessau, Leopold von 225
Antonius (Heiliger) 158f.
Anzengruber, Ludwig 339, 583
Appert, François Nicolas 53f.
Archimedes 411
Ardenne, Manfred von 560
Aristarchos 411f.
Aristophanes 576
Aristoteles 121, 134, 149, 252f., 383, 410f., 430
Arkwright, Richard 442f.
Armstrong, Neil 379
Arnim, Achim von 607

Arnold, Heinrich 101
Arp, Hans 601
Asklepios 554
August der Starke 41
Augustinus 122, 147, 255
Augustus 89, 141, 194, 253, 429, 522
Ausonius 429
Avery, Oswald 423
Avicenna 557

Bach, Johann Sebastian 609
Bachmann, Ingeborg 588
Bacon, Francis 414f.
Bacon, Rodger 413, 436
Baedeker, Karl 638
Baekeland, Leo Hendrik 461
Baeyer, Adolf von 456
Baffin, William 374
Bakunin, Michail Alexandrowitsch 266
Balboa, Nuñez de 373
Balšánek, Antonín 72
Barents, Willem 374
Barlach, Ernst 601
Barnard, Christiaan 566
Barth, Heinrich 376
Bauer, Wilhelm 211
Baumeister, Willi 601
Bebel, August 265, 480
Becher, Johannes R. 310
Beckham, David 636
Beckmann, Max 601
Becquerel, Henri 419
Beethoven, Ludwig van 610ff.
Behrens, Peter 72
Behring, Emil von 424, 563
Bell, Alexander Graham 545

Benedetti, Vincent 244
Benedikt von Nursia 143, 159, 431
Benedikt XVI. 156
Bennett, James Gordon 509
Benz, Berta 507
Benz, Carl 463, 506 ff.
Berblinger, Albrecht Ludwig 512
Bergengruen, Werner 585
Bernhard von Clairvaux 160
Bering, Vitus 375
Bernhardt, Sarah 87
Bernini, Giovanni Lorenzo 597
Bernstein, Eduard 481
Bernstein, Leonard 616
Berthold von Henneberg 258, 352
Berzelius, Jakob 417
Bessemer, Henry 447
Beuys, Joseph 603
Beygang, Johann Gottlob 360
Biro, Laszlo Jozsef 346
Bismarck, Otto von 153 f., 186, 203 f., 222, 233, 241 ff., 265, 267 f., 301, 318, 480, 486
Blanchard, Jean Pierre 517 f.
Bleichröder 539
Blériot, Louis 513
Bobrowski, Johannes 588
Bock, Walter 458
Böcklin, Arnold 600
Bodelschwingh, Friedrich von 73, 129, 489
Bodin, Jean 260
Boethius 122
Bohr, Niels 421, 456
Böll, Heinrich 192, 355, 424, 587 f.
Bonhoeffer, Dietrich 155
Bonifatius 146, 254
Bonpland, Aimé 376
Borchert, Wolfgang 587
Bordeu, Théophile de 561
Borgia, Cesare 385
Bosch, Carl 424, 457
Bosch, Robert 490, 508
Böttger, Johann Friedrich 41, 439, 454
Botticelli, Sandro 594
Boyle, Robert 416, 454
Brahe, Tycho 414
Braille, Louis 342
Bräker, Ulrich 106
Bramante (Donato d'Angelo) 66

Brandt, Willy 274, 278, 424
Braun, Wernher von 217
Brecht, Bertolt 586 f.
Bredow, Hans 547
Bréguet, Louis Charles 520
Breker, Arno 602
Brentano, Clemens 581, 607
Britten, Benjamin 613
Bröger, Karl 583
Brunelleschi, Filippo 66, 594
Büchner, Georg 582
Bullock, William 349
Bülow, Bernhard von 206
Bunge, Gustav von 566
Bunsen, Robert 418
Burstyn, Günther 210
Burton, Richard Francis 376
Byrd, Richard Evelyn 378

Caboto, Giovanni 375
Cabral, Pedro Alvarez 365, 373
Cajetan, Thomas 172
Calvin, Johannes 149, 184
Camus, Albert 570
Caracciola, Rudolf 509
Carlisle, Anthony 418
Carmer, Johann Heinrich von 287
Carothers, Wallace 460
Cartwright, Edmond 443
Casanova, Giacomo 564, 566
Cäsar, Julius 11 f., 89, 194, 253, 344, 358, 541
Cassiodor 122
Celan, Paul 588
Chagall, Marc 602
Chamberlain, Houston Stewart 270
Chamisso, Adalbert von 612
Chappe, Claude 544
Chirico, Giorgio de 602
Chlodwig 145
Churchill, Winston 210
Cicero 125, 253, 341, 429
Claudius, Matthias 608
Clausewitz, Carl von 202, 248
Cocceji, Samuel von 287
Cochrane, Josephine 453
Colbert, Jean-Baptiste 20, 200, 390, 440
Comenius, Johannes Amos 127
Commodus 556

Personenregister

Conté, Nicolas-Jacques 346
Cook, Frederick Albert 378
Cook, James 374, 638
Cook, Thomas 638
Corinth, Lovis 600
Corneille, Pierre 577
Cortez, Hernando 373
Coubertin, Pierre de 633
Cranach, Lukas d. Ä. 595
Cremer, Fritz 603
Cristofori, Bartolomeo di 617
Cromwell, Oliver 260, 366
Cugnot, Nicolas Joseph 497
Curie, Marie 419
Cushing, Harvey 566

Dädalus 512
Daguerre, Louis Jacques Mandé 548
Daimler, Gottlieb 463, 506 f.
Dali, Salvador 602
Dalton, John 417
Dannecker, Johann Heinrich 599
Dante Alighieri 100
Darby 445
Darwin, Charles 249, 319, 419, 561, 583
David, Jacques Louis 598
Davy, Humphry 418
Debussy, Claude 613
Decius 158
Dekker, Cornelius 48
Demokritos 410
Denner, Joseph Christoph 617
Déri, Miksa 452
Descartes, René 415
Deschnjow, Semen Iwanow 375
Diebitsch, Hans Carl von 237
Diesel, Rudolf 508
Dietrich, Marlene 614
Diokletian 90, 142, 254, 556
Dionysius Exiguus 90
Disney, Walt 590
Döblin, Alfred 586 f.
Döllinger, Ignaz 153
Domagk, Gerhard 565
Dominikus 161
Donatello 384, 596
Dorand, René 520

Dostojewski, Fjodor Michailowitsch 568, 570
Drais von Sauerbronn, Karl 503
Drake, Edwin L. 451
Drake, Francis 374
Drebbel, Cornelis Jacobszoon 211
Dreyse, Johann Nikolaus von 204
Drygalski, Erich von 378
Duden, Conrad 334
Duilius 194
Dunant, Henri 205
Dunlop, John Boyd 504
Dürer, Albrecht 348, 595 f.
Dürrenmatt, Friedrich 588
Dvořák, Antonin 613

Ebert, Friedrich 268, 308
Eck, Johannes 172
Edison, Thomas Alva 452, 549 f.
Ehrlich, Paul 424, 563, 565
Eich, Günter 588
Eichendorff, Joseph von 581, 611
Eichmann, Adolf 323
Einhard 146
Einstein, Albert 421, 424
Einthoven, Willem 566
Eisenbarth, Johann Andreas 557
Eisler, Hanns 310
Elisabeth (Russland) 230
Elizabeth I. (England) 374
Elizabeth II. (Großbritannien) 552
Empedokles 410
Engels, Friedrich 152, 236, 265 f., 387, 400, 472 f., 477, 479
Enzensberger, Hans Martin 588
Epameinondas 193
Eratosthenes 369, 412
Erhard, Ludwig 274
Ernst, Max 602
Eugen von Savoyen 68
Euklid 411
Euripides 576, 612
Eyck, Hubert und Jan van 595
Eyth, Max 22

Falk, Adalbert 153
Falkenhayn, Erich von 210
Fallada, Hans 355

Faraday, Michael 420
Faulkner, William 355
Ferdinand I. (Hl. Röm. Reich) 181 f., 186
Feuchtwanger, Lion 539, 587
Feuerbach, Anselm 600
Fichte, Johann Gottlieb 263
Finkenstein, Carl Wilhelm von 230
Fischer, Franz 458
Fischer, Joschka 275
Fisher, Alva J. 55
Fitch, John 367
Fitzmaurice, James 514
Fleming, Alexander 565
Fleming, Paul 575
Focke, Henrich 520
Fontane, Theodor 282, 582 f.
Ford, Henry 463 f., 508
Forssmann, Werner 424
Fowler, John 22
Franck, Sebastian 198
Francke, August Hermann 138
Frankenfeld, Peter 615
Franz I. (Frankreich) 178
Franz II. (I.) (Hl. Röm. Reich/Österreich) 262, 312
Franziskus von Assisi 160 f.
Fremery, Max 460
Fremont, John Charles 375
Freud, Sigmund 568
Friedrich I. (Barbarossa, Hl. Röm. Reich) 93, 257, 495
Friedrich I. (Preußen) 166
Friedrich II. (Friedrich der Große, Preußen) 21, 31, 47, 127, 130, 201, 203, 221, 226 ff., 260, 286 f., 333, 393, 404, 537, 617
Friedrich II. von Hohenstaufen 165, 257, 295
Friedrich III. (Kurfürst von Brandenburg) 166
Friedrich III. (Preußen/Dt. Reich) 246, 302
Friedrich Wilhelm (Großer Kurfürst, Preußen) 48, 221, 366, 524
Friedrich Wilhelm I. (Preußen) 127, 200 f., 221 ff., 226 f., 232 f., 260, 360, 542
Friedrich Wilhelm II. (Preußen) 49, 287
Friedrich Wilhelm III. (Preußen) 152, 203, 234, 236, 240
Friedrich Wilhelm IV. (Preußen) 203, 265, 300 f., 405

Friedrich, Caspar David 599
Frisch, Karl von 424
Frisch, Max 588
Fröbel, Friedrich 129
Fromm, Julius 567
Fugger 171, 538 f.
Fulton, Robert 211, 367, 502
Funk, Casimir 566

Gabelsberger, Franz Xaver 342
Gagarin, Juri 379
Galenos 556
Galilei, Galileo 127, 382 f., 412, 415, 560
Galvani, Luigi 418, 561
Gama, Vasco da 365, 373
Gattamelata (Erasmo da Narni) 384
Gaudí, Antoni 72
Gauguin, Paul 601
Gebühr, Otto 233
George, Stefan 585
Gerhardt, Paul 575
Giotto di Bondone 594
Gneisenau, August Neidhardt von 202, 235
Gobineau, Joseph Arthur 270
Goebbels, Joseph 234, 322, 547
Goebel, Heinrich 452
Goethe, Johann Wolfgang von 88, 333, 353, 454, 498 f., 570, 575, 578 f., 611, 638
Goeze, Johann Melchior 401
Gogh, Vincent van 601
Goodwin, Hannibal 549
Göring, Hermann 192, 213, 234
Gorki, Maxim 589
Görres, Joseph 334
Goscinny, René 590
Gottfried von Bouillon 148, 164
Gottfried von Straßburg 197, 572
Gottsched, Johann Christoph
Graf, Oskar Maria 356
Graffunder, Heinz 76
Grass, Günter 424, 588
Greene, Graham 355
Gregor der Große 146, 605
Gregor IV. 98
Gregor VII. 160, 257, 147
Grieg, Edvard 613
Grimm, Jacob und Wilhelm 334, 581
Grimmelshausen, Hans Jakob von 575

Personenregister

Groll, Josef 44
Gropius, Walter 72
Grotewohl, Otto 219, 276
Groth, Klaus 330, 583
Grundtvig, Nikolai Frederik 139
Grünewald, Matthias 595
Grynspan, Herschel 322
Gryphius, Andreas 66, 574 f.
Guderian, Heinz Wilhelm 211
Guilmet, André 504
Gutenberg, Johannes 175, 347 f., 437, 573, 596
Gyges 532

Haarmann, Fritz 287
Haase, Hugo 481
Haber, Fritz 424, 457
Hagenbeck, Carl 420
Hahn, Otto 421, 424
Hahnemann, Samuel 569
Halske, Georg 453
Hamann, Johann Georg 575
Hammond, Laurens 618
Händel, Georg Friedrich 610
Handke, Peter 588
Hardtmuth, Joseph 346
Hargreaves, James 442 f.
Harlan, Veit 539
Harnack, Adolf 421
Harrison, John 101
Hartmann von Aue 197, 572
Hartmann, Eduard von 568
Harvey, William 416, 560
Harwood, John 102
Hata, Sahachiro 565
Hauff, Wilhelm 539
Hauptmann, Gerhart 424, 440, 583
Haydn, Joseph 308, 310, 610
Hebbel, Friedrich 105
Hebel, Johann Peter 338 f.
Hedin, Sven 377
Heine, Heinrich 318, 581
Heinrich der Löwe 17
Heinrich der Seefahrer 372
Heinrich IV. (Hl. Röm. Reich) 147, 160, 257, 295, 316
Heinrich Jasomirgott 257
Heinrich V. (Hl. Röm. Reich) 147

Heisenberg, Werner 421, 424
Heißenbüttel, Helmut 588
Hektor 190
Helfenstein, Ludwig von 178, 388
Helvétius, Claude Adrien 399
Hemingway, Ernest 355, 570, 587
Henlein, Peter 101, 438
Heraklit 189, 409
Hernandez, Francisco 50
Herodes der Große 93, 141
Herodot 191, 370, 554, 637
Hertz, Heinrich 546
Herzl, Theodor 319
Hesiod 120
Hess, Johann Friedrich Christian 69
Hesse, Hermann 424, 585
Heuss, Theodor 309 f.
Heym, Georg 584
Hieronymus 386
Hildesheimer, Wolfgang 588
Himmler, Heinrich 234, 290
Hindemith, Paul 613
Hindenburg, Paul von 213, 247, 271, 320
Hippokrates 554 f.
Hitler, Adolf 132, 154, 180, 213 ff., 217, 227, 233 f., 262, 270 f., 273, 296, 304, 313, 319 f., 322, 516
Hochhuth, Rolf 588
Hoffmann von Fallersleben, August Heinrich 308, 310
Hoffmann, Felix 462, 564
Hoffmann, Josef 72
Hofmannsthal, Hugo von 585
Holbach, Paul Henri Thiry d' 150, 399
Holbein, Hans 595
Hölderlin, Friedrich 580
Hollerith, Hermann 469
Homer 120, 369
Honorius III. 161
Hoover, Herbert 26
Horsford, Eben Norton 23
Hrabanus Maurus 122
Hudson, Henry 374
Humboldt, Alexander von 376
Humboldt, Wilhelm von 128, 137, 338
Hünefeld, Ehrenfried von 514
Hus, Jan (Johannes) 149, 168 f., 172, 174
Huygens, Christiaan 101, 549

Ibsen, Henrik 583
Ignatius von Loyola 126, 150, 163, 186
Immendorf, Jörg 603
Institoris, Heinrich 285
Ionesco, Eugène 588
Isabella von Kastilien 372

Jacobi, Moritz Hermann von 449
Jacquard, Joseph-Marie 469
Jahn, Friedrich Ludwig 630
Jakob I. (England) 50, 414
Jakob II. (England) 260, 394
Janssen, Hans und Zacharias 560
Janszoon, Willem 374
Jeffries, John 517 f.
Jenner, Edward 562
Jens, Walter 588
Jermak 375
Jesus 16, 92 f., 97, 110, 141, 143, 168, 398, 487
Johann der Beständige 179
Johann Georg II. (Sachsen) 98
Johannes Paul II. 156
Johnson, Uwe 588
Joseph II. (Hl. Röm. Reich) 260, 393
Julian Apostata 143
Junker, Wilhelm 376
Junkers, Hugo 514
Justinian 121
Juvenal 568, 629

Kafka, Franz 586
Kaiser, Georg 584
Kandinsky, Wassily 601
Kant, Immanuel 189, 398, 400, 407, 421
Karl Alexander (Württemberg) 317, 539
Karl der Große 15, 29 f., 122, 145 f., 254 f., 281, 295, 311 f., 495, 532, 571, 618
Karl Friedrich von Baden 21
Karl I. (England) 260, 560
Karl IV. (Hl. Röm. Reich) 134, 257, 312
Karl VI. (Frankreich) 620
Karl V. (Hl. Röm. Reich) 173 f., 178, 181 f., 186, 284, 286, 496, 539
Karl VI. (Hl. Röm. Reich) 228
Karl XII. (Schweden) 228
Karlstadt, Andreas 176
Katharina II. (Russland) 230 ff., 393
Katte, Hans Hermann 227

Kaunitz, Wenzel Anton von 229
Kay, John 442
Keller, Gottfried 582
Kepler, Johannes 127, 414, 416
Kerner, Justinus 611 f.
Ketteler, Emmanuel von 488
Key, Ellen 111 f.
Kiesinger, Kurt Georg 274
King, Martin Luther 397
Kippenberg, Anton 354
Kircher, Athanasius 549
Kirchhoff, Gustav Robert 418 f.
Kirchner, Ernst Ludwig 601
Kleist, Heinrich von 580
Kleisthenes 251
Klenze, Leo von 69, 598
Klimt, Gustav 600
Klinger, Friedrich Maximilian 578
Knobelsdorff, Georg Wenzeslaus von 598
Knoll, Max 560
Koch, Robert 424, 563
Kohl, Helmut 310
Köhl, Hermann 514 f.
Kokoschka, Oskar 601
Kolping, Adolph 129, 139, 488
Kolumbus, Christoph 21, 48, 50, 365 f., 372 f., 384, 438
Konrad II. (Hl. Röm. Reich) 297
Konrad von Masowien 165
Konrad von Wettin 17
Konstantin I. (Röm. Reich) 89, 93, 96, 142 f., 627
Kopernikus, Nikolaus 127, 382, 414
Körner, Theodor 237 f.
Kosmas und Damian 556
Krates 369
Krupp, Alfred 448, 490
Ktesibios 618
Kulenkampff, Hans-Joachim 615
Kyros II. (Persien) 521 f.

Laënnec, René 562
Lange, Helene 131
Langhans, Carl Gotthard 69, 598
Lanz von Liebenfels, Adolf Josef 304
Laplace, Pierre Simon 417
Lassalle, Ferdinand 139, 265, 282, 479, 481, 488

Lasso, Orlando di 608
Laube, Heinrich 301
Lavoisier, Antoine Laurent 416, 455, 561
Le Corbusier 73
Leander, Zarah 614
Ledig-Rowohlt, Heinrich Maria 355
Leeuwenhoek, Antoni van 560
Legien, Carl 483
Lehmbruck, Wilhelm 601
Leibniz, Gottfried Wilhelm 415, 469
Leichhardt, Ludwig 374
Leif Erikson 364, 371
Leip, Hans 614
Lenin (Wladimir Iljitsch Uljanow) 269, 482, 602
Lenz, Jakob Michael Reinhold 578
Lenz, Siegfried 588
Leo III. 146, 312
Leo XIII. 484, 488
Leonidas 192
Leopold I. (Hl. Röm. Reich) 223
Leopold von Hohenzollern-Sigmaringen 244
Lersch, Heinrich 583 f.
Lessing, Gotthold Ephraim 317, 333, 353, 359, 400 ff., 577 f., 580
Leukippos 410
Ley, Robert 486, 640
Lichtenberg, Georg Christoph 352, 496 f.
Lichtenstein, Roy 603
Liebig, Justus von 23, 418, 455, 562
Liebknecht, Karl 482
Liebknecht, Wilhelm 265, 480
Lilienthal, Otto 513
Lincke, Paul 614
Lindbergh, Charles 514
List, Friedrich 499
Lister, Joseph 562
Litfaß, Ernst 361
Livingstone, David 376 f.
Lochamer, Wolflin 607
Locke, John 260, 394
London, Jack 356
Löns, Hermann 587
Louis Philippe (Frankreich) 300
Lucullus 15
Ludd, Ned 443
Ludendorff, Erich 248

Lüderitz, Franz Adolf 268
Ludwig der Fromme 618
Ludwig I. (Bayern) 498
Ludwig II. (Bayern) 612
Ludwig XIV. (Frankreich) 20, 36, 47, 67, 82 f., 200, 228, 245, 260, 335, 389, 390 f., 440
Lumière, Louis und Auguste 550
Luther, Martin 18 f., 98, 125, 149, 163, 168, 170 ff., 333, 348, 352, 387 f., 431, 574
Luxemburg, Rosa 320, 482
Lykurg 252

McCarty, Maclyn 423
Machiavelli, Niccolò 243, 384
Macke, August 601
MacLeod, Colin 423
Maddox, Richard Leach 549
Magalhães, Fernão de 365, 373
Magritte, René 602
Mann, Heinrich 585, 587
Mann, Thomas 424, 585, 587
Mantegna, Andrea 596
Mao Tse-tung (Mao Zedong) 397
Maradona, Diego 636
Marc, Franz 601
March, Werner 73, 634
Marconi, Guglielmo 546
Marggraf, Andreas Sigismund 49
Maria Theresia (Hl. Röm. Reich) 68, 228 f., 231 f., 260
Marius 193 f., 294
Marrison, Warren Alwin 102
Marshall, George 26, 272
Marx, Karl 152, 265 f., 387, 400, 475 ff., 583, 589
Masaccio, Tommaso 594
Maxim, Hiram Stevens 208
Maximilian I. 258, 283, 523
Maybach, Wilhelm 506
McAdam, John Loudon 510
McNamara, Frank 541
Medici 383, 538
Medici, Katharina von 50
Mège-Mouriés, Hyppolyte 49
Meitner, Lise 421
Meister Eckhart 149
Melanchthon, Philipp 125, 181
Mendel, Gregor 319, 419, 583

Mendelejew, Dimitri 418, 456
Mendelssohn, Moses 317
Menzel, Adolph 599
Mercator (Gerhard Kremer) 372
Mergenthaler, Ottmar 349
Metternich, Klemens Wenzel von 239, 263, 300, 313
Mettrie, Julien Offray de La 150, 399
Meyer, Conrad Ferdinand 582
Meyer, Eugène 504
Meyer, Lothar 418, 456
Michaux, Pierre 503
Michelangelo Buonarotti 66, 594, 596
Mies van der Rohe, Ludwig 73
Mill, Henry 346
Miller, Oskar von 452 f.
Mitterhofer, Peter 346
Mitzenheim, Moritz 156
Modersohn-Becker, Paula 600
Mohammed 91
Mohn, Reinhard 356
Molière 577
Moltke, Helmuth von 242, 244
Mommsen, Theodor 424
Monet, Claude 600
Montaigne, Michel de 36
Montesquieu, Charles de 260, 262, 394
Monteverdi, Claudio 608
Montgolfier, Michel und Jacques Etienne 517
Moore, Henry 601
Mörike, Eduard 612
Moritz von Sachsen 182
Morrow, A. P. 505
Morse, Samuel Finley 544 f.
Moskvitin, Iwan 375
Mozart, Wolfgang Amadeus 610 ff.
Müller, Herta 424
Müller, Johannes 438
Müller, Ludwig 155
Müller, Wilhelm 608, 611
Müntzer, Thomas 176 f., 181, 602
Mussolini, Benito 153, 262, 640
Mussorgski, Modest 613

Nachtigal, Gustav 376
Nansen, Fritjof 377

Napoleon I. 53, 69, 84, 152, 166, 201, 201 ff., 211, 220, 234 ff., 262 f., 299, 313, 544, 630
Napoleon III. 49, 84, 243 ff., 262
Nearchos 370
Nero 142, 370
Neumann, Balthasar 68
Newton, Isaac 101, 416
Nicholson, William 418
Nicot, Jean 50
Niemeyer, Oscar 73
Niemöller, Martin 155
Nièpce, Joseph Nicéphore 548
Nietzsche, Friedrich 568
Nightingale, Florence 204
Nikolaus II. (Papst) 147
Nipkow, Paul 551
Nobel, Alfred 424
Nobile, Umberto 378
Nolde, Emil 589, 601
Nordenskiöld, Adolf Erik 378
Novalis (Friedrich von Hardenberg) 580
Noverre, Jean-Georges 609

Ockham, Wilhelm von 413
Oersted, Hans Christian 420
Oetker, August 23
Offenbach, Jacques 609
Ohm, Georg Simon 420
Olbrich, Joseph Maria 72
Oppenheimer 539
Ossietzky, Carl von 424
Otis, Elisha Graves 71
Otto der Große 256, 298
Otto, Nikolaus August 506
Otzen, Robert 510

Palestrina, Giovanni Pierluigi da 608
Papin, Denis 53
Paracelsus (Theophrastus von Hohenheim) 416, 559
Park, Mungo 376
Parseval, August von 518
Pascal, Blaise 469
Pasteur, Louis 563
Patrick (Heiliger) 145
Paulus 142, 180
Peary, Robert Edwin 378
Pelé 636

Personenregister

Pergolesi, Giovanni Battista 609
Perthes, Jacques Boucher de 419
Pestalozzi, Johann Heinrich 111, 128
Peter der Große 375
Peter III. (Russland) 230
Petrarca, Francesco 381
Petrus 142
Petrus Abälard 134
Philipp der Schöne 496
Philipp II. (Spanien) 50, 366, 373, 404
Philipp von Hessen 182, 184
Picasso, Pablo 602
Picht, Georg 115
Pieck, Wilhelm 276
Pippin der Jüngere 153, 254f., 532
Pisa, Leonardo da 413
Pizarro, Francisco 373
Planck, Max 420f., 424
Platon 120f., 252, 410
Plautus 38
Plinius 38f., 343, 412, 543
Plutarch 362
Polívka, Osvald 72
Polo, Marco 371
Pompejus 194
Pöppelmann, Daniel 68
Porsche, Ferdinand 465f., 640
Priestley, Joseph 416, 455
Prokofjew, Serge 613
Prschewalskij, Nikolai Michailowitsch 377
Ptolemaios I. (Ägypten) 411
Pufendorf, Samuel von 259
Pythagoras 410
Pytheas 370

Quesnay, François 20

Raabe, Wilhelm 582
Racine, Jean Baptiste 577
Raiffeisen, Friedrich Wilhelm 23, 491f.
Rainald von Dassel 93
Raleigh, Walter 31, 50
Rathenau, Emil 453
Rathenau, Walter 320
Rauch, Christian Daniel 599
Ravel, Maurice 613
Réaumur, René Antoine de 343
Reis, Philipp 545

Remarque, Erich Maria 587
Rembrandt, Harmens van Rijn 598
Rempel, Rudolf 53
Ressel, Josef 204, 368, 502
Reuter, Ernst 309f.
Reuter, Fritz 330, 583
Richardson, James 376
Richter, Gerhard 603
Richter, Hans Werner 588
Riefenstahl, Leni 634
Riemenschneider, Tilman 593
Rilke, Rainer Maria 354, 585
Robespierre, Maximilien de 262, 406f.
Rohlfs, Gerhard 376
Röntgen, Wilhelm Conrad 424, 562
Roon, Albrecht von 244
Rosemeyer, Bernd 509
Rothschild 539
Rousseau, Jean-Jacques 111, 128, 261f.
Rubens, Paul Peter 597
Rudolf II. (Hl. Röm. Reich) 523
Rühmann, Heinz 614
Ruska, Ernst 560
Rutherford, Ernest 421

Sabin, Albert 563
Sachs, Hans 573, 606
Sagebiel, Ernst 73
Saint-Simon, Louis de 391
Salk, Edward 563
Santorio, Santorio 560
Sartre, Jean-Paul 587
Sauerbruch, Ferdinand 566
Sax, Adolphe 618
Schadow, Johann Gottfried 599
Schäffern, Jacob Christian 55
Scharnhorst, Gerhard von 202, 235
Scharoun, Hans 73
Scheele, Carl Wilhelm 416, 455
Scheidemann, Philipp 268
Schiller, Friedrich 333, 353, 402f., 407, 578f., 599, 619
Schinkel, Karl Friedrich 69, 240
Schirach, Baldur von 305
Schlack, Paul 460
Schlegel, August Wilhelm 575, 576
Schlegel, Friedrich 334, 575
Schlieffen, Alfred von 298

Schlüter, Andreas 597
Schmidt, Josef Friedrich 621
Schönberg, Arnold 613
Schönborn, Friedrich Carl von 624
Schongauer, Martin 596
Schopenhauer, Arthur 568
Schröder, Gerhard 275
Schröder, Rudolf Alexander 309 f.
Schrödinger, Erwin 421
Schubert, Franz 611
Schultze, Johann Heinrich 548
Schulze-Delitzsch, Hermann 491 f.
Schumann, Robert 611
Schütz, Heinrich 608
Schwarz, Berthold 199
Schweinfurth, Georg 376
Schweitzer, Albert 424
Scott, Robert Falcon 378
Seghers, Anna 587
Selten, Reinhard 424
Sertürner, Friedrich Wilhelm 562
Seuse, Heinrich 149
Severing, Carl 290
Shackleton, Ernest Henry 378
Shakespeare, William 570, 575
Sibelius, Jean 613
Siebs, Theodor 335
Siemens, Werner von 71, 448 ff., 453
Sigismund (Hl. Röm. Reich) 169, 295
Sikorsky, Igor 520
Silbermann, Gottfried 617
Silliman, Benjamin 451
Singer, Issac 331
Sitte, Willi 602
Skladanowsky, Max und Ernst 550
Smetana, Friedrich 613
Smirt, Hamilton 55
Smith, Adam 475 f.
Söderblom, Nathan 156
Sokrates 120, 410
Solon 119, 190, 251
Sömmering, Samuel Thomas von 544
Sophokles 576, 612
Spangler, James Murray 55
Spartacus 626
Spee, Friedrich von 286, 575
Speer, Albert 73
Speke, John Hanning 376

Spieß, Adolf 630
Sprenger, Jakob 285
Stahl, Georg Ernst 561
Stalin, Josef 218, 274, 535
Stanley, Henry Morton 376 f.
Starzl, Thomas 566
Staudinger, Hermann 424, 461
Stauffenberg, Claus Schenk von 227
Stephan II. (Papst) 254
Stephan, Heinrich von 337, 525, 546
Stephenson, George 497 f.
Sternheim, Carl 584
Stoecker, Adolf 319
Stölzel Heinrich 618
Storm, Theodor 582
Stoß, Veit 593
Stramm, August 584
Straßmann, Fritz 421
Strauß, Franz Josef 273
Strauß, Johann 609, 614
Strauss, Levi 456
Strawinski, Igor 613
Stresemann, Gustav 424
Strowger, Almon 546
Sullivan, Louis Henri 71
Süß Oppenheimer, Joseph 317, 539
Svarez, Carl Gottlieb 287

Tacitus 43, 195
Tasman, Abel 374
Tauler, Johannes 149
Telemann, Johann Philipp 610
Tetzel, Johannes 170
Thaer, Albrecht von 22
Thales 409
Themistokeles 190 f.
Theoderich 122
Theodosius I. 143, 627
Thespis 576
Thoma, Ludwig 339, 583
Thomas von Aquin 134, 149, 162, 413
Thomas von Kempen 352
Thomas, Sidney 447
Thomasius, Christian 333, 543
Thorak, Josef 602
Thurn und Taxis 496, 523 f.
Tieck, Ludwig 576
Tiepolo, Giovanni 597

Personenregister

Tietz, Hermann 58
Tietz, Leonhard 58
Tiro 341
Tirpitz, Alfred von 207
Tiziano Vecellio 594
Tolstoi, Leo 570
Torres, Luis Váez de 374
Trakl, Georg 584
Traven, B. 356, 587
Trevithick, Richard 497
Trivalt, Marten 70
Troost, Paul Ludwig 73
Tropsch, Hans 458
Tschaikowski, Pjotr Iljitsch 613
Tschirnhaus, Ehrenfried von 41, 439, 454
Tübke, Werner 602
Tucholsky, Kurt 355, 587
Twain, Mark 347
Tyrtaios 604

Uderzo, Albert 590
Uhland, Ludwig 334
Ulrich von Württemberg 18
Urban II. 148, 163
Urban IV. 97
Urban, Johann 460

Vespucci, Amerigo 372
Vinci, Leonardo da 382, 439, 512, 520, 594
Virchow, Rudolf 561
Vogel, Hermann 549
Vogeler, Heinrich 600
Voigt, Wilhelm 246 f.
Volta, Alessandro 418
Voltaire 393, 405

Wagner, Otto 72
Wagner, Richard 612 f.
Walahfrid Strabo 162
Waldseemüller, Martin 372
Wallenstein, Albrecht von 20, 199
Walser, Martin 588
Warhol, Andy 603
Watson, James D. 423
Watt, James 443, 497
Webber, Andrew Lloyd 616

Weber, Carl Maria von 612
Weber, Max 185
Wedekind, Frank 584
Weinbrenner, Friedrich 69, 598
Weinheber, Joseph 585
Weiss, Peter 588
Weißkopf, Gustav 513
Weizsäcker, Richard von 310
Werfel, Franz 587
Wernher der Gärtner 13, 573
Whitney, Eli 85
Wichern, Johann Hinrich 129, 139, 489
Wiclif, John 149
Wieland, Christoph Martin 333, 353, 575
Wiener, Norbert 470
Wildung, Fritz 633
Wilhelm der Eroberer 364
Wilhelm I. (Preußen/Dt. Reich) 203, 240 f., 244 ff., 265, 302, 486 f., 612
Wilhelm II. (Preußen/Dt. Reich) 206 f., 238, 240 f., 246 f., 268, 302, 507, 511, 540
Wilhelm III. (England) 260, 394
Wilhelm IV. (Bayern) 43
Wilhelm von Tyrus 164
Wilkes, Charles 378
Winckelmann, Johann Joachim 68
Wöhler, Friedrich 418, 453, 455
Wolff, Christian 137
Wolfram von Eschenbach 197, 572
Wright, Orville und Wilbur 513
Wulfila 330

Xerxes 192

Yorck von Wartenburg, Hans David Ludwig 237

Zeiss, Carl 491
Zeus 294
Zimmermann, Johann Baptist und Dominikus 67
Zola, Émile 583
Zuckmayer, Carl 247, 588
Zuse, Konrad 469
Zweig, Arnold 587
Zweig, Stefan 354, 587
Zwingli, Ulrich 149, 181, 184

Sachregister

Abendmahl 16, 97, 141, 186, 594
Aberglaube 144, 157, 564
Ablass 170 f.
Absolutismus 20, 223, 260, 290, 335, 389 f., 394, 403, 405, 440, 475, 542
abstrakte Malerei 601
absurdes Theater 588
Acht 173, 176, 181, 282
Achtstundentag 96, 483, 490 f.
68er-Bewegung 52
Ackerbau 10, 12, 16, 425, 476
Adel 18, 21, 33, 39, 41, 65, 82 f., 84, 108, 123, 126, 139, 147, 172, 177, 196 f., 201, 226, 232, 235, 250 f., 253, 255, 259 f., 317, 388 ff., 406, 441, 469, 578, 611, 623, 625, 628, 631, 638
Adler 166, 294 ff., 302, 305, 318, 365, 498
Afrikaans 326
Afrikakorps 214, 216
Ägypten 10, 39, 43, 78 ff., 158, 205, 250, 315, 339, 343 f., 358, 369 ff., 409, 411, 426, 428, 494, 521, 531, 591, 617 f., 638
AIDS 567
Airbag 508, 511
Airbus 468, 516
Akademie 121 f., 137, 343, 415, 596
Akkumulator 418, 448
Aktiengesellschaft 58, 446, 492, 500, 540, 547
Alaska 374 f.
Alchemie 416 f., 454, 557
Alexandria 121, 143, 358, 368, 411 f., 555, 618
Allerheiligen 98
allgemeine Wehrpflicht 200, 202, 220
Allmende 13, 19, 623
Alphabet 339, 341, 340, 545
Alternativmedizin 568

Altersrente 487
Altes Testament 11, 29, 140, 155, 175, 179, 297, 333, 348, 554
Altkatholische Kirche 153
Aluminium 54, 78, 418, 453
Amerika 21, 31, 45 ff., 52, 54 f., 71, 85, 173, 185, 188, 215, 217 f., 261, 277, 301, 347, 349, 364 f., 371, 372 f., 375 f., 395, 397, 405, 407, 425, 451, 456, 495, 460, 499, 508, 514 f., 519, 550 f., 590, 615, 641
Ammoniak 79, 457, 460
Amphitheater 431, 626
Anarchismus 266
Anatomie 411, 558
Antibabypille 115, 567 f.
Antisemitismus 270, 319, 331
Apotheke 23, 49, 162, 320 f., 407, 455, 462, 507, 556 f.
Araber 256, 363, 413, 416, 557, 621
Arbeiterliteratur 583
Arbeitersiedlung 70, 473
Arbeitersport 633
Arbeitslosenversicherung 487
Arbeitslosigkeit 73, 469, 521
Architektur 61, 65, 70, 72 f., 76, 593, 597 f.
ARD 547
Armbanduhr 102
Armut 33, 107, 116, 143, 147, 159, 161, 164, 380, 472, 477, 488, 642
Art nouveau 600
Askese 159, 185
Asphalt 510
Aspirin 462, 564 f.
Astronomie 122, 135, 408 ff.
Atheist 90, 110, 150, 155, 399
Athen 118 ff., 190 f., 250 ff., 362, 410, 625, 633

Sachregister

Äther 562
Atlas 373
Atom 9, 410, 417ff., 421f., 456, 469
Atombombe 217, 218f., 421f.
Atomphysik 419f.
Atomreaktor 421
Atomuhr 102
»Auferstanden aus Ruinen« 310f.
Aufzug 71
Augenspiegel 562
Augsburger Religionsfrieden 179, 182f., 186
Augsburgisches Bekenntnis 181
Auschwitz 324f.
Außerparlamentarische Opposition (APO) 134, 138
Aussprache 252, 325, 335
Australien 31, 189, 367, 374, 443, 530f., 642
Autobahn 510
Automation 468
Automobil 463, 465f., 505ff., 510f.,
Automobilclub 510f.

Babynahrung 23
Backpulver 23
Bad Mergentheim 166
BAFÖG 115
Bahnpost 528
Bakelit 461
Bakterie 563, 565
Ballett 609
Bank 24, 149, 171, 335, 424, 526, 528, 533, 536ff.
Banknote 350, 536f.
Barock 38, 66ff., 83, 150, 187, 337, 574f., 596ff., 607, 609f., 610
Basilika 61, 66
Basteln 622
Bauer 11ff., 17ff., 24f., 27ff., 30, 37, 42, 46, 79, 81, 83, 105ff., 119, 168, 176ff., 196, 198, 220, 253, 276, 306, 326, 328, 351, 380, 387f., 400, 409, 425, 431, 440, 444, 450, 472, 492, 494, 573, 575, 587, 603, 620ff., 629
Bauernhaus 59f., 64
Bauernkrieg 18, 177, 179, 198, 220, 387, 603, 623
Bauernverband 28
Bauhaus 72f.
Baumwolle 85, 460

Bausparkasse 73f., 540
Bauwesen 71, 151, 331, 430
Beamter 634
Befreiungskrieg 202f., 220, 237, 239ff., 263, 299
Bekennende Kirche 155, 180
Beleuchtung 450ff.
Benediktinerregel 143, 159, 161
Benzin 451, 458, 508
Benzinmotor 506, 518
Bergbau 418, 428, 437, 446ff.,454
Berlin 27, 31, 42, 44, 48, 58, 69f., 72f., 75f., 102, 128, 130f., 137f., 153ff., 217f., 233f., 237, 240, 243f., 271, 276, 290, 300f., 309, 313f., 322, 328f., 351, 361, 415, 449f., 466f., 484, 501, 519, 525, 528, 535, 540, 542, 544ff., 550ff., 563, 567, 586, 597ff., 614, 630, 632, 634
Berliner Blockade 218, 535
Bertelsmann 356
Beruf 25, 30, 40, 78, 104, 106, 115ff., 132f., 135, 194, 212, 290, 292, 318, 320f., 427, 433, 435, 488, 542, 636
Berufsschule 138
Bethel 129, 486
Beton 71, 510
Bettelorden 161
Bezugsschein 534
Bibel 29, 62f., 89, 93, 168f., 175, 187, 249, 399, 419, 487, 592
Bibelübersetzung 125, 168, 175, 330, 333, 352, 386, 574
Bibliothek 7, 121, 330, 343, 353ff., 358f., 369, 411f.
Bier 33, 39, 43f., 100, 112, 135, 459
Bilderstürmer 176
Binnenkolonisation 16
Biodiesel 458
Bleistift 346
Blindenschrift 342
Blitzkrieg 211, 215, 467f.
Blut und Boden 25, 587, 602
Blut und Eisen 243
Blutkreislauf 416, 531, 560
Bohrturm 451
Bombe 114, 210, 216ff., 354, 421f., 513, 519
Bonn 272, 314, 495, 510, 611
Börse 68, 446
Botenwesen 521f.
Bourgeoisie 475, 478, 480

Brandenburg 17, 50, 69, 166, 171, 221 ff.,
  226 ff., 230 f., 233, 237, 240, 258, 295, 302,
  366, 404, 523 f., 598 f., 610
Branntwein 46, 285
Brettspiel 621
Briefkasten 528
Briefmarke 528 ff., 622
Brille 415, 437, 558
Bronze 35, 38, 79, 226, 295, 345, 361, 409,
  426 f., 430, 438, 494, 531, 604 f., 618
Bronzezeit 35, 426, 446, 494
Brot und Spiele 626
Buch 23, 111 f., 114 f., 120, 125, 173, 175, 185,
  187, 205, 286, 304, 319, 333, 335, 339,
  344 f., 347 f., 350, 352 ff., 386, 392, 401,
  411 ff., 415, 419, 437, 440, 455, 475, 561,
  570, 573, 587, 591, 595, 607, 624, 630, 638
Buchdruck 175, 333, 349 f., 352, 356, 358,
  437, 483, 573
Buchgemeinschaft 355 f.
Buchmesse 352
Buchstabe 175 f., 192, 241, 302, 317, 330,
  339 f., 342, 347 ff., 350, 415, 544 f., 570, 591
Bund Deutscher Mädel (BdM) 132
Bundesbahn 500 f.
Bundesgrenzschutz 291
Bundespolizei 291
Bundesrepublik Deutschland 12, 26 f., 74 f.,
  98, 115, 132 f., 140, 155, 203, 219 f., 248,
  267, 272, 274, 277 ff., 288 ff., 294, 296, 305,
  306 f., 309 f., 314, 328, 334, 336, 422, 459,
  465 f., 468, 485, 493, 500 f., 528, 536 f.,
  546 ff., 551 f., 563, 570, 634, 636
Bundesverfassungsgericht 221, 272, 274,
  292
Bundeswehr 220 f., 240, 291 f.
Bundschuh 18, 79
Burg 14, 42, 60 f., 99, 132, 147, 197, 199, 297,
  300, 304, 406, 432, 572, 606, 628 f., 638 f.,
Bürgerhaus 64, 66, 70
Bürgerliches Gesetzbuch (BGB) 284, 288,
  405
bürgerliches Trauerspiel 578
Bürgertum 33, 41, 43, 70, 107, 151, 261, 263,
  387 f., 391, 397, 432, 573, 606, 621, 633, 638
Bürgerwehr 94, 628
Burgfrieden 481
Burschenschaft 263, 299
Buß- und Bettag 98

Calvinist 183, 185 f., 431

Camcorder 552
CARE-Paket 26
Charta der Vereinten Nationen 289
Chemie 23, 85 f., 381, 416 ff., 424, 451, 454 ff.,
  460, 476, 557, 559, 561 ff.
chemische Industrie 85
Christentum 122, 140 ff., 145 f., 154, 176 f.,
  319, 401, 488, 571, 605, 627, 627
Christenverfolgung 143, 148, 626
Christi Himmelfahrt 97, 141
Christianisierung 145, 147, 340, 591
Christlich-Demokratische Union (CDU)
  273 f., 276, 306, 488
Christlich-Soziale Union (CSU) 273, 306,
  319, 484, 488
Cognac 46
Comecon (Rat für gegenseitige Wirtschaftshilfe) 278
Comic 589 f., 603
Condottiere 384, 596
Container 368 f., 521
CVJM 113, 489

Dampfmaschine 22, 204, 349, 368, 391,
  442 ff., 447 ff., 497, 502
Dampfschiff 211, 367 f., 446, 476, 502 f., 528
Dampfschifffahrt 367, 446, 476
Dänemark 203 f., 214, 242, 265, 277, 334
Darlehenskasse 24
Datenverarbeitung 469
D-Day 216
deduktive Methode 414
Deichbau 17
Deist 150 f., 399
Demokratie 218, 251 f., 261, 269, 272, 303,
  625
Denkmalschutz 75
Deoroller 346
Deutsche Angestellten-Gewerkschaft
  (DAG) 486
Deutsche Arbeitsfront (DAF) 96, 356, 465,
  486, 640
Deutsche Bahn 500
Deutsche Christen 154 f., 180
Deutsche Demokratische Republik (DDR)
  27, 75 f., 90, 97 f., 110, 115, 117, 133, 155 f.,
  219 f., 236, 264, 272, 274, 276 ff., 288 f., 291,
  297, 299, 306 f., 310 f., 314, 328, 334, 336,
  356, 359, 459, 466, 486, 492 f., 500 f., 526,
  529, 537, 541, 548, 563, 589, 602, 634, 639

Sachregister

Deutsche Landwirtschaftsgesellschaft 22
Deutsche Mark (DM) 26, 279, 535 f.
Deutscher Beamtenbund (DBB) 486
Deutscher Bund 203, 206, 239, 263, 295, 300, 313
Deutscher Gewerkschaftsbund (DGB) 356, 484, 486, 511
Deutscher Orden 17, 165 f., 295, 496
Deutscher Sportbund (DSB) 632, 634
Deutscher Turn- und Sportbund (DTSB) 634
Deutscher Turner-Bund (DTB) 634
Deutscher Werkbund 72
Deutsches Reich 25, 70, 109, 138, 145, 150, 153, 165, 169 f., 186, 206 f., 212 f., 214, 219, 222, 234, 239, 242 f., 245 f., 257, 259, 262, 264, 267 f., 271, 287, 295 f., 300 ff., 313 f., 318, 324, 326, 334, 337, 376, 405, 457 f., 465, 467, 481, 487, 546
Deutsch-Französischer Krieg 70, 84, 209, 240, 245, 267, 313, 524
Diaspora 315
Diäten 251, 556
Diktatur 261 f., 269, 273 f., 320, 482
Diktatur des Proletariats 266, 478, 482
DIN 471
Dominikaner 149, 161 f., 170, 285
Drehbank 437, 444
Dreifelderwirtschaft 14
Dreiklassenwahlrecht 267, 479
Dreißigjähriger Krieg 19, 66, 82, 150, 183, 187, 199, 259, 388, 534, 574
Dreschflegel 15
Droge 51 f., 57
Duden 53, 334
Duell 282, 628
Düngemittel 23 f., 418, 455, 457
Düsenflugzeug 213, 515 f.
DVD 552
Dynamit 424
Dynamo 420, 448 f.

Edda 144
Edelmetall 470, 494, 531, 533
E-Gitarre 618
Eigentumswohnung 74
Einfamilienhaus 74
Einkaufszentrum 58
Einkochen 53 f.

Einzelhandel 56 ff.
Eisenbahn 114, 204, 242, 337, 444, 446, 448, 450 f., 476, 490, 497 ff., 528
Eisenzeit 35, 427, 445 f.
Eisernes Kreuz 203, 240 f., 302, 351
Elektrizität 72, 418, 420, 448, 452 f., 561
Elektroherd 55, 453
Elektroindustrie 448, 453
Elektrokardiogramm (EKG) 566
Elektrolokomotive 501
Elektromotor 55, 420, 449, 452
Empfängnisverhütung 115
Empire 69, 84
Emser Depesche 244
Endlösung 323 f.
episches Theater 586, 588
Erbhof 25
Erbuntertänigkeit 21
Erdöl 215, 450 f., 458, 462, 510, 512
Erklärung der Menschenrechte 289
Ermächtigungsgesetz 271, 273
erneuerbare Energie 459
Ersatzkaffee 47 f.
1. Mai 96, 483 f., 486
Erster Weltkrieg 24, 32, 54, 74, 113, 203, 207 ff., 212 f., 232, 240, 247, 268, 270, 289, 303 f., 320, 368, 457, 467, 484, 500, 518 f., 534, 550, 567, 584, 614, 621, 634
Erwachsenenbildung 138
Esoterik 157
Essen 34 ff., 42 f., 49, 93, 244
Essgeschirr 37 f.
Euro 277, 292, 526, 636
Europäische Union (EU) 52, 103, 277, 536
Europäische Wirtschaftsgemeinschaft (EWG) 277, 536
Eurovision Song Contest 615
Evangelium 19, 93, 141, 177
Evolution 249, 319, 419, 561
Expressionismus 584, 600 f., 613
Extremsport 635

Fabrik 42, 49, 101, 265 f., 391, 425, 438, 441, 444 ff., 450, 452, 468, 472 ff., 476 f., 479, 488 f., 513, 599
Fachwerk 59, 65
Fagott 617
Fahrrad 114, 444, 464, 503, 504 f.

Familie 12 f., 26, 29, 33, 54, 56, 60, 74, 103 f., 106 ff., 114 ff., 121 f., 128 f., 158, 162, 204, 248 f., 151, 159, 294, 298, 317, 426, 431, 440, 444, 474, 491, 494, 496, 523, 538, 543, 586, 623, 639
Familienname 318, 435
Farbe 44, 49, 64, 77, 80, 85 f., 198, 295, 298 ff., 302 ff., 456 f., 461, 496, 523, 565, 590, 592, 595, 596 f., 600 f., 611
Farbfilm 551
Farbfotografie 549
Fasching 94
Fastenzeit 94 f.
Feder 78, 102, 151, 197, 345, 386, 512
Fehde 282 f.
Feiertag 89, 92, 96, 98, 143, 147, 484, 577
Feldpost 525
Fernhandel 32 f., 107, 317, 533
Fernschreiber 545
Fernsehen 351, 360, 541, 551, 553, 614 f., 622, 636
Fernsprecher 525, 545
Feuerwaffe 199, 623
Film 233, 461, 539, 549 ff., 585, 614, 634, 636
Fisch 10, 13, 29 f., 32, 44, 52 f., 329, 336, 502, 623 f.
Flaschenpfand 459
Fließband 464, 508
fließendes Wasser 70, 75, 624
Flöte 599, 604, 611 f., 617
Flotte 190 f., 194, 204, 207, 215 f., 246, 268, 363, 366, 370, 467
Flüchtling 26, 74, 114, 183, 640
Flugzeug 210, 212 f., 216, 378, 458, 461, 464, 466 ff., 494, 512 ff., 519 ff., 535, 622
Flurzwang 14
Folter 285 f., 415
Fortschrittspartei 265, 485
Fotografie 548 f., 599
Fotorealismus 603
Franken 15, 145 f., 254 f., 281, 312, 532, 624
Frankfurt am Main 33, 58, 69, 102, 242, 263 f., 301, 312 ff., 318, 325, 352, 359, 452, 457, 510 f., 520, 525, 528, 542, 545, 633
Frankreich 15, 30, 36, 40, 45, 51, 69, 80, 83 f., 91, 137, 145, 148 f., 178, 182, 185, 200, 205, 207 f., 214, 216, 228 f., 230, 234, 236 ff., 244 f., 259 f., 262, 264, 277, 300, 315, 332, 355, 383, 389, 391 f., 403, 405, 407, 441, 463, 468, 473, 477, 509 f., 519, 530, 536, 544, 550, 562, 590, 592, 600, 609, 620, 622

Franziskaner 160, 413, 436
Französische Revolution 21, 83, 91, 137, 150, 202, 261, 262 ff., 269, 317, 394, 396, 405, 455, 477, 582, 598, 611
Frauenarbeit 474
Fregatte 366
Freie Demokratische Partei (FDP) 273, 307
Freie Deutsche Jugend (FDJ) 118, 276, 639
Freier Deutscher Gewerkschaftsbund (FDGB) 276, 486
Freikorps Lützow 237, 299
Freilauf 505
Freimaurer 151
Freizeit 9, 86, 112 ff., 505, 607, 621 f., 634, 637, 639, 640 f.
Fremdwort 332, 335, 337
Fresko 597
Fronleichnam 97, 433
Fruchtwechsel 22
Führer 144, 151, 153, 180, 213, 269, 271, 290, 296, 304 f., 320, 323, 375, 384, 397, 443, 486, 533, 547, 640
Führerschein 508
Füllfederhalter 345
Fußball 631 f., 635 f.
Fußballweltmeister 552, 636

Gabel 36 f., 199
Galeere 363
Gang nach Canossa 160, 257
Gartenbau 15, 162 f.
Gasmaske 209
Gastarbeiter 493
Gefolgschaft 195, 256
Gegenreformation 126, 150, 163, 186
Geheime Staatspolizei (Gestapo) 290, 321
Geige 19, 610, 616
Geißler 558
Geldautomat 540
Gemüse 15, 28, 30, 33, 56 f., 60, 332
Gen 423
Generator 449
Genf 128, 184, 205, 209, 261, 289, 530
Genfer Konvention 205
Genossenschaft 23 f., 27, 57, 434, 491 f., 540, 569, 625
Gentechnik 423
Genussmittel 21, 43, 47 f., 50, 57, 114
Gerben 78

Sachregister

Gericht 19, 62, 104, 189, 201, 205, 212, 221, 227, 237, 251, 251 f., 254 f., 258, 272, 274, 279, 280 ff., 286 ff., 291 f., 325, 389, 415, 528, 606, 620
Germanien 11 f., 44, 60, 145, 431, 495
Germanistik 308, 334, 580
Gesamtschule 133
Geschirrspülmaschine 453
Geschütz 199, 204, 210, 365, 430, 439, 490, 497
Getto 270, 315, 323 f., 641
Gewaltenteilung 260 f., 394
Gewaltmonopol 189
Gewerbefreiheit 436
Gewerkschaft 56, 96, 140, 219, 266, 328, 356, 481, 483 ff., 490, 492, 511
Gewürz 15 f., 32, 34
Giftgas 206, 208 f., 324
Giro 537 f.
Gladiator 626 f.
Glas 35, 37, 39 ff., 53, 63, 350, 429, 434, 437, 441, 456, 459 f., 491, 549, 592
Glaubensfreiheit 155, 183
Gleichberechtigung 117, 318, 393, 396
Gleichschaltung 96, 271, 305
Globalisierung 56, 520 f.
Glorreiche Revolution 260, 394
Glühbirne 542
Goldene Bulle 165, 258
Gotik 40, 62 ff., 69, 71, 80, 592 f., 595
Gotisch 63 f., 67, 69, 330, 592 ff.
Gottesurteil 280, 282, 286
GPS 553
Grabstock 10
Graf 13, 21, 25, 178, 182, 184, 227, 229, 255 f., 258 f., 280 f., 388, 403, 518
Grand Prix 509, 615
Gravitationsgesetz 416
Griechen 10, 12, 15, 35, 37, 44, 78, 88, 90, 99, 118, 121, 124, 142, 189 f., 192 f., 250, 277, 294, 315, 340 f., 344, 362, 382, 409, 412, 416, 428, 493, 531 f., 543, 554, 556, 604, 618, 625, 629, 631, 637, 640
Groschenheft 357
Großbritannien 85, 90, 207, 214, 219, 277 f., 307, 355, 470, 530, 532
Großfamilie 106
Gründerzeit 84
Grundgesetz 114, 132, 155, 219 f., 248, 264, 272, 279, 288, 293, 305, 396, 485

Grundrecht 264, 271, 292 f., 301, 396
Grundschule 131
Grüne 275
Grüner Plan 25
Gruppe 47 588
Gruppenreise 638
Guillotine 407
Gulden 171, 533, 539
Gummi 53, 345, 457 f., 461 ff., 504, 567
Gymnasium 109, 115, 120, 132 f., 631
Gymnastik 119, 630 f.

Haager Landkriegsordnung 206, 209
Hakenkreuz 241, 296, 298, 302 ff.
Hambacher Fest 300
Hammer und Ährenkranz 297, 306
Hammond-Orgel 618
Handel 20, 26, 29, 32 f., 47, 49, 51 ff., 56 ff., 80 f., 107, 114, 119, 148 f., 170 f., 244, 303, 317, 332, 335, 339, 344, 351, 353 f., 352 f., 354, 357, 362 ff., 369, 371 ff., 427, 432, 440, 442, 470, 475 f., 494 f., 502, 520 f., 531, 533, 536 f., 539 f., 565, 636
Handgranate 208
Handharmonika 618
Handwerk 37, 72, 198, 431, 438, 433, 435
Handwerker 65, 72, 106, 108, 124, 130, 134, 251, 253, 429, 435 f., 439 f., 443, 452, 490
Handy 553, 635
Hanse 30, 64, 302, 364, 366, 496, 502
Harmonium 618
Hauptstadt 73, 76, 82, 121, 152, 169, 234, 249, 311 ff., 473, 528
Haushalt 35, 37, 39, 54 f., 57, 100 f., 435, 451 ff.
Haustier 11, 73, 105, 426
Hebamme 556
Heereskonflikt 241
Heerschildordnung 196, 256
Heilige Drei Könige 93
Heiliges Land 148, 165
Heiliges Römisches Reich 150, 166, 223, 236, 239, 295, 297, 299, 312, 495, 534
Heimatdichtung 583
Heißluftballon 517
Heldenlied 570 f.
heliozentrisches Weltbild 382, 412
Hellenismus 121, 412
Heller 533

Heraldik 294, 297
Herzog 18, 34, 41, 43, 81, 164 ff., 197, 207, 222 f., 240, 242, 247, 254 ff., 295, 317 f., 327, 358 f., 364, 496, 530, 533, 539, 624
Herztransplantation 566
Hexe 9, 94, 282 ff.
Hieroglyphe 339
Himmelsscheibe von Nebra 409
Historismus 69, 600
Hitlerjugend (HJ) 109, 114, 132
Hochdeutsch 293, 327, 329 f., 337 f.
Hochhaus 71
Hochofen 437, 445, 447, 490
Hochrad 503
Hochschule 120 f., 131, 136 ff., 283, 522, 555, 557 f., 632
Hochspannung 452
Hockenheimring 509
Höhlenmalerei 591
Holocaust 140, 271, 324 f., 331
Holzschnitt 16, 347 f., 350, 560, 595 f.
Homo sapiens 249
Homöopathie 157, 569
Honig 10, 16, 31, 46, 48, 603
Honnefer Modell 115
»Horst-Wessel-Lied« 305, 309
Hubschrauber 328, 512, 520
Hunger 107, 236, 623, 626
Hungersnot 30 f., 107, 405, 455, 503, 575
Hussitenkriege 169 f.
Hygiene 83, 561

ICE 501
IG Farben 86, 461, 565
Illustrierte 543
Imperialismus 268
Imperium Romanum 194, 370
Impfung 563
Impressionismus 600, 613
Indianer 49, 376
Indien 10, 32, 47 f., 324, 339, 362, 364, 370 ff., 522, 621
Indogermanen 327 ff.
induktive Methode 383, 414 f., 437
Industrialisierung 70, 101, 107 f., 112, 129, 441, 472, 478, 483, 540, 582 f.
Industrie 22, 26, 28, 57, 70, 72, 85, 108, 114, 137, 216, 279, 306, 313, 391, 423, 424, 429, 441, 443, 445, 448, 453, 455 ff., 460 ff., 470 ff., 475 ff., 483, 486, 490, 514, 537, 540, 563 f., 587, 599, 635, 639
industrielle Revolution 85, 441, 446, 448, 469
Inflation 25, 534
Innere Mission 489
Inquisition 161, 382, 415
Integralrechnung 411, 418
Investiturstreit 147, 160, 257
Islam 91, 205, 279, 371, 401, 413, 621
Israel 78, 168, 205, 279, 319, 321 f., 458, 634

Jagd 426, 591, 622 ff.
Japan 209, 214 f., 217 f., 336, 372 f., 422, 553, 634
Jazz 615, 618
Jeans 86 f., 114, 456
Jena 125, 136, 201, 234, 299, 490 f.
Jerusalem 93, 141, 148, 163 f., 315
Jesuitenorden 126, 150, 154, 163, 186
Jiddisch 317, 331
Joch 14 f.
Johanniter 165
Juden 93, 99, 140, 270 f., 290, 315 ff., 331, 401 f., 433, 539, 554, 559
Judenemanzipation 317
Jugendbewegung 112 ff., 621
Jugendherberge 639 f.
Jugendstil 39, 72, 85, 600
Jugendstrafrecht 104
Jugendweihe 110, 156
Jumbo-Jet 516
Junges Deutschland 582
Jungsteinzeit 12, 37, 77, 425 f., 622

Kaffee 47 f., 56, 336
Kakao 48, 56
Kalender 88 ff., 93, 96, 269, 482
Kalter Krieg 58, 218, 274
Kanal 366, 368, 473, 513, 517, 637
Kanone 199, 245, 366, 438, 448, 498
Kantonsreglement 200, 224
Kanzleisprache 333
Kapitalismus 185, 335, 474, 478, 486
Kapitulation 173, 217, 314, 422
Karavelle 365, 372
Karfreitag 95
Karneval 94 f.
Kartenspiel 620

Sachregister

Karthago 194, 362, 502
Kartoffel 20, 30 ff., 46, 404, 623
Katalysator 458, 508
Katechismus 179, 187
Kavalierstour 638
KdF-Wagen 465, 640
Kernkraftwerk 422
Kernspaltung 421
Ketzer 149, 161, 167 f., 172 ff., 284, 353, 399
Kinderarbeit 474, 476, 488
Kindergarten 117, 129
Kirche 29, 32 f., 40, 60 ff., 65 ff., 69, 72 f., 75, 77, 92 f., 95, 97 ff., 122, 124 f., 140, 142 f., 146 f., 149 ff., 161, 163 f., 167 ff., 171 ff., 176 f., 179 ff., 184, 186 f., 224, 226, 254 f., 282 f., 298, 328, 380, 383, 388, 393, 398, 406, 433 f., 438, 472, 477, 487, 488 f., 574, 577, 592 ff., 596 f., 605 ff., 618, 628
Kirchenstaat 152 f.
Klarinette 604, 617
Klasse 20, 108, 112 f., 118, 131, 152, 190, 192 f. 203, 245, 251 f., 266 f., 273, 266, 321, 468, 472, 474, 478 f., 485 f., 515, 517, 553, 633, 639
Klassengesellschaft 109
Klassik 353 f., 577, 578 f., 582, 609, 610 f.
Klassizismus 68 f., 76, 598 f.
Klavier 616 f.
Kleiderordnung 80 f.
Klipper 367
Klonen 423
Kloster 14 ff., 19, 30, 32 f., 43, 46, 62, 98, 100, 107, 122 f., 125, 135, 143, 145 ff., 150, 158 ff., 181 f., 187, 254, 358, 380, 387, 402, 431 f., 521, 591, 618, 627, 638
Kogge 364 f., 502
Kohleverflüssigung 458
Koks 70, 445, 447, 450
Kollektivierung der Landwirtschaft 27
Kolonialwaren 56 f.
Kommunion 33, 110
Kommunismus 397, 478
Kommunistische Partei Deutschlands (KPD) 269, 274, 276, 303, 482
Kommunistisches Manifest 266, 475, 477, 479
Kompass 99, 365, 371, 413, 438
Konfirmation 33, 109 f., 156
Königgrätz 242
Konklave 147

Konservative 24, 203, 212, 241, 264, 267, 272 f., 275, 303, 351
Konservendose 53 f.
Konservierung (Einwecken) 32, 52, 54
konstitutionelle Monarchie 267, 294
Konsum 51 f., 56, 58, 488, 490 ff., 622
Konsumgenossenschaft 492
Kontinentalsperre 47, 236
Konzentrationslager (KZ) 76, 322, 324
Koreakrieg 218
Körperpflege 83, 556, 627
Kraft durch Freude 465, 640
Kraftfahrzeugindustrie 463
Kraftwerk 422, 453, 459
Krankenversicherung 487, 569 f.
Krawatte 86
Kreditkarte 540 f.
Kreuzzug 123, 148, 160, 163 f., 238, 315 f., 402, 533, 537, 572
Kriegsschiff 190, 194, 204, 362 f., 365 f.
Kugelschreiber 346
Kühlschrank 54, 453
Kulturhoheit 132, 155, 547
Kulturkampf 153 f.
Kulturpubertät 116
Kultusministerkonferenz 132
Kunstfaser 85, 460, 462
Kunstlied 611
Kunststoff 350, 451, 460 ff., 466
Kupfer 35, 38 f., 53, 348, 426 ff., 446, 460, 494, 531 ff., 596
Kupferstich 347 f., 560, 595 f.
Kurfürst 41, 28, 98, 166, 174, 179, 182, 221 ff., 258, 366, 524, 539, 597, 611
Kutsche 336, 496 f., 506
Kybernetik 469 f.
kyrillische Schrift 341

Landarbeiter 22, 26
Landesherrschaft 258
Landfrieden 229, 258, 282 f.
Landnot 494
Landsknecht 81, 198 f., 620
Landsmannschaft 81, 136, 273, 281, 582
Längenmaß 470 f.
Latein 45, 59, 79, 91, 94, 122, 124 f., 130, 132, 158 f., 162, 171, 175, 181, 328 f., 332 f., 335, 339 ff., 344 f., 363, 381, 386, 429, 451, 531 ff., 541, 568, 572, 577, 591, 605, 629 f.

Laterna magica 549
Lautverschiebung 293, 329f., 338
Lebensmittelkarte 24, 534
Lebensraum 215, 450
Leder 78f., 135, 196f., 212, 444, 452, 626
Lehnrecht 196, 256
Lehnwort 45, 331f., 336, 630
Leibeigenschaft 19, 21
Leihbücherei 359
Leuchtgas 445, 450
Liberalismus 129, 152f., 263, 265, 475
»Lied der Deutschen« 308
Likör 46
Limes 431, 495
Linke 264, 275, 482
Lippenstift 87
Löffel 35f., 42
Lohnarbeiter 251, 441
Lokomotive 446, 449, 497f., 500f.
Luftbrücke 218, 535
Luftfahrt 213, 467f., 512, 514, 520
Lufthansa 294, 467, 468, 516
Luftkrieg 216, 514, 519
Luftpost 528
Luftreifen 504
Luftschiff 378, 515, 518ff.
Luftwaffe 213, 215, 221, 468, 515
Lungentuberkulose 24
Lure 604, 618
Luxemburgisch 327

Mädchenbildung 131
Mädchensport 631
Made in Germany 470
Mais 21, 46
Make-up 87
Manchestertum 476
Manufaktur 20, 37, 40ff., 82, 391, 429, 438ff., 444, 463
Märchen 94, 144, 357, 370, 449, 580f., 599
Margarine 49
Mariä Himmelfahrt 97
Marine 194, 204, 207, 210f., 378, 519
Mark 247, 492, 531, 533f.
Marktwirtschaft 115, 218, 274, 475
Marseillaise 307
Marshall-Plan 26, 272
Marxismus 480 486

Maschine 22f., 27, 41, 55, 85, 101, 130, 151, 201f., 204, 210, 225, 266, 342, 344, 346f., 349ff., 391, 399, 411, 430, 439, 441ff., 447ff., 452f.,464, 467ff., 472, 474, 476, 497, 503, 512, 516f., 530, 545
Maschinengewehr 208, 512
Maschinenstürmer 443
Massenproduktion 42, 57, 354, 429, 425, 470
Massentierhaltung 27f.
Massentourismus 512, 637, 641f.
Materialschlacht 209
Mathematik 101, 120, 132, 382, 411, 413, 415, 421, 438, 470, 549, 560
Mechanisierung 22, 26, 55, 442f.
Medikamente 423, 463, 564
Medizin 38, 46, 50f., 134f., 157, 316, 318, 416, 422f., 424, 442, 544, 554ff., 564ff., 568f., 604
»Meier Helmbrecht« 13, 573
Meißen 41, 332f., 332f., 439
Meistersang 573, 606
»Mensch ärgere dich nicht« 621
Merkantilismus 20, 200, 390f., 441, 475
Messer 35, 42
Met 46
Meter 470
Mietskaserne 70
Mikroskop 491, 560
Militarismus 222, 227, 231, 233, 236, 241, 247f.
Minnesang 197, 572, 606, 627
Missernte 24, 30, 107, 285, 455, 492
Mission 17, 140, 142, 145f., 148, 161, 304, 328, 371, 377, 385, 489
Mode 52, 78, 80, 82, 84f., 102, 336, 406
Modernes Antiquariat 357
Mönch 15, 33, 90, 100, 124, 143ff., 147, 149, 158f., 161ff., 167, 172f., 176, 199, 371, 380, 413, 419, 431, 522, 556, 572f., 627
Monokulturen 28
Morphin 562, 564
Moskau 102, 215, 236, 272, 311, 359, 422, 499
Most 45f., 303
Mühle 78, 209, 343, 429f., 437, 443, 621
Mundart 31, 329, 330, 332f., 337f., 583
Mundharmonika 618
Münze 295, 531ff., 536, 550, 622
Museum 35, 211, 360, 411, 453, 514, 519, 525
Musical 331, 615f.
Musikinstrument 616ff.

Sachregister

Mysterienspiel 577, 608
Mystiker 149, 352

Nachrichtenagentur 351
Nationalbibliothek 359
Nationaldemokratische Partei (NPD) 275 f.
Nationale Volksarmee (NVA) 220, 291, 306
Nationalhymne 294, 307, 309 f.
Nationalismus 580
Nationalliberale Partei 265
Nationalökonomie 475
Nationalsozialismus 154, 226, 337
Nationalsozialistische Deutsche Arbeiterpartei (NSDAP) 154, 270 ff., 296, 305, 320, 322, 486
Nationalversammlung 219, 264, 269, 299, 301, 313, 405 f.
NATO 219 ff., 277
Naturalismus 583 f., 600, 602
Naturalwirtschaft 535
Naturfreunde 636
Naturrecht 396
Naturwissenschaft 65, 126, 130 132, 137, 316, 409, 411 ff., 417, 423 f., 437, 439, 561, 581, 599
Neandertaler 249
Neues Testament 16, 141 ff., 175, 284, 333, 348, 401, 574
Neugotik 69, 71
Neujahr 93, 157, 239
Nibelungenlied 571
Niederdeutsch 64, 124, 326, 329, 338
Niederlande 40, 173, 185, 205, 214, 259 f., 277 f., 326, 366, 373, 394, 415, 496, 502, 523, 536, 560, 566, 595, 597 f., 608, 636
Niederländisch 307, 326, 338, 446, 549, 597 f., 608
Nikotin 50, 52
Nobelpreis 331, 424, 456
Norddeutscher Bund 502
Nordpol 377 f.
Normandie 216, 364
Normanne 363 f., 370, 372
Notbischof 179
Nürburgring 509
Nürnberger Gesetze 321
Nürnberger Prozesse 290, 325
Nylon 86, 460

Oberammergau 559
Oberschlesien 447
Oberschule 118, 132 f., 328
Oboe 617
Obst 15, 29 f., 56, 60, 332
Offizierskorps 194, 201, 232
Oktoberrevolution 269, 482
Ökumene 113, 156
Ölmalerei 595
Ölschock 103, 458
Olympische Spiele 339, 518, 625, 633 f., 636
Omnibus 444, 508, 528
Oper 69, 86, 608 ff., 616
Operette 609, 614 f.
Orden 126, 160 f., 163 ff., 166, 186 f., 203, 240 f., 413, 523, 627
Orgel 39, 618
Ostern 33, 94 ff.
Ostkolonisation 17
Ostpolitik 278

Panzer 211 ff., 458
Papier 51, 92, 226, 246, 264, 342 f., 349 f., 397, 413, 437, 439, 460, 471, 517, 530, 534, 537 f., 596
Papsttum 93, 153, 186, 257
Papstwahldekret 147
Parlament 68, 100, 242, 264 ff., 272, 274, 277 f., 301, 314 f., 320, 327, 341, 394, 479
Parlamentarischer Rat 272, 314
Partei 114, 131 f., 138 ff., 153 f., 181 f., 262, 264 ff., 271 ff., 276, 282, 296, 303, 309, 318 f., 348, 351, 475, 477, 479 ff., 488, 602
Partei des Demokratischen Sozialismus (PDS) 275
Patchworkfamilie 116
Paulskirche 69, 284, 301
Pauperismus 472
Penizillin 565
Pergament 343 ff., 437
Periodisches System 418
Perlon 86, 460 f.
Pest 558 f., 575
Petroleum 56, 450 f.
Pfadfinder 112 f.
Pfennig 258, 357, 532 f.
Pfingsten 97, 300, 559
Pflegeversicherung 98, 487
Pflug 10, 13 ff., 22, 413, 425 f.

Phalanx 191 f.
pharmazeutische Industrie 462, 562 ff., 567
Pharmazie 557, 563
Philatelie 529
Philosophie 119 ff., 124, 136, 149, 153, 227, 253, 398, 400, 407, 410, 413 ff., 577, 581, 583
Phöniker 362, 369
Physik 101 f., 125, 343, 383 f., 410 f., 415 f., 419 ff., 424, 456, 491, 545 f., 560 ff.
Physiokraten 20
Pietismus 138
Pilsener Bier 44
PISA-Studie 133
Plastik 68, 592 f., 595, 597 ff., 601 f.
Plattenbau 75
Pogrom 316, 322, 559
Polargebiet 377
Polizei 114, 189, 220, 255, 289 ff., 323, 473, 504, 520, 588, 620, 634
Pop Art 603
Popmusik 615, 618
Porzellan 37, 39, 41 f., 439, 441, 454
Posaune 618
Postbank 526, 528
Postkarte 337, 525
Postkutsche 497, 527 f.
Postleitzahl 529
Postscheck 528
Postsparkasse 528
Potsdam 41, 48, 75 f., 223, 226, 233, 246, 441, 542, 547
»Pour le Mérite« 203
Prädestination 195
Pragmatische Sanktion 228
Präservativ 566 f.
Pressefreiheit 351, 542
preußische Reformen 21, 236, 436
Produktionsgenossenschaften 27
Professor 135 f., 139 f., 172, 176, 308, 333, 381, 400, 407, 411, 420, 543, 545, 577, 585
Profisport 636
Proletarier 108, 193 f., 265, 479, 589, 602
Protestant 150, 153 f., 181 ff., 387
Psychoanalyse 568
Psychologie 568
Purist 337
Purpur 77, 79, 330

Quantentheorie 420
Quiz 615

Rad 22, 284, 367, 413, 425, 430, 437 f., 444, 447 ff., 464, 497, 502 ff., 527
Radierung 596
Radioaktivität 419
Raiffeisenbank 24, 540
Rakete 199, 216 f., 379, 515
Rassismus 319, 590
Ratio 381
Rationalismus 126, 417
Raubdruck 353
Raubritter 14, 573
Raumstation 379
Rauschdroge 52
Realismus 581 ff., 589, 592 f. 598 ff., 602
Realschule 130 f., 133
Rechtschreibung 325, 334 f.
Recycling 459 f.
Reederei 368
Reformation 18, 81, 83, 98, 125 f., 135 f., 149 f., 163, 166, 171, 174, 178 ff., 183 f., 299, 348, 352, 386 ff., 574, 607
Reformationstag 98, 171
Reformierte 186
Reformkleid 85
Reformpädagogik 112
Regensburg 55, 60, 146, 229, 258, 312 f., 316, 359, 431, 495, 620
Reichsbahn 322, 500 f., 553
Reichsbanner 303
Reichsdeputationshauptschluss 151
Reichsinsignien 297
Reichskammergericht 258, 283
Reichskonkordat 154 f.
Reichskriegsflagge 302
Reichsmark 25, 51, 465, 534 f.
Reichspogromnacht 322
Reichspost 496, 522, 524 ff., 528, 547, 551
Reichstag 173, 178, 181 ff., 206, 226, 229, 245, 258 f., 267, 269, 271, 303, 312 f., 315, 480 f.
Reichswehr 203, 212 f., 226, 467
Reifeprüfung 128, 131
Reinheitsgebot 43 f.
Reisebüro 638, 642
Reiseführer 638
Reisegesellschaft 642
Relativitätstheorie 421

Sachregister 669

Renaissance 39, 65 ff., 71, 73, 82, 124, 358, 371, 380 f., 384, 386, 439, 505, 559 f., 577 f., 594 ff.
Rennsport 504, 509
Restauration 129, 239, 263, 299, 317
Revisionismus 481
Revolution 1848 21, 129, 220, 241, 243, 245, 264, 287, 292, 295, 299 ff., 303, 305, 313, 351, 405, 483, 542, 624
Rheinbund 236, 262, 524
Rheinromantik 638
Rhetorik 120 ff., 125, 134 f., 246
Ritter 14, 21, 42, 60 f., 66, 80, 123 f., 148, 163 ff., 178, 183, 196 ff., 259, 293 f., 332, 388, 403, 472, 523, 572 f., 606, 627 ff.
Ritterakademie 126, 629
Ritterorden 148, 164 ff., 240, 523
Ritterschlag 123 ff.
Rodung 16 f.
Rokoko 42, 67 f., 83 f., 598, 610
Rolltreppe 71
Romanik 62 f., 67, 81 f., 328, 593
Romantik 69, 112, 318, 334, 580 f., 599, 607, 611 ff., 621, 638
Römer 15, 35 f., 39 f., 44, 60, 78 f., 95, 99, 121, 124, 180, 189, 193 f., 250, 253, 255, 294 f., 328, 331, 340, 344, 362, 370, 412, 416, 428 f., 430 f., 494 f., 531 f., 543, 590 f., 604, 618, 625 f.
römisches Recht 283 f.
Rotationsdruck 349, 351, 357
Rotes Kreuz 205 f.
Ruhrgebiet 447
Rundfunk 192, 327, 351, 360, 547 f., 552
Rune 430 f.
Rüstung 25, 190, 193, 195 ff., 199, 205, 212 f., 219, 246 f., 367, 427, 467, 534, 628

SA 303 ff., 309, 320
Saargebiet 447
Sachsen 17, 19, 30, 98, 126, 146, 174
Sachsenring 179, 182, 229 f., 256, 258, 301, 359, 409, 496, 523 f.
Sachsenspiegel 256
Säge 428 f., 443 f.
Saiteninstrument 303, 616
Sakrament 16, 97, 172, 187, 254, 380
Salz 23, 31 f., 53, 446, 494, 548
Sammeln 358 f., 529, 622
Sanduhr 100

Satellit 220, 379, 552 f.
Sauerstoff 216, 416 ff., 447, 453, 455, 561
Saxophon 618
S-Bahn 501
Schach 621
Scheckkarte 540 f.
Schießpulver 199, 413, 437, 447, 457
Schiffsschraube 204, 368, 448, 503
Schlager 614 f.
Schlesien 17, 41, 49, 228 f., 230 f., 447, 583
Schluckimpfung 563
Schmalkaldischer Krieg 182
Schokolade 48
Scholastik 134, 149
Schreibmaschine 346 f., 545
Schrift 339 ff., 346, 358
Schulaufsicht 154
Schule 72, 102 ff., 106 ff., 112, 114 f., 118 ff., 126 f., 129 ff., 154, 162 f., 181, 186, 192, 283, 326, 328, 334 f., 338, 342, 383, 410, 508, 522, 555, 557 f., 573, 595, 605 f., 626, 629, 631 f.
Schulpflicht 26, 127
Schulsport 629 f.
Schützenverein 628
Schutzimpfung 563
Schwäbischer Albverein 639
Schwarzhandel 26
Schwarz-Rot-Gold 241, 298 ff., 303, 305 f., 309
Schwebebahn 501
Schweißen 428, 453
Schweiz 13, 19, 36, 73, 81, 128, 131, 181, 184 ff., 198, 205, 259, 326, 334, 337, 358, 450, 505, 529 f., 559, 582, 585, 588
Schweizerdeutsch 327
Segelflugzeug 513
Sekt 45
Sesshaftigkeit 12, 250, 324, 425, 622
Setzmaschine 349 ff.
sexuelle Revolution 567
Sibirien 375
Sieben freie Künste 122 f.
Siebenjähriger Krieg 47, 201, 229, 233, 537
Silvester 93, 157
Single 74
Sinti und Roma 290, 324
Skat 620

Sklave 119 ff., 122, 148, 194, 215, 251 ff., 269, 363, 428 f., 485, 555, 615, 625 f., 637
Slawe 17, 341
Solarstrom 459
Söldner 193 f., 198, 384
Solferino 205
Sommerzeit 102 f.
Sonnenuhr 99
Sophist 120
Sorbe 328
Sortimentsbuchhandel 357
SOS 545
Souveränität 9, 153, 223, 226, 259 ff., 277, 296, 536
Sowjetische Besatzungszone (SBZ) 27, 117, 219, 271 f., 274, 291, 359, 486, 526, 535, 548
Sozialdemokratische Partei Deutschlands (SPD) 139, 219, 265 f., 268 f., 273 ff., 303, 306 f., 309, 479 ff., 484, 488
Soziale Marktwirtschaft 115, 274
Sozialismus 152, 156, 266, 275 f., 303, 306, 397, 583, 589
Sozialistische Einheitspartei Deutschlands (SED) 27, 118, 274 ff., 278, 486
Sozialistischer Deutscher Studentenbund (SDS) 266
sozialistischer Realismus 584, 589, 602
Sozialwohnung 74
Sparta 110, 119, 191 f., 252, 604, 625
Spektralanalyse 419
Spiel 113, 553, 619 ff., 626, 628 f., 631
Spielfilm 539, 550 f., 614, 636
Spielleute 604
Spielzeug 106, 114, 449, 619
Sport 85, 120, 307, 336, 505, 513, 621, 625 ff., 631 ff.
Sprengstoff 216, 424, 447, 457
Sputnik 379
SS 290, 323, 341
Staat 20, 27 f., 47, 90, 95, 98, 110, 115, 117, 119 f., 131 f., 148, 153 ff., 164 ff., 189, 191, 195, 200, 202 f., 217, 219, 222 f., 224, 226, 231 ff., 235, 239 ff., 243, 245 f., 249 ff., 255 f., 259 ff., 268 ff., 276 ff., 287 ff., 292, 294 ff., 301 ff., 305 ff., 309, 311, 313 ff., 317, 319 ff., 337, 353, 360, 364, 389 ff., 393 ff., 403 ff., 440 f., 459, 475, 477 ff., 482, 486, 498, 500, 514, 522, 524, 532, 534, 536, 546 ff., 580, 602, 626

Stadt 14, 17 f., 25, 30, 32 f., 44, 47, 51, 57 f., 60, 64 f., 70, 74, 76, 80 f., 83, 93, 100 f., 107, 118 f., 121, 124, 130, 139, 145, 153, 161, 164, 176, 184, 206, 209, 214, 216, 225, 242, 247, 250, 258, 260, 270, 276, 279, 289, 294, 300 f., 310, 312 ff., 318, 323, 343, 352, 359, 364, 374, 383 f., 387, 414, 431 ff., 442, 449 ff., 465, 473, 495, 502, 507, 513, 519, 523, 528, 530, 532, 538, 548, 573, 575, 598 f., 605, 612, 628, 638
Stahlhelm 212, 303 f.
Stahlskelettbau 70
Stalingrad 192, 215
Standesethos 197, 201
Staubsauger 55, 453
stehendes Heer 193, 199 f., 390
Steinbau 59, 331, 431
Stellungskrieg 208, 210
Stenografie 341 f.
Stethoskop 562
Steuer 18, 29, 47, 51, 116, 155, 190, 193, 235, 241, 251 f., 258, 260, 267, 317, 364, 390, 394 f., 459, 539, 542, 626
Stierkampf 627
Stillleben 598
Stonehenge 409
Strafe 51, 101, 106, 151, 170, 189, 235, 281 ff., 286 ff., 292, 402, 559, 625
Strafrecht 104, 283 f., 286 f.
Straßenbahn 449, 501, 506
Straßenlaterne 450
Streik 96, 483, 485
Student 115, 133 ff., 170, 173, 176, 237, 263, 266, 299 f., 322, 384, 522, 526, 578
Sturm und Drang 578, 607
Sudetengebiet 170, 338
Südpol 378
Sulfonamid 565
Supermarkt 57
Surrealisten 601 f.
Symbolisten 585
Syphilis 384, 565, 567

Tabak 21, 49 ff., 109, 136
Tag der Arbeit (1. Mai) 96, 483 f., 486
Tag der Deutschen Einheit 97 f.
Taler 498, 533 f.
Tante-Emma-Laden 57
Tanz 19, 332, 609 f., 616, 618, 629
Taschenbuch 355

Sachregister 671

Taschenuhr 101 f., 438
technische Hochschule 137 f.
Tee 48, 56, 336, 367
Telefon 526, 528, 545 f., 553
Telegraf 453, 476, 528, 543 ff.
Templer 165
Terror 189, 262, 266, 274, 279, 290, 323, 394, 407, 634
Textilindustrie 108, 442 f., 446, 474
Theater 68, 401, 431, 550, 576 ff., 586, 588, 608, 616, 626, 640
Thermometer 560
Tilsit 202, 234 f.
Tinte 345 f.
Tischkultur 34
Tischzucht 42
Todesstrafe 51, 287 f., 625
Toga 79
Tomate 21, 56, 336
Tonband 342, 552
Tonfilm 550, 614
Tonware 37, 429
Töpferscheibe 37, 426
Torpedo 211, 216
Tourismus 637 f., 640 ff.
Trabant 466
Tragödie 337, 354, 576, 579, 608
Transformator 452
Transistor 469
Treibhauseffekt 459, 512
Trient 150, 186, 608
Triere 362
Trivialliteratur 357, 589, 614
Trockendock 438
Trompete 34, 605, 618
Troubadour 606
Trümmerfrau 74
Tschechen 169 f., 613
Tschernobyl 422
Turnen 630
Turnier 61, 621, 627 f.
Tyrannis 251 f.

U-Bahn 72, 501
Überschallflugzeug 517
Uhr 99 ff., 151, 436
Unfehlbarkeit 153, 169

Uniform 94, 109, 200, 206, 212, 220, 245 ff., 291, 299 f.
Universität 108, 115, 124 ff., 128, 134 ff., 139, 149, 163, 168 ff., 172, 176, 181, 186, 283, 299 f., 330, 358, 381, 411, 491, 522, 557, 629, 632
Unterseeboot 211 f., 368, 378, 640
Urheberrecht 353
Urkirche 141

V2 216 f.
Vatikanstaat 153, 536
Venedig 40, 315, 363, 371, 384, 519, 539, 608
Verdun 209
Vereinigte Staaten von Amerika 41, 185, 215, 218, 261, 277, 376, 395, 397, 499, 530, 547, 551
Vereinte Nationen 189, 219, 221, 278, 289, 521
Vererbungslehre 270, 319 419, 583
Verkehrsunfall 511, 566
Verlag 335, 354 ff., 589
Vernunft 126 f., 134, 151, 176, 249, 380, 386, 388, 392, 396, 400 ff., 406 f., 417
Versailler Vertrag 24, 212 f., 288, 467, 519
Versailles 68, 82 f., 212, 245, 389, 514
Versicherung 487, 510, 569 f.
Vertrag von Rapallo 467
Vertreibung 157, 170, 338
Videorekorder 552
Viehhaltung 10, 22
Viehzucht 12, 16, 425
Visitation 125, 179
Viskose 460
Vitamin 566
Völkerbund 289
Völkerrecht 288
Völkerschlacht 112, 238, 299
Volksbuch 573
Volksdemokratie 272
Volksempfänger 547
Volksgemeinschaft 109, 113 f., 486, 640
Volkshochschule 139 f.
Volkslied 573, 607, 611, 615
Volkspartei 154, 253, 273 f.
Volkspolizei 220, 291
Volksrecht 281
Volkssouveränität 261
Volkswagen 465 f., 640

Waffe 38, 43, 122 f., 136, 164, 188 f., 190 f., 193, 195, 197 ff., 201, 206, 208 f., 210 f., 213 ff., 221, 237, 245, 256, 269, 272, 282, 290, 293, 347, 392, 405, 426 f., 435, 437, 439, 446, 448, 494, 516, 519, 523, 571, 591, 623, 627 ff.
Wagen 15, 54, 210, 225, 337, 430, 449, 436, 464 ff., 496 ff., 505 ff., 526 ff., 528, 640
Wahlrecht 265, 479, 481
Währungsreform 26, 55, 272, 274, 492, 533, 535
Walpurgisnacht 285
Walz 435, 639
Wanderbursche 639
Wappen 34, 41, 80, 166, 197 f., 240, 293 ff., 296 ff., 305 f., 523
Warenhaus 57 f., 76
Warschauer Pakt 220 f., 277
Wartburgfest 299
Waschmaschine 55, 453
Wasserstoffbombe 218, 422
Waterloo 239
Webstuhl 78, 426, 440, 443 f., 469, 581
Wehrmacht 202, 213 f., 217, 220, 226, 314, 321, 323, 461, 614
Weihnachten 33, 92 f., 95 f., 577
Weihnachtsbaum 92
Weimarer Republik 131, 267, 269, 296, 303, 305, 500, 633
Weimarer Verfassung 213, 259, 264, 269, 271, 500
Wein 15 f., 28 f., 34 f., 37, 39, 41, 44 ff., 332, 364, 371, 398
Weltpostverein 525
Werbung 33, 52, 114, 193, 201, 224, 352, 360 f., 434, 603, 635
Westfeldzug 214
Whisk(e)y 46
Widerstandsrecht 261
Wiederbewaffnung 219 f.
Wiedervereinigung 27, 97, 156, 220 f., 275, 279, 314, 486, 526, 529, 535
Wien 41, 47, 68 f., 72, 134, 139, 297, 300, 312 f., 319, 332, 346, 358, 420, 441, 559, 568, 600, 609, 610 f., 614, 639
Wiener Klassik 610 f.
Wiener Kongress 239, 263, 288
Wikinger 363 f.
Wilderei 623
Windmühle 437, 443

Wirtschaftsliberalismus 475
Wirtschaftswunder 26, 32, 54 f., 114, 274, 465, 492, 641
Wochentag 91, 95
World Trade Center 279
Wormser Konkordat 147, 257
Wortschatz 129, 327 f., 331, 334 f.
Wunderwaffe 216
Würfel 620

Zehnt 29
Zeitrechnung 90 f., 633
Zeitschrift 72, 333, 337, 511, 542 f.
Zeitung 301, 335, 350 f., 449, 542 f.
Zeitzonen 102
Zelluloid 461, 549
Zement 71, 314
Zensur 352 f., 525, 542
Zensuswahlrecht 267, 479
Zentralheizung 70, 75
Zentrum 40, 42, 58, 76, 82, 161, 264, 312, 351, 411, 439
Zeppelin 519 ff.
Zigarette 50 ff., 56
Zigarettenwährung 51, 535
Zigarre 50 f., 359, 483
Zigeuner 324, 433, 609
Zinn 37 ff., 61, 348, 426 f., 446, 494
Zionismus 319
Zisterzienser 160, 162
Zivilehe 154, 248
Zivilgesetzbuch 288
Zoll 390, 470
Zollverein 499
Zoo 287, 377, 411, 420
Zucker 28, 34, 46, 48 f., 56, 92, 436
Zündkerze 508
Zunft 39, 316, 391, 433 ff., 439, 569, 573
Zwei-Staaten-Theorie 306
zweite industrielle Revolution 469
Zweiter Weltkrieg 32, 51, 54 f., 57, 65, 70, 74, 87, 103, 105, 114, 132, 183, 208 f., 211, 214, 217, 233, 240, 271, 273, 313, 317, 322 f., 334, 337, 346, 354, 356, 359, 368, 422, 457, 460, 465, 468, 488, 500 f., 505, 514 f., 520, 525, 534, 536, 547, 551, 586 f., 634, 637
Zweites Vatikanisches Konzil 156
Zwölftontechnik 613